2.99/2.25

I10645097

Presentado a

———————————————

Por

———————————————

Fecha

———————————————

———————————————

EL NUEVO TESTAMENTO

Nueva Versión Internacional

EL NUEVO TESTAMENTO

Nueva Versión Internacional

ZONDERVAN
BIBLE PUBLISHERS

El Nuevo Testamento
Nueva Versión Internacional. © 1979,1985,1990
por la Sociedad Bíblica Internacional

Pueden citarse o reimprimirse del texto de la Nueva Versión Internacional (NVI) hasta mil (1.000) versículos sin permiso escrito de los editores siempre que los versículos citados no sean un libro completo de la Biblia ni tampoco el cincuenta por ciento de la obra en la que se citan.

La mención de la propiedad literaria debe aparecer en la página del título, o en la página que identifica los derechos de autor del libro, de la manera que sigue:

Texto bíblico tomado del NUEVO TESTAMENTO, NUEVA VERSION INTERNACIONAL. © 1979, 1985,1990 por la Sociedad Bíblica Internacional.

Cuando se emplean citas de la NVI en medios informativos no lucrativos, tales como boletines de iglesias, programas de reuniones, carteles, transparencias y otros por el estilo, pueden usarse las iniciales (NVI) al final de cada cita.

El permiso para citar o reimprimir textos que excedan de mil (1.000) versículos, o cualquier otro permiso, debe ser solicitado por escrito a la Sociedad Bíblica Internacional para su aprobación.

Reservados todos los derechos

Published by The Zondervan Corporation
Grand Rapids, Michigan 49506, U.S.A.
Printed in the United States of America

WP - 5-91

Indice

Prefacio

La Sociedad Bíblica Internacional presenta al público de habla española esta versión de las Sagradas Escrituras en lenguaje contemporáneo. La Nueva Versión Internacional aprovechó la erudición que sustenta y los principios que rigen la prestigiosa versión inglesa *New International Version*; sin embargo, se tuvo el cuidado de preparar una versión castellana fiel a los idiomas bíblicos originales.

Los traductores se basaron en los mejores textos disponibles y consultaron con especialistas en traducción bíblica. Ninguno representaba oficialmente a un grupo eclesiástico en particular, lo cual evitó cualquier tendencia denominacional. Todos ellos aceptan la inspiración, la autoridad y la infalibilidad de las Sagradas Escrituras, la Palabra de Dios escrita.

Los objetivos de la versión fueron la fidelidad a los textos originales y la claridad necesaria para la lectura pública y privada, la memorización, la predicación y la enseñanza.

De acuerdo con el primer objetivo, los traductores dieron importancia a los detalles léxico-gramaticales de los textos bíblicos en los idiomas originales; pero también se empeñaron en producir algo más que una traduccíon literal, palabra por palabra. Su propósito era expresar fielmente el significado de las palabras en su contexto a fin de comunicar el pensamiento de los escritores bíblicos inspirados por el Espíritu Santo.

Con el fin de lograr el segundo objetivo, se consultó a estilistas para mejorar la traducción desde el punto de vista literario. Estos se esforzaron por aumentar la claridad de la versión sin sacrificar en ningún momento la fidelidad al texto original, y procuraron evitar los regionalismos.

Sociedad Bíblica Internacional
P.O. Box 522241
Miami, Florida 33152-2241
EE. UU.

Junio de 1990

Evangelio según
San Mateo

Genealogía de Jesucristo

1 Tabla genealógica de Jesucristo, el hijo de David, el hijo de Abraham:

2 Abraham fue el padre de Isaac;
Isaac, el padre de Jacob;
Jacob, el padre de Judá y de sus hermanos;

3 Judá, el padre de Fares y de Zara, cuya madre fue Tamar;
Fares, el padre de Esrom;
Esrom, el padre de Aram;

4 Aram, el padre de Aminadab;
Aminadab, el padre de Naasón;
Naasón, el padre de Salmón;

5 Salmón, el padre de Booz, cuya madre fue Rahab;
Booz, el padre de Obed, cuya madre fue Rut;
Obed, el padre de Isaí;

6 e Isaí, el padre del rey David.

David fue el padre de Salomón, cuya madre había sido la esposa de Urías;

7 Salomón, el padre de Roboam;
Roboam, el padre de Abías;
Abías, el padre de Asa;

8 Asa, el padre de Josafat;
Josafat, el padre de Joram;
Joram, el padre de Uzías;

9 Uzías, el padre de Jotam;
Jotam, el padre de Acaz;
Acaz, el padre de Ezequías;

10 Ezequías, el padre de Manasés;
Manasés, el padre de Amón;
Amón, el padre de Josías;

11 y Josías, el padre de Jeconías[a] y de sus hermanos en tiempos de la deportación a Babilonia.

12 Después de la deportación a Babilonia,
Jeconías fue el padre de Salatiel;
Salatiel, el padre de Zorobabel;

13 Zorobabel, el padre de Abiud;
Abiud, el padre de Eliaquim;
Eliaquim, el padre de Azor;

14 Azor, el padre de Sadoc;
Sadoc, el padre de Aquim;
Aquim, el padre de Eliud;

15 Eliud, el padre de Eleazar;
Eleazar, el padre de Matán;
Matán, el padre de Jacob;

16 y Jacob, el padre de José, esposo de María, de la cual nació Jesús, llamado Cristo.

17 Así que hubo catorce generaciones en total desde Abraham hasta David, catorce desde David hasta la deportación a Babilonia, y catorce desde la deportación hasta el Cristo.[b]

Nacimiento de Jesucristo

18 El nacimiento de Jesucristo fue así: Su madre, María, estaba comprometida para casarse con José, pero antes de unirse, se halló que estaba encinta por obra del Espíritu Santo. **19** Como José, su esposo, era un hombre justo y no quería exponerla a vergüenza pública, pensó separarse de ella en secreto. **20** Pero después de considerarlo, se le apareció en sueños un ángel del Señor y le dijo: "José, hijo de David, no temas recibir en tu casa a María por esposa, porque lo concebido en ella es del Espíritu Santo. **21** Dará a luz un hijo, y le pondrás por nombre Jesús,[c] porque él salvará a su pueblo de sus pecados." **22** Todo esto sucedió para que se cumpliera lo que el Señor había

---

a **1:11** Es decir, *Joaquín*; también en v. 12 (véanse 1 Cr 3:16 y 2 R 24:6)   *b* **1:17** O *Mesías*. Tanto "el Cristo" (griego) como "el Mesías" (hebreo) significan: "el Ungido".
c **1:21** *Jesús* es la variante en griego de *Josué*, que significa: *el SEÑOR salva*.

dicho por medio del profeta: **23**"La virgen quedará encinta y dará a luz un hijo, y lo llamarán Emanuel"*d* (que significa: "Dios con nosotros").

24Cuando José se despertó, hizo lo que el ángel del Señor le había mandado y llevó a María a su casa como esposa suya. **25**Pero no tuvo relación conyugal con ella hasta que dio a luz un hijo. Y le puso por nombre Jesús.

Visita de los magos

2 Después que Jesús nació en Belén de Judea en tiempos del rey Herodes, llegaron a Jerusalén unos magos procedentes del Oriente.

2—¿Dónde está el que ha nacido rey de los judíos? —preguntaron—. Vimos su estrella en el oriente*e* y hemos venido a adorarlo.

3Cuando lo oyó el rey Herodes, se alteró, y toda Jerusalén con él. **4**Después de convocar a todos los jefes de los sacerdotes y maestros de la ley del pueblo, les preguntó dónde había de nacer el Cristo.*f*

5—En Belén de Judea —le respondieron—, porque esto es lo que ha escrito el profeta:

6" 'Pero tú, Belén, en la tierra
de Judá,
de ninguna manera eres la
menor entre los gober-
nantes de Judá;
porque de ti saldrá un gobernante
que será el pastor de mi pueblo Israel.'*g*

7Herodes llamó en secreto a los magos y se enteró por ellos del tiempo exacto en que había aparecido la estrella. **8**Los envió a Belén y les dijo:

—Vayan y busquen con diligencia al niño. Tan pronto como lo encuentren, avísenme, para que yo también vaya y lo adore.

9Después de oír al rey, siguieron su camino, y la estrella que habían visto en el oriente*h* iba delante de ellos hasta que se detuvo sobre el lugar donde estaba el niño. **10**Al ver la estrella, se llenaron de alegría. **11**Cuando llegaron a la casa, vieron al niño con María, su madre; y postrándose, lo adoraron. Abrieron sus cofres y le presentaron regalos de oro, de incienso y de mirra. **12**Advertidos en sueños que no volvieran a Herodes, regresaron a su tierra por otro camino.

La huida a Egipto

13Cuando ya se habían ido, un ángel del Señor se le apareció en sueños a José y le dijo: "Levántate, toma al niño y a su madre, y huye a Egipto. Quédate allí hasta que yo te avise, porque Herodes va a buscar al niño para matarlo."

14Así que se levantó, tomó al niño y a su madre durante la noche, y partió para Egipto, **15**donde permaneció hasta la muerte de Herodes. Así se cumplió lo que el Señor había dicho por medio del profeta: "De Egipto llamé a mi hijo."*i*

16Cuando Herodes se dio cuenta de que los magos se habían burlado de él, se enfureció y mandó matar a todos los niños menores de dos años en Belén y en sus alrededores, de acuerdo con el tiempo que había averiguado de los magos. **17**Entonces se cumplió lo dicho por medio del profeta Jeremías:

18"Se oye una voz en Ramá,
llanto y gran lamentación,
Raquel que llora por sus
hijos
y se niega a ser consolada,
porque ya no existen."*j*

El regreso a Nazaret

19Muerto Herodes, un ángel del Señor se le apareció en sueños a José en Egipto **20**y le dijo: "Levántate, toma al niño y a su madre, y vete a la tierra de Israel porque ya están muertos los que procuraban quitarle al niño la vida."

21Así que se levantó, tomó al niño y a su madre, y se fue a la tierra de

d 1:23 Is 7:14   *e* 2:2 O estrella cuando se levantaba   *f* 2:4 O Mesías   *g* 2:6 Mi 5:2
h 2:9 O visto cuando se levantaba   *i* 2:15 Os 11:1   *j* 2:18 Jer 31:15

Israel. **22** Pero al oír que Arquelao reinaba en Judea en lugar de su padre Herodes, tuvo miedo de ir allá. Habiendo sido advertido en sueños, se retiró al distrito de Galilea, **23** y fue a vivir en un pueblo llamado Nazaret. Así se cumplió lo dicho por medio de los profetas: "Será llamado nazareno."

Juan el Bautista prepara el camino

3 En aquellos días se presentó Juan el Bautista predicando en el desierto de Judea **2** y diciendo: "Arrepiéntanse, porque el reino de los cielos está cerca." **3** Este es aquel de quien se dijo por medio del profeta Isaías:

"Voz de uno que grita en el
        desierto:
'Preparen el camino para el
        Señor,
    hagan sendas derechas para
        él.' " *k*

4 La ropa de Juan estaba hecha de pelo de camello. Llevaba puesto un cinturón de cuero. Su alimento era langostas y miel silvestre. **5** La gente acudía a él desde Jerusalén, desde toda Judea y desde toda la región del Jordán. **6** Al confesar ellos sus pecados, él los bautizaba en el río Jordán.

7 Pero cuando vio a muchos de los fariseos y de los saduceos venir a donde él estaba bautizando, les dijo: "¡Raza de víboras! ¿Quién les advirtió que huyeran de la ira venidera? **8** Produzcan fruto que muestre arrepentimiento. **9** No piensen que pueden decirse a sí mismos: 'Tenemos a Abraham por padre.' Les digo que de estas piedras Dios puede levantar hijos a Abraham. **10** El hacha ya está puesta a la raíz de los árboles, y todo árbol que no produzca buen fruto se cortará y se arrojará al fuego. **11** Yo los bautizo a ustedes con *l* agua para que se arrepientan. Pero después de mí viene uno más poderoso que yo, del que no soy digno de llevar las sandalias. El los bautizará con el Espíritu Santo y con fuego. **12** Tiene el bieldo en la mano y limpiará su

era, recogiendo el trigo en su granero y quemando la paja con fuego que nunca se apaga."

Bautismo de Jesús

13 Jesús fue de Galilea al Jordán para que Juan lo bautizara. **14** Pero Juan trató de disuadirlo.

—Yo necesito ser bautizado por ti, ¿y tú vienes a mí? —le dijo.

15 —Permite que sea así ahora; conviene que hagamos esto a fin de cumplir toda justicia —le contestó Jesús.

Entonces Juan consintió.

16 Tan pronto como Jesús fue bautizado, subió del agua. En ese momento se abrió el cielo, y él vio al Espíritu de Dios bajar como una paloma y posarse sobre él. **17** Y una voz del cielo decía: "Este es mi Hijo amado; estoy muy complacido con él."

Tentación de Jesús

4 Luego Jesús fue llevado por el Espíritu al desierto para que el diablo lo tentara. **2** Después de ayunar cuarenta días y cuarenta noches, tuvo hambre. **3** El tentador se le acercó y le dijo:

—Si eres el Hijo de Dios, diles a estas piedras que se conviertan en pan.

4 —Escrito está: 'El hombre no vive de pan únicamente, sino de toda palabra que sale de la boca de Dios' *m* —le contestó Jesús.

5 Luego el diablo lo llevó a la ciudad santa e hizo que se pusiera de pie sobre la parte más alta del templo.

6 —Si eres el Hijo de Dios —le dijo—, tírate abajo. Porque escrito está:

'Dará órdenes a sus ángeles
        acerca de ti,
    y te levantarán en sus
        manos,
para que no tropiece tu pie
        con una piedra.' *n*

7 —También está escrito: 'No pongas a prueba al Señor tu Dios' *o* —le contestó Jesús.

k 3:3 Is 40:3   *l* 3:11 O *en*   *m* 4:4 Dt 8:3   *n* 4:6 Sal 91:11,12   *o* 4:7 Dt 6:16

8 De nuevo lo llevó el diablo a una montaña sumamente alta y le mostró todos los reinos del mundo y su esplendor.

9 —Todo esto te daré si te postras y me adoras.

10 —¡Vete, Satanás! —le dijo Jesús—. Porque escrito está: 'Adora al Señor tu Dios, y sirve sólo a él.'*p*

11 Entonces el diablo lo dejó, y unos ángeles acudieron a atenderlo.

Jesús comienza a predicar

12 Al oír Jesús que Juan había sido encarcelado, regresó a Galilea. **13** Saliendo de Nazaret, se fue a vivir a Capernaúm, que está junto al lago en la región de Zabulón y de Neftalí, **14** para cumplir lo dicho por medio del profeta Isaías:

15 "Tierra de Zabulón y tierra de
    Neftalí,
    camino del mar, a lo largo
      del Jordán,
    Galilea de los paganos;
16 el pueblo que vive en la oscuridad
    ha visto una gran luz;
    sobre los que viven en la tierra
      de la sombra de muerte
    ha resplandecido una luz."*q*

17 Desde entonces comenzó Jesús a predicar: "Arrepiéntanse, porque el reino de los cielos está cerca."

Llamamiento de los primeros discípulos

18 Al caminar junto al mar de Galilea, Jesús vio a dos hermanos: uno era Simón, llamado Pedro, y el otro Andrés. Estaban echando una red en el lago, pues eran pescadores. **19** "Vengan, síganme —les dijo Jesús—, y los haré pescadores de hombres." **20** Al instante dejaron las redes y lo siguieron.

21 Más adelante vio a otros dos hermanos: Jacobo*r* y Juan, hijos de Zebedeo, que estaban con su padre en una barca remendando las redes. Jesús los llamó, **22** y dejaron en seguida la barca y a su padre, y lo siguieron.

Jesús sana a los enfermos

23 Jesús recorría toda Galilea, enseñando en sus sinagogas, anunciando las buenas nuevas del reino, y sanando toda enfermedad y dolencia en el pueblo. **24** Su fama se extendió por toda Siria, y le llevaban todos los que padecían de diversas enfermedades, los que sufrían de dolores graves, los endemoniados, los epilépticos y los paralíticos, y él los sanaba. **25** Lo seguían grandes multitudes de Galilea, Decápolis,*s* Jerusalén, Judea y de la región al otro lado del Jordán.

Las bienaventuranzas

5 Cuando vio a las multitudes, subió a la ladera de una montaña y se sentó. Sus discípulos se le acercaron, **2** y él comenzó a enseñarles diciendo:

3 "Dichosos los pobres en espíritu,
    porque el reino de los cielos
      es de ellos.
4 Dichosos los que lloran,
    porque recibirán consuelo.
5 Dichosos los de corazón
      humilde,
    porque heredarán la tierra.
6 Dichosos los que tienen hambre y sed de justicia,
    porque serán saciados.
7 Dichosos los compasivos,
    porque serán tratados con
      compasión.
8 Dichosos los de corazón limpio,
    porque ellos verán a Dios.
9 Dichosos los pacificadores,
    porque serán llamados hijos
      de Dios.
10 Dichosos los perseguidos por
      causa de la justicia,
    porque el reino de los cielos
      es de ellos.

11 "Dichosos ustedes cuando por mi causa la gente los insulte, los persiga y diga toda clase de calumnias contra ustedes. **12** Alégrense y estén contentos, porque es grande su recompensa en el cielo, pues de

---

p 4:10 Dt 6:13   *q* 4:16 Is 9:1,2   *r* 4:21 O *Santiago*   *s* 4:25 Es decir, las Diez Ciudades

la misma manera persiguieron a los profetas que los precedieron a ustedes.

La sal y la luz

13"Ustedes son la sal de la tierra. Pero si la sal se vuelve insípida, ¿cómo se puede salar otra vez? Ya no sirve para nada, sino para ser arrojada y pisoteada por los hombres. **14**"Ustedes son la luz del mundo. Una ciudad en lo alto de una colina no puede esconderse. **15**Ni se enciende una lámpara para ponerla debajo de una caja. Por el contrario, se pone en el candelero para que alumbre a todos los que están en la casa. **16**Así brille la luz de ustedes delante de los hombres, de manera que puedan ver sus buenas obras y alabar a su Padre que está en el cielo.

El cumplimiento de la ley

17"No crean que he venido a anular la ley o los profetas; no he venido a anularlos sino a cumplirlos. **18**Les aseguro que mientras haya cielo y tierra, de ninguna manera desaparecerán ni la más pequeña letra ni el trazo más insignificante de la ley hasta que todo se haya realizado. **19**Todo el que quebrante uno solo de los más pequeños de estos mandamientos y enseñe a otros que hagan lo mismo será llamado el más pequeño en el reino de los cielos; pero al que practique y enseñe estos mandatos se le llamará grande en el reino de los cielos. **20**Porque les digo a ustedes que, a menos que su justicia supere a la de los fariseos y de los maestros de la ley, de ninguna manera entrarán en el reino de los cielos.

El homicidio

21"Ustedes han oído que se le dijo a la gente hace mucho tiempo: 'No mates,*t* y todo el que mate quedará sujeto a juicio.' **22**Pero yo les digo que todo el que se enoje*u* con su hermano quedará sujeto a juicio. Es más, cualquiera que le diga: 'Raca'*v*

a su hermano será responsable ante el Sanedrín. Pero cualquiera que le diga: '¡Necio!' estará en peligro de ir a parar al fuego del infierno.

23"Por lo tanto, si estás presentando tu ofrenda en el altar y allí recuerdas que tu hermano tiene algo contra ti, **24**deja tu ofrenda allí delante del altar. Ve primero y reconcíliate con tu hermano; luego vuelve y presenta tu ofrenda.

25"Arréglate de prisa con tu adversario que te va a denunciar ante el tribunal. Hazlo mientras vas de camino todavía con él, no sea que él te entregue al juez, y el juez al alguacil, y te echen en la cárcel. **26**Te aseguro que no saldrás de allí hasta que pagues el último centavo.*w*

El adulterio

27"Ustedes han oído que se dijo: 'No cometas adulterio.'*x* **28**Pero yo les digo que cualquiera que mira a una mujer para codiciarla ya ha cometido adulterio con ella en el corazón. **29**Si tu ojo derecho te hace pecar, sácatelo y arrójalo. Más te vale perder una sola parte del cuerpo, que sea arrojado todo tu cuerpo al infierno. **30**Y si tu mano derecha te hace pecar, córtatela y arrójala. Más te vale perder una sola parte del cuerpo, que tener todo el cuerpo e ir al infierno.

El divorcio

31"Se ha dicho: 'El que se divorcia de su esposa debe darle un certificado de divorcio.'*y* **32**Pero yo les digo que todo el que se divorcia de su esposa, excepto por motivo de infidelidad conyugal, la induce a cometer adulterio, y el que se casa con la divorciada comete adulterio.

Los juramentos

33"También han oído que se le dijo a la gente hace mucho tiempo: 'No quebrantes tu juramento, sino cumple tus juramentos al Señor.'

---

t **5:21** Ex 20:13   *u* **5:22** Algunos mss. dicen: *enoje sin causa*   *v* **5:22** Vocablo despectivo en arameo   *w* **5:26** Griego *cuadrante*   *x* **5:27** Ex 20:14   *y* **5:31** Dt 24:1

34Pero yo les digo: No juren de ningún modo: ni por el cielo, porque es el trono de Dios; **35**ni por la tierra, porque es el estrado de sus pies; ni por Jerusalén, porque es la ciudad del gran Rey. **36**Ni tampoco jures por tu cabeza, porque no puedes hacer que ni un solo cabello sea blanco o negro. **37**Que el 'sí' de ustedes sea simplemente 'sí', y el 'no', 'no'; lo que se le añade a esto procede del maligno.

Ojo por ojo

38"Ustedes han oído que se dijo: 'Ojo por ojo y diente por diente.'*z* **39**Pero yo les digo: No resistan al malvado. Si alguien te da una bofetada en la mejilla derecha, vuélvele también la otra. **40**Si alguien quiere demandarte y quitarte la camisa, déjalo que se lleve también la capa. **41**Si alguien te obliga a caminar un kilómetro, acompáñalo dos. **42**Dale al que te pida, y no le vuelvas la espalda al que quiera pedirte prestado.

El amor a los enemigos

43"Ustedes han oído que se dijo: 'Ama a tu prójimo*a* y odia a tu enemigo.' **44**Pero yo les digo: Amen a sus enemigos*b* y oren por quienes los persiguen, **45**para que sean hijos de su Padre que está en el cielo. El hace que su sol salga sobre malos y buenos, y hace que llueva sobre justos e injustos. **46**Si ustedes aman a quienes los aman, ¿qué recompensa recibirán? ¿No hacen eso hasta los recaudadores de impuestos? **47**Y si saludan a sus hermanos solamente, ¿qué hacen más que otros? ¿No hacen eso hasta los paganos? **48**Por tanto, sean perfectos, así como su Padre celestial es perfecto.

El dar a los necesitados

6 "Cuídense de no hacer sus 'obras de caridad' delante de los hombres para que ellos los vean. Si obran así, su Padre que está en el cielo no les dará ninguna recompensa.

2"Por eso, cuando des a los necesitados, no lo anuncies a son de trompeta como lo hacen los hipócritas en las sinagogas y en las calles para que los hombres les rindan homenaje. Les aseguro que ya han recibido toda su recompensa. **3**Pero cuando des a los necesitados, que no se entere tu mano izquierda de lo que hace la derecha, **4**para que tu limosna sea en secreto. Así tu Padre, que ve lo que se hace en secreto, te recompensará.

La oración

5"Cuando oren, no sean como los hipócritas, porque a ellos les encanta orar de pie en las sinagogas y en las esquinas de las plazas para que los hombres los vean. Les aseguro que ya han obtenido toda su recompensa. **6**Pero tú, cuando te pongas a orar, entra en tu cuarto, cierra la puerta y ora a tu Padre, que está en secreto. Así tu Padre, que ve lo que se hace en secreto, te recompensará. **7**Y al orar, no repitan palabras inútiles como hacen los paganos, porque ellos creen que serán escuchados por sus muchas palabras. **8**No sean como ellos, porque su Padre sabe lo que ustedes necesitan antes que se lo pidan.

9"Ustedes deben orar así:

"'Padre nuestro que estás en
    el cielo,
santificado sea tu nombre,
10 venga tu reino,
hágase tu voluntad
    en la tierra como en el cielo.
11 Danos hoy nuestro pan coti-
    diano.
12 Perdónanos nuestras deudas,
    como también nosotros
      hemos perdonado a nues-
    tros deudores.

z **5:38** Ex 21:24; Lv 24:20; Dt 19:21   *a* **5:43** Lv 19:18   *b* **5:44** Algunos mss. posteriores dicen: *enemigos, bendigan a quienes los maldicen, hagan bien a quienes los odian* (véase Lc 6:27,28)

13 Y no nos metas en tentación,
  sino líbranos del maligno.'c
14 "Porque si perdonan a los hombres sus ofensas, también los perdonará a ustedes su Padre celestial. 15 Pero si no perdonan a los hombres sus ofensas, tampoco su Padre les perdonará a ustedes sus pecados.

El ayuno

16 "Cuando ayunen, no pongan el rostro sombrío como hacen los hipócritas, porque desfiguran sus rostros para mostrar a los hombres que están ayunando. Les aseguro que ya han obtenido toda su recompensa. 17 Pero cuando ayunes tú, ponte aceite en la cabeza y lávate la cara 18 para que no sea evidente ante los hombres que estás ayunando, sino sólo ante tu Padre, que no se ve; y te recompensará tu Padre, que ve lo que se hace en secreto.

Tesoros en el cielo

19 "No acumulen para sí tesoros en la tierra, donde la polilla y el óxido corroen, y donde los ladrones entran a robar. 20 Más bien, acumulen para sí tesoros en el cielo, donde ni la polilla ni el óxido corroen, y donde los ladrones no entran a robar. 21 Porque donde esté tu tesoro, allí estará también tu corazón.

22 "El ojo es la lámpara del cuerpo. Si tus ojos son buenos, todo tu cuerpo estará lleno de luz. 23 Pero si tus ojos son malos, todo tu cuerpo estará lleno de oscuridad. Si la luz que hay en ti es oscuridad, ¡qué densa será esa oscuridad!

24 "Nadie puede servir a dos señores. Odiará a uno y amará al otro, o querrá mucho a uno y despreciará al otro. Ustedes no pueden servir a la vez a Dios y al dinero.

De nada sirve preocuparse

25 "Por eso les digo: No se preocupen por su vida, qué comerán o beberán; ni por su cuerpo, cómo se vestirán. ¿No es la vida más importante que la comida, y el cuerpo más importante que la ropa? 26 Fíjense en las aves del cielo: no siembran ni cosechan ni almacenan en graneros; sin embargo, el Padre celestial de ustedes las alimenta. ¿No valen ustedes mucho más que ellas? 27 ¿Quién de ustedes, por mucho que se preocupe, puede añadir una sola hora al curso de su vida?d

28 "¿Y por qué se preocupan por la ropa? Observen cómo crecen los lirios del campo. No trabajan ni hilan. 29 Sin embargo, les digo que ni siquiera Salomón, con todo su lujo, se vistió como uno de ellos. 30 Si así viste Dios la hierba que hoy está en el campo y mañana es arrojada al horno, ¿no hará mucho más por vestirlos a ustedes, hombres de poca fe? 31 Así que no se preocupen diciendo: '¿Qué comeremos?' o '¿Qué beberemos?' o '¿Con qué nos vestiremos?' 32 Porque los paganos buscan con afán todas estas cosas, y el Padre celestial sabe que ustedes las necesitan. 33 Pero busquen ante todo el reino de Dios y su justicia, y se les darán además todas estas cosas. 34 Por lo tanto, no se preocupen por el día de mañana, porque el día de mañana tendrá sus propias inquietudes. Cada día tiene suficientes problemas de por sí.

El juzgar a los demás

7 "No juzguen, no sea que ustedes también sean juzgados. 2 Porque de la misma manera que juzguen a los demás, ustedes serán juzgados, y con la medida que usen, se les medirá a ustedes.

3 "¿Por qué te fijas en la mota de aserrín que tiene tu hermano en el ojo y no le das importancia al tablón que está en tu propio ojo? 4 ¿Cómo puedes decirle a tu hermano: 'Déjame sacarte la mota del ojo', cuando tienes todo el tiempo un tablón en el tuyo? 5 ¡Hipócrita!, saca

---

c 6:13 O *del mal*; algunos mss. posteriores dicen: *maligno, / porque tuyos son el reino y el poder y la gloria para siempre. Amén.'*   d 6:27 O *puede aumentar su estatura siquiera medio metro?* (griego *un codo*, medida antigua desde el codo hasta la punta de los dedos)

primero el tablón de tu propio ojo, y verás con claridad para sacar la mota del ojo de tu hermano.

6 "No den lo sagrado a los perros ni echen sus perlas a los cerdos, no sea que las pisoteen y después se vuelvan contra ustedes y los hagan pedazos.

Pidan, busquen, llamen

7 "Pidan, y se les dará; busquen, y encontrarán; llamen, y se les abrirá la puerta. 8 Porque todo el que pide, recibe; el que busca, encuentra; y al que llama, se le abrirá la puerta.

9 ¿Quién de ustedes, si su hijo le pide pan, le dará una piedra? 10 ¿O si le pide un pescado, le dará una serpiente? 11 Pues si ustedes, aun siendo malos, saben dar buenos regalos a sus hijos, ¡cuánto más su Padre que está en el cielo dará buenos regalos a los que le pidan! 12 Así que en todo hagan con los demás como quieran que ellos hagan con ustedes, porque esto es en resumen la ley y los profetas.

La puerta estrecha y la puerta ancha

13 "Entren por la puerta estrecha. Porque es ancha la puerta, y espacioso el camino que conduce a la destrucción, y muchos entran por ella. 14 Pero es estrecha la puerta, y angosto el camino que conduce a la vida, y son pocos los que la encuentran.

El árbol y su fruto

15 "Cuídense de los falsos profetas. Vienen a ustedes disfrazados de ovejas, pero por dentro son lobos feroces. 16 Por su fruto los reconocerán. ¿Acaso se recogen uvas de los espinos, o higos de los cardos? 17 Del mismo modo, todo árbol bueno da fruto bueno, pero el árbol malo da fruto malo. 18 Un árbol bueno no puede dar fruto malo, y un árbol malo no puede dar fruto bueno. 19 Todo árbol que no da buen fruto se corta y se arroja al fuego. 20 Así que, por su fruto los reconocerán.

21 "No todo el que me dice: 'Señor, Señor', entrará en el reino de los cielos, sino sólo el que hace la voluntad de mi Padre que está en el cielo. 22 Muchos me dirán en aquel día: 'Señor, Señor, ¿no profetizamos en tu nombre, y en tu nombre expulsamos demonios e hicimos muchos milagros?' 23 Entonces les diré claramente: 'Jamás los conocí. ¡Aléjense de mí, malhechores!'

El prudente y el insensato

24 "Por tanto, todo el que oye estas palabras mías y las pone en práctica es como un hombre prudente que construyó su casa sobre la roca. 25 Cayó la lluvia, crecieron los ríos, y soplaron los vientos y azotaron aquella casa; con todo, no se derrumbó porque tenía el cimiento sobre la roca. 26 Pero todo el que oye estas palabras mías y no las pone en práctica es como un hombre insensato que construyó su casa sobre la arena. 27 Cayó la lluvia, crecieron los ríos, y soplaron los vientos y azotaron aquella casa, y se derrumbó completamente."

28 Cuando Jesús terminó de decir estas cosas, las multitudes se asombraban de su enseñanza, 29 porque les enseñaba como quien tenía autoridad, y no como sus maestros de la ley.

Jesús sana a un leproso

8 Cuando bajó de la ladera de la montaña, lo seguían grandes multitudes. 2 Se acercó un hombre que tenía lepra*e* y se arrodilló delante de él.

—Señor, si quieres, puedes limpiarme —le dijo.

3 Jesús extendió la mano y tocó al hombre.

—Sí quiero. ¡Queda limpio!

Y al instante quedó sano *f* de la lepra.

4 —Mira, no se lo digas a nadie —le dijo Jesús—, sino ve a mostrarte al sacerdote, y presenta la

---

e 8:2 El vocablo griego no se refería necesariamente a la lepra sino a diversas enfermedades de la piel.   *f* 8:3 Griego *limpio*

ofrenda que ordenó Moisés, para
que les sirva de testimonio.

La fe del centurión

5 Cuando entró Jesús en Capernaúm, se le acercó un centurión
pidiendo ayuda.

6 —Señor, mi siervo está en casa
paralizado y sufre terriblemente.

7 —Iré a sanarlo —respondió
Jesús.

8 —Señor, no merezco que entres
bajo mi techo. Pero con una sola
palabra que digas, quedará sano mi
siervo. **9** Porque yo mismo soy hombre bajo autoridad, con soldados bajo
mis órdenes. Le digo a uno: 'Ve', y va,
y al otro: 'Ven', y viene. Le digo a mi
siervo: 'Haz esto', y lo hace.

10 Al oír esto, Jesús se asombró y
dijo a quienes lo seguían:

—Les aseguro que no he encontrado a nadie en Israel con una fe
tan grande. **11** Les digo que vendrán
muchos del oriente y del occidente,
y ocuparán sus puestos en la fiesta
con Abraham, Isaac y Jacob en el
reino de los cielos. **12** Pero a los
súbditos del reino se les echará
afuera, a la oscuridad, donde habrá
llanto y rechinar de dientes.

13 Luego Jesús le dijo al centurión:

—¡Ve! Todo se hará tal como
creíste.

Y en esa misma hora el siervo
quedó sano.

Jesús sana a muchos enfermos

14 Cuando Jesús entró en casa de
Pedro, vio a la suegra de éste en
cama con fiebre. **15** Le tocó la mano
y se le quitó la fiebre, y ella se
levantó y comenzó a servirle.

16 Al atardecer, le llevaron
muchos endemoniados, y con una
sola palabra expulsó a los espíritus,
y sanó a todos los enfermos. **17** Esto
sucedió para que se cumpliera lo
dicho por medio del profeta Isaías:

"El tomó nuestras debilidades
   y cargó con nuestras enfer-
      medades." *g*

Lo que cuesta seguir a Jesús

18 Cuando Jesús vio a la multitud
que lo rodeaba, dio orden de cruzar
al otro lado del lago. **19** Se le acercó
un maestro de la ley y le dijo:

—Maestro, te seguiré a dondequiera que vayas.

20 —Las zorras tienen madrigueras y las aves del cielo tienen nidos
—le respondió Jesús—, pero el Hijo
del Hombre no tiene dónde recostar
la cabeza.

21 Otro discípulo le dijo:

—Señor, primero déjame ir a enterrar a mi padre.

22 —Sígueme, y deja que los muertos entierren a sus muertos —le
respondió Jesús.

Jesús calma la tormenta

23 Luego subió a la barca y sus
discípulos lo siguieron. **24** De
repente, se levantó en el lago una
furiosa tormenta, de modo que las
olas inundaban la barca. Pero Jesús
estaba dormido. **25** Los discípulos se
le acercaron y lo despertaron,
diciéndole:

—¡Señor, sálvanos! ¡Nos vamos a
ahogar!

26 —Hombres de poca fe —les contestó—, ¿por qué tienen tanto
miedo?

Entonces se levantó y reprendió a
los vientos y a las olas, y todo quedó
completamente tranquilo.

27 Los hombres estaban asombrados y decían: "¿Qué clase de hombre
es éste, que hasta los vientos y las
olas le obedecen?"

Liberación de dos endemoniados

28 Cuando Jesús llegó al otro lado,
a la región de los gadarenos, *h* le
salieron al encuentro dos endemoniados de entre los sepulcros. Eran
tan violentos que nadie podía pasar
por aquel camino.

29 —¿Qué quieres con nosotros,
Hijo de Dios? —le gritaron—. ¿Has
venido aquí a atormentarnos antes
del tiempo señalado?

g 8:17 Is 53:4   *h* 8:28 Algunos mss. dicen: *gergesenos*; otros: *gerasenos*

30 A cierta distancia de ellos estaba paciendo una manada de muchos cerdos. **31** Los demonios le rogaron a Jesús:

—Si nos expulsas, mándanos a la manada de cerdos.

32 —Vayan —les dijo.

Así que salieron de los hombres y entraron en los cerdos, y toda la manada se precipitó al lago por el despeñadero y murió en el agua. **33** Los que cuidaban de los cerdos huyeron al pueblo y dieron aviso de todo, incluso de lo que les había sucedido a los endemoniados. **34** Entonces todos los del pueblo salieron al encuentro de Jesús. Y cuando lo vieron, le suplicaron que se fuera de su región.

Jesús sana a un paralítico

9 Jesús subió a una barca, cruzó al otro lado y llegó a su propio pueblo. **2** Unos hombres le llevaron un paralítico, acostado en una camilla. Al ver Jesús la fe de ellos, le dijo al paralítico:

—¡Ánimo, hijo; tus pecados quedan perdonados!

3 Algunos de los maestros de la ley dijeron para sí: "¡Este hombre está blasfemando!"

4 Como Jesús conocía sus pensamientos, les dijo:

—¿Por qué tienen ustedes tan malos pensamientos? **5** ¿Qué es más fácil, decir: 'Tus pecados quedan perdonados', o decir: 'Levántate y anda'? **6** Pues para que sepan que el Hijo del Hombre tiene autoridad en la tierra para perdonar pecados —le dijo entonces al paralítico—: Levántate, toma tu camilla y vete a tu casa.

7 Y el hombre se levantó y se fue a su casa. **8** La multitud se llenó de temor cuando vio esto, y glorificó a Dios por haber dado tal autoridad a los hombres.

Llamamiento de Mateo

9 Al irse de allí, Jesús vio a un hombre llamado Mateo, sentado en la oficina de recaudación de impuestos. "Sígueme", le dijo. Mateo se levantó y lo siguió.

10 Mientras Jesús estaba comiendo en casa de Mateo, muchos recaudadores de impuestos y "pecadores" llegaron y comieron con él y sus discípulos. **11** Cuando los fariseos vieron esto, les preguntaron a sus discípulos:

—¿Por qué come su maestro con recaudadores de impuestos y con 'pecadores'?

12 —No son los sanos sino los enfermos los que necesitan médico —les contestó Jesús al oírlo—. **13** Pero vayan y aprendan lo que significa: 'Misericordia quiero y no sacrificio.'*i* Porque no he venido a llamar a justos sino a pecadores.

Le preguntan a Jesús sobre el ayuno

14 Se le acercaron los discípulos de Juan y le preguntaron:

—¿Cómo es que ayunamos nosotros y los fariseos, pero no ayunan tus discípulos?

15 —¿Acaso pueden estar de luto los invitados del novio mientras está con ellos? —les contestó Jesús—. Llegará el día en que se les quitará el novio; entonces sí ayunarán. **16** Nadie remienda un vestido viejo con un retazo de tela nueva, porque el remiendo tirará del vestido y la rotura se hará peor. **17** Ni tampoco se echa vino nuevo en odres viejos. Si se hace así, se reventarán los odres, se derramará el vino y los odres se arruinarán. Más bien, el vino nuevo se echa en odres nuevos, y ambos se conservan.

Una niña muerta y una mujer enferma

18 Mientras él les decía esto, llegó un jefe de la sinagoga y se arrodilló delante de él.

—Mi hija acaba de morir —le dijo—. Pero ven y pon tu mano sobre ella, y vivirá.

19 Jesús se levantó y fue con él, acompañado de sus discípulos. **20** En

i 9:13 Os 6:6

esto, una mujer que padecía de hemorragias desde hacía doce años se le acercó por detrás y le tocó el borde del manto. 21 Ella decía para sí: "Si logro tocar siquiera su manto, quedaré sana." 22 Jesús se dio vuelta, la vio y le dijo:

—¡Ánimo, hija! Tu fe te ha sanado.

Y quedó sana la mujer desde aquel momento.

23 Cuando Jesús entró en la casa del jefe y vio a los flautistas y a la gente bulliciosa, 24 les dijo:

—Váyanse. La niña no está muerta sino dormida.

Pero ellos se burlaban de él. 25 Después que sacaron a la gente, él entró y tomó de la mano a la niña, y ella se levantó. 26 Y se divulgó por toda aquella región la noticia de lo sucedido.

Jesús sana a los ciegos y a los mudos

27 Al irse Jesús de allí, dos ciegos lo siguieron, gritando:

—¡Ten compasión de nosotros, Hijo de David!

28 Cuando entró en la casa, se le acercaron los ciegos, y él les preguntó:

—¿Creen que puedo sanarlos?

—Sí, Señor —le respondieron.

29 Entonces les tocó los ojos y les dijo:

—Se hará con ustedes conforme a su fe.

30 Y recobraron la vista. Jesús les advirtió con firmeza:

—Asegúrense de que nadie se entere de esto.

31 Pero ellos salieron e hicieron correr la noticia acerca de Jesús por toda aquella región.

32 Mientras ellos salían, le llevaron un mudo endemoniado a Jesús. 33 Expulsado el demonio, el que había estado mudo habló. La multitud se maravillaba y decía: "Jamás se ha visto nada igual en Israel."

34 Pero los fariseos decían: "Es por medio del príncipe de los demonios que expulsa a los demonios."

Escasean los obreros

35 Jesús recorría todas las poblaciones y aldeas enseñando en sus sinagogas, anunciando las buenas nuevas del reino, y sanando toda enfermedad y toda dolencia. 36 Al ver a las multitudes, tuvo compasión de ellas, porque estaban agobiadas y desamparadas, como ovejas sin pastor. 37 "Es abundante la cosecha, pero escasean los obreros —les dijo a sus discípulos—. 38 Pídanle, por tanto, al Señor de la cosecha que envíe obreros a su campo."

Jesús envía a los doce

10 Llamó a sus doce discípulos y les dio autoridad para expulsar a los espíritus malos *j* y sanar toda enfermedad y toda dolencia.

2 Estos son los nombres de los doce apóstoles: primero Simón, llamado Pedro, y su hermano Andrés; Jacobo *k* y su hermano Juan, hijos de Zebedeo; 3 Felipe y Bartolomé; Tomás y Mateo, el recaudador de impuestos; Jacobo, hijo de Alfeo, y Tadeo; 4 Simón el zelote y Judas Iscariote, el que lo traicionó.

5 Jesús envió a estos doce con las siguientes instrucciones: "No vayan entre los no judíos ni entren en ningún pueblo de los samaritanos. 6 Vayan más bien a las ovejas descarriadas de Israel. 7 Dondequiera que vayan, prediquen este mensaje: 'El reino de los cielos está cerca.' 8 Sanen a los enfermos, resuciten a los muertos, limpien a los que tienen lepra, *l* expulsen a los demonios. Lo que ustedes recibieron gratis denlo gratuitamente. 9 No lleven oro ni plata ni cobre en el cinto; 10 ni bolsa para el camino, ni dos camisas, ni sandalias, ni bastón; porque el trabajador merece que se le dé su sustento.

11 "En cualquier población en que entren, busquen alguna persona digna, y quédense en su casa hasta

---

j 10:1 Griego *inmundos*   *k* 10:2 O *Santiago*; también en v. 3   *l* 10:8 El vocablo griego no se refería necesariamente a la lepra sino a diversas enfermedades de la piel.

que se vayan. 12 Al entrar en la casa, saluden. 13 Si el hogar se lo merece, que la paz de ustedes reine en él; y si no, que ustedes conserven su paz. 14 Si alguno no los recibe bien ni escucha sus palabras, sacudan el polvo de los pies cuando salgan de esa casa o de ese pueblo. 15 Les aseguro que en el día del juicio será más tolerable el castigo para Sodoma y Gomorra que para aquel pueblo. 16 Los envío como ovejas en medio de lobos. Por tanto, sean astutos como serpientes e inocentes como palomas.

17 "Tengan cuidado con los hombres; los entregarán a los concilios locales y los azotarán en sus sinagogas. 18 Por mi causa los llevarán ante gobernadores y reyes para darles testimonio a ellos y a los no judíos. 19 Pero cuando los arresten, no se preocupen por lo que van a decir o cómo van a decirlo. En ese momento se les dará lo que han de decir 20 porque no serán ustedes los que hablen sino el Espíritu de su Padre hablando por medio de ustedes.

21 "El hermano entregará a la muerte al hermano, y el padre al hijo. Los hijos se rebelarán contra sus padres y harán que los maten. 22 Todo el mundo los odiará por causa mía, pero el que se mantenga firme hasta el fin será salvo. 23 Cuando los persigan en un lugar, huyan a otro. Les aseguro que no terminarán de recorrer las ciudades de Israel antes que venga el Hijo del Hombre.

24 "Un alumno no está por encima de su maestro, ni un siervo por encima de su señor. 25 Basta con que el alumno sea como su maestro, y con que el siervo sea como su señor. Si al jefe de la casa lo han llamado Beelzebú,m ¡cuánto más a los de su familia!

26 "Así que no les tengan miedo; porque no hay nada encubierto que no llegue a revelarse, ni nada escondido que no llegue a descubrirse. 27 Lo que les digo en la oscuridad,

díganlo ustedes a plena luz; lo que se les susurra al oído, proclámenlo desde las azoteas. 28 No teman a los que matan el cuerpo pero no pueden matar el alma. Teman más bien al que puede destruir tanto el alma como el cuerpo en el infierno. 29 ¿No se venden dos gorriones por una monedita?n Sin embargo, ni uno de ellos caerá a tierra sin que el Padre de ustedes lo permita. 30 Y ustedes tienen contados hasta los cabellos de la cabeza. 31 Así que no tengan miedo; ustedes valen más que muchos gorriones.

32 "A cualquiera que me reconozca delante de los hombres, yo también lo reconoceré delante de mi Padre que está en el cielo. 33 Pero a cualquiera que me niegue delante de los hombres, yo lo negaré delante de mi Padre que está en el cielo.

34 "No crean que he venido a traer paz a la tierra. No vine a traer paz sino espada. 35 Porque he venido a poner en conflicto

'al hombre contra su padre,
a la hija contra su madre,
a la nuera contra su suegra;
36   los enemigos del hombre
serán los de su propia
familia'.o

37 "Cualquiera que ama a su padre o a su madre más que a mí no es digno de mí; cualquiera que ama a su hijo o a su hija más que a mí no es digno de mí; 38 y el que no toma su cruz y me sigue no es digno de mí. 39 El que encuentre su vida, la perderá, y el que la pierda por mí, la encontrará.

40 "El que los recibe a ustedes, me recibe a mí; y el que me recibe a mí, recibe al que me envió. 41 Cualquiera que recibe a un profeta por tratarse de un profeta, recibirá recompensa de profeta; y el que recibe a un justo por tratarse de un justo, recibirá recompensa de justo. 42 Y cualquiera que le dé siquiera un vaso de agua fresca a uno de estos pequeños por tratarse de un discípulo mío, les aseguro que no perderá su recompensa."

m 10:25 Griego *Beelzebul* o *Beezebul*   n 10:29 Griego *un asarion*   o 10:36 Mi 7:6

Jesús y Juan el Bautista

11 Después que Jesús terminó de dar instrucciones a sus doce discípulos, se fue de allí a enseñar y a predicar en los pueblos de Galilea. *p*

2 Al enterarse Juan en la cárcel de lo que Cristo estaba haciendo, envió a sus discípulos a que le preguntaran:

3 —¿Eres el que había de venir, o debemos esperar a otro?

4 —Vayan y cuéntenle a Juan lo que oyen y ven —les respondió Jesús—: **5** Los ciegos ven, los cojos caminan, los que tienen lepra *q* son sanados, los sordos oyen, los muertos resucitan y a los pobres se les anuncian las buenas nuevas. **6** Dichoso el que no halla en mí motivo de tropiezo.

7 Mientras se iban los discípulos de Juan, Jesús comenzó a hablarle a la multitud acerca de Juan: "¿Qué salieron a ver al desierto? ¿Una caña sacudida por el viento? **8** Si no, ¿qué salieron a ver? ¿A un hombre vestido con ropa de lujo? ¡No! Los que visten ropa de lujo están en los palacios de los reyes. **9** Entonces, ¿qué salieron a ver? ¿A un profeta? Sí, les digo, y más que profeta. **10** Este es de quien está escrito:

” 'Yo enviaré a mi mensajero
        delante de ti,
    para que te prepare el
        camino.' *r*

11 Les aseguro que entre los nacidos de mujer no se ha levantado nadie más grande que Juan el Bautista; sin embargo, el más pequeño en el reino de los cielos es más grande que él. **12** Desde los días de Juan el Bautista hasta ahora, el reino de los cielos ha venido avanzando con fuerza, y los que se esfuerzan logran aferrarse a él. **13** Porque todos los profetas y la ley profetizaron hasta Juan. **14** Y si quieren aceptar esto, él es el Elías que había de venir. **15** El que tenga oídos, que oiga.

16 "¿Con qué puedo comparar a esta generación? Se parece a niños sentados en la plaza que gritan a los demás:

17 ” 'Tocamos la flauta para ustedes,
        y ustedes no bailaron;
    Entonamos un canto fúnebre,
        y ustedes no lloraron.'

18 "Porque vino Juan, que no comía ni bebía, y dicen: 'Tiene un demonio.' **19** Vino el Hijo del Hombre, que come y bebe, y dicen: 'Este es un glotón y un borracho, amigo de recaudadores de impuestos y de "pecadores".' Pero la sabiduría se demuestra por sus hechos."

Ayes sobre ciudades no arrepentidas

20 Entonces comenzó Jesús a censurar a las ciudades en que había hecho la mayor parte de sus milagros, porque no se habían arrepentido. **21** "¡Ay de ti, Corazín! ¡Ay de ti, Betsaida! Si se hubieran hecho en Tiro y en Sidón los milagros que se hicieron en ustedes, ya hace tiempo que se habrían arrepentido en saco y en ceniza. **22** Pero les digo que en el día del juicio será más tolerable el castigo para Tiro y Sidón que para ustedes. **23** Y tú, Capernaúm, ¿acaso serás levantada hasta el cielo? No, sino que descenderás hasta el abismo. *s* Si los milagros que se hicieron en ti se hubieran hecho en Sodoma, habría permanecido hasta el día de hoy. **24** Te aseguro que en el día del juicio será más tolerable el castigo para Sodoma que para ti."

Descanso para los cansados

25 En aquel tiempo Jesús dijo: "Te alabo, Padre, Señor del cielo y de la tierra, porque has escondido estas cosas de los sabios e instruidos, y las has revelado a los niños. **26** Sí, Padre, porque esto fue de tu agrado.

27 "Mi Padre me ha entregado todas las cosas. Nadie conoce al Hijo sino el Padre, y nadie conoce al Padre sino el Hijo y aquellos a quienes el Hijo quiera revelarlo.

---

p 11:1 Griego *de ellos.*   *q* 11:5 El vocablo griego no se refería necesariamente a la lepra sino a diversas enfermedades de la piel.   *r* 11:10 Mal 3:1   *s* 11:23 Griego *Hades*

28 "Vengan a mí todos ustedes que están cansados y agobiados, y yo les daré descanso. 29 Pónganse mi yugo y aprendan de mí, pues soy tierno y humilde de corazón, y encontrarán descanso para su alma. 30 Porque mi yugo es suave y mi carga ligera."

Señor del día de reposo

12 Por aquel tiempo pasaba Jesús por los sembrados en un día de reposo. Sus discípulos tenían hambre, y comenzaron a arrancar algunas espigas y comérselas. 2 Al ver esto, los fariseos le dijeron:

—¡Mira! Tus discípulos están haciendo en el día de reposo lo que la ley prohíbe.

3 —¿No han leído lo que hizo David cuando él y sus compañeros tuvieron hambre? —les contestó Jesús—. 4 Entró en la casa de Dios, y él y sus compañeros comieron los panes consagrados a Dios, que no se les permitía a ellos sino sólo a los sacerdotes. 5 ¿O no han leído en la ley que en el día de reposo los sacerdotes en el templo profanan el día, y aun así no cometen ninguna falta? 6 Pues yo les digo que uno*t* más grande que el templo está aquí. 7 Si hubieran sabido lo que significan estas palabras: 'Misericordia quiero y no sacrificio',*u* no habrían condenado a los inocentes. 8 Porque el Hijo del Hombre es Señor del día de reposo.

9 Pasando de allí, entró en la sinagoga de ellos, 10 donde había un hombre que tenía una mano paralizada. Como buscaban un motivo para acusar a Jesús, le preguntaron:

—¿Permite la ley sanar en el día de reposo?

11 —Si alguno de ustedes tiene una oveja y se le cae en un pozo en el día de reposo, ¿no la agarra y la saca? —les dijo—. 12 ¡Cuánto más vale un hombre que una oveja! Por lo tanto, la ley permite hacer el bien en el día de reposo.

13 Entonces le dijo al hombre:

—Estira la mano.

Así que la estiró y le quedó completamente restablecida, tan sana como la otra. 14 Pero los fariseos salieron y tramaron cómo matar a Jesús.

El siervo escogido por Dios

15 Consciente de esto, Jesús se retiró de aquel lugar. Lo siguieron muchos, y sanó a todos sus enfermos, 16 y les advirtió que no dijeran quién era él. 17 Esto fue para que se cumpliera lo dicho por medio del profeta Isaías:

18 "Aquí está mi siervo, a quien he escogido,
    mi amado, en quien me deleito;
pondré mi Espíritu sobre él,
    y proclamará justicia a las naciones.
19 No disputará ni gritará;
    nadie oirá su voz en las calles.
20 No quebrará la caña magullada
    ni apagará la mecha que humea,
hasta que haga triunfar la justicia.
21   En su nombre pondrán las naciones su esperanza."*v*

Jesús y Beelzebú

22 Le llevaron un endemoniado que estaba ciego y mudo, y Jesús lo sanó, de modo que pudo hablar y ver. 23 Toda la gente se quedó asombrada y decía: "¿Acaso será éste el Hijo de David?"

24 Pero cuando los fariseos oyeron esto, dijeron: "Este no expulsa a los demonios sino por medio de Beelzebú,*w* el príncipe de los demonios."

25 Jesús conocía sus pensamientos, y les dijo: "Todo reino dividido contra sí mismo será asolado, y toda ciudad o familia dividida contra sí misma no seguirá en pie. 26 Si Satanás expulsa a Satanás, está dividido contra sí mismo. ¿Cómo puede,

---

t 12:6 O *algo*; también en vv. 41 y 42   *u* 12:7 Os 6:6   *v* 12:21 Is 42:1-4
w 12:24 Griego *Beelzebul* o *Beezebul*; también en v. 27

entonces, seguir en pie su reino? **27**Y si yo expulso a los demonios por medio de Beelzebú, ¿por medio de quién los expulsa la gente de ustedes? Por eso serán ellos sus jueces. **28**Pero si expulsó a los demonios por medio del Espíritu de Dios, es que el reino de Dios ha llegado a ustedes.

29"¿O cómo puede entrar alguien en la casa de un hombre fuerte y arrebatarle sus bienes a menos que primero ate al hombre fuerte? Sólo entonces puede robar su casa.

30"El que no está de mi parte, está contra mí; y el que conmigo no recoge, dispersa. **31**Por eso les digo que todo pecado y toda blasfemia se les perdonarán a los hombres, pero la blasfemia contra el Espíritu no se perdonará. **32**A cualquiera que pronuncie alguna palabra contra el Hijo del Hombre se le perdonará, pero el que hable contra el Espíritu Santo no tendrá perdón ni en este tiempo ni en el venidero.

33"Cultiven bien un árbol y su fruto será bueno, o cultívenlo mal y su fruto será malo, porque al árbol se le reconoce por su fruto. **34**Raza de víboras, ¿cómo pueden ustedes que son malos decir algo bueno? Porque de la abundancia del corazón habla la boca. **35**El hombre bueno saca cosas buenas del bien que tiene almacenado, y el hombre malo saca cosas malas del mal que está en él. **36**Pero yo les digo que en el día del juicio los hombres tendrán que dar cuenta de toda palabra imprudente que hayan pronunciado. **37**Porque por tus palabras se te absolverá, y por tus palabras se te condenará."

La señal de Jonás

38Algunos de los fariseos y maestros de la ley le dijeron:

—Maestro, queremos ver alguna señal milagrosa de parte tuya.

39—¡Una generación malvada y adúltera pide una señal milagrosa! —les contestó Jesús—. Pero no se le dará más señal que la del profeta Jonás. **40**Porque así como estuvo Jonás tres días y tres noches en el vientre de un pez enorme, también estará el Hijo del Hombre tres días y tres noches en el corazón de la tierra. **41**Los hombres de Nínive se levantarán en el juicio con esta generación y la condenarán; porque ellos se arrepintieron con la predicación de Jonás, y ahora tienen aquí a uno[x] más grande que Jonás. **42**La Reina del Sur se levantará en el juicio con esta generación y la condenará; porque ella vino desde los confines de la tierra para escuchar la sabiduría de Salomón, y ahora tienen aquí a uno más grande que Salomón.

43"Cuando un espíritu malo[y] sale de un hombre, pasa por lugares secos buscando descanso y no lo encuentra. **44**Entonces dice: 'Volveré a la casa de donde salí.' Cuando llega, la encuentra desocupada, barrida y arreglada. **45**Luego se va y se lleva otros siete espíritus más malvados que él, y entran a vivir allí. Y el estado final de aquel hombre resulta peor que el primero. Así le pasará también a esta generación malvada.

La madre y los hermanos de Jesús

46Mientras Jesús seguía hablándole a la multitud, su madre y sus hermanos estaban afuera, deseando hablar con él. **47**Alguien le dijo:

—Tu madre y tus hermanos están afuera y quieren hablar contigo.[z]

48—¿Quién es mi madre, y quiénes son mis hermanos? —les contestó.

49Señalando a sus discípulos, añadió:

—Aquí tienen a mi madre y a mis hermanos. **50**Cualquiera que hace la voluntad de mi Padre que está en el cielo es mi hermano, mi hermana y mi madre.

Parábola del sembrador

13 Ese mismo día salió Jesús de la casa y se sentó junto al lago. **2**Se reunieron alrededor de él

---

x 12:41 O *algo*; también en v. 42 no incluyen v. 47.   *y* 12:43 Griego *inmundo*   *z* 12:47 Algunos mss.

multitudes tan grandes que subió a una barca y se sentó, mientras toda la gente estaba de pie en la orilla. 3 Entonces les contó muchas cosas en parábolas. Les dijo: "Un agricultor salió a sembrar. 4 Mientras iba esparciendo la semilla, una parte cayó junto al camino, y llegaron los pájaros y se la comieron. 5 Otra parte cayó en terreno pedregoso, sin mucha tierra. Esa semilla brotó pronto porque la tierra no tenía profundidad. 6 Pero cuando salió el sol, las plantas se marchitaron y, por no tener raíz, se secaron. 7 Otra parte de la semilla cayó entre espinos que, al crecer, la ahogaron. 8 Pero otra parte cayó en buen terreno, en el que produjo una cosecha cien, sesenta o treinta veces más de lo que se había sembrado. 9 El que tenga oídos, que oiga."

10 Se acercaron los discípulos y le preguntaron:

—¿Por qué empleas parábolas al hablarle a la gente?

11 —A ustedes se les ha dado a conocer los secretos del reino de los cielos —les contestó—; pero a ellos no. 12 Al que tiene, se le dará más, y tendrá en abundancia. Al que no tiene se le quitará hasta lo poco que tiene. 13 Por eso les hablo a ellos en parábolas:

"Aun viendo, no ven;
  aun oyendo, no oyen ni
    entienden.
14 En ellos se cumple la profecía de Isaías:

"'Aunque oigan, no entenderán;
  aunque vean, no percibirán.
15 Porque el corazón de este pue-
    blo se ha vuelto insensible;
  difícilmente oyen con los oídos,
  y han cerrado los ojos.
  De lo contrario, podrían ver
    con los ojos,
  oír con los oídos,
  entender con el corazón
  y convertirse, y yo los sanaría.'ᵃ
16 Pero dichosos los ojos de ustedes porque ven, y sus oídos porque oyen. 17 Porque les aseguro que muchos profetas y hombres justos anhelaron ver lo que ustedes ven, pero no lo vieron; y oír lo que ustedes oyen, pero no lo oyeron.

18 "Escuchen el significado de la parábola del sembrador: 19 Cuando alguien oye el mensaje acerca del reino y no lo entiende, viene el maligno y arrebata lo que se sembró en su corazón. Esta es la semilla sembrada junto al camino. 20 El que recibió la semilla que cayó en terreno pedregoso es el hombre que oye la palabra y la recibe inmediatamente con alegría. 21 Pero como no tiene raíz, dura poco tiempo. Cuando surgen problemas o persecución a causa de la palabra, se aparta en seguida. 22 El que recibió la semilla que cayó entre espinos es el que oye la palabra, pero las preocupaciones de esta vida y el engaño de las riquezas la ahogan, volviéndose así infructuosa. 23 Pero el que recibió la semilla que cayó en buen terreno es el que oye la palabra y la entiende. El produce una cosecha que proporciona cien, sesenta o treinta veces más de lo que se había sembrado.

Parábola de la mala hierba

24 Jesús les contó otra parábola: "El reino de los cielos es como un hombre que sembró buena semilla en su campo. 25 Pero mientras todos dormían, llegó su enemigo y sembró mala hierba entre el trigo, y se fue. 26 Cuando brotó el trigo y se formó la espiga, apareció también la mala hierba. 27 Los siervos fueron al dueño y le dijeron: 'Señor, ¿no sembró usted semilla buena en· su campo? Entonces, ¿de dónde salió la mala hierba?' 28 'Esto es obra de un enemigo', les respondió. Le preguntaron los siervos: '¿Quiere que vayamos a arrancarla?' 29 '¡No! —les contestó—, no sea que, al arrancar la mala hierba, arranquen con ella el trigo. 30 Dejen que crezcan juntos hasta la cosecha. Entonces les diré a los segadores: Recojan primero la mala hierba y átenla en manojos

ᵃ 13:15 Is 6:9,10

para quemarla; después recojan el trigo y guárdenlo en mi granero.'"

Parábolas del grano de mostaza y de la levadura

31 Les contó otra parábola: "El reino de los cielos es como un grano de mostaza que un hombre sembró en su campo. **32** Aunque es la más pequeña de todas las semillas, cuando crece es la más grande de las hortalizas y se convierte en árbol, de modo que vienen las aves del cielo y anidan en sus ramas."

33 Les contó otra parábola más: "El reino de los cielos es como la levadura que una mujer tomó y mezcló en una gran cantidad^b de harina, hasta que fermentó toda la masa."

34 Jesús le dijo a la multitud todas estas cosas en parábolas; no les decía nada sin emplear parábolas. **35** Así se cumplió lo dicho por medio del profeta:

"Abriré mi boca en parábolas; diré cosas que han estado ocultas desde la creación del mundo."^{c}

Explicación de la parábola de la mala hierba

36 Una vez que se despidió de la multitud, entró en la casa. Se le acercaron sus discípulos y le dijeron:
—Explícanos la parábola de la mala hierba del campo.

37 —El que sembró la buena semilla es el Hijo del Hombre —les respondió Jesús—. **38** El campo es el mundo, y la buena semilla representa a los hijos del reino. La mala hierba son los hijos del maligno, **39** y el enemigo que la siembra es el diablo. La cosecha es el fin del mundo, y los segadores son los ángeles. **40** "Así como se recoge la mala hierba y se quema en el fuego, será también al fin del mundo. **41** El Hijo del Hombre enviará a sus ángeles, y arrancarán de su reino todo lo que hace pecar y a los que hacen maldad. **42** Los arrojarán al horno encendido, donde habrá llanto y rechinar de dientes. **43** Entonces los justos brillarán como el sol en el reino de su Padre. El que tenga oídos, que oiga.

Parábolas del tesoro escondido y de la perla

44 "El reino de los cielos es como un tesoro escondido en un campo. Cuando un hombre lo descubrió, lo volvió a esconder, y lleno de alegría fue y vendió todo lo que tenía y compró ese campo.

45 "También se parece el reino de los cielos a un comerciante que andaba buscando perlas finas. **46** Cuando encontró una de gran valor, fue y vendió todo lo que tenía y la compró.

Parábola de la red

47 "También se parece el reino de los cielos a una red que se echó al lago y recogió peces de toda clase. **48** Cuando se llenó, los pescadores la sacaron a la orilla, se sentaron y recogieron los peces buenos en canastas, y tiraron los malos. **49** Así será al fin del mundo. Vendrán los ángeles y separarán a los malvados de los justos, **50** y los arrojarán al horno encendido, donde habrá llanto y rechinar de dientes.

51 —¿Han entendido todas estas cosas? —les preguntó Jesús.
—Sí —respondieron ellos.

52 —Por eso todo maestro de la ley que ha sido instruido acerca del reino de los cielos es como el dueño de una casa, que de lo que tiene guardado saca tesoros nuevos y viejos.

Un profeta sin honra

53 Cuando Jesús terminó estas parábolas, se fue de allí. **54** Al llegar a su tierra, comenzó a enseñar a la gente en la sinagoga de ellos.
—¿De dónde sacó éste tal sabiduría y tales poderes milagrosos? —decían asombrados—. **55** ¿No es el hijo del carpintero? ¿No se llama su madre María, y sus hermanos Jacobo,^{d}

---

b **13:33** Griego *tres satas* (probablemente unos 22 litros) c **13:35** Sal 78:2
d **13:55** O *Santiago*

José, Simón y Judas? 56¿No están todas sus hermanas con nosotros? ¿Entonces de dónde sacó éste todas estas cosas?

57Y se ofendían a causa de él. Pero Jesús les dijo:

—En todas partes se honra a un profeta, menos en su tierra y en su propia casa.

58Y no hizo allí muchos milagros debido a la falta de fe de ellos.

Decapitación de Juan el Bautista

14 En aquel tiempo Herodes el tetrarca oyó lo que se contaba de Jesús, 2y dijo a los que estaban a su servicio: "¡Ese es Juan el Bautista; ha resucitado de entre los muertos! Por eso se manifiestan en él esos poderes milagrosos."

3Es que Herodes había arrestado a Juan y lo había atado y metido en la cárcel por causa de Herodías, esposa de su hermano Felipe, 4porque Juan había estado diciéndole: "La ley te prohíbe tenerla." 5Herodes quería matarlo, pero le tenía miedo a la gente, porque consideraban a Juan como un profeta.

6En el cumpleaños de Herodes, la hija de Herodías bailó delante de todos y agradó tanto a Herodes, 7que él le prometió bajo juramento darle cualquier cosa que pidiera. 8Instigada por su madre, ella le dijo: "Dame aquí en una bandeja la cabeza de Juan el Bautista."

9El rey se entristeció, pero a causa de sus juramentos y en atención a los invitados, ordenó que se le concediera la petición, 10y mandó decapitar a Juan en la cárcel. 11Llevaron la cabeza en una bandeja y se la dieron a la muchacha, quien se la entregó a su madre. 12Los discípulos de Juan llegaron, se llevaron el cuerpo y le dieron sepultura. Después fueron y avisaron a Jesús.

Jesús alimenta a los cinco mil

13Cuando Jesús recibió la noticia, se retiró él solo en una barca a un lugar solitario. Al enterarse, las multitudes lo siguieron a pie desde los poblados. 14Cuando Jesús desembarcó y vio una gran multitud, tuvo compasión de ellos y sanó a los que estaban enfermos.

15Al atardecer se le acercaron sus discípulos y le dijeron:

—Este es un lugar apartado y ya se hace tarde. Despide a las multitudes para que vayan a los pueblos y se compren algo de comer.

16—No es necesario que se vayan —contestó Jesús—. Denles ustedes mismos de comer.

17—No tenemos aquí más que cinco panes y dos pescados.

18—Tráiganmelos acá —les dijo Jesús.

19Y mandó a la gente que se sentara sobre la hierba. Tomó los cinco panes y los dos pescados, miró al cielo, dio gracias y partió los panes. Luego se los dio a los discípulos, y los discípulos se los dieron a la gente. 20Todos comieron y quedaron satisfechos, y los discípulos recogieron doce canastas llenas de pedazos que sobraron. 21Los que comieron fueron unos cinco mil hombres, además de las mujeres y de los niños.

Jesús camina sobre el agua

22En seguida Jesús hizo que los discípulos subieran a la barca y se le adelantaran en dirección al otro lado mientras despedía a la multitud. 23Después de despedirla, subió solo a una montaña para orar. Al anochecer, estaba allí él solo, 24pero la barca ya estaba bastante lejosᵉ de la tierra, zarandeada por las olas, porque el viento le era contrario.

25Durante la madrugada Jesús se acercó a ellos caminando sobre el lago. 26Cuando los discípulos lo vieron caminando sobre el lago, quedaron aterrados.

—¡Es un fantasma! —dijeron, y gritaron de miedo.

27Pero Jesús les dijo en seguida:

—¡Animo! Soy yo. No tengan miedo.

ᵉ 14:24 Griego *a muchos estadios*

28 —Señor, si eres tú —respondió Pedro—, mándame que vaya a ti sobre el agua.

29 —Ven.

Pedro bajó de la barca, caminó sobre el agua y se dirigió a Jesús. **30** Pero al ver el viento fuerte, tuvo miedo y, al comenzar a hundirse, gritó:

—¡Señor, sálvame!

31 En seguida Jesús le tendió la mano y lo sujetó.

—¡Hombre de poca fe! ¿Por qué dudaste?

32 Cuando subieron a la barca, se calmó el viento. **33** Y los que estaban en la barca lo adoraron diciendo:

—Verdaderamente tú eres el Hijo de Dios.

34 Después de cruzar el lago, desembarcaron en Genesaret. **35** Cuando reconocieron a Jesús los hombres de aquel lugar, divulgaron la noticia por todos los alrededores. Le llevaban todos los que estaban enfermos **36** y le suplicaban que permitiera que éstos tocaran siquiera el borde de su manto, y quienes lo tocaban quedaban sanos.

Lo limpio y lo impuro

15 Se acercaron a Jesús algunos fariseos y maestros de la ley que habían llegado de Jerusalén, y le preguntaron:

2 —¿Por qué quebrantan tus discípulos la tradición de los ancianos? ¡Ellos no se lavan las manos antes de comer!

3 —¿Y por qué quebrantan ustedes el mandamiento de Dios a causa de su tradición? —les contestó Jesús—. **4** Porque Dios dijo: 'Honra a tu padre y a tu madre', *f* y: 'El que maldiga a su padre o a su madre, debe morir.' *g* **5** Pero ustedes dicen que si alguien dice a su padre o a su madre: 'Cualquier ayuda que pudieran haber recibido de mí es ofrenda a Dios', **6** ya no debe 'honrar a su padre' *h* con ello. Así anulan ustedes la palabra de Dios por causa de su tradición. **7** ¡Hipócritas! Tenía razón Isaías cuando profetizó de ustedes:

8 " 'Este pueblo me honra con los labios,
    pero tiene el corazón lejos de mí.
9 En vano me adoran;
    sus enseñanzas no son más que reglas hechas por hombres.' *i*

10 Jesús llamó a la multitud y dijo:

—Escuchen y entiendan. **11** Lo que entra en la boca del hombre no lo hace 'impuro'; lo que sale de su boca, eso es lo que lo hace 'impuro'.

12 Entonces se le acercaron los discípulos y le dijeron:

—¿Sabes que los fariseos se ofendieron al oír eso?

13 —Toda planta que no haya plantado mi Padre celestial será arrancada de raíz —les respondió—. **14** Déjenlos; son guías ciegos. *j* Si un ciego guía a otro ciego, ambos caerán en un hoyo.

15 —Explícanos la parábola —le pidió Pedro.

16 —¿Todavía son tan torpes ustedes también? —les dijo Jesús—. **17** ¿No se dan cuenta de que todo lo que entra en la boca va al estómago y después se elimina? **18** Pero las cosas que salen de la boca vienen del corazón, y esas hacen 'impuro' al hombre. **19** Porque del corazón salen los malos pensamientos, los homicidios, los adulterios, la inmoralidad sexual, los robos, los falsos testimonios y las calumnias. **20** Estas cosas son las que hacen 'impuro' al hombre; pero el comer sin lavarse las manos no lo hace 'impuro'.

La fe de la mujer cananea

21 Partiendo de allí, Jesús se retiró a la región de Tiro y Sidón. **22** Una mujer cananea de las inmediaciones se le acercó, gritando:

—¡Señor, Hijo de David, ten compasión de mí! Mi hija sufre terriblemente por estar endemoniada.

---

f **15:4** Ex 20:12; Dt 5:16   *g* **15:4** Ex 21:17; Lv 20:9   *h* **15:6** Algunos mss. dicen: *padre o a su madre*   *i* **15:9** Is 29:13   *j* **15:14** Algunos mss. dicen: *son ciegos guías de ciegos.*

23 Jesús no le respondió palabra. Así que sus discípulos se acercaron a él y le rogaron:

—Despídela, porque viene gritando detrás de nosotros.

24 —No fui enviado sino a las ovejas perdidas de Israel —contestó Jesús.

25 La mujer se acercó, se arrodilló delante de él y le dijo:

—¡Señor, ayúdame!

26 —No está bien tomar el pan de los hijos y echárselo a los perros —le respondió Jesús.

27 —Sí, Señor; pero hasta los perros comen las migajas que caen de la mesa de sus amos.

28 —¡Mujer, qué grande es tu fe! —contestó Jesús—. Te concedo lo que pides.

Y desde ese mismo momento quedó sana su hija.

Jesús alimenta a los cuatro mil

29 Salió Jesús de allí y fue junto al mar de Galilea. Luego subió a la ladera de una montaña y se sentó. 30 Se le acercaron grandes multitudes que llevaban cojos, ciegos, lisiados, mudos y muchos enfermos más, y los pusieron a sus pies; y él los sanó. 31 La gente se asombraba al ver a los mudos hablar, a los lisiados recobrar la salud, a los cojos andar y a los ciegos ver. Y alababan al Dios de Israel.

32 Jesús llamó a sus discípulos y les dijo:

—Siento compasión de esta gente porque ya llevan tres días conmigo y no tienen nada que comer. No quiero despedirlos sin comer, no sea que se desmayen por el camino.

33 —¿Dónde podríamos conseguir en este lugar desierto suficiente pan para dar de comer a una multitud tan grande? —le contestaron sus discípulos.

34 —¿Cuántos panes tienen? —les preguntó Jesús.

—Siete, y unos pocos pescaditos.

35 Luego mandó que la gente se sentara en el suelo. 36 Tomó los siete panes y los pescados y, después de dar gracias, los partió y se los dio a los discípulos, y éstos, a su vez, a la gente. 37 Todos comieron y quedaron satisfechos. Después los discípulos recogieron siete canastas llenas de pedazos que sobraron. 38 Los que comieron eran cuatro mil hombres, sin contar las mujeres y los niños. 39 Después de despedir a la gente, subió Jesús a la barca y se fue a la región de Magadán.

Le piden a Jesús una señal

16 Los fariseos y los saduceos se acercaron a Jesús y, para ponerlo a prueba, le pidieron que les mostrara una señal del cielo.

2 El les contestó:[k] "Al atardecer, ustedes dicen: 'Hará buen tiempo porque el cielo está rojizo', 3 y por la mañana: 'Hoy habrá tempestad porque el cielo está rojizo y nublado.' Ustedes saben interpretar el aspecto del cielo, pero no pueden interpretar las señales de los tiempos. 4 Una generación malvada y adúltera busca una señal milagrosa, pero no se le dará más señal que la de Jonás." Entonces Jesús los dejó y se fue.

La levadura de los fariseos y de los saduceos

5 Cuando cruzaron el lago, a los discípulos se les olvidó llevar pan.

6 —Tengan cuidado —les advirtió Jesús—; guárdense de la levadura de los fariseos y de los saduceos.

7 Ellos comentaban entre sí: "Es porque no trajimos pan." 8 Consciente de ello, Jesús les dijo:

—Hombres de poca fe, ¿por qué están comentando entre ustedes acerca de que no tienen pan? 9 ¿Todavía no entienden? ¿No recuerdan los cinco panes para los cinco mil, y cuántas canastas recogieron? 10 ¿Ni los siete panes para los cuatro mil, y cuántas canastas recogieron? 11 ¿Cómo es que no entienden que no les hablaba del pan? Pero guárdense de la levadura de los fariseos y de los saduceos.

---

k 16:2 Algunos mss. antiguos no incluyen el resto del v. 2 y todo el v. 3.

12 Entonces comprendieron que no les decía que se cuidaran de la levadura del pan sino de la enseñanza de los fariseos y de los saduceos.

La confesión de Pedro

13 Cuando llegó Jesús a la región de Cesarea de Filipo, les preguntó a sus discípulos:

—¿Quién dice la gente que es el Hijo del Hombre?

14 —Unos dicen que Juan el Bautista, otros que Elías, y otros que Jeremías o uno de los profetas —respondieron.

15 —Y ustedes, ¿quién dicen que soy yo?

16 —Tú eres el Cristo,*l* el Hijo del Dios viviente —respondió Simón Pedro.

17 —Bendito eres, Simón, hijo de Jonás —le dijo Jesús—, porque eso no te lo reveló ningún hombre, sino mi Padre que está en el cielo. **18** Yo te digo que tú eres Pedro,*m* y sobre esta piedra edificaré mi iglesia, y las puertas del Hades*n* no prevalecerán contra ella.*o* **19** Te daré las llaves del reino de los cielos; todo lo que ates en la tierra quedará*p* atado en el cielo, y todo lo que desates en la tierra quedará*p* desatado en el cielo.

20 Luego les advirtió a sus discípulos que no dijeran a nadie que él era el Cristo.

Jesús predice su muerte

21 Desde entonces comenzó Jesús a explicarles a sus discípulos que tenía que ir a Jerusalén y sufrir muchas cosas a manos de los ancianos, de los jefes de los sacerdotes y de los maestros de la ley, y que ser muerto y resucitado al tercer día. **22** Pedro lo llevó aparte y comenzó a reprenderlo:

—¡Nunca, Señor! ¡Esto no te sucederá jamás!

23 Jesús se volvió y le dijo a Pedro:

—¡Aléjate de mí, Satanás! Tú me eres tropezadero; no piensas en las cosas de Dios sino en las de los hombres.

24 Luego dijo Jesús a sus discípulos:

—Si alguno quiere ser mi discípulo, tiene que negarse a sí mismo, tomar su cruz y seguirme. **25** Porque el que quiera salvar su vida,*q* la perderá; pero el que pierda su vida por mi causa, la encontrará. **26** ¿De qué le servirá a un hombre ganar el mundo entero si pierde su alma? ¿O qué puede dar un hombre a cambio de su alma? **27** Porque el Hijo del Hombre ha de venir en la gloria de su Padre con sus ángeles, y entonces recompensará a cada persona según lo que haya hecho. **28** Les aseguro que algunos de los que están aquí no sufrirán la muerte hasta que vean venir al Hijo del Hombre en su reino.

La transfiguración

17 Transcurridos seis días, Jesús tomó consigo a Pedro, a Jacobo*r* y a Juan, el hermano de Jacobo,*r* y los llevó aparte a una montaña alta. **2** Allí se transfiguró en presencia de ellos; su rostro resplandeció como el sol, y su ropa se volvió blanca como la luz. **3** En esto, se les aparecieron Moisés y Elías conversando con Jesús. **4** Pedro le dijo a Jesús:

—Señor, ¡qué bien que estemos aquí! Si quieres, levantaré tres enramadas: una para ti, otra para Moisés y otra para Elías.

5 Mientras estaba aún hablando, los envolvió una nube luminosa, y desde la nube una voz dijo: "Este es mi Hijo amado; estoy muy complacido con él. ¡Escúchenlo!"

6 Al oír esto, los discípulos se postraron sobre su rostro, aterrorizados. **7** Pero Jesús se acercó a ellos y los tocó.

—Levántense —les dijo—. No tengan miedo.

---

l **16:16** O *Mesías*; también en v. 20   *m* **16:18** *Pedro* significa: *piedra.*
n **16:18** O *infierno*   *o* **16:18** O *no se mostrarán más fuertes que ella.*
p **16:19** O *habrá sido*   *q* **16:25** El vocablo griego significa tanto *vida* como *alma*; también en v. 26.   *r* **17:1** O *Santiago*

8 Cuando alzaron la vista, no vieron a nadie más que a Jesús.

9 Mientras bajaban de la montaña, Jesús les encargó:

—No le cuenten a nadie lo que han visto hasta que el Hijo del Hombre haya resucitado de entre los muertos.

10 —¿Entonces por qué dicen los maestros de la ley que Elías tiene que venir primero? —le preguntaron los discípulos.

11 —Sin duda Elías viene, y restaurará todas las cosas —respondió Jesús—. 12 Pero les digo que Elías ya vino, y no lo reconocieron sino que le hicieron todo lo que querían. De la misma manera va a sufrir el Hijo del Hombre a manos de ellos.

13 Entonces entendieron los discípulos que les estaba hablando de Juan el Bautista.

Jesús sana a un muchacho endemoniado

14 Cuando llegaron a la multitud, se acercó un hombre a Jesús y se arrodilló delante de él.

15 —Señor, ten compasión de mi hijo. Le dan ataques y sufre terriblemente. Muchas veces cae en el fuego o en el agua. 16 Se lo traje a tus discípulos, pero no pudieron sanarlo.

17 —¡Oh generación incrédula y perversa! —respondió Jesús—. ¿Hasta cuándo tendré que estar con ustedes? ¿Hasta cuándo tendré que soportarlos? ¡Tráiganme acá al muchacho!

18 Jesús reprendió al demonio, el cual salió del muchacho, y éste quedó sano desde aquel momento.

19 Después se acercaron los discípulos a Jesús en privado y le preguntaron:

—¿Por qué no pudimos nosotros expulsarlo?

20 —Porque ustedes tienen tan poca fe —les respondió—. Les aseguro que si tienen fe tan pequeña como un grano de mostaza, podrán

decirle a esta montaña: 'Trasládate de aquí allá', y se trasladará. Nada será imposible para ustedes. s

22 Estando reunidos en Galilea, Jesús les dijo: "El Hijo del Hombre va a ser entregado en manos de los hombres. 23 Lo matarán, y al tercer día resucitará." Y los discípulos se llenaron de tristeza.

El impuesto del templo

24 Cuando Jesús y sus discípulos llegaron a Capernaúm, los recaudadores del impuesto de las dos dracmas se acercaron a Pedro y le preguntaron:

—¿Su maestro no paga el impuesto del templo? t

25 —Sí, lo paga —respondió Pedro.

Al entrar Pedro en la casa, Jesús le habló primero.

—¿Tú qué opinas, Simón? ¿De quiénes recaudan los reyes de la tierra tributos e impuestos: de los suyos o de los demás?

26 —De los demás —contestó Pedro.

—Entonces los suyos están exentos —le dijo Jesús—. 27 Pero, para no ofenderlos, vete al lago y echa el anzuelo. Toma el primer pez que pique; ábrele la boca y encontrarás una moneda de cuatro dracmas. Tómala y dásela a ellos por mi impuesto y por el tuyo.

El más importante en el reino de los cielos

18 En ese momento se acercaron a Jesús los discípulos y le preguntaron:

—¿Quién es el más importante en el reino de los cielos?

2 El llamó a un niño y lo puso en medio de ellos.

3 —Les aseguro que a menos que ustedes cambien y se vuelvan como niños, no entrarán en el reino de los cielos. 4 Por tanto, el que se humilla como este niño es el más importante en el reino de los cielos.

---

s 17:20 Algunos mss. dicen: *ustedes*. 21 *Pero esta clase no sale sino con oración y ayuno.*
t 17:24 Griego *las dos dracmas*

5 "Y el que recibe en mi nombre a un niño como éste, me recibe a mí. 6 Pero a cualquiera que haga pecar a uno de estos pequeños que creen en mí, más le valdría que le colgaran al cuello una gran piedra de molino y lo hundieran en lo profundo del mar.

7 "¡Ay del mundo por las cosas que hacen pecar a la gente! Es inevitable que sucedan esas cosas, pero ¡ay del hombre por quien sucedan! 8 Si tu mano o tu pie te hace pecar, córtatelo y arrójalo. Más te vale entrar en la vida manco o cojo, que tener dos manos o dos pies y ser arrojado al fuego eterno. 9 Y si tu ojo te hace pecar, sácatelo y arrójalo. Más te vale entrar en la vida con un solo ojo, que tener dos ojos y ser arrojado al fuego del infierno.

Parábola de la oveja perdida

10 "Miren que no menosprecien a uno de estos pequeños. Porque les digo que en el cielo los ángeles de ellos contemplan siempre el rostro de mi Padre que está en el cielo.*u* 12 "¿Qué les parece? Si un hombre tiene cien ovejas y se le extravía una de ellas, ¿no dejará las noventa y nueve en las colinas e irá en busca de la extraviada? 13 Y si llega a encontrarla, les aseguro que se sentirá más feliz por esa sola oveja que por las noventa y nueve que no se extraviaron. 14 Así también, el Padre de ustedes que está en el cielo no quiere que se pierda ninguno de estos pequeños.

El hermano que peca contra ti

15 "Si tu hermano peca contra ti,*v* ve a solas con él y hazle ver su falta. Si te hace caso, has ganado a tu hermano. 16 Pero si no te hace caso, lleva contigo a uno o dos más, para que 'todo asunto se haga constar por el testimonio de dos o tres testigos'.*w* 17 Si se niega a hacerles caso a ellos, díselo a la iglesia; y si se niega incluso a hacerle caso a la iglesia,

trátalo como tratarías a un pagano o a un recaudador de impuestos.

18 "Les aseguro que todo lo que ustedes aten en la tierra quedará*x* atado en el cielo, y todo lo que desaten en la tierra quedará*x* desatado en el cielo.

19 "Además les digo que si dos de ustedes en la tierra se ponen de acuerdo sobre cualquier cosa que pidan, se lo hará mi Padre que está en el cielo. 20 Porque donde dos o tres se reúnen en mi nombre, allí estoy yo con ellos.

Parábola del siervo despiadado

21 Pedro se acercó a Jesús y le preguntó:

—Señor, ¿cuántas veces tengo que perdonar a mi hermano cuando peque contra mí? ¿Hasta siete veces?

22 —No te digo que hasta siete veces, sino hasta setenta y siete veces*y* —le contestó Jesús.

23 "Por eso se parece el reino de los cielos a un rey que quiso ajustar cuentas con sus siervos. 24 Al comenzar a hacerlo, se le presentó uno que le debía diez mil talentos.*z* 25 Como él no tenía con qué pagar, el señor mandó que lo vendieran a él, a su esposa, a sus hijos y todo lo que tenía, para así saldar la deuda. 26 El siervo se postró delante de él. 'Tenga paciencia conmigo —le rogó—, y se lo pagaré todo.' 27 El señor se compadeció de su siervo, le perdonó la deuda y lo dejó en libertad.

28 "Al salir, aquel siervo se encontró con uno de sus compañeros que le debía cien denarios.*a* Lo agarró y comenzó a estrangularlo. '¡Págame lo que me debes!', le exigió. 29 Su compañero se postró delante de él. 'Ten paciencia conmigo —le suplicó—, y te pagaré.' 30 Pero él se negó. Más bien fue y lo hizo meter en la cárcel hasta que pagara la deuda. 31 Cuando los demás siervos

---

u 18:10 Algunos mss. dicen: *cielo. 11 El Hijo del Hombre vino a salvar lo que se había perdido.*   *v* 18:15 Algunos mss. no incluyen: *contra ti.*   *w* 18:16 Dt 19:15
x 18:18 O *habrá sido*   *y* 18:22 O *setenta veces siete*   *z* 18:24 Es decir, una suma fabulosa de dinero   *a* 18:28 Es decir, una suma pequeña de dinero

vieron lo ocurrido, se entristecieron mucho, y fueron a contarle a su señor todo lo que había sucedido. **32** Entonces el señor mandó llamar al siervo. '¡Siervo malvado! —le dijo—. Te perdoné toda aquella deuda porque me lo suplicaste. **33** ¿No debías tú también haberte compadecido de tu compañero, así como yo me compadecí de ti?' **34** Y enojado, su señor lo entregó a los carceleros para que lo torturaran hasta que pagara todo lo que debía.

35 "Así también tratará mi Padre celestial a cada uno de ustedes a menos que perdone de corazón a su hermano.

El divorcio

19 Cuando Jesús acabó de decir estas cosas, salió de Galilea y se fue a la región de Judea, al otro lado del Jordán. **2** Lo siguieron grandes multitudes, y sanó a los enfermos allí.

3 Algunos fariseos se le acercaron y, para ponerlo a prueba, le preguntaron:

—¿Permite la ley que un hombre se divorcie de su esposa por cualquier motivo?

4 —¿No han leído que en el principio el Creador 'los hizo hombre y mujer',*b* **5** y dijo: 'Por eso dejará el hombre a su padre y a su madre, y se unirá a su esposa, y los dos llegarán a ser un solo cuerpo'?*c* **6** Así que ya no son dos, sino uno solo. Por tanto, lo que Dios ha unido, que no lo separe el hombre.

7 —Entonces —dijeron—, ¿por qué mandó Moisés que un hombre le diera a su esposa un certificado de divorcio y la despidiera?

8 —Moisés les permitió divorciarse de su esposa porque sus corazones eran duros —respondió Jesús—. Pero no fue así desde el principio. **9** Les digo que el que se divorcia de su esposa, excepto por infidelidad conyugal, y se casa con otra, comete adulterio.

10 —Si ése es el caso entre esposo y esposa, es preferible no casarse —le dijeron los discípulos.

11 —No todos pueden comprender este asunto —respondió Jesús—, sino sólo aquellos a quienes se les ha dado. **12** Pues algunos son eunucos porque nacieron así; a otros los hicieron así los hombres; y otros han renunciado a casarse *d* por causa del reino de los cielos. El que pueda aceptar esto, que lo acepte.

Jesús y los niños

13 Llevaron unos niños a Jesús para que les impusiera las manos y orara por ellos. Pero los discípulos reprendían a quienes los llevaban. **14** Jesús dijo: "Dejen que los niños vengan a mí, y no se lo impidan, porque el reino de los cielos es de los que son como ellos." **15** Después de poner las manos sobre ellos, se fue de allí.

El joven rico

16 Un hombre se acercó a Jesús y le preguntó:

—Maestro, ¿qué tengo que hacer de bueno para obtener la vida eterna?

17 —¿Por qué me preguntas sobre lo que es bueno? —respondió Jesús—. Solamente hay Uno que es bueno. Si quieres entrar en la vida, obedece los mandamientos.

18 —¿Cuáles? —preguntó el hombre.

—'No mates, no cometas adulterio, no robes, no des falso testimonio, **19** honra a tu padre y a tu madre',*e* y 'ama a tu prójimo como a ti mismo' *f* —respondió Jesús.

20 —Todos ésos los he guardado —dijo el joven—. ¿Qué más me falta?

21 —Si quieres ser perfecto, anda, vende lo que tienes y dáselo a los pobres, y tendrás tesoro en el cielo —le contestó Jesús—. Luego ven y sígueme.

22 Cuando el joven oyó esto, se fue triste porque tenía muchas riquezas.

---

b 19:4 Gn 1:27   *c* 19:5 Gn 2:24   *d* 19:12 O *y otros a sí mismos se han hecho eunucos*
e 19:19 Ex 20:12-16; Dt 5:16-20   *f* 19:19 Lv 19:18

23 —Les aseguro que es difícil para un rico entrar en el reino de los cielos —dijo Jesús a sus discípulos—. 24 Les repito que le resulta más fácil a un camello pasar por el ojo de una aguja, que a un rico entrar en el reino de Dios.

25 Al oír esto, los discípulos se asombraron mucho y decían: "Entonces, ¿quién podrá salvarse?"

26 —Para los hombres es imposible —les dijo Jesús, mirándolos fijamente—, pero todo es posible para Dios.

27 —¡Nosotros lo hemos dejado todo por seguirte! —le contestó Pedro—. ¿Qué habrá, entonces, para nosotros?

28 —Les aseguro que en la renovación de todas las cosas, cuando el Hijo del Hombre se siente en su trono glorioso, ustedes que me han seguido se sentarán también en doce tronos para juzgar a las doce tribus de Israel —les dijo Jesús—. 29 Y todo el que por mi causa haya dejado casas, hermanos, hermanas, padre, madre,*g* hijos o terrenos, recibirá cien veces más y heredará la vida eterna. 30 Pero muchos de los primeros serán últimos, y muchos de los últimos serán primeros.

Parábola de los viñadores

20 "El reino de los cielos se parece a un propietario que salió de madrugada a contratar obreros para su viñedo. 2 Acordó pagarles un denario al día y los envió a su viñedo. 3 Cerca de la hora tercera,*h* salió y vio a otros que estaban ociosos en la plaza. 4 Les dijo: 'Vayan también ustedes a trabajar en mi viñedo, y les pagaré lo que sea justo.' 5 Así que fueron. Salió de nuevo a eso de la hora sexta y a la novena,*i* e hizo lo mismo. 6 Alrededor de la hora undécima,*j* salió y encontró a otros más que estaban ociosos. Les preguntó: '¿Por qué han estado aquí ociosos todo el día?' 7 'Porque nadie nos ha contratado', contestaron. El

les dijo: 'Vayan también ustedes a trabajar en mi viñedo.'

8 "Al atardecer, le dijo el dueño del viñedo a su capataz: 'Llama a los obreros y págales su salario comenzando por los últimos contratados hasta llegar a los primeros.' 9 Se presentaron los obreros que habían sido contratados cerca de la hora undécima, y cada uno recibió un denario. 10 Por eso cuando llegaron los que fueron contratados primero, esperaban que recibirían más. Pero cada uno de ellos recibió también un denario. 11 Al recibirlo, comenzaron a murmurar contra el propietario. 12 'Estos que fueron los últimos en ser contratados trabajaron sólo una hora —dijeron—, y usted los ha tratado como a nosotros que hemos soportado el peso del trabajo y el calor del día.' 13 Pero él le contestó a uno de ellos: 'Amigo, no estoy cometiendo ninguna injusticia contigo. ¿Acaso no aceptaste trabajar por un denario? 14 Toma tu paga y vete. Quiero darle al último hombre contratado lo mismo que te di a ti. 15 ¿Acaso no tengo derecho a hacer lo que quiera con mi dinero? ¿O te da envidia que yo sea generoso?'

16 "Así que los últimos serán primeros, y los primeros, últimos.

Jesús predice de nuevo su muerte

17 Mientras iba Jesús de camino subiendo a Jerusalén, tomó aparte a los doce discípulos y les dijo: 18 "Subimos a Jerusalén, y el Hijo del Hombre será entregado a los jefes de los sacerdotes y a los maestros de la ley. Ellos lo condenarán a muerte 19 y lo entregarán a los no judíos para que se burlen de él, lo azoten y lo crucifiquen. Al tercer día resucitará."

La petición de una madre

20 Se acercó a Jesús la madre de los hijos de Zebedeo con sus hijos y, arrodillándose, le pidió un favor.

21 —¿Qué quieres? —le preguntó Jesús.

---

g 19:29 Algunos mss. dicen: *madre, esposa*
i 20:5 Es decir, el mediodía y las tres de la tarde
h 20:3 Es decir, las nueve de la mañana
j 20:6 Es decir, las cinco de la tarde

—Permite que en tu reino uno de estos dos hijos míos se siente a tu derecha y el otro a tu izquierda.

22 —No saben lo que están pidiendo —les dijo Jesús—. ¿Pueden acaso beber la copa que yo voy a beber?

—Podemos —contestaron ellos.

23 —Sí beberán de mi copa —les dijo Jesús—, pero el sentarse a mi derecha o a mi izquierda no me corresponde a mí concederlo. Esos lugares son de aquellos para quienes los ha preparado mi Padre.

24 Cuando lo oyeron los diez, se indignaron contra los dos hermanos. **25** Jesús los llamó y les dijo:

—Ustedes saben que los gobernantes de los no judíos los dominan y sus altos oficiales ejercen autoridad sobre ellos. **26** Entre ustedes no es así. Al contrario, el que quiera hacerse grande entre ustedes deberá ser su servidor, **27** y el que quiera ser el primero deberá ser su esclavo; **28** así como el Hijo del Hombre no vino a ser servido, sino a servir y a dar su vida en rescate por muchos.

Dos ciegos reciben la vista

29 Una gran multitud seguía a Jesús cuando él salía de Jericó con sus discípulos. **30** Dos ciegos que estaban sentados junto al camino, al oír que pasaba Jesús, gritaron:

—¡Señor, Hijo de David, ten compasión de nosotros!

31 La multitud los reprendía y les decía que se callaran, pero ellos gritaban con más fuerza:

—¡Señor, Hijo de David, ten compasión de nosotros!

32 Jesús se detuvo y los llamó.

—¿Qué quieren que haga por ustedes?

33 —Señor, queremos recibir la vista.

34 Jesús tuvo compasión de ellos y les tocó los ojos. Al instante recibieron la vista y lo siguieron.

La entrada triunfal

21 Cuando se acercaban a Jerusalén y llegaron a Betfagé, al monte de los Olivos, Jesús envió a dos discípulos **2** con este encargo: "Vayan a la población que tienen enfrente, y en seguida encontrarán una burra atada, con su burrito al lado. Desátenlos y tráiganmelos. **3** Si alguien les dice algo, díganle que el Señor los necesita, y en seguida los devolverá."

4 Esto sucedió para que se cumpliera lo dicho por medio del profeta:
5 "Digan a la hija de Sion:
  'Mira, tu rey viene a ti,
  humilde y montado en un burro,
  en un burrito, cría de una
    burra.'"*k*

6 Los discípulos fueron e hicieron como les había mandado Jesús. **7** Llevaron la burra y el burrito, y pusieron encima sus mantos, sobre los cuales se sentó Jesús. **8** Había mucha gente que tendía sus mantos sobre el camino; otros cortaban ramas de los árboles y las tendían por el camino. **9** Tanto la gente que iba delante de él como la que iba detrás, gritaba:

—¡Hosanna*l* al Hijo de David!
—¡Bendito el que viene en el
  nombre del Señor!*m*
—¡Hosanna*l* en las alturas!

10 Cuando Jesús entró en Jerusalén, toda la ciudad se conmovió.

—¿Quién es éste? —preguntaban.

11 —Este es Jesús el profeta, de Nazaret de Galilea —contestaba la gente.

Jesús en el templo

12 Jesús entró en el área del templo y echó de allí a todos los que compraban y vendían. Volcó las mesas de los cambistas y los asientos de los vendedores de palomas. **13** "Escrito está —les dijo—: 'Mi casa será llamada casa de oración';*n* pero ustedes la están convirtiendo en 'cueva de ladrones'.*o*"

---

k 21:5 Zac 9:9   *l* 21:9 Expresión hebrea que significa "¡Salva!", y que llegó a ser una exclamación de alabanza; también en v. 15   *m* 21:9 Sal 118:26   *n* 21:13 Is 56:7
o 21:13 Jer 7:11

14 Se acercaron a él ciegos y cojos en el templo, y él los sanó. 15 Pero cuando los jefes de los sacerdotes y los maestros de la ley vieron que hacía cosas maravillosas y que los niños gritaban en el área del templo: "¡Hosanna al Hijo de David!", se indignaron.

16 —¿Oyes lo que están diciendo esos niños? —le dijeron.

—Sí —respondió Jesús—; ¿no han leído nunca:

" 'De labios de los pequeños y
de los niños de pecho
has dispuesto la alabanza'? P

17 Entonces los dejó y salió de la ciudad a Betania, donde pasó la noche.

Se seca la higuera

18 Muy de mañana, cuando volvía a la ciudad, tuvo hambre. 19 Al ver una higuera junto al camino, se acercó a ella, pero sólo encontró hojas.

—¡Nunca más vuelvas a dar fruto! —le dijo.

Y al instante se secó la higuera.

20 Los discípulos se asombraron al ver esto.

—¿Cómo es que se secó la higuera tan pronto? —preguntaron ellos.

21 —Les aseguro que si tienen fe y no dudan —les respondió Jesús—, no sólo podrán hacer lo de la higuera, sino que podrán decirle a esta montaña: '¡Quítate de ahí y arrójate al mar!', y así se hará. 22 Si ustedes creen, recibirán todo lo que pidan en oración.

La autoridad de Jesús puesta en duda

23 Jesús entró en los atrios del templo y, mientras enseñaba, se le acercaron los jefes de los sacerdotes y los ancianos del pueblo.

—¿Con qué autoridad haces esto? —le preguntaron—. ¿Quién te dio esa autoridad?

24 —Yo también les voy a hacer una pregunta a ustedes. Si me la contestan, les diré con qué autoridad hago esto. 25 El bautismo de Juan, ¿de dónde era? ¿Del cielo o de los hombres?

Ellos discutían entre sí: "Si respondemos: 'Del cielo', nos dirá: 'Entonces, ¿por qué no le creyeron?' 26 Pero si decimos: 'De los hombres', tememos al pueblo, porque todos afirman que Juan era profeta."

27 —No lo sabemos —le respondieron a Jesús.

—Pues yo tampoco les digo con qué autoridad hago esto.

Parábola de los dos hijos

28 "¿Qué les parece? Había un hombre que tenía dos hijos. Se dirigió al primero y le dijo: 'Hijo, ve a trabajar hoy en el viñedo.' 29 'No iré', contestó, pero después cambió de parecer y fue. 30 Luego el padre se dirigió al otro hijo y le dijo lo mismo. Este contestó: 'Iré, señor'; pero no fue. 31 ¿Cuál de los dos hizo lo que su padre quería?

—El primero —contestaron ellos.

Jesús les dijo:

—Les aseguro que los recaudadores de impuestos y las prostitutas están entrando antes que ustedes en el reino de Dios. 32 Porque Juan vino a ustedes a señalarles el camino de la justicia, y no le creyeron, pero los recaudadores de impuestos y las prostitutas sí le creyeron. E incluso después de ver esto, ustedes no se arrepintieron para creerle.

Parábola de los labradores malvados

33 "Escuchen otra parábola: Había un propietario que plantó un viñedo. Lo cercó, cavó en él un lagar y construyó una torre para vigilarlo todo. Luego arrendó el viñedo a unos labradores y se fue de viaje. 34 Cuando se acercó el tiempo de la cosecha, mandó sus siervos a los labradores para recibir su parte. 35 Los labradores agarraron a sus siervos; golpearon a uno, mataron a otro y apedrearon a un tercero. 36 Después les mandó otros siervos, más que la primera vez, y los labra-

P 21:16 Sal 8:2

dores los trataron de la misma manera.

37 "Por último, les mandó a su propio hijo, pensando: 'Respetarán a mi hijo.' **38** Pero cuando los labradores vieron al hijo, se dijeron unos a otros: 'Este es el heredero. Vamos, matémoslo y tomemos su herencia.' **39** Así que le echaron mano, lo arrojaron fuera del viñedo y lo mataron.

40 "Ahora bien, cuando vuelva el dueño del viñedo, ¿qué hará con esos labradores?

41 —Hará que esos malvados tengan un fin miserable —respondieron—, y arrendará el viñedo a otros labradores que le den su parte cuando llegue el tiempo de la cosecha.

42 Les dijo Jesús:

—¿No han leído nunca en las Escrituras:

" 'La piedra que desecharon
los constructores
ha llegado a ser piedra angular;
el Señor es quien lo ha hecho,
y es maravilloso a nuestros
ojos'?*q*

43 "Por eso les digo que el reino de Dios se les quitará a ustedes y se le entregará a un pueblo que produzca el fruto del reino. **44** El que caiga sobre esta piedra quedará despedazado, pero aquél sobre quien ella caiga será pulverizado.*r*

45 Cuando los jefes de los sacerdotes y los fariseos oyeron las parábolas de Jesús, se dieron cuenta de que hablaba de ellos. **46** Buscaban el modo de arrestarlo, pero temían a la multitud porque el pueblo afirmaba que era profeta.

Parábola del banquete de bodas

22 Jesús volvió a hablarles en parábolas, diciendo: **2** "El reino de los cielos es como un rey que preparó un banquete de bodas para su hijo. **3** Mandó a sus siervos a los que habían sido invitados al banquete a decirles que asistieran, pero ellos se negaron a aceptar la invitación. **4** Luego mandó a otros siervos y les dijo: 'Digan a los invitados que ya

he preparado mi comida: Ya han matado mis bueyes y mis reses cebadas, y todo está listo. Vengan al banquete de bodas.' **5** Pero ellos no hicieron caso y se fueron: uno a su campo, otro a su negocio. **6** Los demás agarraron a los siervos, los maltrataron y los mataron. **7** El rey se enfureció. Mandó su ejército a destruir a esos asesinos y a incendiar su ciudad. **8** Luego dijo a sus siervos: 'El banquete de bodas está listo, pero los que invité no merecían venir. **9** Vayan a las esquinas de las calles e inviten al banquete a todos los que encuentren.' **10** Así que los siervos salieron a las calles y reunieron a todos los que pudieron encontrar, tanto buenos como malos, y se llenó de invitados el salón de bodas.

11 "Cuando el rey entró a ver a los invitados, notó que allí había un hombre que no estaba vestido con el traje de boda. **12** 'Amigo, ¿cómo entraste aquí sin el traje de boda?', le dijo. El hombre se quedó callado. **13** Entonces el rey dijo a los sirvientes: 'Átenlo de pies y manos, y échenlo afuera, a la oscuridad, donde habrá llanto y rechinar de dientes.' **14** Porque muchos son los invitados, pero pocos los escogidos."

El pago de impuestos al César

15 Entonces salieron los fariseos y tramaron cómo tenderle a Jesús una trampa con sus mismas palabras. **16** Le enviaron sus discípulos junto con los herodianos.

—Maestro —dijeron—, sabemos que eres un hombre recto y que enseñas el camino de Dios de acuerdo con la verdad. No te dejas influir por los hombres porque no te fijas en su apariencia. **17** Danos tu opinión: ¿Está bien pagar impuestos al César o no?

18 —¡Hipócritas! ¿Por qué me tienden una trampa? —replicó Jesús, conociendo sus malas intenciones—. **19** Muéstrenme la moneda que se usa para pagar el impuesto.

Le presentaron un denario.

20 —¿De quién son esta imagen y esta inscripción? —les preguntó.

21 —Del César —respondieron.

—Entonces denle al César lo que es del César y a Dios lo que es de Dios.

22 Al oír esto, quedaron admirados. Así que lo dejaron y se fueron.

El matrimonio en la resurrección

23 Ese mismo día los saduceos, que dicen que no hay resurrección, se le acercaron y le presentaron el siguiente problema:

24 —Maestro, Moisés nos dijo que si un hombre muere sin tener hijos, su hermano tiene que casarse con la viuda y darle hijos. **25** Pues bien, había entre nosotros siete hermanos. El primero se casó y murió y, como no tuvo hijos, dejó la esposa a su hermano. **26** Lo mismo le pasó al segundo y al tercer hermano, y así hasta llegar al séptimo. **27** Por último, murió la mujer. **28** Ahora bien, en la resurrección, ¿de cuál de los siete será esposa, pues todos estuvieron casados con ella?

29 —Ustedes están en un error porque no conocen las Escrituras ni el poder de Dios —les contestó Jesús—. **30** En la resurrección, las personas ni se casarán ni serán dadas en matrimonio, sino que serán como los ángeles que están en el cielo. **31** Pero en cuanto a la resurrección de los muertos, ¿no han leído lo que Dios les dijo a ustedes: **32** 'Yo soy el Dios de Abraham, el Dios de Isaac y el Dios de Jacob'?*s* El no es Dios de muertos, sino de vivos.

33 Al oír esto, la gente quedó admirada de su enseñanza.

El mandamiento más importante

34 Los fariseos se reunieron al oír que Jesús había hecho callar a los saduceos. **35** Uno de ellos, experto en la ley, le tendió una trampa con esta pregunta:

36 —Maestro, ¿cuál es el mandamiento más importante de la ley?

37 —'Ama al Señor tu Dios con todo tu corazón, con toda tu alma y con toda tu mente'*t* —le respondió Jesús—. **38** Este es el primero y el más importante de los mandamientos. **39** El segundo se parece a éste: 'Ama a tu prójimo como a ti mismo.'*u* **40** De estos dos mandamientos dependen toda la ley y los profetas.

¿De quién es hijo el Cristo?

41 Mientras estaban reunidos los fariseos, Jesús les preguntó:

42 —¿Qué piensan acerca del Cristo?*v* ¿De quién es hijo?

—De David —le respondieron ellos.

43 —Entonces, ¿cómo es que David, hablando por el Espíritu, lo llama 'Señor'? Porque él dice:

44 "'Dijo el Señor a mi Señor:
"Siéntate a mi derecha,
hasta que ponga a tus enemigos
debajo de tus pies." '*w*

45 Pues si David lo llama 'Señor', entonces ¿cómo puede ser su hijo?

46 Nadie pudo responderle ni una sola palabra, y desde ese día ninguno se atrevió a hacerle más preguntas.

Jesús denuncia a los fariseos y a los maestros de la ley

23 Después de esto, Jesús dijo a la gente y a sus discípulos: **2** "Los maestros de la ley y los fariseos se sientan en la cátedra de Moisés. **3** Así que ustedes deben obedecerlos y hacer todo lo que les digan. Pero no hagan lo que hacen ellos, porque ellos no practican lo que predican. **4** Atan cargas pesadas y las ponen sobre la espalda de los hombres, pero ellos mismos no están dispuestos a levantar ni un dedo para moverlas.

5 "Todo lo hacen para que los hombres los vean: Ensanchan sus filacterias*x* y alargan las borlas de sus

---

s 22:32 Ex 3:6   *t* 22:37 Dt 6:5   *u* 22:39 Lv 19:18   *v* 22:42 O *Mesías*
w 22:44 Sal 110:1   *x* 23:5 Es decir, pequeñas cajas en las que llevaban textos de las Escrituras en la frente y en los brazos

ropas; **6** les encantan el lugar de honor en los banquetes y los principales asientos en las sinagogas; **7** les encanta que los hombres los saluden en las plazas y que los llamen 'Rabí'.

8 "Pero no se dejen ustedes llamar 'Rabí', porque tienen un solo Maestro y todos ustedes son hermanos. **9** Y no llamen 'padre' a nadie en la tierra, porque ustedes tienen un solo Padre, y él está en el cielo. **10** Ni dejen que los llamen 'maestro', porque tienen un solo Maestro, el Cristo.*y* **11** El más importante entre ustedes será su servidor. **12** Porque el que a sí mismo se engrandece será humillado, y el que se humilla será engrandecido.

13 "¡Ay de ustedes, maestros de la ley y fariseos, hipócritas! Ustedes cierran el reino de los cielos delante de los hombres. Ni entran ustedes ni dejan entrar a los que intentan hacerlo.*z*

15 "¡Ay de ustedes, maestros de la ley y fariseos, hipócritas! Ustedes recorren tierra y mar para ganar un solo adepto, y cuando lo han logrado lo hacen hijo del infierno, dos veces más que ustedes.

16 "¡Ay de ustedes, guías ciegos! Ustedes dicen: 'Si uno jura por el templo, no significa nada; pero si jura por el oro del templo, queda obligado por su juramento.' **17** ¡Ciegos insensatos! ¿Cuál es más importante: el oro, o el templo que hace sagrado al oro? **18** También dicen ustedes: 'Si uno jura por el altar, no significa nada; pero si jura por la ofrenda que está sobre él, queda obligado por su juramento.' **19** ¡Ciegos! ¿Cuál es más importante: la ofrenda, o el altar que hace sagrada la ofrenda? **20** Por tanto, el que jura por el altar, jura por él y por todo lo que está sobre él. **21** El que jura por el templo, jura por él y por aquel que mora en él. **22** Y el que jura por el cielo, jura por el trono de Dios y por aquel que se sienta en él.

23 "¡Ay de ustedes, maestros de la ley y fariseos, hipócritas! Ustedes dan la décima parte de sus especias: la menta, el anís y el comino. Pero han descuidado los asuntos más importantes de la ley: la justicia, la misericordia y la fidelidad. Debían haber practicado esto sin descuidar aquello. **24** ¡Guías ciegos! Cuelan un mosquito pero se tragan un camello.

25 "¡Ay de ustedes, maestros de la ley y fariseos, hipócritas! Ustedes limpian el exterior del vaso y del plato, pero por dentro están llenos de robo y de desenfreno. **26** ¡Fariseo ciego! Limpia primero el vaso y el plato por dentro, y así quedará limpio también por fuera.

27 "¡Ay de ustedes, maestros de la ley y fariseos, hipócritas! Ustedes son como sepulcros blanqueados, que por fuera lucen hermosos pero por dentro están llenos de huesos de muertos y de toda impureza. **28** Así también ustedes, por fuera parecen justos a los hombres pero por dentro están llenos de hipocresía y de maldad.

29 "¡Ay de ustedes, maestros de la ley y fariseos, hipócritas! Ustedes construyen sepulcros para los profetas y adornan los monumentos de los justos. **30** Y dicen: 'Si hubiéramos vivido nosotros en los días de nuestros antepasados, no habríamos cooperado con ellos en derramar la sangre de los profetas.' **31** Así declaran en contra de ustedes mismos que son descendientes de los que asesinaron a los profetas. **32** ¡Completen la medida de pecado de sus antepasados!

33 "¡Serpientes! ¡Raza de víboras! ¿Cómo escaparán ustedes de la condenación al infierno? **34** Por eso les envío profetas, sabios y maestros. Ustedes matarán y crucificarán a algunos de ellos; a otros azotarán en sus sinagogas y los perseguirán de pueblo en pueblo. **35** Así recaerá sobre ustedes la culpa de toda la

---

y **23:10** O *Mesías*　　*z* **23:13** Algunos mss. dicen: *hacerlo.* **14** *¡Ay de ustedes, maestros de la ley y fariseos, hipócritas! Ustedes devoran las casas de las viudas y por las apariencias hacen largas plegarias. Por esto se les castigará con más severidad.*

sangre justa que ha sido derramada sobre la tierra, desde la sangre del justo Abel hasta la sangre de Zacarías, hijo de Berequías, a quien ustedes asesinaron entre el templo y el altar. **36**Les aseguro que todo esto vendrá sobre esta generación.

37 "¡Jerusalén, Jerusalén, que matas a los profetas y apedreas a los que se te envían! ¡Cuántas veces quise reunir a tus hijos, así como la gallina reúne a sus pollitos debajo de sus alas, pero no estuviste dispuesta! **38**Miren, la casa de ustedes se les deja desierta. **39**Porque les digo que ustedes ya no volverán a verme hasta que digan: '¡Bendito el que viene en el nombre del Señor!'*a*"

Señales del fin del mundo

24 Jesús salió del templo, y ya se iba cuando se le acercaron sus discípulos para hacer que se fijara en los edificios del templo.

2 —¿Ven todo esto? —les dijo—. Les aseguro que no quedará ni una piedra sobre otra; todas serán derribadas.

3Estando sentado Jesús en el monte de los Olivos, se le acercaron los discípulos en privado.

—Dinos, ¿cuándo sucederá eso, y cuál será la señal de tu venida y del fin del mundo?

4 —Tengan cuidado de que nadie los engañe —les contestó Jesús—. **5**Vendrán muchos en mi nombre afirmando: 'Yo soy el Cristo',*b* y engañarán a muchos. **6**Oirán de guerras y de rumores de guerras, pero procuren no alarmarse. Es necesario que eso suceda, pero el fin está todavía por venir. **7**Se levantarán nación contra nación y reino contra reino. Habrá hambres y terremotos en diversos lugares. **8**Todo esto es el comienzo de los dolores de parto.

9 "Entonces los entregarán a ustedes para que los persigan y los maten, y los odiarán todas las naciones por causa mía. **10**En aquel tiempo muchos abandonarán la fe, y se trai-cionarán y se odiarán unos a otros; **11**y surgirán muchos falsos profetas, y engañarán a muchos. **12**Debido al aumento de la maldad, se enfriará el amor de la mayoría, **13**pero el que se mantenga firme hasta el fin será salvo. **14**Y se predicará este evangelio del reino en todo el mundo como testimonio a todas las naciones, y entonces vendrá el fin.

15 "Así que cuando vean en el lugar santo 'la abominación que causa desolación',*c* de la que se habló por medio del profeta Daniel —el que lee, entienda—, **16**entonces los que estén en Judea huyan a las montañas. **17**El que esté en la azotea no baje a llevarse nada de su casa. **18**El que esté en el campo no regrese para buscar su capa. **19**¡Qué terrible será en aquellos días para las que estén encintas y para las que estén criando! **20**Oren para que su huida no suceda en invierno ni en día de reposo. **21**Porque habrá una gran tribulación, como nunca ha habido desde el principio del mundo hasta ahora, ni la habrá jamás. **22**Si no se hubieran acortado esos días, nadie sobreviviría, pero por causa de los elegidos se acortarán esos días. **23**Si alguien les dice a ustedes: '¡Miren, aquí está el Cristo!' o '¡Allí está!', no lo crean. **24**Porque surgirán falsos Cristos y falsos profetas, y harán grandes señales y milagros para engañar, si fuera posible, hasta a los mismos elegidos. **25**Fíjense que se lo he dicho a ustedes de antemano.

26 "Por eso si les dicen: 'Allí está, en el desierto', no salgan; o: '¡Aquí está, en las habitaciones interiores!', no lo crean. **27**Porque así como el relámpago que sale del oriente se ve hasta en el occidente, así será la venida del Hijo del Hombre. **28**Los buitres se reúnen donde está el cadáver.

29 "Inmediatamente después de la tribulación de aquellos días,

" 'el sol se oscurecerá
   y la luna no dará su luz;
   las estrellas caerán del cielo

---

a **23:39** Sal 118:26   *b* **24:5** O *Mesías*; también en v. 23   *c* **24:15** Dn 9:27; 11:31; 12:11

y los cuerpos celestes serán sacudidos'.d

30 "Aparecerá en el cielo la señal del Hijo del Hombre, y todas las naciones de la tierra se lamentarán. Verán al Hijo del Hombre venir sobre las nubes del cielo con poder y gran gloria. **31** Y mandará a sus ángeles al son de trompeta resonante, y ellos reunirán a sus elegidos de los cuatro vientos, desde un extremo del cielo hasta el otro.

32 "Ahora, aprendan de la higuera esta lección: Tan pronto como se ponen tiernas sus ramas y brotan sus hojas, ustedes saben que el verano está cerca. **33** Así también, cuando vean todas estas cosas, sepan que está cerca, a las puertas. **34** Les aseguro que no pasará esta generacióne hasta que todas estas cosas sucedan. **35** El cielo y la tierra pasarán, pero mis palabras nunca pasarán.

Se desconocen el día y la hora

36 "Nadie sabe de ese día ni de esa hora, ni siquiera los ángeles en el cielo, ni el Hijo,f sino sólo el Padre. **37** Como en los días de Noé, así será en la venida del Hijo del Hombre. **38** Porque en los días antes del diluvio, comían y bebían, se casaban y se daban en matrimonio, hasta el día en que Noé entró en el arca; **39** y no supieron nada de lo que sucedería hasta que llegó el diluvio y se los llevó a todos. Así será en la venida del Hijo del Hombre. **40** Estarán dos hombres en el campo: uno será llevado y el otro será dejado. **41** Dos mujeres estarán moliendo con un molinillo: una será llevada y la otra será dejada.

42 "Por lo tanto, manténganse vigilantes porque no saben qué día vendrá su Señor. **43** Pero entiendan esto: Si el dueño de la casa hubiera sabido a qué hora de la noche iba a llegar el ladrón, se habría mantenido vigilante y no habría permitido que entrara en su casa. **44** Así también ustedes deben estar prepara-

dos, porque el Hijo del Hombre vendrá a una hora en que no lo esperan.

45 "¿Quién es el siervo fiel y prudente a quien su señor ha encargado para darles la comida a los sirvientes de la casa a su debido tiempo? **46** Dichoso aquel siervo al que su señor encuentre actuando así cuando éste vuelva. **47** Les aseguro que lo encargará de todos sus bienes. **48** Pero supongan que aquel siervo es malo y dice en su corazón: 'Mi señor se está demorando', **49** y luego comienza a golpear a sus compañeros, y a comer y beber con los borrachos. **50** El señor de ese siervo vendrá el día que no lo espera y a una hora que no sabe. **51** Lo hará pedazos y le fijará un lugar con los hipócritas, donde habrá llanto y rechinar de dientes.

Parábola de las diez jóvenes

25 "El reino de los cielos será entonces como diez jóvenes que tomaron sus lámparas y salieron a recibir al novio. **2** Cinco de ellas eran insensatas y cinco prudentes. **3** Las insensatas llevaron sus lámparas, pero no se abastecieron de aceite. **4** En cambio, las prudentes llevaron botellas de aceite junto con sus lámparas. **5** El novio tardaba en llegar, y a todas ellas les dio sueño y se durmieron. **6** A medianoche se oyó un grito: '¡Ahí está el novio! ¡Salgan a recibirlo!' **7** Entonces todas las jóvenes se despertaron y prepararon sus lámparas. **8** Las insensatas dijeron a las prudentes: 'Dennos un poco de su aceite porque nuestras lámparas se están apagando.' **9** 'No —respondieron—, no sea que no haya suficiente ni para nosotras ni para ustedes. Mejor es que vayan a los que venden aceite, y compren un poco para ustedes mismas.' **10** Pero mientras iban a comprar el aceite, llegó el novio. Las jóvenes que estaban preparadas entraron con él al banquete de bodas. Y se cerró la puerta. **11** Después llegaron también las otras.

d **24:29** Is 13:10; 34:4   e **24:34** O raza   f **24:36** Algunos mss. no incluyen: ni el Hijo.

'¡Señor! ¡Señor! —dijeron—. ¡Abrenos la puerta!' 12 Pero él respondió: 'Les aseguro que no las conozco.'

13 "Por tanto, manténganse vigilantes porque no saben ni el día ni la hora.

Parábola de los talentos

14 "Será también como un hombre que, al emprender un viaje, llamó a sus siervos y les encargó sus bienes. 15 A uno le dio cinco talentos,g a otro dos y a otro uno, a cada uno según su capacidad. Luego se fue de viaje. 16 El que había recibido los cinco talentos fue en seguida y negoció con ellos y ganó otros cinco. 17 Asimismo el de los dos talentos ganó otros dos. 18 Pero el que había recibido uno fue, cavó un hoyo en la tierra y escondió el dinero de su señor.

19 "Pasado mucho tiempo volvió el señor de aquellos siervos y arregló cuentas con ellos. 20 El que había recibido los cinco talentos llegó con los otros cinco. 'Señor —dijo—, usted me encargó cinco talentos. Mire, he ganado otros cinco.' 21 Su señor le respondió: '¡Hiciste bien, siervo bueno y fiel! Has sido fiel en pocas cosas; te encargaré de muchas más. ¡Ven a compartir la felicidad de tu señor!' 22 Llegó también el de los dos talentos. 'Señor —dijo—, usted me encargó dos talentos. Mire, he ganado otros dos.' 23 Su señor le respondió: '¡Hiciste bien, siervo bueno y fiel! Has sido fiel con unas pocas cosas; te encargaré de muchas más. ¡Ven a compartir la felicidad de tu señor!'

24 "Después llegó el que había recibido un solo talento. 'Señor —dijo—, yo sabía que usted es un hombre duro, que cosecha donde no ha sembrado y recoge donde no ha regado semilla. 25 Así que tuve miedo, y fui y escondí su talento en la tierra. Mire, aquí tiene lo que es suyo.' 26 Su señor le contestó: '¡Siervo malo y perezoso! ¿Así que sabías que cosecho donde no he sembrado y recojo donde no he regado semilla? 27 Pues debías haber depositado mi dinero en el banco, para que al regresar lo hubiera recibido con intereses.' 28 'Quítenle el talento y dénselo al que tiene los diez talentos. 29 Porque a todo el que tiene, se le dará más, y tendrá en abundancia. Al que no tiene se le quitará hasta lo que tiene. 30 Y a ese siervo inútil échenlo afuera, a la oscuridad, donde habrá llanto y rechinar de dientes.'

Las ovejas y las cabras

31 "Cuando el Hijo del Hombre venga en su gloria, y todos los ángeles con él, se sentará en su trono de gloria celestial. 32 Todas las naciones se reunirán delante de él, y él separará a unos de otros, como el pastor separa las ovejas de las cabras. 33 Pondrá las ovejas a su derecha, y las cabras a su izquierda.

34 "Entonces dirá el Rey a los que están a su derecha: 'Vengan ustedes, los que mi Padre ha bendecido; reciban su herencia, el reino preparado para ustedes desde la creación del mundo. 35 Porque tuve hambre, y ustedes me dieron de comer; tuve sed, y me dieron de beber; fui forastero, y me dieron alojamiento; 36 necesité ropa, y me vistieron; estuve enfermo, y me atendieron; estuve en la cárcel, y me visitaron.' 37 Y le contestarán los justos: 'Señor, ¿cuándo te vimos hambriento y te alimentamos, o sediento y te dimos de beber? 38 ¿Cuándo te vimos como forastero y te dimos alojamiento, o necesitado de ropa y te vestimos? 39 ¿Cuándo te vimos enfermo o en la cárcel y te visitamos?' 40 El Rey les responderá: 'Les aseguro que todo lo que hicieron por uno de los más pequeños de estos hermanos míos, lo hicieron por mí.'

41 "Luego dirá a los que están a su izquierda: 'Apártense de mí, malditos, al fuego eterno preparado para el diablo y sus ángeles. 42 Porque tuve hambre, y ustedes no me dieron nada de comer; tuve sed, y no

---

g 25:15 Un talento representaba una gran suma de dinero.

me dieron nada de beber; **43**fui forastero, y no me dieron alojamiento; necesité ropa, y no me vistieron; estuve enfermo y en la cárcel, y no me atendieron.' **44**Ellos también le contestarán: 'Señor, ¿cuándo te vimos hambriento o sediento, o como forastero, o necesitado de ropa, o enfermo, o en la cárcel, y no te ayudamos?' **45**El les responderá: 'Les aseguro que todo lo que dejaron de hacer por uno de los más pequeños de éstos, dejaron de hacerlo por mí.'

46"E irán ésos al castigo eterno, pero los justos a la vida eterna.

La conspiración contra Jesús

26 Después de decir todas estas cosas, Jesús les dijo a sus discípulos: **2** "Como ya saben, faltan dos días para la Pascua, y el Hijo del Hombre será entregado para que lo crucifiquen."

3Se reunieron entonces los jefes de los sacerdotes y los ancianos del pueblo en el palacio del sumo sacerdote, que se llamaba Caifás, **4**y tramaron arrestar con astucia a Jesús y matarlo. **5**"Pero no durante la fiesta —decían—, no sea que se amotine el pueblo."

Una mujer unge a Jesús en Betania

6Mientras estaba Jesús en Betania en casa de un hombre conocido como Simón el Leproso, **7**se acercó una mujer con un frasco de alabastro lleno de un perfume muy costoso, y lo derramó sobre la cabeza de Jesús cuando él estaba sentado a la mesa.

8Al ver esto, se indignaron los discípulos.

—¿Para qué este desperdicio? —dijeron—. **9**Podía haberse vendido este perfume a un gran precio, y haberse dado el dinero a los pobres.

10Consciente de ello, Jesús les dijo:

—¿Por qué molestan a esta mujer? Ella ha hecho una obra hermosa conmigo. **11**A los pobres siempre los tendrán con ustedes, pero a mí no siempre me tendrán. **12**Al derramar ella este perfume sobre mi cuerpo, lo hizo a fin de prepararme para la sepultura. **13**Les aseguro que dondequiera que se predique este evangelio por todo el mundo, se contará también lo que hizo esta mujer, en memoria de ella.

Judas acuerda traicionar a Jesús

14Uno de los doce, el que se llamaba Judas Iscariote, fue a los jefes de los sacerdotes.

15—¿Cuánto están dispuestos a darme si se lo entrego? —les dijo.

Así que le fueron contando treinta monedas de plata. **16**Y desde entonces Judas buscaba una oportunidad para entregarlo.

La Cena del Señor

17El primer día de la fiesta de los panes sin levadura, se acercaron los discípulos a Jesús y le preguntaron:

—¿Dónde quieres que hagamos los preparativos para que comas la Pascua?

18—Vayan a la ciudad a cierto hombre —les respondió—, y díganle: 'El Maestro dice: Mi tiempo está cerca. Voy a celebrar en tu casa la Pascua con mis discípulos.'

19Así que los discípulos hicieron como Jesús les había mandado, y prepararon la Pascua.

20Al anochecer, Jesús estaba sentado a la mesa con los doce. **21**Mientras comían, les dijo:

—Les aseguro que uno de ustedes me traicionará.

22Ellos se entristecieron mucho y comenzaron a decirle uno por uno:

—¿Acaso seré yo, Señor?

23—Me traicionará el que ha metido la mano conmigo en el plato —respondió Jesús—. **24**El Hijo del Hombre se irá tal como está escrito de él, pero ¡ay de aquel que traiciona al Hijo del Hombre! Más le valiera a ese hombre no haber nacido.

25—¿Acaso seré yo, Rabí? —le dijo Judas, el que lo traicionaría.

—Sí, eres tú[h] —le contestó Jesús.

h **26:25** O Tú lo has dicho

26 Mientras comían, Jesús tomó pan, dio gracias, lo partió, se lo dio a sus discípulos y dijo:

—Tomen y coman; esto es mi cuerpo.

27 Después tomó la copa, dio gracias, se la dio a ellos y dijo:

—Beban de ella todos ustedes. **28** Esto es mi sangre del[i] pacto, que es derramada por muchos para el perdón de pecados. **29** Les digo que no beberé de este fruto de la vid desde ahora en adelante, hasta aquel día en que lo beba de nuevo con ustedes en el reino de mi Padre.

30 Después de cantar un himno, salieron al monte de los Olivos.

Jesús predice la negación de Pedro

31 —Esta misma noche todos ustedes se apartarán por causa de mí —les dijo Jesús—, porque está escrito:

" 'Heriré al pastor,
     y se dispersarán las ovejas
          del rebaño.'[j]

32 Pero después de resucitar, iré delante de ustedes a Galilea.

33 —Aunque todos se aparten por causa de ti, yo jamás lo haré —respondió Pedro.

34 —Te aseguro —le contestó Jesús— que esta misma noche, antes que cante el gallo, me negarás tres veces.

35 —Aunque tenga que morir contigo, jamás te negaré —declaró Pedro.

Y los demás discípulos dijeron lo mismo.

Getsemaní

36 Luego fue Jesús con sus discípulos a un lugar llamado Getsemaní, y les dijo: "Siéntense aquí mientras yo voy allí a orar." **37** Se llevó a Pedro y a los dos hijos de Zebedeo, y comenzó a entristecerse y a angustiarse. **38** "Mi alma está agobiada hasta la muerte —les dijo—. Quédense aquí y permanezcan despiertos conmigo."

39 Yendo un poco más allá, se postró sobre su rostro y oró. "Padre mío —dijo—, si es posible, que se me quite esta copa. Pero no sea como yo quiero, sino como quieres tú."

40 Luego volvió a sus discípulos y los encontró dormidos. "¿No pudieron mantenerse despiertos conmigo ni una hora? —le dijo a Pedro—. **41** Velen y oren para que no caigan en tentación. El espíritu está dispuesto, pero el cuerpo es débil."

42 Se retiró por segunda vez y oró. "Padre mío, si no es posible que se me quite esta copa sin que yo la beba, hágase tu voluntad."

43 Cuando volvió, los encontró dormidos otra vez, porque se les cerraban los ojos de sueño. **44** Así que los dejó y se retiró a orar por tercera vez, diciendo lo mismo.

45 Volvió de nuevo a sus discípulos y les dijo: "¿Siguen durmiendo y descansando? Miren, se acerca la hora, y el Hijo del Hombre es entregado en manos de pecadores. **46** ¡Levántense! ¡Vámonos! ¡Ahí viene el que me traiciona!"

Arresto de Jesús

47 Todavía estaba hablando Jesús cuando llegó Judas, uno de los doce. Lo acompañaba una gran turba armada con espadas y palos, de parte de los jefes de los sacerdotes y de los ancianos del pueblo. **48** El traidor les había dado esta contraseña: "Al que yo bese, ése es; arréstenlo." **49** Judas se acercó en seguida a Jesús y lo saludó.

—¡Rabí! —le dijo, y lo besó.

50 —Amigo, haz lo que viniste a hacer[k] —le contestó Jesús.

Entonces los hombres se acercaron y prendieron a Jesús. **51** En eso, uno de los que estaban con Jesús extendió la mano, sacó la espada e hirió al siervo del sumo sacerdote, cortándole una oreja.

52 —Guarda tu espada en su lugar —le dijo Jesús—, porque todos los que empuñan espada a espada morirán. **53** ¿Crees que no puedo acudir a mi Padre, y al instante pondría a

---

i **26:28** Algunos mss. dicen: *del nuevo* (véase Lc 22:20)   *j* **26:31** Zac 13:7
k **26:50** O *Amigo, ¿a qué vienes?*

mi disposición más de doce legiones de ángeles? **54** Pero entonces, ¿cómo se cumplirían las Escrituras que dicen que así tiene que suceder?

55 Luego dijo a la turba:

—¿Acaso estoy al frente de una rebelión, para que hayan salido con espadas y palos a prenderme? Todos los días me sentaba en los atrios del templo enseñando, y no me arrestaron. **56** Pero todo esto ha sucedido para que se cumpla lo que escribieron los profetas.

Entonces todos los discípulos lo abandonaron y huyeron.

Jesús ante el Sanedrín

57 Los que habían arrestado a Jesús lo llevaron ante Caifás, el sumo sacerdote, donde se habían reunido los maestros de la ley y los ancianos. **58** Pero Pedro lo siguió de lejos hasta el patio del sumo sacerdote. Entró y se sentó con los guardias para ver en qué terminaba aquello.

59 Los jefes de los sacerdotes y el Sanedrín entero buscaban alguna prueba falsa contra Jesús para poder darle muerte. **60** Pero no la encontraron, a pesar de que se presentaron muchos falsos testigos. Por fin se presentaron dos, **61** que declararon:

—Este hombre dijo: 'Puedo destruir el templo de Dios y volver a construirlo en tres días.'

62 El sumo sacerdote se puso de pie y le dijo a Jesús:

—¿No vas a responder? ¿Qué están declarando éstos contra ti?

63 Pero Jesús se quedó callado.

—Te ordeno que bajo juramento por el Dios viviente nos digas si eres el Cristo, *l* el Hijo de Dios —insistió el sumo sacerdote.

64 —Así es, como tú lo dices —respondió Jesús—. Pero yo les digo a todos: En el futuro ustedes verán al Hijo del Hombre sentado a la derecha del Poderoso y venir en las nubes del cielo.

65 —¡Ha blasfemado! —exclamó el sumo sacerdote, rasgándose la ropa—. ¿Para qué necesitamos más testigos? Miren, ahora ustedes han oído la blasfemia. **66** ¿Qué les parece?

—Se merece la muerte —le contestaron.

67 Entonces le escupieron en el rostro y le dieron puñetazos. Otros lo abofeteaban **68** y decían:

—Profetízanos, Cristo. ¿Quién te pegó?

Pedro niega a Jesús

69 Mientras tanto, Pedro estaba sentado afuera, en el patio, y se le acercó una criada.

—Tú también estabas con Jesús de Galilea —le dijo.

70 Pero él lo negó delante de todos.

—No sé de qué estás hablando.

71 Luego salió a la puerta, donde otra lo vio y dijo a los que estaban allí:

—Este estaba con Jesús de Nazaret.

72 El lo negó de nuevo, jurándoles:

—¡No conozco a ese hombre!

73 Poco después se acercaron a Pedro los que estaban allí y le dijeron:

—Seguro que eres uno de ellos; se te nota por tu acento.

74 Entonces comenzó a maldecirse, y les juró:

—¡No conozco a ese hombre!

Y al instante cantó un gallo. **75** Pedro se acordó de lo que Jesús había dicho: "Antes que cante el gallo, me negarás tres veces." Y saliendo de allí, lloró amargamente.

Judas se ahorca

27 Por la mañana temprano, todos los jefes de los sacerdotes y los ancianos del pueblo tomaron la decisión de dar muerte a Jesús. **2** Lo ataron, se lo llevaron y se lo entregaron a Pilato, el gobernador.

3 Cuando Judas, el que lo había traicionado, vio que habían condenado a Jesús, sintió remordimiento y devolvió las treinta monedas de plata a los jefes de los sacerdotes y a los ancianos del pueblo.

---

l 26:63 O *Mesías*; también en v. 68

4 —He pecado —les dijo— porque he entregado sangre inocente.

—¿A nosotros qué nos importa eso? —respondieron—. Eso es asunto tuyo.

5 Así que Judas arrojó el dinero en el templo y salió. Luego fue y se ahorcó.

6 Los jefes de los sacerdotes recogieron las monedas y dijeron: "La ley no permite echar esto al tesoro, porque es precio de sangre." **7** Así que decidieron emplear el dinero en la compra del campo del alfarero como lugar de sepultura para extranjeros. **8** Por eso se le ha llamado Campo de Sangre hasta el día de hoy. **9** Así se cumplió lo dicho por el profeta Jeremías: "Tomaron las treinta monedas de plata, el precio que el pueblo de Israel le había fijado, **10** y las emplearon en la compra del campo del alfarero, como me ordenó el Señor." *m*

Jesús ante Pilato

11 Mientras tanto, Jesús se presentó delante del gobernador, y éste le preguntó:

—¿Eres el rey de los judíos?

—Así es, como tú lo dices —respondió Jesús.

12 Al ser acusado por los jefes de los sacerdotes y por los ancianos, Jesús no contestó nada.

13 —¿No oyes lo que declaran contra ti? —le dijo Pilato.

14 Pero Jesús no respondió ni a una sola acusación, por lo que el gobernador se asombró mucho.

15 Ahora bien, durante la fiesta el gobernador acostumbraba soltar un preso que la gente escogiera. **16** Tenían un preso famoso llamado Barrabás. **17,18** Así que cuando se reunió la multitud, Pilato, quien sabía que le habían entregado a Jesús por envidia, les preguntó:

—¿A quién quieren que les suelte: a Barrabás o a Jesús, al que llaman Cristo?

19 Mientras Pilato estaba sentado en el tribunal, su esposa le envió el siguiente recado: "No tengas nada que ver con ese hombre inocente, porque hoy he sufrido mucho en un sueño por causa de él."

20 Pero los jefes de los sacerdotes y los ancianos persuadieron a la multitud de que pidiera a Barrabás e hiciera ejecutar a Jesús.

21 —¿A cuál de los dos quieren que les suelte? —preguntó el gobernador.

—A Barrabás.

22 —¿Y qué voy a hacer con Jesús, el que llaman Cristo?

Todos contestaron:

—¡Crucifícalo!

23 —¿Por qué? ¿Qué crimen ha cometido? —insistió Pilato.

Pero ellos gritaban aún más fuerte:

—¡Crucifícalo!

24 Cuando Pilato vio que no conseguía nada, sino que más bien se estaba formando un tumulto, tomó agua y se lavó las manos delante de la gente.

—Soy inocente de la sangre de este hombre —dijo—. ¡Eso es asunto de ustedes!

25 —¡Caiga su sangre sobre nosotros y sobre nuestros hijos! —contestó todo el pueblo.

26 Entonces les soltó a Barrabás; pero a Jesús lo mandó azotar, y lo entregó para que lo crucificaran.

Los soldados se burlan de Jesús

27 Los soldados del gobernador llevaron a Jesús al pretorio y reunieron a toda la tropa alrededor de él. **28** Le quitaron su ropa y le pusieron un manto de color escarlata. **29** Luego tejieron una corona de espinas y se la colocaron en la cabeza, y le pusieron una vara en la mano derecha. Arrodillándose delante él, se burlaban diciendo:

—¡Salve, rey de los judíos!

30 Escupiéndole, tomaron la vara y lo golpearon con ella en la cabeza una y otra vez. **31** Después de burlarse de él, le quitaron el manto, le pusieron su propia ropa y se lo llevaron para crucificarlo.

m **27:10** Véanse Zac 11:12,13; Jer 19:1-13; 32:6-9.

La crucifixión

32 Al salir encontraron a un hombre de Cirene que se llamaba Simón, y lo obligaron a llevar la cruz. **33** Llegaron a un lugar llamado Gólgota (que significa: Lugar de la Calavera). **34** Allí le dieron a beber vino mezclado con hiel; pero después de probarlo, se negó a beberlo. **35** Después de crucificarlo, repartieron su ropa echando suertes.[n] **36** Y sentados, lo vigilaban allí. **37** Por encima de su cabeza pusieron por escrito la causa de su condena: "ESTE ES JESÚS, EL REY DE LOS JUDÍOS." **38** Con él crucificaron a dos ladrones, uno a su derecha y otro a su izquierda. **39** Los que pasaban proferían insultos contra él, meneando la cabeza.

40 —Tú que destruyes el templo y en tres días lo construyes, ¡sálvate a ti mismo! ¡Baja de la cruz, si eres el Hijo de Dios!

41 De la misma manera se burlaban de él los jefes de los sacerdotes, los maestros de la ley y los ancianos.

42 —Salvó a otros —decían—, ¡pero no puede salvarse a sí mismo! ¡Y es el Rey de Israel! Qué baje ahora de la cruz, y creeremos en él. **43** En Dios confía; que lo libre Dios ahora, si es que lo quiere, porque dijo: 'Yo soy el Hijo de Dios.'

44 Así también lo insultaban los ladrones que estaban crucificados con él.

Muerte de Jesús

45 Desde la hora sexta[o] y hasta la novena[p] se oscureció toda la tierra. **46** Como a la hora novena, Jesús gritó con fuerza:

—*Eloi, Eloi*[q] ¿lama sabactani? (que significa: "Dios mío, Dios mío, ¿por qué me has desamparado?")[r]

47 Al oírlo, algunos de los que estaban allí decían:

—Está llamando a Elías.

48 Al instante uno de ellos corrió en busca de una esponja. La empapó en vinagre, la puso en una caña y se la ofreció a Jesús para que bebiera. **49** Los demás decían:

—Déjalo, a ver si viene Elías a salvarlo.

50 Y después de gritar con fuerza una vez más, Jesús entregó su espíritu.

51 En ese momento la cortina del templo se rasgó en dos, de arriba abajo. Tembló la tierra y se partieron las rocas. **52** Se abrieron los sepulcros y resucitaron los cuerpos de muchos santos que habían muerto. **53** Salieron de los sepulcros y, después de la resurrección de Jesús, entraron en la ciudad santa y se aparecieron a muchos.

54 Cuando el centurión y los que con él estaban haciendo la guardia a Jesús vieron el terremoto y todo lo que había sucedido, quedaron aterrados y exclamaron:

—¡Verdaderamente éste era el Hijo[s] de Dios!

55 Estaban allí, mirando de lejos, muchas mujeres que habían seguido a Jesús desde Galilea para atenderlo. **56** Entre ellas se encontraban María Magdalena, María la madre de Jacobo[t] y de José, y la madre de los hijos de Zebedeo.

Sepultura de Jesús

57 Al atardecer, llegó un hombre rico de Arimatea, llamado José, que también se había convertido en discípulo de Jesús. **58** Este se presentó ante Pilato y le pidió el cuerpo de Jesús, y Pilato ordenó que se lo dieran. **59** José tomó el cuerpo, lo envolvió en una sábana de lino limpia **60** y lo puso en su propio sepulcro nuevo que había cavado en la roca. Hizo rodar una piedra grande a la entrada del sepulcro, y se fue. **61** Estaban allí María Magdalena y la otra María, sentadas frente al sepulcro.

---

[n] 27:35 Algunos mss. posteriores dicen: *suertes, para que se cumpliera lo dicho por medio del profeta: "Se repartieron mis vestidos y sortearon mi ropa"* (Sal 22:18; véase Jn 19:24)   [o] 27:45 Es decir, el mediodía   [p] 27:45 Es decir, las tres de la tarde   [q] 27:46 Algunos mss. dicen: *Elí, Elí*   [r] 27:46 Sal 22:1   [s] 27:54 O *era hijo*   [t] 27:56 O *Santiago*

La guardia ante el sepulcro

62 Al día siguiente, después del día de la preparación, los jefes de los sacerdotes y los fariseos se presentaron ante Pilato.

63 —Señor —le dijeron—, nosotros recordamos que mientras ese engañador aún vivía, dijo: 'A los tres días resucitaré.' **64** Por eso, haga asegurar el sepulcro hasta el tercer día, no sea que vengan sus discípulos y roben el cuerpo, y le digan al pueblo que ha resucitado de entre los muertos. Ese último engaño será peor que el primero.

65 —Llévense una guardia —les ordenó Pilato—. Vayan y aseguren el sepulcro lo mejor que puedan.

66 Así que ellos fueron y aseguraron el sepulcro con un sello sobre la piedra, y dejaron montada la guardia.

La resurrección

28 Después del día de reposo, al amanecer del primer día de la semana, fueron María Magdalena y la otra María a ver el sepulcro.

2 Hubo un terremoto violento, porque un ángel del Señor bajó del cielo, se acercó al sepulcro, quitó la piedra y se sentó sobre ella. **3** Su aspecto era como un relámpago y su ropa era blanca como la nieve. **4** Los guardias tuvieron tanto miedo de él que temblaron y quedaron como muertos.

5 El ángel dijo a las mujeres:

—No tengan miedo, porque sé que ustedes buscan a Jesús, el que fue crucificado. **6** No está aquí; ha resucitado, tal como dijo. Vengan y vean el lugar donde lo pusieron. **7** Luego vayan pronto a decirles a sus discípulos: 'El ha resucitado de entre los muertos y va delante de ustedes a Galilea. Allí lo verán.' Ahora se lo he dicho a ustedes.

8 Así que las mujeres se alejaron a toda prisa del sepulcro, atemorizadas y alegres a la vez, y corrieron a avisar a sus discípulos. **9** De repente Jesús les salió al encuentro y las saludó. Ellas se le acercaron, le abrazaron los pies y lo adoraron.

10 —No tengan miedo —les dijo Jesús—. Vayan a decirles a mis hermanos que se dirijan a Galilea, y allí me verán.

El informe de los guardias

11 Mientras las mujeres iban, algunos de los guardias entraron en la ciudad e informaron a los jefes de los sacerdotes de todo lo que había sucedido. **12** Después de reunirse estos jefes con los ancianos y de trazar un plan, les dieron a los soldados una fuerte suma de dinero **13** y les dijeron: "Digan lo siguiente: 'Sus discípulos vinieron por la noche y se lo robaron mientras nosotros dormíamos.' **14** Si llega este informe a oídos del gobernador, nosotros nos encargaremos de responderle, y les evitaremos problemas a ustedes."

15 Así que los soldados tomaron el dinero e hicieron como se les había instruido. Por todas partes esta es la versión de los sucesos que hasta el día de hoy ha circulado entre los judíos.

La gran comisión

16 Los once discípulos fueron a Galilea, a la montaña que Jesús les había indicado. **17** Cuando lo vieron, lo adoraron; pero algunos dudaban. **18** Jesús se acercó a ellos y les dijo:

—Se me ha dado toda autoridad en el cielo y en la tierra. **19** Por tanto, vayan y hagan discípulos de todas las naciones, bautizándolos en el nombre del Padre y del Hijo y del Espíritu Santo, **20** enseñándoles a obedecer todo lo que les he mandado a ustedes. Y les aseguro que estaré con ustedes siempre, hasta el fin del mundo.

Evangelio según
San Marcos

Juan el Bautista prepara el camino

1 Comienzo del evangelio acerca de Jesucristo, el Hijo de Dios.*a*
2 En Isaías el profeta está escrito:

"Yo enviaré a mi mensajero
delante de ti,
el cual preparará tu
camino."*b*
3 "Voz de uno que grita en el
desierto:
'Preparen el camino para el
Señor,
hagan sendas derechas para
él.' " *c*

4 Así se presentó Juan, bautizando en el desierto y predicando un bautismo de arrepentimiento para el perdón de pecados. **5** Toda la región de Judea y toda la gente de Jerusalén acudían a él. Al confesar ellos sus pecados, él los bautizaba en el río Jordán. **6** La ropa de Juan estaba hecha de pelo de camello. Llevaba puesto un cinturón de cuero, y comía langostas y miel silvestre. **7** Este era su mensaje: "Después de mí viene uno más poderoso que yo, del que no soy digno de inclinarme y desatar la correa de sus sandalias. **8** Yo los bautizo a ustedes con*d* agua, pero él los bautizará con el Espíritu Santo."

Bautismo y tentación de Jesús

9 En esos días llegó Jesús desde Nazaret de Galilea y fue bautizado por Juan en el Jordán. **10** Mientras subía del agua, Jesús vio que el cielo se abría y que el Espíritu bajaba sobre él como una paloma. **11** Y se oyó una voz del cielo que decía: "Tú eres mi Hijo amado; estoy muy complacido contigo."

12 Inmediatamente el Espíritu lo impulsó al desierto, **13** donde estuvo cuarenta días tentado por Satanás. Estaba entre las fieras, y los ángeles le servían.

Llamamiento de los primeros discípulos

14 Después que Juan fue encarcelado, Jesús se fue a Galilea a anunciar las buenas nuevas de Dios. **15** "Ha llegado el tiempo —decía—. El reino de Dios está cerca. ¡Arrepiéntanse y crean las buenas nuevas!"

16 Al caminar junto al mar de Galilea, Jesús vio a Simón y a su hermano Andrés echando una red en el lago, pues eran pescadores. **17** "Vengan, síganme —les dijo Jesús—, y los haré pescadores de hombres." **18** Al instante dejaron las redes y lo siguieron.

19 Un poco más adelante vio a Jacobo*e* y a su hermano Juan, hijos de Zebedeo, que estaban en una barca remendando las redes. **20** En seguida los llamó, y ellos dejaron a su padre Zebedeo en la barca con los jornaleros, y lo siguieron.

Jesús expulsa a un espíritu malo

21 Fueron a Capernaúm, y cuando llegó el día de reposo, Jesús entró en la sinagoga y comenzó a enseñar. **22** La gente se asombraba de su enseñanza, porque les enseñaba como quien tenía autoridad y no como los maestros de la ley. **23** De pronto, en la sinagoga, un hombre que estaba poseído por un espíritu malo *f* gritó:
24 —¿Qué quieres con nosotros, Jesús de Nazaret? ¿Has venido a destruirnos? Sé quién eres: ¡el Santo de Dios!
25 —¡Cállate! —lo reprendió Jesús—. ¡Sal de él!

a **1:1** Algunos mss. no incluyen: *el Hijo de Dios.*   *b* **1:2** Mal 3:1   *c* **1:3** Is 40:3
d **1:8** O *en*   *e* **1:19** O *Santiago*   *f* **1:23** Griego *inmundo*; también en vv. 26 y 27

26 El espíritu malo sacudió al hombre violentamente y salió de él dando un alarido. 27 Todos se quedaron tan asombrados que se decían unos a otros: "¿Qué es esto? ¡Una enseñanza nueva, y con autoridad! Les da órdenes incluso a los espíritus malos, y le obedecen." 28 Se extendió con rapidez su fama por toda la región de Galilea.

Jesús sana a muchos enfermos

29 Tan pronto como salieron de la sinagoga, fueron con Jacobo*g* y Juan a casa de Simón y Andrés. 30 La suegra de Simón estaba en cama con fiebre, y le hablaron a Jesús de ella. 31 Así que se le acercó, la tomó de la mano y la ayudó a levantarse. Se le quitó la fiebre y comenzó a servirlos.

32 Aquella noche, después de la puesta del sol, la gente le llevó a Jesús todos los enfermos y endemoniados. 33 La población entera se reunió junto a la puerta, 34 y Jesús sanó a muchos que padecían de diversas enfermedades. También expulsó a muchos demonios, pero no dejaba que los demonios hablaran porque sabían quién era él.

Jesús ora en un lugar solitario

35 Muy de mañana, cuando todavía estaba oscuro, Jesús se levantó, salió de la casa y se fue a un lugar solitario, donde oraba. 36 Simón y sus compañeros salieron a buscarlo.

37 —¡Todos te buscan! —exclamaron al encontrarlo.

38 —Vamos a otros lugares —respondió Jesús—, a los pueblos cercanos, para que yo pueda predicar también allí, porque para esto he venido.

39 Así que recorrió toda Galilea, predicando en las sinagogas y expulsando demonios.

Jesús sana a un leproso

40 Se le acercó un hombre que tenía lepra.*h*

—Si quieres, puedes limpiarme —le suplicó de rodillas.

41 Movido a compasión, Jesús extendió la mano y tocó al hombre.

—Sí quiero —le dijo—. ¡Queda limpio!

42 Al instante lo dejó la lepra y quedó sano. 43 Jesús lo despidió en seguida con una fuerte advertencia:

44 —Mira, no se lo digas a nadie, sino ve a mostrarte al sacerdote y presenta por tu purificación la ofrenda que ordenó Moisés, para que les sirva de testimonio.

45 Pero él salió y comenzó a hablar sin reserva, divulgando lo sucedido. Como resultado, Jesús ya no podía entrar en ningún pueblo abiertamente, sino que se quedaba afuera en lugares solitarios. Con todo, la gente aún acudía a él de todas partes.

Jesús sana a un paralítico

2 Unos días después, cuando Jesús entró de nuevo en Capernaúm, la gente se enteró de que estaba en casa. 2 Se aglomeraron tantos que ya no quedaba sitio ni siquiera frente a la puerta, y él les predicaba la palabra. 3 Llegaron unos hombres con un paralítico que llevaban entre cuatro. 4 Como no podían llevarlo hasta Jesús por causa de la multitud, abrieron el techo encima de donde estaba Jesús y, después de hacer una abertura, bajaron la camilla en la que estaba acostado el paralítico. 5 Al ver Jesús la fe de ellos, le dijo al paralítico:

—Hijo, tus pecados quedan perdonados.

6 Estaban sentados allí algunos maestros de la ley, que pensaban: 7 "¿Por qué habla éste así? ¡Está blasfemando! ¿Quién puede perdonar pecados sino sólo Dios?"

8 En ese mismo instante supo Jesús en su espíritu que esto era lo que estaban pensando.

—¿Por qué piensan así? —les dijo—. 9 ¿Qué es más fácil, decirle al paralítico: 'Tus pecados quedan per-

---

g 1:29 O *Santiago*   *h* 1:40 El vocablo griego no se refería necesariamente a la lepra sino a diversas enfermedades de la piel.

donados', o decirle: 'Levántate, toma tu camilla y anda'? 10 Pues para que sepan que el Hijo del Hombre tiene autoridad en la tierra para perdonar pecados —le dijo entonces al paralítico—: 11 A ti te digo, levántate, toma tu camilla y vete a tu casa.

12 El se levantó, tomó su camilla y salió caminando a la vista de todos. Quedaron todos asombrados, y alabaron a Dios.

—Jamás habíamos visto nada igual —decían.

Llamamiento de Leví

13 De nuevo salió Jesús a la orilla del lago. Se le acercó una gran multitud, y comenzó a enseñarles. 14 Al pasar vio a Leví, hijo de Alfeo, sentado en la oficina de recaudación de impuestos. "Sígueme", le dijo Jesús. Leví se levantó y lo siguió.

15 Mientras Jesús estaba comiendo en casa de Leví, muchos recaudadores de impuestos y "pecadores" comían con él y sus discípulos, pues había muchos que lo seguían. 16 Cuando los maestros de la ley que eran fariseos lo vieron comiendo con "pecadores" y con recaudadores de impuestos, les preguntaron a sus discípulos:

—¿Por qué come con recaudadores de impuestos y con 'pecadores'?

17 —No son los sanos sino los enfermos los que necesitan médico —les contestó Jesús al oírlo—. No he venido a llamar a justos sino a pecadores.

Le preguntan a Jesús sobre el ayuno

18 Los discípulos de Juan y los fariseos estaban ayunando. Algunas personas se acercaron a Jesús y le preguntaron:

—¿Cómo es que los discípulos de Juan y los de los fariseos ayunan, pero los tuyos no?

19 —¿Acaso pueden ayunar los invitados del novio mientras está con ellos? —les contestó Jesús—. No pueden hacerlo mientras lo tienen con ellos. 20 Pero llegará el día en que se les quitará el novio, y en ese día sí ayunarán. 21 Nadie remienda un vestido viejo con un retazo de tela nueva. Si lo hace así, el remiendo tirará del vestido y la rotura se hará peor. 22 Ni echa nadie vino nuevo en odres viejos. Si lo hace así, el vino hará reventar los odres y se arruinarán tanto el vino como los odres. Más bien, el vino nuevo se echa en odres nuevos.

Señor del día de reposo

23 Un día de reposo al pasar Jesús por los sembrados, sus discípulos comenzaron a arrancar a su paso algunas espigas.

24 —Mira, ¿por qué hacen ellos en el día de reposo lo que la ley prohíbe? —dijeron los fariseos.

25 —¿Nunca han leído lo que hizo David cuando él y sus compañeros tuvieron hambre y pasaron necesidades? —les contestó—. 26 Entró en la casa de Dios cuando Abiatar era el sumo sacerdote, y comió los panes consagrados a Dios que sólo a los sacerdotes se les permitía comer. Y les dio también a sus compañeros.

27 "El día de reposo fue hecho para el hombre, y no el hombre para el día de reposo —añadió—. 28 Así que el Hijo del Hombre es Señor incluso del día de reposo.

3 En otra ocasión entró en la sinagoga, y había allí un hombre que tenía una mano paralizada. 2 Algunos buscaban un motivo para acusar a Jesús, y no le quitaban la vista para ver si lo sanaba en el día de reposo. 3 Jesús le dijo al hombre que tenía la mano paralizada:

—Levántate y ponte enfrente de todos.

4 Luego preguntó a los otros:

—¿Qué permite la ley en el día de reposo: hacer el bien o hacer el mal, salvar una vida o matar?

Pero ellos se quedaron callados. 5 Jesús los miró enojado, profundamente entristecido por la dureza de su corazón, y le dijo al hombre:

—Estira la mano.

La estiró, y la mano le quedó completamente restablecida. 6 Tan pronto como salieron los fariseos, comenzaron a tramar con los herodianos cómo matar a Jesús.

La multitud sigue a Jesús

7 Jesús se retiró con sus discípulos al lago, y lo seguía una gran multitud de Galilea. **8** Cuando se enteraron de todo lo que hacía, acudieron a él muchos de Judea, Jerusalén, Idumea, y de las regiones al otro lado del Jordán y de Tiro y Sidón. **9** A causa de la aglomeración, les dijo a sus discípulos que le tuvieran preparada una pequeña barca, para evitar que la gente lo apretujara. **10** Es que había sanado a muchos, de modo que todos los que sufrían dolencias se empujaban para tocarlo. **11** Siempre que lo veían los espíritus malos,*i* se postraban delante de él y gritaban: "¡Tú eres el Hijo de Dios!" **12** Pero él les ordenaba con firmeza que no dijeran quién era.

Nombramiento de los doce apóstoles

13 Subió Jesús a una montaña y llamó a los que quiso, y se le acercaron. **14** Designó a doce —a quienes nombró apóstoles*j*—, para que estuvieran con él y para enviarlos a predicar, **15** y que tuvieran autoridad para expulsar demonios. **16** Estos son los doce que él nombró: Simón (a quien llamó Pedro); **17** Jacobo*k* y su hermano Juan, hijos de Zebedeo (a quienes puso el nombre de Boanerges, que significa "Hijos del trueno"); **18** Andrés, Felipe, Bartolomé, Mateo, Tomás, Jacobo, hijo de Alfeo; Tadeo, Simón el Zelote **19** y Judas Iscariote, quien lo traicionó.

Jesús y Beelzebú

20 Luego entró en una casa, y de nuevo se juntó tanta gente que ni siquiera podían comer él y sus discípulos. **21** Cuando se enteraron sus familiares, salieron a hacerse cargo de él, porque decían: "Está loco." **22** Los maestros de la ley que habían bajado de Jerusalén decían:

"¡Está poseído por Beelzebú!*l* Expulsa a los demonios por medio del príncipe de los demonios."

23 Así que Jesús los llamó y les dijo en parábolas: "¿Cómo puede Satanás expulsar a Satanás? **24** Si un reino está dividido contra sí mismo, ese reino no puede seguir en pie. **25** Si una casa está dividida contra sí misma, esa casa no puede seguir en pie. **26** Y si Satanás se levanta contra sí mismo y se divide, no puede sostenerse, sino que ha llegado su fin. **27** Ahora bien, nadie puede entrar en la casa de un hombre fuerte y arrebatarle sus bienes a menos que primero ate al hombre fuerte. Sólo entonces puede robar su casa. **28** Les aseguro que todos los pecados y blasfemias se les perdonarán a los hombres. **29** Pero el que blasfeme contra el Espíritu Santo no tendrá perdón jamás; es culpable de un pecado eterno."

30 Dijo esto porque decían: "Tiene un espíritu malo."*m*

La madre y los hermanos de Jesús

31 Llegaron la madre y los hermanos de Jesús. Se quedaron afuera y enviaron a alguien a llamarlo. **32** Había mucha gente sentada alrededor de él.

—Tu madre y tus hermanos están afuera y te buscan —le dijeron.

33 —¿Quiénes son mi madre y mis hermanos? —contestó Jesús.

34 Luego miró a los que estaban sentados alrededor de él y dijo:

—Aquí tienen a mi madre y a mis hermanos. **35** Cualquiera que hace la voluntad de Dios es mi hermano, mi hermana y mi madre.

Parábola del sembrador

4 En otra ocasión comenzó Jesús a enseñar junto al lago. La multitud que se reunió alrededor de él era tan grande que se subió a una barca que estaba en el lago, y se sentó, mientras toda la gente estaba

---

i **3:11** Griego *inmundos*   *j* **3:14** Algunos mss. no incluyen: *a quienes nombró apóstoles.*
k **3:17** O *Santiago*; también en v. 18   *l* **3:22** Griego *Beelzebul* o *Beezebul*
m **3:30** Griego *inmundo*

en la orilla, frente al lago. 2El les enseñaba muchas cosas mediante parábolas. 3"¡Escuchen! —les dijo—. Un agricultor salió a sembrar. 4Mientras iba esparciendo la semilla, una parte cayó junto al camino, y llegaron los pájaros y se la comieron. 5Otra parte cayó en terreno pedregoso, sin mucha tierra. Esa semilla brotó pronto porque la tierra no tenía profundidad. 6Pero cuando salió el sol, las plantas se marchitaron y, por no tener raíz, se secaron. 7Otra parte de la semilla cayó entre espinos que, al crecer, la ahogaron, de modo que no dio fruto. 8Pero otra parte cayó en buen terreno. Brotó, creció, y produjo una cosecha, multiplicándose al treinta, al sesenta y hasta al ciento por uno.

9"El que tenga oídos para oír, que oiga", añadió Jesús.

10Cuando se quedó solo, los doce y los que estaban alrededor de él le preguntaron sobre las parábolas. 11"A ustedes se les ha dado a conocer el secreto del reino de Dios —les contestó—; pero a los de afuera se les dice todo en parábolas 12para que

   "'aunque vean, no perciban;
   y aunque oigan, no entien-
       dan;
   de lo contrario, ¡podrían con-
       vertirse y quedar perdo-
       nados!'[n]

13"¿No entienden esta parábola? —continuó Jesús—. ¿Cómo podrán, entonces, entender las demás? 14El agricultor siembra la palabra. 15Algunos son como lo sembrado junto al camino, donde se siembra la palabra. Tan pronto como la oyen, viene Satanás y les quita la palabra sembrada en ellos. 16Otros son como lo sembrado en terreno pedregoso: cuando oyen la palabra, la reciben inmediatamente con alegría. 17Pero como no tienen raíz, duran poco tiempo. Cuando surgen problemas o persecución a causa de la palabra, se apartan en seguida.

18Otros son como lo sembrado entre espinos: oyen la palabra, 19pero las preocupaciones de esta vida, el engaño de las riquezas y los deseos de las demás cosas entran hasta ahogar la palabra, volviéndose así infructuosa. 20Otros son como lo sembrado en buen terreno: oyen la palabra, la aceptan y producen una cosecha al treinta, al sesenta y hasta al ciento por uno de lo sembrado."

Una lámpara en el candelero

21Jesús les dijo: "¿Acaso se trae una lámpara para ponerla debajo de una caja o debajo de la cama? Por el contrario, ¿no es para ponerla en el candelero? 22Porque todo lo escondido está destinado a revelarse, y todo lo encubierto está destinado a sacarse a plena luz. 23El que tenga oídos para oír, que oiga.

24"Fíjense en lo que oyen. Con la medida que usen, se les medirá a ustedes, y aun más. 25Al que tiene, se le dará más; al que no tiene se le quitará hasta lo poco que tiene."

Parábola de la semilla que crece

26También dijo: "El reino de Dios se parece a un hombre que esparce semilla en la tierra. 27De noche y de día, lo mismo si él duerme que si está levantado, la semilla brota y crece, aunque el hombre no sabe cómo. 28Por sí sola la tierra da fruto; primero el tallo, luego la espiga, y después el grano lleno en la espiga. 29Tan pronto como el grano está maduro, le mete la hoz, pues ha llegado el tiempo de la cosecha."

Parábola del grano de mostaza

30También dijo: "¿A qué compararemos el reino de Dios o qué parábola usaremos para describirlo? 31Es como un grano de mostaza, que es la más pequeña de las semillas que se siembran en la tierra, 32pero una vez sembrada crece hasta convertirse en la más grande de las hortalizas, con unas ramas

[n] 4:12 Is 6:9,10

tan grandes que las aves del cielo
pueden anidar a su sombra."
33 Con muchas parábolas semejantes les enseñaba Jesús la palabra
hasta donde podían entender. **34** No
les decía nada sin emplear parábolas. Pero cuando estaba a solas con
sus discípulos, les explicaba todo.

Jesús calma la tormenta

35 Ese día al anochecer, les dijo a
sus discípulos:
—Crucemos al otro lado.
36 Dejaron atrás a la multitud y se
lo llevaron, tal como estaba, en la
barca. También lo acompañaban
otras barcas. **37** Se levantó una
furiosa tormenta, y las olas golpeaban la barca, tanto que ya comenzaba a inundarse. **38** Jesús estaba en
la popa, durmiendo sobre un cabe-
zal. Los discípulos lo despertaron.
—Maestro, ¿no te importa que nos
ahoguemos? —le dijeron.
39 El se levantó, reprendió al
viento y dijo a las olas:
—¡Silencio! ¡Cálmense!
El viento se calmó y todo quedó
completamente tranquilo.
40 —¿Por qué tienen tanto miedo?
—dijo a sus discípulos—. ¿Todavía
no tienen fe?
41 Ellos estaban espantados y se
decían unos a otros:
—¿Quién es éste, que hasta el
viento y las olas le obedecen?

Liberación de un endemoniado

5 Cruzaron el lago hasta la región
de los gerasenos.[o] **2** Cuando
desembarcó Jesús, le salió al
encuentro de entre los sepulcros un
hombre poseído de un espíritu
malo.[p] **3** Este hombre vivía en los
sepulcros, y nadie lo podía atar, ni
siquiera con una cadena. **4** Muchas
veces lo habían atado con cadenas y
grilletes, pero había roto las cadenas
y destrozado los grilletes. No había
nadie con suficiente fuerza para
dominarlo. **5** De noche y de día, en
los sepulcros y por las colinas,
andaba gritando e hiriéndose con
piedras.
6 Cuando vio a Jesús desde lejos,
corrió y se postró delante de él.
7 —¿Qué quieres conmigo, Jesús,
Hijo del Dios Altísimo? —gritó con
fuerza—. ¡Te ruego por Dios que no
me atormentes!
8 Es que Jesús le había dicho: "¡Sal
de este hombre, espíritu malo!"
9 —¿Cómo te llamas? —le preguntó Jesús.
—Me llamo Legión, porque somos
muchos.
10 Y le suplicó a Jesús una y otra
vez que no los mandara fuera de
aquella región.
11 Estaba paciendo en la colina cer-
cana una manada de muchos cerdos.
12 —Mándanos a los cerdos; déja-
nos entrar en ellos —le rogaron los
demonios a Jesús.
13 El les dio permiso, y los espíritus malos[q] salieron del hombre y
entraron en los cerdos. La manada,
unos dos mil, se precipitó al lago por
el despeñadero y se ahogó.
14 Los que cuidaban de los cerdos
huyeron a dar aviso en el pueblo y por
los campos, y la gente salió a ver lo
que había ocurrido. **15** Cuando llegaron a Jesús y vieron sentado, vestido
y en su sano juicio al que había estado
poseído por la legión de demonios,
tuvieron miedo. **16** Los que lo habían
presenciado contaron a la gente lo
que les había sucedido al endemoniado y a los cerdos. **17** Entonces la
gente comenzó a suplicarle a Jesús
que se fuera de su región.
18 Al subir Jesús a la barca, el que
había estado endemoniado le rogaba
que le permitiera acompañarlo.
19 Jesús no lo dejó, sino que le dijo:
—Vete a tu casa, a los de tu familia, y cuéntales lo mucho que el
Señor ha hecho por ti y cómo ha
tenido compasión de ti.
20 El hombre se fue y comenzó a
contar en Decápolis[r] todo lo que
había hecho Jesús por él. Y toda la
gente se quedó asombrada.

[o] **5:1** Algunos mss. dicen: *gadarenos*; otros: *gergesenos* [p] **5:2** Griego *inmundo*; también en v. 8 [q] **5:13** Griego *inmundos* [r] **5:20** Es decir, las Diez Ciudades

Una niña muerta y una mujer enferma

21 Después que Jesús cruzó de nuevo en la barca hasta el otro lado del lago, se reunió alrededor de él una gran multitud mientras se encontraba junto al lago. **22** En esto llegó uno de los jefes de la sinagoga, llamado Jairo. Al ver a Jesús, se echó a sus pies.

23 —Mi hijita está muriendo. Ven y pon tus manos sobre ella para que se sane y viva —suplicó con insistencia.

24 Jesús fue con él, y lo seguía una gran multitud, la cual lo apretujaba. **25** Allí estaba una mujer que padecía de hemorragias desde hacía doce años. **26** Había sufrido mucho a manos de varios médicos, además de haber gastado todo lo que tenía sin que le hubiera servido de nada sino que, por el contrario, iba de mal en peor. **27** Cuando oyó hablar de Jesús, se le acercó por detrás entre la gente y le tocó el manto, **28** porque pensaba: "Si logro tocar siquiera su ropa, quedaré sana." **29** Al instante cesó su hemorragia y sintió en el cuerpo que había quedado libre de su enfermedad.

30 En seguida se dio cuenta Jesús de que de él había salido poder. Se volvió entre la gente y preguntó:

—¿Quién me tocó la ropa?

31 —Ves que te apretuja la gente —le contestaron sus discípulos—, y aun así preguntas: '¿Quién me tocó?'

32 Pero Jesús seguía mirando a su alrededor para ver quién lo había hecho. **33** La mujer, sabiendo lo que le había sucedido, se acercó temblando de miedo, se echó a sus pies y le contó toda la verdad.

34 —Hija, tu fe te ha sanado —le dijo Jesús—. Vete en paz y queda sana de tu enfermedad.

35 Todavía estaba hablando Jesús, cuando llegaron unos hombres de la casa de Jairo, jefe de la sinagoga, para decirle:

—Tu hija ha muerto. ¿Para qué molestar más al Maestro?

36 Sin hacer caso de lo que decían, Jesús le dijo al jefe de la sinagoga:

—No tengas miedo; cree nada más.

37 No permitió que nadie lo acompañara, excepto Pedro, Jacobo[s] y Juan, el hermano de Jacobo. **38** Cuando llegaron a la casa del jefe de la sinagoga, Jesús vio el alboroto y a la gente que lloraba y daba grandes alaridos. **39** Entró y les dijo:

—¿A qué vienen este alboroto y estos alaridos? La niña no está muerta sino dormida.

40 Pero ellos se burlaban de él.

Después que los sacó a todos, tomó consigo al padre y a la madre de la niña y a los discípulos que estaban con él, y entró a donde estaba la niña. **41** La tomó de la mano y le dijo:

—*Talita cumi* (que significa: "Niña, a ti te digo, ¡levántate!").

42 Al instante la niña se levantó y comenzó a caminar (tenía doce años). Ante esto todos quedaron pasmados. **43** El dio órdenes estrictas de que nadie se enterara de esto, y les mandó que le dieran a ella de comer.

Un profeta sin honra

6 Salió Jesús de allí y fue a su tierra, acompañado de sus discípulos. **2** Cuando llegó el día de reposo, comenzó a enseñar en la sinagoga.

—¿De dónde sacó éste tales cosas? —decían asombrados muchos de los que le oían—. ¿Qué sabiduría es ésta que se le ha dado? ¿Y estos milagros que hace? **3** ¿No es el carpintero, el hijo de María y hermano de Jacobo,[s] de José, de Judas y de Simón? ¿No están sus hermanas aquí con nosotros?

Y se ofendían a causa de él.

4 —En todas partes se honra a un profeta, menos en su tierra, entre sus familiares y en su propia casa —les dijo Jesús.

5 No pudo hacer allí ningún milagro, excepto sanar a unos pocos

[s] 5:37 y 6:3 O *Santiago*

enfermos al imponerles las manos.
6 Estaba asombrado por la falta de
fe de ellos.

Jesús envía a los doce

Después Jesús recorrió los alrededores enseñando de pueblo en pueblo. 7 Llamando a los doce, los envió de dos en dos y les dio autoridad sobre los espíritus malos.[t]

8 Estas eran sus instrucciones: "No lleven nada para el camino, sino sólo un bastón; ni pan, ni bolsa, ni dinero en el cinto. 9 Lleven sandalias pero no se pongan dos camisas. 10 Cuando entren en una casa, quédense allí hasta que salgan del pueblo. 11 Y si en algún lugar no los reciben bien o no los escuchan, sacudan el polvo de los pies cuando salgan de allí, en testimonio contra ellos."

12 Ellos salieron y le predicaron a la gente que se arrepintiera. 13 Expulsaban a muchos demonios y ungían con aceite a muchos enfermos y los sanaban.

Decapitación de Juan el Bautista

14 El rey Herodes se enteró de esto, pues el nombre de Jesús se había hecho famoso. Algunos decían:[u] "Juan el Bautista ha resucitado de entre los muertos, y por eso se manifiestan en él esos poderes milagrosos." 15 Otros decían: "Es Elías." Otros, en fin, afirmaban: "Es un profeta, como uno de los antiguos profetas." 16 Pero cuando lo oyó Herodes, dijo: "¡Juan, al que yo decapité, ha resucitado de entre los muertos!"

17 Es que Herodes mismo había mandado arrestar a Juan y lo había metido en la cárcel por causa de Herodías, esposa de su hermano Felipe, con la que Herodes se había casado. 18 Porque Juan le había estado diciendo a Herodes: "La ley te prohíbe tener a la esposa de tu hermano." 19 Por eso Herodías le guardaba rencor a Juan y deseaba matarlo. Pero no lograba hacerlo,

20 porque Herodes temía a Juan y lo protegía, sabiendo que era un hombre justo y santo. Cuando Herodes oía a Juan, se quedaba muy desconcertado,[v] pero lo escuchaba con gusto.

21 Por fin llegó la ocasión propicia. En su cumpleaños Herodes dio un banquete a sus altos oficiales, a los comandantes militares y a los notables de Galilea. 22 Cuando la hija de Herodías entró y bailó, les agradó a Herodes y a los invitados.

—Pídeme lo que quieras y te lo daré —le dijo el rey a la muchacha.

23 Y le prometió bajo juramento:

—Te daré cualquier cosa que me pidas, hasta la mitad de mi reino.

24 Ella salió a preguntarle a su madre:

—¿Qué le pediré?

—La cabeza de Juan el Bautista.

25 Inmediatamente entró la muchacha a toda prisa ante el rey con la petición:

—Quiero que me des ahora mismo en una bandeja la cabeza de Juan el Bautista.

26 El rey se entristeció mucho, pero a causa de sus juramentos y en atención a los invitados, no quiso negársela. 27 Así que envió en seguida a un verdugo con la orden de llevarle la cabeza de Juan. El hombre fue, decapitó a Juan en la cárcel 28 y llevó la cabeza en una bandeja. Se la entregó a la muchacha, y ella se la dio a su madre. 29 Al enterarse de esto, los discípulos de Juan fueron a recoger su cuerpo y lo pusieron en un sepulcro.

Jesús alimenta a los cinco mil

30 Los apóstoles se reunieron alrededor de Jesús y le relataron todo lo que habían hecho y enseñado. 31 Después, como era tanta la gente que iba y venía que no tenían oportunidad ni de comer, les dijo:

—Vengan conmigo ustedes solos a un lugar tranquilo y descansen un poco.

---

[t] **6:7** Griego *inmundos*   [u] **6:14** Algunos mss. antiguos dicen: *El decía*
[v] **6:20** Algunos mss. antiguos dicen: *Juan, hacía muchas cosas*

32 Así que se fueron solos en una barca a un lugar solitario. **33** Pero muchos que los vieron salir los reconocieron y, desde todos los pueblos, corrieron hasta allá y llegaron antes que ellos. **34** Cuando Jesús desembarcó y vio una gran multitud, tuvo compasión de ellos, porque eran como ovejas sin pastor. Así que comenzó a enseñarles muchas cosas.

35 Como ya era tarde, se le acercaron sus discípulos y le dijeron:

—Este es un lugar apartado y ya es muy tarde. **36** Despide a la gente, para que vayan a los campos y pueblos vecinos y se compren algo de comer.

37 —Denles ustedes mismos de comer —contestó Jesús.

—¡Eso costaría unos ocho meses de salario de un obrero!*w* —objetaron—. ¿Quieres que vayamos y gastemos tanto en pan y les demos de comer?

38 —¿Cuántos panes tienen ustedes? —preguntó—. Vayan a ver.

Después de averiguarlo, le dijeron:

—Cinco, y dos pescados.

39 Jesús les mandó que hicieran que toda la gente se sentara por grupos sobre la hierba verde. **40** Así que ellos se acomodaron en grupos de cien y de cincuenta. **41** Tomó los cinco panes y los dos pescados, miró al cielo, dio gracias y partió los panes. Luego se los dio a sus discípulos para que se los sirvieran a la gente. También repartió los dos pescados entre todos. **42** Comieron todos y quedaron satisfechos, **43** y los discípulos recogieron doce canastas llenas de pedazos de pan y de pescado. **44** Los hombres que comieron fueron cinco mil.

Jesús camina sobre el agua

45 En seguida Jesús hizo que sus discípulos subieran a la barca y se le adelantaran en dirección a Betsaida mientras despedía a la multitud. **46** Después de despedirse de ellos, subió a una montaña para orar.

47 Al anochecer, la barca se hallaba en medio del lago, y él estaba solo en tierra. **48** Al ver a los discípulos haciendo grandes esfuerzos para remar, puesto que el viento les era contrario, por la madrugada se acercó a ellos caminando sobre el lago. Estaba a punto de pasarlos de largo, **49** pero cuando lo vieron caminando sobre el lago, creyeron que era un fantasma y gritaron, **50** porque todos lo vieron y quedaron aterrados. Pero él habló en seguida con ellos y les dijo: "¡Ánimo! Soy yo. No tengan miedo."

51 Subió entonces a la barca con ellos, y se calmó el viento. Ellos estaban sumamente asombrados, **52** porque no habían comprendido lo de los panes, sino que tenían endurecido el corazón.

53 Después de cruzar el lago, llegaron a tierra en Genesaret y atracaron allí. **54** Tan pronto como bajaron de la barca, la gente reconoció a Jesús. **55** Corrieron por toda aquella región y le llevaron en camillas a los que tenían enfermedades, dondequiera que oían que él se encontraba. **56** Y dondequiera que iba, en pueblos, ciudades o caseríos, colocaban a los enfermos en las plazas. Le suplicaban que les permitiera tocar siquiera el borde de su manto, y quienes lo tocaban quedaban sanos.

Lo limpio y lo impuro

7 Los fariseos y algunos de los maestros de la ley que habían llegado de Jerusalén se reunieron alrededor de Jesús **2** y vieron a algunos de sus discípulos que comían con manos "impuras", es decir, sin habérselas lavado. **3** (Los fariseos y todos los judíos no comen nada, a no ser que se hayan lavado antes las manos debidamente, aferrados a la tradición de los ancianos. **4** Al regresar del mercado, no comen nada antes de lavarse. Y siguen otras muchas tradiciones, tales como la ceremonia de lavar copas, jarras y vajillas de cobre.*x*) **5** Así que los fari-

---

w **6:37** Griego *costaría doscientos denarios vajillas de cobre y divanes para comer.*

x **7:4** Algunos mss. antiguos dicen: *jarras,*

seos y los maestros de la ley le preguntaron a Jesús:

—¿Por qué no siguen tus discípulos la tradición de los ancianos en vez de comer con manos 'impuras'?

6 —Tenía razón Isaías —les contestó— cuando profetizó acerca de ustedes, hipócritas, según está escrito:

» 'Este pueblo me honra con
   los labios,
   pero tiene el corazón lejos de
   mí.
7 En vano me adoran;
   sus enseñanzas no son más
   que reglas hechas por
   hombres.' *y*

8 Ustedes han dejado los mandamientos de Dios y se aferran a las tradiciones de los hombres.

9 Les decía además:

—¡Qué manera tienen ustedes de dejar a un lado los mandamientos de Dios para seguir *z* sus propias tradiciones! **10** Pues Moisés dijo: 'Honra a tu padre y a tu madre', *a* y: 'El que maldiga a su padre o a su madre, debe morir'. *b* **11** Pero ustedes dicen que si alguien dice a su padre o a su madre: 'Cualquier ayuda que pudieran haber recibido de mí es corbán' (es decir, ofrenda a Dios), **12** ya no le permiten ustedes hacer nada por su padre o su madre. **13** Así anulan ustedes la palabra de Dios por su tradición que se han trasmitido. Y hacen muchas cosas parecidas.

14 De nuevo Jesús llamó a la multitud.

—Escúchenme todos —dijo— y entiendan esto: **15** Nada de lo que hay fuera del hombre puede hacerlo 'impuro' al entrar en él. Más bien, lo que sale del hombre es lo que lo hace 'impuro'. *c*

17 Después que dejó a la gente y entró en la casa, sus discípulos le preguntaron sobre lo que había dicho.

18 —¿Tan torpes son ustedes también? —les dijo—. ¿No se dan cuenta de que nada de lo que entra en un hombre desde afuera puede hacerlo 'impuro'? **19** Porque no entra en el corazón sino en el estómago, y después se elimina.

Con esto Jesús declaraba "puros" todos los alimentos. **20** Luego añadió:

—Lo que sale del hombre es lo que lo hace 'impuro'. **21** Porque del interior, del corazón de los hombres, salen los malos pensamientos, la inmoralidad sexual, los robos, los homicidios, los adulterios, **22** la avaricia, la maldad, el engaño, la lujuria, la envidia, la calumnia, la arrogancia y la necedad. **23** Todos estos males salen del interior y hacen 'impuro' al hombre.

La fe de una mujer sirofenicia

24 Jesús partió de allí y fue a la región de Tiro. *d* Entró en una casa y no quería que nadie lo supiera, pero no pudo pasar inadvertido. **25** Más bien, tan pronto como oyó hablar de él, una mujer que tenía una hijita poseída de un espíritu malo *e* se acercó y se echó a sus pies. **26** La mujer era griega, sirofenicia de nacimiento. Ella le rogó a Jesús que expulsara de su hija al demonio.

27 —Deja primero que los hijos coman lo que quieran —respondió Jesús—, porque no está bien tomar el pan de los hijos y echárselo a sus perros.

28 —Sí, Señor —respondió la mujer—, pero hasta los perros comen debajo de la mesa las migajas de los hijos.

29 —Por haber respondido así, puedes irte tranquila; el demonio ha salido de tu hija —le dijo Jesús.

30 Ella volvió a su casa y halló a la niña acostada en la cama; el demonio ya se había ido.

Jesús sana a un sordomudo

31 Luego salió Jesús de la región de Tiro y se dirigió por Sidón al mar

---

y **7:6,7** Is 29:13   *z* **7:9** Algunos mss. dicen: *establecer*   *a* **7:10** Ex 20:12; Dt 5:16
b **7:10** Ex 21:17; Lv 20:9   *c* **7:15** Algunos mss. antiguos dicen: *'impuro'.* **16** *El que tenga*
oídos para oír, que oiga.   *d* **7:24** Varios mss. antiguos dicen: *de Tiro y de Sidón.*
e **7:25** Griego *inmundo*

de Galilea y a la región de Decápolis. *f* **32** Allí le llevaron un hombre que era sordo y hablaba con dificultad, y le suplicaron que pusiera la mano sobre él.

33 Jesús se lo llevó a un lado, aparte de la multitud, e introdujo los dedos en las orejas del sordo. Luego escupió y le tocó la lengua. **34** Miró al cielo y, suspirando profundamente, le dijo: "¡*Efata!*" (que significa: "¡Ábrete!"). **35** Con esto, se le abrieron los oídos al hombre, se le desató la lengua y comenzó a hablar bien.

36 Jesús les mandó que no se lo dijeran a nadie, pero cuanto más se lo encargaba, tanto más lo seguían propagando. **37** La gente estaba sumamente asombrada, y decía: "Todo lo ha hecho bien. Hasta hace oír a los sordos y hablar a los mudos."

Jesús alimenta a los cuatro mil

8 En aquellos días se reunió otra gran multitud. Como no tenían nada que comer, Jesús llamó a sus discípulos y les dijo:

2 —Siento compasión de esta gente porque ya llevan tres días conmigo y no tienen nada que comer. **3** Si los mando a casa sin comer, se desmayarán por el camino, porque algunos de ellos han venido de lejos.

4 —¿Pero dónde puede uno conseguir en este lugar desierto suficiente pan para darles de comer? —le contestaron sus discípulos.

5 —¿Cuántos panes tienen? —les preguntó Jesús.

—Siete.

6 Luego mandó que la gente se sentara en el suelo. Tomó los siete panes, dio gracias, los partió y se los dio a sus discípulos para que se los sirvieran a la gente, y así lo hicieron. **7** Tenían además unos pocos pescaditos. Dio también gracias por ellos y les dijo a los discípulos que los repartieran. **8** La gente comió y quedó satisfecha. Después los discí-

pulos recogieron siete canastas llenas de pedazos que sobraron. **9** Había allí unos cuatro mil hombres. Después de despedirlos, **10** subió Jesús a la barca con sus discípulos y se fue a la región de Dalmanuta.

11 Llegaron los fariseos y comenzaron a interrogar a Jesús. Para ponerlo a prueba, le pidieron una señal del cielo. **12** El suspiró profundamente y dijo: "¿Por qué pide esta generación una señal milagrosa? Les aseguro que no se le dará ninguna señal." **13** Entonces los dejó, volvió a embarcarse y cruzó al otro lado.

La levadura de los fariseos y la de Herodes

14 A los discípulos se les había olvidado llevar pan, excepto uno que tenían en la barca.

15 —Tengan cuidado —les advirtió Jesús—; guárdense de la levadura de los fariseos y de la de Herodes.

16 Ellos comentaban entre sí: "Es porque no tenemos pan." **17** Consciente de ello, Jesús les dijo:

—¿Por qué están hablando de que no tienen pan? ¿Todavía no ven ni entienden? ¿Tienen endurecido el corazón? **18** ¿Es que tienen ojos, pero no ven, y tienen oídos, pero no oyen? ¿Acaso no recuerdan? **19** Cuando partí los cinco panes para los cinco mil, ¿cuántas canastas llenas de pedazos recogieron?

—Doce —respondieron.

20 —Y cuando partí los siete panes para los cuatro mil, ¿cuántas canastas llenas de pedazos recogieron?

—Siete.

21 —¿No entienden todavía?

Jesús sana a un ciego en Betsaida

22 Llegaron a Betsaida, y algunas personas le llevaron un ciego, rogándole a Jesús que lo tocara. **23** El tomó de la mano al ciego y lo sacó fuera de la población. Después de escupirle en los ojos y de poner las manos sobre él, le preguntó:

f 7:31 Es decir, las Diez Ciudades

—¿Ves algo?

24 El hombre alzó la vista y dijo:

—Veo a los hombres; parecen árboles que caminan.

25 Jesús le puso de nuevo las manos sobre los ojos. Entonces se le abrieron los ojos, recobró la vista y comenzó a ver todo con claridad. **26** Jesús lo mandó a su casa y le dijo:

—No entres en el pueblo.*g*

La confesión de Pedro

27 Jesús y sus discípulos salieron hacia las poblaciones de Cesarea de Filipo. En el camino les preguntó:

—¿Quién dice la gente que soy yo?

28 —Unos dicen que Juan el Bautista, otros que Elías, y otros que uno de los profetas —respondieron.

29 —Y ustedes, ¿quién dicen que soy yo?

—Tú eres el Cristo*h* —respondió Pedro.

30 Jesús les advirtió que no hablaran a nadie acerca de él.

Jesús predice su muerte

31 Comenzó a enseñarles que el Hijo del Hombre tenía que sufrir muchas cosas y ser rechazado por los ancianos, por los jefes de los sacerdotes y por los maestros de la ley, y que tenía que ser muerto y resucitar a los tres días. **32** Habló de esto con toda claridad. Pedro lo llevó aparte y comenzó a reprenderlo. **33** Pero cuando Jesús se volvió y miró a sus discípulos, reprendió a Pedro.

—¡Aléjate de mí, Satanás! —le dijo—. Tú no piensas en las cosas de Dios sino en las de los hombres.

34 Luego llamó a la multitud y a sus discípulos.

—Si alguno quiere ser mi discípulo —les dijo—, tiene que negarse a sí mismo, tomar su cruz y seguirme. **35** Porque el que quiera salvar su vida,*i* la perderá; pero el que pierda su vida por mi causa y por el evangelio, la salvará. **36** ¿De

qué le sirve a un hombre ganar el mundo entero si pierde su alma? **37** ¿O qué puede dar un hombre a cambio de su alma? **38** Si alguno se avergüenza de mí y de mis palabras en medio de esta generación adúltera y pecadora, también el Hijo del Hombre se avergonzará de él cuando venga en la gloria de su Padre con los santos ángeles.

9 "Les aseguro que algunos de los que están aquí no sufrirán la muerte hasta que vean venir el reino de Dios con poder —añadió.

La transfiguración

2 Seis días después Jesús tomó consigo a Pedro, a Jacobo*j* y a Juan, y los llevó a una montaña alta, donde estaban solos. Allí se transfiguró en presencia de ellos. **3** Su ropa se volvió de un blanco resplandeciente como nadie en el mundo podría blanquearla. **4** Y se les aparecieron Elías y Moisés, los cuales conversaban con Jesús.

5 —Rabí, ¡qué bien que estemos aquí! —le dijo Pedro a Jesús—. Levantemos tres enramadas: una para ti, otra para Moisés y otra para Elías.

6 Es que no sabía qué decir, por lo asustados que estaban. **7** Luego apareció una nube que los envolvió, y de la nube salió una voz que dijo: "Este es mi Hijo amado. ¡Escúchenlo!"

8 De repente, cuando miraron a su alrededor, ya no vieron a nadie más con ellos sino a Jesús.

9 Mientras bajaban de la montaña, Jesús les ordenó que no contaran a nadie lo que habían visto hasta que el Hijo del Hombre resucitara de entre los muertos. **10** Guardaron el secreto, discutiendo entre ellos qué significaría eso de "resucitar de entre los muertos".

11 —¿Por qué dicen los maestros de la ley que Elías tiene que venir primero? —le preguntaron.

---

g **8:26** Algunos mss. dicen: *No vayas a decírselo a nadie en el pueblo.*   *h* **8:29** O *Mesías.* Tanto "el Cristo" (griego) como "el Mesías" (hebreo) significan: "el Ungido".   *i* **8:35** La palabra griega significa tanto *vida* como *alma*; también en v. 36.   *j* **9:2** O *Santiago*

12 —Sin duda Elías viene primero y restaura todas las cosas —respondió Jesús—. ¿Cómo es que está escrito que el Hijo del Hombre tiene que sufrir mucho y ser rechazado? 13Pero les digo que Elías ya ha venido, y le han hecho todo lo que querían, tal como está escrito de él.

Jesús sana a un muchacho endemoniado

14Cuando llegaron a donde estaban los otros discípulos, vieron una gran multitud a su alrededor y a los maestros de la ley que discutían con ellos. 15Tan pronto como la gente vio a Jesús, todos se asombraron y corrieron a saludarlo.

16 —¿Qué están discutiendo con ellos? —les preguntó.

17 —Maestro, te traje a mi hijo, que está poseído por un espíritu que le ha quitado el habla —respondió un hombre de entre la multitud—. 18Cada vez que se apodera de él, lo derriba. Echa espumarajos, cruje los dientes y se queda rígido. Les pedí a tus discípulos que expulsaran al espíritu, pero no pudieron.

19 —¡Oh generación incrédula! —respondió Jesús—. ¿Hasta cuándo tendré que estar con ustedes? ¿Hasta cuándo tendré que soportarlos? Tráiganme al muchacho.

20Y se lo llevaron. Tan pronto como vio a Jesús, el espíritu convulsionó al muchacho, que cayó al suelo y comenzó a revolcarse echando espumarajos.

21 —¿Desde cuándo está así? —le preguntó Jesús al padre del muchacho.

—Desde su niñez. 22Muchas veces lo ha echado al fuego o al agua para matarlo. Pero si puedes hacer algo, ten compasión de nosotros y ayúdanos.

23 —¿Cómo que 'si puedes'? —le dijo Jesús—. Todo es posible para el que cree.

24 —¡Sí creo! —exclamó de inmediato el padre del muchacho—. ¡Ayúdame a vencer mi falta de fe!

25Al ver Jesús que se agolpaba mucha gente, reprendió al espíritu malo. k

—Espíritu sordo y mudo, te mando que salgas de él y que no vuelvas a entrar en él jamás.

26El espíritu dio un alarido, lo convulsionó con violencia, y salió de él. El muchacho quedó como muerto, tanto que muchos decían: "Está muerto." 27Pero Jesús lo tomó de la mano y lo levantó, y el muchacho se puso de pie.

28Cuando Jesús entró en casa, sus discípulos le preguntaron en privado:

—¿Por qué no pudimos nosotros expulsarlo?

29 —Esta clase sólo puede salir con oración l —respondió Jesús.

30Dejaron aquel lugar y pasaron por Galilea. Jesús no quería que nadie supiera dónde estaban, 31porque les estaba enseñando a sus discípulos. "El Hijo del Hombre va a ser entregado en manos de los hombres —les decía—. Lo matarán, y a los tres días resucitará."

32Pero ellos no entendían lo que quería decir y les daba miedo preguntárselo.

¿Quién es el más importante?

33Llegaron a Capernaúm. Cuando ya estaba en casa, les preguntó:

—¿Qué venían discutiendo por el camino?

34Pero ellos se quedaron callados porque en el camino habían discutido quién era el más importante. 35Jesús se sentó, llamó a los doce y les dijo:

—Si alguno quiere ser el primero, que sea el último de todos y el servidor de todos.

36Luego tomó a un niño y lo puso en medio de ellos. Tomándolo en sus brazos les dijo:

37 —El que recibe en mi nombre a uno de estos niños, me recibe a mí; y el que a mí me recibe, no me recibe a mí sino al que me envió.

k 9:25 Griego inmundo   l 9:29 Algunos mss. dicen: oración y ayuno

El que no está contra nosotros está de nuestra parte

38 —Maestro —dijo Juan—, vimos a un hombre que expulsaba demonios en tu nombre y se lo prohibimos porque no era de los nuestros.

39 —No se lo prohíban —dijo Jesús—. Nadie que haga un milagro en mi nombre puede en seguida hablar mal de mí, **40** porque el que no está contra nosotros está de nuestra parte. **41** Les aseguro que cualquiera que les dé a ustedes un vaso de agua en mi nombre por ser ustedes de Cristo no perderá su recompensa.

El hacer pecar

42 ”A cualquiera que haga pecar a uno de estos pequeños que creen en mí, más le valdría que lo arrojaran al mar con una gran piedra de molino atada al cuello. **43** Si tu mano te hace pecar, córtatela. Más te vale entrar en la vida manco, que ir con las dos manos al infierno, donde el fuego nunca se apaga.*m* **45** Y si tu pie te hace pecar, córtatelo. Más te vale entrar en la vida cojo, que tener dos pies y ser arrojado al infierno.*n* **47** Y si tu ojo te hace pecar, sácatelo. Más te vale entrar en el reino de Dios con un solo ojo, que tener dos ojos y ser arrojado al infierno, **48** donde

” ‘el gusano de ellos no muere, / y el fuego no se apaga’.*o*
49 Todos serán salados con fuego.

50 ”La sal es buena, pero si se vuelve insípida, ¿cómo se puede salar otra vez? Tengan sal en ustedes mismos y estén en paz unos con otros.

El divorcio

10 Jesús dejó aquel lugar y se fue a la región de Judea y al otro lado del Jordán. Otra vez se le acercaron las multitudes, y como era su costumbre, les enseñaba.

2 Algunos fariseos se le acercaron y, para ponerlo a prueba, le preguntaron:

—¿Permite la ley que un hombre se divorcie de su esposa?

3 —¿Qué les mandó Moisés? —respondió.

4 —Moisés permitió que un hombre escribiera un certificado de divorcio y la despidiera.

5 —Esa ley la escribió Moisés para ustedes porque sus corazones eran duros —respondió Jesús—. **6** Pero al principio de la creación Dios ‘los hizo hombre y mujer’.*p* **7** ‘Por eso dejará el hombre a su padre y a su madre, y se unirá a su esposa,*q* **8** y los dos llegarán a ser un solo cuerpo.’*r* Así que ya no son dos, sino uno solo. **9** Por tanto, lo que Dios ha unido, que no lo separe el hombre.

10 Cuando estuvieron de nuevo en casa, los discípulos le preguntaron a Jesús sobre esto.

11 —El que se divorcia de su esposa y se casa con otra, comete adulterio —respondió—. **12** Y si la mujer se divorcia de su esposo y se casa con otro, comete adulterio.

Jesús y los niños

13 Llevaron unos niños a Jesús para que los tocara, pero los discípulos reprendían a quienes los llevaban. **14** Cuando Jesús se dio cuenta, se indignó y les dijo: “Dejen que los niños vengan a mí, y no se lo impidan, porque el reino de Dios es de los que son como ellos. **15** Les aseguro que el que no reciba el reino de Dios como un niño, nunca entrará en él.” **16** Y tomando a los niños en sus brazos, ponía las manos sobre ellos y los bendecía.

El joven rico

17 Cuando salía Jesús para ponerse en camino, un hombre llegó corriendo y se postró delante de él.

---

m 9:43 Algunos mss. dicen: *apaga, 44donde / ” ‘el gusano de ellos no muere, / y el fuego no se apaga’.*   *n* 9:45 Algunos mss. dicen: *infierno, 46donde / ” ‘el gusano de ellos no muere, / y el fuego no se apaga’.*   *o* 9:48 Is 66:24   *p* 10:6 Gn 1:27
q 10:7 Algunos mss. antiguos no incluyen: *y se unirá a su esposa.*   *r* 10:8 Gn 2:24

—Maestro bueno, ¿qué tengo que hacer para heredar la vida eterna? —le preguntó.

18 —¿Por qué me llamas bueno? —respondió Jesús—. Nadie es bueno sino sólo Dios. **19** Ya sabes los mandamientos: 'No mates, no cometas adulterio, no robes, no des falso testimonio, no defraudes, honra a tu padre y a tu madre.' *s*

20 —Maestro, todos ésos los he guardado desde mi juventud.

21 —Una sola cosa te falta —le dijo Jesús, mirándolo con amor—: anda, vende todo lo que tienes y dáselo a los pobres, y tendrás tesoro en el cielo. Luego ven y sígueme.

22 Al oír esto, decayó el semblante del hombre y se fue triste porque tenía muchas riquezas.

23 Jesús miró alrededor y les dijo a sus discípulos:

—¡Qué difícil es para los ricos entrar en el reino de Dios!

24 Los discípulos se asombraron de sus palabras.

—Hijos, ¡qué difícil es*t* entrar en el reino de Dios! —repitió Jesús—. **25** Le resulta más fácil a un camello pasar por el ojo de una aguja, que a un rico entrar en el reino de Dios.

26 Los discípulos se asombraron aun más, y se decían unos a otros: "Entonces, ¿quién podrá salvarse?"

27 —Para los hombres es imposible —les dijo Jesús, mirándolos fijamente—, pero no para Dios; todo es posible para Dios.

28 —¡Nosotros lo hemos dejado todo por seguirte! —le dijo Pedro.

29 —Les aseguro —respondió Jesús— que ninguno que por mi causa y la del evangelio haya dejado casa, hermanos, hermanas, madre, padre, hijos o terrenos, **30** dejará de recibir cien veces más ahora en este tiempo (casas, hermanos, hermanas, madres, hijos y terrenos, junto con persecuciones) y en el tiempo venidero, la vida eterna. **31** Pero muchos de los primeros serán últimos, y los últimos, primeros.

Jesús predice de nuevo su muerte

32 Iban de camino subiendo a Jerusalén, y Jesús iba delante. Los discípulos estaban asombrados, mientras que quienes los seguían tenían miedo. De nuevo tomó aparte a los doce y comenzó a decirles lo que le iba a suceder. **33** "Subimos a Jerusalén —les dijo—, y el Hijo del Hombre será entregado a los jefes de los sacerdotes y a los maestros de la ley. Ellos lo condenarán a muerte y lo entregarán a los no judíos, **34** quienes se burlarán de él, le escupirán, lo azotarán y lo matarán. A los tres días resucitará."

La petición de Jacobo y Juan

35 Se le acercaron Jacobo *u* y Juan, hijos de Zebedeo.

—Maestro —le dijeron—, queremos que nos concedas lo que te pidamos.

36 —¿Qué quieren que haga por ustedes?

37 —Concédenos que en tu gloria uno de nosotros se siente a tu derecha y el otro a tu izquierda.

38 —No saben lo que están pidiendo —les dijo Jesús—. ¿Pueden acaso beber la copa que yo bebo o ser bautizados con el bautismo con que yo soy bautizado?

39 —Podemos.

—Ustedes beberán la copa que yo bebo y serán bautizados con el bautismo con que yo soy bautizado —les dijo Jesús—, **40** pero el sentarse a mi derecha o a mi izquierda no me corresponde a mí concederlo. Esos lugares son de aquellos para quienes han sido preparados.

41 Cuando lo oyeron los diez, se indignaron contra Jacobo y Juan. **42** Jesús los llamó y les dijo:

—Ustedes saben que los que se consideran jefes entre los no judíos los dominan y sus altos oficiales ejercen autoridad sobre ellos. **43** Entre ustedes no es así. Al contrario, el que quiera hacerse grande

---

s **10:19** Ex 20:12-16; Dt 5:16-20   *t* **10:24** Algunos mss. dicen: *es para los que confían en las riquezas*   *u* **10:35** O *Santiago*; también en v. 41

entre ustedes deberá ser su servidor, 44 y el que quiera ser el primero deberá ser el esclavo de todos. 45 Porque ni aun el Hijo del Hombre vino a ser servido, sino a servir y a dar su vida en rescate por muchos.

El ciego Bartimeo recibe la vista

46 Después llegaron a Jericó. Cuando salía Jesús de la ciudad con sus discípulos y una gran multitud, un ciego, Bartimeo (es decir, el hijo de Timeo), estaba sentado junto al camino pidiendo limosna. 47 Al oír que era Jesús de Nazaret, comenzó a gritar:

—¡Jesús, Hijo de David, ten compasión de mí!

48 Muchos lo reprendían y le decían que se callara, pero él gritaba aun más:

—¡Hijo de David, ten compasión de mí!

49 Jesús se detuvo.

—Llámenlo —dijo.

Así que llamaron al ciego.

—¡Animo! —le dijeron—. ¡Levántate! Te llama.

50 El, arrojando la capa, dio un salto y se acercó a Jesús.

51 —¿Qué quieres que haga por ti? —le preguntó Jesús.

—Rabí, quiero ver —respondió el ciego.

52 —Puedes irte —le dijo Jesús—; tu fe te ha sanado.

Al instante recibió la vista y seguía a Jesús por el camino.

La entrada triunfal

11 Cuando se acercaban a Jerusalén y llegaron a Betfagé y a Betania, junto al monte de los Olivos, Jesús envió a dos de sus discípulos 2 con este encargo: "Vayan a la población que tienen enfrente. Tan pronto como entren en ella, encontrarán un burrito atado en el que nunca se ha montado nadie. Desátenlo y tráiganlo acá. 3 Si alguien les pregunta: '¿Por qué hacen eso?', díganle: 'El Señor

lo necesita, y en seguida lo devolverá.'"

4 Fueron y encontraron un burrito atado a una puerta, afuera en la calle. Mientras lo desataban, 5 algunos de los que estaban allí les preguntaron: "¿Por qué desatan el burrito?" 6 Ellos contestaron como Jesús les había dicho, y los dejaron hacerlo. 7 Cuando le llevaron el burrito a Jesús y pusieron encima sus mantos, él se montó. 8 Muchos tendían sus mantos sobre el camino; otros, ramas que habían cortado en los campos. 9 Tanto los que iban delante como los que iban detrás, gritaban:

—¡Hosanna! *v*

—¡Bendito el que viene en el nombre del Señor! *w*

10 —¡Bendito el reino venidero de nuestro padre David!

—¡Hosanna en las alturas!

11 Jesús entró en Jerusalén y fue al templo. Observó todo a su alrededor y, como ya era tarde, salió para Betania con los doce.

Jesús despeja el templo

12 Al día siguiente, cuando salían de Betania, Jesús tuvo hambre. 13 Al ver a lo lejos una higuera que tenía hojas, fue a ver si tenía algún fruto. Cuando llegó a ella sólo encontró hojas, porque no era tiempo de higos. 14 "¡Nadie vuelva jamás a comer fruto de ti!", le dijo a la higuera. Y lo oyeron sus discípulos.

15 Al llegar a Jerusalén, Jesús entró en el área del templo y comenzó a echar de allí a los que compraban y vendían. Volcó las mesas de los cambistas y los asientos de los vendedores de palomas, 16 y no permitía que nadie llevara mercancías a través de los atrios del templo. 17 Al enseñarles, les decía: "¿No está escrito:

" 'Mi casa será llamada
    casa de oración para todas
    las naciones'? *x*

Pero ustedes la han convertido en 'cueva de ladrones'. *y*"

---

v 11:9 Expresión hebrea que significa "¡Salva!", y que llegó a ser una exclamación de alabanza; también en v. 10   *w* 11:9 Sal 118:25,26   *x* 11:17 Is 56:7   *y* 11:17 Jer 7:11

18 Los jefes de los sacerdotes y los maestros de la ley lo oyeron y comenzaron a buscar la manera de matarlo, pues le temían, porque toda la gente se maravillaba de sus enseñanzas.

19 Cuando cayó la tarde, salieron^z de la ciudad.

La higuera seca

20 Por la mañana, al pasar junto a la higuera, vieron que se había secado de raíz. **21** Pedro, acordándose, le dijo a Jesús:

—¡Rabí, mira, se ha secado la higuera que maldijiste!

22 —Tengan^a fe en Dios —respondió Jesús—. **23** Les aseguro que si alguno le dice a esta montaña: 'Quítate de ahí y arrójate al mar', y no duda en su corazón, sino que cree que lo que dice sucederá, se le hará. **24** Por eso les digo: Todo lo que pidan en oración, crean que ya lo han recibido y será suyo. **25** Y cuando estén orando, si tienen algo contra alguien, perdónenlo, para que también su Padre que está en el cielo les perdone a ustedes sus pecados.^b

La autoridad de Jesús puesta en duda

27 Llegaron de nuevo a Jerusalén, y mientras Jesús andaba por los atrios del templo, se le acercaron los jefes de los sacerdotes, los maestros de la ley y los ancianos.

28 —¿Con qué autoridad haces esto? —le preguntaron—. ¿Quién te dio autoridad para hacerlo?

29 —Yo les voy a hacer una pregunta a ustedes. Contéstenmela, y les diré con qué autoridad hago esto: **30** El bautismo de Juan, ¿era del cielo o de los hombres? Díganme.

31 Ellos discutían entre sí: "Si respondemos: 'Del cielo', nos dirá: 'Entonces, ¿por qué no le creyeron?' **32** Pero si decimos: 'De los hombres'..." (Temían al pueblo, porque todos afirmaban que Juan verdaderamente era profeta.)

33 —No lo sabemos —le respondieron a Jesús.

—Pues yo tampoco les digo con qué autoridad hago esto.

Parábola de los labradores malvados

12 Comenzó a hablarles en parábolas: "Un hombre plantó un viñedo. La cercó, cavó un lagar y construyó una torre para vigilarlo todo. Luego arrendó el viñedo a unos labradores y se fue de viaje. **2** Al tiempo de la cosecha mandó un siervo a los labradores para recibir de ellos una parte del fruto del viñedo. **3** Pero ellos lo agarraron, lo golpearon y lo despidieron con las manos vacías. **4** Les mandó otro siervo; a éste lo golpearon en la cabeza y lo humillaron. **5** Mandó a otro, y a ése lo mataron. Mandó a otros muchos; a unos los golpearon; a otros los mataron.

6 "Le quedaba todavía uno, un hijo amado. Por último, lo mandó a él, pensando: 'Respetarán a mi hijo.' **7** Pero los labradores se dijeron unos a otros: 'Este es el heredero. Vamos, matémoslo, y la herencia será nuestra.' **8** Así que le echaron mano y lo mataron, y lo arrojaron fuera del viñedo.

9 "¿Qué hará el dueño del viñedo? Volverá y matará a esos labradores, y dará el viñedo a otros. **10** ¿No han leído ustedes esta Escritura:

" 'La piedra que desecharon
los constructores
ha llegado a ser piedra angular;
11 el Señor es quien lo ha hecho,
y es maravilloso a nuestros
ojos'?"^c

12 Buscaban el modo de arrestarlo porque sabían que había contado la parábola contra ellos. Pero temían a la multitud; así que lo dejaron y se fueron.

---

^z **11:19** Algunos mss. antiguos dicen: *salió ustedes tienen*   ^b **11:25** Algunos mss. dicen: *pecados. 26 Pero si ustedes no perdonan, tampoco su Padre que está en el cielo les perdonará a ustedes sus pecados.*
^c **12:11** Sal 118:22,23   ^a **11:22** Algunos mss. antiguos dicen: *Si*

El pago de impuestos al César

13 Luego enviaron a Jesús algunos de los fariseos y de los herodianos para tenderle una trampa con sus mismas palabras. **14** —Maestro —le dijeron al llegar—, sabemos que eres un hombre recto. No te dejas influir por los hombres porque no te fijas en su apariencia, sino que enseñas el camino de Dios de acuerdo con la verdad. ¿Está bien pagar impuestos al César o no? **15** ¿Debemos o no debemos pagar?

—¿Por qué me tienden una trampa? —replicó Jesús, conociendo su hipocresía—. Tráiganme un denario para verlo.

16 Le llevaron la moneda, y él les preguntó:

—¿De quién son esta imagen y esta inscripción?

—Del César —respondieron.

17 —Entonces denle al César lo que es del César y a Dios lo que es de Dios.

Y quedaron admirados de él.

El matrimonio en la resurrección

18 Los saduceos, que dicen que no hay resurrección, se le acercaron y le presentaron el siguiente problema: **19** —Maestro, Moisés nos dejó escrito que si muere el hermano de un hombre y deja viuda sin hijos, el hombre tiene que casarse con la viuda y darle hijos a su hermano. **20** Ahora bien, había siete hermanos. El primero se casó y murió sin dejar hijos. **21** El segundo se casó con la viuda, pero también murió sin dejar hijos. Lo mismo le pasó al tercero. **22** En fin, ninguno de los siete dejó hijos. Por último, murió también la mujer. **23** En la resurrección,*d* ¿de cuál será esposa, pues los siete estuvieron casados con ella?

24 —¿No están ustedes en un error, precisamente porque no conocen las Escrituras ni el poder de Dios? —les contestó Jesús—. **25** Cuando resuciten los muertos, ni se casarán ni serán dados en matrimonio, sino que serán como los ángeles que están en el cielo. **26** En cuanto a que los muertos resucitan, ¿no han leído en el libro de Moisés, en el pasaje sobre la zarza, cómo Dios le dijo: 'Yo soy el Dios de Abraham, el Dios de Isaac y el Dios de Jacob'?*e* **27** El no es Dios de muertos, sino de vivos. ¡Ustedes están muy equivocados!

El mandamiento más importante

28 Uno de los maestros de la ley se acercó y los oyó discutiendo. Al ver lo bien que Jesús les había contestado, le preguntó:

—De todos los mandamientos, ¿cuál es el más importante?

29 —El más importante es: 'Oye, Israel. El Señor nuestro Dios, el Señor es uno*f* —contestó Jesús—. **30** Ama al Señor tu Dios con todo tu corazón, con toda tu alma, con toda tu mente y con todas tus fuerzas.'*g* **31** El segundo es: 'Ama a tu prójimo como a ti mismo.'*h* No hay ningún mandamiento más importante que éstos.

32 —Bien dicho, Maestro —respondió el hombre—. Tienes razón al decir que Dios es uno y que no hay otro además de él. **33** El amarlo con todo el corazón, con todo el entendimiento y con todas las fuerzas, y amar al prójimo como a uno mismo, es más importante que todos los holocaustos y sacrificios.

34 Al ver Jesús que había respondido con sabiduría, le dijo:

—No estás lejos del reino de Dios.

Y desde entonces nadie se atrevió a hacerle más preguntas.

¿De quién es hijo el Cristo?

35 Mientras enseñaba en los atrios del templo, Jesús dijo:

—¿Cómo es que los maestros de la ley dicen que el Cristo*i* es hijo de

d **12:23** Algunos mss. dicen: *resurrección, cuando resuciten,*   *e* **12:26** Ex 3:6
f **12:29** O *El Señor nuestro Dios es el único Señor*   *g* **12:30** Dt 6:4,5
h **12:31** Lv 19:18   *i* **12:35** O *Mesías*

David? **36**David mismo, hablando por el Espíritu Santo, declaró:

" 'Dijo el Señor a mi Señor:

"Siéntate a mi derecha,
hasta que ponga a tus enemigos
debajo de tus pies." ' *j*

37David mismo lo llama 'Señor'. Entonces, ¿cómo puede ser su hijo?

La enorme multitud lo escuchaba con gusto.

38En su enseñanza Jesús decía:

—Cuídense de los maestros de la ley. Les encanta pasearse con ropas largas y que los saluden en las plazas, **39**y ocupar los principales asientos en las sinagogas y los lugares de honor en los banquetes. **40**Devoran las casas de las viudas y por las apariencias hacen largas plegarias. A éstos se les castigará con mucha severidad.

La ofrenda de la viuda

41Jesús se sentó enfrente del lugar donde se depositaban las ofrendas, y observaba a la gente que echaba sus monedas en el tesoro del templo. Muchos ricos echaban grandes cantidades. **42**Pero una viuda pobre llegó y echó dos moneditas de cobre, *k* de muy poco valor.

43Jesús llamó a sus discípulos y les dijo: "Les aseguro que esta viuda pobre ha echado en el tesoro más que todos los demás. **44**Estos dieron de su riqueza; pero ella, de su pobreza, echó todo lo que tenía, todo su sustento."

Señales del fin del mundo

13 Cuando salía del templo, le dijo uno de sus discípulos:

—¡Mira, Maestro! ¡Qué piedras tan enormes! ¡Qué edificios tan magníficos!

2 —¿Ven todos estos grandes edificios? —contestó Jesús—. No quedará ni una piedra sobre otra; todas serán derribadas.

3Estando sentado Jesús en el monte de los Olivos frente al templo,

le preguntaron en privado Pedro, Jacobo, *l* Juan y Andrés:

4—Dinos, ¿cuándo sucederá eso? ¿Y cuál será la señal de que todo está a punto de cumplirse?

5—Tengan cuidado de que nadie los engañe —les contestó Jesús—. **6**Vendrán muchos en mi nombre afirmando: 'Soy yo', y engañarán a muchos. **7**Cuando oigan de guerras y de rumores de guerras, no se alarmen. Es necesario que eso suceda, pero el fin está todavía por venir. **8**Se levantarán nación contra nación y reino contra reino. Habrá terremotos en diversos lugares, y hambres. Esto es el comienzo de los dolores de parto.

9"Estén alerta. Los entregarán a ustedes a los concilios locales y los azotarán en las sinagogas. Por mi causa comparecerán ante gobernadores y reyes para darles testimonio. **10**Pero primero tendrá que predicarse el evangelio a todas las naciones. **11**Cuando los arresten y los sometan a juicio, no se preocupen de antemano por lo que van a decir. Sólo digan lo que se les dé en ese momento porque no son ustedes los que hablan, sino el Espíritu Santo.

12"El hermano entregará a la muerte al hermano, y el padre al hijo. Los hijos se rebelarán contra sus padres y harán que los maten. **13**Todo el mundo los odiará a ustedes por causa mía, pero el que se mantenga firme hasta el fin será salvo.

14"Cuando ustedes vean donde no debe estar 'la abominación que causa desolación'*m* (el que lee, entienda), entonces los que estén en Judea huyan a las montañas. **15**El que esté en la azotea no baje ni entre en casa para llevarse nada. **16**El que esté en el campo no regrese para buscar su capa. **17**¡Qué terrible será en aquellos días para las que estén encintas y para las que estén criando! **18**Oren para que esto no suceda en invierno, **19**porque serán

j 12:36 Sal 110:1   *k* 12:42 Griego *dos lepta*   *l* 13:3 O *Santiago*
m 13:14 Dn 9:27; 11:31; 12:11

días de tribulación como nunca ha habido desde el principio, cuando Dios creó el mundo, hasta ahora, ni la habrá jamás. **20**Si el Señor no hubiera acortado esos días, nadie sobreviviría. Pero por causa de los elegidos que él ha escogido, los ha acortado. **21**Si entonces alguien les dice a ustedes: '¡Miren, aquí está el Cristo!'*n* o '¡Miren, allí está!', no lo crean. **22**Porque surgirán falsos Cristos y falsos profetas, y harán señales y milagros para engañar, si fuera posible, a los elegidos. **23**Así que tengan cuidado; se lo he dicho todo a ustedes de antemano.

24"En aquellos días, después de esa tribulación,

" 'el sol se oscurecerá
   y la luna no dará su luz;
25 las estrellas caerán del cielo
   y los cuerpos celestes serán
      sacudidos'.*o*

26"Entonces la gente verá al Hijo del Hombre venir en las nubes con gran poder y gloria. **27**Y mandará a sus ángeles a reunir a sus elegidos de los cuatro vientos, desde los confines de la tierra hasta los confines del cielo.

28"Ahora, aprendan de la higuera esta lección: Tan pronto como se ponen tiernas sus ramas y brotan sus hojas, ustedes saben que el verano está cerca. **29**Así también, cuando vean que suceden estas cosas, sepan que está cerca, a las puertas. **30**Les aseguro que no pasará esta generación*p* hasta que todas estas cosas sucedan. **31**El cielo y la tierra pasarán, pero mis palabras nunca pasarán.

Se desconocen el día y la hora

32"Nadie sabe de ese día y de esa hora, ni siquiera los ángeles en el cielo, ni el Hijo, sino sólo el Padre. **33**¡Estén alerta! ¡Velen!*q* Ustedes no saben cuándo llegará ese momento. **34**Es como cuando un hombre sale de viaje y deja su casa al cuidado de sus siervos, cada uno

con su tarea, y le manda al portero que vigile. **35**"Por lo tanto, manténganse vigilantes porque no saben cuándo volverá el dueño de la casa, si al atardecer, o a la medianoche, o al canto del gallo, o al amanecer. **36**Si viene de repente, que no los encuentre dormidos. **37**Lo que les digo a ustedes, se lo digo a todos: ¡Manténganse vigilantes!

Una mujer unge a Jesús en Betania

14 Faltaban sólo dos días para la Pascua y para la fiesta de los panes sin levadura. Los jefes de los sacerdotes y los maestros de la ley buscaban algún modo de arrestar con astucia a Jesús y matarlo. **2**"Pero no durante la fiesta —decían—, no sea que se amotine el pueblo."

3Mientras estaba en Betania sentado a la mesa en casa de un hombre conocido como Simón el Leproso, llegó una mujer con un frasco de alabastro lleno de un perfume muy costoso, hecho de nardo puro. Rompió el frasco y derramó el perfume sobre la cabeza de Jesús.

4Algunos de los presentes comentaban indignados:

—¿Para qué este desperdicio de perfume? **5**Podía haberse vendido por más del salario de un año,*r* y haberse dado el dinero a los pobres.

Y la reprendían con severidad.

6—Déjenla en paz —dijo Jesús—. ¿Por qué la molestan? Ella ha hecho una obra hermosa conmigo. **7**A los pobres siempre los tendrán con ustedes, y podrán ayudarlos cuando quieran; pero a mí no siempre me tendrán. **8**Ella hizo lo que pudo. Perfumó mi cuerpo de antemano, preparándolo para la sepultura. **9**Les aseguro que dondequiera que se predique el evangelio por todo el mundo, se contará también lo que hizo esta mujer, en memoria de ella.

10Judas Iscariote, uno de los doce, fue a los jefes de los sacerdotes para entregarles a Jesús. **11**Ellos se ale-

---

n **13:21** O *Mesías*   *o* **13:25** Is 13:10; 34:4   *p* **13:30** O *raza*   *q* **13:33** Algunos mss.
dicen: *¡Velen y oren!*   *r* **14:5** Griego *más de trescientos denarios*

graron al oírlo, y prometieron darle dinero. Así que él buscaba una oportunidad para entregarlo.

La Cena del Señor

12 El primer día de la fiesta de los panes sin levadura, en que se acostumbraba sacrificar el cordero de la Pascua, los discípulos de Jesús le preguntaron:

—¿Dónde quieres que vayamos a hacer los preparativos para que comas la Pascua?

13 El envió a dos de sus discípulos con este encargo:

—Vayan a la ciudad y les saldrá al encuentro un hombre que lleva un cántaro de agua. Síganlo. **14** Díganle al dueño de la casa en que entre: 'El Maestro pregunta: ¿Dónde está mi cuarto en el que pueda comer la Pascua con mis discípulos?' **15** El les mostrará en el piso superior un cuarto amplio, amueblado y preparado. Hagan allí los preparativos para nosotros.

16 Los discípulos salieron, entraron en la ciudad y encontraron todo tal como les había dicho Jesús. Así que prepararon la Pascua.

17 Al anochecer llegó Jesús con los doce. **18** Mientras estaban sentados a la mesa comiendo, dijo:

—Les aseguro que uno de ustedes me traicionará, uno que está comiendo conmigo.

19 Ellos se entristecieron, y le dijeron uno por uno:

—¿Acaso seré yo?

20 —Es uno de los doce, uno que moja el pan conmigo en el plato. **21** El Hijo del Hombre se irá tal como está escrito de él, pero ¡ay de aquel que traiciona al Hijo del Hombre! Más le valiera a ese hombre no haber nacido.

22 Mientras comían, Jesús tomó pan, dio gracias, lo partió y se lo dio a sus discípulos.

—Tomen; esto es mi cuerpo —dijo.

23 Después tomó la copa, dio gracias y se la dio a ellos, y bebieron todos de ella.

24 —Esto es mi sangre del*s* pacto, que es derramada por muchos —les dijo—. **25** Les aseguro que no volveré a beber del fruto de la vid hasta aquel día en que lo beba de nuevo en el reino de Dios.

26 Después de cantar un himno, salieron al monte de los Olivos.

Jesús predice la negación de Pedro

27 —Todos ustedes se apartarán —les dijo Jesús—, porque está escrito:

 " 'Heriré al pastor,
   y se dispersarán las ovejas.'*t*
28 Pero después de resucitar, iré delante de ustedes a Galilea.

29 —Aunque todos se aparten, yo no —declaró Pedro.

30 —Te aseguro —le contestó Jesús— que hoy, sí, esta misma noche, antes que el gallo cante dos veces,*u* me negarás tres veces.

31 —Aunque tenga que morir contigo, jamás te negaré —insistía Pedro con vehemencia.

Y los demás decían lo mismo.

Getsemaní

32 Fueron a un lugar llamado Getsemaní, y Jesús les dijo a sus discípulos: "Siéntense aquí mientras yo voy a orar." **33** Se llevó a Pedro, a Jacobo*v* y a Juan, y comenzó a afligirse profundamente y a angustiarse. **34** "Mi alma está agobiada hasta la muerte —les dijo—. Quédense aquí y no se duerman."

35 Yendo un poco más allá, se postró en tierra y oraba para que, si era posible, pasara de él aquella hora. **36** "*Abba,w* Padre —decía—, todo es posible para ti. Quita de mí esta copa. Pero no sea lo que yo quiero, sino lo que quieres tú."

37 Luego volvió a sus discípulos y los encontró dormidos. "Simón —le dijo a Pedro—, ¿estás dormido? ¿No

---

s **14:24** Algunos mss. dicen: *del nuevo* (véase Lc 22:20)
u **14:30** Algunos mss. antiguos no incluyen: *dos veces.*
w **14:36** *Papá* en arameo

t **14:27** Zac 13:7
v **14:33** O *Santiago*

pudiste mantenerte despierto ni una hora? **38** Velen y oren para que no caigan en tentación. El espíritu está dispuesto, pero el cuerpo es débil."

39 Una vez más se retiró e hizo la misma oración. **40** Cuando volvió, los encontró dormidos otra vez, porque se les cerraban los ojos de sueño. No sabían qué decirle. **41** Al volver por tercera vez, les dijo: "¿Siguen durmiendo y descansando? ¡Ya basta! Ha llegado la hora. Miren, el Hijo del Hombre es entregado en manos de pecadores. **42** ¡Levántense! ¡Vámonos! ¡Ahí viene el que me traiciona!"

Arresto de Jesús

43 Todavía estaba hablando Jesús cuando llegó Judas, uno de los doce. Lo acompañaba una turba armada con espadas y palos, de parte de los jefes de los sacerdotes, de los maestros de la ley y de los ancianos.

44 El traidor les había dado esta contraseña: "Al que yo bese, ése es; arréstenlo y llévenselo con seguridad." **45** Tan pronto como llegó, Judas se acercó a Jesús.

—¡Rabí! —le dijo.

Y lo besó. **46** Entonces los hombres prendieron a Jesús. **47** Uno de los que estaban cerca sacó la espada e hirió al siervo del sumo sacerdote, cortándole una oreja.

48 —¿Acaso estoy al frente de una rebelión —dijo Jesús—, para que hayan salido con espadas y palos a prenderme? **49** Todos los días estaba con ustedes, enseñando en los atrios del templo, y no me arrestaron. Pero es preciso que se cumplan las Escrituras.

50 Entonces todos lo abandonaron y huyeron. **51** Cierto joven que sólo llevaba puesta una sábana de lino iba siguiendo a Jesús. Cuando lo detuvieron, **52** dejó la sábana y escapó desnudo.

Jesús ante el Sanedrín

53 Llevaron a Jesús ante el sumo sacerdote y se reunieron allí todos

los jefes de los sacerdotes, los ancianos y los maestros de la ley. **54** Pedro lo siguió de lejos hasta dentro del patio del sumo sacerdote. Allí se sentó con los guardias, y se calentaba junto al fuego.

55 Los jefes de los sacerdotes y el Sanedrín entero buscaban alguna prueba contra Jesús para poder darle muerte, pero no la encontraban. **56** Muchos testificaban falsamente contra él, pero sus declaraciones no concordaban. **57** Algunos se levantaron y declararon en falso contra él:

58 —Nosotros le oímos decir: 'Destruiré este templo hecho por el hombre y en tres días construiré otro, no hecho por el hombre.'

59 Pero ni aun así concordaban sus declaraciones.

60 Poniéndose de pie delante de ellos, el sumo sacerdote interrogó a Jesús:

—¿No vas a contestar? ¿Qué están declarando éstos contra ti?

61 Pero Jesús se quedó callado y no contestó nada.

—¿Eres el Cristo,[x] el Hijo del Bendito? —le preguntó de nuevo el sumo sacerdote.

62 —Sí, yo soy —dijo Jesús—. Y ustedes verán al Hijo del Hombre sentado a la derecha del Poderoso y venir en las nubes del cielo.

63 —¿Para qué necesitamos más testigos? —dijo el sumo sacerdote, rasgándose la ropa—. **64** Ustedes han oído la blasfemia. ¿Qué les parece?

Todos ellos lo condenaron como digno de muerte. **65** Algunos comenzaron a escupirle; le vendaron los ojos y le daban puñetazos.

—¡Profetiza! —le decían.

Y los guardias lo golpearon.

Pedro niega a Jesús

66 Mientras Pedro estaba abajo en el patio, pasó una de las criadas del sumo sacerdote. **67** Cuando vio a Pedro calentándose, lo miró detenidamente.

x 14:61 O *Mesías*

—Tú también estabas con ese nazareno, con Jesús —le dijo ella. 68Pero él lo negó.

—No sé ni entiendo de qué estás hablando.

Y salió a la entrada.*y*

69Cuando la criada lo vio allí, les dijo de nuevo a los presentes:

—Este es uno de ellos.

70Otra vez lo negó él.

Poco después, los que estaban allí le dijeron a Pedro:

—Seguro que tú eres uno de ellos, porque eres galileo.

71El comenzó a maldecirse.

—¡No conozco a ese hombre del que ustedes están hablando! —les juró.

72Al instante cantó el gallo por segunda vez.*z* Pedro se acordó de lo que Jesús le había dicho: "Antes que el gallo cante dos veces,*a* me negarás tres veces." Y se echó a llorar.

Jesús ante Pilato

15 Muy de mañana, los jefes de los sacerdotes, con los ancianos, los maestros de la ley y el Sanedrín en pleno llegaron a una decisión. Ataron a Jesús, se lo llevaron y se lo entregaron a Pilato.

2—¿Eres el rey de los judíos? —le preguntó Pilato.

—Así es, como tú lo dices —respondió Jesús.

3Los jefes de los sacerdotes lo acusaban de muchas cosas.

4—¿No vas a contestar? —le preguntó de nuevo Pilato—. Mira de cuántas cosas te están acusando.

5Pero Jesús ni aun con eso contestó nada; y Pilato se quedó asombrado.

6Ahora bien, durante la fiesta se acostumbraba soltar a un preso que la gente pidiera. 7Un hombre llamado Barrabás estaba encarcelado con los rebeldes que habían cometido homicidio en la insurrección. 8Subió la multitud y le pidió a Pilato que le concediera lo que acostumbraba.

9—¿Quieren que les suelte al rey de los judíos? —preguntó Pilato, 10porque sabía que los jefes de los sacerdotes le habían entregado a Jesús por envidia.

11Pero los jefes de los sacerdotes incitaron a la multitud para que Pilato les soltara más bien a Barrabás.

12—¿Qué haré, entonces, con el que ustedes llaman el rey de los judíos? —les preguntó Pilato.

13—¡Crucifícalo! —gritaron.

14—¿Por qué? ¿Qué crimen ha cometido?

Pero ellos gritaban aún más fuerte:

—¡Crucifícalo!

15Como quería satisfacer a la multitud, Pilato les soltó a Barrabás; a Jesús lo mandó azotar, y lo entregó para que lo crucificaran.

Los soldados se burlan de Jesús

16Los soldados llevaron a Jesús dentro del palacio (es decir, al pretorio) y reunieron a toda la tropa. 17Le pusieron un manto de púrpura; luego tejieron una corona de espinas y se la pusieron. 18—¡Salve, rey de los judíos! —comenzaron a vocearle. 19Una y otra vez lo golpeaban en la cabeza con una vara y le escupían. Doblando la rodilla, le rendían homenaje. 20Después de burlarse de él, le quitaron el manto de púrpura y le pusieron su propia ropa. Luego lo sacaron para crucificarlo.

La crucifixión

21Pasaba por allí Simón de Cirene, padre de Alejandro y de Rufo, que volvía del campo, y lo obligaron a llevar la cruz. 22Llevaron a Jesús al lugar llamado Gólgota (que significa: Lugar de la Calavera). 23Le ofrecieron vino mezclado con mirra, pero no lo tomó. 24Y lo crucificaron. Repartieron su ropa, echando suertes para ver lo que le tocaría a cada uno.

---

y 14:68 Algunos mss. antiguos dicen: *entrada; y cantó el gallo.*   *z* 14:72 Algunos mss. antiguos no incluyen: *por segunda vez.*   *a* 14:72 Algunos mss. antiguos no incluyen: *dos veces.*

25 Era la hora tercera*b* cuando lo crucificaron. **26** El letrero que indicaba la causa de su condena decía: "EL REY DE LOS JUDÍOS." **27** Con él crucificaron a dos ladrones, uno a su derecha y otro a su izquierda.*c* **29** Los que pasaban proferían insultos contra él, meneando la cabeza.

—¡Eh! Tú que destruyes el templo y en tres días lo construyes —decían—, **30** ¡baja de la cruz y sálvate a ti mismo!

31 De la misma manera se burlaban de él los jefes de los sacerdotes y los maestros de la ley entre ellos mismos.

—Salvó a otros —decían—, ¡pero no puede salvarse a sí mismo! **32** Que baje ahora de la cruz ese Cristo,*d* el rey de Israel, para que veamos y creamos.

También lo insultaban los que estaban crucificados con él.

Muerte de Jesús

33 A la hora sexta*e* se oscureció toda la tierra hasta la hora novena.*f* **34** Y a la hora novena Jesús gritó con fuerza:

—*Eloi, Eloi, ¿lama sabactani?* (que significa: "Dios mío, Dios mío, ¿por qué me has desamparado?")*g*

35 Cuando lo oyeron algunos de los que estaban cerca, dijeron:

—Escuchen, está llamando a Elías.

36 Un hombre corrió, empapó una esponja en vinagre, la puso en una caña y se la ofreció a Jesús para que bebiera.

—Déjenlo, a ver si viene Elías a bajarlo —dijo.

37 Dando un fuerte grito, Jesús expiró.

38 La cortina del templo se rasgó en dos, de arriba abajo. **39** Y el centurión, que estaba frente a Jesús, al oír el grito y*h* al ver cómo murió, dijo:

—¡Verdaderamente este hombre era el Hijo*i* de Dios!

40 Algunas mujeres miraban de lejos. Entre ellas estaban María Magdalena, María la madre de Jacobo*j* el menor y de José, y Salomé. **41** Estas mujeres lo habían seguido y atendido en Galilea. Además había allí muchas otras que habían subido con él a Jerusalén.

Sepultura de Jesús

42 Era el día de preparación (es decir, la víspera del día de reposo). Así que al atardecer, **43** José de Arimatea, miembro eminente del concilio, que también esperaba el reino de Dios, se atrevió a presentarse ante Pilato para pedirle el cuerpo de Jesús. **44** Pilato se sorprendió al oír que ya había muerto. Llamó al centurión y le preguntó si Jesús ya estaba muerto. **45** Informado por el centurión de que así era, le entregó el cuerpo a José. **46** Así que José compró una sábana de lino, bajó el cuerpo, lo envolvió en ella y lo puso en un sepulcro cavado en la roca. Luego hizo rodar una piedra a la entrada del sepulcro. **47** María Magdalena y María la madre de José vieron dónde lo pusieron.

La resurrección

16 Cuando pasó el día de reposo, María Magdalena, María la madre de Jacobo, y Salomé compraron especias aromáticas para ir a ungir el cuerpo de Jesús. **2** Muy de mañana el primer día de la semana, apenas salido el sol, se dirigieron al sepulcro. **3** Iban diciéndose unas a otras: "¿Quién nos quitará la piedra de la entrada del sepulcro?"

4 Pero cuando alzaron la vista, vieron que la piedra, que era muy grande, había sido quitada. **5** Al entrar en el sepulcro vieron a un joven vestido con un manto blanco, sentado a la derecha, y se asustaron.

---

b **15:25** Es decir, las nueve de la mañana   *c* **15:27** Algunos mss. dicen: *izquierda.* *28 Así se cumplió la Escritura que dice: "Fue contado con los malhechores."* (Is 53:12)
d **15:32** O *Mesías*   *e* **15:33** Es decir, el mediodía   *f* **15:33** Es decir, las tres de la tarde   *g* **15:34** Sal 22:1   *h* **15:39** Algunos mss. no incluyen: *al oír el grito y.*
i **15:39** O *era hijo*   *j* **15:40** O *Santiago*; también en 16:1

6 —No se asusten —les dijo—. Ustedes buscan a Jesús el nazareno, el que fue crucificado. ¡Ha resucitado! No está aquí. Miren el lugar donde lo pusieron. **7** Pero vayan a decirles a sus discípulos y a Pedro: 'El va delante de ustedes a Galilea. Allí lo verán, tal como les dijo.'

8 Temblando y desconcertadas, las mujeres salieron huyendo del sepulcro. No dijeron nada a nadie, porque tenían miedo. *k*

Apariciones y ascensión de Jesús

9 Cuando Jesús resucitó en la madrugada del primer día de la semana, se apareció primero a María Magdalena, de la que había expulsado siete demonios. **10** Ella fue y avisó a los que habían estado con él, que estaban lamentándose y llorando. **11** Ellos, al oír que Jesús estaba vivo y que ella lo había visto, no lo creyeron.

12 Después se apareció Jesús en otra forma a dos de ellos que iban de camino al campo. **13** Estos volvieron y avisaron a los demás, pero no les creyeron a ellos tampoco.

14 Más tarde se apareció Jesús a los once mientras comían; los reprendió por su falta de fe y por su obstinación en no creer a los que lo habían visto resucitado.

15 Les dijo: "Vayan por todo el mundo y anuncien las buenas nuevas a toda criatura. **16** El que crea y sea bautizado será salvo, pero el que no crea será condenado. **17** Estas señales acompañarán a los que creen: en mi nombre expulsarán demonios; hablarán en nuevas lenguas; **18** tomarán serpientes en las manos; y cuando beban algo venenoso, no les hará daño alguno; pondrán las manos sobre los enfermos, y éstos recobrarán la salud."

19 Después de hablar con ellos, el Señor Jesús fue llevado al cielo y se sentó a la derecha de Dios. **20** Los discípulos salieron y predicaron por todas partes, y el Señor los ayudaba en la obra y confirmaba su palabra con las señales que la acompañaban.

---

k 16:8 Los mss. antiguos más confiables y otros testimonios de la antigüedad no incluyen Mr 16:9-20.

Evangelio según
San Lucas

Prólogo

1 Muchos han emprendido la tarea de relatar las cosas que se han cumplido[a] entre nosotros, **2** así como nos las trasmitieron quienes desde el principio fueron testigos oculares y ministros de la palabra. **3** Por lo tanto, ya que yo mismo lo he investigado todo con esmero desde su origen, a mí también me pareció oportuno escribirte un relato ordenado, excelentísimo Teófilo, **4** para que tengas la certeza de lo que te enseñaron.

Anuncio del nacimiento de Juan el Bautista

5 En el tiempo en que Herodes era rey de Judea, hubo un sacerdote llamado Zacarías, que pertenecía al grupo sacerdotal de Abías; su esposa, llamada Elisabet, también era descendiente de Aarón. **6** Ambos eran rectos a los ojos de Dios, y obedecían de manera irreprochable todos los mandamientos y preceptos del Señor. **7** Pero no tenían hijos, porque Elisabet era estéril; y los dos eran de edad avanzada.

8 Sucedió que mientras estaba de turno el grupo sacerdotal de Zacarías, y él oficiaba como sacerdote delante de Dios, **9** le tocó en suerte, según la costumbre del sacerdocio, entrar en el templo del Señor y quemar incienso. **10** Cuando llegó la hora de ofrecer el incienso, oraba todo el pueblo que estaba reunido afuera. **11** En esto se le apareció a Zacarías un ángel del Señor, de pie al lado derecho del altar del incienso. **12** Al verlo, Zacarías se asustó, y el temor se apoderó de él. **13** —No tengas miedo, Zacarías; se ha oído tu oración —le dijo el ángel—. Tu esposa Elisabet te dará un hijo, y lo llamarás Juan. **14** Te será motivo de gozo y alegría, y muchos se regocijarán por su nacimiento, **15** porque él será grande a los ojos del Señor. Jamás tomará vino ni ninguna bebida fermentada, y será lleno del Espíritu Santo aun desde su nacimiento.[b] **16** Hará volver a muchos del pueblo de Israel al Señor su Dios. **17** E irá delante del Señor, en el espíritu y el poder de Elías, para hacer volver los corazones de los padres a los hijos y a los desobedientes a la sabiduría de los justos, a fin de preparar un pueblo bien dispuesto para recibir al Señor.

18 —¿Cómo puedo estar seguro de esto? —preguntó Zacarías al ángel—. Ya soy anciano y mi esposa es de edad avanzada.

19 —Yo soy Gabriel —le contestó el ángel—. Estoy en la presencia de Dios, y he sido enviado para hablar contigo y darte estas buenas noticias. **20** Ahora permanecerás en silencio y no podrás hablar hasta el día en que esto suceda, porque no creíste mis palabras, que se cumplirán a su debido tiempo.

21 Mientras tanto, el pueblo esperaba a Zacarías y se preguntaba por qué se demoraba tanto en el templo. **22** Cuando salió, no les podía hablar. Ellos se dieron cuenta de que había tenido una visión en el templo, porque no dejaba de hacerles señas, y permanecía mudo.

23 Cuando se cumplió el tiempo de su servicio, regresó a su casa. **24** Después de esto, su esposa Elisabet quedó encinta, y se mantuvo recluida cinco meses. **25** "Esto ha hecho por mí el Señor —decía—. Me ha mostrado su favor en estos días al quitar mi afrenta entre la gente."

---

a **1:1** O *se han creído con plena convicción*   *b* **1:15** O *desde el vientre de su madre.*

Anuncio del nacimiento de Jesús

26 A los seis meses, Dios envió al ángel Gabriel a Nazaret, un pueblo de Galilea, **27** a una virgen comprometida para casarse con un hombre que se llamaba José, descendiente de David. La virgen se llamaba María. **28** El ángel se acercó a ella y la saludó.

—¡Tú eres muy favorecida! El Señor está contigo.

29 A María la preocuparon mucho sus palabras, y se preguntaba qué clase de saludo sería éste.

30 —No tengas miedo, María; te has ganado el favor de Dios —le dijo el ángel—. **31** Quedarás encinta y darás a luz un hijo, y le pondrás por nombre Jesús. **32** El será grande, y lo llamarán Hijo del Altísimo. El Señor Dios le dará el trono de su padre David, **33** y reinará sobre la casa de Jacob para siempre; su reino no tendrá fin.

34 —¿Cómo podrá ser esto —le preguntó María al ángel—, puesto que soy virgen?

35 —El Espíritu Santo vendrá sobre ti, y el poder del Altísimo te cubrirá con su sombra. Así que al santo ser que va a nacer lo llamarán Hijo de Dios.*c* **36** Hasta tu parienta Elisabet va a tener un hijo en su vejez, y la que decían que era estéril ya está en el sexto mes. **37** Porque no hay nada imposible para Dios.

38 —Soy sierva del Señor —contestó María—. Que se haga conmigo como me has dicho.

Con esto, el ángel se fue.

María visita a Elisabet

39 Por aquellos días María se preparó y se fue de prisa a un pueblo de la región montañosa de Judea, **40** donde entró en casa de Zacarías y saludó a Elisabet. **41** Cuando Elisabet oyó el saludo de María, el niño saltó en su vientre, y Elisabet fue llena del Espíritu Santo.

42 —¡Bendita tú entre las mujeres, y bendito el hijo que darás a luz! —dijo con voz muy fuerte—. **43** Pero, ¿por qué se me favorece tanto a mí, que la madre de mi Señor venga a verme? **44** Tan pronto como llegó a mis oídos la voz de tu saludo, saltó de alegría el niño que llevo en el vientre. **45** ¡Dichosa la que ha creído que se cumplirá lo que le ha dicho el Señor!

El canto de María

46 Y dijo María:

—Mi alma glorifica al Señor,
47   y mi espíritu se regocija en
      Dios mi Salvador,
48 porque se ha fijado
      en la humildad de su sierva.
   Desde ahora me llamarán
      dichosa todas las generaciones,
49   porque el Poderoso ha hecho
      grandes cosas en mi favor;
      santo es su nombre.
50 De generación en generación
      se extiende su misericordia a
      los que le temen.
51 Ha hecho proezas con su brazo;
      ha dispersado a los soberbios
      en lo íntimo de sus pensamientos.
52 De sus tronos ha derrocado a
      los gobernantes,
      pero ha exaltado a los humildes.
53 Ha llenado de las mejores
      cosas a los hambrientos,
      pero ha despedido a los ricos
      con las manos vacías.
54 Ha socorrido a su siervo Israel,
      teniendo presente su compasión
55 hacia Abraham y su descendencia para siempre,
      así como dijo a nuestros antepasados.

56 María se quedó con Elisabet unos tres meses y luego regresó a su casa.

Nacimiento de Juan el Bautista

57 Cuando se le cumplió a Elisabet el tiempo del alumbramiento, dio a luz un hijo. **58** Sus vecinos y parientes se enteraron de que el Señor le había mostrado gran misericordia, y compartieron su alegría.

---

c **1:35** O *al niño que va a nacer lo llamarán santo, Hijo de Dios.*

59 A los ocho días fueron a circuncidar al niño, y lo iban a llamar Zacarías como su padre, **60** pero su madre se opuso.

—¡No! —dijo ella—. Tiene que llamarse Juan.

61 —No hay nadie entre tus parientes que se llame así —le dijeron.

62 Entonces le hicieron señas a su padre, para saber qué nombre quería ponerle al niño. **63** El pidió una tablilla, en la que escribió, dejando asombrados a todos: "Su nombre es Juan." **64** Al instante se le abrió la boca y se le desató la lengua, y comenzó a hablar alabando a Dios. **65** Todos los vecinos se llenaron de temor, y por toda la región montañosa de Judea se comentaba lo sucedido. **66** Y quienes lo oían se preguntaban: "¿Qué llegará a ser este niño?" Porque la mano del Señor lo respaldaba.

El canto de Zacarías

67 Su padre Zacarías fue lleno del Espíritu Santo y profetizó:

68 "Alabado sea el Señor, Dios de
   Israel,
      porque ha venido y ha redimido a su pueblo.
69 Ha levantado cuerno*d* de salvación para nosotros
      en la casa de su siervo David
70 (como dijo por medio de sus santos profetas del pasado),
71 salvación de nuestros enemigos
      y de la mano de todos los que nos odian;
72 para mostrar misericordia a nuestros antepasados
      y para acordarse de su santo pacto,
73   el juramento que hizo a nuestro padre Abraham:
74 de rescatarnos de la mano de nuestros enemigos,
      y hacer posible que le sirvamos sin temor,
75   en santidad y en justicia delante de él todos nuestros días.

76 Y tú, hijito mío, serás llamado profeta del Altísimo;

porque irás delante del Señor
      para prepararle el camino,
77 para darle a su pueblo conocimiento de salvación
      mediante el perdón de sus pecados,
78 por la entrañable misericordia de nuestro Dios,
      por la que nos visitará desde el cielo el sol naciente,
79 para brillar sobre los que
      viven en la oscuridad
      y en la sombra de la muerte,
      para guiar nuestros pies en el camino de paz."

80 El niño crecía y se fortalecía en espíritu; y vivió en el desierto hasta el día en que se presentó públicamente a Israel.

Nacimiento de Jesús

2 En aquellos días decretó César Augusto que se hiciera un censo de todo el mundo romano. **2** (Este fue el primer censo que se efectuó siendo Cirenio gobernador de Siria.) **3** Iban todos a inscribirse, cada uno a su propio pueblo.

4 Así que también José subió del pueblo de Nazaret de Galilea a Judea, a Belén, el pueblo de David, por ser él de la casa y del linaje de David. **5** Fue allá a inscribirse junto con María, que estaba comprometida para casarse con él y se encontraba encinta. **6** Mientras estaban allí, llegó el tiempo de que naciera el niño, **7** y ella dio a luz a su primer hijo. Lo envolvió en pañales y lo acostó en un pesebre, porque no hubo lugar para ellos en el mesón.

Los pastores y los ángeles

8 Había unos pastores que vivían en los campos cercanos y cuidaban sus rebaños durante la noche. **9** Se les presentó un ángel del Señor, y la gloria del Señor los envolvió con su resplandor; y estaban aterrados. **10** Pero el ángel les dijo: "No tengan miedo. Les traigo una buena noticia de gran alegría que será para todo el pueblo. **11** Les ha nacido hoy en el

---

d **1:69** *Cuerno* en este contexto simboliza la fuerza.

pueblo de David un Salvador, que es Cristo[e] el Señor. 12 Esto les servirá de señal: Encontrarán a un niño envuelto en pañales y acostado en un pesebre."

13 De repente apareció con el ángel una gran multitud del ejército celestial, que alababan a Dios y decían:

14 "Gloria a Dios en las alturas,
　　y en la tierra paz a los hombres
　　　en quienes él se complace."

15 Cuando los ángeles los dejaron y se fueron al cielo, los pastores se dijeron unos a otros: "Vamos a Belén a ver esto que ha sucedido, que el Señor nos ha dado a conocer."

16 Así que fueron de prisa y encontraron a María y a José, y al niño que estaba acostado en el pesebre. 17 Cuando lo vieron, divulgaron la noticia de lo que se les había dicho acerca de este niño, 18 y todos los que la oyeron se asombraron de lo que los pastores les dijeron. 19 Pero María guardaba todas estas cosas, meditándolas en el corazón. 20 Los pastores regresaron glorificando y alabando a Dios por todas las cosas que habían oído y visto, que sucedieron tal como se les había dicho.

Presentación de Jesús en el templo

21 Al octavo día, cuando se cumplió el tiempo para circuncidarlo, lo llamaron Jesús, el nombre que le había puesto el ángel antes que fuera concebido.

22 Cuando se cumplió el tiempo de la purificación de ellos según la ley de Moisés, José y María lo llevaron a Jerusalén para presentarlo al Señor 23 (como está escrito en la ley del Señor: "Todo primogénito será consagrado al Señor"[f]), 24 y para ofrecer un sacrificio conforme a lo dicho en la ley del Señor: "un par de tórtolas o dos pichones".[g]

25 Había en Jerusalén un hombre llamado Simeón, que era justo y devoto. El esperaba la consolación de Israel, y el Espíritu Santo estaba sobre él. 26 El Espíritu Santo le había revelado que no moriría sin antes ver al Cristo del Señor. 27 Impulsado por el Espíritu, fue a los atrios del templo. Cuando los padres llevaron al niño Jesús para hacer con él lo que exigía la costumbre de la ley, 28 Simeón lo tomó en sus brazos y alabó a Dios diciendo:

29 "Soberano Señor, como has prometido,
　　ahora despides[h] a tu siervo
　　　en paz.

30 Porque han visto mis ojos tu salvación,

31 　que has preparado a la vista
　　de todos los pueblos,

32 luz para revelación a los no judíos
　　y gloria de tu pueblo Israel."

33 El padre y la madre del niño se quedaron maravillados de las cosas que se decían de él. 34 Simeón los bendijo y le dijo a María, la madre de Jesús: "Este niño está destinado a causar la caída y el levantamiento de muchos en Israel, y a ser una señal contra la cual se hablará, 35 a fin de que se descubran los pensamientos de muchos corazones. Y a ti misma una espada te atravesará el alma."

36 Había también una profetisa, Ana, hija de Fanuel, de la tribu de Aser. Era muy anciana; había vivido con su esposo siete años después de casarse, 37 y luego permaneció viuda hasta la edad de ochenta y cuatro.[i] Nunca salía del templo, sino que adoraba a Dios noche y día con ayunos y oraciones. 38 Acercándose a ellos en ese mismo momento, daba gracias a Dios y hablaba del niño a todos los que esperaban la redención de Jerusalén.

39 Después de haber cumplido con todo lo que exigía la ley del Señor, José y María regresaron a Galilea, a su propio pueblo de Nazaret. 40 El niño crecía y se fortalecía; se llenaba de sabiduría, y la gracia de Dios estaba sobre él.

---

[e] 2:11 O Mesías. Tanto "el Cristo" (griego) como "el Mesías" (hebreo) significan: "el Ungido"; también en v. 26.   [f] 2:23 Ex 13:2,12   [g] 2:24 Lv 12:8   [h] 2:29 O ahora despide   [i] 2:37 O viuda durante ochenta y cuatro años.

El niño Jesús en el templo

41 Sus padres iban todos los años a Jerusalén para la fiesta de la Pascua. **42** Cuando cumplió doce años, subieron a la fiesta, según la costumbre. **43** Terminada la fiesta, mientras sus padres volvían a casa, el niño Jesús se quedó en Jerusalén, pero ellos no se dieron cuenta. **44** Pensando que él los acompañaba, hicieron un día de camino. Después comenzaron a buscarlo entre los parientes y conocidos. **45** Al no encontrarlo, volvieron a Jerusalén a buscarlo. **46** Al cabo de tres días lo encontraron en los atrios del templo, sentado entre los maestros, escuchándolos y haciéndoles preguntas. **47** Todos los que le oían se asombraban de su inteligencia y de sus respuestas. **48** Cuando lo vieron sus padres, se asombraron.

—Hijo, ¿por qué te has portado así con nosotros? —le dijo su madre—. Tu padre y yo te hemos estado buscando angustiados.

49 —¿Por qué me buscaban? ¿No sabían que tenía que estar en la casa de mi Padre?

50 Pero ellos no entendieron lo que Jesús les decía.

51 Bajó con ellos a Nazaret y les obedecía. Pero su madre conservaba todas estas cosas en el corazón. **52** Jesús crecía en sabiduría y estatura, y cada vez más gozaba del favor de Dios y de los hombres.

Juan el Bautista prepara el camino

3 En el año decimoquinto del imperio de Tiberio César —siendo Poncio Pilato gobernador de Judea, Herodes tetrarca de Galilea, su hermano Felipe tetrarca de Iturea y Traconite, y Lisanias tetrarca de Abilinia— **2** durante el sumo sacerdocio de Anás y Caifás, la palabra de Dios llegó a Juan, hijo de Zacarías, en el desierto. **3** El recorrió toda la región alrededor del Jordán predicando un bautismo de arrepentimiento para el perdón de pecados. **4** Como está escrito en el libro de las palabras del profeta Isaías:

"Voz de uno que grita en el desierto:
'Preparen el camino para el Señor,
hagan sendas derechas para él.
5 Todo valle será rellenado,
toda montaña y colina serán allanadas.
Los caminos torcidos se enderezarán,
las sendas escabrosas quedarán llanas.
6 Y toda la humanidad verá la salvación de Dios.'"[j]

7 Las multitudes acudían a Juan para que las bautizara.

—¡Raza de víboras! —les decía—. ¿Quién les advirtió que huyeran de la ira venidera? **8** Produzcan fruto que muestre arrepentimiento. Y no comiencen a decirse a sí mismos: 'Tenemos a Abraham por Padre.' Porque les digo que de estas piedras Dios puede levantar hijos a Abraham. **9** El hacha ya está puesta a la raíz de los árboles, y todo árbol que no produzca buen fruto se cortará y se arrojará al fuego.

10 —¿Qué debemos hacer entonces? —le preguntaba la gente.

11 —El que tiene dos camisas debe compartir con el que no tiene ninguna —les contestó Juan—, y el que tiene comida debe hacer lo mismo.

12 Llegaron también recaudadores de impuestos para que los bautizara.

—Maestro, ¿qué debemos hacer nosotros? —le preguntaron.

13 —No recauden más de lo que se les exige —les dijo.

14 —Y nosotros, ¿qué debemos hacer? —le preguntaron unos soldados.

—No extorsionen ni acusen a nadie falsamente; conténtense con su salario.

15 La gente estaba a la expectativa, y todos se preguntaban en el corazón si acaso Juan sería el Cristo.[k]

16 —Yo los bautizo a ustedes con[l] agua —les respondió Juan a todos—.

j 3:6 Is 40:3-5   *k* 3:15 O *Mesías*   *l* 3:16 O *en*

Pero vendrá uno más poderoso que yo, del que no soy digno de desatar la correa de sus sandalias. El los bautizará con el Espíritu Santo y con fuego. 17 Tiene el bieldo en la mano para limpiar su era y recoger el trigo en su granero, pero quemará la paja con fuego que nunca se apaga.

18 Y con muchas otras palabras exhortaba Juan a la gente y le anunciaba las buenas nuevas. 19 Pero cuando Juan reprendió a Herodes el tetrarca a causa de Herodías, esposa de su hermano, y por todas las otras maldades que había hecho, 20 Herodes añadió ésta a todas las demás: encerró a Juan en la cárcel.

Bautismo y genealogía de Jesús

21 Cuando todo el pueblo era bautizado, también Jesús fue bautizado. Mientras oraba, se abrió el cielo, 22 y bajó el Espíritu Santo sobre él en forma de paloma. Y se oyó una voz del cielo que decía: "Tú eres mi Hijo amado; estoy muy complacido contigo."

23 Jesús tenía unos treinta años cuando comenzó su ministerio. Era hijo, según se creía, de José,

el hijo de Elí, 24 el hijo de Matat,
el hijo de Leví, el hijo de Melqui,
el hijo de Jana, el hijo de José,
25 el hijo de Matatías, el hijo de Amós,
el hijo de Nahúm, el hijo de Esli,
el hijo de Nagai, 26 el hijo de Máat,
el hijo de Matatías, el hijo de Semei,
el hijo de Josec, el hijo de Judá,
27 el hijo de Joanán, el hijo de Resa,
el hijo de Zorobabel, el hijo de Salatiel,
el hijo de Neri, 28 el hijo de Melqui,
el hijo de Adi, el hijo de Cosam,
el hijo de Elmodam, el hijo de Er,
29 el hijo de Josué, el hijo de Eliezer,

el hijo de Jorim, el hijo de Matat,
el hijo de Leví, 30 el hijo de Simeón,
el hijo de Judá, el hijo de José,
el hijo de Jonán, el hijo de Eliaquim,
31 el hijo de Melea, el hijo de Mainán,
el hijo de Matata, el hijo de Natán,
el hijo de David, 32 el hijo de Isaí,
el hijo de Obed, el hijo de Booz,
el hijo de Salmón, ^{m} el hijo de Naasón,
33 el hijo de Aminadab, el hijo de Aram, ^{n}
el hijo de Esrom, el hijo de Fares,
el hijo de Judá, 34 el hijo de Jacob,
el hijo de Isaac, el hijo de Abraham,
el hijo de Taré, el hijo de Nacor,
35 el hijo de Serug, el hijo de Ragau,
el hijo de Peleg, el hijo de Heber,
el hijo de Sala, 36 el hijo de Cainán,
el hijo de Arfaxad, el hijo de Sem,
el hijo de Noé, el hijo de Lamec,
37 el hijo de Matusalén, el hijo de Enoc,
el hijo de Jared, el hijo de Mahalaleel,
el hijo de Cainán, 38 el hijo de Enós,
el hijo de Set, el hijo de Adán,
el hijo de Dios.,

Tentación de Jesús

4 Jesús, lleno del Espíritu Santo, volvió del Jordán y fue llevado por el Espíritu al desierto, 2 donde lo tentó el diablo durante cuarenta días. No comió nada durante esos días, pasados los cuales tuvo hambre.

^{m} 3:32 Algunos mss. antiguos dicen: *Sala hijo de Admin, el hijo de Arni*; otros mss. varían mucho en este versículo.

^{n} 3:33 Algunos mss. dicen: *Aminadab, el hijo de*

3 —Si eres el Hijo de Dios —le dijo el diablo—, dile a esta piedra que se convierta en pan.

4 —Escrito está: 'El hombre no vive de pan únicamente.'o —le contestó Jesús.

5 El diablo lo llevó a un lugar alto y le mostró en un instante todos los reinos del mundo.

6 —Te daré todo su esplendor y autoridad —le dijo—, porque a mí se me ha entregado, y puedo dárselo a quien quiera. 7 Así que, si me adoras, será todo tuyo.

8 —Escrito está: 'Adora al Señor tu Dios, y sirve sólo a él.'p —le contestó Jesús.

9 El diablo lo llevó a Jerusalén e hizo que se pusiera de pie sobre la parte más alta del templo.

—Si eres el Hijo de Dios —le dijo—, tírate abajo desde aquí. 10 Escrito está:

" 'Dará órdenes a sus ángeles acerca de ti,
   que te guarden con cuidado;
11 te levantarán en sus manos,
   para que no tropiece tu pie
   con una piedra.'q

12 —También dice: 'No pongas a prueba al Señor tu Dios.'r —le contestó Jesús.

13 Después de terminar toda esta tentación, el diablo se alejó de él hasta un momento oportuno.

Rechazan a Jesús en Nazaret

14 Jesús regresó a Galilea en el poder del Espíritu, y se extendió su fama por toda aquella región. 15 Enseñaba en las sinagogas de ellos, y todos lo alababan.

16 Fue a Nazaret, donde se había criado, y en el día de reposo entró en la sinagoga, como era su costumbre. Y se levantó a leer. 17 Le entregaron el libro del profeta Isaías. Al desenrollarlo, encontró el lugar donde está escrito:

18 "El Espíritu del Señor está
      sobre mí,

porque me ha ungido para
   anunciar
buenas nuevas a los pobres.
Me ha enviado a proclamar
   libertad para los presos
y recuperación de la vista
   para los ciegos,
a poner en libertad a los oprimidos,
19   a proclamar el año del favor
      del Señor."s

20 Luego enrolló el libro, se lo devolvió al ayudante y se sentó. Todos los que estaban en la sinagoga lo miraban detenidamente. 21 "Hoy se cumple esta Escritura en presencia de ustedes", comenzó a decirles.

22 Todos hablaban bien de él y estaban asombrados de las gratas palabras que salían de su boca. "¿No es éste el hijo de José?", se preguntaban.

23 "Seguramente ustedes me citarán este proverbio: '¡Médico, cúrate a ti mismo! Haz aquí en tu tierra lo que hemos oído que hiciste en Capernaúm' —les dijo Jesús—. 24 Les aseguro que a ningún profeta se le acepta en su propia tierra. 25 Sin duda había muchas viudas en Israel en los días de Elías cuando el cielo se cerró por tres años y medio y hubo una gran hambre en toda la tierra. 26 Sin embargo, Elías no fue enviado a ninguna de ellas, sino a una viuda de Sarepta, en la región de Sidón. 27 Y había en Israel muchos enfermos de lepra t en los días del profeta Eliseo, pero ninguno de ellos fue limpiado, sino Naamán el sirio."

28 Al oír esto, todos los que estaban en la sinagoga se enfurecieron. 29 Se levantaron, lo expulsaron del pueblo y lo llevaron hasta la cumbre de la colina sobre la que estaba construido el pueblo, para tirarlo por el precipicio. 30 Pero él pasó por en medio de la gente y se fue.

Jesús expulsa a un espíritu malo

31 Bajó a Capernaúm, un pueblo de Galilea, y en el día de reposo

o 4:4 Dt 8:3   p 4:8 Dt 6:13   q 4:11 Sal 91:11,12   r 4:12 Dt 6:16
s 4:19 Is 61:1,2   t 4:27 El vocablo griego no se refería necesariamente a la lepra sino a diversas enfermedades de la piel.

enseñaba a la gente. 32 Estaban asombrados de su enseñanza, porque tenía autoridad su mensaje.

33 Había en la sinagoga un hombre poseído por un demonio, un espíritu malo. u

34 —¡Ah! ¿Qué quieres con nosotros, Jesús de Nazaret? —gritó el espíritu con toda su fuerza—. ¿Has venido a destruirnos? Sé quién eres: ¡el Santo de Dios!

35 —¡Cállate! —lo reprendió Jesús—. ¡Sal de él!

El demonio derribó al hombre delante de todos y salió de él sin hacerle ningún daño.

36 Todos se quedaron asombrados y se decían unos a otros: "¿Qué enseñanza es ésta? ¡Con autoridad y poder les da órdenes a los espíritus malos, v y salen!" 37 Y se extendió su fama por todos los lugares de la región.

Jesús sana a muchos enfermos

38 Jesús salió de la sinagoga y se fue a casa de Simón. La suegra de Simón tenía una fiebre muy alta, y le pidieron a Jesús que la ayudara. 39 Así que se inclinó sobre ella y reprendió la fiebre, y la fiebre se le quitó. Ella se levantó en seguida y comenzó a servirles.

40 Al ponerse el sol, la gente le llevó a Jesús todos los que padecían de diversas enfermedades, y al poner las manos sobre cada uno, él los sanaba. 41 Además, de muchas personas salían demonios que gritaban: "¡Tú eres el Hijo de Dios!" Pero él los reprendía y no los dejaba hablar porque sabían que él era el Cristo. w

42 Al amanecer, Jesús salió y se fue a un lugar solitario. La gente andaba buscándolo, y cuando llegaron a donde él estaba, trataron de impedirle que los dejara. 43 Pero él les dijo: "Es preciso que anuncie también a los demás pueblos las buenas nuevas del reino de Dios, porque para esto fui enviado."

44 Y siguió predicando en las sinagogas de Judea. x

Llamamiento de los primeros discípulos

5 Un día estaba Jesús de pie junto al lago de Genesaret. y Mientras se agolpaba la gente sobre él para escuchar la palabra de Dios, 2 vio junto a la orilla del lago dos barcas, dejadas allí por los pescadores, que lavaban las redes. 3 Subió a una de las barcas, la de Simón, y le pidió que la alejara un poco de la orilla. Luego se sentó y enseñó a la gente desde la barca.

4 Cuando acabó de hablar, le dijo a Simón:

—Lleva la barca hacia la parte más profunda del lago, y echen las redes para que pesquen.

5 —Maestro, hemos estado trabajando duro toda la noche y no hemos pescado nada —le contestó Simón—. Pero, porque lo dices tú, echaré las redes.

6 Cuando lo hicieron, recogieron una cantidad tan grande de peces que se les rompían las redes. 7 Así que les hicieron señas a sus compañeros de la otra barca para que fueran a ayudarlos, y fueron y llenaron tanto ambas barcas que comenzaron a hundirse.

8 Al ver esto, Simón Pedro se postró delante de Jesús y le dijo:

—¡Apártate de mí, Señor; soy hombre pecador!

9 Es que él y todos sus compañeros estaban asombrados ante la pesca que habían hecho, 10 como también lo estaban Jacobo z y Juan, hijos de Zebedeo, que eran socios de Simón.

—No temas; desde ahora serás pescador de hombres —le dijo Jesús a Simón.

11 Así que llevaron las barcas a tierra, lo dejaron todo y lo siguieron.

Jesús sana a un leproso

12 Mientras Jesús estaba en uno de los pueblos, se le acercó un hom-

---

u 4:33 Griego inmundo   v 4:36 Griego inmundos de la tierra de los judíos; algunos mss. dicen: Galilea. z 5:10 O Santiago

w 4:41 O Mesías.   x 4:44 O y 5:1 Es decir, el mar de Galilea

bre cubierto de lepra.*a* Cuando vio a Jesús, se postró sobre su rostro y le suplicó:

—Señor, si quieres, puedes limpiarme.

13 Jesús extendió la mano y tocó al hombre.

—Sí quiero. ¡Queda limpio!

Y al instante lo dejó la lepra.

14 —No se lo digas a nadie —le ordenó Jesús—, sino ve a mostrarte al sacerdote, y presenta por tu purificación la ofrenda que ordenó Moisés, para que les sirva de testimonio.

15 Sin embargo, su fama se extendía cada vez más, de modo que acudían a él multitudes de personas para oírlo y para que los sanara de sus enfermedades. **16** Pero Jesús se retiraba con frecuencia a lugares solitarios y oraba.

Jesús sana a un paralítico

17 Un día en que enseñaba, estaban sentados allí algunos fariseos y maestros de la ley que habían venido de todas las poblaciones de Galilea, y de Judea y de Jerusalén. Y el poder del Señor estaba presente para que él sanara a los enfermos. **18** Llegaron unos hombres que llevaban en una camilla a un paralítico y trataban de meterlo en la casa para ponerlo delante de Jesús. **19** Al no hallar cómo lograrlo a causa de la multitud, subieron al techo y lo bajaron en la camilla a través de las tejas en medio de la gente y delante de Jesús.

20 Al ver la fe de ellos, Jesús dijo:

—Amigo, tus pecados quedan perdonados.

21 Los fariseos y los maestros de la ley comenzaron a pensar: "¿Quién es éste que profiere blasfemias? ¿Quién puede perdonar pecados sino sólo Dios?"

22 Jesús sabía lo que estaban pensando y les dijo:

—¿Por qué están pensando así en el corazón? **23** ¿Qué es más fácil, decir: 'Tus pecados quedan perdonados', o decir: 'Levántate y anda'? **24** Pues

para que sepan que el Hijo del Hombre tiene autoridad en la tierra para perdonar pecados —le dijo al paralítico—: A ti te digo, levántate, toma tu camilla y vete a tu casa.

25 Al instante se levantó delante de ellos, tomó aquello en que había estado acostado y se fue a su casa alabando a Dios. **26** Todos quedaron asombrados y daban gloria a Dios. Estaban llenos de temor y decían: "Hoy hemos visto cosas extraordinarias."

Llamamiento de Leví

27 Después de esto salió Jesús y vio a un recaudador de impuestos llamado Leví, sentado en la oficina de recaudación de impuestos.

—Sígueme —le dijo Jesús.

28 Y Leví se levantó, lo dejó todo y lo siguió.

29 Luego Leví le ofreció a Jesús un gran banquete en su casa, y un grupo numeroso de recaudadores de impuestos y otros estaban comiendo con ellos. **30** Pero los fariseos y los maestros de la ley que eran de la misma secta se quejaban a los discípulos de Jesús diciendo:

—¿Por qué comen y beben ustedes con recaudadores de impuestos y 'pecadores'?

31 —No son los sanos sino los enfermos los que necesitan médico —les contestó Jesús—. **32** No he venido a llamar a justos sino a pecadores al arrepentimiento.

Le preguntan a Jesús sobre el ayuno

33 —Los discípulos de Juan ayunan y oran con frecuencia —le dijeron—, lo mismo que los discípulos de los fariseos, pero los tuyos siguen comiendo y bebiendo.

34 —¿Acaso pueden obligar a los invitados del novio a que ayunen mientras está con ellos? —les contestó Jesús—. **35** Pero llegará el tiempo en que se les quitará el novio; en aquellos días sí ayunarán.

36 Les contó esta parábola:

---

a **5:12** El vocablo griego no se refería necesariamente a la lepra sino a diversas enfermedades de la piel.

—Nadie quita un retazo de un vestido nuevo para remendar un vestido viejo. Si lo hace así, habrá rasgado el vestido nuevo, y el retazo del nuevo no hará juego con el vestido viejo. 37Ni echa nadie vino nuevo en odres viejos; si lo hace así, el vino nuevo hará reventar los odres, se derramará el vino y los odres se arruinarán. 38Más bien, el vino nuevo debe echarse en odres nuevos. 39Y nadie que haya bebido vino añejo quiere el nuevo, porque dice: 'El añejo es mejor.'

Señor del día de reposo

6 Un día de reposo al pasar Jesús por los sembrados, sus discípulos comenzaron a arrancar algunas espigas, a desgranarlas con las manos y a comerse los granos. 2Algunos de los fariseos les dijeron:

—¿Por qué hacen ustedes en el día de reposo lo que la ley prohíbe?

3—¿Nunca han leído lo que hizo David cuando él y sus compañeros tuvieron hambre? —les contestó Jesús—. 4Entró en la casa de Dios y, tomando los panes consagrados a Dios, comió lo que sólo a los sacerdotes se les permitía comer. Y les dio también a sus compañeros.

5"El Hijo del Hombre es Señor del día de reposo —añadió.

6Otro día de reposo, entró en la sinagoga y comenzó a enseñar, y había allí un hombre que tenía la mano derecha paralizada. 7Los fariseos y los maestros de la ley buscaban un motivo para acusar a Jesús, así que no le quitaban la vista para ver si sanaba en el día de reposo. 8Pero Jesús sabía lo que estaban pensando y le dijo al hombre que tenía la mano paralizada:

—Levántate y ponte enfrente de todos.

Así que se levantó y se puso de pie, y Jesús dijo a los otros:

9—Voy a hacerles una pregunta: ¿Qué permite la ley en el día de reposo: hacer el bien o hacer el mal, salvar una vida o destruirla?

10Miró a todos los que lo rodeaban, y luego le dijo al hombre:

—Estira la mano.

Así lo hizo, y la mano le quedó completamente restablecida. 11Pero ellos se enfurecieron y comenzaron a discutir entre sí lo que podrían hacer contra Jesús.

Los doce apóstoles

12Uno de aquellos días se fue Jesús a la montaña a orar, y pasó toda la noche orando a Dios. 13Al llegar la mañana, llamó a sus discípulos y escogió a doce de ellos, a los que también nombró apóstoles: 14Simón (a quien llamó Pedro), su hermano Andrés, Jacobo,*b* Juan, Felipe, Bartolomé, 15Mateo, Tomás, Jacobo hijo de Alfeo, Simón al que llamaban el Zelote, 16Judas hijo de Jacobo y Judas Iscariote, que llegó a ser un traidor.

Bendiciones y ayes

17Bajó con ellos y se detuvo en un lugar llano. Había allí una gran multitud de sus discípulos y un gran número de personas de toda Judea, de Jerusalén y de la costa de Tiro y Sidón, 18que habían llegado para oírlo y para que los sanara de sus enfermedades. Eran sanados los atormentados por espíritus malos,*c* 19y toda la gente procuraba tocarlo, porque de él salía poder que sanaba a todos.

20Dirigió la mirada a sus discípulos y dijo:

"Dichosos ustedes los pobres,
     porque el reino de Dios es suyo.
21Dichosos ustedes los que
          ahora tienen hambre,
     porque serán saciados.
Dichosos ustedes los que
          ahora lloran,
     porque reirán.
22Dichosos ustedes cuando los
          hombres los odien,
     cuando los excluyan, los
          insulten
     y desprecien su nombre
          como malo,
     por causa del Hijo del Hombre.

---

b **6:14** O *Santiago*; también en vv. 15 y 16   *c* **6:18** Griego *inmundos*

23 "Alégrense en aquel día y salten de gozo, porque es grande su recompensa en el cielo. Pues así trataron los antepasados de ellos a los profetas.

24 "Pero ¡ay de ustedes los ricos, porque ya han recibido su bienestar!

25 ¡Ay de ustedes los que ahora están saciados, porque pasarán hambre! ¡Ay de ustedes los que ahora se ríen, porque se lamentarán y llorarán!

26 ¡Ay de ustedes cuando todos los hombres hablen bien de ustedes, porque así trataron los antepasados de ellos a los falsos profetas!

El amor a los enemigos

27 "Pero yo les digo a ustedes que me oyen: Amen a sus enemigos, hagan bien a quienes los odian, 28 bendigan a quienes los maldicen, oren por quienes los maltratan. 29 Si alguien te pega en una mejilla, vuélvele también la otra. Si alguien te quita la camisa, no le impidas que se lleve también la capa. 30 Dale a todo el que te pida, y si alguien se lleva lo que es tuyo, no se lo reclames. 31 Hagan con los demás como quieran que ellos hagan con ustedes.

32 "Si aman a quienes los aman, ¿qué mérito tienen? Hasta los 'pecadores' aman a quienes los aman a ellos. 33 Y si hacen bien a quienes les hacen bien a ustedes, ¿qué mérito tienen? Hasta los 'pecadores' hacen eso. 34 Y si prestan a aquellos de quienes esperan pago, ¿qué mérito tienen? Hasta los 'pecadores' prestan a los 'pecadores', esperando que les paguen todo. 35 Más bien, amen a sus enemigos, háganles bien y denles prestado sin esperar nada a cambio. Así será grande su recompensa, y ustedes serán hijos del Altísimo, porque él es bondadoso con los ingratos y malvados. 36 Sean compasivos, así como su Padre es compasivo.

El juzgar a los demás

37 "No juzguen, y no serán juzgados. No condenen, y no serán condenados. Perdonen, y serán perdonados. 38 Den, y se les dará a ustedes. Una medida llena, apretada, sacudida y desbordante les vaciarán en el regazo. Porque con la medida que usen, se les medirá a ustedes."

39 También les contó esta parábola: "¿Acaso puede un ciego guiar a otro ciego? ¿No caerán ambos en un hoyo? 40 Un alumno no está por encima de su maestro, pero todo el que haya concluido sus estudios, será como su maestro.

41 "¿Por qué te fijas en la mota de aserrín que tiene tu hermano en el ojo y no le das importancia al tablón que está en tu propio ojo? 42 ¿Cómo puedes decirle a tu hermano: 'Hermano, déjame sacarte la mota del ojo', cuando tú mismo no te das cuenta del tablón en el tuyo? ¡Hipócrita!, saca primero el tablón de tu propio ojo, y entonces verás con claridad para sacar la mota del ojo de tu hermano.

El árbol y su fruto

43 "Ningún árbol bueno da fruto malo, ni da fruto bueno ningún árbol malo. 44 A cada árbol se le reconoce por su propio fruto. No se recogen higos de los espinos ni uvas de las zarzas. 45 El hombre bueno saca cosas buenas del bien que tiene almacenado en el corazón, y el hombre malo saca cosas malas del mal que está en su corazón. De la abundancia de su corazón habla su boca.

El prudente y el insensato

46 "¿Por qué me llaman 'Señor, Señor', y no hacen lo que les digo? 47 Voy a indicarles a quién se parece el que viene a mí, oye mis palabras y las pone en práctica: 48 Se parece a un hombre que al construir una casa, cavó bien hondo y puso el cimiento sobre la roca. Cuando vino una inundación, el torrente azotó aquella casa, pero no pudo sacudirla porque estaba bien construida. 49 Pero el que oye mis palabras y no las pone en

práctica se parece a un hombre que construyó una casa sobre tierra y sin cimientos. Tan pronto como la azotó el torrente, se derrumbó y quedó totalmente destruida."

La fe del centurión

7 Después que Jesús acabó de decir todo esto al pueblo que lo oía, entró en Capernaúm. 2 Allí estaba enfermo y a punto de morir el siervo de un centurión, al que éste estimaba mucho. 3 El centurión oyó hablar de Jesús y mandó a unos ancianos de los judíos a pedirle que fuera a sanar a su siervo. 4 Cuando se presentaron ante Jesús, encarecidamente le imploraron:

—Este hombre merece que le concedas esto, 5 porque ama a nuestra nación y ha construido nuestra sinagoga.

6 Así que Jesús fue con ellos. No estaba lejos de la casa cuando el centurión mandó unos amigos a decirle:

—Señor, no te molestes, porque no merezco que entres bajo mi techo. 7 Por eso tampoco me consideré digno de presentarme ante ti. Pero con una sola palabra que digas, quedará sano mi siervo. 8 Porque yo mismo soy hombre bajo autoridad, con soldados bajo mis órdenes. Le digo a uno: 'Ve', y va, y al otro: 'Ven', y viene. Le digo a mi siervo: 'Haz esto', y lo hace.

9 Al oír esto, Jesús se asombró de él y, volviéndose a la multitud que lo seguía, dijo:

—Les digo que ni siquiera en Israel he encontrado una fe tan grande.

10 Cuando los enviados regresaron a la casa, encontraron sano al siervo.

Jesús resucita al hijo de una viuda

11 Poco después Jesús se dirigió a un pueblo llamado Naín en compañía de sus discípulos y de una gran multitud. 12 Al acercarse a las puertas del pueblo, sacaban de allí a un muerto, hijo único de su madre, que era viuda. La acompañaba un gran número de

personas del pueblo. 13 Al verla, el Señor se compadeció de ella y le dijo:

—No llores.

14 Luego se acercó y tocó el féretro. Los que lo llevaban se detuvieron, y Jesús dijo:

—Joven, a ti te digo: ¡Levántate!

15 El muerto se incorporó y comenzó a hablar, y Jesús se lo entregó a la madre. 16 Todos se llenaron de temor y alababan a Dios.

—Ha surgido entre nosotros un gran profeta —decían—. Dios ha venido a ayudar a su pueblo.

17 Esta noticia acerca de Jesús se divulgó por Judea*d* y por todas las regiones vecinas.

Jesús y Juan el Bautista

18 Los discípulos de Juan le contaron acerca de todas estas cosas. El llamó a dos de ellos y 19 los envió al Señor a preguntarle:

—¿Eres el que había de venir, o debemos esperar a otro?

20 Cuando se acercaron a Jesús, ellos le dijeron:

—Juan el Bautista nos ha enviado a ti a preguntarte: '¿Eres el que ha de venir, o debemos esperar a otro?'

21 En ese mismo momento Jesús sanó a muchos que tenían enfermedades, dolencias y espíritus malos, y les dio la vista a muchos ciegos. 22 Así que les respondió a los enviados:

—Vayan y cuéntenle a Juan lo que han visto y han oído: Los ciegos ven, los cojos caminan, los que tienen lepra*e* son sanados, los sordos oyen, los muertos resucitan y a los pobres se les anuncian las buenas nuevas. 23 Dichoso el que no halla en mí motivo de tropiezo.

24 Cuando se fueron los enviados de Juan, Jesús comenzó a hablarle a la multitud acerca de Juan: "¿Qué salieron a ver al desierto? ¿Una caña sacudida por el viento? 25 Si no, ¿qué salieron a ver? ¿A un hombre vestido con ropa de lujo? ¡No! Los que visten ropa costosa y se entregan al lujo están en los palacios de

---

d **7:17** O *la tierra de los judíos*   *e* **7:22** El vocablo griego no se refería necesariamente a la lepra sino a diversas enfermedades de la piel.

los reyes. **26** Entonces, ¿qué salieron a ver? ¿A un profeta? Sí, les digo, y más que profeta. **27** Este es de quien está escrito:

" 'Yo enviaré a mi mensajero
delante de ti,
para que te prepare el camino.' *f*

28 Les digo que entre los nacidos de mujer no hay nadie más grande que Juan; sin embargo, el más pequeño en el reino de Dios es más grande que él."

29 (Todo el pueblo, incluso los recaudadores de impuestos, cuando oyeron las palabras de Jesús, reconocieron que el camino de Dios era justo, porque habían sido bautizados por Juan. **30** Pero los fariseos y los expertos en la ley rechazaron el propósito de Dios respecto a ellos, porque no habían sido bautizados por Juan.)

31 "¿Con qué puedo comparar a la gente de esta generación? ¿A qué se parece? **32** Se parece a niños sentados en la plaza que se gritan unos a otros:

" 'Tocamos la flauta para ustedes,
y ustedes no bailaron;
entonamos un canto fúnebre,
y ustedes no lloraron.'

33 Porque vino Juan el Bautista, que no comía pan ni bebía vino, y ustedes dicen: 'Tiene un demonio.' **34** Vino el Hijo del Hombre, que come y bebe, y ustedes dicen: 'Este es un glotón y un borracho, amigo de recaudadores de impuestos y de "pecadores".' **35** Pero la sabiduría se demuestra por todos sus hijos."

Una mujer pecadora unge a Jesús

36 Uno de los fariseos invitó a Jesús a que cenara con él, así que fue a la casa del fariseo y se sentó a la mesa. **37** Cuando una mujer que había llevado una vida pecaminosa en aquel pueblo se enteró de que Jesús estaba comiendo en casa del fariseo, se presentó con un frasco de alabastro lleno de perfume **38** y, mientras lloraba detrás de él junto a sus pies, comenzó a mojárselos con lágrimas. Luego los secó con los

cabellos, los besó y derramó sobre ellos el perfume.

39 Al ver esto el fariseo que lo había invitado, dijo para sí: "Si este hombre fuera profeta, sabría quién y qué clase de mujer es ésta que lo está tocando, que es una pecadora."

40 —Simón, tengo algo que decirte —le dijo Jesús.

—Dime, Maestro.

41 —Dos hombres le debían dinero a cierto prestamista. Uno le debía quinientos denarios, *g* y el otro cincuenta. **42** Ninguno de los dos tenía dinero con qué pagarle, así que a los dos les perdonó la deuda. Ahora bien, ¿cuál de los dos lo amará más?

43 —Supongo que aquel a quien más le perdonó.

—Has juzgado bien —le dijo Jesús.

44 Luego se volvió hacia la mujer y le dijo a Simón:

—¿Ves a esta mujer? Entré en tu casa y no me diste agua para los pies, pero ella me ha mojado los pies con sus lágrimas y los ha secado con sus cabellos. **45** No me besaste, pero ella, desde que entré, no ha dejado de besarme los pies. **46** No me ungiste la cabeza con aceite, pero ella ha derramado perfume sobre mis pies. **47** Por esto te digo que sus muchos pecados le han sido perdonados, porque amó mucho. Pero a quien poco se le ha perdonado, poco ama.

48 Entonces le dijo Jesús a ella:

—Tus pecados quedan perdonados.

49 Los otros invitados comenzaron a decir entre sí: "¿Quién es éste, que hasta perdona pecados?"

50 —Tu fe te ha salvado; vete en paz —le dijo Jesús a la mujer.

Parábola del sembrador

8 Después de esto, Jesús recorrió los pueblos y caseríos, proclamando las buenas nuevas del reino de Dios. Lo acompañaban los doce, **2** y también algunas mujeres que habían sido sanadas de espíritus malos y de enfermedades: María, la que llama-

---

f 7:27 Mal 3:1   *g* 7:41 El denario era una moneda que equivalía más o menos al salario de un día.

ban Magdalena, de la que habían salido siete demonios; 3 Juana, esposa de Chuza, el administrador de Herodes; Susana, y muchas más. Estas contribuían de sus bienes personales al sostenimiento de ellos.

4 Mientras se reunía una gran multitud, y acudían a Jesús de varios pueblos, les contó esta parábola: 5 "Un agricultor salió a sembrar. Mientras iba esparciendo la semilla, una parte cayó junto al camino; fue pisoteada, y los pájaros se la comieron. 6 Otra parte cayó sobre las piedras y, cuando brotó, las plantas se secaron por falta de humedad. 7 Otra parte de la semilla cayó entre espinos que, al crecer con ella, la ahogaron. 8 Pero otra parte cayó en buen terreno. Brotó y produjo una cosecha que proporcionó cien veces más de lo que se había sembrado."

Dicho esto, exclamó: "El que tenga oídos para oír, que oiga."

9 Sus discípulos le preguntaron cuál era el significado de esta parábola. 10 El les dijo: "A ustedes se les ha dado a conocer los secretos del reino de Dios, pero a los demás les hablo en parábolas para que

"'aun viendo, no vean;
aun oyendo, no entiendan'. *h*

11 "Este es el significado de la parábola: La semilla es la palabra de Dios. 12 Los que están junto al camino son los que oyen, y luego viene el diablo y les quita la palabra del corazón, para que no crean y se salven. 13 Los que están sobre las piedras son los que reciben la palabra con alegría cuando la oyen, pero no tienen raíz. Estos creen por algún tiempo, pero se apartan cuando llega la prueba. 14 La semilla que cayó entre espinos representa a los que oyen, pero según van caminando por la vida, los ahogan las preocupaciones, las riquezas y los placeres de esta vida, y no maduran. 15 Pero la semilla que cayó en buen terreno representa a los de corazón noble y bueno, que oyen la palabra, la retienen y, porque perseveran, producen una cosecha.

Una lámpara en el candelero

16 "Nadie enciende una lámpara y la tapa con una vasija o la pone debajo de una cama. Por el contrario, la pone en un candelero, para que los que entren puedan ver la luz. 17 No hay nada escondido que no llegue a revelarse, ni nada encubierto que no llegue a conocerse y sacarse a plena luz. 18 Por lo tanto, fíjense cómo escuchan. Al que tiene, se le dará más; al que no tiene se le quitará hasta lo que le parece tener."

La madre y los hermanos de Jesús

19 Fueron a verlo su madre y sus hermanos, pero no podían acercarse a Jesús debido a que había mucha gente.

20 —Tu madre y tus hermanos están afuera y quieren verte —le dijo alguien.

21 —Mi madre y mis hermanos son los que oyen la palabra de Dios y la ponen en práctica —contestó él.

Jesús calma la tormenta

22 Un día les dijo Jesús a sus discípulos:

—Crucemos al otro lado del lago.

Así que subieron a una barca y partieron. 23 Mientras navegaban, él se durmió. Una tormenta azotó el lago, de modo que la barca comenzaba a inundarse y corrían gran peligro.

24 Los discípulos se le acercaron y lo despertaron, diciéndole:

—¡Maestro, Maestro, nos vamos a ahogar!

El se levantó y reprendió al viento y a las olas encrespadas; la tormenta se calmó y todo quedó tranquilo.

25 —¿Dónde está su fe? —les dijo a sus discípulos.

Con temor y asombro ellos se decían unos a otros: "¿Quién es éste, que manda hasta a los vientos y al agua, y le obedecen?"

Liberación de un endemoniado

26 Navegaron hasta la región de los gerasenos, *i* que está al otro lado

h 8:10 Is 6:9   *i* 8:26 Algunos mss. dicen: *gadarenos*; otros: *gergesenos*; también en v. 37

del lago, frente a Galilea. **27** Cuando desembarcó Jesús, le salió al encuentro un hombre endemoniado del pueblo. Hacía mucho tiempo que este hombre no se vestía ni vivía en una casa sino en los sepulcros. **28** Al ver a Jesús, alzó la voz y se echó a sus pies, gritando con fuerza:

—¿Qué quieres conmigo, Jesús, Hijo del Dios Altísimo? ¡Te ruego que no me atormentes!

29 Es que Jesús le había ordenado al espíritu malo *j* que saliera del hombre. Se había apoderado de él muchas veces y, aunque le sujetaban los pies y las manos con cadenas y lo mantenían bajo custodia, rompía las cadenas y el demonio lo impulsaba a lugares solitarios.

30 —¿Cómo te llamas? —le preguntó Jesús.

—Legión —respondió, porque habían entrado en él muchos demonios.

31 Y le suplicaron una y otra vez que no los mandara al abismo.

32 Estaba paciendo en la colina una manada de muchos cerdos. Los demonios le rogaron a Jesús que los dejara entrar en ellos, y él les dio permiso. **33** Cuando los demonios salieron del hombre, entraron en los cerdos, y la manada se precipitó al lago por el despeñadero y se ahogó.

34 Al ver lo sucedido, los que cuidaban de los cerdos huyeron a dar aviso en el pueblo y por los campos, **35** y la gente salió a ver lo que había ocurrido. Cuando llegaron a Jesús y encontraron sentado a los pies de Jesús, vestido y en su sano juicio al hombre de quien habían salido los demonios, tuvieron miedo. **36** Los que lo habían presenciado contaron a la gente cómo había sido sanado el endemoniado. **37** Entonces toda la gente de la región de los gerasenos le pidió a Jesús que se fuera de allí, porque les había entrado mucho miedo. Así que él subió a la barca y se fue.

38 El hombre de quien habían salido los demonios le rogaba que le

permitiera acompañarlo, pero Jesús lo despidió y le dijo:

39 —Vuelve a tu casa y cuenta lo mucho que Dios ha hecho por ti.

Así que el hombre se fue y contó por todo el pueblo lo mucho que Jesús había hecho por él.

Una niña muerta y una mujer enferma

40 Cuando Jesús regresó, la multitud lo recibió con alegría, porque todos estaban esperándolo. **41** En esto llegó un hombre llamado Jairo, que era un jefe de la sinagoga, y se echó a los pies de Jesús, suplicándole que fuera a su casa, **42** porque su única hija, de unos doce años, estaba muriendo.

Mientras Jesús iba, las multitudes lo apretujaban. **43** Había allí una mujer que padecía de hemorragias desde hacía doce años, *k* sin que ninguno pudiera sanarla. **44** Ella se le acercó por detrás y le tocó el borde del manto, y al instante cesó su hemorragia.

45 —¿Quién me tocó? —preguntó Jesús.

Cuando todos negaban haberlo tocado, Pedro le dijo:

—Maestro, la gente te aprieta y te oprime.

46 —Alguien me tocó; yo sé que de mí ha salido poder.

47 La mujer, al ver que no podía pasar inadvertida, se acercó temblando y se echó a sus pies. En presencia de todo el pueblo, contó por qué lo había tocado y cómo había sido sanada al instante.

48 —Hija, tu fe te ha sanado —le dijo Jesús—. Vete en paz.

49 Todavía estaba hablando Jesús, cuando alguien llegó de la casa de Jairo, jefe de la sinagoga, para decirle:

—Tu hija ha muerto. No molestes más al Maestro.

50 Al oír esto, Jesús le dijo a Jairo:

—No tengas miedo; cree nada más, y ella será sanada.

---

j **8:29** Griego *inmundo*
todo lo que tenía

k **8:43** Varios mss. dicen: *años, y que había gastado en médicos*

51 Cuando llegó a la casa de Jairo, no permitió que nadie entrara con él, excepto Pedro, Jacobo[l] y Juan, y el padre y la madre de la niña. 52 Todos lloraban y se lamentaban por ella.

—Dejen de llorar —les dijo Jesús—. No está muerta sino dormida.

53 Ellos se burlaban de él porque sabían que estaba muerta. 54 Pero él la tomó de la mano y le dijo:

—¡Niña, levántate!

55 Y volvió a ella el espíritu; al instante se levantó, y Jesús mandó que le dieran a ella de comer. 56 Los padres estaban asombrados, pero él les mandó que no contaran a nadie lo que había sucedido.

Jesús envía a los doce

9 Después de reunir a los doce, Jesús les dio poder y autoridad para expulsar a todos los demonios y para sanar enfermedades, 2 y los envió a predicar el reino de Dios y a sanar a los enfermos. 3 "No lleven nada para el camino: ni bastón, ni bolsa, ni pan, ni dinero, ni dos camisas —les dijo—. 4 En cualquier casa que entren, quédense allí hasta que salgan del pueblo. 5 Si no los reciben bien, sacudan el polvo de los pies cuando salgan de ese pueblo, en testimonio contra ellos." 6 Así que partieron y fueron de pueblo en pueblo, predicando el evangelio y sanando a la gente por todas partes.

7 Herodes el tetrarca se enteró de todo lo que estaba sucediendo. Estaba perplejo porque decían algunos que Juan había resucitado de entre los muertos; 8 otros, que se había aparecido Elías; y otros, en fin, que había resucitado alguno de los antiguos profetas. 9 Pero Herodes dijo: "A Juan lo decapité; ¿quién es, entonces, éste de quien oigo tales cosas?" Y procuraba verlo.

Jesús alimenta a los cinco mil

10 Cuando regresaron los apóstoles, le relataron a Jesús lo que habían hecho. El se los llevó consigo y se retiraron solos a un pueblo llamado Betsaida, 11 pero la gente se enteró y lo siguió. El los recibió y les habló del reino de Dios, y sanó a los que necesitaban sanidad.

12 Al atardecer se le acercaron los doce y le dijeron:

—Despide a la gente, para que vayan a los pueblos y campos vecinos y encuentren alojamiento y comida, porque aquí estamos en un lugar apartado.

13 —Denles ustedes mismos de comer —contestó Jesús.

—No tenemos más que cinco panes y dos pescados, a menos que vayamos a comprar comida para toda esta gente.

14 Es que había allí unos cinco mil hombres. Pero Jesús les dijo a sus discípulos:

—Hagan que se sienten en grupos como de cincuenta cada uno.

15 Así lo hicieron los discípulos, y se sentaron todos. 16 Tomó los cinco panes y los dos pescados, miró al cielo, dio gracias y los partió. Luego se los dio a los discípulos para que se los sirvieran a la gente. 17 Todos comieron y quedaron satisfechos, y los discípulos recogieron doce canastas llenas de pedazos que sobraron.

La confesión de Pedro

18 Un día en que Jesús estaba orando en privado, y sus discípulos estaban con él, les preguntó:

—¿Quién dice la gente que soy yo?

19 —Unos dicen que Juan el Bautista, otros que Elías, y otros que uno de los antiguos profetas ha resucitado —respondieron.

20 —Y ustedes, ¿quién dicen que soy yo?

—Eres el Cristo[m] de Dios —respondió Pedro.

21 Jesús les advirtió terminantemente que no dijeran esto a nadie.

22 —El Hijo del Hombre —les dijo— tiene que sufrir muchas cosas y ser rechazado por los ancianos, por los jefes de los sacerdotes y por los maestros de la ley, y tiene que ser muerto y resucitado al tercer día.

---

l 8:51 O *Santiago*   m 9:20 O *Mesías*

23 "Si alguno quiere ser mi discípulo —les dijo a todos—, tiene que negarse a sí mismo, tomar su cruz cada día y seguirme. **24** El que quiera salvar su vida, la perderá; pero el que pierda su vida por mi causa, la salvará. **25** ¿De qué le sirve a un hombre ganar el mundo entero si se pierde o se destruye a sí mismo? **26** Si alguno se avergüenza de mí y de mis palabras, también el Hijo del Hombre se avergonzará de él cuando venga en su gloria y en la gloria del Padre y de los santos ángeles. **27** Les aseguro que algunos de los que están aquí no sufrirán la muerte hasta que vean el reino de Dios.

La transfiguración

28 Unos ocho días después de decir esto, Jesús se llevó a Pedro, a Juan y a Jacobo,[n] y subió a una montaña a orar. **29** Mientras oraba, cambió el aspecto de su rostro y su ropa se volvió brillante como un relámpago. **30** Y aparecieron dos hombres —Moisés y Elías— que conversaban con Jesús, **31** envueltos en un resplandor glorioso. Hablaban de la partida de Jesús, que él estaba a punto de cumplir en Jerusalén. **32** Pedro y sus compañeros estaban rendidos de sueño, pero cuando estuvieron bien despiertos, vieron su gloria y a los dos hombres que estaban con él. **33** Mientras los hombres se apartaban de Jesús, sin saber lo que estaba diciendo, Pedro le dijo:

—Maestro, ¡qué bien que estemos aquí! Levantemos tres enramadas: una para ti, otra para Moisés y otra para Elías.

34 Estaba todavía hablando cuando apareció una nube que los envolvió, y tuvieron miedo al entrar en la nube. **35** Salió de la nube una voz que dijo: "Este es mi Hijo, mi escogido; escúchenlo." **36** Cuando dejó de oírse la voz, hallaron que Jesús estaba solo. Los discípulos guardaron esto en secreto y en ese entonces a nadie contaron nada de lo que habían visto.

Jesús sana a un muchacho endemoniado

37 Al día siguiente, cuando bajaron de la montaña, le salió al encuentro una gran multitud. **38** Un hombre de entre la multitud le dijo con voz fuerte:

—Maestro, te ruego que veas a mi hijo, pues es el único que tengo. **39** Se apodera de él un espíritu y de repente grita; lo convulsiona de modo que echa espumarajos. Casi nunca lo deja y está destruyéndolo. **40** Le rogué a tus discípulos que lo expulsaran, pero no pudieron.

41 —¡Oh generación incrédula y perversa! —respondió Jesús—. ¿Hasta cuándo tendré que estar con ustedes y soportarlos? Tráeme a tu hijo.

42 Cuando el muchacho estaba acercándose, el demonio lo derribó con una convulsión. Pero Jesús reprendió al espíritu malo,[o] sanó al muchacho y se lo devolvió al padre. **43** Y todos se quedaron asombrados de la grandeza de Dios.

Mientras todos se maravillaban de todo lo que hacía Jesús, él les dijo a sus discípulos:

44 —Presten mucha atención a lo que les voy a decir: El Hijo del Hombre va a ser entregado en manos de los hombres.

45 Pero ellos no entendieron lo que quería decir esto. Les estaba encubierto, de modo que no lo percibieron, y les daba miedo preguntárselo.

¿Quién va a ser el más importante?

46 Surgió entre los discípulos una discusión sobre quién de ellos iba a ser el más importante. **47** Como Jesús conocía sus pensamientos, tomó a un niño y lo puso junto a él.

48 —El que recibe en mi nombre a este niño, me recibe a mí; y el que me recibe a mí, recibe al que me envió. El que es más pequeño entre todos ustedes, ése es el más importante.

49 —Maestro —dijo Juan—, vimos a un hombre que expulsaba demo-

---

nios en tu nombre y tratamos de impedírselo, porque no es de los nuestros.

50 —No se lo impidan —dijo Jesús—, porque el que no está contra ustedes está de su parte.

La oposición de los samaritanos

51 Al acercarse el tiempo de ser llevado al cielo, Jesús se dirigió resueltamente a Jerusalén. **52** Envió por delante mensajeros, que entraron en un pueblo samaritano para hacerle preparativos; **53** pero allí la gente no quiso recibirlo porque iba a Jerusalén. **54** Cuando los discípulos Jacobo *p* y Juan vieron esto, le preguntaron:

—Señor, ¿quieres que hagamos bajar fuego del cielo *q* que los destruya?

55 Pero Jesús se volvió y los reprendió. *r* **56** Y se fueron a otro pueblo.

Lo que cuesta seguir a Jesús

57 Mientras iban por el camino, un hombre le dijo:

—Te seguiré a dondequiera que vayas.

58 —Las zorras tienen madrigueras y las aves del cielo tienen nidos —le respondió Jesús—, pero el Hijo del Hombre no tiene dónde recostar la cabeza.

59 Le dijo a otro:

—Sígueme.

—Señor, primero déjame ir a enterrar a mi padre.

60 —Deja que los muertos entierren a sus muertos, pero tú ve y proclama el reino de Dios —le dijo Jesús.

61 Otro le dijo:

—Te seguiré, Señor; pero primero déjame ir a despedirme de mi familia.

62 —Nadie que mire atrás después de poner la mano en el arado es apto para el reino de Dios —le respondió Jesús.

Jesús envía a los setenta y dos

10 Después de esto, el Señor nombró a otros setenta y dos *s* y los envió de dos en dos delante de él a todo pueblo y lugar adonde iba a ir. **2** "Es abundante la cosecha —les dijo—, pero escasean los obreros. Pídanle, por tanto, al Señor de la cosecha que envíe obreros a su campo. **3** ¡Vayan ustedes! Los envío como corderos en medio de lobos. **4** No lleven bolsa ni mochila ni sandalias; y no saluden a nadie por el camino.

5 "Cuando entren en una casa, digan primero: 'Paz a esta casa.' **6** Si hay allí un hombre de paz, la paz de ustedes reposará sobre él; y si no, ustedes conservarán su paz. **7** Quédense en esa casa, y coman y beban lo que les den, porque el trabajador merece que se le dé su salario. No anden de casa en casa.

8 "Cuando entren en un pueblo y los reciban, coman lo que les sirvan. **9** Sanen a los enfermos que haya allí y díganles: 'El reino de Dios está cerca de ustedes.' **10** Pero cuando entren en un pueblo y no los reciban, salgan a sus calles y digan: **11** 'Hasta el polvo de su pueblo, que se nos ha pegado a los pies, nos lo sacudimos contra ustedes. Pero tengan por seguro que el reino de Dios está cerca.' **12** Les digo que en aquel día será más tolerable el castigo para Sodoma que para ese pueblo.

13 "¡Ay de ti, Corazín! ¡Ay de ti, Betsaida! Si se hubieran hecho en Tiro y en Sidón los milagros que se hicieron en medio de ustedes, ya hace tiempo que se habrían arrepentido, sentados en saco y en ceniza. **14** Pero en el juicio será más tolerable el castigo para Tiro y Sidón que para ustedes. **15** Y tú, Capernaúm, ¿acaso serás levantada hasta el cielo? No, sino que descenderás hasta el abismo. *t*

---

p **9:54** O *Santiago*   *q* **9:54** Algunos mss. dicen: *cielo, como hizo Elías.*   *r* **9:55,56** Algunos mss. dicen: *reprendió. | —Ustedes no saben de qué espíritu son —les dijo—, porque el Hijo del Hombre no vino para destruir la vida de los hombres sino para salvarla. | 56 Y*
s **10:1** Algunos mss. dicen: *setenta*; también en v. 17   *t* **10:15** Griego *Hades.*

16 "El que los escucha a ustedes, me escucha a mí; el que los rechaza a ustedes, me rechaza a mí; pero el que me rechaza a mí, rechaza al que me envió."

17 Los setenta y dos regresaron contentos, y decían:

—Señor, hasta los demonios se nos someten en tu nombre.

18 —Yo veía a Satanás caer del cielo como un rayo —respondió él—. **19** Les he dado autoridad a ustedes para caminar sobre serpientes y escorpiones, y para vencer todo el poder del enemigo; nada les hará daño. **20** Sin embargo, no se alegren de que se les sometan los espíritus, sino alégrense de que sus nombres están escritos en el cielo.

21 En aquel tiempo Jesús, lleno de alegría por el Espíritu Santo, dijo: "Te alabo, Padre, Señor del cielo y de la tierra, porque has escondido estas cosas de los sabios e instruidos, y las has revelado a los niños. Sí, Padre, porque esto fue de tu agrado.

22 "Mi Padre me ha entregado todas las cosas. Nadie sabe quién es el Hijo, sino el Padre, y nadie sabe quién es el Padre, sino el Hijo y aquellos a quienes el Hijo quiera revelarlo."

23 Volviéndose a sus discípulos, les dijo aparte: "Dichosos los ojos que ven lo que ustedes ven. **24** Les digo que muchos profetas y reyes quisieron ver lo que ustedes ven, y no lo vieron; y oír lo que ustedes oyen, y no lo oyeron."

Parábola del buen samaritano

25 En una ocasión un experto en la ley se levantó y, para poner a prueba a Jesús, le preguntó:

—Maestro, ¿qué tengo que hacer para heredar la vida eterna?

26 —¿Qué está escrito en la ley? —le contestó—. ¿Cómo la interpretas tú?

27 —'Ama al Señor tu Dios con todo tu corazón, con toda tu alma, con todas tus fuerzas y con toda tu mente'*u*; y: 'Ama a tu prójimo como a ti mismo.'*v*

28 —Has contestado bien —le respondió Jesús—. Haz eso y vivirás.

29 Pero él quería justificarse, así que le preguntó a Jesús:

—¿Y quién es mi prójimo?

30 En respuesta a esa pregunta, Jesús dijo:

—Bajaba un hombre de Jerusalén a Jericó, cuando cayó en manos de unos ladrones. Ellos le quitaron la ropa, lo golpearon y se fueron, dejándolo medio muerto. **31** Por casualidad, bajaba por el mismo camino un sacerdote, y, al verlo, pasó de largo por el otro lado del camino. **32** Así también, cuando llegó a aquel lugar un levita, y lo vio, pasó de largo por el otro lado del camino. **33** Pero un samaritano que iba de viaje, llegó a donde estaba el hombre y, al verlo, se compadeció de él. **34** Se acercó y le vendó las heridas, derramando sobre ellas aceite y vino. Luego lo montó sobre su propia cabalgadura, lo llevó a un alojamiento y lo cuidó. **35** Al día siguiente, sacó dos monedas de plata*w* y se las dio al dueño del alojamiento. 'Cuídemelo —le dijo—, y lo que gaste usted de más, se lo pagaré cuando yo vuelva.' **36** ¿Cuál de estos tres te parece a ti que demostró ser el prójimo del que cayó en manos de los ladrones?

37 —El que se compadeció de él —contestó el experto en la ley.

—Pues ve y haz tú lo mismo —le dijo Jesús.

En casa de Marta y María

38 Mientras iba de camino con sus discípulos, Jesús entró en una población en la que una mujer llamada Marta lo recibió en su casa. **39** Ella tenía una hermana llamada María que, sentada a los pies del Señor, escuchaba lo que él decía. **40** Pero a Marta la distraían todos los quehaceres domésticos. Ella se acercó a él y le dijo:

—Señor, ¿no te importa que mi hermana me haya dejado sola con todo el trabajo? ¡Dile que me ayude!

41 —Marta, Marta —le contestó Jesús—, estás preocupada y desconcertada por muchas cosas, **42** pero

---

u 10:27 Dt 6:5   *v* 10:27 Lv 19:18   *w* 10:35 Griego *dos denarios* sólo se necesita una cosa.ˣ María ha escogido lo mejor, y no se le quitará.

Jesús enseña sobre la oración

11 Un día estaba Jesús orando en cierto lugar. Cuando terminó, le dijo uno de sus discípulos:

—Señor, enséñanos a orar, así como Juan enseñó a sus discípulos.

2 El les dijo:

—Cuando oren, digan:

" 'Padre,ʸ

santificado sea tu nombre.

Venga tu reino.ᶻ

3 Danos cada día nuestro pan cotidiano.

4 Perdónanos nuestros pecados, porque también nosotros perdonamos a todos los que nos ofenden.ᵃ

Y no nos metas en tentación.'ᵇ

5 "Supongamos —continuó— que uno de ustedes tiene un amigo, y va a él a medianoche y le dice: 'Amigo, préstame tres panes, 6 porque se me ha presentado un amigo mío que viene de viaje, y no tengo nada que servirle.' 7 Y el que está adentro le contesta: 'No me molestes. Ya está cerrada la puerta y mis hijos y yo estamos acostados. No puedo levantarme a darte nada.' 8 Les digo que, aunque no se levante a darle el pan por ser amigo suyo, por su osadíaᶜ se levantará y le dará cuanto necesite.

9 "Así que yo les digo: Pidan, y se les dará; busquen, y encontrarán; llamen, y se les abrirá la puerta. 10 Todo el que pide, recibe; el que busca, encuentra; y al que llama, se le abrirá la puerta.

11 "¿Quién de ustedes, que · sea padre, si su hijo le pideᵈ un pescado, le dará más bien una serpiente? 12 ¿O si le pide un huevo, le dará un escorpión? 13 Pues si ustedes, aun siendo malos, saben dar buenos regalos a sus hijos, ¡cuánto más su Padre que está en el cielo dará el Espíritu Santo a quienes se lo pidan!

Jesús y Beelzebú

14 Jesús estaba expulsando a un demonio que era mudo. Cuando salió el demonio, el hombre que había estado mudo habló, y la gente se quedó asombrada. 15 Pero algunos dijeron: "Expulsa a los demonios por medio de Beelzebú,ᵉ príncipe de los demonios." 16 Otros lo pusieron a prueba al pedirle una señal del cielo.

17 Jesús conocía sus pensamientos, y les dijo: "Todo reino dividido contra sí mismo será asolado, y una casa dividida contra sí misma se derrumbará. 18 Si Satanás está dividido contra sí mismo, ¿cómo puede seguir en pie su reino? Digo esto porque ustedes afirman que yo expulso a los demonios por medio de Beelzebú. 19 Ahora bien, si expulso a los demonios por medio de Beelzebú, ¿por medio de quién los expulsan los seguidores de ustedes? Por eso serán ellos sus jueces. 20 Pero si expulso a los demonios por medio del dedo de Dios, entonces el reino de Dios ha llegado a ustedes.

21 "Cuando un hombre fuerte y bien armado cuida su propia casa, sus bienes están seguros. 22 Pero cuando lo ataca otro más fuerte que él, le quita las armas en que confiaba y reparte el botín.

23 "El que no está de mi parte, está contra mí; y el que conmigo no recoge, dispersa.

24 "Cuando un espíritu maloᶠ sale de un hombre, pasa por lugares secos buscando descanso y no lo encuentra. Entonces dice: 'Volveré a la casa de donde salí.' 25 Cuando llega, la encuentra barrida y arreglada. 26 Luego va y toma otros siete

---

ˣ 10:42 Algunos mss. dicen: *pero se necesitan pocas cosas, o una sola.*   ʸ 11:2 Algunos mss. dicen: *Padre nuestro que estás en el cielo* (véase Mt 6:9)   ᶻ 11:2 Algunos mss. dicen: *reino. Hágase tu voluntad en la tierra como en el cielo.* (Véase Mt 6:10.)   ᵃ 11:4 Griego *nos deben.*   ᵇ 11:4 Algunos mss. dicen: *tentación, sino líbranos del maligno.* (Véase Mt 6:13.)   ᶜ 11:8 O *insistencia*   ᵈ 11:11 Algunos mss. dicen: *pide pan, le dará una piedra; o si le pide*   ᵉ 11:15 Griego *Beelzebul o Beezebul*; también en vv. 18 y 19   ᶠ 11:24 Griego *inmundo*

espíritus más malvados que él, y entran a vivir allí. Y el estado final de aquel hombre resulta peor que el primero."

27 Mientras Jesús decía estas cosas, una mujer de entre la multitud exclamó:

—¡Dichosa la mujer que te dio a luz y te crió!

28 —Dichosos más bien los que oyen la palabra de Dios y la obedecen —contestó él.

La señal de Jonás

29 Al crecer la multitud, Jesús comenzó a decir: "Esta es una generación malvada. Pide una señal milagrosa, pero no se le dará más señal que la de Jonás. **30** Así como Jonás fue una señal para los ninivitas, también lo será el Hijo del Hombre para esta generación. **31** La reina del Sur se levantará en el juicio con los hombres de esta generación y los condenará; porque ella vino desde los confines de la tierra para escuchar la sabiduría de Salomón, y ahora tienen aquí a uno*g* más grande que Salomón. **32** Los hombres de Nínive se levantarán en el juicio con esta generación y la condenarán; porque ellos se arrepintieron con la predicación de Jonás, y ahora tienen aquí a uno más grande que Jonás.

La lámpara del cuerpo

33 "Nadie enciende una lámpara y la pone en un lugar escondido, ni debajo de una caja. Por el contrario, se pone en el candelero para que los que entren vean la luz. **34** Tus ojos son la lámpara de tu cuerpo. Cuando tus ojos son buenos, también todo tu cuerpo está lleno de luz. Pero cuando son malos, también tu cuerpo está lleno de oscuridad. **35** Asegúrate de que la luz que hay en ti no sea oscuridad. **36** Por tanto, si todo tu cuerpo está lleno de luz, sin parte alguna oscura, estará completamente iluminado, como cuando una lámpara te alumbra con su luz."

Jesús denuncia a los fariseos y a los expertos en la ley

37 Cuando Jesús terminó de hablar, lo invitó un fariseo a comer con él; así que entró en la casa y se sentó a la mesa. **38** Pero el fariseo se sorprendió al darse cuenta de que Jesús no siguió la ceremonia de lavarse antes de comer.

39 —Ahora bien —les dijo el Señor—, ustedes los fariseos limpian el exterior del vaso y del plato, pero por dentro están llenos de codicia y de maldad. **40** ¡Insensatos! ¿Acaso el que hizo lo de afuera no hizo también lo de adentro? **41** Den más bien a los pobres de lo que está dentro, *h* y todo quedará limpio para ustedes.

42 "¡Ay de ustedes, fariseos!, que dan la décima parte de la menta, de la ruda y de toda clase de legumbres, pero descuidan la justicia y el amor de Dios. Debían haber practicado esto sin dejar de hacer aquello.

43 "¡Ay de ustedes, fariseos!, a quienes les encantan los principales asientos en las sinagogas y los saludos en las plazas.

44 "¡Ay de ustedes!, que son como los sepulcros sin señales, sobre los cuales andan los hombres sin saberlo.

45 Uno de los expertos en la ley le respondió:

—Maestro, al decir esto nos insultas también a nosotros.

46 Contestó Jesús:

—¡Ay de ustedes también, expertos en la ley!, que abruman a los hombres con cargas que difícilmente pueden llevar, pero ustedes mismos no levantan ni un dedo para ayudarlos.

47 "¡Ay de ustedes!, que construyen monumentos para los profetas, a quienes mataron los antepasados de ustedes. **48** Así que declaran que aprueban lo que hicieron sus antepasados; ellos mataron a los profetas, y ustedes les construyen los sepulcros. **49** Por eso dijo Dios en su sabiduría: 'Les enviaré profetas y apóstoles, de los cuales matarán a algunos y perseguirán a otros.' **50** Por lo tanto, se le

---

g **11:31** O *algo*; también en v. 32   *h* **11:41** O *de lo que tienen*

pedirá cuenta a esta generación de la sangre de todos los profetas que ha sido derramada desde el principio del mundo, **51** desde la sangre de Abel hasta la sangre de Zacarías, a quien mataron entre el altar y el santuario. Sí, les digo que se le pedirá cuenta a esta generación de todo eso.

52 "¡Ay de ustedes, expertos en la ley!, que se han apropiado de la llave del conocimiento. Ustedes mismos no han entrado, y han obstaculizado la entrada de los demás.

53 Cuando Jesús salió de allí, los fariseos y los maestros de la ley comenzaron a oponérsele con furia y a acosarlo con preguntas, **54** esperando que cayera en alguna de sus trampas por algo que él dijera.

Advertencias y estímulos

12 Mientras tanto, habiéndose reunido muchos miles de personas, tantas que se atropellaban unas a otras, Jesús comenzó a hablar, dirigiéndose primero a sus discípulos: "Guárdense de la levadura de los fariseos, que es la hipocresía. **2** No hay nada encubierto que no llegue a revelarse, ni nada escondido que no llegue a descubrirse. **3** Lo que ustedes han dicho en la oscuridad se oirá a plena luz, y lo que han susurrado a puerta cerrada se proclamará desde los techos.

4 "A ustedes, mis amigos, les digo que no teman a los que matan el cuerpo pero después no pueden hacer más. **5** Les mostraré más bien a quién deben temer: teman al que, después de la muerte del cuerpo, tiene poder para arrojarlos al infierno. Sí, les digo que deben temerle a éste. **6** ¿No se venden cinco gorriones por dos moneditas?*i* Sin embargo, de ninguno de ellos se olvida Dios. **7** En realidad, ustedes tienen contados todos los cabellos de la cabeza. No tengan miedo; ustedes valen más que muchos gorriones.

8 "Les digo que a cualquiera que me reconozca delante de los hombres, también el Hijo del Hombre lo

reconocerá delante de los ángeles de Dios. **9** Pero el que me niegue delante de los hombres, será negado delante de los ángeles de Dios. **10** A todo el que pronuncie alguna palabra contra el Hijo del Hombre se le perdonará, pero el que blasfeme contra el Espíritu Santo no tendrá perdón.

11 "Cuando los lleven a las sinagogas, ante los gobernantes y las autoridades, no se preocupen por la forma en que se van a defender o por lo que van a decir, **12** porque en ese momento el Espíritu Santo les enseñará lo que deben decir."

Parábola del rico insensato

13 Uno de entre la multitud le dijo:
—Maestro, dile a mi hermano que divida la herencia conmigo.

14 —Hombre, ¿quién me nombró a mí juez o árbitro entre ustedes? —le contestó Jesús.

15 "¡Tengan cuidado! —advirtió a la gente—. Guárdense de toda avaricia; la vida del hombre no consiste en la abundancia de sus bienes.

16 Les contó esta parábola:
—El terreno de un hombre rico le produjo una buena cosecha. **17** El pensaba: '¿Qué voy a hacer? No tengo dónde almacenar mi cosecha.' **18** Entonces dijo: 'Voy a hacer esto: derribaré mis graneros y construiré otros más grandes, y almacenaré allí todo mi grano y mis bienes. **19** Y me diré: Tienes bastantes cosas buenas guardadas para muchos años. Descansa, come, bebe y diviértete.' **20** Pero Dios le dijo: '¡Insensato! Esta misma noche te reclamarán la vida. ¿Para quién será, entonces, lo que has preparado para ti?'

21 "Así le sucederá al que acumule cosas para sí mismo pero no sea rico delante de Dios.

No se preocupen

22 Luego dijo Jesús a sus discípulos:
—Por eso les digo: No se preocupen por su vida, qué comerán; ni por su cuerpo, cómo se vestirán. **23** La vida es más que la comida, y el cuerpo más

i **12:6** Griego *dos asaria*

que la ropa. **24**Fíjense en los cuervos: no siembran ni cosechan, ni tienen almacén ni granero; sin embargo, Dios los alimenta. ¡Cuánto más valen ustedes que las aves! **25**¿Quién de ustedes, por mucho que se preocupe, puede añadir una sola hora al curso de su vida?*j* **26**Ya que no pueden hacer algo tan insignificante, ¿por qué se preocupan por lo demás? **27**"Fíjense cómo crecen los lirios. No trabajan ni hilan. Sin embargo, les digo que ni siquiera Salomón, con todo su lujo, se vestía como uno de ellos. **28**Si así viste Dios la hierba que hoy está en el campo y mañana es arrojada al horno, ¡cuánto más hará por vestirlos a ustedes, hombres de poca fe! **29**No se afanen por lo que han de comer o beber; no se preocupen por ello. **30**El mundo pagano persigue todas estas cosas, y el Padre sabe que ustedes las necesitan. **31**Pero busquen el reino de Dios, y esas cosas se les darán a ustedes también.

32"No tengan miedo, rebaño pequeño, porque a su Padre le ha agradado darles a ustedes el reino. **33**Vendan sus bienes y den a los pobres. Proveánse de bolsas que no se desgasten, tesoro inagotable en el cielo, donde no hay ladrón que aceche ni polilla que destruya. **34**Pues donde esté su tesoro, allí estará también su corazón.

La vigilancia

35"Estén vestidos, listos para el servicio, y mantengan sus lámparas encendidas, **36**como hombres que esperan a que regrese su señor de un banquete de bodas, para poder abrirle la puerta tan pronto como llegue y toque. **37**Dichosos los siervos a quienes su señor encuentre despiertos cuando llegue. Les aseguro que se dispondrá a servir, hará que se sienten a la mesa y se pondrá a servirles. **38**Dichosos los siervos a quienes su señor encuentre preparados, incluso aunque llegue a la medianoche o de madrugada. **39**Pero entiendan esto:

Si el dueño de la casa hubiera sabido a qué hora iba a llegar el ladrón, no habría permitido que entrara en su casa. **40**Ustedes también deben estar preparados, porque el Hijo del Hombre vendrá a una hora en que no lo esperan.

41—Señor, ¿estás contando esta parábola para nosotros, o para todos? —le preguntó Pedro.

42—¿Quién es el administrador fiel y prudente a quien su señor encarga de los siervos para darles la ración de comida a su debido tiempo? —respondió el Señor—. **43**Dichoso el siervo a quien su señor encuentre actuando así cuando vuelva. **44**Les aseguro que lo encargará de todos sus bienes. **45**Pero supongan que ese siervo dice en su corazón: 'Mi señor tarda en volver', y luego comienza a golpear a los criados y a las criadas, y a comer, a beber y a emborracharse. **46**El señor de ese siervo vendrá el día que no lo espera y a una hora que no sabe. Lo hará pedazos y le fijará un lugar con los incrédulos.

47"El siervo que conoce la voluntad de su señor, y no se prepara ni hace lo que éste quiere, será castigado con muchos golpes. **48**Pero el que no la conoce y hace cosas que merecen castigo, será castigado con pocos golpes. A todo el que se le ha dado mucho, se le exigirá mucho; y al que se le ha confiado mucho, se le pedirá mucho más.

División en vez de paz

49"He venido a traer fuego a la tierra, y ¡cómo quisiera que ya estuviera encendido! **50**Pero tengo que experimentar un bautismo, y ¡cuánta angustia siento hasta que se lleve a cabo! **51**¿Creen ustedes que vine a traer paz a la tierra? ¡Les digo que no, sino división! **52**Desde ahora en adelante, estarán divididos cinco en una familia, tres contra dos, y dos contra tres. **53**Se dividirán el padre contra su hijo y el hijo contra su padre, la madre contra su hija y la hija contra

---

j 12:25 O *puede aumentar su estatura siquiera medio metro?* (griego *un codo*, medida antigua desde el codo hasta la punta de los dedos)

su madre, la suegra contra su nuera y la nuera contra su suegra.

Señales de los tiempos

54 A la gente le dijo:

—Cuando ustedes ven que se levanta una nube en el occidente, al instante dicen: 'Va a llover', y así sucede. **55** Cuando sopla el viento del sur, dicen: 'Va a hacer calor', y así sucede. **56** ¡Hipócritas! Ustedes saben interpretar el aspecto de la tierra y del cielo. ¿Cómo es que no saben interpretar el tiempo actual?

57 "¿Por qué no juzgan por ustedes mismos lo que es justo? **58** Mientras vas con tu adversario al magistrado, procura reconciliarte con él en el camino, no sea que él te lleve por la fuerza ante el juez, y el juez te entregue al alguacil, y el alguacil te eche en la cárcel. **59** Te digo que no saldrás de allí hasta que pagues el último centavo. *k*

El que no se arrepiente perecerá

13 En aquella ocasión había allí algunos que le contaron a Jesús lo sucedido a los galileos, cuya sangre Pilato había mezclado con la de los sacrificios que ofrecían. **2** Jesús les respondió: "¿Piensan ustedes que esos galileos eran más pecadores que todos los demás galileos por haber sufrido así? **3** ¡Les digo que no! Y a menos que se arrepientan, todos ustedes perecerán también. **4** ¿O creen que aquellos dieciocho que murieron cuando les cayó encima la torre de Siloé eran más culpables que todos los demás habitantes de Jerusalén? **5** ¡Les digo que no! Y a menos que se arrepientan, todos ustedes perecerán también."

6 Les contó esta parábola: "Un hombre tenía una higuera plantada en su viñedo, y fue a buscar fruto en ella, pero no encontró ninguno. **7** Así que le dijo al viñador: 'Ya hace tres años que vengo a buscar fruto en esta higuera, y no he encontrado ninguno. ¡Córtala! ¿Para qué ha de ocupar terreno?' **8** 'Señor —le con-

testó el hombre—, déjela todavía por un año más, y yo cavaré alrededor de ella y la abonaré. **9** Si da fruto el año que viene, está bien; si no, córtela.'"

Jesús sana en el día de reposo a una mujer encorvada

10 Un día de reposo Jesús estaba enseñando en una de las sinagogas, **11** y había allí una mujer que llevaba dieciocho años enferma por estar poseída de un demonio. Estaba encorvada y no podía enderezarse de ningún modo. **12** Cuando Jesús la vio, la llamó y le dijo:

—Mujer, quedas libre de tu enfermedad.

13 Entonces puso las manos sobre ella, y al instante la mujer se enderezó, y alababa a Dios. **14** Indignado porque Jesús había sanado en el día de reposo, el jefe de la sinagoga dijo a la gente:

—Hay seis días para el trabajo. Por lo tanto, vengan en esos días para ser sanados, y no en el día de reposo.

15 —¡Hipócritas! —le contestó el Señor—. ¿No desata cada uno de ustedes su buey o su burro en el día de reposo, y lo saca del establo para llevarlo a tomar agua? **16** ¿No debiera, entonces, en el día de reposo libertarse de lo que la ataba a esta mujer, hija de Abraham, a la que Satanás tenía atada durante dieciocho largos años?

17 Cuando dijo esto, quedaron humillados todos sus adversarios, pero la gente estaba encantada por todas las cosas maravillosas que él hacía.

Parábolas del grano de mostaza y de la levadura

18 —¿A qué se parece el reino de Dios? ¿Con qué lo compararé? —dijo Jesús—. **19** Es como un grano de mostaza que un hombre sembró en su huerto. Creció hasta convertirse en un árbol, y las aves del cielo anidaron en sus ramas.

20 Volvió a decir:

---

k **12:59** Griego *lepton*

—¿Con qué compararé el reino de Dios? **21**Es como la levadura que una mujer tomó y mezcló en una gran cantidad*l* de harina, hasta que fermentó toda la masa.

La puerta estrecha

22Jesús recorrió los pueblos y caseríos, enseñando mientras se dirigía a Jerusalén.

23—Señor, ¿son pocos los que se van a salvar? —le preguntó uno.

24—Esfuércense por entrar por la puerta estrecha —les dijo—, porque les digo que muchos tratarán de entrar y no podrán. **25**Tan pronto como el dueño de la casa se levante y cierre la puerta, ustedes se quedarán afuera, llamando y suplicando: 'Señor, ábrenos la puerta.' Pero él les contestará: 'No los conozco ni sé de dónde son ustedes.' **26**Entonces dirán: 'Comimos y bebimos contigo, y tú enseñaste en nuestras calles.' **27**Pero él les contestará: 'No los conozco ni sé de dónde son. ¡Apártense de mí, todos ustedes malhechores!'

28"Allí habrá llanto y rechinar de dientes cuando vean en el reino de Dios a Abraham, a Isaac, a Jacob y a todos los profetas, mientras a ustedes los arrojan afuera. **29**Vendrán del oriente y del occidente, del norte y del sur, y se sentarán al banquete en el reino de Dios. **30**Por cierto, que hay algunos últimos que serán primeros, y primeros que serán últimos.

Lamento de Jesús sobre Jerusalén

31En ese momento se acercaron a Jesús algunos fariseos y le dijeron:

—Sal de aquí y vete a otro lugar, porque Herodes quiere matarte.

32—Vayan y díganle a ese zorro: 'Hoy y mañana expulsaré a los demonios y sanaré a la gente, y al tercer día lograré mi meta' —contestó él—. **33**De todos modos, tengo que seguir adelante hoy, mañana y pasado mañana, porque no puede ser que un profeta muera fuera de Jerusalén.

34"¡Jerusalén, Jerusalén, que matas a los profetas y apedreas a los que se te envían! ¡Cuántas veces quise reunir a tus hijos, así como la gallina reúne a sus pollitos debajo de sus alas, pero no quisiste! **35**Miren, la casa de ustedes se les deja desierta. Les digo que ustedes ya no volverán a verme hasta que digan: '¡Bendito el que viene en el nombre del Señor!'*m*

Jesús en casa de un fariseo

14 Un día de reposo en que Jesús fue a comer a casa de un fariseo notable, lo estaban observando cuidadosamente. **2**Allí, delante de él, estaba un hombre enfermo que padecía de hidropesía. **3**Jesús les preguntó a los expertos en la ley y a los fariseos:

—¿Permite la ley sanar en el día de reposo, o no?

4Pero ellos se quedaron callados. Así que tomó al hombre, lo sanó y lo despidió.

5—Si uno de ustedes tiene un hijo*n* o un buey que se le cae en un pozo en el día de reposo, ¿no lo saca en seguida? —les dijo.

6Y no pudieron contestarle nada.

7Al ver cómo los invitados escogían los lugares de honor en la mesa, les contó esta parábola:

8—Cuando alguien te invite a una fiesta de bodas, no te sientes en el lugar de honor, no sea que haya algún invitado más distinguido que tú. **9**Si es así, el que los invitó a los dos vendrá y te dirá: 'Cédele tu asiento a este hombre.' Entonces, avergonzado, tendrás que ocupar el lugar de menor importancia. **10**Más bien, cuando te inviten, siéntate en el último lugar, para que cuando venga el que te invitó, te diga: 'Amigo, pasa más adelante a un lugar mejor.' Así recibirás honor en presencia de todos los demás invitados. **11**Todo el que a sí mismo se engrandece será humillado, y el que se humilla será engrandecido.

12Luego le dijo Jesús al que lo había invitado:

---

l **13:21** Griego *tres satas* (probablemente unos 22 litros)   *m* **13:35** Sal 118:26
n **14:5** Algunos mss. dicen: *burro*

—Cuando des una comida o una cena, no invites a tus amigos, ni a tus hermanos, ni a tus parientes, ni a tus vecinos ricos; no sea que ellos, a su vez, te inviten y así serás recompensado. 13 Más bien, cuando des un banquete, invita a los pobres, a los lisiados, a los cojos y a los ciegos, 14 y serás dichoso. Aunque ellos no te pueden compensar, te será recompensado en la resurrección de los justos.

Parábola del gran banquete

15 Al oír esto, uno de los que estaban sentados a la mesa con Jesús le dijo:

—¡Dichoso el hombre que coma en el banquete del reino de Dios!

16 —Cierto hombre preparó un gran banquete e invitó a muchas personas —le contestó Jesús—. 17 A la hora del banquete mandó a su siervo a decirles a los invitados: 'Vengan, porque ya todo está listo.' 18 Pero todos a una voz comenzaron a disculparse. El primero le dijo: 'Acabo de comprar un terreno y tengo que ir a verlo. Te ruego que me disculpes.' 19 Otro dijo: 'Acabo de comprar cinco yuntas de bueyes, y voy a probarlas. Te ruego que me disculpes.' 20 Otro dijo: 'Acabo de casarme y por eso no puedo ir.' 21 El siervo regresó y le informó de esto a su señor. Entonces el dueño de la casa se enojó y le mandó a su siervo: 'Sal de prisa por las calles y los callejones del pueblo y trae acá a los pobres, a los lisiados, a los cojos y a los ciegos.' 22 'Señor —le dijo el siervo—, ya hice lo que usted me mandó, pero todavía hay lugar.' 23 Entonces el señor le dijo a su siervo: 'Sal por los caminos y a las veredas, y oblígalos a entrar para que se llene mi casa. 24 Les digo que ninguno de aquellos hombres que fueron invitados disfrutará de mi banquete.'

El precio del discipulado

25 Grandes multitudes acompañaban a Jesús, quien volviéndose a ellas, les dijo: 26 "Si alguno viene a mí y no odia a su padre y a su madre, a su esposa y a sus hijos, a sus hermanos y a sus hermanas —sí, hasta a su propia vida— no puede ser mi discípulo. 27 Y el que no carga su cruz y me sigue, no puede ser mi discípulo.

28 "Supongan que alguno de ustedes quiere construir una torre. ¿Acaso no se sentará primero a calcular el costo, para ver si tiene suficiente dinero para terminarla? 29 Si echa los cimientos y no puede terminarla, todos los que la vean comenzarán a burlarse de él, 30 y dirán: 'Este hombre comenzó a construir y no pudo terminar.'

31 "O supongan que un rey está a punto de ir a la guerra contra otro rey. ¿Acaso no se sentará primero a calcular si con diez mil hombres puede enfrentarse al que viene contra él con veinte mil? 32 Si no puede, enviará una delegación mientras el otro está todavía lejos, para pedir condiciones de paz. 33 De la misma manera, cualquiera de ustedes que no renuncie a todos sus bienes, no puede ser mi discípulo.

34 "La sal es buena, pero si se vuelve insípida, ¿cómo se puede salar otra vez? 35 No sirve ni para la tierra ni para el muladar; se tira.

"El que tenga oídos para oír, que oiga."

Parábola de la oveja perdida

15 Todos los recaudadores de impuestos y "pecadores" se acercaban para oírlo. 2 Pero los fariseos y los maestros de la ley murmuraban: "Este recibe a los pecadores y come con ellos."

3 Entonces Jesús les contó esta parábola: 4 "Supongan que uno de ustedes tiene cien ovejas y pierde una de ellas. ¿No deja las noventa y nueve en el campo y va en busca de la oveja perdida hasta encontrarla? 5 Y cuando la encuentra, contento la pone sobre sus hombros 6 y va a su casa. Al llegar, reúne a sus amigos y vecinos, y les dice: 'Alégrense conmigo; he encontrado la oveja que se me había perdido.' 7 Les digo que así también habrá más alegría en el cielo por un solo pecador que se arrepiente que por noventa y nueve justos que no necesitan arrepentirse.

Parábola de la moneda perdida

8 "O supongan que una mujer tiene diez monedas de plata*o* y pierde una. ¿No enciende una lámpara, barre la casa y busca con cuidado hasta encontrarla? **9** Y cuando la encuentra, reúne a sus amigas y vecinas, y les dice: 'Alégrense conmigo; ya encontré la moneda que había perdido.' **10** Les digo que así también hay alegría en la presencia de los ángeles de Dios por un pecador que se arrepiente.

Parábola del hijo perdido

11 "Un hombre tenía dos hijos —continuó Jesús—. **12** El menor le dijo a su padre: 'Papá, dame la parte que me corresponde de la herencia.' Así que él les repartió sus bienes. **13** Poco después el hijo menor juntó todo lo que tenía, se fue hacia un país lejano, y allí malgastó sus bienes llevando una vida desordenada. **14** "Después de gastarlo todo, hubo una gran hambre en aquel país, y él comenzó a pasar necesidad. **15** Así que fue y consiguió empleo con un ciudadano de aquel país, quien lo mandó a sus campos a cuidar cerdos. **16** Y tenía muchos deseos de llenar el estómago con las algarrobas que comían los cerdos, pero nadie le daba nada. **17** Entonces volvió en sí y dijo: '¡Cuántos jornaleros de mi padre tienen comida de sobra, y yo aquí me muero de hambre! **18** Me levantaré y volveré a mi padre, y le diré: Papá, he pecado contra el cielo y contra ti. **19** Ya no merezco que se me llame tu hijo; hazme como a uno de tus jornaleros.' **20** Así que se levantó y fue a su padre.

"Cuando todavía estaba lejos, lo vio su padre y se compadeció de él. Corrió al encuentro de su hijo, lo abrazó y lo besó. **21** El hijo le dijo: 'Papá, he pecado contra el cielo y contra ti. Ya no merezco que se me llame tu hijo.' *p* **22** Pero el padre dijo a sus siervos: '¡Pronto! Traigan la mejor ropa y pónganbela. Pónganle un anillo en el dedo y sandalias en los pies. **23** Traigan el becerro cebado y mátenlo. Celebremos con un banquete. **24** Porque este hijo mío estaba muerto y ha vuelto a la vida; se había perdido y ha sido encontrado.' Así que comenzó la celebración.

25 "Mientras tanto, el hijo mayor estaba en el campo. Cuando se acercó a la casa, oyó música y danzas. **26** Entonces llamó a uno de los siervos y le preguntó qué pasaba. **27** 'Ha llegado su hermano —le respondió—, y su padre ha matado el becerro cebado porque tiene de vuelta a su hijo sano y salvo.' **28** El hermano mayor se enojó y se negó a entrar. Así que su padre salió a suplicarle que entrara. **29** Pero él le contestó a su padre: '¡Fíjate cuántos años te he servido, sin desobedecer jamás tus órdenes, y ni siquiera me has dado un cabrito para celebrar una fiesta con mis amigos! **30** ¡Pero ahora que regresa a casa este hijo tuyo que ha malgastado tus bienes con prostitutas, le matas el becerro cebado!'

31 'Hijo mío —le dijo su padre—, tú siempre estás conmigo, y todo lo que tengo es tuyo. **32** Pero teníamos que hacer fiesta y alegrarnos, porque ese hermano tuyo estaba muerto y ha vuelto a la vida; se había perdido y ha sido encontrado.' "

Parábola del administrador astuto

16 Jesús les contó a sus discípulos: "Había un hombre rico que tenía un administrador a quien se le acusaba de derrochar sus bienes. **2** Así que lo llamó y le dijo: '¿Qué es esto que me dicen de ti? Rinde cuentas de tu administración, porque ya no puedes ser administrador.' **3** El administrador se dijo a sí mismo: '¿Ahora qué voy a hacer? Mi señor me quita el empleo. No tengo fuerzas para cavar, y me da vergüenza pedir limosna. **4** Ya sé lo que voy a hacer para que, cuando pierda el empleo, haya quienes me reciban en sus casas.'

5 "Llamó entonces a cada uno de los que le debían algo a su señor. Al

---

o **15:8** Griego *diez dracmas*, cada una más o menos el equivalente al salario de un día
p **15:21** Algunos mss. antiguos dicen: *hijo. Hazme como a uno de tus jornaleros.*

primero le preguntó: '¿Cuánto le debes a mi señor?' 6'Cien barriles*q* de aceite de olivo', le contestó él. El administrador le dijo: 'Toma tu cuenta, siéntate en seguida y escribe cincuenta.' 7 Luego preguntó al segundo: 'Y tú, ¿cuánto debes?' 'Cien medidas*r* de trigo', le contestó él. Le dijo: 'Toma tu cuenta y escribe ochenta.'

8 "El señor elogió al administrador poco honrado por haber actuado con astucia, pues los que pertenecen al mundo son más astutos en el trato con sus semejantes que los que pertenecen a la luz. 9 Les digo que se valgan de las riquezas de este mundo para ganar amigos, para que cuando se acaben, los reciban a ustedes en las habitaciones eternas.

10 "El que es digno de confianza en lo poco, también merece confianza en lo mucho; y el que no es honrado en lo poco, tampoco lo será en lo mucho. 11 Por eso, si ustedes no han sido dignos de confianza en su trato con las riquezas de este mundo, ¿quién les confiará las riquezas verdaderas? 12 Y si con lo ajeno no han merecido confianza, ¿quién les dará lo que es de ustedes?

13 "Ningún siervo puede servir a dos señores. Odiará a uno y amará al otro, o querrá mucho a uno y despreciará al otro. Ustedes no pueden servir a la vez a Dios y al dinero."

14 Oían todo esto los fariseos, a quienes les encantaba el dinero, y se burlaban de Jesús. 15 Él les dijo: "Ustedes son los que se justifican ante los hombres, pero Dios conoce sus corazones. Lo que los hombres valoran mucho es detestable a los ojos de Dios.

Otras enseñanzas

16 "La ley y los profetas se proclamaron hasta Juan. Desde entonces se anuncian las buenas nuevas del reino de Dios, y todos entran en él por la fuerza. 17 Es más fácil que desaparezcan el cielo y la tierra, que se desprenda el trazo más insignificante de la ley.

18 "Todo el que se divorcia de su esposa y se casa con otra, comete adulterio; y el que se casa con una divorciada, comete adulterio.

El rico y Lázaro

19 "Había un hombre rico que se vestía de púrpura y con ropas finas, y vivía holgadamente todos los días. 20 Estaba sentado en el suelo a la puerta de su casa un mendigo llamado Lázaro, cubierto de llagas, 21 que ansiaba comer de lo que caía de la mesa del rico. Hasta los perros se acercaban y le lamían las llagas. 22 "Llegó el día en que murió el mendigo y los ángeles lo llevaron al lado de Abraham. También murió el rico, y lo sepultaron. 23 En el infierno,*s* sufriendo tormentos, levantó los ojos y vio a lo lejos a Abraham, y a Lázaro junto a él. 24 Así que alzó la voz y lo llamó: 'Padre Abraham, ten compasión de mí y manda a Lázaro que moje la punta del dedo en agua y me refresque la lengua, porque estoy sufriendo mucho en este fuego.' 25 Pero Abraham le contestó: 'Hijo, recuerda que en la vida recibiste bienes mientras Lázaro recibió males; pero ahora él recibe consuelo aquí, y tú sufres terriblemente. 26 Además de eso, hay un gran abismo entre nosotros y ustedes, de modo que los que quieren pasar de aquí a ustedes no pueden, ni puede nadie pasar de allá a nosotros.'

27 "Él respondió: 'Entonces te ruego, padre, que mandes a Lázaro a la casa de mi padre, 28 porque tengo cinco hermanos. Permite que les prevenga para que no vengan ellos también a este lugar de tormento.' 29 Abraham le contestó: 'Ellos ya tienen a Moisés y a los profetas; ¡que les hagan caso a ellos!' 30 'No, padre Abraham —replicó el rico—; pero se arrepentirán si se les presenta uno de entre los muertos.' 31 Abraham le dijo: 'Si no les hacen caso a Moisés y

q 16:6 Griego *cien batos* (unos 3.700 litros)
s 16:23 Griego *Hades*
r 16:7 Griego *cien coros* (unos 37.000 litros)

a los profetas, tampoco se convencerán aunque alguien resucite de entre los muertos.'"

El pecado, la fe y el deber

17 Jesús dijo a sus discípulos:
—Es inevitable que sucedan cosas que hagan pecar a la gente, pero ¡ay de aquella persona por quien sucedan! **2** Más le valdría que lo arrojaran al mar con una piedra de molino atada al cuello, que hacer pecar a uno de estos pequeños. **3** Así que, ¡cuídense!

"Si tu hermano peca, repréndelo, y si se arrepiente, perdónalo. **4** Si peca contra ti siete veces en un día, y regresa siete veces a decirte 'Me arrepiento', perdónalo.

5 Los apóstoles le dijeron al Señor:
—¡Aumenta nuestra fe!

6 —Si ustedes tienen fe tan pequeña como un grano de mostaza —les respondió Jesús—, podrán decirle a esta morera: 'Desarráigate y plántate en el mar', y les obedecerá.

7 "Supongan que uno de ustedes tuviera un siervo arando o cuidando las ovejas. Cuando él regresara del campo, ¿acaso le diría al siervo: 'Ven en seguida a sentarte a la mesa'? **8** ¿No le diría más bien: 'Prepárame la cena, y disponte a atenderme mientras yo como y bebo; después tú podrás comer y beber'? **9** ¿Acaso le daría las gracias al siervo por haber hecho lo que se le mandó? **10** Así también ustedes, cuando hayan hecho todo lo que se les ha mandado, deben decir: 'Somos siervos indignos; no hemos hecho más que cumplir con nuestro deber.'

Jesús sana a diez leprosos

11 Mientras iba de camino hacia Jerusalén, Jesús pasó a lo largo de la frontera entre Samaria y Galilea. **12** Al entrar en una población, le salieron al encuentro diez hombres enfermos de lepra.^{t} Se mantuvieron a cierta distancia, **13** y gritaron:
—¡Jesús, Maestro, ten compasión de nosotros!

14 Cuando él los vio, les dijo:
—Vayan a mostrarse a los sacerdotes.

Y mientras iban de camino, quedaron limpios.

15 Uno de ellos, al verse sano, regresó alabando a Dios a grandes voces. **16** Se echó a los pies de Jesús y le dio las gracias; y eso que era samaritano.

17 —¿Acaso no quedaron limpios los diez? —dijo Jesús—. ¿Dónde están los otros nueve? **18** ¿No hubo ninguno que regresara a dar gloria a Dios, excepto este extranjero? **19** Levántate y vete —le dijo al hombre—; tu fe te ha sanado.

La venida del reino de Dios

20 Una vez, al preguntarle los fariseos cuándo iba a venir el reino de Dios, Jesús les respondió:
—El reino de Dios no viene por el hecho de que ustedes lo examinen minuciosamente, **21** ni se dirá: '¡Aquí está!' o '¡Allí está!'; porque el reino de Dios está entre^u ustedes.

22 Luego dijo a sus discípulos:
—Llegará el tiempo en que ustedes anhelarán ver uno de los días del Hijo del Hombre, pero no lo verán. **23** Les dirán: '¡Aquí está!' o '¡Allí está!' No vayan a seguirlos. **24** Porque en su día^v el Hijo del Hombre será como el relámpago que fulgura e ilumina el cielo de un extremo al otro. **25** Pero primero tiene que sufrir muchas cosas y ser rechazado por esta generación.

26 "Tal como en los días de Noé, así también será en los días del Hijo del Hombre. **27** Comían, bebían, se casaban y se daban en matrimonio, hasta el día en que Noé entró en el arca, y llegó el diluvio y los destruyó a todos.

28 "Lo mismo sucedió en los días de Lot: comían y bebían, compraban y vendían, sembraban y edificaban. **29** Pero el día en que Lot salió de Sodoma, llovió del cielo fuego y azufre y los destruyó a todos.

---

^{t} **17:12** El vocablo griego no se refería necesariamente a la lepra sino a diversas enfermedades de la piel. ^{u} **17:21** O *dentro de* ^{v} **17:24** Algunos mss. no incluyen: *en su día.*

30 "Así será el día en que se manifieste el Hijo del Hombre. 31 En aquel día, el que esté en la azotea y tenga sus cosas dentro de la casa, no baje a buscarlas. Del mismo modo, el que esté en el campo, no regrese para buscar nada. 32 ¡Acuérdense de la esposa de Lot! 33 El que procure conservar su vida, la perderá; y el que la pierda, la conservará. 34 Les digo que en aquella noche estarán dos personas en una misma cama: una será tomada y la otra será dejada. 35 Dos mujeres estarán moliendo juntas: una será llevada y la otra será dejada. w

37 —¿Dónde, Señor? —preguntaron.

—Los buitres se reúnen donde está el cadáver —respondió él.

Parábola de la viuda insistente

18 Jesús les contó a sus discípulos una parábola para mostrarles que debían orar siempre, sin darse por vencidos. 2 Les dijo: "Había en cierto pueblo un juez que ni temía a Dios ni respetaba a los hombres. 3 En aquel pueblo una viuda insistía en ir a verlo con esta súplica: 'Hazme justicia contra mi adversario.' 4 Durante algún tiempo él se negó, pero por fin dijo para sí: 'Aunque no temo a Dios ni respeto a los hombres, 5 como esta viuda no deja de molestarme, me aseguraré de que se le haga justicia, no sea que con sus visitas de seguido me agote la paciencia.' "

6 Continuó el Señor: "Escuchen lo que dice el juez injusto. 7 ¿Acaso no hará justicia Dios a sus escogidos, que claman a él día y noche? ¿Se tardará mucho en responderles? 8 Les digo que se asegurará de que se les haga justicia, y sin demora. No obstante, cuando venga el Hijo del Hombre, ¿encontrará fe en la tierra?"

Parábola del fariseo y del recaudador de impuestos

9 A algunos que confiaban en su propia justicia y despreciaban a los demás, Jesús les contó esta parábola: 10 "Dos hombres subieron al templo a orar; uno era fariseo y el otro, recaudador de impuestos. 11 El fariseo, de pie, oraba acerca de sí mismo: x 'Oh Dios, te doy gracias porque no soy como los demás hombres —ladrones, malhechores, adúlteros— ni aun como ese recaudador de impuestos. 12 Ayuno dos veces a la semana y doy la décima parte de todo lo que recibo.' 13 En cambio, el recaudador de impuestos, de pie a cierta distancia, ni siquiera alzaba la vista al cielo, sino que se golpeaba el pecho y decía: '¡Oh Dios, ten compasión de mí, que soy pecador!'

14 "Les digo que éste, y no aquél, volvió a su casa justificado ante Dios. Pues todo el que a sí mismo se engrandece será humillado, y el que se humilla será engrandecido."

Jesús y los niños

15 También le llevaban niñitos a Jesús para que los tocara. Al ver esto, los discípulos reprendían a quienes los llevaban. 16 Pero Jesús llamó a los niños y dijo: "Dejen que los niños vengan a mí, y no se lo impidan, porque el reino de Dios es de los que son como ellos. 17 Les aseguro que el que no reciba el reino de Dios como un niño, nunca entrará en él."

El dirigente rico

18 Cierto dirigente le preguntó:

—Maestro bueno, ¿qué tengo que hacer para heredar la vida eterna?

19 —¿Por qué me llamas bueno? —respondió Jesús—. Nadie es bueno sino solo Dios. 20 Ya sabes los mandamientos: 'No cometas adulterio, no mates, no robes, no des falso testimonio, honra a tu padre y a tu madre.' y

21 —Todos ésos los he guardado desde mi juventud —dijo el hombre.

22 Al oír esto, Jesús le dijo:

—Todavía te falta una cosa: vende todo lo que tienes y dáselo a los

w 17:35 Algunos mss. dicen: dejada. 36 Estarán dos hombres en el campo: uno será llevado y el otro será dejado. (Véase Mt 24:40.)   x 18:11 U oraba para sí   y 18:20 Ex 20:12-16; Dt 5:16-20 pobres, y tendrás tesoro en el cielo. Luego ven y sígueme.

23 Cuando el hombre oyó esto, se entristeció mucho porque era muy rico.

24 —¡Qué difícil es para los ricos entrar en el reino de Dios! —le dijo Jesús al mirarlo—. **25** En realidad, le resulta más fácil a un camello pasar por el ojo de una aguja, que a un rico entrar en el reino de Dios.

26 Los que oyeron esto dijeron:

—Entonces, ¿quién podrá salvarse?

27 —Lo que es imposible para los hombres es posible para Dios —contestó Jesús.

28 —Nosotros hemos dejado todo lo que teníamos para seguirte —le dijo Pedro.

29 —Les aseguro —les dijo Jesús— que ninguno que por causa del reino de Dios haya dejado casa, esposa, hermanos, padres o hijos, **30** dejará de recibir muchas veces más en este tiempo, y en el tiempo venidero, la vida eterna.

Jesús predice de nuevo su muerte

31 Jesús tomó aparte a los doce y les dijo: "Subimos a Jerusalén, y se cumplirá todo lo escrito por los profetas acerca del Hijo del Hombre. **32** Será entregado a los no judíos. Se burlarán de él, lo insultarán, le escupirán, lo azotarán y lo matarán. **33** Al tercer día resucitará."

34 Los discípulos no entendieron nada de esto. Su significado les estaba encubierto y no sabían de qué les hablaba.

Un mendigo ciego recibe la vista

35 Al acercarse Jesús a Jericó, estaba un ciego sentado junto al camino pidiendo limosna. **36** Al oír a la multitud que pasaba, preguntó qué sucedía.

37 —Jesús de Nazaret está pasando por aquí —le respondieron.

38 —¡Jesús, Hijo de David, ten compasión de mí! —gritó el ciego.

39 Los que iban delante lo reprendían y le decían que se callara, pero él gritaba aun más:

—¡Hijo de David, ten compasión de mí!

40 Jesús se detuvo y mandó que se lo trajeran. Cuando el ciego se acercó, le preguntó Jesús:

41 —¿Qué quieres que haga por ti?

—Señor, quiero ver.

42 —¡Recibe la vista! —le dijo Jesús—. Tu fe te ha sanado.

43 Al instante recibió la vista y seguía a Jesús, alabando a Dios. Cuando toda la gente vio aquello, también alabó a Dios.

Zaqueo, el recaudador de impuestos

19 Jesús entró, de paso, en Jericó. **2** Había allí un hombre llamado Zaqueo, que era jefe de los recaudadores de impuestos, y era rico. **3** Este, que era de baja estatura, quería ver quién era Jesús, pero no podía debido a la multitud. **4** Por eso se adelantó corriendo y se subió a un sicómoro para verlo, ya que Jesús iba a pasar por allí.

5 Cuando Jesús llegó a aquel lugar, miró hacia arriba y le dijo:

—Zaqueo, baja en seguida. Tengo que quedarme hoy en tu casa.

6 Así que se apresuró a bajar y recibió con alegría a Jesús.

7 Al ver esto, todos comenzaron a murmurar: "Ha ido a hospedarse con un 'pecador'."

8 Pero Zaqueo se puso de pie y le dijo al Señor:

—Mira, Señor. Ahora mismo voy a dar a los pobres la mitad de mis bienes, y si en algo he defraudado a alguien, le devolveré cuatro veces la cantidad que sea.

9 —Hoy ha llegado la salvación a esta casa —dijo Jesús—, ya que éste también es hijo de Abraham. **10** Porque el Hijo del Hombre vino a buscar y a salvar lo que se había perdido.

Parábola de las diez minas

11 Mientras escuchaban ellos esto, él pasó a contarles una parábola, porque estaba cerca de Jerusalén y la gente pensaba que el reino de Dios iba a manifestarse en seguida. **12** Les dijo: "Un hombre de la nobleza se fue a un país lejano para ser nombrado rey y luego regresar. 13 Llamó a diez de sus siervos y les entregó diez minas.z 'Hagan negocio con este dinero —les dijo— hasta que yo vuelva.' 14 Pero sus súbditos lo odiaban y mandaron tras él una delegación a decir: 'No queremos que éste sea nuestro rey.'

15 "A pesar de todo, él fue nombrado rey. Cuando regresó, mandó llamar a los siervos a quienes había entregado el dinero, para enterarse de lo que habían ganado. 16 Se presentó el primero y dijo: 'Señor, su mina ha producido otras diez.' 17 ¡Hiciste bien, siervo bueno! —le respondió el rey—. Puesto que has sido digno de confianza en tan poca cosa, encárgate de diez ciudades.' 18 Se presentó el segundo y dijo: 'Señor, su mina ha producido otras cinco.' 19 El rey le respondió: 'Encárgate de cinco ciudades.'

20 "Llegó otro siervo y dijo: 'Señor, aquí tiene su mina; la he tenido guardada en un pañuelo. 21 Le tenía miedo a usted, porque es un hombre duro, que toma lo que no puso y cosecha lo que no sembró.' 22 El rey le contestó: 'Siervo malo, con tus propias palabras te voy a juzgar. ¿Así que sabías que soy hombre duro, que tomo lo que no puse y cosecho lo que no sembré? 23 Entonces, ¿por qué no depositaste mi dinero en el banco, para que al regresar hubiera podido reclamarlo con intereses?' 24 Luego dijo a los que estaban presentes: 'Quítenle la mina y dénsela al que tiene diez minas.' 25 'Señor —le dijeron—, ¡él ya tiene diez!' 26 El contestó: 'Les digo que a todo el que tiene, se le dará más, pero al que no tiene se le quitará hasta lo que tiene. 27 Pero a esos enemigos míos que no querían que reinara sobre ellos, tráiganlos acá y mátenlos delante de mí.' "

La entrada triunfal

28 Dicho esto, Jesús siguió adelante, subiendo a Jerusalén. 29 Cuando se acercó a Betfagé y a Betania, al monte llamado de los Olivos, envió a dos de sus discípulos con este encargo: 30 "Vayan a la población que tienen enfrente y, al entrar en ella, encontrarán un burrito atado en el que nunca se ha montado nadie. Desátenlo y tráiganlo acá. 31 Si alguien les pregunta: '¿Por qué lo desatan?', díganle: 'El Señor lo necesita.' "

32 Los enviados fueron y lo encontraron tal como él les había dicho. 33 Mientras desataban el burrito, les preguntaron sus dueños:

—¿Por qué desatan el burrito?

34 —Porque el Señor lo necesita —contestaron.

35 Se lo llevaron a Jesús, pusieron sus mantos encima del burrito y montaron a Jesús sobre él. 36 A medida que avanzaba, la gente tendía sus mantos sobre el camino.

37 Al acercarse a la bajada del monte de los Olivos, toda la multitud de los discípulos comenzó a alabar a Dios con alegría y a grandes voces por todos los milagros que habían visto:

38 —¡Bendito el Rey que viene en el nombre del Señor!a

—¡Paz en el cielo y gloria en las alturas!

39 Algunos de los fariseos que estaban entre la gente le dijeron a Jesús:

—¡Maestro, reprende a tus discípulos!

40 —Les digo que si ellos se callan, gritarán las piedras.

41 Al acercarse a Jerusalén, Jesús vio la ciudad y lloró por ella, 42 y dijo:

—¡Si también tú hubieras sabido siquiera en este día lo que te traería la paz! Pero ahora está encubierto a tus ojos. 43 Sobre ti vendrán días en que tus enemigos levantarán un muro y te rodearán, y te encerrarán por todos lados. 44 Te tirarán al suelo, a ti y a tus hijos dentro de tus murallas. No dejarán ni una piedra sobre otra, porque no reconociste el tiempo en que Dios vino a visitarte.

Jesús en el templo

45 Luego entró en el área del templo y comenzó a echar de allí a los que estaban vendiendo. 46 "Escrito está —les dijo—: 'Mi casa será casa

z 19:13 Una mina equivalía al salario de unos tres meses.   a 19:38 Sal 118:26

de oración';[b] pero ustedes la han convertido en 'cueva de ladrones'.[c]"

47 Todos los días enseñaba en el templo. Pero los jefes de los sacerdotes, los maestros de la ley y los dirigentes del pueblo procuraban matarlo. **48** Sin embargo, no encontraban la manera de hacerlo, porque todo el pueblo estaba pendiente de sus palabras.

La autoridad de Jesús puesta en duda

20 Un día mientras Jesús enseñaba en los atrios del templo y predicaba el evangelio, se le acercaron los jefes de los sacerdotes y los maestros de la ley, junto con los ancianos.

2 —Dinos con qué autoridad haces esto —le dijeron—. ¿Quién te dio esa autoridad?

3 —Yo también les voy a hacer una pregunta a ustedes. Díganme: **4** El bautismo de Juan, ¿era del cielo o de los hombres?

5 Ellos discutían entre sí: "Si respondemos: 'Del cielo', nos dirá: '¿Por qué no le creyeron?' **6** Pero si decimos: 'De los hombres', todo el pueblo nos apedreará, porque está convencido de que Juan era profeta."

7 —No sabemos de dónde era —le respondieron a Jesús.

8 —Pues yo tampoco les digo con qué autoridad hago esto.

Parábola de los labradores malvados

9 Pasó luego a contarle a la gente esta parábola:

—Un hombre plantó un viñedo, se la arrendó a unos labradores y se ausentó por mucho tiempo. **10** Al tiempo de la cosecha mandó un siervo a los labradores para que le dieran parte del fruto del viñedo. Pero los labradores lo golpearon y lo despidieron con las manos vacías. **11** Mandó otro siervo, pero también a éste lo golpearon, lo humillaron y lo despidieron con las manos vacías. **12** Aun mandó un tercero, y a ése lo hirieron y lo expulsaron.

13 "Dijo entonces el dueño del viñedo: '¿Qué voy a hacer? Mandaré a mi hijo amado; tal vez lo respetarán a él.' **14** Pero cuando lo vieron los labradores, trataron el asunto. 'Este es el heredero —dijeron—. Matémoslo, y la herencia será nuestra.' **15** Así que lo arrojaron fuera del viñedo y lo mataron.

"¿Qué les hará el dueño del viñedo? **16** Volverá y matará a esos labradores, y dará el viñedo a otros.

Al oír esto, la gente dijo:

—¡Nunca suceda tal cosa!

17 Jesús fijó en ellos la mirada, y dijo:

—Entonces, ¿qué significa esto que está escrito:

" 'La piedra que desecharon
   los constructores
 ha llegado a ser piedra angular'?[d]

18 Todo el que caiga sobre esa piedra quedará despedazado, pero aquel sobre quien ella caiga será pulverizado.

19 Los maestros de la ley y los jefes de los sacerdotes buscaron el modo de arrestarlo en aquel mismo momento, porque sabían que había dicho esa parábola contra ellos. Pero temían al pueblo.

El pago de impuestos al César

20 Vigilándolo de cerca, enviaron espías que fingieron sinceridad. Esperaban que Jesús cayera en alguna de las trampas de ellos por algo que él dijera, para poder entregarlo al poder y a la autoridad del gobernador.

21 —Maestro —dijeron los espías—, sabemos que lo que dices y enseñas es correcto, y que no te fijas en la apariencia de los hombres, sino que enseñas el camino de Dios de acuerdo con la verdad. **22** ¿Está bien que paguemos impuestos al César o no?

23,24 —Muéstrenme un denario —les contestó Jesús, viendo claramente sus malas intenciones—. ¿De quién son esta imagen y esta inscripción?

---

b 19:46 Is 56:7   *c* 19:46 Jer 7:11   *d* 20:17 Sal 118:22

—Del César —respondieron.

25 —Entonces denle al César lo que es del César y a Dios lo que es de Dios. **26** No pudieron atraparlo en lo que había dicho en público. Así que, admirados de su respuesta, se callaron.

La resurrección y el matrimonio

27 Algunos de los saduceos, que dicen que no hay resurrección, se acercaron a Jesús y le presentaron el siguiente problema: **28** —Maestro, Moisés nos dejó escrito que si muere el hermano de un hombre y deja viuda sin hijos, el hombre tiene que casarse con la viuda y darle hijos a su hermano. **29** Pues bien, había siete hermanos. El primero se casó y murió sin dejar hijos. **30** El segundo **31** y el tercero se casaron con ella, y así sucesivamente murieron los siete sin dejar hijos. **32** Por último, murió también la mujer. **33** Ahora bien, en la resurrección, ¿de cuál será esposa, pues los siete estuvieron casados con ella?

34 —La gente de este mundo se casa y es dada en matrimonio —les contestó Jesús—. **35** Pero los que sean tenidos por dignos de tomar parte en aquel otro mundo de la resurrección de entre los muertos, ni se casarán ni serán dados en matrimonio, **36** y ya no pueden morir; porque son como los ángeles. Son hijos de Dios por ser hijos de la resurrección. **37** Pero en el pasaje sobre la zarza, hasta Moisés mostró que resucitan los muertos, porque llama al Señor 'el Dios de Abraham, el Dios de Isaac y el Dios de Jacob'.*e* **38** El no es Dios de muertos, sino de vivos, pues para él todos viven.

39 Algunos de los maestros de la ley le respondieron:

—¡Bien dicho, Maestro!

40 Y ya no se atrevieron a hacerle más preguntas.

¿De quién es Hijo el Cristo?

41 Jesús les dijo:

—¿Cómo es que dicen que el Cristo *f* es el Hijo de David? **42** David mismo declara en el libro de los Salmos:

" 'Dijo el Señor a mi Señor:
"Siéntate a mi derecha,
43 hasta que ponga a tus enemigos
por estrado de tus pies." ' *g*
44 David lo llama 'Señor'. Entonces, ¿cómo puede ser su hijo?

45 Mientras todo el pueblo lo escuchaba, Jesús les dijo a sus discípulos:

46 —Cuídense de los maestros de la ley. Les gusta pasearse con ropas largas y les encantan los saludos en las plazas, ocupar los principales asientos en las sinagogas y los lugares de honor en los banquetes. **47** Devoran las casas de las viudas y por las apariencias hacen largas plegarias. A éstos se les castigará con mucha severidad.

La ofrenda de la viuda

21 Alzando la vista, Jesús vio a los ricos echar sus ofrendas en el tesoro del templo. **2** También vio a una viuda pobre que echaba dos moneditas de cobre. *h*

3 —Les aseguro —dijo— que esta viuda pobre ha echado más que todos los demás. **4** Todos ellos dieron sus ofrendas de lo que les sobraba; pero ella, de su pobreza, echó todo lo que tenía para su sustento.

Señales del fin del mundo

5 Algunos de sus discípulos comentaban sobre cómo estaba el templo adornado con hermosas piedras y con ofrendas dedicadas a Dios. Pero Jesús dijo:

6 —En cuanto a todo esto que ven ustedes, llegará el día en que no quedará ni una piedra sobre otra; todas serán derribadas.

7 —Maestro, ¿cuándo sucederá eso, y cuál será la señal de que está a punto de suceder? —le preguntaron.

8 —Tengan cuidado para que no se dejen engañar —les contestó Jesús—. Vendrán muchos en mi nombre afirmando: 'Soy yo', y: 'El tiempo está cerca.' No los sigan ustedes. **9** Cuando oigan de guerras y de revoluciones, no se asusten. Es

---

e 20:37 Ex 3:6   *f* 20:41 O *Mesías*   *g* 20:43 Sal 110:1   *h* 21:2 Griego *dos lepta*

necesario que eso suceda primero, pero el fin no vendrá en seguida.

10 "Se levantarán nación contra nación y reino contra reino —continuó—. 11 Habrá grandes terremotos, hambres y pestes en diversos lugares, y sucesos horribles y grandes señales del cielo.

12 "Pero antes de todo esto, a ustedes les echarán mano y los perseguirán. Los entregarán a las sinagogas y a las cárceles, y los llevarán ante reyes y gobernadores, y todo por causa de mi nombre. 13 Esto resultará en que ustedes den testimonio ante ellos. 14 Pero decídanse a no preocuparse de antemano por la forma en que se van a defender. 15 Porque les daré palabras y sabiduría que no podrá resistir ni contradecir ninguno de sus adversarios. 16 Ustedes serán traicionados aun por sus padres, por sus hermanos, por sus parientes y por sus amigos, y a algunos de ustedes les darán muerte. 17 Todo el mundo los odiará a ustedes por causa mía. 18 Pero no perecerá ni un solo cabello de su cabeza. 19 Si se mantienen firmes, obtendrán la vida.

20 "Cuando vean a Jerusalén rodeada de ejércitos, sabrán que su desolación está próxima. 21 Entonces los que estén en Judea huyan a las montañas, los que estén en la ciudad salgan de ella, y los que estén en el campo no entren en la ciudad. 22 Ese será el tiempo del castigo, en cumplimiento de todo lo que se ha escrito. 23 ¡Qué terrible será en aquellos días para las que estén encintas y para las que estén criando! Habrá gran aflicción en la tierra e ira contra este pueblo. 24 Caerán a filo de espada y serán llevados cautivos a todas las naciones. Los que no son judíos pisotearán a Jerusalén hasta que se cumplan los tiempos de los no judíos.

25 "Habrá señales en el sol, la luna y las estrellas. En la tierra, las naciones estarán angustiadas y perplejas por el bramido y la agitación del mar. 26 Se desmayarán de terror los hombres, temerosos por lo que va a sucederle al mundo, porque los cuerpos celestes serán sacudidos. 27 Entonces verán al Hijo del Hombre venir en una nube con poder y gran gloria. 28 Cuando comiencen a suceder estas cosas, pónganse firmes y levanten la cabeza, porque se acerca su redención.

29 Les contó esta parábola:

—Fíjense en la higuera y en todos los árboles. 30 Cuando brotan las hojas, ustedes pueden ver por sí mismos y saber que el verano está cerca. 31 Así también, cuando vean que suceden estas cosas, sepan que el reino de Dios está cerca.

32 "Les aseguro que no pasará esta generación*i* hasta que todas estas cosas sucedan. 33 El cielo y la tierra pasarán, pero mis palabras nunca pasarán.

34 "Tengan cuidado, no sea que se les cargue el corazón con la disolución, la embriaguez y las preocupaciones de la vida, ni que caiga de improviso sobre ustedes aquel día 35 como una trampa. Porque vendrá sobre todos los habitantes de la tierra. 36 Estén siempre vigilantes, y oren para que puedan escapar de todo lo que está por suceder, y para que puedan presentarse delante del Hijo del Hombre.

37 Cada día Jesús enseñaba en el templo, y todas las tardes salía a pasar la noche en el monte llamado de los Olivos, 38 y toda la gente madrugaba para ir al templo a oírlo.

Judas acuerda traicionar a Jesús

22 Se aproximaba la fiesta de los panes sin levadura, llamada la Pascua, 2 y los jefes de los sacerdotes y los maestros de la ley buscaban algún modo de acabar con Jesús, porque temían al pueblo. 3 Entonces entró Satanás en Judas, llamado Iscariote, uno de los doce. 4 Judas fue a los jefes de los sacerdotes y a los oficiales de la guardia del templo para tratar con ellos el modo de traicionar a Jesús. 5 Ellos se alegra-

ron y acordaron darle dinero. 6 El aceptó, y comenzó a buscar una oportunidad para entregarles a Jesús cuando no hubiera gente.

La última cena

7 Llegó el día de los panes sin levadura, en que debía sacrificarse el cordero de la Pascua. 8 Jesús envió a Pedro y a Juan, diciéndoles:

—Vayan a hacer los preparativos para que comamos la Pascua.

9 —¿Dónde quieres que la preparemos? —le preguntaron.

10 —Al entrar en la ciudad les saldrá al encuentro un hombre que lleva un cántaro de agua. Síganlo hasta la casa en que entre, 11 y díganle al dueño de la casa: 'El Maestro pregunta: ¿Dónde está el cuarto en el que pueda comer la Pascua con mis discípulos?' 12 El les mostrará en el piso superior un cuarto amplio y amueblado. Hagan allí los preparativos.

13 Ellos se fueron y encontraron todo tal como les había dicho Jesús. Así que prepararon la Pascua.

14 Cuando llegó la hora, Jesús y sus apóstoles se sentaron a la mesa. 15 El les dijo:

—Con ansia he deseado comer esta Pascua con ustedes antes de padecer. 16 Les digo que no volveré a comerla hasta que se cumpla en el reino de Dios.

17 Después de tomar la copa, dio gracias y dijo:

—Tomen esto y repártanlo entre ustedes. 18 Les digo que no volveré a beber del fruto de la vid hasta que venga el reino de Dios.

19 Tomó pan, dio gracias, lo partió, se lo dio a ellos y dijo:

—Esto es mi cuerpo, entregado por ustedes; hagan esto en memoria de mí.

20 De la misma manera tomó la copa después de la cena, y dijo:

—Esta copa es el nuevo pacto en mi sangre, que es derramada por ustedes. 21 Pero la mano del que va a traicionarme está con la mía,

sobre la mesa. 22 El Hijo del Hombre se irá según está decretado, pero ¡ay de aquél que lo traiciona!

23 Entonces comenzaron a preguntarse unos a otros quién de ellos haría esto.

24 También surgió entre ellos una discusión sobre cuál de ellos era considerado el más importante. 25 Jesús les dijo:

—Los reyes de los no judíos los dominan, y los que ejercen autoridad sobre ellos se llaman a sí mismos benefactores. 26 Pero ustedes no deben ser así. Al contrario, el más importante entre ustedes debe ser como el menos importante, y el que manda como el que sirve. 27 Porque, ¿quién es más importante, el que está a la mesa o el que sirve? ¿No lo es el que está sentado a la mesa? Sin embargo, yo estoy entre ustedes como uno que sirve. 28 Ustedes son los que han estado siempre a mi lado en mis pruebas. 29 Y yo les otorgo un reino, así como mi Padre me otorgó uno a mí, 30 para que coman y beban a mi mesa en mi reino, y se sienten en tronos para juzgar a las doce tribus de Israel.

31 "Simón, Simón, Satanás ha pedido zarandearlos a ustedes como a trigo. 32 Pero he orado por ti, Simón, para que no falle tu fe. Y tú, cuando te hayas vuelto, fortalece a tus hermanos.

33 —Señor, estoy dispuesto a ir contigo a la cárcel y a la muerte —respondió Pedro.

34 —Pedro, te digo que antes que cante el gallo hoy mismo, negarás tres veces que me conoces.

35 Luego Jesús les dijo:

—Cuando los envié a ustedes sin bolsa ni mochila ni sandalias, ¿acaso les faltó algo?

—Nada —respondieron.

36 —Ahora, más bien, si tienen bolsa, llévenla, y también mochila; y si no tienen espada, vendan su manto y compren una. 37 Escrito está: 'Y fue contado con los transgresores';j y les digo que esto tiene que cumplirse en

mí. Sí, lo que está escrito de mí está
llegando a su cumplimiento.
38 —Mira, Señor —dijeron los discípulos—, aquí hay dos espadas.
—Ya es suficiente —les contestó.

Jesús ora en el monte de los Olivos

39 Jesús salió y se fue, como de
costumbre, al monte de los Olivos, y
sus discípulos lo siguieron. **40** Al llegar al lugar, les dijo: "Oren para que
no caigan en tentación." **41** Se retiró
a distancia como de un tiro de piedra, se arrodilló y oró. **42** "Padre
—dijo—, si quieres, quita de mí esta
copa; pero no se haga mi voluntad,
sino la tuya." **43** Se le apareció un
ángel del cielo para fortalecerlo. **44** Y
en medio de la angustia, oraba con
más fervor, y su sudor era como
gotas de sangre que caían a tierra. *k*

45 Cuando se levantó de la oración
y volvió a los discípulos, los encontró
dormidos, agotados por la tristeza.
46 "¿Por qué están durmiendo?
—les dijo—. Levántense y oren para
que no caigan en tentación."

Arresto de Jesús

47 Todavía estaba hablando Jesús
cuando llegó una turba, y al frente de
ella iba el que se llamaba Judas, uno
de los doce. Este se acercó a Jesús
para besarlo, **48** pero Jesús le dijo:
—Judas, ¿con un beso traicionas
al Hijo del Hombre?
49 Cuando vieron lo que iba a suceder, los seguidores de Jesús le dijeron:
—Señor, ¿atacamos con la espada?
50 Y uno de ellos hirió al siervo del
sumo sacerdote, cortándole la oreja
derecha.
51 —¡Ya basta! —contestó Jesús.
Y le tocó la oreja al hombre, y lo
sanó. **52** Luego dijo a los jefes de los
sacerdotes, a los oficiales de la guardia del templo y a los ancianos, que
habían venido a buscarlo:
—¿Acaso estoy al frente de una
rebelión, para que hayan venido con
espadas y palos? **53** Todos los días
estaba con ustedes en los atrios del
templo, y no me echaron mano. Pero

ésta es la hora de ustedes, cuando
reina la oscuridad.

Pedro niega a Jesús

54 Prendieron entonces a Jesús y
lo llevaron a la casa del sumo sacerdote. Pedro lo seguía de lejos.
55 Pero después de encender ellos
una fogata en medio del patio, y de
sentarse juntos, Pedro se sentó
entre ellos. **56** Una criada lo vio allí
sentado junto a la lumbre. Ella lo
miró detenidamente y dijo:
—Este estaba con él.
57 Pero él lo negó.
—Muchacha, yo no lo conozco.
58 Poco después lo vio otro y dijo:
—Tú también eres uno de ellos.
—No, hombre, no lo soy —contestó Pedro.
59 Alrededor de una hora más
tarde, otro afirmó:
—Seguro que éste estaba con él,
porque es galileo.
60 —¡Hombre, no sé de qué estás
hablando! —replicó Pedro.
En el mismo momento en que él
hablaba, cantó el gallo. **61** El Señor
se volvió y miró directamente a
Pedro. Entonces Pedro se acordó de
lo que el Señor le había dicho:
"Antes que el gallo cante hoy
mismo, me negarás tres veces." **62** Y
saliendo de allí, lloró amargamente.

Los soldados se burlan de Jesús

63 Los hombres que vigilaban a
Jesús comenzaron a burlarse de él
y a golpearlo. **64** Le vendaron los
ojos, y le exigían:
—¡Profetiza! ¿Quién te pegó?
65 Y lo insultaban diciéndole otras
muchas cosas.

Jesús ante Pilato y Herodes

66 Al amanecer, se reunió el concilio de los ancianos del pueblo, tanto
los jefes de los sacerdotes como los
maestros de la ley, y llevaron a Jesús
ante ellos.
67 —Si eres el Cristo, *l* dínoslo —le
exigieron.
Jesús les contestó:

---

k **22:44** Algunos mss. antiguos no incluyen vv. 43 y 44.　　*l* **22:67** O *Mesías*

—Si se lo dijera a ustedes, no me creerían, 68 y si les preguntara, no me contestarían. 69 Pero de ahora en adelante el Hijo del Hombre estará sentado a la derecha del Dios poderoso.

70 —¿Eres tú, entonces, el Hijo de Dios? —le preguntaron a una voz.

—Ustedes tienen razón al decir que lo soy.

71 —¿Para qué necesitamos más declaraciones? —resolvieron—. Acabamos de oírlo de sus propios labios.

23 Así que se levantó toda la asamblea, y lo llevaron a Pilato. 2 Comenzaron a acusarlo diciendo:

—Hemos encontrado a este hombre trastornando a nuestra nación. Se opone al pago de impuestos al César y afirma que él es el Cristo,m un rey.

3 —¿Eres el rey de los judíos? —le preguntó Pilato a Jesús.

—Así es, como tú lo dices.

4 Entonces Pilato declaró a los jefes de los sacerdotes y a la multitud:

—No encuentro base alguna para acusar a este hombre.

5 Pero ellos insistían:

—Con sus enseñanzas agita al pueblo por toda Judea.n Comenzó en Galilea y ha llegado hasta aquí.

6 Al oír esto, Pilato preguntó si el hombre era galileo. 7 Cuando se enteró de que era de la jurisdicción de Herodes, lo envió a Herodes, que también estaba en Jerusalén en aquellos días.

8 Al ver a Jesús, Herodes se puso muy contento porque durante mucho tiempo había querido verlo. Según lo que había oído hablar de él, esperaba verlo hacer algún milagro. 9 Lo acosó con muchas preguntas, pero Jesús no le contestó nada. 10 Allí estaban los jefes de los sacerdotes y los maestros de la ley, acusándolo con vehemencia. 11 Entonces Herodes y sus soldados lo trataron con desprecio y se burlaron de él.

Lo vistieron con un manto elegante y lo enviaron de vuelta a Pilato. 12 Ese día se hicieron amigos Herodes y Pilato, que antes eran enemigos.

13 Pilato reunió a los jefes de los sacerdotes, a los gobernantes y al pueblo, 14 y les dijo:

—Ustedes me trajeron a este hombre como alguien que fomenta la rebelión entre el pueblo. Lo he interrogado delante de ustedes y no he encontrado base alguna en sus acusaciones contra él. 15 Ni tampoco Herodes, puesto que nos lo devolvió; como pueden ver, no ha hecho nada que merezca la muerte. 16 Así que lo voy a castigar y después lo soltaré.o

18 Todos gritaron a una voz:

—¡Llévate a ése! ¡Suéltanos a Barrabás!

19 A Barrabás lo habían metido en la cárcel por una insurrección en la ciudad, y por homicidio. 20 Como quería soltar a Jesús, Pilato apeló a ellos otra vez. 21 Pero ellos seguían gritando:

—¡Crucifícalo! ¡Crucifícalo!

22 Por tercera vez les dijo:

—¿Por qué? ¿Qué crimen ha cometido este hombre? No he encontrado en él ningún motivo por el que merezca la pena de muerte. Por lo tanto, lo haré castigar, y después lo soltaré.

23 Pero con gritos fuertes ellos se empeñaban en reclamar que lo crucificara, y sus gritos prevalecieron. 24 Así que Pilato decidió concederles su demanda. 25 Soltó al hombre que por insurrección y homicidio había sido echado en la cárcel, el que ellos le pedían, y entregó a Jesús a la voluntad de ellos.

La crucifixión

26 Cuando lo llevaban, echaron mano de Simón de Cirene, que volvía del campo, le pusieron la cruz encima y lo obligaron a llevarla detrás de Jesús. 27 Lo seguía un gran número de personas, incluso mujeres que llo-

m 23:2 O Mesías; también en vv. 35 y 39   n 23:5 O toda la tierra de los judíos.
o 23:16 Algunos mss. dicen: soltaré. / 17 Ahora bien, durante la fiesta tenía la obligación de soltarles un preso. (Véanse Mt 27:15 y Mr 15:6.)

raban y se lamentaban por él.
28 Jesús se volvió hacia ellas y les dijo:

—Hijas de Jerusalén, no lloren por mí; lloren por ustedes y por sus hijos. **29** Porque vendrán días en que dirán: 'iDichosas las estériles, las mujeres que nunca concibieron y las que nunca criaron!' **30** Entonces

" 'dirán a las montañas: "iCaigan sobre nosotros!",

y a las colinas: "iCúbrannos!" ' *p*

31 Porque si los hombres hacen esto cuando el árbol está verde, ¿qué sucederá cuando esté seco?

32 También llevaban con él a otros dos, ambos criminales, para ser ejecutados. **33** Cuando llegaron al lugar llamado la Calavera, lo crucificaron allí, junto con los criminales, uno a su derecha y otro a su izquierda.

34 —Padre —dijo Jesús—, perdónalos porque no saben lo que hacen. *q*

Y repartieron su ropa echando suertes.

35 La gente estaba allí observando, y los gobernantes hasta se burlaban de él.

—Salvó a otros —decían—; que se salve a sí mismo, si es el Cristo de Dios, el Escogido.

36 También los soldados se acercaron para burlarse de él. Le ofrecieron vinagre **37** y le dijeron:

—Si eres el rey de los judíos, sálvate a ti mismo.

38 Había sobre él un letrero, que decía: "ESTE ES EL REY DE LOS JUDÍOS."

39 Uno de los criminales colgados allí profería insultos contra él y decía:

—¿No eres tú el Cristo? iSálvate a ti mismo y a nosotros!

40 Pero el otro criminal lo reprendió:

—¿Ni siquiera tú, que estás condenado a lo mismo, tienes temor de Dios? **41** A nosotros se nos castiga con justicia, porque recibimos lo que merecemos por nuestros hechos; pero éste no ha hecho nada malo.

42 Luego dijo:

—Jesús, acuérdate de mí cuando vengas en tu reino. *r*

43 —Te aseguro que hoy estarás conmigo en el paraíso —le contestó Jesús.

Muerte de Jesús

44 Era ya como la hora sexta, *s* y se oscureció toda la tierra hasta la hora novena, *t* **45** porque el sol dejó de brillar. Y la cortina del templo se rasgó en dos. **46** Jesús gritó con fuerza:

—Padre, en tus manos entrego mi espíritu.

Y al decir esto, expiró.

47 El centurión, al ver lo que había sucedido, alabó a Dios y dijo:

—Verdaderamente este hombre era justo.

48 Cuando toda la gente que se había reunido para presenciar aquel espectáculo vio lo que había ocurrido, se fue de allí y se golpeaba el pecho. **49** Pero todos los conocidos de Jesús, incluso las mujeres que lo habían seguido desde Galilea, se quedaron a cierta distancia, mirando aquellas cosas.

Sepultura de Jesús

50 Había un hombre bueno y justo llamado José, miembro del concilio, **51** que no había consentido con la decisión ni con la acción de ellos. Era natural del pueblo de Judea llamado Arimatea, y esperaba el reino de Dios. **52** Este se presentó ante Pilato y le pidió el cuerpo de Jesús. **53** Después de bajarlo, lo envolvió en una sábana de lino y lo puso en un sepulcro cavado en la roca, en el que todavía no se había puesto a nadie. **54** Era el día de preparación, y el día de reposo estaba a punto de comenzar.

55 Las mujeres que habían acompañado a Jesús desde Galilea siguieron a José, y vieron el sepulcro y cómo fue puesto el cuerpo. **56** Luego volvieron a casa y prepararon espe-

---

p **23:30** Os 10:8   *q* **23:34** Algunos mss. antiguos no incluyen esta oración.
r **23:42** Algunos mss. dicen: *vengas con tu poder real.*   *s* **23:44** Es decir, el mediodía
t **23:44** Es decir, las tres de la tarde

cias aromáticas y perfumes. Pero descansaron en el día de reposo, en obediencia al mandamiento.

La resurrección

24 El primer día de la semana, muy de mañana, las mujeres fueron al sepulcro, llevando las especias aromáticas que habían preparado. 2 Encontraron que la piedra había sido quitada del sepulcro, 3 pero cuando entraron, no hallaron el cuerpo del Señor Jesús. 4 Mientras se preguntaban acerca de esto, de repente se pusieron de pie junto a ellas dos hombres con ropas que resplandecían como un relámpago. 5 Asustadas, se postraron sobre su rostro, pero aquellos hombres les dijeron:

—¿Por qué buscan ustedes entre los muertos al que vive? 6 No está aquí; ¡ha resucitado! Recuerden lo que les dijo cuando todavía estaba con ustedes en Galilea: 7 'El Hijo del Hombre tiene que ser entregado en manos de hombres pecadores, y ser crucificado y resucitado al tercer día.'

8 Entonces ellas se acordaron de las palabras de Jesús. 9 Al regresar del sepulcro, les contaron todas estas cosas a los once y a todos los demás. 10 Las que relataron esto a los apóstoles fueron María Magdalena, Juana, María la madre de Jacobo,^{u} y quienes las acompañaban. 11 Pero ellos no les creyeron a las mujeres, porque sus palabras les parecieron absurdas. 12 Sin embargo, Pedro se levantó y corrió al sepulcro. Inclinándose para mirar adentro, vio las vendas de lino solas, y se fue, preguntándose qué había sucedido.

De camino a Emaús

13 Aquel mismo día se dirigían dos de ellos a un pueblo llamado Emaús, a unos once kilómetros^v de Jerusalén. 14 Iban conversando sobre todo lo que había sucedido. 15 Mientras conversaban y discutían, Jesús

mismo se acercó, y comenzó a caminar con ellos; 16 pero algo les impedía reconocerlo.

17 —¿Qué vienen discutiendo por el camino? —les preguntó.

Ellos se detuvieron, cabizbajos. 18 Uno de ellos, llamado Cleofas, le dijo:

—¿Estás apenas de visita en Jerusalén, de modo que no sabes lo que ha sucedido allí en estos días?

19 —¿Qué ha sucedido? —les preguntó.

—Lo de Jesús de Nazaret. Era un profeta, poderoso en obras y en palabras delante de Dios y de todo el pueblo. 20 Los jefes de los sacerdotes y nuestros gobernantes lo entregaron para que lo condenaran a muerte, y lo crucificaron; 21 pero nosotros abrigábamos la esperanza de que él era el que iba a redimir a Israel. Es más, ya hace tres días que sucedió todo esto. 22 También algunas de nuestras mujeres nos asombraron. Fueron al sepulcro esta mañana temprano, 23 pero no encontraron su cuerpo. Ellas volvieron y nos contaron que habían tenido una visión de ángeles, quienes dijeron que él estaba vivo. 24 Algunos de nuestros compañeros fueron después al sepulcro y lo encontraron tal como habían dicho las mujeres, pero a él no lo vieron.

25 —¡Qué insensatos son ustedes —les dijo—, y qué tardos de corazón para creer todo lo que han dicho los profetas! 26 ¿Acaso no tenía que sufrir el Cristo^w estas cosas antes de entrar en su gloria?

27 Y comenzando por Moisés y por todos los profetas, les explicó lo que se refería a él en todas las Escrituras.

28 Al acercarse al pueblo adonde se dirigían, Jesús hizo como que iba más lejos. 29 Pero ellos insistieron:

—Quédate con nosotros, porque está atardeciendo; ya declina el día.

Así que entró para quedarse con ellos. 30 Y estando con ellos a la

---

^{u} **24:10** O *Santiago* ^{v} **24:13** Griego *sesenta estadios* ^{w} **24:26** O *Mesías*; también en v. 46

mesa, tomó el pan, dio gracias, lo partió y se lo dio. **31** Entonces se les abrieron los ojos y lo reconocieron, pero él desapareció. **32** Se dijeron el uno al otro:

—¿No ardía nuestro corazón mientras conversaba con nosotros en el camino y nos explicaba las Escrituras?

33 Ellos se levantaron y regresaron en seguida a Jerusalén. Allí encontraron a los once y a los que estaban reunidos con ellos, **34** que decían: "¡Es cierto! El Señor ha resucitado y se le ha aparecido a Simón."

35 Entonces los dos contaron lo que les había sucedido en el camino, y cómo habían reconocido a Jesús cuando partió el pan.

Jesús se aparece a los discípulos

36 Todavía estaban ellos hablando acerca de esto, cuando Jesús mismo se puso en medio de ellos y les dijo:

—La paz sea con ustedes.

37 Ellos se asustaron y se atemorizaron, pensando que veían un espíritu.

38 —¿Por qué están preocupados —les dijo—, y por qué surgen dudas en su mente? **39** Miren mis manos y mis pies. ¡Soy yo mismo! Tóquenme y vean; un espíritu no tiene carne ni huesos, como ustedes ven que tengo yo.

40 Después de decir esto, les mostró las manos y los pies. **41** Como ellos no acababan de creerlo a causa de la alegría y del asombro, les preguntó:

—¿Tienen aquí algo que comer?

42 Le dieron un pedazo de pescado asado, **43** y él lo tomó y se lo comió delante de ellos.

44 —Esto es lo que les dije cuando todavía estaba con ustedes —les dijo—: que tiene que cumplirse todo lo que está escrito acerca de mí en la ley de Moisés, en los profetas y en los salmos.

45 Entonces les abrió el entendimiento para que comprendieran las Escrituras.

46 —Esto es lo que está escrito —les explicó—: que el Cristo padecerá y resucitará de entre los muertos al tercer día, **47** y en su nombre se predicarán el arrepentimiento y el perdón de pecados a todas las naciones, comenzando por Jerusalén. **48** Ustedes son testigos de estas cosas. **49** Voy a enviarles lo que ha prometido mi Padre; pero ustedes quédense en la ciudad hasta que hayan sido revestidos de poder de lo alto.

La ascensión

50 Después de llevarlos fuera hasta las inmediaciones de Betania, alzó las manos y los bendijo. **51** Mientras los bendecía, se alejó de ellos y fue llevado al cielo. **52** Después de adorarlo, ellos regresaron a Jerusalén con gran alegría. **53** Y estaban siempre en el templo, alabando a Dios.

Evangelio según
San Juan

El Verbo se encarnó

1 En el principio era el Verbo, y el Verbo estaba con Dios, y el Verbo era Dios. 2 El estaba en el principio con Dios.

3 Todas las cosas fueron hechas por medio de él, y sin él no se hizo nada de lo que se ha hecho. 4 En él estaba la vida, y esa vida era la luz de los hombres. 5 La luz brilla en la oscuridad, pero la oscuridad no la ha comprendido.*a*

6 Dios envió a un hombre que se llamaba Juan, 7 el cual vino como testigo a dar testimonio acerca de esa luz, para que todos creyeran por medio de él. 8 No era él mismo la luz, sino que vino como testigo de la luz. 9 Venía al mundo la luz verdadera que alumbra a toda la humanidad.*b*

10 El estaba en el mundo, y aunque el mundo fue hecho por medio de él, el mundo no lo reconoció. 11 Vino a lo que era suyo, pero los suyos no lo recibieron. 12 Sin embargo, a todos los que lo recibieron, a los que creyeron en su nombre, les dio el derecho de llegar a ser hijos de Dios. 13 Estos no nacen de descendencia natural,*c* ni por decisión humana, ni por voluntad de hombre, sino que nacen de Dios.

14 El Verbo se encarnó y vivió entre nosotros. Hemos visto su gloria. Era la gloria del único Hijo,*d* quien vino del Padre, lleno de gracia y de verdad.

15 Juan dio testimonio de él, y proclamó: "Este es aquel de quien yo decía: 'El que viene después de mí es superior a mí porque existía antes que yo.'" 16 De la plenitud de su gracia todos hemos recibido una bendición tras otra. 17 La ley fue dada por medio de Moisés; la gracia y la verdad vinieron por medio de Jesucristo. 18 Nadie ha visto jamás a Dios; pero el único Hijo,*e* que es Dios y que está al lado del Padre, lo ha dado a conocer.

Juan el Bautista niega ser el Cristo

19 Ahora bien, este es el testimonio de Juan cuando los judíos de Jerusalén enviaron sacerdotes y levitas a preguntarle quién era. 20 El no se negó a admitirlo.

—Yo no soy el Cristo*f* —declaró con franqueza.

21 —¿Quién eres entonces? —le preguntaron—. ¿Eres Elías?

—No lo soy.

—¿Eres el profeta?

—No.

22 —¿Quién eres entonces? Danos una respuesta para llevar a los que nos enviaron. ¿Qué dices de ti mismo?

23 —Yo soy la voz de uno que grita en el desierto: 'Enderecen el camino para el Señor'*g* —respondió Juan con las palabras del profeta Isaías.

24 Algunos fariseos que habían sido enviados 25 le preguntaron:

—Entonces, ¿por qué bautizas si no eres el Cristo, ni Elías ni el profeta?

26 —Yo bautizo con*h* agua, pero entre ustedes está uno a quien no conocen. 27 El es el que viene después de mí, del que no soy digno de desatar la correa de sus sandalias.

28 Todo esto sucedió en Betania, al otro lado del Jordán, donde Juan estaba bautizando.

---

a 1:5 U *oscuridad, y la oscuridad no la ha vencido.*   *b* 1:9 O *Esta era la luz verdadera que alumbra a todo hombre que viene al mundo.*   *c* 1:13 Griego *de sangres*   *d* 1:14 O *del Unigénito*   *e* 1:18 O *el Unigénito*   *f* 1:20 O *Mesías.* Tanto "el Cristo" (griego) como "el Mesías" (hebreo) significan: "el Ungido"; también en v. 25.   *g* 1:23 Is 40:3   *h* 1:26 O *en*; también en vv. 31 y 33

Jesús, el Cordero de Dios

29 Al día siguiente Juan vio a Jesús que se acercaba a él, y dijo: "¡Miren, el Cordero de Dios, que quita el pecado del mundo! **30** Este es aquel a quien me refería cuando dije: 'Después de mí viene uno que es superior a mí porque existía antes que yo.' **31** Yo mismo no lo conocía, pero vine bautizando con agua precisamente para que él fuera revelado al pueblo de Israel."

32 Juan también declaró: "Vi al Espíritu bajar del cielo como una paloma y permanecer sobre él. **33** Yo no lo habría conocido si no fuera porque el que me envió a bautizar con agua me dijo: 'Aquel sobre quien veas al Espíritu bajar y permanecer, ése es el que bautizará con el Espíritu Santo.' **34** Yo lo he visto y testifico que éste es el Hijo de Dios."

Los primeros discípulos de Jesús

35 Al día siguiente Juan estaba otra vez allí con dos de sus discípulos. **36** Al ver a Jesús que pasaba, dijo:

—¡Miren, el Cordero de Dios!

37 Cuando los dos discípulos le oyeron decir esto, siguieron a Jesús. **38** Jesús se volvió y, al ver que lo seguían, les preguntó:

—¿Qué quieren?

—Rabí (que significa: Maestro), ¿dónde estás alojado?

39 —Vengan y verán —les contestó Jesús.

Así que fueron, vieron dónde estaba alojado y pasaron aquel día con él. Era como la hora décima.*i*

40 Andrés, hermano de Simón Pedro, era uno de los dos que oyeron lo que Juan había dicho y habían seguido a Jesús. **41** Lo primero que hizo Andrés fue buscar a su hermano Simón.

—Hemos encontrado al Mesías (es decir, al Cristo) —le dijo.

42 Luego lo llevó a Jesús, quien lo miró y le dijo:

—Tú eres Simón, hijo de Juan. Te llamarás Cefas (que traducido es: Pedro*j*).

Jesús llama a Felipe y a Natanael

43 Al día siguiente Jesús decidió salir hacia Galilea. Al encontrar a Felipe, le dijo:

—Sígueme.

44 Felipe, como Andrés y Pedro, era del pueblo de Betsaida. **45** Felipe encontró a Natanael y le dijo:

—Hemos hallado a aquel de quien escribió Moisés en la ley, y de quien escribieron también los profetas: a Jesús de Nazaret, el hijo de José.

46 —¡Nazaret! ¿Acaso puede salir algo bueno de allí? —dijo Natanael.

—Ven y lo verás —le contestó Felipe.

47 Cuando Jesús vio acercarse a Natanael, dijo de él:

—Aquí viene un verdadero israelita, en quien no hay nada falso.

48 —¿Cómo me conoces? —preguntó Natanael.

—Te vi cuando estabas aún debajo de la higuera, antes que Felipe te llamara —respondió Jesús.

49 —Rabí, tú eres el Hijo de Dios —declaró Natanael—; tú eres el Rey de Israel.

50 —Crees*k* porque te dije que te vi debajo de la higuera. Verás cosas más grandes que éstas. **51** Les aseguro que ustedes verán el cielo abierto —añadió—, y a los ángeles de Dios que suben y bajan sobre el Hijo del Hombre.

Jesús cambia el agua en vino

2 Al tercer día se celebró una boda en Caná de Galilea. La madre de Jesús estaba allí, **2** y Jesús y sus discípulos también fueron invitados a la boda. **3** Cuando se acabó el vino, la madre de Jesús le dijo:

—Ya no tienen vino.

4 —Mujer, ¿por qué me comprometes? —respondió Jesús—. Todavía no ha llegado mi tiempo.

5 Su madre les dijo a los sirvientes:

---

i 1:39 Tal vez las diez de la mañana (hora romana)   *j* 1:42 Tanto *Cefas* (arameo) como *Pedro* (griego) significan: *roca*.   *k* 1:50 O *¿Crees*...?

—Hagan todo lo que él les diga.

6 Había allí seis tinajas de piedra, de las que usan los judíos en sus ceremonias de purificación. En cada una cabían de setenta y cinco a ciento quince litros. *l*

7 Jesús les dijo a los sirvientes:

—Llenen de agua las tinajas.

Así que las llenaron hasta el borde.

8 —Ahora saquen un poco y llévenselo al encargado del banquete —les dijo Jesús.

Así lo hicieron, 9 y el encargado del banquete probó el agua convertida en vino. El no sabía de dónde había salido, aunque sí lo sabían los sirvientes que habían sacado el agua. Así que llamó aparte al novio 10 y le dijo:

—Todos ponen primero el mejor vino, y cuando los invitados han bebido demasiado, el más barato; pero tú has guardado el mejor hasta ahora.

11 Esta, que fue la primera de sus señales milagrosas, la hizo Jesús en Caná de Galilea. Así reveló su gloria, y sus discípulos creyeron en él.

Jesús despeja el templo

12 Después de esto bajó a Capernaúm con su madre, sus hermanos y sus discípulos. Allí se quedaron unos cuantos días.

13 Cuando se aproximaba la Pascua de los judíos, subió Jesús a Jerusalén. 14 Halló en los atrios del templo a los vendedores de bueyes, ovejas y palomas, y a otros sentados a las mesas cambiando dinero. 15 Así que hizo un látigo de cuerdas y los echó a todos del área del templo, con las ovejas y los bueyes; regó las monedas de los cambistas y volcó sus mesas. 16 A los vendedores de palomas les dijo:

—¡Sáquenlas de aquí! ¿Cómo se atreven a convertir la casa de mi Padre en un mercado?

17 Sus discípulos se acordaron de que está escrito: "El celo por tu casa me consumirá." *m*

18 —¿Qué señal milagrosa nos puedes mostrar que pruebe tu autoridad para hacer todo esto? —reclamaron los judíos.

19 —Destruyan este templo —respondió Jesús—, y lo levantaré de nuevo en tres días.

20 —Tardaron cuarenta y seis años en construir este templo, ¿y tú vas a levantarlo en tres días?

21 Pero el templo al que él se refería era su cuerpo. 22 Después que resucitó de entre los muertos, sus discípulos recordaron lo que había dicho. Entonces creyeron la Escritura y las palabras de Jesús.

23 Mientras estaba en Jerusalén en la fiesta de la Pascua, muchos vieron las señales milagrosas que hacía y creyeron en su nombre. *n* 24 Pero Jesús no se confiaba a ellos porque conocía a todos los hombres. 25 No necesitaba que nadie le dijera nada acerca del hombre, pues él sabía lo que había dentro del hombre.

Jesús enseña a Nicodemo

3 Había entre los fariseos un hombre que se llamaba Nicodemo, miembro del concilio judío. 2 Este fue a visitar a Jesús de noche.

—Rabí —le dijo—, sabemos que eres un maestro venido de Dios, porque nadie podría hacer las señales milagrosas que tú haces si Dios no estuviera con él.

3 —Te aseguro —declaró Jesús— que a menos que uno nazca de nuevo, *o* no puede ver el reino de Dios.

4 —¿Cómo puede nacer un hombre siendo viejo? —preguntó Nicodemo—. ¡Seguro que no puede entrar por segunda vez en el vientre de su madre para nacer!

5 —Te aseguro que a menos que uno nazca de agua y del Espíritu, no puede entrar en el reino de Dios. 6 La vida humana nace del hombre, mientras que la vida espiritual nace del Espíritu. *p* 7 No te sorprenda que te diga: 'Es necesario nacer de nuevo.' 8 El viento sopla donde quiere; oyes su sonido pero no puedes decir de dónde viene ni a dónde

---

l 2:6 Griego *de dos a tres metretas*   *m* 2:17 Sal 69:9   *n* 2:23 O *y creyeron en él.*

o 3:3 O *de arriba*; también en v. 7   *p* 3:6 O *del espíritu.*

va. Así sucede con todo el que nace del Espíritu.

9 —¿Cómo puede ser esto? —preguntó Nicodemo.

10 —Tú eres maestro de Israel, ¿y no entiendes estas cosas? **11** Te aseguro que hablamos de lo que sabemos y declaramos lo que hemos visto, pero ustedes todavía no aceptan nuestro testimonio. **12** Les he hablado de cosas terrenales y no creen; ¿entonces cómo creerán si les hablo de las celestiales? **13** Nadie ha ido jamás al cielo sino el que vino del cielo, el Hijo del Hombre.*q* **14** Así como Moisés levantó la serpiente en el desierto, también tiene que ser levantado el Hijo del Hombre, **15** para que todo el que cree en él tenga vida eterna.*r*

16 "Porque de tal manera amó Dios al mundo, que dio a su único Hijo,*s* para que todo el que cree en él no perezca, sino que tenga vida eterna. **17** Porque Dios no envió a su Hijo al mundo para condenar al mundo, sino para salvar al mundo por medio de él. **18** El que cree en él no es condenado, pero el que no cree ya está condenado por no haber creído en el nombre del único*t* Hijo de Dios. **19** Este es el veredicto: la luz ha venido al mundo, pero los hombres prefirieron la oscuridad a la luz porque sus obras eran malas. **20** Todo el que hace lo malo odia la luz, y no se acerca a la luz por temor a que se descubran sus obras. **21** Pero el que vive según la verdad se acerca a la luz para que se vea claramente que lo que ha hecho ha sido hecho gracias a Dios.*u*

Testimonio de Juan el Bautista acerca de Jesús

22 Después de esto, Jesús y sus discípulos fueron a la región de Judea, donde pasó algún tiempo con ellos, y bautizaba. **23** También Juan estaba bautizando en Enón, cerca de Salim, porque allí había mucha agua, y la gente iba para ser bautizada. **24** (Esto era antes que metieran a Juan en la cárcel.) **25** Se produjo una discusión entre algunos discípulos de Juan y cierto judío*v* sobre el asunto de la purificación ceremonial. **26** Fueron a Juan y le dijeron:

—Rabí, el que estaba contigo al otro lado del Jordán, de quien tú diste testimonio, ahora está bautizando, y todos acuden a él.

27 —Un hombre sólo puede recibir lo que le es dado del cielo —les respondió Juan—. **28** Ustedes mismos pueden testificar que dije: 'Yo no soy el Cristo,*w* sino que soy enviado delante de él.' **29** El que tiene a la novia es el novio. El amigo que asiste al novio lo espera y lo escucha, y se llena de alegría cuando oye la voz del novio. Esa alegría es mía, y ahora es completa. **30** El tiene que ir aumentando, y yo disminuyendo.

31 "El que viene de arriba está por encima de todos; el que procede de la tierra es de la tierra y habla como uno de la tierra. El que viene del cielo está por encima de todos. **32** El declara lo que ha visto y oído, pero nadie acepta su testimonio. **33** El que lo acepta certifica que Dios es veraz. **34** Porque el que Dios ha enviado dice las palabras de Dios, pues Dios*x* da el Espíritu sin restricción. **35** El Padre ama al Hijo y ha puesto todo en sus manos. **36** El que cree en el Hijo tiene vida eterna, pero el que rechaza al Hijo no verá la vida porque la ira de Dios permanece sobre él.*y*

Jesús conversa con una samaritana

4 Los fariseos se enteraron de que Jesús estaba ganando y bautizando más discípulos que Juan, **2** aunque en realidad no era Jesús el que bautizaba sino sus discípulos. **3** Cuando el Señor lo supo, salió de Judea y regresó de nuevo a Galilea.

---

q **3:13** Algunos mss. dicen: *Hombre, que está en el cielo.*   *r* **3:15** O *cree tenga vida eterna en él.*   *s* **3:16** O *su Hijo unigénito*   *t* **3:18** O *del unigénito*   *u* **3:21** Algunos intérpretes cierran las comillas después del v. 15.   *v* **3:25** Algunos mss. dicen: *y ciertos judíos*   *w* **3:28** O *Mesías*   *x* **3:34** Griego *él*   *y* **3:36** Algunos intérpretes cierran las comillas después del v. 30.

4 Tenía que pasar por Samaria, 5 así que llegó a un pueblo de Samaria llamado Sicar, cerca del terreno que Jacob había dado a su hijo José. 6 Allí estaba el pozo de Jacob. Jesús, cansado del camino, se sentó junto al pozo. Era cerca de la hora sexta. *z*

7 Cuando llegó una mujer de Samaria a sacar agua, Jesús le dijo:

—¿Me das de beber?

8 Es que sus discípulos habían ido al pueblo a comprar comida. 9 Pero como los judíos no se tratan con los samaritanos, *a* la mujer le respondió:

—Tú eres judío y yo samaritana. ¿Cómo es que me pides de beber?

10 —Si conocieras el regalo de Dios y supieras quién es el que te pide de beber —contestó Jesús—, tú le habrías pedido a él, y él te habría dado agua viva.

11 —Señor, no tienes con qué sacar agua, y el pozo es hondo. ¿De dónde puedes sacar esa agua viva? 12 ¿Acaso eres tú más grande que nuestro padre Jacob que nos dio este pozo del cual bebieron él, sus hijos y su ganado?

13 —Todo el que bebe de esta agua volverá a tener sed, 14 pero el que beba del agua que yo le dé no tendrá sed jamás. En realidad, el agua que yo le dé se convertirá dentro de él en un manantial que brota para vida eterna.

15 —Señor, dame de esa agua para que no tenga sed ni tenga que seguir viniendo aquí a sacar agua.

16 —Ve a llamar a tu esposo y vuelve acá.

17 —No tengo esposo.

—Tienes razón al decir que no tienes esposo. 18 La verdad es que has tenido cinco esposos, y el que ahora tienes no es tu esposo. Lo que acabas de decir es bastante cierto.

19 —Señor, veo que eres profeta. 20 Nuestros antepasados adoraron en este monte, pero ustedes los judíos sostienen que el lugar donde debemos adorar está en Jerusalén.

21 —Créeme, mujer, que la hora viene en que ni en este monte ni en Jerusalén adorarán al Padre. 22 Ustedes los samaritanos adoran lo que no conocen; nosotros adoramos lo que conocemos, porque la salvación viene de los judíos. 23 Pero la hora viene, y ya ha llegado, en que los que de veras adoran al Padre lo adorarán en espíritu y en verdad, porque el Padre busca a quienes lo adoren así. 24 Dios es espíritu, y quienes lo adoran deben adorarlo en espíritu y en verdad.

25 —Sé que viene el Mesías (al que llaman Cristo). Cuando él venga, nos explicará todo.

26 —Ese soy yo —le declaró Jesús—, el que habla contigo.

Los discípulos vuelven a reunirse con Jesús

27 En esto volvieron sus discípulos y se sorprendieron al encontrarlo hablando con una mujer. Pero ninguno le preguntó: "¿Qué quieres?" o "¿Por qué hablas con ella?"

28 La mujer dejó su cántaro, volvió al pueblo y dijo a la gente:

29 —Vengan a ver a un hombre que me dijo todo lo que he hecho. ¿No será el Cristo? *b*

30 Salieron los del pueblo y fueron a donde estaba Jesús. 31 Mientras tanto, sus discípulos le rogaban:

—Rabí, come algo.

32 —Yo tengo algo que comer que ustedes desconocen —replicó él.

33 "¿Le habrá traído alguien de comer?", se decían los discípulos unos a otros.

34 —Mi comida es hacer la voluntad del que me envió y terminar su obra —dijo Jesús—. 35 ¿No dicen ustedes: 'Todavía faltan cuatro meses para la cosecha'? Pues yo les digo: ¡Abran los ojos y miren los campos sembrados! Ya están maduros para la cosecha. 36 Ya recibe el segador su salario; ya recoge el fruto para vida eterna, para que el sembrador y el segador se alegren juntos. 37 Por eso es cierto el dicho: 'Uno es el que siembra y otro el que

z 4:6 Tal vez las seis de la tarde (hora romana) *los samaritanos.*   *b* 4:29 O *Mesías*

a 4:9 O *no usan vasijas que han usado*

cosecha.' **38**Yo los envié a cosechar lo que no han trabajado. Otros han hecho el trabajo duro, y ustedes se han beneficiado de su labor.

Muchos samaritanos creen

39Muchos de los samaritanos de aquel pueblo creyeron en él por la declaración de la mujer: "Me dijo todo lo que he hecho." **40**Así que cuando los samaritanos llegaron a donde él estaba, insistieron en que se quedara con ellos. El se quedó dos días, **41**y muchos más llegaron a ser creyentes por sus palabras.

42—Ya no creemos sólo por lo que tú dijiste —le decían a la mujer—; ahora lo hemos oído nosotros mismos, y sabemos que de veras éste es el Salvador del mundo.

Jesús sana al hijo de un funcionario

43Después de los dos días salió para Galilea. **44**(Jesús mismo había declarado que a un profeta no lo honran en su propia tierra.) **45**Cuando llegó a Galilea, los galileos lo recibieron. Habían visto todo lo que había hecho en Jerusalén durante la fiesta de la Pascua, ya que ellos también habían estado allí.

46De nuevo visitó Caná de Galilea, donde había convertido el agua en vino. Había allí un funcionario real cuyo hijo estaba enfermo en Capernaúm. **47**Cuando este hombre se enteró de que Jesús había llegado a Galilea desde Judea, fue a él y le rogó que bajara a sanar a su hijo, que estaba a punto de morir.

48—Si no ven señales milagrosas y prodigios —le dijo Jesús—, ustedes nunca creerán.

49—Señor —rogó el funcionario—, baja antes que muera mi hijo.

50—Puedes irte —le dijo Jesús—. Tu hijo vivirá.

El hombre creyó lo que Jesús le dijo y se fue. **51**Mientras iba todavía de camino, sus siervos salieron a su encuentro con la noticia de que su hijo estaba vivo. **52**Cuando les preguntó a qué hora había comenzado su hijo a mejorarse, le contestaron:

—La fiebre se le quitó ayer a la hora séptima.*c*

53Entonces el padre se dio cuenta de que ésa era la hora exacta en que Jesús le había dicho: "Tu hijo vivirá." Así que creyeron él y toda su familia.

54Esta fue la segunda señal milagrosa que hizo Jesús después que llegó a Galilea desde Judea.

Jesús sana a un inválido

5 Algún tiempo después, subió Jesús a Jerusalén a una fiesta de los judíos. **2**Hay en Jerusalén, cerca de la Puerta de las Ovejas, un estanque que en arameo se llama Betesda,*d* rodeado de cinco pórticos. **3**En éstos acostumbraban a acostarse muchos enfermos: ciegos, cojos y paralíticos.*e* **5**Allí se encontraba un hombre que había estado inválido treinta y ocho años. **6**Cuando Jesús lo vio allí acostado y se enteró de que ya llevaba mucho tiempo en ese estado, le preguntó:

—¿Quieres ser sano?

7—Señor, no tengo a nadie que me meta en el estanque cuando se agita el agua, y mientras trato de meterme, baja otro antes que yo.

8—Levántate, recoge tu camilla y anda —le dijo Jesús.

9Al instante quedó sano el hombre; recogió su camilla y echó a andar.

El día en que esto sucedió era día de reposo. **10**Por eso los judíos le dijeron al que había sido sanado:

—Es día de reposo; la ley te prohíbe cargar tu camilla.

11—El que me sanó me dijo: 'Recoge tu camilla y anda.'

12—¿Quién es ese hombre que te dijo que la recogieras y anduvieras? —le preguntaron.

---

c **4:52** Tal vez las siete de la tarde (hora romana) otros: *Betsaida* *e* **5:3** Algunos mss. de menor importancia dicen: *paralíticos, que esperaban el movimiento del agua.* **4** *De cuando en cuando un ángel del Señor bajaba al estanque y agitaba el agua. El primero que entraba en el estanque después de cada agitación del agua quedaba sano de cualquier enfermedad que tuviera.* *d* **5:2** Algunos mss. dicen: *Betzata;*

13 El que había sido sanado no tenía la menor idea de quién era, porque Jesús había salido inadvertido entre la mucha gente que había allí.

14 Más tarde Jesús lo encontró en el templo y le dijo:

—Mira, ya estás sano. No vuelvas a pecar, no sea que te suceda algo peor.

15 El hombre se fue y les contó a los judíos que era Jesús el que lo había sanado.

Vida mediante el Hijo

16 Así que por hacer estas cosas Jesús en el día de reposo, los judíos lo perseguían.

17 —Mi Padre siempre está trabajando hasta este mismo día —les dijo Jesús—, y yo también trabajo.

18 Por esto los judíos redoblaban sus esfuerzos para matarlo; no sólo quebrantaba el día de reposo, sino que aun llamaba a Dios su propio Padre, haciéndose igual a Dios.

19 Jesús les dio esta respuesta: "Les aseguro que el Hijo no puede hacer nada por su propia cuenta, sino sólo lo que ve a su Padre hacer, porque todo lo que hace el Padre, lo hace también el Hijo. 20 Pues el Padre ama al Hijo y le muestra todo lo que hace. Sí, le mostrará cosas aún más grandes que éstas, que los dejarán a ustedes asombrados. 21 Porque así como el Padre resucita a los muertos y les da la vida, también el Hijo da vida a quienes le place dársela. 22 Además, el Padre no juzga a nadie, sino que le ha confiado al Hijo todo juicio, 23 para que todos honren al Hijo así como honran al Padre. El que no honra al Hijo, tampoco honra al Padre que lo envió.

24 "Les aseguro que el que oye mi palabra y cree al que me envió tiene vida eterna y no será condenado; ha pasado de muerte a vida. 25 Les aseguro que la hora viene, y ya ha llegado, en que los muertos oirán la voz del Hijo de Dios, y los que oigan vivirán. 26 Porque así como el Padre

tiene vida en sí mismo, también ha concedido al Hijo el tener vida en sí mismo, 27 y le ha dado autoridad para juzgar por ser el Hijo del Hombre.

28 "No se asombren de esto, porque la hora viene en que todos los que están en los sepulcros oirán su voz 29 y saldrán. Los que han hecho el bien resucitarán para vivir, y los que han hecho el mal resucitarán para ser condenados. 30 Yo no puedo hacer nada por mi propia cuenta; juzgo sólo según lo que oigo, y mi juicio es justo porque no procuro agradarme a mí mismo sino al que me envió.

El testimonio acerca de Jesús

31 "Si yo testifico acerca de mí mismo, mi testimonio no es válido. 32 Hay otro que testifica en mi favor, y yo sé que su testimonio acerca de mí es válido.

33 "Ustedes han mandado a preguntar a Juan y él ha declarado la verdad. 34 No es que yo acepte el testimonio de un hombre, sino que lo menciono para que ustedes sean salvos. 35 Juan era una lámpara que ardía y alumbraba, y ustedes decidieron disfrutar de su luz por algún tiempo.

36 "El testimonio que yo tengo es de más peso que el de Juan. Porque la misma tarea que el Padre me ha encomendado que lleve a cabo, la que estoy haciendo, atestigua que el Padre me ha enviado. 37 Y el Padre mismo que me envió ha testificado acerca de mí. Nunca han oído su voz, ni han visto su figura, 38 ni vive su palabra en ustedes, porque no creen al que él envió. 39 Ustedes estudian f con diligencia las Escrituras porque piensan que por ellas tienen la vida eterna. Estas son las Escrituras que testifican acerca de mí; 40 sin embargo, ustedes se niegan a venir a mí para tener vida.

41 "Yo no acepto gloria de los hombres, 42 pero los conozco a ustedes y sé que no tienen el amor de Dios en el corazón. 43 Yo he venido en nombre de mi Padre y ustedes no me

f 5:39 O *Estudien* (imperativo)

aceptan; pero si otro viene en su propio nombre, a ése lo aceptarán. 44¿Cómo pueden creer si aceptan gloria los unos de los otros pero no se esfuerzan por conseguir la gloria que viene del Dios único?g

45"Pero no piensen que voy a acusarlos delante del Padre. El que los acusa es Moisés, en quien tienen puesta su esperanza. 46Si creyeran a Moisés, me creerían a mí, porque él escribió acerca de mí. 47Pero ya que no creen lo que él escribió, ¿cómo van a creer lo que digo yo?"

Jesús alimenta a los cinco mil

6 Algún tiempo después de esto, Jesús se fue a la orilla opuesta del mar de Galilea (es decir, el mar de Tiberias). 2Lo seguía una gran multitud, porque veían las señales milagrosas que hacía en los enfermos. 3Jesús subió a una colina y se sentó con sus discípulos. 4Se aproximaba la fiesta judía de la Pascua. 5Cuando Jesús alzó la vista y vio una gran multitud que se le acercaba, le dijo a Felipe:

—¿Dónde compraremos pan para que coma esta gente?

6Esto se lo dijo sólo para probarlo, porque él ya tenía pensado lo que iba a hacer.

7—Ni siquiera con el salario de ocho mesesh se podría comprar suficiente pan para que cada uno de ellos tomara un bocado —respondió Felipe.

8Otro de sus discípulos, Andrés, hermano de Simón Pedro, le informó:

9—Aquí hay un muchacho que tiene cinco panes de cebada y dos pescados, pero ¿cómo van a alcanzar para tanta gente?

10—Hagan que se siente la gente —dijo Jesús.

Había mucha hierba en aquel lugar, y se sentaron los hombres, que eran unos cinco mil. 11Jesús tomó los panes, dio gracias y los distribuyó a los que estaban sentados, tanto como quisieron. Lo mismo hizo con los pescados.

12—Recojan los pedazos que sobraron —dijo a sus discípulos cuando todos quedaron satisfechos—. Que no se desperdicie nada.

13Así que los recogieron y llenaron doce canastas con los pedazos de los cinco panes de cebada que les sobraron a los que habían comido.

14Al ver la señal milagrosa que Jesús había hecho, la gente comenzó a decir: "Sin duda éste es el profeta que ha de venir al mundo." 15Jesús, sabiendo que pensaban llevárselo por la fuerza para hacerlo rey, se retiró otra vez a la montaña él solo.

Jesús camina sobre el agua

16Al anochecer, sus discípulos bajaron al lago, 17donde subieron a una barca y comenzaron a cruzar en dirección a Capernaúm. Para entonces ya estaba oscuro, y Jesús todavía no se les había unido. 18Soplaba un fuerte viento y se encrespaban las aguas. 19Cuando habían remado unos cinco o seis kilómetros,i vieron que Jesús se acercaba a la barca, caminando sobre el agua, y se quedaron aterrados. 20Pero él les dijo: "Soy yo; no tengan miedo." 21Con gusto lo recibieron a bordo, e inmediatamente la barca llegó a la orilla a la que se dirigían.

22Al día siguiente la multitud que se había quedado en la orilla opuesta del lago se dio cuenta de que sólo había habido allí una barca y que Jesús no había subido a ella con sus discípulos, sino que ellos se habían ido solos. 23Luego algunas barcas de Tiberias llegaron cerca del lugar donde la gente había comido el pan después que el Señor dio gracias. 24Tan pronto como la multitud se dio cuenta de que ni Jesús ni sus discípulos estaban allí, subieron a las barcas y se fueron a Capernaúm en busca de Jesús.

g 5:44 Algunos mss. antiguos dicen: *del Unico*   h 6:7 Griego *doscientos denarios*
i 6:19 Griego *remado veinticinco o treinta estadios*

Jesús, el pan de vida

25 Lo encontraron en el otro lado del lago.

—Rabí, ¿cuándo llegaste acá? —le preguntaron.

26 —Les aseguro que ustedes me buscan no por haber visto señales milagrosas sino porque comieron de los panes y se llenaron. **27** No trabajen por la comida que se echa a perder sino por la comida que permanece hasta la vida eterna, la cual les dará el Hijo del Hombre. Sobre éste ha puesto Dios el Padre su sello de aprobación.

28 —¿Qué tenemos que hacer para realizar las obras que exige Dios? —le preguntaron.

29 —Esta es la obra de Dios: creer en aquel a quien él ha enviado —les respondió Jesús.

30 —¿Y qué señal milagrosa darás para que la veamos y te creamos? ¿Qué harás? **31** Nuestros antepasados comieron el maná en el desierto; como está escrito: 'Les dio a comer pan del cielo.'*j*

32 —Les aseguro que no fue Moisés el que les dio a ustedes el pan del cielo —afirmó Jesús—, sino que es mi Padre el que les da el verdadero pan del cielo. **33** Porque el pan de Dios es el que baja del cielo y da vida al mundo.

34 —Señor, de aquí en adelante, danos ese pan.

35 —Yo soy el pan de vida —declaró Jesús—. El que viene a mí nunca pasará hambre, y el que cree en mí no tendrá sed jamás. **36** Pero como ya les dije, ustedes me han visto y todavía no creen. **37** Todo lo que el Padre me da vendrá a mí; y al que viene a mí, no lo rechazaré. **38** Porque he bajado del cielo no para hacer mi voluntad sino la voluntad del que me envió. **39** Y ésta es la voluntad del que me envió: que yo no pierda a ninguno de los que me ha dado, sino que los resucite en el día final. **40** Porque la voluntad de mi Padre es que todo el que mira al Hijo y cree en él tenga vida eterna, y yo lo resucitaré en el día final.

41 En esto comenzaron los judíos a murmurar contra él porque dijo: "Yo soy el pan que bajó del cielo." **42** Decían: "¿No es éste Jesús, el hijo de José? ¿No conocemos a su padre y a su madre? ¿Cómo es que dice ahora: 'Yo bajé del cielo'?"

43 —Dejen de murmurar —replicó Jesús—. **44** Nadie puede venir a mí si no lo atrae el Padre que me envió, y yo lo resucitaré en el día final. **45** Está escrito en los profetas: 'Todos serán enseñados por Dios.'*k* Todo el que escucha al Padre y aprende de él, viene a mí. **46** Nadie ha visto al Padre excepto el que viene de Dios; sólo él ha visto al Padre. **47** Les aseguro que el que cree tiene vida eterna. **48** Yo soy el pan de vida. **49** Los antepasados de ustedes comieron el maná en el desierto, y sin embargo murieron. **50** Pero éste es el pan que baja del cielo; el que come de él, no muere. **51** Yo soy el pan vivo que bajó del cielo. Si alguno come de este pan, vivirá para siempre. Este pan es mi cuerpo, el cual daré por la vida del mundo.

52 Los judíos comenzaron a disputar entre sí. "¿Cómo puede éste darnos a comer su cuerpo?"

53 —Les aseguro —afirmó Jesús— que si no comen el cuerpo del Hijo del Hombre y beben su sangre, no tienen vida en ustedes. **54** El que come mi cuerpo y bebe mi sangre tiene vida eterna, y yo lo resucitaré en el día final. **55** Porque mi cuerpo es comida verdadera y mi sangre es verdadera bebida. **56** El que come mi cuerpo y bebe mi sangre permanece en mí y yo en él. **57** Así como me envió el Padre viviente, y yo vivo por el Padre, también el que se alimenta de mí vivirá por mí. **58** Este es el pan que bajó del cielo. Los antepasados de ustedes comieron maná y murieron, pero el que se alimenta de este pan vivirá para siempre.

59 Dijo esto mientras enseñaba en la sinagoga de Capernaúm.

---

j **6:31** Ex 16:4; Neh 9:15; Sal 78:24,25   *k* **6:45** Is 54:13

*Muchos discípulos abandonan
a Jesús*

60 Al oírlo, muchos de sus discípulos dijeron: "Esta enseñanza es dura; ¿quién puede aceptarla?"

61 Jesús estaba consciente de que sus discípulos estaban murmurando acerca de esto.

—¿Los ofende esto? —les dijo—. **62** ¿Qué pasaría si vieran al Hijo del Hombre subir a donde estaba antes? **63** El Espíritu da vida; la naturaleza humana no vale para nada. Las palabras que les he dicho son espíritu*l* y son vida. **64** Con todo, hay algunos de ustedes que no creen.

Es que Jesús sabía desde el principio quiénes no creían y quién iba a traicionarlo. Y añadió:

65 —Por eso les dije que nadie puede venir a mí a menos que se lo haya permitido el Padre.

66 Desde entonces muchos de sus discípulos volvieron atrás y ya no lo seguían.

67 —¿Acaso quieren irse ustedes también? —les preguntó Jesús a los doce.

68 —Señor —contestó Simón Pedro—, ¿a quién iremos? Tú tienes las palabras de vida eterna. **69** Nosotros creemos y sabemos que tú eres el Santo de Dios.

70 —¿No los he escogido yo a ustedes, a los doce? —respondió Jesús—. No obstante, ¡uno de ustedes es un diablo!

71 Se refería a Judas, hijo de Simón Iscariote, quien, aunque era uno de los doce, iba a traicionarlo.

*Jesús va a la fiesta
de los Tabernáculos*

7 Después de esto, Jesús andaba por Galilea, manteniéndose intencionalmente lejos de Judea porque allí los judíos esperaban la oportunidad para matarlo. **2** Pero al acercarse la fiesta judía de los Tabernáculos, **3** sus hermanos de Jesús le dijeron:

—Deberías salir de aquí e ir a Judea para que tus discípulos vean los milagros que haces. **4** Ninguno que quiera que el público lo conozca actúa en secreto. Ya que haces estas cosas, muéstrate al mundo.

5 Es que ni siquiera sus hermanos creían en él. **6** Debido a eso, Jesús les dijo:

—El tiempo oportuno para mí no ha llegado todavía; para ustedes, cualquier tiempo es oportuno. **7** El mundo no los puede odiar a ustedes, pero a mí me odia porque yo testifico que lo que hace es malo. **8** Vayan ustedes a la fiesta. Yo no subo todavía*m* a esta fiesta porque para mí no ha llegado aún el tiempo oportuno.

9 Dicho esto, se quedó en Galilea. **10** Sin embargo, después que sus hermanos se fueron a la fiesta, también él fue, no públicamente sino en secreto. **11** En la fiesta los judíos lo buscaban y decían: "¿Dónde estará ese hombre?"

12 Había entre la gente un murmullo general acerca de él. Unos decían: "Es un hombre bueno." Otros alegaban: "No, sino que engaña a la gente." **13** Sin embargo, nadie decía nada públicamente acerca de él por temor a los judíos.

Jesús enseña en la fiesta

14 No fue sino hasta la mitad de la fiesta que subió Jesús a los atrios del templo y comenzó a enseñar. **15** Los judíos se asombraron y decían: "¿Cómo adquirió éste tanto conocimiento sin haber estudiado?"

16 —Mi enseñanza no es mía —les respondió Jesús—. Viene del que me envió. **17** Si alguien se decide a hacer la voluntad de Dios, descubrirá si mi enseñanza viene de Dios o si hablo por mi propia cuenta. **18** El que habla por su propia cuenta, lo hace para recibir honra, pero el que procura la honra del que lo envió es un hombre veraz; no tiene nada de falso. **19** ¿No les ha dado Moisés la ley a ustedes? Sin embargo, ninguno de ustedes guarda la ley. ¿Por qué procuran matarme?

---

l **6:63** O *Espíritu*   *m* **7:8** Algunos mss. antiguos no incluyen: *todavía*.

20 —Estás endemoniado —contestó la multitud—. ¿Quién procura matarte?

21 —Hice un milagro y todos ustedes están asombrados. 22 Sin embargo, como Moisés les dio la circuncisión (aunque en realidad no vino de Moisés sino de los patriarcas), ustedes circuncidan a un niño en el día de reposo. 23 Ahora bien, si circuncidan a un niño en el día de reposo para no quebrantar la ley de Moisés, ¿por qué se enojan conmigo por sanar del todo a un hombre en el día de reposo? 24 Dejen de juzgar por las apariencias; juzguen correctamente.

¿Es Jesús el Cristo?

25 Algunos de los de Jerusalén comenzaron entonces a decir: "¿No es éste al que procuran matar? 26 Ahí está, hablando en público, y no le dicen nada. ¿Habrán llegado quizá las autoridades a la conclusión de que éste es el Cristo?[n] 27 Pero nosotros sabemos de dónde viene este hombre; cuando venga el Cristo, nadie sabrá de dónde viene."

28 Jesús, que seguía enseñando en los atrios del templo, dijo con voz fuerte:

—Sí, ustedes me conocen y saben de dónde vengo. No estoy aquí por mi propia cuenta, pero el que me envió es digno de confianza. Ustedes no lo conocen, 29 pero yo lo conozco porque vengo de él, y él me envió.

30 Entonces trataron de prenderlo, pero nadie le echó mano porque todavía no había llegado su tiempo. 31 Con todo, muchos de la multitud creyeron en él, y decían: "Cuando venga el Cristo, ¿acaso hará más señales milagrosas que las que hace este hombre?"

32 Los fariseos oyeron a la multitud murmurar tales cosas acerca de él, y ellos y los jefes de los sacerdotes mandaron guardias del templo para arrestarlo.

33 —Estoy con ustedes sólo por poco tiempo —dijo Jesús—, y luego voy al que me envió. 34 Me buscarán pero no me encontrarán; y a donde yo estoy ustedes no pueden llegar.

35 "¿A dónde piensa irse éste que no podamos encontrarlo? —se decían los judíos unos a otros—. ¿Se irá acaso a los de nuestro pueblo que viven dispersos entre los griegos, y enseñará a los griegos? 36 ¿Qué quiso decir con eso de que 'me buscarán pero no me encontrarán', y 'a donde yo estoy ustedes no pueden llegar'?"

37 En el último día, el más grande de la fiesta, Jesús se puso de pie y dijo con voz fuerte:

—Si alguno tiene sed, que venga a mí y beba. 38 El que cree en mí, como[o] dice la Escritura, ríos de agua viva correrán de su interior.

39 Con esto se refería al Espíritu que recibirían más tarde los que creyeran en él. Hasta entonces el Espíritu no había sido dado, ya que Jesús no había sido glorificado todavía.

40 Al oír sus palabras, algunos entre la gente decían: "Seguro que éste es el profeta." 41 Otros afirmaban: "Es el Cristo." Pero otros objetaban: "¿Puede acaso el Cristo venir de Galilea? 42 ¿No dice la Escritura que el Cristo vendrá de la descendencia[p] de David, y de Belén, el pueblo donde vivió David?" 43 Así que la gente estaba dividida por causa de Jesús. 44 Algunos querían prenderlo, pero nadie le echó mano.

Incredulidad de los dirigentes judíos

45 Por fin los guardias del templo volvieron a los jefes de los sacerdotes y a los fariseos, quienes les preguntaron:

—¿Por qué no lo trajeron?

46 —¡Nunca ha hablado nadie como habla ese hombre! —declararon los guardias.

47 —¿Quieren decir que también los ha engañado a ustedes? —replicaron los fariseos—. 48 ¿Ha creído en él alguno de los gobernantes o de los fariseos? 49 ¡No! Pero esta gente,

---

[n] 7:26 O Mesías; también en vv. 27,31,41 y 42   [o] 7:37,38 O / Si alguno tiene sed, que venga a mí. / Y que beba, 38 el que cree en mí. / Como   [p] 7:42 Griego simiente

que no sabe nada de la ley, está bajo maldición.

50 Nicodemo, el que había ido antes a Jesús, y que era uno de ellos, les dijo:

51 —¿Acaso condena nuestra ley a un hombre sin haberlo oído antes para averiguar lo que hace?

52 —¿Eres tú también de Galilea? —respondieron ellos—. Investiga y verás que de Galilea no sale ningún profeta.q

---

53 Cada uno se fue a su casa.

La mujer sorprendida en adulterio

8 Pero Jesús se fue al monte de los Olivos. **2** Al amanecer se presentó otra vez en los atrios del templo, donde toda la gente se reunió alrededor de él; y se sentó a enseñarles. **3** Los maestros de la ley y los fariseos llevaron a una mujer sorprendida en adulterio, y la hicieron estar de pie delante del grupo.

4 —Maestro, a esta mujer la han sorprendido en el acto mismo de adulterio —le dijeron a Jesús—. **5** En la ley Moisés nos ordenó apedrear a tales mujeres. ¿Tú qué dices?

6 Con esta pregunta le tendían una trampa, para tener de qué acusarlo. Pero Jesús se inclinó y comenzó a escribir en la tierra con el dedo. **7** Como insistían en preguntarle, se enderezó y les dijo:

—El que de ustedes esté sin pecado sea el primero en tirarle una piedra.

8 E inclinándose de nuevo, volvió a escribir en la tierra. **9** Al oír esto, comenzaron a irse uno por uno, primero los de más edad, hasta que sólo quedó Jesús, con la mujer que aún estaba allí de pie. **10** Jesús se enderezó y le preguntó:

—Mujer, ¿dónde están? ¿Ninguno te ha condenado?

11 —Ninguno, Señor.

—Tampoco yo te condeno. Vete ahora y deja tu vida de pecado.

Validez del testimonio de Jesús

12 Cuando Jesús se dirigió otra vez a la gente, les dijo:

—Yo soy la luz del mundo. El que me sigue nunca andará en la oscuridad sino que tendrá la luz de la vida.

13 —Ahora te presentas como tu propio testigo —alegaron los fariseos—; tu testimonio no es válido.

14 —Aunque yo testifique a mi favor —repuso Jesús—, mi testimonio es válido, porque sé de dónde vine y a dónde voy. Pero ustedes no tienen idea de dónde vengo ni a dónde voy. **15** Ustedes juzgan según criterios humanos; yo no juzgo a nadie. **16** Pero si juzgo, mis decisiones son acertadas porque no estoy solo sino con el Padre que me envió. **17** En la ley de ustedes está escrito que el testimonio de dos hombres es válido. **18** Yo soy uno que testifico por mí mismo; el otro testigo mío es el que me envió, el Padre.

19 —¿Dónde está tu padre? —le preguntaron.

—Ustedes no me conocen a mí ni a mi Padre. Si me conocieran a mí, conocerían también a mi Padre.

20 Estas palabras las dijo mientras enseñaba en el templo, cerca del lugar donde se depositaban las ofrendas. Pero nadie lo prendió porque todavía no había llegado su tiempo.

21 —Yo me voy —volvió a decirles Jesús—, y ustedes me buscarán, y morirán en su pecado. A donde yo voy, no pueden llegar ustedes.

22 Debido a eso los judíos decían: "¿Acaso irá a suicidarse? ¿Será por eso que dice: 'A donde yo voy, no pueden llegar ustedes'?"

23 —Ustedes son de abajo —continuó Jesús—; yo soy de arriba. Ustedes son de este mundo; yo no soy de este mundo. **24** Les dije que morirán en sus pecados; si no creen que yo

---

q **7:52** Dos mss. antiguos dicen: *el Profeta*. Los mss. más antiguos y más confiables, y otros testimonios de la antigüedad, no incluyen Jn 7:53—8:11.

soy el que afirmo ser,^r sin duda morirán en sus pecados.

25 —¿Quién eres tú? —le preguntaron.

—Precisamente lo que he venido afirmando desde el principio. **26** Tengo mucho que decir para juicio de ustedes. Pero el que me envió es veraz, y lo que he oído de parte de él se lo digo al mundo.

27 Ellos no entendieron que les hablaba de su Padre. **28** Por eso Jesús les dijo:

—Cuando hayan levantado al Hijo del hombre, sabrán que yo soy el que afirmo ser y que no hago nada por mi propia cuenta, sino que digo solamente lo que el Padre me ha enseñado. **29** El que me envió está conmigo; no me ha dejado solo, porque siempre hago lo que le agrada.

30 Mientras aún hablaba, muchos creyeron en él.

Los hijos de Abraham

31 A los judíos que habían creído en él les dijo Jesús:

—Si se mantienen fieles a mis enseñanzas, son de veras mis discípulos; **32** conocerán la verdad, y la verdad los libertará.

33 —Somos descendientes^s de Abraham —contestaron—, y nunca hemos sido esclavos de nadie. ¿Cómo dices tú que seremos libertados?

34 —Les aseguro que todo el que peca es esclavo del pecado —respondió Jesús—. **35** Ahora bien, el esclavo no ocupa un lugar permanente en la familia; pero el hijo pertenece a ella para siempre. **36** Así que si el Hijo los liberta, ustedes serán verdaderamente libres. **37** Sé que son descendientes de Abraham. Sin embargo, están a punto de matarme porque no hay lugar en ustedes para mi palabra. **38** Yo les digo lo que he visto en presencia del Padre, y ustedes hacen lo que han oído de parte de su padre.^t

39 —Nuestro padre es Abraham —respondieron.

—Si fueran hijos de Abraham, harían^u las cosas que hizo Abraham. **40** Pero ahora están decididos a matarme, a mí que les he dicho la verdad que oí de parte de Dios. Abraham no hizo tales cosas. **41** Ustedes hacen lo mismo que hace su propio padre.

—Nosotros no somos hijos ilegítimos —protestaron—. El único Padre que tenemos es Dios mismo.

Los hijos del diablo

42 —Si Dios fuera su Padre —contestó Jesús—, ustedes me amarían, porque yo vine de Dios y ahora estoy aquí. No he venido por mi propia cuenta, sino que él me envió. **43** ¿Por qué no les resulta claro mi lenguaje? Porque no pueden oír lo que les digo. **44** Ustedes son de su padre el diablo, y quieren cumplir con los deseos de su padre. El ha sido un asesino desde el principio, sin atenerse a la verdad, porque no hay verdad en él. Cuando miente, expresa su propia naturaleza, porque es un mentiroso y el padre de la mentira. **45** ¡Pero ustedes a mí no me creen porque digo la verdad! **46** ¿Puede alguno de ustedes probar que soy culpable de pecado? Si digo la verdad, ¿por qué no me creen? **47** El que es de Dios oye lo que dice Dios. Ustedes no oyen porque no son de Dios.

Declaración de Jesús acerca de sí mismo

48 —¿No tenemos razón al decir que eres samaritano y estás endemoniado? —replicaron los judíos.

49 —No estoy poseído por ningún demonio —contestó Jesús—, sino que honro a mi Padre, y ustedes me deshonran a mí. **50** Yo no busco mi propia gloria; pero hay uno que la busca, y él es el juez. **51** Les aseguro que si alguno guarda mi palabra, nunca morirá.

52 —¡Ahora estamos seguros de que estás endemoniado! —exclamaron los judíos—. Abraham murió, y

---

^r 8:24 O *que yo soy aquél*; también en v. 28   ^s 8:33 Griego *simiente*; también en v. 37
^t 8:38 O *Padre. Por lo tanto, hagan lo que han oído de parte del Padre.*   ^u 8:39 Algunos mss. antiguos dicen: —*Si son hijos de Abraham, hagan*

también los profetas, pero tú dices que si alguno guarda tu palabra, nunca morirá. **53** ¿Acaso eres tú más grande que nuestro padre Abraham? Él murió, y también murieron los profetas. ¿Quién te crees que eres?

54 — Si yo me glorifico a mí mismo —les respondió Jesús—, mi gloria no significa nada. Mi Padre, el que ustedes dicen que es su Dios, es el que me glorifica. **55** Aunque ustedes no lo conocen, yo sí lo conozco. Si dijera que no, sería tan mentiroso como ustedes; pero yo sí lo conozco y guardo su palabra. **56** Abraham, el padre de ustedes, se regocijó al pensar que vería mi día; lo vio y se alegró.

57 — Todavía no tienes cincuenta años —le dijeron los judíos—, ¡y has visto a Abraham!

58 — Les aseguro que antes que naciera Abraham, ¡yo soy!

59 Entonces recogieron piedras para apedrearlo, pero Jesús se escondió, saliendo inadvertido del área del templo.

Jesús sana a un ciego de nacimiento

9 Al pasar, vio a un hombre ciego de nacimiento.

2 — Rabí, ¿quién pecó, éste o sus padres, para que naciera ciego? —le preguntaron sus discípulos.

3 — Ni pecó éste ni sus padres —respondió Jesús—, sino que esto sucedió para que la obra de Dios se demostrara en su vida. **4** Mientras es de día, tenemos que hacer la obra del que me envió. Viene la noche, cuando nadie puede trabajar. **5** Mientras estoy en el mundo, soy la luz del mundo.

6 Dicho esto, escupió en el suelo, hizo con la saliva un poco de lodo, y se lo untó en los ojos al hombre.

7 — Ve —le dijo—, lávate en el estanque de Siloé (que significa: Enviado).

Así que el hombre fue y se lavó, y volvió a casa viendo.

8 Sus vecinos y los que antes lo habían visto pedir limosna decían: "¿No es éste el mismo que se sentaba a pedir limosna?" **9** Unos aseguraban que sí era él. Otros decían:

"No, sino que se parece a él." Pero él insistía: "Soy yo mismo."

10 — ¿Entonces cómo se te abrieron los ojos? —le reclamaron.

11 — El hombre a quien llaman Jesús hizo un poco de lodo y me lo untó en los ojos. Me dijo que fuera a Siloé y me lavara. Así que fui y me lavé, y entonces pude ver.

12 — ¿Dónde está ese hombre? —le preguntaron.

—No sé.

Los fariseos investigan la sanidad

13 Llevaron ante los fariseos al hombre que había sido ciego. **14** Era día de reposo el día en que Jesús había hecho el lodo y le había abierto los ojos al ciego. **15** Por eso le preguntaron también los fariseos cómo había recibido la vista.

—Me untó lodo en los ojos —respondió el hombre—, y me lavé, y ahora veo.

16 Algunos de los fariseos decían: "Ese hombre no viene de Dios, porque no guarda el día de reposo." Otros objetaban: "¿Cómo puede un pecador hacer tales señales milagrosas?" Así que había división entre ellos.

17 Por fin recurrieron otra vez al ciego.

—¿Qué dices tú de él? Los ojos que abrió fueron los tuyos.

—Que es profeta —respondió el hombre.

18 Todavía no creían los judíos que el hombre había sido ciego y había recibido la vista hasta que llamaron a sus padres.

19 — ¿Es éste su hijo? —les preguntaron—. ¿Es éste el que dicen ustedes que nació ciego? ¿Cómo es que ahora puede ver?

20 — Sabemos que es nuestro hijo —contestaron los padres—, y sabemos que nació ciego; **21** pero no sabemos cómo es que ahora puede ver ni quién le abrió los ojos. Pregúntenselo a él. Es mayor de edad; responderá por sí mismo.

22 Esto dijeron sus padres porque temían a los judíos, pues ya éstos habían convenido que fuera expulsado de la sinagoga cualquiera que reconociera que Jesús era el Cristo. *v*

23 Por eso dijeron sus padres: "Pregúntenselo a él. Es mayor de edad."

24 Por segunda vez llamaron al que había sido ciego.

—Da gloria a Dios *w* —le dijeron—. Nosotros sabemos que ese hombre es pecador.

25 —Si es pecador o no, eso no lo sé —respondió el hombre—. Una cosa sí sé: ¡que yo era ciego y ahora veo!

26 —¿Qué te hizo? —volvieron a preguntarle—. ¿Cómo te abrió los ojos?

27 —Ya se lo dije y no escucharon. ¿Por qué quieren oírlo otra vez? ¿Es que también ustedes quieren hacerse discípulos suyos?

28 —¡Tú eres discípulo de ese hombre! —le dijeron después de insultarlo—. ¡Nosotros somos discípulos de Moisés! **29** Nosotros sabemos que Dios habló a Moisés, pero en cuanto a ese hombre ni siquiera sabemos de dónde viene.

30 —¡Esto sí es extraordinario! —replicó el hombre—. Ustedes no saben de dónde viene, y sin embargo a mí me abrió los ojos. **31** Sabemos que Dios no escucha a los pecadores. El escucha al piadoso que hace su voluntad. **32** Jamás se ha oído que nadie le abriera los ojos a un ciego de nacimiento. **33** Si ese hombre no viniera de Dios, no podría hacer nada.

34 —Tú que naciste sumido en pecado —le respondieron ellos—, ¿cómo te atreves a sermonearnos a nosotros?

Y lo expulsaron.

La ceguera espiritual

35 Jesús se enteró de que lo habían expulsado y, cuando lo encontró, le preguntó:

—¿Crees en el Hijo del Hombre?

36 —¿Quién es, Señor? Dímelo, para que yo crea en él.

37 —Ya lo has visto —le contestó Jesús—; es el que está hablando contigo.

38 —Creo, Señor —declaró el hombre, y lo adoró.

39 —Para juicio he venido a este mundo —dijo Jesús—, para que los ciegos vean, y los que ven se vuelvan ciegos.

40 Algunos fariseos que estaban con él le oyeron decir esto y dijeron:

—¿Qué? ¿Acaso nosotros también somos ciegos?

41 —Si fueran ciegos, no serían culpables de pecado —les respondió Jesús—; pero ahora que afirman que pueden ver, su culpa permanece.

El pastor y su rebaño

10 "Les aseguro que el que no entra por la puerta al redil de las ovejas, sino que se mete por otra parte, es ladrón y bandido. **2** El que entra por la puerta es el pastor de las ovejas. **3** El portero le abre la puerta, y las ovejas escuchan su voz. Llama a sus ovejas por nombre y las conduce afuera. **4** Cuando ha sacado todas las suyas, va delante de ellas, y sus ovejas lo siguen porque conocen su voz. **5** Pero nunca seguirán a un desconocido; más bien, huirán de él porque no reconocen la voz de un desconocido.

6 Jesús empleó esta comparación, pero ellos no entendieron lo que les estaba diciendo.

7 Por eso Jesús les dijo de nuevo: "Les aseguro que yo soy la puerta de las ovejas. **8** Todos los que vinieron antes de mí eran ladrones y bandidos, pero las ovejas no los escucharon. **9** Yo soy la puerta; el que entre por medio de mí será salvo. *x* Entrará y saldrá, y hallará pastos. **10** El ladrón sólo viene a robar, matar y destruir; yo he venido para que tengan vida, y la tengan en abundancia.

11 "Yo soy el buen pastor. El buen pastor da su vida por las ovejas. **12** El asalariado no es el pastor a quien pertenecen las ovejas. Así que cuando ve que el lobo se acerca, abandona las ovejas y huye. Luego el lobo ataca al rebaño y lo dispersa.

---

v **9:22** O *Mesías*   *w* **9:24** Una solemne exhortación a decir la verdad (véase Jos 7:19)
x **10:9** O *se mantendrá a salvo.*

13 Ese hombre huye porque es asalariado y no le importan las ovejas.

14 "Yo soy el buen pastor; conozco a mis ovejas y mis ovejas me conocen a mí, **15** así como el Padre me conoce y yo conozco al Padre, y doy mi vida por las ovejas. **16** Tengo otras ovejas que no son de este redil. También a ésas las tengo que traer. Así ellas escucharán mi voz, y habrá un solo rebaño y un solo pastor. **17** El Padre me ama porque doy mi vida para tomarla de nuevo. **18** Nadie me la quita, sino que la doy por mi propia voluntad. Tengo autoridad para darla y autoridad para tomarla de nuevo. Esta orden recibí de mi Padre."

19 Por estas palabras hubo división otra vez entre los judíos. **20** Muchos de ellos decían: "Está endemoniado y loco de remate. ¿Por qué le hacen caso?" **21** Pero otros decían: "Estas no son palabras de un endemoniado. ¿Puede acaso un demonio abrir los ojos de los ciegos?"

Incredulidad de los judíos

22 En esos días se celebraba en Jerusalén la fiesta de la Dedicación.*y* Era invierno, **23** y Jesús estaba en el área del templo andando por el pórtico de Salomón. **24** Los judíos lo rodearon y le decían:

—¿Hasta cuándo nos vas a tener en suspenso? Si eres el Cristo,*z* dínoslo con franqueza.

25 —Ya se lo dije, pero no creen. Los milagros que hago en nombre de mi Padre respaldan lo que digo, **26** pero ustedes no creen porque no son de mi rebaño. **27** Mis ovejas escuchan mi voz; yo las conozco y ellas me siguen. **28** Yo les doy vida eterna, y nunca perecerán; nadie puede arrebatármelas de la mano. **29** Mi Padre, que me las ha dado, es superior a todos;*a* nadie puede arrebatarlas de la mano de mi Padre. **30** Yo y el Padre somos uno.

31 De nuevo los judíos recogieron piedras para apedrearlo, **32** pero Jesús les dijo:

—Les he mostrado muchos milagros grandes de parte del Padre. ¿Por cuál de ellos me apedrean?

33 —No te apedreamos por ninguno de ellos, sino por blasfemia, porque tú, siendo nada más que hombre, afirmas que eres Dios.

34 —¿No está escrito en su ley: 'Yo he dicho que ustedes son dioses'?*b* —les dijo Jesús—. **35** Si él llamó 'dioses' a aquellos para quienes vino la palabra (y no se puede violar la Escritura), **36** ¿qué les parece aquel a quien el Padre apartó para sí y envió al mundo? ¿Entonces por qué me acusan de blasfemia porque dije: 'Yo soy el Hijo de Dios'? **37** No me crean si no hago lo que hace mi Padre. **38** Pero si lo hago, aunque no me crean a mí, crean la evidencia de los milagros, para que sepan y entiendan que el Padre está en mí, y yo en el Padre.

39 Otra vez intentaron prenderlo, pero él se les fue de entre las manos.

40 Volvió Jesús al otro lado del Jordán, al lugar donde Juan había estado bautizando al principio. Se quedó allí, **41** y acudieron muchos a él. Decían: "Aunque Juan nunca hizo ninguna señal milagrosa, todo lo que dijo acerca de este hombre era verdad." **42** Y en aquel lugar muchos creyeron en Jesús.

Muerte de Lázaro

11 Había un hombre enfermo que se llamaba Lázaro, de Betania, el pueblo de María y de su hermana Marta. **2** Esta María, que era hermana de Lázaro, fue la misma que derramó perfume sobre el Señor y le secó los pies con el cabello. **3** Así que las hermanas mandaron a decirle a Jesús: "Señor, el que amas está enfermo."

4 Cuando oyó esto, Jesús dijo: "Esta enfermedad no terminará en muerte, sino que es para la gloria de Dios, a fin de que el Hijo de Dios sea glorificado por medio de ella."

5 Jesús amaba a Marta, a su hermana y a Lázaro. **6** Sin embargo,

---

y 10:22 Es decir, Hanukkah   *z* 10:24 O *Mesías*   *a* 10:29 Varios mss. antiguos dicen:
Lo que me ha dado mi Padre es superior a todo   *b* 10:34 Sal 82:6

cuando oyó que Lázaro estaba enfermo, se quedó dos días más donde se encontraba. 7 Después dijo a sus discípulos:

—Volvamos a Judea.

8 —Rabí —objetaron ellos—, hace muy poco los judíos trataban de apedrearte, ¿y sin embargo regresas allá?

9 —¿No son doce las horas que tiene el día? —respondió Jesús—. El que anda de día no tropieza, porque ve con la luz de este mundo. 10 Es cuando anda de noche que tropieza, porque no tiene luz.

11 Después de decir esto, añadió:

—Nuestro amigo Lázaro se ha dormido, pero voy a despertarlo.

12 —Señor —respondieron sus discípulos—, si duerme, se recuperará.

13 Jesús les hablaba de la muerte de Lázaro, pero sus discípulos pensaron que se refería al sueño natural. 14 Así que les dijo con toda claridad:

—Lázaro ha muerto, 15 y me alegro por ustedes de no haber estado allí, para que crean. Pero vayamos a él.

16 Entonces Tomás, llamado Dídimo, dijo a los demás discípulos:

—Vayamos también nosotros, para que muramos con él.

Jesús consuela a las hermanas de Lázaro

17 A su llegada, Jesús halló que Lázaro llevaba ya cuatro días en el sepulcro. 18 Betania estaba sólo a tres kilómetros^c de Jerusalén, 19 y habían ido muchos judíos a casa de Marta y de María a consolarlas por la pérdida de su hermano. 20 Cuando se enteró Marta de que Jesús llegaba, fue a su encuentro, pero María se quedó en la casa.

21 —Señor —le dijo Marta a Jesús—, si hubieras estado aquí, mi hermano no habría muerto. 22 Pero sé que aun ahora Dios te dará todo lo que le pidas.

23 —Tu hermano resucitará —le dijo Jesús.

24 —Yo sé que resucitará en la resurrección en el día final —respondió Marta.

25 —Yo soy la resurrección y la vida. El que cree en mí vivirá, aunque muera; 26 y todo el que vive y cree en mí no morirá jamás. ¿Crees esto?

27 —Sí, Señor; yo creo que tú eres el Cristo,^{d} el Hijo de Dios, el que había de venir al mundo.

28 Después de decir esto, Marta regresó y llamó aparte a su hermana María.

—El Maestro está aquí y pregunta por ti.

29 Cuando María oyó esto, se levantó rápidamente y fue hacia él. 30 Ahora bien, Jesús no había entrado aún en el pueblo, sino que estaba todavía en el lugar donde Marta se había encontrado con él. 31 Los judíos que habían estado en la casa con María, consolándola, al darse cuenta de la premura con que se había levantado y había salido, la siguieron, suponiendo que iba al sepulcro a llorar.

32 Cuando María llegó a donde estaba Jesús y lo vio, se echó a sus pies y le dijo:

—Señor, si hubieras estado aquí, mi hermano no habría muerto.

33 Al ver llorar a María y a los judíos que la habían acompañado, Jesús se conmovió profundamente en espíritu y se estremeció.

34 —¿Dónde lo pusieron? —preguntó.

—Ven a verlo, Señor —le respondieron.

35 Jesús lloró.

36 —¡Miren cómo lo amaba! —dijeron los judíos.

37 Pero algunos de ellos dijeron:

—El que le abrió los ojos al ciego, ¿no podría haber impedido que éste muriera?

Jesús resucita a Lázaro

38 Jesús, profundamente conmovido otra vez, se acercó al sepulcro. Era una cueva cuya entrada estaba tapada con una piedra.

---

^{c} 11:18 Griego *quince estadios* ^{d} 11:27 O *Mesías*

39 —Quiten la piedra —dijo Jesús.

—Señor —objetó Marta, la hermana del muerto—, ya huele mal porque lleva cuatro días allí.

40 —¿No te dije que si crees verás la gloria de Dios? —le contestó Jesús.

41 Así que quitaron la piedra. Jesús alzó la vista y dijo:

—Padre, te doy gracias porque me has oído. **42** Yo sabía que siempre me oyes, pero lo dije por la gente que está aquí presente, para que crean que tú me enviaste.

43 Dicho esto, gritó con fuerte voz:

—¡Lázaro, sal de ahí!

44 El muerto salió, atado de pies y manos con vendas, y el rostro envuelto en un sudario.

—Quítenle la mortaja y dejen que se vaya —les dijo Jesús.

La conspiración para matar a Jesús

45 Por esto muchos de los judíos que habían ido a visitar a María, y habían visto lo que hizo Jesús, creyeron en él. **46** Pero algunos de ellos fueron a los fariseos y les contaron lo que Jesús había hecho. **47** Convocaron entonces los jefes de los sacerdotes y los fariseos una reunión del Sanedrín.

—¿Qué estamos logrando? —dijeron—. Aquí tenemos a este hombre haciendo muchas señales milagrosas. **48** Si lo dejamos seguir así, todos creerán en él, y luego vendrán los romanos y nos quitarán nuestro lugar *e* y también nuestra nación.

49 Uno de ellos, llamado Caifás, que era sumo sacerdote ese año, les dijo:

—¡Ustedes no saben nada en absoluto! **50** No se dan cuenta de que es mejor para ustedes que muera un solo hombre por el pueblo y no que perezca toda la nación.

51 No dijo esto por su propia cuenta, sino que, como sumo sacerdote ese año, profetizó que Jesús moriría por la nación judía, **52** y no sólo por esa nación sino también por los hijos de Dios que estaban dispersos, para congregarlos y unificarlos.

53 Así que desde ese día tramaron quitarle la vida.

54 Por eso Jesús dejó de andar en público entre los judíos. Se retiró más bien a una región cerca del desierto, a un pueblo llamado Efraín, donde se quedó con sus discípulos.

55 Cuando ya se acercaba el tiempo de la Pascua judía, subieron muchos del campo a Jerusalén para su purificación ceremonial antes de la Pascua. **56** Andaban buscando a Jesús, y mientras estaban en el área del templo se decían unos a otros: "¿Qué les parece? ¿Acaso no vendrá a la fiesta?" **57** Los jefes de los sacerdotes y los fariseos habían dado orden de que si alguno se enteraba dónde estaba Jesús, lo denunciara para que lo arrestaran.

María unge a Jesús en Betania

12 Seis días antes de la Pascua llegó Jesús a Betania, donde vivía Lázaro, a quien Jesús había resucitado de entre los muertos. **2** Allí se dio una cena en honor de Jesús. Marta servía, y Lázaro era uno de los que estaban a la mesa con él. **3** María tomó como medio litro de nardo puro, un perfume costoso, lo derramó sobre los pies de Jesús y se los secó con el cabello. Y la casa se llenó de la fragancia del perfume.

4 Uno de sus discípulos, Judas Iscariote, quien lo traicionaría, objetó:

5 —¿Por qué no se vendió este perfume para dar el dinero a los pobres? Su valor equivalía al salario de un año. *f*

6 Dijo esto no porque se interesara por los pobres sino porque era ladrón; como el encargado de la bolsa del dinero, acostumbraba a robar de lo que echaban en ella.

7 —Déjala en paz —respondió Jesús—. Ella debía guardar este perfume para el día de mi sepultura. **8** Siempre tendrán a los pobres entre ustedes, pero a mí no siempre me tendrán.

e 11:48 O *templo*   *f* 12:5 Griego *trescientos denarios*

9 Mientras tanto, una gran multitud de judíos se enteró de que Jesús estaba allá; y fueron no por Jesús solamente sino también para ver a Lázaro, a quien había resucitado de entre los muertos. 10 Así que los jefes de los sacerdotes resolvieron matar también a Lázaro, 11 porque por causa de él muchos judíos se iban y creían en Jesús.

La entrada triunfal

12 Al día siguiente la gran multitud de los que habían ido a la fiesta se enteró de que Jesús se dirigía a Jerusalén. 13 Tomaron ramas de palma y salieron a recibirlo, gritando:
—¡Hosanna!*g*
—¡Bendito el que viene en el nombre del Señor!*h*
—¡Bendito el Rey de Israel!
14 Jesús encontró un burrito y se montó en él, como dice la Escritura:
15 "No temas, oh hija de Sion;
    mira, tu rey viene,
    montado en un burrito."*i*
16 Al principio, sus discípulos no entendieron todo esto. Sólo después que Jesús fue glorificado se dieron cuenta de que se había escrito esto acerca de él y de que le habían hecho estas cosas.
17 La gente que estaba con él cuando llamó a Lázaro del sepulcro y lo resucitó de entre los muertos siguió difundiendo la noticia. 18 Mucha gente, al enterarse de que había hecho esta señal milagrosa, le salió al encuentro. 19 "Ya ven que así no conseguimos nada —se decían los fariseos unos a otros—. ¡Miren cómo lo ha seguido todo el mundo!"

Jesús predice su muerte

20 Había algunos griegos entre los que subían a adorar en la fiesta. 21 Estos se acercaron a Felipe, que era de Betsaida de Galilea, con una petición.
—Señor —le dijeron—, queremos ver a Jesús.

22 Felipe fue a decírselo a Andrés; Andrés y Felipe a su vez se lo contaron a Jesús.
23 —Ha llegado la hora para que el Hijo del Hombre sea glorificado —les contestó Jesús—. 24 Les aseguro que si un grano de trigo no cae en la tierra y muere, sigue siendo un solo grano. Pero si muere, produce muchos granos. 25 El que ama su vida la perderá, mientras que el que odia su vida en este mundo, la conservará para vida eterna. 26 El que me sirve tiene que seguirme; y donde yo estoy, allí estará también mi servidor. Al que me sirve, mi Padre lo honrará.
27 "Ahora mi corazón está angustiado, y ¿qué voy a decir? ¿'Padre, sálvame de esta hora'? No, precisamente para esto he llegado a esta hora. 28 ¡Padre, glorifica tu nombre!
Se oyó entonces una voz del cielo que decía: "Ya lo he glorificado, y lo volveré a glorificar." 29 La multitud que estaba allí y la oyó decía que había tronado; otros afirmaban que le había hablado un ángel.
30 —Esa voz no se oyó para mi beneficio sino para el de ustedes —dijo Jesús—. 31 Este es el momento del juicio de este mundo; ahora se expulsará al príncipe de este mundo. 32 Pero yo, cuando sea levantado de la tierra, atraeré a todos a mí mismo.
33 Esto lo dijo para indicar la clase de muerte que iba a sufrir.
34 —Hemos oído en la ley —le respondió la gente— que el Cristo*j* permanecerá para siempre; ¿cómo, pues, dices tú: 'El Hijo del Hombre tiene que ser levantado'? ¿Quién es ese Hijo del Hombre?
35 —Ustedes van a tener la luz sólo un poco más de tiempo —les dijo Jesús—. Caminen mientras tienen la luz, antes que los sorprenda la oscuridad. El que camina en la oscuridad no sabe a dónde va. 36 Crean en la luz mientras la tienen, para que lleguen a ser hijos de la luz.

g 12:13 Expresión hebrea que significa "¡Salva!", y que llegó a ser una exclamación de alabanza   *h* 12:13 Sal 118:25,26   *i* 12:15 Zac 9:9   *j* 12:34 O *Mesías*

Cuando terminó de hablar, Jesús se fue y se escondió de ellos.

Los judíos siguen en su incredulidad

37 Aun después de hacer Jesús todas estas señales milagrosas en presencia de ellos, todavía no creían en él. **38** Esto era para que se cumpliera lo que dijo el profeta Isaías:

"Señor, ¿quién ha creído nuestro mensaje,
y a quién le ha sido revelado el brazo del Señor?"*k*

39 Por eso no podían creer, porque como dice Isaías en otro lugar:

40 "Les ha cegado los ojos
y endurecido el corazón,
para que no vean con los ojos,
ni entiendan con el corazón
ni se conviertan; y yo los sane."*l*

41 Esto lo dijo Isaías porque vio la gloria de Jesús y habló de él.

42 Sin embargo, al mismo tiempo creyeron muchos en él, incluso de entre los jefes. Pero no confesaban su fe por temor a los fariseos, para que no los expulsaran de la sinagoga; **43** porque amaban más el reconocimiento de parte de los hombres que el reconocimiento de parte de Dios.

44 "Cuando alguien cree en mí —dijo Jesús con voz fuerte—, no cree sólo en mí, sino en el que me envió. **45** Cuando me ve a mí, ve al que me envió. **46** Yo he venido como una luz al mundo, para que nadie que cree en mí se quede en la oscuridad.

47 "En cuanto al que oye mis palabras pero no las guarda, yo no lo juzgo. Porque no vine a juzgar al mundo sino a salvarlo. **48** Hay un juez para el que me rechaza y no acepta mis palabras; esa misma palabra que dije lo condenará en el día final. **49** Porque no hablé por mi propia cuenta, sino que el Padre que me envió me ordenó lo que tenía que decir y cómo decirlo. **50** Sé que su mandato conduce a la vida eterna. Así que todo lo que digo es exactamente lo que el Padre me ha mandado que diga."

*Jesús les lava los pies
a sus discípulos*

13 Se acercaba la fiesta de la Pascua. Jesús sabía que le había llegado el tiempo de dejar este mundo para ir al Padre. Habiendo amado a los suyos que estaban en el mundo, les mostró ahora hasta qué punto los amaba.*m*

2 Se estaba sirviendo la cena, y el diablo ya había incitado a Judas Iscariote, hijo de Simón, a traicionar a Jesús. **3** Jesús sabía que el Padre había puesto todas las cosas bajo su dominio, y que había salido de Dios y a Dios volvía; **4** así que se levantó de la mesa, se quitó el manto y se ató una toalla a la cintura. **5** Luego echó agua en una vasija y comenzó a lavarles los pies a sus discípulos y a secárselos con la toalla que llevaba a la cintura.

6 Cuando llegó a Simón Pedro, éste le dijo:

—Señor, ¿tú me vas a lavar los pies a mí?

7 —Ahora no entiendes lo que estoy haciendo —le respondió Jesús—, pero lo entenderás más tarde.

8 —¡No! —protestó Pedro—. ¡Jamás me lavarás los pies!

—Si no te lavo, no tienes parte conmigo.

9 —Entonces, Señor, ¡no sólo los pies sino las manos y la cabeza también!

10 —El que se ha bañado sólo necesita lavarse los pies —le contestó Jesús—; todo su cuerpo está limpio. Y ustedes están limpios, aunque no todos.

11 El sabía quién iba a traicionarlo, y por eso dijo que no todos estaban limpios.

12 Cuando terminó de lavarles los pies, se puso el manto y volvió a su lugar.

—¿Entienden lo que he hecho con ustedes? —les dijo Jesús—. **13** Ustedes me llaman Maestro y Señor, y con razón, porque lo soy. **14** Ahora

---

k **12:38** Is 53:1   *l* **12:40** Is 6:10   *m* **13:1** O *mundo, los amó hasta el fin.*

que yo, su Señor y Maestro, les he lavado los pies, también ustedes deben lavarse los pies unos a otros. 15Les he dado ejemplo para que hagan lo mismo que yo he hecho con ustedes. 16Les aseguro que ningún siervo es superior a su señor, y ningún mensajero es superior al que lo envió. 17Ahora que saben esto, serán dichosos si lo hacen.

Jesús predice la traición de Judas

18"No me refiero a todos ustedes; yo sé a quiénes he escogido. Pero esto es para que se cumpla la Escritura: 'El que comparte mi pan ha levantado su talón contra mí.'n

19"Se lo estoy diciendo ahora antes que suceda, para que cuando suceda, crean que yo soy. 20Les aseguro que el que acepta al que yo envío, me acepta a mí; y el que me acepta a mí, acepta al que me envió.

21Dicho esto, Jesús se angustió en espíritu y declaró:

—Les aseguro que uno de ustedes va a traicionarme.

22Los discípulos se miraban unos a otros, sin saber a cuál de ellos se refería. 23Uno de ellos, el discípulo a quien Jesús amaba, estaba a su lado. 24Simón Pedro le hizo señas a ese discípulo y le dijo:

—Pregúntale a quién se refiere.

25—Señor, ¿quién es? —preguntó él, acercándose más a Jesús.

26—Es aquel a quien le dé este pedazo de pan que voy a mojar en el plato —le contestó Jesús.

Luego mojó el pedazo de pan y se lo dio a Judas Iscariote, hijo de Simón. 27Tan pronto como Judas tomó el pan, Satanás entró en él.

—Lo que vas a hacer, hazlo pronto —le dijo Jesús.

28Ninguno de los que estaban a la mesa entendió por qué le dijo eso Jesús. 29Como Judas era el encargado del dinero, algunos pensaron que Jesús le estaba diciendo que comprara lo que necesitaban para la fiesta, o que diera algo a los pobres.

30Una vez que Judas hubo tomado el pan, salió. Ya era de noche.

Jesús predice la negación de Pedro

31Cuando Judas hubo salido, Jesús dijo:

—Ahora es glorificado el Hijo del Hombre y Dios es glorificado en él. 32Si Dios es glorificado en él,o Dios glorificará al Hijo en sí mismo, y lo hará en seguida.

33"Hijitos míos, estaré con ustedes sólo por un poco más de tiempo. Me buscarán, y así como les dije a los judíos, les digo ahora a ustedes: A donde yo voy, no pueden llegar ustedes.

34"Les doy un mandamiento nuevo: Amense unos a otros. Así como yo los he amado, también tienen que amarse ustedes unos a otros. 35Todos sabrán que son mis discípulos si se aman unos a otros.

36—Señor, ¿a dónde vas? —preguntó Simón Pedro.

—A donde yo voy, no puedes seguirme ahora, pero me seguirás después.

37—Señor —insistió Pedro—, ¿por qué no puedo seguirte ahora? Yo daré mi vida por ti.

38—¿De veras darás tu vida por mí? ¡Te aseguro que antes que cante el gallo, me negarás tres veces!

Jesús consuela a sus discípulos

14 "No dejen que se angustie su corazón. Confíenp en Dios; confíen también en mí. 2Hay muchas habitaciones en la casa de mi Padre; si no fuera así, ya se lo habría dicho. Voy allá a prepararles un lugar. 3Y si me voy y les preparo un lugar, volveré y los llevaré conmigo, para que ustedes también estén donde yo estoy. 4Ustedes conocen el camino hacia el lugar a donde voy.

Jesús, el camino al Padre

5—Señor, ya que no sabemos a dónde vas —dijo Tomás—, ¿cómo podemos conocer el camino?

---

n 13:18 Sal 41:9   o 13:32 Varios mss. antiguos no incluyen: Si Dios es glorificado en él.
p 14:1 O Confían

6 —Yo soy el camino, la verdad y la vida —le contestó Jesús—. Nadie llega al Padre sino por medio de mí. 7 Si ustedes me conocieran de veras a mí, conocerían*q* también a mi Padre. Desde ahora lo conocen y lo han visto.

8 —Señor —dijo Felipe—, muéstranos al Padre y con eso nos basta.

9 —¿No me conoces, Felipe, aun después de haber estado entre ustedes tanto tiempo? El que me ha visto a mí ha visto al Padre. ¿Cómo dices tú: 'Muéstranos al Padre'? 10 ¿No crees que yo estoy en el Padre y que el Padre está en mí? Las palabras que les digo no son mías solamente, sino que es más bien el Padre, que vive en mí, el que está haciendo su propio trabajo. 11 Créanme cuando les digo que yo estoy en el Padre y que el Padre está en mí; o al menos crean por la evidencia de los milagros mismos. 12 Les aseguro que el que tiene fe en mí hará lo que yo he estado haciendo. Hará cosas aun más grandes que éstas, porque voy al Padre. 13 Y haré todo lo que ustedes pidan en mi nombre para que el Hijo glorifique al Padre. 14 Pueden pedir cualquier cosa en mi nombre, y la haré.

Jesús promete el Espíritu Santo

15 "Si ustedes me aman, obedecerán mis mandamientos. 16 Y yo le pediré al Padre, y él les dará otro Consejero que esté con ustedes para siempre: 17 el Espíritu de verdad. El mundo no lo puede aceptar porque no lo ve ni lo conoce. Pero ustedes lo conocen porque vive con ustedes y estará*r* en ustedes. 18 No los dejaré huérfanos; vendré a ustedes. 19 Dentro de poco, el mundo ya no me verá, pero ustedes sí me verán. Porque yo vivo, también ustedes vivirán. 20 En aquel día ustedes se darán cuenta de que yo estoy en mi Padre, y ustedes están en mí, y yo estoy en ustedes. 21 El que tiene mis mandamientos y los obedece, ése es

el que me ama. Al que me ama a mí lo amará mi Padre, y yo también lo amaré y me mostraré a él.

22 Judas (no el Iscariote) le dijo:

—Señor, ¿por qué te propones mostrarte a nosotros y no al mundo?

23 —Si alguno me ama, obedecerá mis enseñanzas. Mi Padre lo amará, y vendremos a vivir en él. 24 El que no me ama, no obedecerá mis enseñanzas. Estas palabras que ustedes oyen no son mías sino del Padre que me envió.

25 "Todo esto lo he dicho estando todavía con ustedes. 26 Pero el Consejero, el Espíritu Santo, a quien el Padre enviará en mi nombre, les enseñará todas las cosas y les recordará todo lo que les he dicho. 27 La paz les dejo; mi paz les doy. Yo no les doy a ustedes como les da el mundo. No dejen que se angustie su corazón ni tengan miedo.

28 "Me oyeron decir: 'Me voy y volveré a ustedes.' Si me amaran, se alegrarían de que voy al Padre, porque el Padre es más que yo. 29 Se lo he dicho ahora, antes que suceda, para que cuando suceda, crean. 30 No hablaré mucho más con ustedes, porque viene el príncipe de este mundo. Él no tiene ningún dominio sobre mí, 31 pero el mundo tiene que aprender que amo al Padre y que hago exactamente lo que el Padre me ha mandado.

"Vengan. Vámonos de aquí.

La vid y las ramas

15 "Yo soy la vid verdadera y mi Padre es el viñador. 2 El corta toda rama en mí que no da fruto, mientras que poda*s* toda rama que da fruto para que dé aún más fruto. 3 Ustedes ya están limpios por la palabra que les he dicho. 4 Permanezcan en mí, y yo permaneceré en ustedes. Ninguna rama puede dar fruto por sí misma, sino que tiene que permanecer en la vid. Tampoco ustedes pueden dar fruto si no permanecen en mí.

---

q 14:7 Algunos mss. antiguos dicen: *Si ustedes me han conocido de veras a mí, conocerán*
r 14:17 Algunos mss. antiguos dicen: *y está* significa: *limpia.*
s 15:2 La palabra griega *poda* también

5 "Yo soy la vid; ustedes son las ramas. El que permanece en mí, y yo en él, dará mucho fruto; separados de mí no pueden ustedes hacer nada. 6 El que no permanece en mí es como una rama que es arrojada y se seca; tales ramas se recogen, se tiran al fuego y se queman. 7 Si permanecen en mí y mis palabras permanecen en ustedes, pidan lo que quieran y se les dará. 8 A mi Padre lo glorifican al producir mucho fruto y mostrar así que son mis discípulos.

9 "Así como el Padre me ha amado a mí, también yo los he amado a ustedes. Permanezcan en mi amor. 10 Si obedecen mis mandamientos, permanecerán en mi amor, así como yo he obedecido los mandamientos de mi Padre y permanezco en su amor. 11 Les he dicho esto para que mi alegría esté en ustedes y su alegría sea completa. 12 Mi mandamiento es éste: Amense unos a otros como yo los he amado a ustedes. 13 Nadie tiene amor más grande que éste: que uno dé la vida por sus amigos. 14 Ustedes son mis amigos si hacen lo que les mando. 15 Ya no los llamo siervos, porque el siervo no conoce los asuntos de su señor, sino que los he llamado amigos, porque todo lo que aprendí de mi Padre se lo he dado a conocer a ustedes. 16 No me escogieron ustedes a mí, sino que yo los escogí a ustedes y los comisioné para que vayan y den fruto, fruto que perdure. Entonces el Padre les dará todo lo que le pidan en mi nombre. 17 Este es mi mandamiento: Amense unos a otros.

El mundo odia a los discípulos de Cristo

18 "Si el mundo los odia a ustedes, tengan en cuenta que a mí me odió primero. 19 Si fueran del mundo, el mundo los amaría como suyos. Pero ustedes no son del mundo, sino que yo los he escogido de entre el mundo. Por eso el mundo los odia. 20 Recuerden lo que les dije: 'Nin-

gún siervo es superior a su señor.' t Si a mí me persiguieron, también a ustedes los perseguirán. Si obedecieron mis enseñanzas, también obedecerán las de ustedes. 21 Los tratarán de este modo por causa de mi nombre, porque no conocen al que me envió. 22 Si yo no hubiera venido ni les hubiera hablado, no serían culpables de pecado. Pero ahora no tienen excusa por su pecado. 23 El que me odia a mí, odia también a mi Padre. 24 Si yo no hubiera hecho entre ellos lo que ningún otro hizo, no serían culpables de pecado. Pero ahora han visto esos milagros, y sin embargo nos han odiado a mí y también a mi Padre. 25 Pero esto es para que se cumpla lo que está escrito en la ley de ellos: 'Me odiaron sin motivo.' u

26 "Cuando venga el Consejero que yo les enviaré de parte del Padre, el Espíritu de verdad que procede del Padre, él testificará acerca de mí. 27 Y también deben dar testimonio ustedes, porque han estado conmigo desde el principio.

16 "Les he dicho todo esto para que no se aparten. 2 Los expulsarán de la sinagoga; en realidad, se acerca el tiempo en que cualquiera que los mate pensará que le está prestando un servicio a Dios. 3 Harán tales cosas porque no nos han conocido ni al Padre ni a mí. 4 Les he dicho esto para que, cuando llegue el tiempo, se acuerden de que se lo advertí. No les dije esto al principio porque estaba con ustedes.

La obra del Espíritu Santo

5 "Ahora voy al que me envió, pero ninguno de ustedes me pregunta: '¿A dónde vas?' 6 Porque les he dicho estas cosas, están llenos de tristeza. 7 Pero les digo la verdad: Es por el bien de ustedes que me voy. A menos que me vaya, el Consejero no vendrá a ustedes; pero si me voy, se lo enviaré. 8 Cuando él venga, convencerá de culpa al mundo v en cuanto a pecado, justicia

---

t 15:20 Jn 13:16   u 15:25 Sal 35:19; 69:4   v 16:8 O revelará la culpa del mundo

y juicio; **9** en cuanto a pecado, porque no creen en mí; **10** en cuanto a justicia, porque voy al Padre, donde ustedes no me pueden ver más; **11** y en cuanto a juicio, porque el príncipe de este mundo ya está condenado.

12 "Tengo mucho más que decirles a ustedes, más de lo que ahora pueden soportar. **13** Pero cuando él venga, el Espíritu de verdad, los guiará a toda verdad. No hablará por su propia cuenta, sino que dirá sólo lo que oye y les anunciará lo que todavía está por venir. **14** El me glorificará al tomar de lo mío y dárselo a conocer a ustedes. **15** Todo lo que es del Padre es mío. Por eso les dije que el Espíritu tomará de lo mío y se lo dará a conocer a ustedes.

16 "Dentro de poco ya no me verán; y luego, dentro de otro poco, me verán.

La tristeza de los discípulos se convertirá en alegría

17 Algunos de sus discípulos se dijeron unos a otros:

"¿Qué quiere decir con eso de que 'dentro de poco ya no me verán', y 'luego, dentro de otro poco, me verán', y 'porque voy al Padre'? **18** ¿Qué quiere decir con eso de 'dentro de poco'? —insistían—. No entendemos lo que está diciendo."

19 Jesús se dio cuenta de que querían preguntarle acerca de esto, así que les dijo:

—¿Están discutiendo entre ustedes qué quería decir cuando dije: 'Dentro de poco ya no me verán', y 'luego, dentro de otro poco, me verán'? **20** Les aseguro que ustedes llorarán y se lamentarán, mientras que el mundo se alegrará. Ustedes estarán tristes, pero su tristeza se convertirá en alegría. **21** La mujer que está para dar a luz tiene dolor porque le ha llegado el tiempo; pero cuando nace su bebé, se olvida de su angustia por la alegría de que haya nacido un niño en el mundo. **22** Lo mismo sucede con ustedes: Ahora tienen tristeza, pero volveré a verlos

y se alegrarán, y nadie les quitará su alegría. **23** En aquel día ya no me preguntarán nada. Les aseguro que mi Padre les dará todo lo que le pidan en mi nombre. **24** Hasta ahora no han pedido nada en mi nombre. Pidan y recibirán, y su alegría será completa.

25 "Aunque les he estado hablando en sentido figurado, viene el tiempo en que ya no emplee este modo de hablar, sino que les hablaré con claridad acerca de mi Padre. **26** En aquel día no pedirán en mi nombre. No estoy diciendo que yo pediré por ustedes al Padre. **27** No, el Padre mismo los ama a ustedes porque me han amado a mí y han creído que yo salí de Dios. **28** Salí del Padre y vine al mundo; ahora dejo el mundo y vuelvo al Padre.

29 —Ahora sí estás hablando con claridad —le dijeron sus discípulos—, sin emplear comparaciones. **30** Ahora podemos ver que sabes todas las cosas y que ni siquiera necesitas que nadie te haga preguntas. Por esto creemos que saliste de Dios.

31 —¡Por fin creen!*w* —contestó Jesús—. **32** Pero se acerca el tiempo, y ya ha llegado, en que ustedes serán dispersados, cada uno a su propia casa. A mí me dejarán solo. Sin embargo, no estoy solo, porque mi Padre está conmigo. **33** Les he dicho estas cosas para que tengan paz en mí. En este mundo tendrán sufrimiento. Pero ¡cobren ánimo! Yo he vencido al mundo.

Jesús ora por sí mismo

17 Después que Jesús dijo esto, miró al cielo y oró.

"Padre, ha llegado el momento —dijo—. Glorifica a tu Hijo, para que tu Hijo te glorifique a ti. **2** Pues tú le concediste autoridad sobre todos los hombres para que dé vida eterna a todos los que le has dado. **3** Esta es la vida eterna: que te conozcan a ti, el único Dios verda-

---

w 16:31 O —*¿Ahora creen?*

dero, y a Jesucristo, a quien tú has enviado. 4Yo te he glorificado en la tierra al llevar a cabo la obra que me encargaste. 5Y ahora, Padre, glorifícame en tu presencia con la gloria que tuve contigo antes que el mundo existiera.

Jesús ora por sus discípulos

6"Les he revelado quién eres*x* a los que me diste del mundo. Eran tuyos; tú me los diste y ellos han obedecido tu palabra. 7Ahora saben que todo lo que me has dado viene de ti, 8porque les di las palabras que me diste, y ellos las aceptaron. Supieron con certeza que salí de ti, y creyeron que tú me enviaste. 9Yo ruego por ellos. No ruego por el mundo, sino por los que me has dado, porque son tuyos. 10Todo lo que yo tengo es tuyo, y todo lo que tú tienes es mío; y por medio de ellos he recibido gloria. 11Ya no voy a permanecer por más tiempo en el mundo, pero ellos están todavía en el mundo, y yo voy a ti. Padre Santo, protégelos con el poder de tu nombre, el nombre que me diste, para que sean uno así como nosotros lo somos. 12Mientras estaba con ellos, los protegía y los preservaba mediante el nombre que me diste. Ninguno se ha perdido, excepto aquel condenado a la destrucción, para que se cumpliera la Escritura.

13"Ahora voy a ti, pero digo estas cosas mientras todavía estoy en el mundo, para que ellos tengan dentro de sí la medida completa de mi alegría. 14Yo les he dado tu palabra, y el mundo los ha odiado porque no son del mundo, como tampoco yo soy del mundo. 15No te pido que los saques del mundo, sino que los protejas del maligno. 16Ellos no son del mundo, así como yo tampoco lo soy. 17Santifícalos*y* por medio de la verdad; tu palabra es verdad. 18Así como tú me enviaste a mí al mundo, también yo los envío a ellos al mundo. 19Por ellos me santifico a mí mismo, para que también ellos sean verdaderamente santificados.

Jesús ora por todos los creyentes

20"No ruego sólo por éstos. Ruego también por los que creerán en mí por medio del mensaje de ellos, 21para que todos ellos sean uno, Padre, así como tú estás en mí y yo estoy en ti. Permite que ellos también estén en nosotros para que el mundo crea que tú me has enviado. 22Les he dado la gloria que me diste, para que sean uno, así como nosotros somos uno: 23yo en ellos y tú en mí. Permite que alcancen una completa unidad, para darle a conocer al mundo que tú me enviaste y que los has amado a ellos tal como me has amado a mí.

24"Padre, quiero que los que me has dado estén conmigo donde yo estoy, y que vean mi gloria, la gloria que me has dado, porque me amaste antes de la creación del mundo.

25"Padre justo, aunque el mundo no te conoce, yo sí te conozco, y éstos saben que tú me enviaste. 26Les he dado a conocer quién eres, y seguiré haciéndolo, para que el amor que me tienes esté en ellos y que yo mismo esté en ellos."

Arresto de Jesús

18 Cuando terminó de orar, Jesús salió con sus discípulos y cruzó el valle de Cedrón. Al otro lado había un olivar en el que entró con sus discípulos.

2También Judas, el que lo traicionaba, conocía aquel lugar, porque Jesús se había reunido allí a menudo con sus discípulos. 3Así que Judas llegó al olivar, a la cabeza de un destacamento de soldados y algunos alguaciles de parte de los jefes de los sacerdotes y de los fariseos.

---

x 17:6 Griego *tu nombre*; también en v. 26   *y* 17:17 El verbo griego *santificar* significa: *separar para uso sagrado* o *hacer santo*; también en v. 19.

Llevaban antorchas, lámparas y armas.

4 Jesús, que sabía todo lo que le iba a suceder, les salió al encuentro.

—¿A quién buscan? —les preguntó.

5 —A Jesús de Nazaret —contestaron.

—Yo soy.

Judas el traidor estaba allí con ellos. 6 Cuando Jesús les dijo: "Yo soy", retrocedieron y cayeron al suelo.

7 —¿A quién buscan? —volvió a preguntarles Jesús.

—A Jesús de Nazaret.

8 —Ya les dije que soy yo. Si me buscan a mí, dejen que éstos se vayan.

9 Esto sucedió para que se cumpliera lo que había dicho: "No he perdido a ninguno de los que me diste." [z]

10 Simón Pedro, que tenía una espada, la sacó e hirió al siervo del sumo sacerdote, cortándole la oreja derecha. (El siervo se llamaba Malco.)

11 —¡Guarda tu espada! —le ordenó Jesús a Pedro—. ¿Acaso no he de beber la copa que el Padre me ha dado?

Jesús ante Anás

12 El destacamento de soldados con su comandante y los alguaciles judíos arrestaron a Jesús. Lo ataron 13 y lo llevaron primero a Anás, que era suegro de Caifás, sumo sacerdote aquel año. 14 Caifás era el que había aconsejado a los judíos que sería conveniente que muriera un solo hombre por el pueblo.

Pedro niega a Jesús

15 Simón Pedro y otro discípulo seguían a Jesús. Por ser este discípulo conocido del sumo sacerdote, entró con Jesús en el patio del sumo sacerdote, 16 pero Pedro tuvo que esperar afuera, a la puerta. El otro discípulo, que era conocido del sumo sacerdote, volvió, habló con la por-

tera de turno y consiguió que Pedro entrara.

17 —¿No eres tú acaso uno de los discípulos de ese hombre? —le preguntó la portera.

—No lo soy —respondió Pedro.

18 Hacía frío, y los criados y los alguaciles estaban de pie alrededor de una fogata que habían hecho para calentarse. Pedro también estaba de pie con ellos, calentándose.

El sumo sacerdote interroga a Jesús

19 Mientras tanto, el sumo sacerdote interrogó a Jesús acerca de sus discípulos y de sus enseñanzas.

20 —Yo he hablado abiertamente al mundo —respondió Jesús—. Siempre enseñé en las sinagogas o en el templo, donde se congregan todos los judíos. No dije nada en secreto. 21 ¿Por qué me interrogas a mí? Pregúntales a los que me oyeron. Ellos deben saber lo que dije.

22 Cuando Jesús dijo esto, uno de los alguaciles que estaba cerca le dio una bofetada y le dijo:

—¿Así contestas al sumo sacerdote?

23 —Si dije algo malo —le respondió Jesús—, declara qué tiene de malo. Pero si lo que dije es cierto, ¿por qué me pegas?

24 Anás lo envió, todavía atado, a Caifás, el sumo sacerdote. [a]

Pedro niega a Jesús dos veces más

25 Mientras tanto, Simón Pedro seguía de pie, calentándose.

—¿No eres tú acaso uno de sus discípulos? —le preguntaron.

—No lo soy —dijo Pedro, negándolo.

26 —¿Acaso no te vi con él en el olivar? —insistió uno de los siervos del sumo sacerdote, pariente del hombre a quien Pedro le había cortado la oreja.

27 De nuevo lo negó Pedro, y en ese instante comenzó a cantar un gallo.

Jesús ante Pilato

28 Luego los judíos llevaron a Jesús de la casa de Caifás al palacio del gobernador romano. Ya era de madrugada, y para evitar la contaminación ceremonial los judíos no entraron en el palacio; ellos querían poder comer la Pascua. **29** Así que Pilato salió a interrogarlos:

—¿De qué acusan a este hombre?

30 —Si no fuera un criminal —respondieron—, no te lo habríamos entregado.

31 —Llévenselo ustedes y júzguenlo según su propia ley —les dijo Pilato.

—Nosotros no tenemos ninguna facultad para ejecutar a nadie —objetaron los judíos.

32 Esto sucedió para que se cumpliera lo que Jesús había dicho al indicar la clase de muerte que iba a sufrir.

33 Pilato volvió a entrar en el palacio y llamó a Jesús.

—¿Eres tú el rey de los judíos? —le preguntó.

34 —¿Se te ocurrió eso a ti —le respondió Jesús—, o te hablaron otros acerca de mí?

35 —¿Acaso soy judío? —replicó Pilato—. Fueron los de tu pueblo y los jefes de los sacerdotes los que te entregaron a mí. ¿Qué has hecho?

36 —Mi reino no es de este mundo —contestó Jesús—. Si lo fuera, mis siervos pelearían para impedir que los judíos me arrestaran. Pero ahora mi reino es de otro lugar.

37 —¡Así que eres rey! —le dijo Pilato.

—Tienes razón al decir que soy rey. Yo para esto nací, y para esto vine al mundo, para declarar la verdad. A mí me escucha todo el que está de parte de la verdad.

38 —¿Qué es la verdad? —le dijo Pilato.

Después de decir esto, salió otra vez a los judíos.

—No encuentro base alguna para acusarlo —declaró—. **39** Pero ustedes tienen la costumbre de que les suelte a un preso durante la Pascua. ¿Quieren que les suelte al 'rey de los judíos'?

40 —¡No, a ése no, sino a Barrabás! —volvieron a gritar.

Barrabás había participado en una rebelión.

La sentencia

19 Pilato tomó entonces a Jesús y mandó que lo azotaran. **2** Los soldados tejieron una corona de espinas, la pusieron sobre la cabeza de Jesús y lo vistieron con un manto de púrpura.

3 —¡Viva el rey de los judíos! —le decían al acercársele mientras le pegaban en la cara.

4 Pilato volvió a salir.

—Miren, se lo estoy presentando para que sepan que no encuentro base alguna para acusarlo —dijo a los judíos.

5 Cuando salió Jesús, llevaba puesta la corona de espinas e iba vestido con el manto de púrpura.

—¡Ahí tienen al hombre! —les dijo Pilato.

6 Tan pronto como los jefes de los sacerdotes y sus alguaciles lo vieron, gritaron:

—¡Crucifícalo! ¡Crucifícalo!

—Llévenselo y crucifíquenlo ustedes —replicó Pilato—. Por mi parte, no encuentro base alguna para acusarlo.

7 —Nosotros tenemos una ley, y según esa ley debe morir, porque afirmó que es el Hijo de Dios —insistieron los judíos.

8 Al oír esto, Pilato se atemorizó aún más, **9** y entró de nuevo en el palacio.

—¿De dónde eres tú? —le preguntó a Jesús.

Pero Jesús no le contestó nada.

10 —¿Te niegas a hablarme? —le dijo Pilato—. ¿No te das cuenta de que tengo poder para ponerte en libertad o para crucificarte?

11 —No tendrías ningún poder sobre mí si no se te diera de arriba —le contestó Jesús—. Por eso el que me entregó a ti es culpable de un pecado más grande.

12 Desde entonces Pilato trataba de poner en libertad a Jesús, pero los judíos gritaban:

—Si dejas en libertad a este hombre, no eres amigo del César. Cualquiera que pretende ser rey se opone al César.

13 Al oír esto, Pilato sacó a Jesús y se sentó en el tribunal en un lugar llamado el Empedrado (que en arameo es Gabata). **14** Era el día de preparación de la semana de la Pascua, alrededor de la hora sexta.*b*

—Ahí tienen a su rey —dijo Pilato a los judíos.

15 —¡Fuera de aquí! ¡Fuera de aquí! ¡Crucifícalo! —gritaron ellos.

—¿Acaso voy a crucificar a su rey?

—No tenemos más rey que el César —contestaron los jefes de los sacerdotes.

16 Finalmente Pilato se lo entregó para que lo crucificaran.

La crucifixión

Por lo tanto, los soldados se hicieron cargo de Jesús. **17** El salió cargando su propia cruz hacia el lugar de la Calavera (que en arameo se llama Gólgota). **18** Allí lo crucificaron, y con él a otros dos, uno a cada lado y Jesús en medio. **19** Pilato mandó que se escribiera y se pusiera sobre la cruz un letrero que decía: "JESÚS DE NAZARET, REY DE LOS JUDÍOS." **20** Muchos de los judíos leyeron ese letrero, porque el sitio en que crucificaron a Jesús estaba cerca de la ciudad, y el letrero estaba escrito en arameo, en latín y en griego.

21 —No escribas 'Rey de los judíos' —protestaron ante Pilato los jefes de los sacerdotes de los judíos—, sino que éste afirmó que es rey de los judíos.

22 —Lo que he escrito, he escrito —les contestó Pilato.

23 Cuando los soldados crucificaron a Jesús, tomaron su ropa y la repartieron en cuatro partes, una para cada uno de ellos, sólo quedando la túnica. Esta no tenía costura, sino que era una sola pieza tejida de arriba abajo.

24 —No la rasguemos —se dijeron unos a otros—. Echemos suertes para ver a quién le toca.

Esto sucedió para que se cumpliera la Escritura que dice:

"Se repartieron mi vestimenta
y sortearon mi ropa."*c*

Así que esto es lo que hicieron los soldados.

25 Cerca de la cruz de Jesús estaban de pie su madre, la hermana de su madre, María la esposa de Cleofas, y María Magdalena. **26** Cuando Jesús vio a su madre y al discípulo a quien amaba, de pie también allí cerca, dijo a su madre:

—Mujer, ahí tienes a tu hijo.

27 Después le dijo al discípulo:

—Ahí tienes a tu madre.

Y desde aquel momento ese discípulo la recibió en su casa.

Muerte de Jesús

28 Después de esto, como Jesús sabía que todo ya estaba consumado, y para que se cumpliera la Escritura, dijo:

—Tengo sed.

29 Había allí un frasco lleno de vinagre; así que empaparon una esponja en el vinagre, la pusieron en una rama de hisopo y se la acercaron a la boca.

30 —Todo está consumado —dijo Jesús después de recibir la bebida.

Luego inclinó la cabeza y entregó el espíritu.

31 Era el día de preparación, y el próximo día iba a ser un día de reposo especial. Como los judíos no querían que los cuerpos permanecieran en la cruz durante el día de reposo, le pidieron a Pilato que ordenara que quebraran las piernas y bajaran los cuerpos. **32** Así que fueron los soldados y quebraron las piernas del primer hombre que había sido crucificado con Jesús, y luego las del otro. **33** Pero cuando se acercaron a Jesús y vieron que ya estaba muerto, no le quebraron las piernas. **34** En lugar de ello, uno de los soldados le abrió el costado con

---

b 19:14 Tal vez las seis de la mañana (hora romana)   *c* 19:24 Sal 22:18

una lanza, lo cual produjo un flujo instantáneo de sangre y agua. **35**El que lo vio ha dado testimonio, y su testimonio es verídico. El sabe que dice la verdad, y testifica para que también ustedes crean. **36**Estas cosas sucedieron para que se cumpliera la Escritura: "No le quebrarán ningún hueso"*d* **37**y, como dice otra Escritura: "Mirarán al que han traspasado."*e*

Sepultura de Jesús

38Después de esto, José de Arimatea le pidió a Pilato el cuerpo de Jesús. José era discípulo de Jesús, aunque en secreto por miedo a los judíos. Con el permiso de Pilato, fue y se llevó el cuerpo. **39**Lo acompañaba Nicodemo, el que antes había visitado a Jesús de noche. Nicodemo llevaba una mezcla de mirra y áloe, como unos treinta y cuatro kilos. **40**Los dos tomaron el cuerpo de Jesús y lo envolvieron en vendas de lino, con las especias aromáticas, según la forma de sepultar acostumbrada entre los judíos. **41**En el lugar donde crucificaron a Jesús había un huerto, y en el huerto un sepulcro nuevo en el que todavía no se había puesto a nadie. **42**Por ser el día judío de preparación, y como el sepulcro estaba cerca, pusieron allí a Jesús.

El sepulcro vacío

20 Muy de mañana el primer día de la semana, cuando todavía estaba oscuro, María Magdalena fue al sepulcro y vio que la piedra había sido quitada de la entrada. **2**Así que se fue corriendo a Simón Pedro y al otro discípulo, a quien Jesús amaba.

—¡Se han llevado del sepulcro al Señor, y no sabemos dónde lo han puesto! —exclamó.

3Así que Pedro y el otro discípulo salieron hacia el sepulcro. **4**Ambos iban corriendo, pero el otro discípulo corrió más aprisa que Pedro y llegó primero al sepulcro. **5**Se inclinó para mirar adentro y vio las vendas de lino puestas allí, pero no entró. **6**Después llegó Simón Pedro, que iba detrás de él, y entró en el sepulcro. Vio las vendas de lino puestas allí, **7**y además vio el sudario que había estado sobre la cabeza de Jesús. El sudario no estaba con las vendas de lino, sino doblado aparte. **8**Por fin entró también el otro discípulo, que había llegado primero al sepulcro. El vio y creyó. **9**(Todavía no entendían la Escritura, que Jesús tenía que resucitar de entre los muertos.)

Jesús se aparece a María Magdalena

10Los discípulos regresaron a su casa, **11**pero María se quedó llorando afuera, junto al sepulcro. Mientras lloraba, se inclinó para mirar dentro del sepulcro **12**y vio a dos ángeles vestidos de blanco, sentados donde había estado el cuerpo de Jesús, uno a la cabecera y otro a los pies.

13—Mujer, ¿por qué lloras? —le preguntaron los ángeles.

—Porque se han llevado a mi Señor, y no sé dónde lo han puesto.

14Apenas dijo esto, volvió la mirada y vio a Jesús de pie allí, pero no se dio cuenta de que era Jesús.

15—Mujer —le dijo él—, ¿por qué lloras? ¿A quién buscas?

Ella pensó que él era el que cuidaba el huerto.

—Señor, si usted se lo ha llevado, dígame dónde lo ha puesto, y yo iré a buscarlo.

16—María —le dijo Jesús.

Ella se volvió y exclamó en arameo:

—¡Raboni! (que significa: Maestro).

17—No me sujetes, porque todavía no he vuelto al Padre. Ve más bien a mis hermanos y diles: 'Vuelvo a mi Padre y al Padre de ustedes, a mi Dios y al Dios de ustedes.'

18María Magdalena fue a los discípulos con la noticia. "¡He visto al Señor!", exclamó. Y les contó que él le había dicho estas cosas.

d **19:36** Ex 12:46; Nm 9:12; Sal 34:20   *e* **19:37** Zac 12:10

Jesús se aparece a sus discípulos

19 Al atardecer de aquel primer día de la semana, estando reunidos los discípulos con las puertas trancadas por temor a los judíos, Jesús entró y se puso en medio de ellos, y los saludó.

—¡La paz sea con ustedes!

20 Dicho esto, les mostró las manos y el costado. Los discípulos se llenaron de alegría al ver al Señor.

21 —¡La paz sea con ustedes! —repitió Jesús—. Como el Padre me envió a mí, así yo los envío a ustedes.

22 Luego sopló sobre ellos.

—Reciban el Espíritu Santo —les dijo—. **23** Si ustedes le perdonan a alguien sus pecados, éstos quedan perdonados; si no se los perdonan, no quedan perdonados.

Jesús se aparece a Tomás

24 Tomás (al que llamaban Dídimo), uno de los doce, no estaba con los discípulos cuando llegó Jesús. **25** Así que los otros discípulos le dijeron:

—¡Hemos visto al Señor!

—A no ser que vea la marca de los clavos en sus manos y meta mi dedo donde estaban ellos, y meta mi mano en su costado, no lo creeré —les contestó Tomás.

26 Una semana más tarde los discípulos estaban de nuevo en la casa, y Tomás estaba con ellos. Aunque las puertas estaban trancadas, Jesús entró y se puso en medio de ellos, y los saludó.

—¡La paz sea con ustedes!

27 Luego le dijo a Tomás:

—Mete aquí el dedo; mira mis manos. Extiende tu mano y métela en mi costado. Deja de dudar y cree.

28 —¡Mi Señor y mi Dios! —exclamó Tomás.

29 —Porque me has visto, has creído —le dijo Jesús—; dichosos los que no han visto y sin embargo han creído.

30 Jesús hizo muchas otras señales milagrosas en presencia de sus discípulos, las cuales no están registradas en este libro. **31** Pero éstas quedan escritas para que ustedes crean *f* que Jesús es el Cristo, el Hijo de Dios, y para que al creer tengan vida en su nombre.

Jesús y la pesca milagrosa

21 Después se apareció Jesús de nuevo a sus discípulos junto al mar de Tiberias. *g* Sucedió de esta manera: **2** Estaban juntos Simón Pedro, Tomás (al que llamaban Dídimo), Natanael de Caná de Galilea, los hijos de Zebedeo y otros dos discípulos.

3 —Me voy a pescar —dijo Simón Pedro.

—Nosotros iremos contigo —contestaron ellos.

Así que salieron y subieron a la barca, pero esa noche no pescaron nada.

4 De madrugada estaba Jesús en la orilla, pero los discípulos no se dieron cuenta de que era Jesús.

5 —Amigos, ¿no tienen pescado? —les preguntó Jesús.

—No —respondieron ellos.

6 —Tiren la red a la derecha de la barca, y encontrarán algunos.

Cuando lo hicieron, no podían sacar la red por la gran cantidad de pescados.

7 —¡Es el Señor! —le dijo a Pedro el discípulo a quien Jesús amaba.

Tan pronto como Simón Pedro le oyó decir: "Es el Señor", se puso la ropa (porque se la había quitado) y se tiró al agua. **8** Los otros discípulos lo siguieron en la barca, arrastrando la red llena de pescados, pues no estaban sino a unos noventa metros *h* de distancia de la orilla. **9** Al desembarcar, vieron unas brasas con un pescado encima, y pan.

10 —Traigan algunos de los pescados que acaban de sacar —les dijo Jesús.

---

f **20:31** Algunos mss. dicen: *que ustedes sigan creyendo*
h **21:8** Griego *unos doscientos codos*
g **21:1** Es decir, mar de Galilea

11 Simón Pedro subió a bordo y arrastró la red hasta la orilla. Estaba llena de pescados grandes, ciento cincuenta y tres, pero a pesar de ser tantos, no se rompió la red.

12 —Vengan y desayunen —les dijo Jesús.

Ninguno de los discípulos se atrevía a preguntarle: "¿Quién eres tú?" Sabían que era el Señor. 13 Jesús se acercó, tomó el pan y se lo dio a ellos, e hizo lo mismo con el pescado. 14 Esta fue la tercera vez que Jesús se apareció a sus discípulos después de haber resucitado de entre los muertos.

Jesús restituye a Pedro

15 Cuando terminaron de desayunar, Jesús le preguntó a Simón Pedro:

—Simón, hijo de Juan, ¿me amas más que éstos?

—Sí, Señor, tú sabes que te quiero —contestó Pedro.

—Apacienta mis corderos —le dijo Jesús.

16 De nuevo le preguntó Jesús:

—Simón, hijo de Juan, ¿me amas?

—Sí, Señor, tú sabes que te quiero.

—Cuida de mis ovejas.

17 Por tercera vez Jesús le preguntó:

—Simón, hijo de Juan, ¿me quieres?

A Pedro le dolió que Jesús le preguntara la tercera vez: "¿Me quieres?"

—Señor, tú lo sabes todo; tú sabes que te quiero.

—Apacienta mis ovejas. 18 Te aseguro que cuando eras más joven te vestías tú mismo e ibas a donde querías; pero cuando seas viejo, extenderás las manos y otro te vestirá y te llevará a donde no quieras ir.

19 Esto dijo Jesús para dar a entender la clase de muerte con que Pedro glorificaría a Dios. Después le dijo:

—¡Sígueme!

20 Al volverse, Pedro vio que los seguía el discípulo a quien Jesús amaba. (Este era el que en la cena se había acercado a Jesús y le había dicho: "Señor, ¿quién es el que va a traicionarte?")

21 Al verlo, preguntó Pedro:

—Señor, ¿y éste, qué?

22 —Si quiero que él permanezca vivo hasta que yo vuelva, ¿a ti qué? Tú debes seguirme.

23 Por este motivo corrió entre los hermanos el rumor de que aquel discípulo no moriría. Pero Jesús no dijo que no moriría, sino solamente: "Si quiero que él permanezca vivo hasta que yo vuelva, ¿a ti qué?"

24 Este es el discípulo que declara estas cosas y que las escribió. Sabemos que su testimonio es verídico.

25 Jesús hizo también muchas otras cosas. Si se escribiera cada una de ellas, supongo que ni siquiera en el mundo entero habría lugar para los libros que se escribirían.

Hechos
de los Apóstoles

Jesús llevado al cielo

1 Teófilo, en mi libro anterior escribí acerca de todo lo que Jesús comenzó a hacer y a enseñar **2** hasta el día en que fue llevado al cielo, luego de darles instrucciones por medio del Espíritu Santo a los apóstoles que había escogido. **3** Después de haber padecido, se les presentó a ellos con muchas pruebas convincentes de que estaba vivo. Durante cuarenta días se dejó ver de ellos y les habló acerca del reino de Dios. **4** Una vez, mientras comía con ellos, les dio esta orden:

—No se alejen de Jerusalén, sino esperen la promesa del Padre, de la que me han oído hablar. **5** Porque Juan bautizó con *a* agua, pero dentro de pocos días ustedes serán bautizados con el Espíritu Santo.

6 Por eso, cuando se reunieron, le preguntaron:

—Señor, ¿vas a restaurarle en este tiempo el reino a Israel?

7 —No les toca a ustedes saber los tiempos ni las fechas que el Padre ha fijado por su propia autoridad —les contestó Jesús—. **8** Pero cuando venga el Espíritu Santo sobre ustedes, recibirán poder, y serán mis testigos en Jerusalén, en toda Judea y Samaria, y hasta los confines de la tierra.

9 Dicho esto, fue alzado delante de sus ojos, y una nube lo ocultó de su vista.

10 Ellos miraban fijamente al cielo mientras él se iba, cuando de repente se aparecieron junto a ellos dos hombres vestidos de blanco.

11 —Galileos —les dijeron ellos—, ¿por qué se quedan aquí mirando al cielo? Este mismo Jesús, que ha sido alzado de entre ustedes al cielo, vendrá otra vez de la misma manera que lo han visto ir al cielo.

Elección de Matías para reemplazar a Judas

12 Entonces regresaron a Jerusalén desde el monte llamado de los Olivos, que dista de la ciudad lo que se camina en un día de reposo. *b* **13** Cuando llegaron, subieron al cuarto donde estaban alojados. Estaban allí Pedro, Juan, Jacobo *c* y Andrés; Felipe y Tomás, Bartolomé y Mateo; Jacobo *c* hijo de Alfeo y Simón el Zelote, y Judas hijo de Jacobo. *c* **14** Todos ellos se reunían de continuo para orar, junto con las mujeres y con María, la madre de Jesús, y con los hermanos de él.

15 En aquellos días Pedro se puso de pie en medio de los creyentes *d* (un grupo como de ciento veinte personas). **16** "Hermanos —les dijo—, tenía que cumplirse la Escritura que, por boca de David, expresó hace mucho tiempo el Espíritu Santo acerca de Judas, el que sirvió de guía a los que arrestaron a Jesús. **17** Él formó parte de nuestro grupo y participó en este ministerio."

18 (Con el dinero que obtuvo por su maldad, Judas compró un terreno; allí cayó de cabeza, se le reventó el cuerpo, y se le salieron los intestinos. **19** Todos en Jerusalén se enteraron de ello, de modo que llamaron a aquel terreno Acéldama, es decir, Campo de Sangre.)

20 "En el libro de los Salmos —continuó Pedro— está escrito:

" 'Que su lugar quede desierto,
    y no haya nadie que lo
        habite'; *e*

y:

" 'Que otro ocupe su lugar de
    liderazgo.' *f*

---

a **1:5** O en hermanos   *b* **1:12** Es decir, unos 1.100 metros   *c* **1:13** O *Santiago*   *d* **1:15** Griego   *e* **1:20** Sal 69:25   *f* **1:20** Sal 109:8

21 Por tanto, es preciso escoger a uno de los hombres que nos han acompañado todo el tiempo que el Señor Jesús estuvo entre nosotros, 22 comenzando desde el bautismo de Juan hasta el día en que Jesús fue alzado de entre nosotros. Porque es necesario que uno de ellos llegue a ser con nosotros testigo de su resurrección."

23 Así que propusieron a dos: a José, llamado Barsabás (conocido también por el nombre de Justo), y a Matías. 24 Y oraron así: "Señor, tú conoces el corazón de cada uno. Muéstranos a cuál de estos dos has escogido 25 para que ocupe este ministerio apostólico que Judas dejó para irse al lugar que le correspondía." 26 Luego echaron suertes, y cayó la suerte sobre Matías; así que fue agregado a los once apóstoles.

El Espíritu Santo desciende en Pentecostés

2 Cuando llegó el día de Pentecostés, estaban todos juntos en un mismo lugar. 2 De repente vino del cielo un ruido como el de una ráfaga de viento impetuoso que llenó toda la casa donde estaban sentados. 3 Ellos vieron lo que parecían lenguas de fuego que se separaron y se posaron sobre cada uno de ellos. 4 Todos fueron llenos del Espíritu Santo y comenzaron a hablar en otras lenguas, g según el Espíritu los facultaba para hacerlo.

5 Había en Jerusalén judíos piadosos, procedentes de todas las naciones bajo el cielo. 6 Al oír aquel ruido, se reunió una multitud que estaba desconcertada porque cada uno los oía hablar en su propia lengua. 7 Era tal su asombro que decían:

—¿Acaso no son galileos todos estos que están hablando? 8 Entonces, ¿cómo es que cada uno de nosotros los oye hablar en nuestra lengua materna? 9 Partos, medos y elamitas; habitantes de Mesopotamia, de Judea y de Capadocia, del Ponto y de Asia, 10 de Frigia y de Panfilia, de Egipto y de las regiones de Libia cercanas a Cirene, visitantes de Roma 11 (tanto judíos como los convertidos al judaísmo); cretenses y árabes, ¡los oímos declarar en nuestra propia lengua las maravillas de Dios!

12 Asombrados y perplejos, se decían unos a otros: "¿Qué quiere decir esto?" 13 Pero algunos se burlaban de ellos y decían: "Han tomado demasiado vino." h

Pedro se dirige a la multitud

14 Pedro se puso de pie con los once, alzó la voz y se dirigió a la multitud: "Compatriotas judíos y todos ustedes que viven en Jerusalén, déjenme explicarles esto; presten mucha atención a lo que voy a decirles. 15 Estos no están borrachos como ustedes suponen. ¡Apenas son las nueve de la mañana! 16 Esto es más bien lo que dijo el profeta Joel:

17 "En los últimos días, dice Dios,
      derramaré mi Espíritu sobre
         todo ser humano.
   Profetizarán los hijos y las
         hijas de ustedes,
      los jóvenes tendrán visiones
      y los ancianos tendrán sueños.
18 Derramaré mi Espíritu en esos
         días
      aun sobre mis siervos y mis
         siervas,
      y profetizarán.
19 Mostraré prodigios arriba en
         el cielo
      y señales abajo en la tierra,
      sangre, fuego y nubes de
         humo.
20 El sol se convertirá en oscuridad
      y la luna en sangre
      antes que llegue el día grande
      y glorioso del Señor.
21 Y todo el que invoque el nom-
         bre del Señor
      será salvo.' i

22 "Hombres de Israel, escuchen esto: Jesús de Nazaret fue un hombre acreditado por Dios ante ustedes con milagros, prodigios y seña-

---

g 2:4 O en otros idiomas   h 2:13 O vino nuevo.   i 2:21 Jl 2:28-32

les, que Dios hizo por medio de él entre ustedes, como ustedes mismos saben. 23 A éste se lo entregaron a ustedes con el determinado propósito y el previo conocimiento de Dios; y por medio de hombres malvados,*j* ustedes lo mataron, clavándolo en la cruz. 24 Pero Dios lo resucitó, librándolo de la agonía de la muerte, porque era imposible que la muerte lo mantuviera dominado. 25 David dijo de él:

'"Veía yo al Señor siempre
delante de mí.
Como él está a mi derecha,
no seré estremecido.
26 Por eso se alegra mi corazón y
se regocija mi lengua;
mi cuerpo también vivirá
esperanzado,
27 porque no me abandonarás en
el sepulcro,
ni dejarás que se descomponga
el cuerpo de tu Santo.
28 Me has dado a conocer los
caminos de la vida;
me llenarás de alegría en tu
presencia.'*k*

29 "Hermanos, permítanme decirles con franqueza que el patriarca David murió y fue sepultado, y su sepulcro está entre nosotros hasta este día. 30 Pero él era profeta y sabía que Dios le había prometido bajo juramento que pondría en su trono a uno de sus descendientes. 31 Mirando el futuro, habló de la resurrección del Cristo,*l* que no fue abandonado en el sepulcro, ni se descompuso su cuerpo. 32 Dios ha resucitado a este Jesús, y de ello todos nosotros somos testigos. 33 Exaltado a la derecha de Dios, ha recibido del Padre el Espíritu Santo prometido y ha derramado lo que ustedes ahora ven y oyen. 34 David no subió al cielo, y sin embargo dijo:

"'El Señor dijo a mi Señor:
Siéntate a mi derecha,
35 hasta que ponga a tus enemigos
por estrado de tus pies.'*m*

36 "Por tanto, que todo Israel sepa con certeza que a este Jesús, a quien ustedes crucificaron, Dios lo ha hecho Señor y Cristo."

37 Cuando el pueblo oyó esto, todos se afligieron profundamente y les dijeron a Pedro y a los otros apóstoles:

—Hermanos, ¿qué debemos hacer?

38 —Arrepiéntanse y bautícese cada uno en el nombre de Jesucristo para perdón de los pecados —les contestó Pedro—, y recibirán el regalo del Espíritu Santo. 39 La promesa es para ustedes y para sus hijos, y para todos los que están lejos; para todos los que llame el Señor nuestro Dios.

40 Con otras muchas palabras les amonestaba; y les exhortaba diciéndoles:

—Sálvense de esta generación perversa.

41 Los que recibieron su mensaje fueron bautizados; y se sumaron a los creyentes unas tres mil personas aquel día.

La comunidad de los creyentes

42 Ellos se dedicaban a la enseñanza de los apóstoles y a la comunión, al partimiento del pan y a la oración. 43 Todos se llenaron de temor, y se hacían muchos prodigios y señales milagrosas por medio de los apóstoles. 44 Todos los creyentes estaban juntos y tenían todo en común; 45 vendían sus propiedades y sus bienes, y los compartían con cualquiera según la necesidad que tuviera. 46 Todos los días se reunían de común acuerdo en los atrios del templo. Partían el pan en las casas y comían juntos con alegría y sencillez de corazón, 47 alabando a Dios y disfrutando de la simpatía general del pueblo. Y cada día el Señor añadía al número de ellos los que iban siendo salvos.

---

j 2:23 O *de quienes carecían de la ley* (es decir, de los no judíos)   *k* 2:28 Sal 16:8-11
l 2:31 O *Mesías*. Tanto "el Cristo" (griego) como "el Mesías" (hebreo) significan: "el Ungido"; también en v. 36.   *m* 2:35 Sal 110:1

Pedro sana al mendigo cojo

3 Un día subían Pedro y Juan al templo a la hora de la oración, a las tres de la tarde. 2 Había un hombre cojo desde su nacimiento, al que llevaban a la puerta del templo llamada La Hermosa, donde lo ponían todos los días para que pidiera limosna a los que entraban en los atrios del templo. 3 Cuando vio a Pedro y a Juan, que estaban a punto de entrar, les pidió limosna. 4 Pedro lo miró fijamente, y lo mismo hizo Juan.

— ¡Míranos! — le dijo Pedro.

5 Así que el hombre les puso atención, esperando recibir algo de ellos.

6 — No tengo plata ni oro — declaró Pedro —, pero lo que tengo te doy. En el nombre de Jesucristo de Nazaret, ¡camina!

7 Lo tomó por la mano derecha, lo levantó, y al instante se le fortalecieron los pies y los tobillos al hombre. 8 De un salto se puso de pie y comenzó a caminar. Luego entró con ellos en los atrios del templo caminando, saltando y alabando a Dios. 9 Cuando todo el pueblo lo vio caminar y alabar a Dios, 10 lo reconocieron como el mismo hombre que acostumbraba a pedir limosna sentado junto a la puerta del templo llamada La Hermosa, y se llenaron de admiración y asombro por lo que le había ocurrido.

Pedro se dirige a los espectadores

11 Mientras el mendigo seguía sin soltar a Pedro y a Juan, toda la gente, que no salía de su asombro, corrió hacia ellos al lugar llamado Pórtico de Salomón. 12 Al verlos, Pedro les dijo: "Hombres de Israel, ¿por qué los sorprende esto? ¿Por qué fijan la mirada en nosotros, como si por nuestro propio poder o por nuestra piedad hubiéramos hecho caminar a este hombre? 13 El Dios de Abraham, de Isaac y de Jacob, el Dios de nuestros antepasados, ha glorificado a su siervo

Jesús. Ustedes lo entregaron a la muerte, y lo negaron delante de Pilato, aunque éste había decidido soltarlo. 14 Ustedes negaron al Santo y Justo, y pidieron que se les soltara a un asesino. 15 Ustedes mataron al autor de la vida, pero Dios lo resucitó de entre los muertos, y de esto nosotros somos testigos. 16 Por la fe en el nombre de Jesús, se fortaleció este hombre a quien ustedes ven y conocen. Es el nombre de Jesús y la fe que viene por medio de él lo que le ha dado sanidad total, como todos ustedes pueden ver.

17 "Ahora bien, hermanos, sé que obraron así por ignorancia, como también sus dirigentes. 18 Pero de este modo cumplió Dios lo que había predicho por medio de todos los profetas, diciendo que su Cristo[n] padecería. 19 Por tanto, arrepiéntanse y vuélvanse a Dios, para que sean borrados sus pecados, 20 de modo que vengan tiempos de descanso de parte del Señor, y él envíe al Cristo que ha sido designado para ustedes, a Jesús. 21 El debe quedarse en el cielo hasta que llegue el tiempo en que Dios restaure todas las cosas, así como prometió hace mucho tiempo por medio de sus santos profetas. 22 Porque Moisés dijo: 'El Señor su Dios levantará para ustedes, de entre su pueblo, un profeta como yo; deben escuchar todo lo que él les diga. 23 Cualquier persona que no le haga caso será eliminada de entre su pueblo.'[o]

24 "En realidad, todos los profetas, desde Samuel en adelante, tantos como han hablado, han predicho estos días. 25 Y ustedes son herederos de los profetas y del pacto que Dios estableció con los antepasados de ustedes. El le dijo a Abraham: 'Por medio de tu descendencia serán bendecidos todos los pueblos del mundo.'[p] 26 Cuando Dios resucitó a su siervo, lo envió primero a ustedes para bendecirlos al convertirse cada uno de sus maldades."

---

[n] 3:18 O *Mesías*; también en v. 20   [o] 3:23 Dt 18:15,18,19   [p] 3:25 Gn 22:18; 26:4

Pedro y Juan ante el Sanedrín

4 Mientras Pedro y Juan le hablaban a la gente, se les presentaron los sacerdotes, el capitán de la guardia del templo y los saduceos. 2 Estaban muy molestos porque los apóstoles enseñaban a la gente y proclamaban en la persona de Jesús la resurrección de los muertos. 3 Prendieron a Pedro y a Juan y, como ya anochecía, los metieron en la cárcel hasta el día siguiente. 4 Pero muchos de los que oyeron el mensaje creyeron, y el número de los hombres llegó hasta unos cinco mil.

5 Al día siguiente se reunieron en Jerusalén los gobernantes, los ancianos y los maestros de la ley. 6 Allí estaban el sumo sacerdote Anás, Caifás, Juan, Alejandro y los otros miembros de la familia del sumo sacerdote. 7 Hicieron que se presentaran Pedro y Juan delante de ellos y comenzaron a interrogarlos:

—¿Con qué poder o en nombre de quién hicieron ustedes esto?

8 Pedro, lleno del Espíritu Santo, les dijo:

—Gobernantes del pueblo y ancianos: 9 Si se nos está pidiendo cuentas hoy de un acto de bondad hecho a un cojo y se nos pregunta cómo fue sanado, 10 sepan todos ustedes y todo el pueblo de Israel que por el nombre de Jesucristo de Nazaret, a quien ustedes crucificaron pero a quien Dios resucitó de entre los muertos, éste se encuentra sano delante de ustedes. 11 Jesucristo es

"la piedra que desecharon ustedes los constructores,
     que ha llegado a ser piedra angular".*q*

12 En ningún otro hay salvación, porque no hay bajo el cielo otro nombre dado a los hombres por el cual debamos ser salvos.

13 Cuando vieron el valor de Pedro y de Juan, y se dieron cuenta de que eran hombres sencillos y sin preparación, quedaron asombrados y reconocieron que estos hombres habían estado con Jesús. 14 Pero como veían que estaba junto a ellos el hombre que había sido sanado, no podían decir nada en contra. 15 Así que les mandaron que se retiraran del Sanedrín, y comenzaron a deliberar entre sí. 16 "¿Qué vamos a hacer con estos hombres? —decían—. Todos los que viven en Jerusalén saben que han hecho un milagro notable, y no podemos negarlo. 17 Pero a fin de que este asunto no se siga divulgando entre la gente, debemos advertirles severamente que no hablen más a nadie en este nombre."

18 Volvieron a llamarlos y les ordenaron que no hablaran ni enseñaran nada en el nombre de Jesús. 19 Pero Pedro y Juan les contestaron:

—Juzguen ustedes mismos si es justo delante de Dios obedecerlos a ustedes en vez de obedecerlo a él. 20 Porque nosotros no podemos dejar de hablar de lo que hemos visto y oído.

21 Después de nuevas amenazas, los dejaron irse. No hallaban cómo castigarlos, ya que toda la gente alababa a Dios por lo sucedido. 22 Es que tenía más de cuarenta años el hombre que fue sanado milagrosamente.

La oración de los creyentes

23 Al quedar libres, Pedro y Juan volvieron a los suyos y les relataron todo lo que les habían dicho los jefes de los sacerdotes y los ancianos. 24 Cuando lo oyeron, alzaron unánimes la voz en oración a Dios. "Soberano Señor —dijeron—, tú hiciste el cielo, la tierra, el mar y todo lo que hay en ellos. 25 Tú dijiste por medio del Espíritu Santo por boca de tu siervo David, nuestro antepasado:

"'¿Por qué se enfurecen las naciones
     y conspiran en vano los pueblos?
26 Los reyes de la tierra se presentan,
     y los gobernantes se asocian
contra el Señor
     y contra su Ungido.*r* *s*

---

q 4:11 Sal 118:22   *r* 4:26 Es decir, Cristo o Mesías   *s* 4:26 Sal 2:1,2

27 En efecto, se reunieron en esta ciudad Herodes y Poncio Pilato con los no judíos y con el pueblo *t* de Israel contra tu santo siervo Jesús, a quien ungiste. **28** Hicieron lo que tu poder y tu voluntad habían determinado de antemano que sucediera. **29** Ahora, Señor, considera sus amenazas y permite que tus siervos proclamen tu palabra con todo valor. **30** Extiende tu mano para sanar y hacer señales milagrosas y prodigios mediante el nombre de tu santo siervo Jesús."

31 Después que oraron, tembló el lugar en que estaban reunidos; y todos fueron llenos del Espíritu Santo, y proclamaban la palabra de Dios con valor.

Los creyentes comparten sus bienes

32 Todos los creyentes tenían unidad de mente y corazón. Ninguno reclamaba como suyo nada de lo que poseía, sino que todo lo compartían. **33** Con gran poder los apóstoles seguían dando testimonio de la resurrección del Señor Jesús, y había abundante gracia sobre todos ellos. **34** No había ningún necesitado entre ellos, porque quienes poseían terrenos o casas los vendían, llevaban el dinero de las ventas **35** y lo ponían a los pies de los apóstoles, y se distribuía a cada uno según su necesidad.

36 José, un levita natural de Chipre, a quien los apóstoles llamaban Bernabé (que significa: Hijo de estímulo), **37** vendió un terreno que poseía, llevó el dinero y lo puso a los pies de los apóstoles.

Ananías y Safira

5 Un hombre llamado Ananías, con Safira su esposa, vendió también una propiedad. **2** Pero éste, con el pleno conocimiento de su esposa, se quedó con parte del dinero, y el resto lo llevó y lo puso a los pies de los apóstoles.

3 —Ananías —le dijo Pedro—, ¿cómo es que ha llenado Satanás tu corazón de tal manera que le has mentido al Espíritu Santo y te has quedado con parte del dinero que recibiste por el terreno? **4** ¿Acaso no era tuyo antes de venderlo? Y una vez vendido, ¿no estaba el dinero a tu disposición? ¿Cómo se te ocurrió hacer algo semejante? No has mentido a los hombres sino a Dios.

5 Al oír esto, Ananías cayó muerto. Y se apoderó un gran temor de todos los que se enteraron de lo sucedido. **6** Entonces se acercaron los jóvenes, envolvieron el cuerpo, se lo llevaron y le dieron sepultura.

7 Unas tres horas más tarde entró la esposa, sin saber lo que había ocurrido.

8 —Dime, ¿es éste el precio que ustedes recibieron por el terreno? —le preguntó Pedro.

—Sí —dijo ella—, ése es el precio.

9 —¿Cómo se atrevieron ustedes a ponerse de acuerdo para probar al Espíritu del Señor? —le dijo Pedro—. ¡Mira! Los pies de los que sepultaron a tu esposo están a la puerta, y te llevarán a ti también.

10 En ese mismo instante ella cayó muerta a los pies de él. Entonces entraron los jóvenes y, al encontrarla muerta, se la llevaron y le dieron sepultura al lado de su esposo. **11** Y se apoderó un gran temor de toda la iglesia y de todos los que se enteraron de estos sucesos.

Los apóstoles sanan a muchas personas

12 Los apóstoles hacían muchas señales milagrosas y muchos prodigios entre el pueblo; y todos los creyentes se reunían de común acuerdo en el pórtico de Salomón. **13** Nadie se atrevía a juntarse con ellos, aunque el pueblo los tenía en gran estima. **14** Sin embargo, cada vez era mayor el número de hombres y mujeres que creían en el Señor y se sumaban a ellos. **15** Como resultado, la gente sacaba los enfermos a la calle y los ponían en camas y camillas para que, al pasar Pedro, por lo menos su sombra cayera sobre alguno de ellos. **16** También

t 4:27 Griego *los pueblos*

acudían multitudes de los pueblos vecinos a Jerusalén, llevando enfermos y atormentados por espíritus malos,[u] y todos eran sanados.

Persiguen a los apóstoles

17 El sumo sacerdote y todos sus allegados, que eran miembros del partido de los saduceos, se llenaron de envidia. **18** Arrestaron a los apóstoles y los metieron en la cárcel pública. **19** Pero un ángel del Señor abrió por la noche las puertas de la cárcel y los sacó. **20** "Vayan —les dijo—, preséntense en los atrios del templo y anuncien al pueblo el mensaje completo de esta vida nueva."

21 Al amanecer entraron en los atrios del templo, como se les había dicho, y comenzaron a enseñar al pueblo.

Cuando llegaron el sumo sacerdote y sus allegados, convocaron al Sanedrín (la asamblea general de los ancianos de Israel) y mandaron traer de la cárcel a los apóstoles. **22** Pero al llegar a la cárcel, los guardias no los encontraron. Así que volvieron con el siguiente informe: **23** "Encontramos la cárcel cerrada con toda seguridad y a los guardias de pie a las puertas; pero cuando las abrimos, no encontramos a nadie adentro." **24** Al oírlo, el capitán de la guardia del templo y los jefes de los sacerdotes se quedaron perplejos, preguntándose en qué terminaría aquello.

25 En esto, llegó alguien que les informó: "¡Miren! Los hombres que ustedes metieron en la cárcel están en los atrios del templo enseñándole al pueblo." **26** Luego el capitán fue con sus guardias a buscar a los apóstoles. No emplearon la fuerza, porque temían ser apedreados por la gente.

27 Después de llegar con los apóstoles, los hicieron comparecer ante el Sanedrín para que los interrogara el sumo sacerdote. **28** —Nosotros les dimos órdenes estrictas de que no enseñaran en ese nombre —les dijo—. Sin embargo, ustedes han llenado a Jerusalén con

sus enseñanzas, y se han empeñado en echarnos la culpa de la sangre de ese hombre.

29 —¡Debemos obedecer a Dios antes que a los hombres! —respondieron Pedro y los demás apóstoles—. **30** El Dios de nuestros antepasados resucitó a Jesús, a quien ustedes mataron colgándolo de un madero. **31** Dios lo exaltó a su derecha como Príncipe y Salvador, para que diera a Israel arrepentimiento y perdón de pecados. **32** De esto somos nosotros testigos, y también lo es el Espíritu Santo, que Dios ha dado a quienes le obedecen.

33 Cuando oyeron esto, se enfurecieron y quisieron matarlos. **34** Pero un fariseo llamado Gamaliel, que era un maestro de la ley muy respetado por todo el pueblo, se puso de pie en el Sanedrín y mandó que hicieran salir por un momento a los apóstoles. **35** Luego les dirigió la palabra a las demás autoridades:

—Hombres de Israel, piensen con cuidado lo que van a hacer con estos hombres. **36** Hace algún tiempo se levantó Teudas, pretendiendo ser un gran personaje, y se le unieron como unos cuatrocientos hombres. A él lo mataron, todos sus seguidores se dispersaron y allí se acabó todo. **37** Después de él se levantó Judas el galileo, en los días del censo, y encabezó un grupo rebelde. A él también lo mataron, y todos sus seguidores se dispersaron. **38** Por tanto, en este caso les aconsejo lo siguiente: ¡Dejen a estos hombres en paz! ¡Suéltenlos! Porque si este propósito o esta actividad es de origen humano, fracasará. **39** Pero si es de Dios, no podrán ustedes detenerlos; no harán más que luchar contra Dios.

40 Se dejaron persuadir por su discurso. Llamaron a los apóstoles y mandaron que los azotaran. Luego les ordenaron que no hablaran en el nombre de Jesús, y los soltaron. **41** Los apóstoles salieron del Sanedrín, contentos por haber sido con-

---

[u] **5:16** Griego *inmundos*

siderados dignos de sufrir afrentas por causa del Nombre. **42**Día tras día, en los atrios del templo y de casa en casa, no dejaban de enseñar y anunciar las buenas nuevas de que Jesús es el Cristo.*v*

Elección de los siete

6 En aquellos días, al aumentar el número de los discípulos, se quejaron los judíos helénicos*w* contra los judíos hebraicos*x* de que sus viudas eran mal atendidas en la distribución diaria de los alimentos. **2**Así que los doce reunieron a todos los discípulos, y les dijeron: "No convendría que nosotros descuidáramos el ministerio de la palabra de Dios para servir las mesas. **3**Hermanos, escojan de entre ustedes a siete hombres reconocidos como personas llenas del Espíritu Santo y de sabiduría. Les encargaremos a ellos esta responsabilidad, **4**y nosotros nos dedicaremos a la oración y al ministerio de la palabra."

5Esta propuesta agradó a todo el grupo. Escogieron a Esteban, hombre lleno de fe y del Espíritu Santo; y a Felipe, a Prócoro, a Nicanor, a Timón, a Parmenas y a Nicolás de Antioquía, un convertido al judaísmo. **6**Presentaron a estos hombres a los apóstoles, quienes oraron y les impusieron las manos.

7De manera que se difundía la palabra de Dios. El número de los discípulos en Jerusalén aumentaba con rapidez, y muchos de los sacerdotes obedecían a la fe.

Arresto de Esteban

8Esteban, hombre lleno de la gracia y del poder de Dios, hacía grandes prodigios y señales milagrosas entre el pueblo. **9**Sin embargo, surgió oposición de parte de miembros de la sinagoga llamada de los Libertos, judíos de Cirene y de Alejandría, así como de las provincias de Cilicia y de Asia. Estos comenzaron a discutir con Esteban, **10**pero no podían

hacerle frente a su sabiduría ni al Espíritu por el cual hablaba.

11En secreto persuadieron a unos hombres para que dijeran: "Nosotros le hemos oído a Esteban decir palabras blasfemas contra Moisés y contra Dios."

12Excitaron así los ánimos del pueblo, de los ancianos y de los maestros de la ley. Prendieron a Esteban y lo llevaron ante el Sanedrín. **13**Presentaron testigos falsos, que declararon:

—Este hombre no deja de hablar contra este lugar santo y contra la ley. **14**Le hemos oído decir que ese Jesús de Nazaret destruirá este lugar y cambiará las costumbres que nos dejó Moisés.

15Todos los que estaban sentados en el Sanedrín fijaron la mirada en Esteban, y vieron que su rostro se parecía al de un ángel.

Discurso de Esteban ante el Sanedrín

7 —¿Son ciertas estas acusaciones? —le preguntó el sumo sacerdote.

2El contestó:

—Hermanos y padres, ¡escúchenme! El Dios de la gloria se apareció a nuestro padre Abraham cuando éste aún estaba en Mesopotamia, antes que viviera en Harán. **3**'Deja tu tierra y a tus parientes —le dijo Dios—, y vete a la tierra que te mostraré.'*y*

4"Así que salió de la tierra de los caldeos y se estableció en Harán. Después de la muerte de su padre, lo envió Dios a esta tierra donde ustedes viven ahora. **5**No le dio herencia alguna en ella, ni siquiera un lugar para asentar un pie. Pero Dios le prometió que él y su descendencia después de él tomarían posesión de la tierra, aunque en aquel tiempo Abraham no tenía hijo todavía. **6**Dios le dijo así: 'Tus descendientes serán forasteros en tierra extraña, y serán esclavizados y maltratados durante cuatrocientos

v **5:42** O *Mesías*   *w* **6:1** Es decir, judíos de cultura griega   *x* **6:1** Es decir, judíos de cultura hebrea   *y* **7:3** Gn 12:1

años. **7** Pero castigaré a la nación de la cual sean esclavos —dijo Dios—, y después saldrán de esa tierra y me adorarán en este lugar.' ᶻ **8** Luego le dio a Abraham el pacto de la circuncisión. Y así cuando Abraham llegó a ser padre de Isaac, lo circuncidó a los ocho días de nacido. E Isaac fue el padre de Jacob, y Jacob el padre de los doce patriarcas.

9 "Como los patriarcas tuvieron envidia de José, lo vendieron como esclavo para Egipto. Pero Dios estaba con él, **10** y lo libró de todas sus aflicciones. Le dio sabiduría y lo capacitó para ganarse el favor del Faraón, rey de Egipto; así que éste lo nombró gobernador de Egipto y de todo su palacio.

11 "Hubo entonces un hambre que azotó todo Egipto y Canaán, trayendo consigo gran sufrimiento, y nuestros antepasados no encontraban alimentos. **12** Al enterarse Jacob de que había trigo en Egipto, mandó allá a nuestros antepasados en su primer viaje. **13** En el segundo viaje, José se dio a conocer a sus hermanos, y el Faraón supo de la familia de José. **14** Después de esto, José mandó a buscar a su padre Jacob y toda su familia, setenta y cinco personas en total. **15** Entonces bajó Jacob a Egipto, donde murieron él y nuestros antepasados. **16** Sus restos fueron llevados a Siquem y puestos en el sepulcro que por cierta cantidad de dinero había comprado Abraham a los hijos de Hamor en Siquem.

17 "Cuando ya se acercaba el tiempo para que Dios cumpliera su promesa a Abraham, se hizo muy numeroso nuestro pueblo en Egipto. **18** En aquel entonces llegó a gobernar en Egipto otro rey que no sabía nada de José. **19** Este rey obró traicioneramente contra nuestro pueblo y oprimió a nuestros antepasados, obligándolos a dejar abandonados a sus hijos recién nacidos para que murieran. **20** "En aquel tiempo nació Moisés, y era un niño extraordinario.ᵃ

Durante tres meses fue criado en la casa de su padre, **21** y cuando fue puesto afuera, la hija del Faraón lo recogió y lo crió como su propio hijo. **22** Así que Moisés fue instruido en toda la sabiduría de los egipcios, y era poderoso en palabras y en hechos.

23 "Cuando cumplió cuarenta años, Moisés decidió visitar a sus hermanos israelitas. **24** Al ver que un egipcio maltrataba a uno de ellos, acudió en su defensa y lo vengó matando al egipcio. **25** Moisés pensaba que su pueblo se daría cuenta de que Dios estaba usándolo para rescatarlos a ellos, pero ellos no se dieron cuenta. **26** Al día siguiente, Moisés encontró a dos israelitas que estaban peleando. Trató de reconciliarlos, diciéndoles: 'Señores, ustedes son hermanos; ¿por qué quieren hacerse daño?'

27 "Pero el que estaba maltratando al otro empujó a Moisés, y le dijo: '¿Quién te puso a ti por gobernante y juez sobre nosotros? **28** ¿Quieres acaso matarme, como mataste ayer al egipcio?'ᵇ **29** Al oír esto, Moisés huyó a Madián, donde vivió como extranjero, y tuvo dos hijos.

30 "Pasados cuarenta años, se le apareció a Moisés un ángel en las llamas de una zarza que ardía en el desierto, cerca del monte Sinaí. **31** Moisés se asombró al ver esto. Al acercarse para examinarla mejor, oyó la voz del Señor: **32** 'Yo soy el Dios de tus antepasados, el Dios de Abraham, de Isaac y de Jacob'.ᶜ Moisés se puso a temblar de miedo, y no se atrevía a mirar.

33 "Le dijo el Señor: 'Quítate las sandalias, porque el lugar donde estás es tierra santa. **34** De veras he visto la opresión de mi pueblo en Egipto. He oído sus quejidos y he bajado para librarlos. Ahora ven, que te enviaré de vuelta a Egipto.'ᵈ

35 "Este es Moisés, a quien habían rechazado al decirle: '¿Quién te puso a ti por gobernante y juez?' Dios mismo lo envió para ser gobernante y libertador, por medio del ángel que se le apareció en la zarza. **36** El los sacó de Egipto e hizo prodigios y señales milagrosas en Egipto, en el mar Rojo *e* y durante cuarenta años en el desierto. **37** "Este es aquel Moisés que les dijo a los israelitas: 'Dios levantará para ustedes, de entre sus hermanos, un profeta como yo.' *f* **38** El estuvo en la asamblea en el desierto, con el ángel que le habló en el monte Sinaí, y con nuestros antepasados; y recibió palabras de vida para comunicárnoslas a nosotros.

39 "Pero nuestros antepasados no quisieron obedecerlo, sino que lo rechazaron y en sus corazones se volvieron a Egipto. **40** Le dijeron a Aarón: 'Haznos dioses que vayan delante de nosotros, porque a este Moisés que nos sacó de Egipto, ¡no sabemos qué le habrá sucedido!' *g* **41** Fue entonces que hicieron un ídolo que tenía forma de becerro. Le ofrecieron sacrificios y celebraron en honor de lo que habían hecho con sus manos. **42** Pero Dios se apartó de ellos y los entregó al culto de los cuerpos celestes. Esto concuerda con lo que está escrito en el libro de los profetas:

"'¿Acaso me ofrecieron ustedes sacrificios y ofrendas durante cuarenta años en el desierto, casa de Israel?
43 Ustedes han levantado el santuario de Moloc
y la estrella de su dios Refán,
las imágenes que hicieron para adorarlas.
Por lo tanto, los mandaré al exilio' *h* más allá de Babilonia.

44 "Nuestros antepasados tenían en el desierto el tabernáculo del testimonio. Se había hecho como le ordenó Dios a Moisés, según el modelo que había visto. **45** Después de recibir el tabernáculo, nuestros antepasados lo trajeron consigo, bajo el mando de Josué, cuando conquistaron la tierra de las naciones que Dios expulsó de delante de ellos. Permaneció en aquella tierra hasta los días de David, **46** que disfrutó del favor de Dios y pidió que pudiera proporcionar una morada para el Dios de Jacob. *i* **47** Pero fue Salomón quien construyó la casa.

48 "Sin embargo, el Altísimo no habita en casas hechas por hombres. Como dice el profeta:

49 "'El cielo es mi trono,
y la tierra es el estrado de mis pies.
¿Qué clase de casa me construirán?
dice el Señor.
¿O dónde estará mi lugar de descanso?
50 ¿No es mi mano la que ha hecho todas estas cosas?' *j*

51 "¡Tercos e incircuncisos de corazón y de oídos! Ustedes son iguales que sus antepasados: ¡Siempre resisten al Espíritu Santo! **52** ¿Acaso hubo algún profeta a quien sus antepasados no persiguieran? Hasta mataron a los que predecían la venida del Justo. Y ahora lo han traicionado y asesinado, **53** ustedes que han recibido la ley que se puso en vigor por medio de ángeles, pero no la han obedecido.

Muerte de Esteban

54 Al oír esto, se enfurecieron y rechinaban los dientes contra él. **55** Pero Esteban, lleno del Espíritu Santo, miró al cielo y vio la gloria de Dios, y a Jesús de pie a la derecha de Dios.

56 —Miren —dijo—, veo el cielo abierto y al Hijo del Hombre de pie a la derecha de Dios.

57 Ellos se taparon los oídos y, gritando con mucha fuerza, se abalanzaron a una sobre él, **58** lo arrastraron fuera de la ciudad y comenzaron a apedrearlo. Los testigos dejaron sus ropas a los pies de un joven llamado Saulo.

59 Mientras lo apedreaban, Esteban oraba.

—Señor Jesús —decía—, recibe mi espíritu.

60 Luego cayó de rodillas y gritó:

---

e **7:36** Es decir, mar de las cañas   *f* **7:37** Dt 18:15   *g* **7:40** Ex 32:1   *h* **7:43** Am 5:25-27
i **7:46** Algunos mss. antiguos dicen: *para la casa de Jacob.*   *j* **7:50** Is 66:1,2

—¡Señor, no les tomes en cuenta este pecado!

Cuando hubo dicho esto, murió.

8 Y allí estaba Saulo, dando su aprobación a la muerte de Esteban.

La iglesia perseguida y dispersa

Aquel día se desató una gran persecución contra la iglesia en Jerusalén, y todos, excepto los apóstoles, se dispersaron por toda Judea y Samaria. **2** Algunos hombres piadosos sepultaron a Esteban y se lamentaron profundamente por él. **3** Pero Saulo comenzó a hacer estragos en la iglesia. Entrando de casa en casa, arrastraba a hombres y mujeres y los metía en la cárcel.

Felipe en Samaria

4 Los que se habían dispersado predicaban la palabra por dondequiera que iban. **5** Felipe bajó a una ciudad de Samaria y les anunciaba al Cristo.*k* **6** Al oír a Felipe y al ver las señales milagrosas que hacía, las multitudes prestaban mucha atención a lo que decía. **7** De muchos salían espíritus malos,*l* dando alaridos, y quedaban sanos muchos paralíticos y cojos. **8** Por eso hubo gran alegría en aquella ciudad.

Simón el hechicero

9 Había un hombre llamado Simón que había practicado por algún tiempo la hechicería en la ciudad y había asombrado a la gente de Samaria, jactándose de ser un gran personaje. **10** Todos, desde el más pequeño hasta el más grande, le prestaban atención y exclamaban: "¡Este es el poder de Dios, conocido como el Gran Poder!" **11** Ellos lo seguían porque por mucho tiempo los había asombrado con sus artes mágicas. **12** Pero cuando le creyeron a Felipe mientras les anunciaba las buenas nuevas del reino de Dios y el nombre de Jesucristo, se bautizaban tanto hombres como mujeres. **13** Simón mismo creyó y se bautizó.

Y seguía a Felipe por todas partes, asombrado de los grandes milagros y señales que veía.

14 Cuando los apóstoles que estaban en Jerusalén se enteraron de que Samaria había aceptado la palabra de Dios, les enviaron a Pedro y a Juan. **15** Al llegar, oraron por ellos para que recibieran el Espíritu Santo, **16** porque el Espíritu Santo no había venido todavía sobre ninguno de ellos; solamente habían sido bautizados en el nombre del Señor Jesús. **17** Así que Pedro y Juan les impusieron las manos, y ellos recibieron el Espíritu Santo.

18 Al ver Simón que mediante la imposición de las manos de los apóstoles se daba el Espíritu Santo, les ofreció dinero **19** y les dijo:

—Denme también a mí ese poder, para que todos a quienes yo les imponga las manos reciban el Espíritu Santo.

20 —¡Que tu dinero perezca contigo —le contestó Pedro—, porque pensaste que podías comprar el regalo de Dios con dinero! **21** No tienes parte ni patrimonio en este ministerio, porque tu corazón no es recto delante de Dios. **22** Arrepiéntete de esta maldad y ruega al Señor. Tal vez te perdone el haber tenido semejante pensamiento en el corazón. **23** Veo que estás lleno de amargura y que el pecado te tiene preso.

24 —Rueguen al Señor por mí —respondió Simón—, para que no me suceda nada de lo que han dicho.

25 Después de testificar y de proclamar la palabra del Señor, Pedro y Juan regresaron a Jerusalén, predicando el evangelio en muchas poblaciones de los samaritanos.

Felipe y el etíope

26 Un ángel del Señor le dijo a Felipe: "Vete hacia el sur al camino del desierto, el que baja de Jerusalén a Gaza." **27** Así que se levantó y salió, y en el camino se encontró con un hombre de Etiopía,*m* un alto funcionario encargado de todo el

---

k **8:5** O *Mesías*   *l* **8:7** Griego *inmundos*   *m* **8:27** Es decir, de la región del alto Nilo

tesoro de Candace, reina de los etíopes. Este había ido a Jerusalén para adorar **28** y, de regreso a su país, iba sentado en su carro, leyendo el libro del profeta Isaías. **29** El Espíritu le dijo a Felipe: "Ve a ese carro y quédate cerca de él."

30 Felipe se acercó corriendo al carro y oyó que el hombre leía al profeta Isaías.

—¿Entiende usted lo que está leyendo? —le preguntó Felipe.

31 —¿Cómo puedo, a no ser que alguien me lo explique?

Así que invitó a Felipe a que subiera y se sentara con él. **32** El funcionario leía este pasaje de la Escritura:

"Lo llevaron como oveja al
　　matadero,
y como cordero que permanece mudo delante del
　　trasquilador,
no abrió la boca.

33 En su humillación no se le
　　hizo justicia.
¿Quién hablará de su descendencia?
Porque su vida fue arrebatada de la tierra."*n*

34 —Dígame, por favor, ¿de quién habla el profeta: de sí mismo o de algún otro? —le preguntó el hombre a Felipe.

35 Felipe comenzó con ese mismo pasaje de la Escritura y le contó las buenas nuevas acerca de Jesús. **36** Mientras iban por el camino, llegaron a un lugar donde había agua, y dijo el funcionario:

—Mire, aquí hay agua. ¿Hay alguna razón por la que yo no debiera ser bautizado?*o*

38 Y mandó parar el carro. Entonces Felipe y el eunuco bajaron al agua, y Felipe lo bautizó. **39** Cuando subieron del agua, el Espíritu del Señor se llevó de repente a Felipe, y el eunuco no volvió a verlo, pero siguió alegre su camino. **40** En cuanto a Felipe, se encontró en Azoto, y se fue predicando el evangelio en todos los pueblos hasta que llegó a Cesarea.

Conversión de Saulo

9 Mientras tanto, Saulo seguía respirando amenazas de muerte contra los discípulos del Señor. Se presentó al sumo sacerdote **2** y le pidió cartas para las sinagogas de Damasco, de modo que, si encontraba algunos que pertenecieran al Camino, ya fueran hombres o mujeres, pudiera llevarlos presos a Jerusalén. **3** Por el camino, al acercarse a Damasco, una luz del cielo brilló de repente a su alrededor. **4** Cayó al suelo, y oyó una voz que le decía:

—Saulo, Saulo, ¿por qué me persigues?

5 —¿Quién eres, Señor? —preguntó Saulo.

—Yo soy Jesús, a quien tú persigues. **6** Levántate y entra en la ciudad, y se te dirá lo que debes hacer.

7 Los hombres que viajaban con Saulo se detuvieron atónitos; oyeron la voz, pero no vieron a nadie. **8** Saulo se levantó del suelo, pero cuando abrió los ojos, no podía ver nada. Así que lo tomaron de la mano y lo llevaron a Damasco. **9** Estuvo ciego tres días, y no comió ni bebió nada.

10 Había en Damasco un discípulo llamado Ananías, a quien llamó el Señor en una visión.

—¡Ananías!

—Aquí estoy, Señor.

11 —Anda, vete a la casa de Judas en la calle Derecha, y pregunta por un hombre de Tarso llamado Saulo, que está orando. **12** En una visión ha visto a un hombre llamado Ananías, que entra y pone las manos sobre él para que recobre la vista.

13 —Señor, he oído muchos informes acerca de ese hombre y de todo el daño que ha hecho a tus santos en Jerusalén. **14** Y ha venido aquí con autoridad de los jefes de los sacerdotes para prender a todos los que invocan tu nombre.

n 8:33 Is 53:7,8　　*o* 8:36 Algunos mss. posteriores dicen: *bautizado? / 37 —Si cree usted de todo corazón, bien puede —le dijo Felipe. / —Creo que Jesucristo es el Hijo de Dios —contestó el hombre.*

15 —¡Ve! —insistió el Señor—. Ese hombre es mi instrumento escogido para llevar mi nombre ante los no judíos y sus reyes, y ante el pueblo de Israel. 16 Yo le mostraré cuánto tendrá que padecer por mi nombre.

17 Ananías fue y entró en la casa. Puso las manos sobre Saulo, y le dijo: "Hermano Saulo, el Señor Jesús, que se te apareció en el camino por donde venías, me ha enviado para que recobres la vista y seas lleno del Espíritu Santo." 18 Al instante cayeron de los ojos de Saulo como unas escamas, y recobró la vista. Se levantó y fue bautizado, 19 y después de tomar alimentos, recobró las fuerzas.

Saulo en Damasco y en Jerusalén

Saulo pasó varios días con los discípulos que estaban en Damasco. 20 En seguida comenzó a predicar en las sinagogas que Jesús es el Hijo de Dios. 21 Todos los que le oían se quedaban asombrados, y preguntaban: "¿No es éste el que hacía estragos en Jerusalén entre los que invocan ese nombre? ¿Y no ha venido aquí para llevárselos presos y entregarlos a los jefes de los sacerdotes?" 22 Pero Saulo cobraba cada vez más fuerza y confundía a los judíos que vivían en Damasco, demostrándoles que Jesús es el Cristo.p

23 Después de muchos días, se pusieron de acuerdo los judíos para matarlo, 24 pero Saulo se enteró de sus planes. Día y noche vigilaban de cerca las puertas de la ciudad con el fin de matarlo. 25 Pero sus discípulos se lo llevaron de noche y lo bajaron en un canasto por una abertura en la muralla.

26 Cuando llegó a Jerusalén, trató de reunirse con los discípulos, pero todos le temían, no creyendo que de veras fuera discípulo. 27 Pero Bernabé lo tomó y lo llevó a los apóstoles. Les contó cómo Saulo había visto al Señor en el camino y que el Señor le había hablado, y cómo en Damasco había predicado con valor en el nombre de Jesús. 28 Así que Saulo se quedó con ellos, y andaba con libertad de un lugar a otro en Jerusalén, hablando con valor en el nombre del Señor. 29 Conversaba y discutía con los judíos helénicos,q pero ellos procuraban matarlo. 30 Cuando se enteraron de ello los hermanos, se lo llevaron a Cesarea y lo mandaron a Tarso.

31 Entonces la iglesia disfrutaba de paz en toda Judea, Galilea y Samaria. Se fortalecía y, estimulada por el Espíritu Santo, aumentaba en número, viviendo en el temor del Señor.

Eneas y Dorcas

32 Mientras hacía un extenso recorrido, Pedro fue a visitar a los santos que vivían en Lida. 33 Allí encontró a un hombre llamado Eneas, un paralítico que llevaba ocho años en cama. 34 "Eneas —le dijo Pedro—, Jesucristo te sana. Levántate y arregla tu camilla." Y al instante se levantó. 35 Todos los que vivían en Lida y en Sarón lo vieron, y se convirtieron al Señor.

36 Había en Jope una discípula llamada Tabita (que traducido es Dorcasr), que se dedicaba a hacer buenas obras y a socorrer a los pobres. 37 Por aquel entonces enfermó y murió. Pusieron su cuerpo, después de lavarlo, en un cuarto del piso superior. 38 Lida estaba cerca de Jope; así que cuando los discípulos se enteraron de que Pedro se encontraba en Lida, mandaron dos hombres a rogarle: "¡Por favor, venga en seguida!"

39 Pedro se fue con ellos, y cuando llegó lo llevaron al cuarto de arriba. Todas las viudas lo rodearon, llorando y mostrándole los mantos y la otra ropa que había hecho Dorcas cuando aún estaba con ellas. 40 Pedro hizo salir a todos del cuarto; luego se puso de rodillas y oró. Volviéndose hacia la muerta,

---

p 9:22 O *Mesías*   q 9:29 Es decir, judíos de cultura griega   r 9:36 Tanto *Tabita* (arameo) como *Dorcas* (griego) significan: *gacela.*

dijo: "Tabita, levántate." Ella abrió los ojos y, al ver a Pedro, se incorporó. **41**El la tomó de la mano y la ayudó a levantarse. Luego llamó a los creyentes y a las viudas, y se la presentó a ellos viva. **42**Esto se supo por todo Jope, y creyeron muchos en el Señor. **43**Pedro se quedó en Jope bastante tiempo, en casa de un curtidor llamado Simón.

Cornelio manda llamar a Pedro

10 Había en Cesarea un hombre llamado Cornelio, centurión del llamado Regimiento Italiano. **2**El y toda su familia eran piadosos y temerosos de Dios. Era muy generoso con los necesitados y oraba a Dios constantemente. **3**Un día, como a las tres de la tarde, tuvo una visión. Vio claramente a un ángel de Dios que se le acercaba y le decía:

—¡Cornelio!

4—¿Qué quieres, Señor? —le preguntó Cornelio, mirándolo fijamente con temor.

—Tus oraciones y tus donativos para los pobres han subido como ofrenda recordatoria hasta la presencia de Dios —le contestó el ángel—. **5**Manda ahora a algunos hombres a Jope para hacer venir a un hombre llamado Simón, que también es conocido como Pedro. **6**El se hospeda con Simón el curtidor, que tiene su casa junto al mar.

7Después que se fue el ángel que le había hablado, Cornelio llamó a dos de sus siervos y a un soldado piadoso de los que le servían. **8**Les dijo todo lo que había sucedido y los envió a Jope.

La visión de Pedro

9Al día siguiente, alrededor del mediodía, mientras ellos iban de camino y se acercaban a la ciudad, Pedro subió a la azotea a orar. **10**Tuvo hambre y quiso algo de comer; y mientras le preparaban la comida, tuvo en éxtasis una visión. **11**Vio el cielo abierto y algo que bajaba a la tierra, parecido a una

gran sábana, suspendida por las cuatro puntas. **12**En ella había toda clase de cuadrúpedos, como también reptiles terrestres y aves del cielo.

13—Levántate, Pedro; mata y come —le dijo una voz.

14—¡De ninguna manera, Señor! —replicó Pedro—. Jamás he comido nada impuro o inmundo.

15Por segunda vez la voz le habló y le dijo:

—Lo que Dios ha purificado, no lo llames impuro.

16Esto sucedió tres veces, y en seguida la sábana fue recogida al cielo.

17Mientras Pedro se preguntaba cuál podría ser el significado de la visión, los hombres enviados por Cornelio preguntaron por la casa de Simón y llegaron a la puerta. **18**Llamando, preguntaron si allí se hospedaba Simón, a quien también llamaban Pedro.

19Todavía estaba Pedro pensando en lo que significaría la visión, cuando el Espíritu le dijo: "Simón, tres[s] hombres te buscan. **20**Así que levántate, baja y ve con ellos sin dudar, porque yo los he enviado."

21Bajó Pedro y les dijo a los hombres:

—Yo soy el que ustedes buscan. ¿Por qué han venido?

22—Venimos de parte del centurión Cornelio —contestaron los hombres—. El es un hombre justo y piadoso, y respetado por todo el pueblo judío. Un ángel santo le dijo que lo hiciera venir a usted a su casa para oír lo que usted tenga que decirle.

23Entonces Pedro invitó a los hombres a entrar en la casa para hospedarlos.

Pedro en casa de Cornelio

Al día siguiente, Pedro se fue con ellos acompañado de algunos hermanos de Jope. **24**Al otro día llegó a Cesarea. Cornelio los estaba esperando, y había reunido a sus parientes y amigos íntimos. **25**En el momento de entrar Pedro en la

---

[s] 10:19 Un ms. antiguo dice: *dos*; otros mss. no incluyen el número.

casa, Cornelio salió a recibirlo y se postró a sus pies. **26** Pero Pedro hizo que se levantara.

—Ponte de pie; soy solamente un hombre.

27 Mientras hablaba con él, Pedro entró y encontró a muchos reunidos.

28 —Ustedes saben muy bien que nuestra ley prohíbe que un judío se junte con un extranjero o lo visite —les dijo—. Pero Dios me ha mostrado que no debo llamar impuro o inmundo a ningún hombre. **29** Por eso, cuando me llamaron, vine sin poner ninguna objeción. Permítanme preguntarles: ¿por qué me hicieron venir?

30 —Hace cuatro días a esta misma hora, a las tres de la tarde, estaba yo en casa orando —contestó Cornelio—. De repente se presentó delante de mí un hombre con vestiduras resplandecientes, **31** y me dijo: 'Cornelio, Dios ha oído tu oración y se ha acordado de tus donativos para los pobres. **32** Manda a Jope para hacer venir a Simón, llamado Pedro. El se hospeda en casa de Simón el curtidor, que vive junto al mar.' **33** Así que mandé a llamarte inmediatamente, y tú has tenido la bondad de venir. Ahora estamos todos aquí en la presencia de Dios, dispuestos a escuchar todo lo que el Señor te ha mandado que nos digas.

34 Pedro comenzó a hablar, y dijo:

—Ahora comprendo que de veras no hay favoritismos con Dios, **35** sino que en toda nación él acepta a los que le temen y hacen lo recto. **36** Ustedes conocen el mensaje que Dios envió al pueblo de Israel, anunciando las buenas nuevas de la paz por medio de Jesucristo, que es el Señor de todos. **37** Ustedes saben lo que ha sucedido en toda Judea, comenzando desde Galilea, después del bautismo que predicó Juan: **38** cómo ungió Dios a Jesús de Nazaret con el Espíritu Santo y con poder, y cómo anduvo haciendo bien y sanando a todos los que estaban oprimidos por el diablo, porque Dios

estaba con él. **39** Nosotros somos testigos de todo lo que hizo en la tierra de los judíos y en Jerusalén. Lo mataron, colgándolo de un madero, **40** pero Dios lo resucitó al tercer día, e hizo que apareciera. **41** No apareció a todo el pueblo, sino a testigos previamente escogidos por Dios, a nosotros, que comimos y bebimos con él después que resucitó de entre los muertos. **42** El nos mandó a predicar al pueblo y a testificar que él es el que Dios nombró juez de vivos y muertos. **43** De él dan testimonio todos los profetas, que todo el que cree en él recibe por medio de su nombre el perdón de sus pecados.

44 Todavía estaba Pedro diciendo estas cosas, cuando vino el Espíritu Santo sobre todos los que escuchaban el mensaje. **45** Los creyentes de la circuncisión que habían llegado con Pedro se quedaron asombrados de que el regalo del Espíritu Santo hubiera sido derramado incluso sobre los no judíos, **46** porque los oían hablar en lenguas*i* y alabar a Dios.

47 —¿Acaso puede alguien impedir que estas personas sean bautizadas con agua? —dijo Pedro—. Han recibido el Espíritu Santo igual que nosotros.

48 Así que mandó que fueran bautizados en el nombre de Jesucristo. Entonces le pidieron a Pedro que se quedara con ellos algunos días.

Pedro explica su comportamiento

11 Los apóstoles y los hermanos de toda Judea se enteraron de que también los no judíos habían recibido la palabra de Dios. **2** Así que cuando Pedro subió a Jerusalén, los creyentes de la circuncisión lo criticaron **3** diciendo:

—Entraste en casa de hombres incircuncisos y comiste con ellos.

4 Pedro comenzó a explicarles todo exactamente como había sucedido:

5 —Yo estaba orando en la ciudad de Jope y tuve en éxtasis una visión. Vi algo que bajaba del cielo, parecido a una gran sábana, que bajaba del

---

i **10:46** O *en otros idiomas*

cielo suspendida por las cuatro puntas, y bajó hasta donde yo estaba. 6 Me fijé en lo que había en ella, y vi cuadrúpedos terrestres, fieras, reptiles y aves del cielo. 7 Luego oí una voz que me decía: 'Levántate, Pedro; mata y come.' 8 Repliqué: '¡De ninguna manera, Señor! Jamás ha entrado en mi boca nada impuro o inmundo.' 9 Por segunda vez me habló la voz del cielo, y me dijo: 'Lo que Dios ha purificado, no lo llames impuro.' 10 Esto sucedió tres veces, y luego todo volvió a ser llevado al cielo.

11 "En aquel momento llegaron a buscarme a la casa donde yo estaba tres hombres que habían sido enviados desde Cesarea. 12 El Espíritu me dijo que fuera con ellos sin dudar. También fueron conmigo estos seis hermanos, y entramos en la casa de cierto hombre. 13 El nos contó cómo en su casa se le había aparecido un ángel que le dijo: 'Manda a Jope a buscar a Simón, a quien llaman Pedro. 14 El te traerá un mensaje mediante el cual serán salvos tú y toda tu familia.'

15 "Cuando comencé a hablarles, el Espíritu Santo vino sobre ellos igual que había venido sobre nosotros al principio. 16 Entonces recordé lo que había dicho el Señor: 'Juan bautizó con u agua, pero ustedes serán bautizados con el Espíritu Santo.' 17 Por tanto, si Dios les dio a ellos el mismo regalo que nos dio a nosotros que creímos en el Señor Jesucristo, ¿quién era yo para pensar que podría oponerme a Dios?

18 Al oír esto, no tuvieron más objeciones, y alabaron a Dios diciendo:

—¡Así que incluso a los no judíos les ha concedido Dios el arrepentimiento para vida!

La iglesia en Antioquía

19 Los fieles que se habían dispersado a causa de la persecución suscitada con relación a lo de Esteban llegaron hasta Fenicia, Chipre y Antioquía, anunciando el mensaje solamente a los judíos. 20 Sin embargo, había entre ellos algunos hombres de Chipre y de Cirene que llegaron a Antioquía y comenzaron a hablarles también a los griegos, anunciándoles las buenas nuevas acerca del Señor Jesús. 21 La mano del Señor estaba con ellos, y un gran número creyó y se convirtió al Señor.

22 La noticia de estos sucesos llegó a oídos de la iglesia de Jerusalén, y mandaron a Bernabé a Antioquía. 23 Cuando él llegó y vio las evidencias de la gracia de Dios, se alegró y los animó a todos a permanecer fieles al Señor con todo el corazón. 24 Era un hombre bueno, lleno del Espíritu Santo y de fe. Un gran número de personas se convirtió al Señor.

25 Después partió Bernabé para Tarso a buscar a Saulo, 26 y cuando lo encontró, lo llevó a Antioquía. Así que durante todo un año se reunieron Bernabé y Saulo con la iglesia, y enseñaron a mucha gente. Fue en Antioquía donde por primera vez se les llamó cristianos a los discípulos.

27 Por aquel tiempo unos profetas bajaron de Jerusalén a Antioquía. 28 Uno de ellos, llamado Agabo, se puso de pie y predijo por medio del Espíritu que se propagaría una gran hambre por todo el mundo romano. (Esto sucedió durante el reinado de Claudio.) 29 Los discípulos decidieron enviar ayuda a los hermanos que vivían en Judea, cada uno según sus posibilidades. 30 Así lo hicieron, mandando su ofrenda a los ancianos por medio de Bernabé y de Saulo.

Pedro escapa milagrosamente de la cárcel

12 En ese tiempo el rey Herodes arrestó a algunos de la iglesia con el fin de maltratarlos. 2 Mandó matar a espada a Jacobo, v hermano de Juan. 3 Al ver que esto agradaba a los judíos, procedió a prender también a Pedro. Esto sucedió durante la fiesta de los panes sin levadura. 4 Después de arrestarlo, lo metió en la cárcel y lo puso bajo la vigilancia

---

u 11:16 O en v 12:2 O Santiago; también en v. 17

de cuatro grupos de cuatro soldados cada uno. Herodes tenía la intención de hacerlo comparecer en juicio público después de la Pascua.

5 Así que mantuvieron a Pedro en la cárcel, pero la iglesia oraba fervientemente a Dios por él.

6 La noche antes de que Herodes iba a someterlo a juicio, Pedro dormía entre dos soldados, atado con dos cadenas, y unos guardias vigilaban la entrada. 7 De repente apareció un ángel del Señor y una luz resplandeció en la celda. Tocó a Pedro en el costado y lo despertó. "¡Date prisa! ¡Levántate!", le dijo, y las cadenas cayeron de las manos de Pedro. 8 Le dijo el ángel: "Vístete y ponte las sandalias." Así lo hizo Pedro, y el ángel añadió: "Envuélvete en tu manto, y sígueme."

9 Pedro salió de la cárcel tras él, pero no tenía ni idea de que estaba sucediendo de veras lo que el ángel hacía; le parecía que estaba viendo una visión. 10 Pasaron la primera y la segunda guardia, y llegaron a la puerta de hierro que daba a la ciudad. La puerta se les abrió por sí sola, y ellos salieron. Recorrieron una calle, y de repente el ángel lo dejó solo.

11 Entonces Pedro volvió en sí y dijo: "Ahora sé sin duda alguna que el Señor envió a su ángel para rescatarme de las garras de Herodes y de todo lo que el pueblo judío esperaba."

12 Cuando cayó en cuenta de esto, fue a casa de María, la madre de Juan, también llamado Marcos, donde se habían reunido muchas personas y estaban orando. 13 Pedro llamó a la puerta del patio, y salió a abrirla una sierva llamada Rode. 14 Al reconocer la voz de Pedro, se puso tan contenta que volvió corriendo sin abrir.

—¡Pedro está a la puerta! —exclamó ella.

15 —¡Estás loca! —le dijeron.

Al insistir ella en que así era, ellos decían:

—Debe de ser su ángel.

16 Entre tanto, Pedro seguía llamando. Cuando abrieron la puerta y lo vieron, se asombraron. 17 Pedro les hizo señas con la mano para que se callaran, y les contó cómo el Señor lo había sacado de la cárcel.

—Cuéntenles esto a Jacobo y a los hermanos —les dijo.

Luego salió y se fue a otro lugar.

18 Por la mañana se produjo un alboroto considerable entre los soldados respecto al paradero de Pedro. 19 Después de una búsqueda intensa sin encontrarlo, Herodes interrogó a los guardias y mandó matarlos.

Muerte de Herodes

Luego fue Herodes de Judea a Cesarea y se quedó allí por un tiempo. 20 Había estado muy enojado con los de Tiro y de Sidón, los cuales se pusieron de acuerdo y solicitaron una audiencia con él. Habiéndose ganado el favor de Blasto, camarero del rey, pidieron paz, porque dependían del país del rey para obtener sus provisiones.

21 El día señalado, Herodes, vestido de ropa real, se sentó en su trono y le dirigió un discurso al pueblo. 22 La gente gritaba: "¡Esta es la voz de un dios, y no la de un hombre!" 23 Al instante un ángel del Señor hirió a Herodes, porque éste no le había dado la gloria a Dios, y murió comido de gusanos.

24 Pero la palabra de Dios seguía extendiéndose y difundiéndose.

25 Cuando Bernabé y Saulo terminaron su misión, regresaron de$w$ Jerusalén llevando a Juan, también llamado Marcos.

Despedida de Bernabé y Saulo

13 En la iglesia de Antioquía había profetas y maestros: Bernabé, Simón llamado Niger, Lucio de Cirene, Manaén (que se había criado con Herodes el tetrarca) y Saulo. 2 Mientras adoraban al Señor y ayunaban, el Espíritu Santo dijo: "Apártenme a Bernabé y a Saulo para el trabajo al que los

---

w 12:25 Algunos mss. dicen: a

he llamado." 3 Así que después de ayunar y orar, les impusieron las manos y los despidieron.

En Chipre

4 Estos dos, enviados por el Espíritu Santo, bajaron a Seleucia, y de allí navegaron a Chipre. 5 Al llegar a Salamina, predicaron la palabra de Dios en las sinagogas judías. Tenían también a Juan como ayudante.

6 Recorrieron toda la isla hasta Pafos. Allí se encontraron con un hechicero judío llamado Barjesús, que también era falso profeta, 7 y que estaba al servicio del gobernador Sergio Paulo. El gobernador, hombre inteligente, mandó llamar a Bernabé y a Saulo porque quería oír la palabra de Dios. 8 Pero Elimas el hechicero (que es lo que significa su nombre) se les oponía y procuraba apartar de la fe al gobernador. 9 Entonces Saulo, también llamado Pablo, lleno del Espíritu Santo, miró fijamente a Elimas y le dijo: 10 "Eres hijo del diablo y enemigo de todo lo recto. Estás lleno de toda clase de engaño y de fraude. ¿Es que nunca dejarás de torcer los caminos rectos del Señor? 11 Ahora la mano del Señor está contra ti. Te vas a quedar ciego, y por algún tiempo no podrás ver la luz del sol."

Al instante cayeron sobre él niebla y oscuridad, y comenzó a andar a tientas en busca de alguien que lo llevara de la mano. 12 Al ver lo sucedido, el gobernador creyó, maravillado de la enseñanza acerca del Señor.

En Antioquía de Pisidia

13 Desde Pafos navegaron Pablo y sus compañeros hasta Perge de Panfilia, donde Juan los dejó y regresó a Jerusalén. 14 De Perge pasaron a Antioquía de Pisidia. El día de reposo entraron en la sinagoga y se sentaron. 15 Después de la lectura de la ley y de los profetas, los jefes de la sinagoga mandaron a decirles: "Hermanos, si tienen algún mensaje de estímulo para el pueblo, hablen."

16 Pablo se levantó, hizo una señal con la mano y dijo: "Escúchenme, hombres de Israel, y ustedes, los no judíos que adoran a Dios: 17 El Dios del pueblo de Israel escogió a nuestros antepasados; hizo prosperar al pueblo durante su estadía en Egipto, con gran poder los sacó de aquella tierra, 18 soportó su conducta x en el desierto unos cuarenta años, 19 destruyó siete naciones en Canaán y le dio a su pueblo la tierra de ellas por herencia. 20 Todo esto duró unos cuatrocientos cincuenta años.

"Después de esto, Dios les dio jueces hasta los días del profeta Samuel. 21 Entonces pidieron un rey, y Dios les dio a Saúl, hijo de Cis, de la tribu de Benjamín, que gobernó por cuarenta años. 22 Después de destituir a Saúl, les puso por rey a David. De éste declaró: 'He encontrado a David, hijo de Isaí, hombre conforme a mi corazón; él hará todo lo que yo quiero.'

23 "De los descendientes de éste, Dios ha traído para Israel a Jesús, el Salvador, tal como se lo prometió. 24 Antes de la venida de Jesús, Juan predicó un bautismo de arrepentimiento a todo el pueblo de Israel. 25 Cuando estaba a punto de terminar su misión, Juan decía: ¿Quién creen ustedes que soy? No soy aquél. No, sino que él viene después de mí, y no soy digno de desatarle las sandalias.'

26 "Hermanos, descendientes de Abraham, y ustedes, los no judíos temerosos de Dios: es a nosotros a quienes se ha enviado este mensaje de salvación. 27 Los habitantes de Jerusalén y sus gobernantes no reconocieron a Jesús. Sin embargo, al condenarlo, cumplieron las palabras de los profetas que se leen todos los días de reposo. 28 Aunque no encontraron ninguna causa legítima para condenarlo a muerte, le pidieron a Pilato que lo hiciera ejecutar. 29 Después de llevar a cabo todas las cosas que estaban escritas acerca de él, lo bajaron del madero y lo pusieron en

x 13:18 Algunos mss. dicen: los cuidó

un sepulcro. **30**Pero Dios lo resucitó de entre los muertos, **31**y durante muchos días lo vieron los que habían viajado con él de Galilea a Jerusalén. Ellos son ahora sus testigos ante nuestro pueblo.

32"Nosotros les anunciamos a ustedes las buenas nuevas: Lo que Dios les prometió a nuestros antepasados **33**lo ha cumplido a nosotros, los descendientes de ellos, al resucitar a Jesús. Como está escrito en el segundo salmo:

"'Mi hijo eres tú;
hoy he llegado a ser tu
   Padre.'*y*

34El hecho de que Dios lo resucitó de entre los muertos, para que nunca se descompusiera su cuerpo, se afirma en estas palabras:

"'Yo les daré las bendiciones
santas y seguras prometidas a David.'*z*

35Por eso dice en otro pasaje:

"'No dejarás que se descomponga el cuerpo de tu
   Santo.'*a*

36"Porque David, después de servir el propósito de Dios en su propia generación, murió; fue sepultado con sus antepasados y se descompuso su cuerpo. **37**Pero no se descompuso el cuerpo de aquel a quien Dios resucitó.

38"Por tanto, hermanos, quiero que sepan que por medio de Jesús se les anuncia el perdón de los pecados. **39**Por medio de él, todo el que cree es justificado de todo lo que ustedes no pudieron ser justificados por la ley de Moisés. **40**Tengan cuidado, no sea que les suceda a ustedes lo que han dicho los profetas:

41"'Miren, ustedes que se burlan,
asómbrense y perezcan;
porque voy a hacer en sus días
   algo
que ustedes nunca creerían,
aunque alguien se lo contara.'*b*

42Mientras Pablo y Bernabé salían de la sinagoga, los invitaron a que el siguiente día de reposo les

hablaran más de estas cosas. **43**Cuando despidieron a la congregación, muchos de los judíos y de los piadosos convertidos al judaísmo siguieron a Pablo y a Bernabé, quienes hablaron con ellos y los animaron a continuar en la gracia de Dios.

44El siguiente día de reposo casi toda la ciudad se congregó para oír la palabra del Señor. **45**Cuando los judíos vieron a las multitudes, se llenaron de celos y contradecían con insultos lo que Pablo decía.

46Pablo y Bernabé les contestaron con valor: "Teníamos que anunciar la palabra de Dios en primer lugar a ustedes. Como ustedes la rechazan y no se consideran dignos de la vida eterna, nos volvemos ahora a los que no son judíos. **47**Porque esto es lo que el Señor nos ha mandado:

"'Te he puesto por luz para
los no judíos,
para que lleves salvación hasta
los confines de la tierra.'*c*"

48Al oír esto, los no judíos se alegraban y glorificaban la palabra del Señor; y creyeron todos los que estaban designados para vida eterna.

49La palabra del Señor se difundía por toda la región. **50**Pero los judíos incitaron a las piadosas mujeres distinguidas y a los hombres más prominentes de la ciudad. Estos provocaron una persecución contra Pablo y Bernabé, y los expulsaron de la región. **51**Así que se sacudieron el polvo de sus pies en señal de protesta, y se fueron a Iconio. **52**Y los discípulos quedaron llenos de alegría y del Espíritu Santo.

En Iconio

14 En Iconio, Pablo y Bernabé entraron como de costumbre en la sinagoga judía. Allí hablaron con tanta eficacia que creyó un gran número de judíos y de no judíos. **2**Pero los judíos que se negaban a creer incitaron a los no judíos y los

---

y **13:33** O *yo te he engendrado hoy'*; Sal 2:7
b **13:41** Hab 1:5   *c* **13:47** Is 49:6
z **13:34** Is 55:3   *a* **13:35** Sal 16:10

indispusieron con los hermanos. 3 Por esto, Pablo y Bernabé pasaron allí bastante tiempo, hablando con valor en nombre del Señor, quien confirmaba el mensaje de su gracia, dándoles poder para hacer señales milagrosas y prodigios. 4 La gente de la ciudad estaba dividida; unos estaban de parte de los judíos, y otros de parte de los apóstoles. 5 Entre los judíos y los no judíos, junto con sus dirigentes, se estaba tramando maltratarlos y apedrearlos. 6 Pero los apóstoles se enteraron y huyeron a Listra y Derbe, ciudades de Licaonia, y a sus alrededores, 7 donde siguieron anunciando las buenas nuevas.

En Listra y Derbe

8 Había en Listra un hombre que no podía andar, cojo de nacimiento y que nunca había caminado. Estaba sentado, 9 escuchando a Pablo mientras éste hablaba. Pablo fijó en él la vista y, viendo que tenía fe para ser sanado, 10 le dijo con voz fuerte:

—¡Levántate y ponte de pie!

El hombre dio un salto y comenzó a caminar. 11 Al ver lo que Pablo había hecho, la gente comenzó a gritar en la lengua de Licaonia:

—¡Los dioses han bajado en forma humana hasta nosotros!

12 A Bernabé lo llamaban Zeus, y a Pablo, Hermes porque era el que dirigía la palabra. 13 El sacerdote de Zeus, el dios al que se le había construido un templo a la salida de la ciudad, trajo toros y guirnaldas a las puertas de la ciudad porque quería ofrecerles sacrificios junto con la multitud.

14 Pero cuando se enteraron los apóstoles Bernabé y Pablo, se rasgaron la ropa y se metieron entre la multitud, gritando:

15 —Señores, ¿por qué hacen esto? Nosotros somos también hombres como ustedes. Les estamos anunciando buenas nuevas, diciéndoles que dejen estas cosas sin valor y se vuelvan al Dios viviente, que hizo el cielo, la tierra, el mar y todo lo que hay en ellos. 16 En el pasado, él permitió que todas las naciones siguieran su propio camino. 17 Sin embargo, no ha dejado de dar testimonio de sí mismo: Ha mostrado bondad dándoles a ustedes lluvias del cielo y estaciones fructíferas; les proporciona comida en abundancia y les llena de alegría el corazón.

18 A pesar de todo lo que dijeron, les fue difícil impedir que la multitud les ofreciera sacrificios.

19 En eso llegaron de Antioquía y de Iconio unos judíos que hicieron cambiar de parecer a la multitud. Apedrearon a Pablo y lo arrastraron fuera de la ciudad, creyendo que estaba muerto. 20 Pero cuando lo rodearon los discípulos, él se levantó y volvió a entrar en la ciudad. Al día siguiente, él y Bernabé partieron para Derbe.

El regreso a Antioquía de Siria

21 Anunciaron las buenas nuevas en aquella ciudad e hicieron muchos discípulos. Luego regresaron a Listra, a Iconio y a Antioquía, 22 fortaleciendo a los discípulos y animándolos a perseverar en la fe. "Tenemos que pasar por muchas dificultades para entrar en el reino de Dios", les decían. 23 Pablo y Bernabé nombraron ancianos*d* en cada iglesia y, con oración y ayuno, los encomendaron al Señor, en quien habían creído. 24 Después de pasar por Pisidia, llegaron a Panfilia, 25 y cuando terminaron de predicar la palabra en Perge, bajaron a Atalia. 26 De Atalia navegaron a Antioquía, donde los habían encomendado a la gracia de Dios para la obra que ahora habían terminado. 27 Cuando llegaron, reunieron a la iglesia e informaron de todo lo que Dios había hecho por medio de ellos, y cómo había abierto a los no judíos la puerta de la fe. 28 Y se quedaron allí mucho tiempo con los discípulos.

d **14:23** O *Pablo y Bernabé les ordenaron ancianos*; o *Pablo y Bernabé hicieron que se eligieran ancianos*

El concilio de Jerusalén

15 Algunos bajaron de Judea a Antioquía, y enseñaban a los hermanos: "A menos que ustedes se circunciden, según la costumbre enseñada por Moisés, no pueden ser salvos." **2** Esto llevó a Pablo y a Bernabé a una gran disputa y a un fuerte debate con ellos. Así que Pablo y Bernabé fueron designados, junto con algunos otros creyentes, para subir a Jerusalén a tratar este asunto con los apóstoles y los ancianos. **3** Enviados por la iglesia, al pasar por Fenicia y Samaria contaron cómo se habían convertido los no judíos. Estas noticias alegraron mucho a todos los hermanos. **4** Cuando llegaron a Jerusalén, fueron recibidos por la iglesia, los apóstoles y los ancianos, a quienes informaron de todo lo que Dios había hecho por medio de ellos.

5 Entonces se levantaron algunos creyentes que pertenecían al partido de los fariseos.

—Es necesario circuncidar a los no judíos y exigirles que obedezcan la ley de Moisés —dijeron.

6 Los apóstoles y los ancianos se reunieron para tratar este asunto. **7** Después de una amplia discusión, se levantó Pedro y se dirigió a ellos:

—Hermanos, ustedes saben que hace tiempo Dios escogió de entre ustedes que por mi boca oyeran los no judíos el mensaje del evangelio y creyeran. **8** Dios, que conoce el corazón, mostró que los aceptaba al darles el Espíritu Santo, lo mismo que a nosotros. **9** El no hizo distinción alguna entre nosotros y ellos, pues purificó sus corazones con la fe. **10** Entonces, ¿por qué tratan de probar a Dios poniendo sobre el cuello de los discípulos un yugo que ni nosotros ni nuestros antepasados hemos podido soportar? **11** ¡No! Creemos más bien que somos salvados por la gracia de nuestro Señor Jesús, de la misma manera que ellos.

12 Toda la asamblea guardó silencio al escuchar a Bernabé y a Pablo contar de las señales milagrosas y prodigios que Dios había hecho entre los no judíos por medio de ellos. **13** Cuando terminaron de hablar, Jacobo[e] tomó la palabra y dijo:

—Hermanos, escúchenme. **14** Simón[f] nos ha descrito cómo Dios al principio mostró su interés al tomar de entre los no judíos un pueblo para sí. **15** Con esto concuerdan las palabras de los profetas, tal como está escrito:

16 " 'Después de esto volveré
y reedificaré la tienda caída
de David.
Sus ruinas reedificaré,
y la restauraré,
17 para que el resto de los hombres busque al Señor,
y todos los no judíos que llevan mi nombre,
dice el Señor, que hace estas cosas'[g]
18 conocidas desde tiempos antiguos.[h]

19 "Por lo tanto, considero que no debemos poner dificultades a los no judíos que se convierten a Dios. **20** Más bien debemos escribirles que se abstengan de la comida contaminada por los ídolos, de la inmoralidad sexual, de la carne de animales estrangulados y de sangre. **21** Porque a Moisés lo predican desde tiempos antiguos en cada ciudad, y lo leen en las sinagogas todos los días de reposo.

Carta del concilio a los creyentes no judíos

22 Entonces los apóstoles y los ancianos, con toda la iglesia, decidieron escoger a algunos de sus hombres y enviarlos a Antioquía con Pablo y Bernabé. Escogieron a Judas (llamado Barsabás) y a Silas, hombres prominentes entre los hermanos. **23** Con ellos mandaron la siguiente carta:

e 15:13 O *Santiago*   *f* 15:14 Griego *Simeón*, una variante de *Simón*; es decir, Pedro
g 15:17 Am 9:11,12   *h* 15:17,18 Algunos mss. dicen: *cosas',%/ ¹⁸conocido del Señor es su trabajo desde tiempos antiguos.*

Los apóstoles y los ancianos, hermanos de ustedes,

a los creyentes no judíos que están en Antioquía, en Siria y en Cilicia:

Saludos.

24 Nos hemos enterado de que algunos de los nuestros, sin nuestra autorización, los han inquietado a ustedes, perturbando sus mentes con lo que les han dicho. **25** Así que hemos decidido de común acuerdo escoger a algunos hombres y enviarlos a ustedes con nuestros muy queridos hermanos Pablo y Bernabé, **26** hombres que han arriesgado la vida por el nombre de nuestro Señor Jesucristo. **27** Por tanto, les enviamos a Judas y a Silas para que les confirmen de palabra lo que les escribimos. **28** Nos pareció bien al Espíritu Santo y a nosotros no imponerles a ustedes ninguna carga aparte de los siguientes requisitos: **29** que se abstengan de la comida sacrificada a los ídolos, de sangre, de la carne de animales estrangulados y de la inmoralidad sexual. Ustedes harán bien en evitar estas cosas.

Que les vaya bien.

30 Una vez despedidos, los hombres bajaron a Antioquía, donde reunieron a la iglesia y entregaron la carta. **31** Los hermanos la leyeron y se alegraron por el mensaje alentador que contenía. **32** Judas y Silas, que también eran profetas, hablaron extensamente para animar y fortalecer a los hermanos. **33** Después de pasar algún tiempo allí, los hermanos los despidieron en paz, para regresar a quienes los habían enviado. *i* **35** Pablo y Bernabé permanecieron en Antioquía, enseñando y anunciando la palabra del Señor en compañía de muchos otros.

Desacuerdo entre Pablo y Bernabé

36 Algún tiempo después, Pablo le dijo a Bernabé: "Volvamos a recorrer todos los pueblos en los que predicamos la palabra del Señor, para visitar a los hermanos y ver cómo están." **37** Bernabé quería llevar con ellos a Juan, también llamado Marcos, **38** pero a Pablo no le pareció prudente llevarlo, porque los había abandonado en Panfilia y no había seguido con ellos en el trabajo. **39** Se produjo entre ellos un desacuerdo tan serio que se separaron. Bernabé se llevó a Marcos y se embarcó rumbo a Chipre, **40** mientras que Pablo escogió a Silas y partió, encomendado por los hermanos a la gracia del Señor. **41** Recorrió Siria y Cilicia, fortaleciendo a las iglesias.

Timoteo se une a Pablo y a Silas

16 Llegó a Derbe y después a Listra, donde vivía un discípulo llamado Timoteo, hijo de una mujer judía creyente, pero de padre griego. **2** Los hermanos de Listra y de Iconio hablaban bien de él. **3** Pablo quiso que viajara con él, así que lo circuncidó a causa de los judíos que vivían en aquella región, ya que todos sabían que su padre era griego. **4** Mientras pasaban de pueblo en pueblo, entregaban los acuerdos tomados por los apóstoles y los ancianos que estaban en Jerusalén, para que los obedecieran. **5** Así que las iglesias se fortalecían en la fe y crecían en número cada día.

La visión de Pablo del hombre macedonio

6 Pablo y sus compañeros pasaron por la región de Frigia y Galacia, habiéndoles impedido el Espíritu Santo que predicaran la palabra en la provincia de Asia. **7** Cuando llegaron a la frontera de Misia, intentaron pasar a Bitinia, pero el Espíritu de Jesús no se lo permitió. **8** Así que, pasando de largo a Misia, bajaron a Troas. **9** Durante la noche Pablo

i **15:33** Algunos mss. dicen: *enviado,* **34** *pero Silas decidió quedarse.*

tuvo una visión en la que un hombre de Macedonia, puesto de pie, le rogaba: "Pasa a Macedonia y ayúdanos." **10** Después que Pablo tuvo la visión, en seguida nos preparamos para partir hacia Macedonia, llegando a la conclusión de que Dios nos había llamado a predicar el evangelio a los macedonios.

Conversión de Lidia en Filipos

11 Zarpando de Troas, navegamos directamente a Samotracia, y al día siguiente a Neápolis. **12** De allí fuimos a Filipos, que es una colonia romana y la ciudad principal de ese distrito de Macedonia. Y nos quedamos allí varios días.

13 El día de reposo salimos por la puerta de la ciudad, al río, donde esperábamos encontrar un lugar de oración. Nos sentamos y comenzamos a hablarles a las mujeres que se habían reunido. **14** Una de las que escuchaban se llamaba Lidia, vendedora de telas de púrpura, de la ciudad de Tiatira, la cual adoraba a Dios. El Señor abrió el corazón de ella para que respondiera al mensaje de Pablo. **15** Cuando fueron bautizados ella y su familia, nos invitó a su casa. "Si ustedes me consideran creyente en el Señor —nos dijo—, vengan a hospedarse en mi casa." Y nos persuadió.

Pablo y Silas en la cárcel

16 Una vez, cuando íbamos al lugar de oración, nos salió al encuentro una muchacha esclava que tenía un espíritu mediante el cual adivinaba el futuro. Adivinando, ella ganaba mucho dinero para sus amos. **17** Esta muchacha nos seguía a Pablo y a nosotros, gritando:

—Estos hombres son siervos del Dios Altísimo, quienes les anuncian a ustedes el camino de salvación.

18 Así continuó durante muchos días. Por fin se molestó tanto Pablo, que se volvió y le dijo al espíritu:

—¡En el nombre de Jesucristo, te ordeno que salgas de ella!

Y en aquel mismo momento salió de ella el espíritu.

19 Cuando los amos de la muchacha se dieron cuenta de que se les habían esfumado las esperanzas de ganar dinero, prendieron a Pablo y a Silas y los arrastraron a la plaza, ante las autoridades. **20** Se los presentaron a los magistrados y dijeron:

—Estos hombres son judíos, y están alborotando nuestra ciudad, **21** animando a la gente a que siga costumbres que a los romanos se nos prohíbe aceptar o practicar.

22 La multitud se amotinó contra Pablo y Silas, y los magistrados ordenaron que les quitaran la ropa y los azotaran con varas. **23** Después de darles muchos azotes, los echaron en la cárcel, y le ordenaron al carcelero que los custodiara con seguridad. **24** Al recibir semejante orden, éste los metió en la celda interior y les sujetó los pies en el cepo.

25 A eso de la medianoche, Pablo y Silas oraban y cantaban himnos a Dios, y los otros presos los escuchaban. **26** De repente se produjo un terremoto tan fuerte que sacudió los cimientos de la cárcel. Al instante se abrieron todas las puertas y a todos se les soltaron las cadenas. **27** El carcelero despertó, y al ver abiertas las puertas de la cárcel, sacó la espada y estaba a punto de matarse, porque pensaba que se habían escapado los presos.

28 —¡No te hagas ningún daño! —le gritó Pablo—. ¡Todos estamos aquí!

29 El carcelero pidió luz, entró precipitadamente y se echó temblando a los pies de Pablo y de Silas. **30** Luego los sacó y les preguntó:

—Señores, ¿qué tengo que hacer para ser salvo?

31 —Cree en el Señor Jesús, y serán salvos tú y tu familia —le contestaron.

32 Entonces les expusieron la palabra de Dios a él y a todos los demás que estaban en su casa. **33** A esa misma hora de la noche, el carcelero se los llevó y les lavó las heridas; en seguida fueron bautizados él y toda su familia. **34** El carcelero los llevó a su casa, les sirvió comida y se alegró mucho junto con toda su familia por haber creído en Dios.

35Al amanecer, los magistrados mandaron a sus alguaciles al carcelero con esta orden: "Suelta a esos hombres." **36**El carcelero le dijo a Pablo:

—Los magistrados han dado orden de que se les suelte a ustedes. Ya pueden irse. Vayan en paz.

37Pero Pablo les dijo a los alguaciles:

—A nosotros, que somos ciudadanos romanos, nos azotaron públicamente sin proceso alguno, y nos echaron en la cárcel. ¿Y ahora quieren sacarnos a escondidas? ¡No! Que vengan ellos mismos a escoltarnos hasta la salida.

38Los alguaciles les comunicaron esto a los magistrados, y éstos se asustaron cuando oyeron que Pablo y Silas eran ciudadanos romanos. **39**Fueron a pedirles disculpas y los escoltaron desde la cárcel, pidiéndoles que se fueran de la ciudad. **40**Después de salir de la cárcel, Pablo y Silas fueron a casa de Lidia, donde se vieron con los hermanos y los animaron. Luego se fueron.

En Tesalónica

17 Después de pasar por Anfípolis y Apolonia, llegaron a Tesalónica, donde había una sinagoga judía. **2**Como era su costumbre, Pablo entró en la sinagoga y por tres días de reposo discutió con ellos basándose en las Escrituras, **3**explicándoles y probándoles que el Cristo*j* tenía que padecer y resucitar de entre los muertos. "Este Jesús que les anuncio a ustedes es el Cristo",*j* les decía. **4**Algunos de los judíos se convencieron y se unieron a Pablo y a Silas, así como también lo hicieron muchos griegos piadosos y no pocas mujeres prominentes.

5Pero los judíos sintieron envidia. Así que reunieron a unos malvados de la plaza, armaron una turba y alborotaron la ciudad. Asaltaron la casa de Jasón en busca de Pablo y de Silas con el fin de sacarlos ante la multitud.*k* **6**Pero como no los encontraron, arrastraron a Jasón y a algunos otros hermanos ante las autoridades de la ciudad, gritando: "¡Estos hombres que han trastornado el mundo entero han venido también acá, **7**y Jasón los ha recibido en su casa! Todos ellos rechazan los decretos del César, diciendo que hay otro rey, uno que se llama Jesús." **8**Al oír esto, la multitud y las autoridades de la ciudad se vieron envueltos en el alboroto. **9**Entonces obligaron a Jasón y a los demás a depositar fianzas, y los soltaron.

En Berea

10Tan pronto como se hizo de noche, los hermanos enviaron a Pablo y a Silas a Berea. Al llegar, se fueron a la sinagoga judía. **11**Los de Berea eran de sentimientos más nobles que los de Tesalónica, pues recibieron el mensaje con toda avidez y examinaban las Escrituras todos los días para ver si era verdad lo que decía Pablo. **12**Muchos de los judíos creyeron, así como también un buen número de mujeres griegas distinguidas y muchos hombres griegos.

13Cuando los judíos de Tesalónica se enteraron de que Pablo estaba predicando la palabra de Dios en Berea, se fueron también allá para agitar y alborotar a las multitudes. **14**Los hermanos en seguida enviaron a Pablo hasta la costa, pero Silas y Timoteo se quedaron en Berea. **15**Los que acompañaban a Pablo lo llevaron hasta Atenas. Luego partieron con instrucciones para que Silas y Timoteo se reunieran con él tan pronto como les fuera posible.

En Atenas

16Mientras Pablo los esperaba en Atenas, se afligió mucho al ver que la ciudad estaba llena de ídolos. **17**Así que discutía en la sinagoga con los judíos y con los griegos piadosos, como también en la plaza, día tras

j 17:3 O *Mesías*   *k* 17:5 O *la asamblea del pueblo.*

día, con los que se encontraban por allí. **18**Algunos filósofos epicúreos y estoicos comenzaron a discutir con él. Unos decían: "¿Qué querrá decir este charlatán?" Otros comentaban: "Parece que es predicador de dioses extranjeros." Decían esto porque Pablo les anunciaba las buenas nuevas acerca de Jesús y de la resurrección. **19**Entonces se lo llevaron a una reunión del Areópago.

—¿Podemos saber qué nueva enseñanza es ésta que usted presenta? —le dijeron—. **20**Nos trae usted ideas extrañas a nuestros oídos, y queremos saber qué significan. **21**Es que todos los atenienses y los extranjeros que vivían allí se pasaban el tiempo sin hacer otra cosa que comentar y escuchar algo nuevo.

22Pablo se puso de pie en medio de la reunión del Areópago, y dijo:

—¡Hombres de Atenas! Veo que ustedes son muy religiosos en todo sentido. **23**Porque mientras pasaba y observaba los objetos de su adoración, encontré incluso un altar con esta inscripción: A UN DIOS DESCONOCIDO. Ahora, eso que ustedes adoran como algo desconocido es lo que yo les voy a anunciar.

24"El Dios que hizo el mundo y todo lo que hay en él es Señor del cielo y de la tierra, y no vive en templos hechos por manos humanas. **25**Ni es servido por manos de hombres, como si necesitara de algo, porque él es quien da a todos la vida, el aliento y todo lo demás. **26**De un solo hombre hizo toda nación humana, para que poblaran toda la tierra; y determinó los tiempos señalados para ellos y los lugares precisos en los que deben vivir. **27**Esto lo hizo Dios para que los hombres lo buscaran, y tal vez a tientas lo encontraran, aunque él no está lejos de cada uno de nosotros. **28**'Porque en él vivimos, nos movemos y existimos.' Como algunos de sus propios poetas han dicho: 'Somos descendientes de él.'

29"Siendo, entonces, descendientes de Dios, no debemos pensar que la divinidad sea como el oro, la plata o la piedra: escultura hecha como resultado del ingenio y de la destreza del hombre. **30**En el pasado, Dios pasó por alto tal ignorancia, pero ahora manda a todos, en todas partes, que se arrepientan. **31**El ha fijado un día en que juzgará al mundo con justicia, por medio del hombre que ha designado. De ello ha dado pruebas a todos al resucitarlo de entre los muertos.

32Cuando oyeron de la resurrección de los muertos, unos se burlaron; pero otros dijeron:

—Queremos oírlo a usted hablar de nuevo sobre este tema.

33En ese momento Pablo salió del concilio. **34**Algunos hombres siguieron a Pablo y creyeron. Entre ellos estaba Dionisio, miembro del Areópago, también una mujer llamada Dámaris, y otros más.

En Corinto

18 Después de esto, Pablo salió de Atenas y se fue a Corinto. **2**Allí se encontró con un judío llamado Aquila, natural del Ponto, recién llegado de Italia con su esposa Priscila, porque Claudio había mandado salir de Italia a todos los judíos. Pablo fue a verlos **3**y, como hacía tiendas de campaña al igual que ellos, se quedó con ellos para trabajar juntos. **4**Todos los días de reposo discutía en la sinagoga, tratando de persuadir a judíos y a griegos.

5Cuando Silas y Timoteo llegaron de Macedonia, Pablo se dedicó exclusivamente a la predicación, testificándoles a los judíos que Jesús era el Cristo.[l] **6**Pero cuando los judíos se opusieron a Pablo y lo insultaron, él sacudió su ropa en señal de protesta, y les dijo: "¡Caiga la sangre de ustedes sobre su propia cabeza! Estoy libre de responsabilidad. Desde ahora me dirigiré a los que no son judíos."

[l] 18:5 O *Mesías*; también en v. 28

7 Entonces Pablo salió de la sinagoga y fue a la casa de Ticio Justo, que adoraba a Dios y que vivía al lado de la sinagoga. **8** Crispo, el jefe de la sinagoga, creyó en el Señor con toda su familia; y creyeron y fueron bautizados muchos de los corintios que lo oyeron.

9 Una noche le dijo el Señor a Pablo en una visión: "No tengas miedo; sigue hablando y no calles. **10** Pues estoy contigo, y nadie te va a atacar para hacerte daño, porque tengo mucha gente en esta ciudad." **11** Así que Pablo se quedó un año y medio, enseñándoles la palabra de Dios.

12 Mientras Galión era gobernador de Acaya, los judíos de común acuerdo atacaron a Pablo y lo llevaron al tribunal.

13 —Este hombre —denunciaron ellos— anda persuadiendo a la gente a que adore a Dios en una forma contraria a la ley.

14 Pablo ya iba a hablar cuando Galión les dijo a los judíos:

—Si ustedes los judíos estuvieran entablando una demanda sobre algún delito menor o algún crimen grave, sería razonable que los escuchara. **15** Pero como se trata de cuestiones de palabras, de nombres y de su propia ley, arréglense entre ustedes. No quiero ser juez de tales cosas.

16 Así que mandó echarlos del tribunal. **17** Entonces se volvieron todos en contra de Sóstenes, el jefe de la sinagoga, y lo golpearon delante del tribunal. Pero Galión no demostró que le importara en lo más mínimo.

Apolos

18 Pablo permaneció en Corinto algún tiempo. Después se despidió de los hermanos y se embarcó rumbo a Siria, acompañado de Priscila y Aquila. Antes de embarcarse, se hizo rapar la cabeza en Cencrea, a causa de un voto que había hecho. **19** Llegaron a Efeso, donde Pablo dejó a Priscila y a Aquila. El mismo entró en la sinagoga y discutió con los judíos. **20** Cuando le pidieron que

se quedara más tiempo con ellos, rechazó la petición. **21** Pero al despedirse les prometió: "Volveré si Dios quiere." Y zarpó de Efeso. **22** Cuando desembarcó en Cesarea, subió a saludar a la iglesia y luego bajó a Antioquía.

23 Después de pasar algún tiempo en Antioquía, Pablo salió a viajar de un lugar a otro, recorriendo la región de Galacia y Frigia, fortaleciendo a todos los discípulos.

24 Por entonces llegó a Efeso un judío llamado Apolos, natural de Alejandría. Era un hombre erudito y muy versado en las Escrituras. **25** Había sido instruido en el camino del Señor, y con gran fervor[m] hablaba y enseñaba con exactitud acerca de Jesús, aunque conocía solamente el bautismo de Juan. **26** Comenzó a hablar con valor en la sinagoga. Al oírlo Priscila y Aquila, lo invitaron a su casa y le explicaron con mayor precisión el camino de Dios.

27 Como Apolos quiso pasar a Acaya, los hermanos lo animaron y les escribieron a los discípulos de allá para que lo recibieran. Cuando llegó, ayudó mucho a quienes por la gracia habían creído. **28** Porque con vigor refutaba en público a los judíos, demostrando por las Escrituras que Jesús era el Cristo.

Pablo en Efeso

19 Mientras Apolos estaba en Corinto, Pablo recorrió el camino que pasa por el interior y llegó a Efeso. Allí encontró a algunos discípulos.

2 —¿Recibieron ustedes el Espíritu Santo cuando[n] creyeron? —les preguntó.

—No, ni siquiera nos hemos enterado de que hay Espíritu Santo —respondieron.

3 —Entonces, ¿qué bautismo recibieron?

—El bautismo de Juan.

4 —Juan bautizó con un bautismo de arrepentimiento —les dijo

---

[m] **18:25** O *con fervor en el Espíritu* [n] **19:2** O *después que*

Pablo—. El le decía al pueblo que creyera en el que venía después de él, es decir, en Jesús.

5 Al oír esto, fueron bautizados en el nombre del Señor Jesús. 6 Cuando Pablo les impuso las manos, vino sobre ellos el Espíritu Santo, y hablaban en lenguaso y profetizaban. 7 Eran entre todos unos doce hombres.

8 Pablo entró en la sinagoga y allí habló con valor por tres meses, discutiendo convincentemente acerca del reino de Dios. 9 Pero algunos se obstinaron en su incredulidad; se negaron a creer, y públicamente hablaban mal del Camino. Así que Pablo se alejó de ellos. Se llevó a los discípulos, y discutía todos los días en la sala de conferencias de Tirano. 10 Esto continuó por espacio de dos años, de modo que todos los judíos y los griegos que vivían en la provincia de Asia oyeron la palabra del Señor.

11 Dios hacía milagros extraordinarios por medio de Pablo, 12 hasta tal punto que les llevaban a los enfermos pañuelos y delantales que habían tocado el cuerpo de Pablo, y quedaban sanos de sus enfermedades y los espíritus malos salían de ellos.

13 Algunos judíos que andaban expulsando espíritus malos intentaron invocar sobre los endemoniados el nombre del Señor Jesús. Decían:

—¡En el nombre de Jesús, a quien Pablo predica, les ordeno que salgan!

14 Hacían esto siete hijos de Esceva, que era uno de los jefes de los sacerdotes judíos. 15 Un día el espíritu malo les replicó:

—Conozco a Jesús, y sé quién es Pablo, pero ustedes ¿quiénes son?

16 Y abalanzándose sobre ellos el hombre que tenía el espíritu malo, los dominó a todos. Los maltrató con tanta violencia que huyeron de la casa desnudos y heridos.

17 Cuando se enteraron los judíos y los griegos que vivían en Efeso, el temor se apoderó de todos ellos, y era engrandecido el nombre del Señor Jesús. 18 Muchos de los que creyeron ahora llegaban y confesaban públicamente sus maldades. 19 Varios de los que habían practicado la hechicería juntaron sus libros, los trajeron y los quemaron públicamente. Cuando calcularon el precio de aquellos libros, resultó un total de cincuenta mil dracmas.p 20 Así se difundía extensamente y se hacía fuerte la palabra del Señor.

21 Después de todos estos sucesos, Pablo se propuso ir a Jerusalén, pasando por Macedonia y Acaya. "Después de estar allí —decía—, tengo también que visitar Roma." 22 Envió a Macedonia a dos de sus ayudantes, Timoteo y Erasto, mientras él se quedaba por algún tiempo en la provincia de Asia.

El disturbio en Efeso

23 En aquel tiempo se produjo un gran disturbio acerca del Camino. 24 Un platero llamado Demetrio, que hacía en plata templetes de Ártemisa,q proporcionaba a los artesanos no poca ganancia. 25 Los reunió con los obreros de oficios semejantes, y les dijo:

—Señores, ustedes saben que obtenemos buenos ingresos de este oficio. 26 Y ven y oyen que el tal Pablo ha persuadido y se ha llevado a mucha gente, no sólo en Efeso sino en casi toda la provincia de Asia. El dice que los dioses hechos por los hombres de ninguna manera son dioses. 27 No sólo hay el peligro de que se desprestigie nuestro oficio, sino también de que el templo de la gran diosa Artemisa sea menospreciado, y la diosa misma, a quien adoran toda la provincia de Asia y el mundo entero, sea despojada de su divina majestad.

---

o 19:6 O en otros idiomas   P 19:19 La dracma era una moneda de plata que equivalía más o menos al salario de un día.   q 19:24 Nombre griego de la Diana de los romanos; también en vv. 27,28,34 y 35

28 Al oír esto, se enfurecieron y comenzaron a gritar:

—¡Grande es Artemisa de los efesios!

29 En seguida toda la ciudad se alborotó. El pueblo prendió a Gayo y a Aristarco, compañeros de viaje de Pablo, que eran de Macedonia, y a una se precipitó en el teatro. 30 Pablo quiso presentarse ante la multitud, pero los discípulos no se lo permitieron. 31 Hasta algunas autoridades de la provincia, amigos de Pablo, le enviaron un mensaje, rogándole que no se arriesgara a entrar en el teatro.

32 Había confusión en la asamblea: Unos gritaban una cosa y otros otra. La mayoría ni siquiera sabía para qué se habían reunido. 33 Los judíos empujaron a Alejandro hacia adelante, y algunos de entre la gente le dieron instrucciones. El agitó la mano para pedir silencio y presentar su defensa ante el pueblo. 34 Pero cuando se dieron cuenta de que era judío, todos gritaron al unísono como por dos horas:

—¡Grande es Artemisa de los efesios!

35 El secretario de la ciudad calmó a la multitud y dijo:

—Hombres de Efeso, ¿acaso no sabe todo el mundo que la ciudad de Efeso es guardiana del templo de la gran Artemisa y de su imagen que cayó del cielo? 36 Ya que son innegables estos hechos, ustedes deben calmarse y no hacer nada precipitadamente. 37 Han traído ustedes a estos hombres a pesar de que no han robado de los templos ni han blasfemado a nuestra diosa. 38 Así que si Demetrio y sus compañeros de oficio tienen alguna queja contra alguien, los tribunales están abiertos y hay gobernadores. Pueden formular sus acusaciones. 39 Si tienen alguna otra demanda, se deberá resolver en legítima asamblea. 40 Tal y como están las cosas, con los sucesos de hoy corremos peligro de que nos acusen de causar disturbios. En ese caso, no podríamos dar razón de este alboroto, ya que no la hay.

41 Dicho esto, despidió la asamblea.

Recorrido por Macedonia y Grecia

20 Cuando cesó el alboroto, Pablo mandó llamar a los discípulos y, después de animarlos, se despidió y salió rumbo a Macedonia. 2 Recorrió aquellas regiones, animando mucho a los hermanos, y por fin llegó a Grecia, 3 donde se quedó tres meses. Como los judíos tramaron una conspiración contra él cuando estaba a punto de embarcarse para Siria, decidió regresar por Macedonia. 4 Lo acompañaron Sópater hijo de Pirro, de Berea, Aristarco y Segundo de Tesalónica, Gayo de Derbe, Timoteo, y también Tíquico y Trófimo de la provincia de Asia. 5 Estos se adelantaron y nos esperaron en Troas. 6 Pero nosotros zarpamos de Filipos después de la fiesta de los panes sin levadura, y a los cinco días nos reunimos con los otros en Troas, donde pasamos siete días.

Resurrección de Eutico en Troas

7 El primer día de la semana nos reunimos para partir el pan. Pablo se dirigió a los hermanos y, como iba a salir al día siguiente, siguió hablando hasta la medianoche. 8 Había muchas lámparas en el cuarto del piso superior donde estábamos reunidos. 9 Estaba sentado en una ventana un joven llamado Eutico, quien comenzó a dormirse mientras Pablo hablaba y hablaba. Cuando quedó profundamente dormido, cayó desde el tercer piso y lo recogieron muerto. 10 Pablo bajó, se echó sobre el joven y lo abrazó. "¡No se alarmen! —les dijo—. ¡Está vivo!" 11 Luego volvió a subir, partió el pan y comió. Siguió hablando hasta el amanecer, y entonces se fue. 12 Al joven lo llevaron vivo a su casa, y recibieron mucho consuelo.

Pablo se despide de los ancianos de Efeso

13 Nosotros nos adelantamos hasta el barco y zarpamos para Asón, donde íbamos a recoger a

Pablo. Así lo había planeado él porque iba a hacer el viaje a pie hasta allí. 14 Cuando se encontró con nosotros en Asón, lo tomamos a bordo y fuimos a Mitilene. 15 Desde allí zarpamos al día siguiente y llegamos frente a Quío. Al otro día cruzamos hasta Samos, y al día siguiente llegamos a Mileto. 16 Pablo había decidido pasar de largo a Efeso para no demorarse en la provincia de Asia, porque tenía prisa por llegar a Jerusalén, si le era posible, para el día de Pentecostés.

17 Desde Mileto, Pablo mandó llamar a los ancianos de la iglesia de Efeso. 18 Cuando llegaron, les dijo: "Ustedes saben cómo me porté todo el tiempo que estuve con ustedes, desde el primer día que vine a la provincia de Asia. 19 Serví al Señor con toda humildad y con lágrimas, a pesar de haber sido sometido a duras pruebas por las conspiraciones de los judíos. 20 Ustedes saben que no he vacilado en predicarles nada que les fuera de provecho, sino que les he enseñado públicamente y de casa en casa. 21 A judíos y a griegos les he declarado que deben volverse a Dios arrepentidos y tener fe en nuestro Señor Jesús.

22 "Y ahora, obligado por el Espíritu, voy a Jerusalén, sin saber lo que me espera allí. 23 Lo único que sé es. que en todas las ciudades el Espíritu Santo me advierte que me esperan prisiones y sufrimientos. 24 Sin embargo, considero que mi vida carece de valor para mí mismo a no ser que termine mi carrera y lleve a cabo el ministerio que me ha dado el Señor Jesús, el de dar testimonio del evangelio de la gracia de Dios.

25 "Ahora sé que ninguno de ustedes, entre quienes he andado predicando el reino de Dios, volverá a verme. 26 Por tanto, hoy les declaro que soy inocente de la sangre de todos. 27 Porque sin vacilar les he proclamado toda la voluntad de Dios. 28 Cuídense y vigilen todo el rebaño sobre el cual el Espíritu

Santo los ha puesto como supervisores.*r* Sean pastores de la iglesia de Dios,*s* que él compró con su propia sangre. 29 Sé que después de mi partida entrarán en medio de ustedes lobos feroces que no perdonarán al rebaño. 30 Aun de entre ustedes se levantarán hombres que pervertirán la verdad para llevarse discípulos que los sigan. 31 Así que estén alerta. Recuerden que durante tres años, noche y día, no dejé de advertir con lágrimas a cada uno de ustedes.

32 "Ahora los encomiendo a Dios y a la palabra de su gracia, que puede edificarlos a ustedes y darles herencia entre todos los santificados. 33 No he codiciado ni la plata, ni el oro ni la ropa de nadie. 34 Ustedes mismos saben que estas manos mías han suplido para mis propias necesidades y las de mis compañeros. 35 En todo les mostré que mediante esta clase de duro trabajo debemos socorrer a los débiles, recordando las palabras del Señor Jesús que él mismo dijo: 'Hay más dicha en dar que en recibir.' "

36 Después de decir esto, se puso de rodillas con todos ellos y oró. 37 Todos lloraron mientras lo abrazaban y lo besaban. 38 Lo que más los entristecía era su declaración de que no volverían a verlo. Luego lo acompañaron hasta el barco.

Rumbo a Jerusalén

21 Después de separarnos de ellos, zarpamos y navegamos directamente a Cos. Al día siguiente fuimos a Rodas, y de allí a Pátara. 2 Encontramos un barco que hacía la travesía a Fenicia, subimos a bordo y zarpamos. 3 Después de avistar Chipre y de pasar al sur de ella, navegamos hacia Siria. Desembarcamos en Tiro, donde nuestro barco iba a dejar su carga. 4 Encontramos allí a los discípulos y nos quedamos con ellos siete días. Ellos, por medio del Espíritu, exhortaron a Pablo que no siguiera hasta Jerusalén. 5 Pero cuando se terminó

---

r **20:28** Tradicionalmente *obispos*   *s* **20:28** Varios mss. dicen: *iglesia del Señor*

nuestro tiempo allí, partimos y continuamos nuestro viaje. Todos los discípulos, con sus mujeres e hijos, nos acompañaron hasta las afueras de la ciudad, y allí en la playa nos arrodillamos y oramos. 6 Después de despedirnos, subimos al barco y ellos regresaron a sus hogares.

7 Continuamos nuestro viaje desde Tiro y arribamos a Tolemaida, donde saludamos a los hermanos y nos quedamos con ellos un día. 8 Al día siguiente salimos y llegamos a Cesarea, y nos quedamos en casa de Felipe el evangelista, que era uno de los siete. 9 Este tenía cuatro hijas solteras que profetizaban.

10 Llevábamos allí varios días, cuando bajó de Judea un profeta llamado Agabo. 11 Este fue a vernos, y tomando el cinturón de Pablo, se ató con él las manos y los pies, y dijo:

—Esto dice el Espíritu Santo: 'De esta manera atarán los judíos de Jerusalén al dueño de este cinturón, y lo entregarán en manos de los no judíos.'

12 Al oír esto, nosotros y los de aquel lugar le rogamos a Pablo que no subiera a Jerusalén.

13 —¿Por qué lloran y me quebrantan el corazón? —respondió Pablo—. Estoy dispuesto no sólo a que me aten sino también a morir en Jerusalén por el nombre del Señor Jesús.

14 Como no se dejaba disuadir, desistimos diciendo:

—Que se haga la voluntad del Señor.

15 Después de esto, nos preparamos y subimos a Jerusalén. 16 Algunos de los discípulos de Cesarea nos acompañaron y nos llevaron a casa de Mnasón, donde íbamos a alojarnos. Este era un hombre de Chipre y un antiguo discípulo.

Llegada de Pablo a Jerusalén

17 Cuando llegamos a Jerusalén, los hermanos nos recibieron calurosamente. 18 Al día siguiente, Pablo fue con nosotros a ver a Jacobo, *t* y todos los ancianos estaban presentes. 19 Después de saludarlos, Pablo les relató detalladamente lo que había hecho Dios entre los no judíos por medio de su ministerio.

20 Ellos, al oírlo, alabaron a Dios. Luego le dijeron a Pablo: "Ya ves, hermano, cuántos miles de judíos han creído, y todos ellos son celosos por la ley. 21 Se les ha informado que a todos los judíos que viven entre los no judíos tú les enseñas a apartarse de Moisés, diciéndoles que no circunciden a sus hijos ni vivan según nuestras costumbres. 22 ¿Qué vamos a hacer? Seguro que se enterarán de que has llegado, 23 así que haz lo que te decimos. Hay entre nosotros cuatro hombres que han hecho un voto. 24 Llévate a esos hombres, toma parte en sus ritos de purificación y paga sus gastos, para que ellos puedan hacerse rasurar la cabeza. Así todos sabrán que no son ciertos esos informes acerca de ti, sino que tú mismo vives obedeciendo la ley. 25 En cuanto a los creyentes no judíos, ya les hemos comunicado por escrito nuestra decisión de que se abstengan de comida sacrificada a los ídolos, de sangre, de la carne de animales estrangulados y de la inmoralidad sexual."

26 Al día siguiente se llevó Pablo a los hombres y se purificó con ellos. Luego fue al templo para avisar la fecha en que se cumplirían los días de la purificación y se haría la ofrenda por cada uno de ellos.

Arresto de Pablo

27 Cuando estaban a punto de cumplirse los siete días, unos judíos de la provincia de Asia vieron a Pablo en el templo. Alborotaron a toda la multitud y le echaron mano, 28 gritando: "¡Hombres de Israel! ¡Ayúdennos! Este es el hombre que anda por todas partes enseñando a todos contra nuestro pueblo, nuestra ley y este lugar. Además, ha metido a

t **21:18** O *Santiago*

griegos en el área del templo, y ha profanado este lugar santo." **29**(Antes habían visto en la ciudad a Trófimo el efesio en compañía de Pablo, y suponían que Pablo lo había metido en el área del templo.) **30**Toda la ciudad se alborotó, y la gente llegó corriendo de todas partes. Agarraron a Pablo y lo sacaron a rastras fuera del templo, e inmediatamente se cerraron las puertas. **31**Mientras trataban de matarlo, le avisaron al comandante del batallón romano que toda la ciudad de Jerusalén estaba amotinada. **32**En seguida tomó algunos oficiales y soldados, y bajó corriendo hacia la multitud. Al ver al comandante y a sus soldados, los amotinados dejaron de golpear a Pablo.

33Se acercó el comandante y lo arrestó, y ordenó que lo ataran con dos cadenas. Luego preguntó quién era y qué había hecho. **34**Entre la multitud unos gritaban una cosa y otros otra, y como el comandante no pudo descubrir la verdad a causa del alboroto, mandó que llevaran a Pablo al cuartel. **35**Cuando Pablo llegó a las gradas, los soldados tuvieron que llevárselo a cuestas debido a la violencia de la turba. **36**La multitud iba detrás gritando: "¡Mátelo!"

Pablo se dirige a la multitud

37Cuando los soldados estaban a punto de meterlo en el cuartel, Pablo le preguntó al comandante:

—¿Me permite decirle algo?

—¿Hablas griego? **38**¿No eres el egipcio que hace algún tiempo provocó una rebelión y llevó al desierto a cuatro mil guerrilleros?

39—Soy judío, de Tarso de Cilicia, ciudadano de una ciudad que no es insignificante —le respondió Pablo—. Por favor, permítame usted hablarle al pueblo.

40Con el permiso del comandante, Pablo se puso de pie en las gradas e hizo una señal con la mano a la multitud. Cuando todos guardaron silencio, les dijo en arameo:*u*

22 "Hermanos y padres, escuchen ahora mi defensa." **2**Al oír que les hablaba en arameo, guardaron más silencio.

Pablo continuó: **3**"Soy judío, nacido en Tarso de Cilicia, pero criado en esta ciudad. Bajo la tutela de Gamaliel recibí instrucción cabal en la ley de nuestros antepasados, y era tan celoso de Dios como cualquiera de ustedes lo es hoy día. **4**Perseguí a muerte a los seguidores de este Camino, arrestando y echando en la cárcel tanto a hombres como a mujeres, **5**como también lo pueden atestiguar el sumo sacerdote y todo el concilio. Incluso obtuve de parte de ellos cartas para los judíos en Damasco, y fui allá con el fin de traer presas a esas personas a Jerusalén para que fueran castigadas.

6"A eso del mediodía, cuando me acercaba a Damasco, una intensa luz del cielo brilló de repente a mi alrededor. **7**Caí al suelo y oí una voz que me decía: 'Saulo, Saulo, ¿por qué me persigues?' **8**'¿Quién eres, Señor?', pregunté. 'Yo soy Jesús de Nazaret, a quien tú persigues', me contestó él. **9**Los que me acompañaban vieron la luz, pero no entendieron la voz del que me hablaba. **10**'¿Qué debo hacer, Señor?', le pregunté. 'Levántate —dijo el Señor—, y entra en Damasco. Allí se te dirá todo lo que se ha dispuesto que hagas.' **11**Mis compañeros me llevaron de la mano a Damasco porque el brillo de aquella luz me había dejado ciego.

12"Vino a verme un tal Ananías, hombre piadoso que observaba la ley y a quien respetaban mucho los judíos que allí vivían. **13**Poniéndose de pie a mi lado, me dijo: 'Hermano Saulo, ¡recibe la vista!' Y en aquel mismo instante pude verlo. **14**Luego dijo: 'El Dios de nuestros antepasados te ha escogido para que conozcas su voluntad, y para que veas al Justo y oigas palabras de su boca. **15**Tú le serás testigo ante todos los hombres de lo que has visto y oído.

u **21:40** O posiblemente *hebreo*; también en 22:2

16 ¿Y ahora, qué esperas? Levántate, bautízate y lava tus pecados, invocando su nombre.'

17 "Cuando volví a Jerusalén, orando en el templo tuve un éxtasis **18** y vi al Señor que hablaba. '¡Date prisa! —me dijo—. Sal de Jerusalén inmediatamente, porque no aceptarán tu testimonio acerca de mí.' **19** 'Señor —le respondí—, esos hombres saben que yo iba de sinagoga en sinagoga para encarcelar y azotar a los que creían en ti; **20** y cuando se derramaba la sangre de tu mártir *v* Esteban, yo estaba allí, dando mi aprobación y cuidando la ropa de quienes lo mataban.' **21** El Señor me dijo: 'Ve; yo te enviaré lejos, a los que no son judíos.' "

Pablo el ciudadano romano

22 La multitud escuchó a Pablo hasta que dijo esto. Entonces levantaron la voz y gritaron: "¡Bórralo de la tierra! ¡No merece vivir!"

23 Mientras gritaban, tiraban sus mantos y arrojaban polvo al aire, **24** el comandante ordenó que metieran a Pablo en el cuartel. Mandó que lo azotaran y lo interrogaran con el fin de averiguar por qué gritaban así contra él. **25** Cuando lo estiraban para azotarlo, le dijo Pablo al centurión que estaba allí:

—¿Permite la ley que ustedes azoten a un ciudadano romano que ni siquiera ha sido hallado culpable?

26 Al oír esto, el centurión fue y avisó al comandante.

—¿Qué va a hacer usted? Este hombre es ciudadano romano.

27 El comandante se acercó a Pablo y le dijo:

—Dime, ¿eres ciudadano romano?

—Sí, lo soy.

28 —Yo tuve que pagar un precio elevado para adquirir mi ciudadanía —le dijo el comandante.

—Pues yo la tengo de nacimiento —respondió Pablo.

29 Los que iban a interrogarlo se retiraron en seguida. El comandante mismo se asustó al darse cuenta de que había encadenado a Pablo, que era ciudadano romano.

Pablo ante el Sanedrín

30 Al día siguiente, como el comandante quería saber con certeza de qué acusaban los judíos a Pablo, lo soltó y mandó que se reunieran los jefes de los sacerdotes y todo el Sanedrín. Luego llevó a Pablo para que compareciera ante ellos.

23 Pablo miró fijamente al Sanedrín y dijo:

—Hermanos, he cumplido mi deber hacia Dios con toda buena conciencia hasta hoy.

2 Ante esto, el sumo sacerdote Ananías mandó a los que estaban cerca de Pablo que lo golpearan en la boca.

3 —¡Dios lo va a golpear a usted, pared blanqueada! —le dijo Pablo—. ¡Ahí está sentado para juzgarme según la ley, pero usted mismo viola la ley al mandar que me golpeen!

4 Los que estaban junto a Pablo le dijeron:

—¿Te atreves a insultar al sumo sacerdote de Dios?

5 —Hermanos, no me había dado cuenta de que era el sumo sacerdote —respondió Pablo—; pues está escrito: 'No hables mal del gobernante de tu pueblo.' *w*

6 Pablo, sabiendo que algunos de ellos eran saduceos y los demás fariseos, gritó en el Sanedrín:

—Hermanos, soy fariseo e hijo de fariseo. Se me juzga por mi esperanza en la resurrección de los muertos.

7 Cuando dijo esto, surgió una disputa entre los fariseos y los saduceos, y se dividió la asamblea. **8** (Los saduceos dicen que no hay resurrección, ni ángeles ni espíritus, mientras que los fariseos reconocen todo esto.)

9 Se produjo un gran alboroto, y algunos de los maestros de la ley que eran fariseos se pusieron de pie y discutieron enérgicamente. "No encontramos nada malo en este hombre —dijeron—. ¿Quién sabe si le

---

v 22:20 O *testigo*   *w* 23:5 Ex 22:28

habrá hablado un espíritu o un ángel?" 10Se tornó tan violenta la disputa que el comandante tuvo miedo de que ellos hicieran pedazos a Pablo. Así que ordenó que bajaran las tropas a sacarlo de en medio de ellos por la fuerza y a llevarlo al cuartel.

11A la noche siguiente se apareció el Señor junto a Pablo, y le dijo: "¡Ánimo! Así como has dado testimonio de mí en Jerusalén, tienes que dar testimonio también en Roma."

Conspiración para matar a Pablo

12A la mañana siguiente los judíos tramaron una conspiración y se comprometieron bajo juramento a no comer ni beber hasta matar a Pablo. 13Más de cuarenta hombres estaban implicados en esta conspiración. 14Fueron a los jefes de los sacerdotes y a los ancianos, y les dijeron:

—Nosotros nos hemos comprometido bajo solemne juramento a no comer nada hasta que hayamos matado a Pablo. 15Ahora, ustedes y el Sanedrín pídanle al comandante que lo haga comparecer ante ustedes, con el pretexto de que quieren obtener información más precisa sobre su caso. Nosotros estaremos listos para matarlo antes que llegue.

16Pero cuando el hijo de la hermana de Pablo se enteró de esta conspiración, entró en el cuartel y avisó a Pablo.

17Pablo llamó a uno de los centuriones.

—Lleve a este joven al comandante, porque tiene algo que decirle.

18Así que el centurión lo llevó al comandante, y le dijo:

—El preso Pablo me llamó y me pidió que le trajera este joven a usted, porque tiene algo que decirle.

19El comandante tomó de la mano al joven, lo llevó aparte y le preguntó:

—¿Qué quieres decirme?

20 —Los judíos se han puesto de acuerdo para pedirle a usted que mañana lleve a Pablo ante el Sanedrín con el pretexto de que quieren obtener información más precisa sobre él. 21No se deje convencer, porque más de cuarenta de ellos lo esperan emboscados. Se han comprometido bajo juramento a no comer ni beber hasta que lo hayan matado. Ya están listos, esperando que usted les conceda su petición.

22El comandante despidió al joven con esta advertencia:

—No le digas a nadie que me has informado de esto.

Trasladan a Pablo a Cesarea

23Entonces llamó a dos de sus centuriones y les ordenó:

—Alisten un destacamento de doscientos soldados de infantería, setenta de caballería y doscientos lanceros[x] para que vayan a Cesarea esta noche a las nueve. 24Y preparen cabalgaduras para que puedan llevar a Pablo sano y salvo al gobernador Félix.

25Escribió una carta en estos términos:

26Claudio Lisias,

a su excelencia el gobernador Félix:

Saludos.

27Los judíos prendieron a este hombre y estaban a punto de matarlo, pero yo llegué con mis soldados y lo rescaté, porque me había enterado de que es ciudadano romano. 28Yo quería saber de qué lo acusaban, así lo llevé a su Sanedrín. 29Descubrí que lo acusaban de cuestiones de su ley, pero no había contra él cargo alguno que mereciera la muerte o la cárcel. 30Cuando se me informó de que se tramaba una conspiración contra este hombre, se lo envié a usted en seguida. También les ordené a sus acusadores que expongan delante de usted los cargos que tengan contra él.

---

x 23:23 No se sabe con certeza el sentido exacto de esta palabra en griego.

31 Así que los soldados, según se les había ordenado, tomaron a Pablo y lo llevaron de noche hasta Antípatris. 32 Al día siguiente dejaron que la caballería siguiera con él mientras ellos volvían al cuartel. 33 Cuando la caballería llegó a Cesarea, le dieron la carta al gobernador y le entregaron a Pablo. 34 El gobernador leyó la carta y le preguntó de qué provincia era. Al enterarse de que era de Cilicia, 35 le dijo: "Oiré tu caso cuando lleguen tus acusadores." Y ordenó que Pablo quedara bajo custodia en el palacio de Herodes.

El proceso ante Félix

24 Cinco días después bajó a Cesarea el sumo sacerdote Ananías con algunos de los ancianos y con un abogado llamado Tértulo, y presentaron ante el gobernador sus acusaciones contra Pablo. 2 Cuando citaron a Pablo, Tértulo presentó su caso ante Félix:

—Bajo su mandato hemos disfrutado de un largo período de paz, y gracias a su previsión se han llevado a cabo reformas en esta nación. 3 En todas partes y en todos los sentidos, excelentísimo Félix, reconocemos esto con profunda gratitud. 4 Pero a fin de no molestarlo más, le ruego que tenga la bondad de oírnos brevemente. 5 Hemos encontrado que este hombre es un agitador que provoca disturbios entre los judíos por todo el mundo. Es cabecilla de la secta de los nazarenos. 6 Incluso trató de profanar el templo; por eso lo prendimos. 8 Al interrogarlo usted mismo, podrá cerciorarse de la verdad de todas las acusaciones que presentamos contra él.

9 Los judíos lo apoyaron, afirmando que estas cosas eran así.

10 Cuando el gobernador, con un gesto, le concedió la palabra, Pablo respondió:

—Sé que desde hace muchos años usted ha sido juez de esta nación; así que con gusto presento mi defensa. 11 Usted puede comprobar con facilidad que no hace más de doce días que subí a Jerusalén a adorar. 12 Mis acusadores no me encontraron discutiendo con nadie en el templo, ni promoviendo motines entre la gente en las sinagogas ni en ninguna otra parte de la ciudad. 13 Ni tampoco pueden probarle a usted las cosas de que ahora me acusan. 14 Sin embargo, le confieso que adoro al Dios de nuestros antepasados como seguidor del Camino que ellos llaman secta. Creo todo lo que está de acuerdo con la ley y lo que está escrito en los profetas, 15 y tengo en Dios la misma esperanza que tienen éstos, de que habrá una resurrección de los justos y de los malvados. 16 Por eso procuro siempre conservar limpia mi conciencia delante de Dios y de los hombres.

17 "Después de una ausencia de varios años, volví a Jerusalén para traerle donativos a mi pueblo y presentar ofrendas. 18 Cuando ellos me encontraron haciendo esto en los atrios del templo, yo me había purificado ritualmente. No me acompañaba ninguna multitud, ni estaba implicado en ningún disturbio. 19 Pero hay algunos judíos de la provincia de Asia que deberían estar aquí delante de usted y formular sus acusaciones si es que tienen algo contra mí. 20 O si no, éstos que están aquí deberían declarar qué delito me descubrieron cuando comparecí ante el Sanedrín, 21 a no ser que en presencia de ellos lancé este grito: 'Es por la resurrección de los muertos que se me juzga hoy delante de ustedes.'

22 Entonces Félix, que estaba bien informado del Camino, suspendió la sesión.

—Cuando venga el comandante Lisias, decidiré su caso.

23 Y le mandó al centurión que mantuviera custodiado a Pablo, pero que le diera cierta libertad y

---

y 24:6-8 Algunos mss. dicen: prendimos y quisimos juzgarlo según nuestra ley. 7 Pero el comandante Lisias intervino, y con mucha fuerza lo arrebató de nuestras manos 8 y mandó que sus acusadores se presentaran ante usted. Al

permitiera que sus amigos lo atendieran.

24 Algunos días después llegó Félix con su esposa Drusila, que era judía. Mandó llamar a Pablo y lo escuchó hablar acerca de la fe en Cristo Jesús. **25** Al disertar Pablo sobre la justicia, el dominio propio y el juicio venidero, Félix tuvo miedo y le dijo: "¡Basta por ahora! Puedes retirarte. Cuando lo crea conveniente, te mandaré llamar." **26** Félix también esperaba que Pablo le ofreciera dinero; por eso mandaba llamarlo con frecuencia y conversaba con él.

27 Transcurridos dos años, Félix tuvo como sucesor a Porcio Festo, pero como Félix quería hacerles un favor a los judíos, dejó preso a Pablo.

El proceso ante Festo

25 Tres días después de llegar a la provincia, subió Festo de Cesarea a Jerusalén, **2** donde los jefes de los sacerdotes y los dirigentes de entre los judíos se le presentaron con sus acusaciones contra Pablo. **3** Le pidieron a Festo con urgencia el favor de que hiciera trasladar a Pablo a Jerusalén. Es que ellos estaban preparando una emboscada para matarlo en el camino. **4** Festo respondió: "Pablo está preso en Cesarea, y yo mismo partiré en breve para allá. **5** Que vayan conmigo algunos de los dirigentes de ustedes y formulen allí sus acusaciones contra él, si es que ha hecho algo malo."

6 Después de pasar entre ellos unos ocho o diez días, bajó a Cesarea, y al día siguiente convocó al tribunal y mandó que les trajeran a Pablo. **7** Cuando éste se presentó, los judíos que habían bajado de Jerusalén lo rodearon, formulando contra él muchas acusaciones graves, que no podían probar.

8 Pablo presentó así su defensa:

—No he cometido ninguna falta, ni contra la ley de los judíos ni contra el templo ni contra el César.

9 Pero Festo, queriendo congraciarse con los judíos, le preguntó a Pablo:

—¿Estás dispuesto a subir a Jerusalén y a ser juzgado allí ante mí acerca de estas acusaciones?

10 —Me encuentro ahora ante el tribunal del César, donde debo ser juzgado —contestó Pablo—. No les he hecho ningún agravio a los judíos, como usted sabe muy bien. **11** Sin embargo, si soy culpable de algo digno de muerte, no me niego a morir. Pero si no son ciertas las acusaciones que estos judíos formulan contra mí, nadie tiene el derecho de entregarme a ellos. ¡Apelo al César!

12 Después de consultar con su consejo, Festo declaró:

—Has apelado al César. ¡Al César irás!

Festo consulta al rey Agripa

13 Algunos días después, el rey Agripa y Berenice llegaron a Cesarea para saludar a Festo. **14** Como ellos estaban pasando allí varios días, Festo le presentó al rey el caso de Pablo.

—Hay aquí un hombre —le dijo— que Félix dejó preso. **15** Cuando fui a Jerusalén, los jefes de los sacerdotes y los ancianos de los judíos formularon acusaciones contra él y pidieron que se le condenara. **16** Les dije que no es costumbre de los romanos entregar a ningún hombre sin que antes el acusado confronte a sus acusadores, y tenga la oportunidad de defenderse de las acusaciones. **17** Cuando vinieron acá conmigo, no demoré el caso, sino que convoqué al tribunal el día siguiente y mandé traer al hombre. **18** Al levantarse para hablar, sus acusadores no alegaron en contra de él ninguno de los delitos que yo había supuesto. **19** Más bien, tenían contra él algunas cuestiones tocantes a su propia religión y sobre un tal Jesús, ya muerto, el que Pablo afirmaba que está vivo. **20** Yo no sabía cómo investigar tales cuestiones, así que le pregunté si estaba dispuesto a ir a Jerusalén y ser juzgado allí con respecto a esos cargos. **21** Cuando Pablo apeló para que se le reservara el fallo al emperador, ordené que quedara detenido hasta que pudiera enviarlo al César.

22 —A mí también me gustaría oír a ese hombre —le dijo Agripa a Festo.

—Mañana mismo lo oirás —le contestó Festo.

Pablo ante Agripa

23 Al día siguiente se presentaron Agripa y Berenice con gran pompa, y entraron en la sala de la audiencia acompañados por oficiales de alto rango y por los hombres más distinguidos de la ciudad. Festo mandó que le trajeran a Pablo, **24** y dijo:

—Rey Agripa y señores que nos acompañan: Aquí ven a este hombre. Todo el pueblo judío me ha presentado una demanda contra él, tanto en Jerusalén como aquí en Cesarea, gritando que no debe seguir con vida. **25** Encontré que él no había hecho nada que mereciera la pena de muerte, pero como apeló al emperador, decidí enviarlo a Roma. **26** Pero no tengo nada definido que escribirle a Su Majestad acerca de él. Por eso lo he hecho comparecer ante ustedes, y especialmente delante de ti, rey Agripa, para que como resultado de esta investigación tenga yo algo que escribir. **27** Me parece absurdo enviar un preso sin especificar las acusaciones formuladas contra él.

26 Entonces Agripa le dijo a Pablo:

—Tienes permiso para hablar en tu defensa.

Pablo hizo un ademán con la mano y comenzó así su defensa:

2 —Rey Agripa, me considero afortunado de poder presentar hoy delante de usted mi defensa de todas las acusaciones de los judíos, **3** sobre todo porque usted está bien informado de todas las costumbres y controversias de los judíos. Por eso le ruego que me escuche con paciencia.

4 "Todos los judíos conocen mi manera de vivir desde que era niño,

desde el comienzo de mi vida en mi tierra y también en Jerusalén. **5** Ellos me conocen desde hace mucho tiempo y pueden atestiguar, si quieren, que viví como fariseo, de acuerdo con la secta más estricta de nuestra religión. **6** Y ahora se me juzga por la esperanza que tengo en la promesa que Dios hizo a nuestros antepasados. **7** Esta es la promesa que nuestras doce tribus esperan ver cumplida mientras sirven con diligencia a Dios día y noche. Es por esta esperanza, oh rey, que me acusan los judíos. **8** ¿Por qué se considera increíble entre ustedes el que Dios resucite a los muertos?

9 "Yo también estaba convencido de que debía hacer todo lo posible en contra del nombre de Jesús de Nazaret. **10** Eso es precisamente lo que hice en Jerusalén. Con la autoridad de los jefes de los sacerdotes metí en la cárcel a muchos de los santos, y cuando los mataban, yo daba mi voto contra ellos. **11** Iba muchas veces de sinagoga en sinagoga para castigarlos, y procuraba obligarlos a blasfemar. Mi obsesión contra ellos me llevaba a perseguirlos hasta en ciudades extranjeras.

12 "En uno de esos viajes iba yo hacia Damasco con la autoridad y la comisión de los jefes de los sacerdotes. **13** A eso del mediodía, oh rey, mientras iba por el camino, vi una luz del cielo, más intensa que el sol, que brillaba alrededor de mí y de los que me acompañaban. **14** Todos caímos al suelo, y yo oí una voz que me decía en arameo: z 'Saulo, Saulo, ¿por qué me persigues? ¡Te es difícil dar coces contra el aguijón!' **15** Entonces pregunté: '¿Quién eres, Señor?' 'Yo soy Jesús, a quien tú persigues —me contestó el Señor—. **16** Ahora levántate y ponte en pie. Me he aparecido a ti con el fin de designarte siervo y testigo de lo que has visto de mí y de lo que te mostraré. **17** Te libraré de tu propio pueblo y de los no judíos. Te envío a éstos **18** para que les abras los ojos

z **26:14** O *hebreo*

y se conviertan de la oscuridad a la luz, y del poder de Satanás a Dios, a fin de que reciban el perdón de los pecados y herencia entre los santificados por la fe en mí.'

19 "Así que, rey Agripa, no fui desobediente a la visión del cielo. 20 Primero a los que estaban en Damasco, luego a los que estaban en Jerusalén y en toda Judea, y también a los no judíos, les prediqué que se arrepintieran y se convirtieran a Dios, y que demostraran su arrepentimiento con sus buenas obras. 21 Sólo por eso me prendieron los judíos en los atrios del templo y trataron de matarme. 22 Pero Dios me ha ayudado hasta hoy, y así me mantengo firme, testificando a pequeños y a grandes. No digo nada fuera de lo que los profetas y Moisés dijeron que sucedería: 23 que el Cristo[a] padecería y que, siendo el primero en resucitar de entre los muertos, proclamaría luz a su propio pueblo y a los no judíos.

24 Al llegar a este punto, Festo interrumpió la defensa de Pablo.

—¡Estás loco, Pablo! —le gritó—. Tu gran erudición te enloquece.

25 —No estoy loco, excelentísimo Festo —contestó Pablo—. Lo que digo es cierto y sensato. 26 El rey está familiarizado con estas cosas, y por eso le hablo con tanta confianza. Estoy convencido de que nada de esto se le ha escapado, porque no sucedió en un rincón. 27 Rey Agripa, ¿cree usted a los profetas? Yo sé que cree.

28 —¿Piensas que en tan poco tiempo puedes persuadirme a que me haga cristiano? —le dijo Agripa.

29 —En poco tiempo o en mucho —respondió Pablo—, le pido a Dios que no sólo usted, sino también todos los que me están escuchando hoy, lleguen a ser lo que soy yo, aunque sin estas cadenas.

30 Se levantó el rey, y también el gobernador, Berenice y los que estaban sentados con ellos. 31 Al retirarse, decían entre sí:

—Este hombre no está haciendo nada que merezca la muerte ni la cárcel.

32 Y Agripa le dijo a Festo:

—Se podría haber puesto en libertad a este hombre si no hubiera apelado al César.

Pablo viaja a Roma

27 Cuando se decidió que navegaríamos rumbo a Italia, fueron entregados Pablo y algunos otros presos a un centurión llamado Julio, del Regimiento Imperial. 2 Subimos a bordo de un barco adramiteño que estaba a punto de zarpar hacia los puertos a lo largo de la costa de la provincia de Asia, y nos hicimos a la mar. Nos acompañaba Aristarco, un macedonio de Tesalónica.

3 Al día siguiente arribamos a Sidón; y Julio, en un gesto bondadoso hacia Pablo, le permitió ir a visitar a sus amigos para que lo atendieran. 4 Desde allí zarpamos y navegamos al abrigo de Chipre, porque los vientos nos eran contrarios. 5 Después de navegar atravesando el mar frente a la costa de Cilicia y Panfilia, arribamos a Mira de Licia. 6 Allí el centurión encontró un barco alejandrino que iba para Italia y nos hizo subir a bordo. 7 Avanzamos lentamente durante muchos días y llegamos con dificultad frente a Gnido. Como el viento no nos permitía seguir el rumbo trazado, navegamos al abrigo de Creta, frente a Salmón. 8 Navegamos con dificultad a lo largo de la costa y llegamos a un lugar llamado Buenos Puertos, cerca del pueblo de Lasea.

9 Se había perdido mucho tiempo, y era peligrosa la navegación por haber pasado ya el Ayuno.[b] Así que Pablo les advirtió: 10 "Señores, veo que nuestro viaje va a ser desastroso y va a causar mucha pérdida tanto para el barco como para su carga, y

---

a 26:23 O *Mesías*   b 27:9 Es decir, el día de la Expiación (Yom Kippur)

también para nuestra propia vida." 11 Pero el centurión, en vez de hacerle caso a Pablo, siguió el consejo del timonel y del dueño del barco. 12 Como el puerto no era adecuado para invernar, la mayoría decidió que debíamos seguir adelante con la esperanza de llegar a Fenice, un puerto de Creta que da al suroeste y al noroeste, y pasar allí el invierno.

La tempestad

13 Cuando comenzó a soplar un viento suave del sur, creyeron que habían conseguido lo que querían, así que levaron anclas y navegaron junto a la costa de Creta. 14 Poco después se nos echó encima un viento huracanado, llamado Nordeste, que venía desde la isla. 15 El barco quedó atrapado por la tempestad y no podía hacer frente al viento, así que nos dejamos llevar a la deriva. 16 Mientras pasábamos al abrigo de una pequeña isla llamada Cauda, a duras penas pudimos sujetar el bote salvavidas. 17 Después de subirlo a bordo, amarraron con sogas todo el barco para reforzarlo. Temiendo que fueran a encallar en los bancos de arena de la Sirte, echaron el ancla flotante y dejaron que el barco quedara a la deriva. 18 La tempestad arremetió con tanta fuerza contra nosotros que al día siguiente comenzaron a arrojar la carga por la borda. 19 Al tercer día, con sus propias manos arrojaron al mar los aparejos del barco. 20 Como pasaron muchos días sin que aparecieran ni el sol ni las estrellas y la tempestad seguía arreciando, perdimos al fin toda esperanza de salvarnos.

21 Los hombres llevaban ya mucho tiempo sin comer, cuando Pablo se puso de pie en medio de ellos. "Señores — les dijo —, debían haber seguido mi consejo y no haber zarpado de Creta; así se habrían ahorrado este perjuicio y esta pérdida.

22 Pero ahora les exhorto a cobrar ánimo, porque ninguno de ustedes perecerá; sólo se perderá el barco. 23 Anoche se me apareció un ángel del Dios de quien soy y a quien sirvo, 24 y me dijo: 'No tengas miedo, Pablo. Tienes que comparecer ante el César; y Dios te ha concedido por su bondad la vida de todos los que navegan contigo.' 25 Así que ¡ánimo, señores! Confío en Dios que sucederá tal y como el ángel me dijo. 26 Sin embargo, tenemos que encallar en alguna isla."

El naufragio

27 Era ya la decimocuarta noche que pasábamos a la deriva en el mar Adriático,c cuando a eso de la medianoche los marineros presintieron que se aproximaban a tierra. 28 Echaron la sonda y encontraron que el agua tenía unos treinta y siete metrosd de profundidad. Al rato volvieron a echar la sonda y encontraron que tenía cerca de veintisiete metrose de profundidad. 29 Temiendo que fuéramos a estrellarnos contra las rocas, echaron cuatro anclas por la popa y rogaron que amaneciera. 30 En un intento por escapar del barco, los marineros echaron el bote salvavidas al mar con el pretexto de que iban a echar algunas anclas desde la proa. 31 Pero Pablo les advirtió al centurión y a los soldados: "Si ésos no se quedan en el barco, no podrán salvarse ustedes." 32 Así que los soldados cortaron las amarras del bote salvavidas y lo dejaron caer.

33 Cuando estaba a punto de amanecer, Pablo exhortó a todos a tomar alimento. "Hoy hace catorce días que están ustedes en tensión continua y en ayunas, sin probar bocado. 34 Ahora les ruego que tomen alimento; lo necesitan para sobrevivir. Ninguno de ustedes perderá ni un solo cabello de la cabeza." 35 Dicho esto, tomó un pan y dio gracias a Dios delante de todos.

c 27:27 En la antigüedad el nombre *Adriático* se refería a una zona que se extendía muy al sur de Italia. d 27:28 Griego *veinte brazas* e 27:28 Griego *quince brazas*

Luego lo partió y comenzó a comer. **36**Todos se animaron y comieron también. **37**Eramos en total doscientas setenta y seis personas en el barco. **38**Una vez satisfechos, aligeraron el barco echando el trigo al mar.

39Cuando amaneció, no reconocieron la tierra, pero vieron una bahía que tenía playa, donde decidieron encallar el barco si podían. **40**Cortaron las anclas y las dejaron en el mar, desatando a la vez las amarras de los timones. Luego izaron al viento la vela de proa y se dirigieron a la playa. **41**Pero el barco fue a dar en un banco de arena y encalló. La proa se encajó en el fondo y quedó inmóvil, mientras la popa se hacía pedazos al embate del oleaje.

42Los soldados pensaron matar a los presos para que ninguno escapara a nado. **43**Pero el centurión quería salvarle la vida a Pablo, y les impidió llevar a cabo el plan. Dio orden de que los que pudieran nadar saltaran primero por la borda para llegar a tierra, **44**y que los demás salieran sobre tablas o en pedazos del barco. De esta manera todos llegaron a salvo a tierra.

En la isla de Malta

28 Una vez a salvo, nos enteramos de que la isla se llamaba Malta. **2**Los isleños se mostraron extraordinariamente amables con nosotros. Encendieron una fogata y nos acogieron a todos, porque estaba lloviendo y hacía frío. **3**Pablo recogió un montón de leña y la estaba echando al fuego cuando salió una víbora que huía del calor y se le prendió en la mano. **4**Al ver la serpiente colgada de la mano de Pablo, los isleños se dijeron unos a otros: "Sin duda, este hombre es un asesino, pues aunque se salvó del mar, la Justicia no lo deja vivir." **5**Pero Pablo sacudió la mano y la serpiente cayó en el fuego, y él no sufrió ningún daño. **6**La gente esperaba que se hinchara o cayera muerto de repente, pero después de esperar un largo rato y de ver que nada extraño le sucedía, cambiaron de parecer y decían que era un dios.

7Había cerca de allí una finca que pertenecía a Publio, el funcionario principal de la isla. Este nos recibió en su casa y nos atendió con hospitalidad durante tres días. **8**El padre de Publio estaba en cama, enfermo con fiebre y con disentería. Pablo entró a verlo y, después de orar, le impuso las manos y lo sanó. **9**Cuando esto hubo sucedido, acudieron también los demás de la isla que estaban enfermos y fueron sanados. **10**Nos mostraron muchas atenciones y, ya listos para zarpar, nos proveyeron de todo lo necesario.

Llegada a Roma

11Después de tres meses, zarpamos en un barco que había invernado en la isla. Era una nave alejandrina que tenía por insignia a los dioses gemelos Cástor y Pólux. **12**Hicimos escala en Siracusa, donde nos quedamos tres días. **13**Desde allí zarpamos y llegamos a Regio. Al día siguiente se levantó el viento del sur, y un día después llegamos a Puteoli. **14**Allí encontramos a algunos hermanos que nos invitaron a pasar una semana con ellos. Y así llegamos a Roma. **15**Los hermanos de Roma, enterados de que estábamos llegando, salieron a nuestro encuentro hasta el Foro de Apio y Tres Tabernas. Al verlos, Pablo dio gracias a Dios y cobró ánimo. **16**Cuando llegamos a Roma, a Pablo se le permitió vivir aparte, con un soldado que lo custodiara.

Pablo predica bajo custodia en Roma

17Tres días más tarde, Pablo convocó a los dirigentes de los judíos. Cuando estuvieron reunidos, les dijo:

—Hermanos, a pesar de no haber hecho nada contra nuestro pueblo ni contra las costumbres de nuestros antepasados, me arrestaron en Jerusalén y me entregaron a los romanos. **18**Estos me interrogaron y quisieron soltarme por no ser yo culpable de ningún delito que mereciera la muerte. **19** Pero cuando los judíos se opusieron, me vi obligado a apelar al César, pero no porque tuviera alguna acusación que presentar contra mi pueblo. **20** Por este motivo he pedido verlos y hablar con ustedes. Es por la esperanza de Israel que estoy encadenado.

21 —Nosotros no hemos recibido ninguna carta de Judea que tenga que ver contigo —le contestaron ellos—, ni ha llegado ninguno de los hermanos de allá que nos haya informado o hablado de nada malo acerca de ti. **22** Pero queremos oír tu opinión, porque sabemos que en todas partes se habla en contra de esa secta.

23 Señalaron un día para reunirse con Pablo, y acudieron en mayor número a la casa donde estaba alojado. Desde la mañana hasta la tarde estuvo exponiéndoles y explicándoles el reino de Dios y tratando de convencerlos acerca de Jesús, partiendo de la ley de Moisés y de los profetas. **24** Unos se convencieron por lo que él decía, pero otros se negaron a creer. **25** Al no estar de acuerdo entre sí, comenzaron a irse después de esta última declaración de Pablo: "El Espíritu Santo les habló acertadamente a los antepasados de ustedes por medio del profeta Isaías cuando dijo:

26 " 'Ve a este pueblo y dile:
"aunque oigan, no entenderán;
aunque vean, no percibirán."
27 Porque el corazón de este pueblo se ha vuelto insensible;
difícilmente oyen con los oídos,
y han cerrado los ojos.
De lo contrario, podrían ver con los ojos,
oír con los oídos,
entender con el corazón
y convertirse, y yo los sanaría.' *f*

28 "Por tanto, quiero que sepan que la salvación de Dios se ha enviado a los no judíos, y ellos sí escucharán." *g*

30 Durante dos años completos permaneció Pablo en la casa que tenía alquilada, y recibía a todos los que iban a verlo. **31** Predicaba el reino de Dios y enseñaba acerca del Señor Jesucristo con todo valor y sin impedimento.

---

f **28:27** Is 6:9,10   *g* **28:28** Algunos mss. dicen: *escucharán." 29 Después que él dijo esto, los judíos se fueron, discutiendo enérgicamente entre ellos.*

Carta de San Pablo a los
Romanos

1 Pablo, siervo de Cristo Jesús, llamado a ser apóstol y separado para el evangelio de Dios, **2** el evangelio que de antemano él prometió por medio de sus profetas en las santas Escrituras **3** con respecto a su Hijo, que, según su naturaleza humana, era descendiente de David, **4** y que, mediante el Espíritu*a* de santidad, con poder fue declarado Hijo de Dios*b* por su resurrección de entre los muertos: Jesucristo nuestro Señor. **5** Por medio de él y por causa de su nombre, recibimos la gracia y el apostolado para llamar a las personas de entre todas las naciones a la obediencia que proviene de la fe. **6** Y también ustedes están entre los que son llamados a ser de Jesucristo.

7 A todos los amados de Dios y llamados a ser santos, que están en Roma:

Gracia y paz a ustedes de parte de Dios nuestro Padre y del Señor Jesucristo.

Pablo anhela visitar Roma

8 En primer lugar, doy gracias a mi Dios por medio de Jesucristo por todos ustedes, porque se habla de la fe de ustedes por todo el mundo. **9** Dios, a quien sirvo de todo corazón predicando el evangelio de su Hijo, me es testigo de cómo incesantemente los recuerdo a ustedes **10** siempre en mis oraciones; y ruego que ahora, al fin, por la voluntad de Dios se abra el camino para ir a visitarlos. **11** Anhelo verlos para impartirles algún regalo espiritual que los fortalezca; **12** es decir, para que nos animemos mutuamente, cada uno con la fe del otro. **13** No quiero que

ignoren, hermanos, que muchas veces hice planes para visitarlos (pero hasta ahora me he visto impedido) a fin de obtener una cosecha entre ustedes, tal como la he tenido entre las demás naciones.

14 Estoy en deuda tanto con los griegos como con los no griegos, tanto con los sabios como con los ignorantes. **15** Por eso anhelo tanto predicarles el evangelio también a ustedes que están en Roma.

16 No me avergüenzo del evangelio, porque es poder de Dios para la salvación de todo el que cree: del judío primeramente, y luego del que no lo es. **17** Porque en el evangelio se revela una justicia que proviene de Dios, una justicia que es por fe de principio a fin,*c* tal como está escrito: "El justo vivirá por la fe."*d*

La ira de Dios contra la humanidad

18 La ira de Dios viene revelándose desde el cielo contra toda impiedad y maldad de los hombres, que con su maldad disimulan la verdad, **19** puesto que lo que se puede conocer acerca de Dios es evidente entre ellos, pues Dios se lo ha revelado. **20** Porque desde la creación del mundo, las cualidades invisibles de Dios —su eterno poder y su naturaleza divina— se han visto con toda claridad, siendo entendidas mediante lo creado, de modo que los hombres quedan sin excusa. **21** Porque aunque conocían a Dios, no lo glorificaron como a Dios ni le dieron gracias, sino que llegaron a tener pensamientos vanos, y se oscureció su necio corazón. **22** Aunque afirmaban ser sabios, se volvieron necios **23** y cambiaron la gloria del Dios inmortal por imágenes hechas en

---

a 1:4 O *y quien, según su espíritu de poder*   *c* 1:17 O *es de fe a fe*   *b* 1:4 O *santidad, fue designado Hijo de Dios con poder*   *d* 1:17 Hab 2:4

forma de hombre mortal, de aves, de cuadrúpedos y de reptiles.

24 Por eso, en los deseos pecaminosos de sus corazones, los entregó Dios a la impureza sexual para degradar sus cuerpos unos con otros. **25** Cambiaron la verdad de Dios por la mentira, y adoraron y sirvieron a lo creado en vez de al Creador, que es bendito por siempre. Amén.

26 Por eso los entregó Dios a pasiones vergonzosas. Hasta las mujeres cambiaron las relaciones naturales por las anormales. **27** Asimismo los hombres abandonaron las relaciones naturales con la mujer y se encendieron en pasiones lujuriosas unos con otros. Cometieron actos indecentes hombres con hombres, y recibieron en ellos mismos el castigo que correspondía a su perversión.

28 Además, como pensaron que no valía la pena conservar el conocimiento de Dios, él los entregó a una mente depravada, para que hicieran lo que no deben. **29** Se han llenado de toda clase de maldad, perversidad, avaricia y depravación. Están llenos de envidia, homicidio, disensión, engaño y malicia. Son chismosos, **30** calumniadores, aborrecedores de Dios, insolentes, soberbios y presumidos; se ingenian maldades, desobedecen a sus padres; **31** son insensatos, desleales, insensibles, despiadados. **32** A pesar de que ellos conocen el justo decreto de Dios, que merecen la muerte quienes practican tales cosas, no sólo siguen haciéndolas, sino que hasta dan su aprobación a quienes las practican.

El justo juicio de Dios

2 Por tanto, no tienes excusa, tú que juzgas a otro, porque en cualquier aspecto en que juzgas a otro, te condenas a ti mismo, ya que tú que juzgas haces lo mismo. **2** Ahora bien, sabemos que el juicio de Dios contra los que practican tales cosas se basa en la verdad. **3** Así que cuando tú, que no eres más que hombre, los juzgas a ellos a pesar de que haces lo mismo, ¿crees que vas a escapar del juicio de Dios? **4** ¿O es que desprecias las riquezas de su bondad, de su tolerancia y de su paciencia, sin darte cuenta de que la bondad de Dios te lleva al arrepentimiento?

5 Pero a causa de tu obstinación y de tu corazón impenitente acumulas ira contra ti para el día de la ira de Dios, en que se revelará su justo juicio. **6** Dios "pagará a cada persona según lo que haya hecho".*e* **7** Dará vida eterna a los que, por su perseverancia en hacer el bien, buscan gloria, honor e inmortalidad. **8** Pero les esperan ira y enojo a los que, por su obstinación egoísta, rechazan la verdad para seguir la maldad. **9** Habrá sufrimiento y angustia para todo ser humano que hace el mal: para el judío primeramente, y luego para el que no lo es; **10** pero gloria, honor y paz para todo el que hace el bien: para el judío primeramente, y luego para el que no lo es. **11** Porque con Dios no hay favoritismos.

12 Todos los que pecan sin contar con la ley, también perecerán sin la ley; y todos los que pecan bajo la ley, por la ley serán juzgados. **13** Porque no son los que oyen la ley los justos a los ojos de Dios, sino que son los que obedecen la ley los que serán declarados justos. **14** (En realidad, cuando los que no son judíos, que no tienen la ley, hacen por naturaleza lo que la ley exige, ellos son ley para sí mismos, aunque no tengan la ley, **15** ya que muestran que llevan escrito en el corazón lo que exige la ley, dando testimonio su conciencia, y acusándolos algunas veces sus pensamientos y defendiéndolos otras.) **16** Esto sucederá el día en que Dios juzgará los secretos de los hombres por medio de Jesucristo, como lo declara mi evangelio.

Los judíos y la ley

17 Ahora tú, si llevas el nombre de judío; si dependes de la ley y te jactas de tu relación con Dios; **18** si conoces su voluntad y apruebas lo

---

e **2:6** Sal 62:12; Pr 24:12

que es superior porque eres instruido por la ley; **19** si estás convencido de que eres guía de los ciegos,
y luz de los que están en la oscuridad, **20** instructor de los necios,
maestro de niños, porque tienes en
la ley la expresión misma del conocimiento y de la verdad; **21** entonces
tú, que enseñas a otros, ¿no te enseñas a ti mismo? Tú que predicas
contra el robo, ¿robas? **22** Tú que
dices que no se debe cometer adulterio, ¿adulteras? Tú que aborreces
a los ídolos, ¿robas de los templos?
23 Tú que te jactas de la ley, ¿des-
honras a Dios quebrantando la ley?
24 Como está escrito: "Por causa de
ustedes se blasfema el nombre de
Dios entre los no judíos." *f*

25 La circuncisión tiene valor si
observas la ley; pero si quebrantas
la ley, te has vuelto como si no
estuvieras circuncidado. **26** Si los
que no están circuncidados cumplen
los requisitos de la ley, ¿no se les
considerará como si estuvieran circuncidados? **27** El que no esté físicamente circuncidado, pero obedece la
ley, te condenará a ti que, a pesar
de tener el código escrito y la*g* circuncisión, quebrantas la ley.

28 Un hombre no es judío por serlo
sólo en su exterior, ni es la circuncisión algo simplemente exterior y
físico. **29** Más bien, un hombre es
judío si lo es en su interior; y la
circuncisión es del corazón, por el
Espíritu, y no por el código escrito.
Y su alabanza no procede de los
hombres sino de Dios.

Fidelidad de Dios

3 ¿Entonces qué ventaja tiene el ser
judío, o qué valor tiene la circuncisión? **2** Mucho, en todos los sentidos.
En primer lugar, a ellos se les han
confiado las palabras mismas de Dios.
3 ¿Qué importa si a algunos les
faltó la fe? ¿Acaso su falta de fe
anulará la fidelidad de Dios? **4** ¡De
ninguna manera! Sea Dios veraz y

todo hombre mentiroso. Como está
escrito:

"De modo que se demuestre que
eres justo cuando hablas,
y que prevalezcas en tu juicio." *h*

5 Pero si nuestra injusticia hace
resaltar con mayor claridad la justicia de Dios, ¿qué diremos? ¿Que Dios
es injusto al descargar sobre nosotros
su ira? (Empleo un argumento
humano.) **6** ¡Por supuesto que no! De
otro modo, ¿cómo podría Dios juzgar
al mundo? **7** Alguien podría pensar:
"Si mi falsedad destaca la veracidad
de Dios y así aumenta su gloria, ¿por
qué se me juzga aún como pecador?"
8 ¿Por qué no decir (como algunos
calumniosamente nos achacan y ase-
guran que decimos): "Hagamos el
mal para que resulte el bien"? La
condenación de ésos es justa.

No hay un solo justo

9 Entonces ¿a qué conclusión lle-
garemos? ¿Acaso somos mejores *i*?
¡De ninguna manera! Ya hemos for-
mulado la acusación de que tanto los
judíos como los que no lo son están
bajo pecado. **10** Como está escrito:
"No hay un solo justo, ni
siquiera uno;
11   no hay nadie que entienda,
ninguno que busque a Dios.
12 Todos se han apartado;
ya no sirve ninguno de ellos
para nada.
No hay quien haga lo bueno,
ni siquiera uno." *j*
13 "Su garganta es un sepulcro
abierto;
su lengua practica el engaño." *k*
"Hay veneno de víbora en sus
labios." *l*
14   "Su boca está llena de maldición y de amargura." *m*
15 "Veloces son sus pies para
derramar sangre;
16   ruina y miseria caracterizan
sus caminos,
17 y no conocen el camino de paz." *n*

---

f 2:24 Is 52:5; Ez 36:22   *g* 2:27 O *que, mediante un código escrito y por la*   *h* 3:4 Sal 51:4
i 3:9 O *peores*   *j* 3:12 Sal 14:1-3; 53:1-3; Ec 7:20   *k* 3:13 Sal 5:9   *l* 3:13 Sal 140:3
m 3:14 Sal 10:7   *n* 3:17 Is 59:7,8

18 "No hay temor de Dios
delante de sus ojos."*o*

19 Ahora bien, sabemos que todo lo que dice la ley, lo dice a quienes están bajo la ley, para que toda boca se calle, y para que todo el mundo sea hecho responsable ante Dios. 20 Por tanto, nadie será declarado justo a los ojos de Dios por guardar la ley; más bien, mediante la ley nos damos cuenta del pecado.

La justicia mediante la fe

21 Pero ahora se ha dado a conocer una justicia de Dios, aparte de la ley, de la que atestiguan la ley y los profetas. 22 Esta justicia de Dios les llega, mediante la fe en Jesucristo, a todos los que creen. No hay distinción, 23 porque todos han pecado y no alcanzan la gloria de Dios, 24 y son justificados gratuitamente por su gracia mediante la redención que vino por medio de Cristo Jesús. 25 Dios lo ofreció como un sacrificio de expiación, *p* mediante la fe en su sangre. Hizo esto para demostrar su justicia, porque en su paciencia había dejado impunes los pecados pasados; 26 lo hizo para demostrar su justicia en el tiempo presente, para ser justo y para ser el que justifica a los que tienen fe en Jesús.

27 ¿Dónde está, entonces, la jactancia? Queda excluida. ¿Por cuál principio? ¿Por el de la observancia de la ley? No, sino por el de la fe. 28 Porque sostenemos que el hombre es justificado por la fe aparte de la observancia de la ley. 29 ¿Es que Dios es sólo Dios de los judíos? ¿No lo es también de las demás naciones? Sí, también lo es de todas las naciones, 30 ya que no hay más que un solo Dios, que justificará por la fe a los que están circuncidados y mediante esa misma fe a los que no lo están. 31 Entonces, ¿anulamos la ley mediante esa fe? ¡De ninguna manera! Más bien, confirmamos la ley.

Abraham, justificado por la fe

4 Entonces, ¿qué diremos que descubrió nuestro antepasado Abraham respecto a este asunto? 2 Si, en efecto, Abraham fue justificado por las obras, tenía de qué jactarse; pero no delante de Dios. 3 ¿Qué dice la Escritura? "Creyó Abraham a Dios, y ello se le tomó en cuenta como justicia."*q*

4 Ahora bien, cuando un hombre trabaja, no se le toma en cuenta el salario como un regalo sino como una obligación. 5 Sin embargo, al que no trabaja, sino que cree en Dios que justifica al malvado, se le toma en cuenta la fe como justicia. 6 David dice lo mismo cuando habla de la dicha del hombre a quien Dios atribuye justicia sin tomar en cuenta las obras:

7 "¡Dichosos aquellos
a quienes se les perdonan las transgresiones
y se les cubren los pecados!
8 ¡Dichoso el hombre
cuyo pecado el Señor no tomará en cuenta!"*r*

9 ¿Está reservada esta dicha sólo para los que están circuncidados, o es también para los que no lo están? Hemos dicho que la fe de Abraham se le tomó en cuenta como justicia. 10 ¿Bajo qué circunstancias se le tomó en cuenta? ¿Fue después de ser circuncidado, o antes? ¡No fue después sino antes! 11 Y recibió la señal de la circuncisión como sello de la justicia que tuvo por la fe mientras no estaba circuncidado todavía. Por tanto, él es padre de todos los que creen sin ser circuncidados, de modo que a éstos se les tome en cuenta la justicia. 12 Y también es padre de los circuncidados que no sólo son de la circuncisión sino que siguen también las huellas de la fe que tenía nuestro padre Abraham antes de ser circuncidado.

13 No fue mediante la ley que Abraham y su descendencia recibieron la

o **3:18** Sal 36:1   *p* **3:25** O *como el que apartaría su ira, al quitar el pecado*
q **4:3** Gn 15:6; también en v. 22   *r* **4:8** Sal 32:1,2

promesa de que él sería heredero del mundo, sino mediante la justicia que viene por la fe. **14**Porque si son herederos los que viven por la ley, no tiene ningún valor la fe ni sirve para nada la promesa, **15**porque la ley trae la ira. Y donde no hay ley, tampoco hay transgresión.

16Por tanto, la promesa viene por la fe, para que sea por la gracia y quede garantizada para toda la descendencia de Abraham, no sólo para los que son de la ley sino también para los que son de la fe de Abraham. El es padre de todos nosotros. **17**Como está escrito: "Te he hecho padre de muchas naciones."*s* El es nuestro padre a los ojos de Dios, en quien él creyó, el Dios que da vida a los muertos y llama las cosas que no son como si fueran.

18Abraham creyó contra toda esperanza y así llegó a ser padre de muchas naciones, tal como se le había dicho: "Así será tu descendencia."*t* **19**Sin debilitarse en su fe, reconoció que su cuerpo estaba como muerto —pues ya tenía como cien años— y que también estaba muerta la matriz de Sara. **20**Sin embargo, ante la promesa de Dios, no titubeó con incredulidad, sino que se fortaleció en su fe y dio gloria a Dios, **21**plenamente convencido de que Dios tenía poder para cumplir lo que había prometido. **22**Por eso "se le tomó en cuenta como justicia". **23**Las palabras "se le tomó en cuenta" no se escribieron sólo para Abraham, **24**sino también para nosotros, a quienes Dios tomará en cuenta la fe como justicia, para quienes creemos en aquel que resucitó de entre los muertos a Jesús nuestro Señor. **25**El fue entregado a la muerte por nuestros pecados y resucitado para nuestra justificación.

Paz y alegría

5 Por lo tanto, ya que hemos sido justificados mediante la fe, tenemos*u* paz con Dios por medio de nuestro Señor Jesucristo, **2**por

quien hemos obtenido acceso por la fe a esta gracia en que nos mantenemos. Y nos alegramos*v* en la esperanza de la gloria de Dios. **3**Y no sólo esto, sino que nos alegramos también en nuestros sufrimientos, porque sabemos que el sufrimiento produce perseverancia; **4**la perseverancia, entereza de carácter; y la entereza de carácter, esperanza. **5**Y la esperanza no nos decepciona, porque Dios ha derramado su amor en nuestro corazón por el Espíritu Santo que nos ha dado.

6Es que en el momento preciso, cuando todavía éramos débiles, Cristo murió por los impíos. **7**Difícilmente habrá quien muera por un justo, aunque tal vez alguien se atreva a morir por un hombre bueno. **8**Pero Dios demuestra su amor por nosotros en esto: en que cuando todavía éramos pecadores, Cristo murió por nosotros.

9Como ahora hemos sido justificados por su sangre, ¡con cuánta más razón seremos salvados, por medio de él, de la ira de Dios! **10**Porque si, cuando éramos enemigos de Dios, fuimos reconciliados con él mediante la muerte de su Hijo, ¡con cuánta más razón, habiendo sido reconciliados, seremos salvados mediante su vida! **11**Y no sólo esto, sino que también nos alegramos en Dios por nuestro Señor Jesucristo, por medio del cual ahora hemos recibido la reconciliación.

De Adán, la muerte; de Cristo, la vida

12Por tanto, así como el pecado entró en el mundo por medio de un solo hombre, y la muerte por medio del pecado, y de esta manera pasó la muerte a todos los hombres, porque todos pecaron ... **13**Pues antes que se diera la ley había pecado en el mundo. Pero el pecado no se toma en cuenta cuando no hay ley. **14**Sin embargo, la muerte reinó desde el tiempo de Adán hasta el de Moisés,

---

incluso sobre los que no pecaron quebrantando un mandato, como hizo Adán, el cual fue figura del que había de venir.

15 Pero el regalo no es como la transgresión. Porque si por la transgresión de un solo hombre murieron muchos, ¡cuánto más se desbordaron sobre muchos la gracia de Dios y el regalo que vino por la gracia de un solo hombre, Jesucristo! 16 Además, el regalo de Dios no es como el resultado del pecado de un solo hombre: El juicio resultó como consecuencia de un solo pecado y llevó a la condenación, pero el regalo resultó como consecuencia de muchas transgresiones y llevó a la justificación. 17 Porque si por la transgresión de un solo hombre reinó la muerte por obra de ese hombre solo, con mucha más razón reinarán en vida, por medio de un solo hombre, Jesucristo, los que reciben la abundante provisión divina de la gracia y del regalo de la justicia.

18 Por tanto, así como una sola transgresión resultó en la condenación de todos los hombres, también un solo acto de justicia resultó en la justificación que trae vida para todos los hombres. 19 Porque así como por la desobediencia de un solo hombre muchos fueron constituidos pecadores, también por la obediencia de un solo hombre muchos serán constituidos justos.

20 La ley se introdujo para que aumentara la transgresión. Pero donde aumentó el pecado, aumentó aún más la gracia, 21 a fin de que, así como reinó el pecado en la muerte, también reine la gracia mediante la justicia para traer vida eterna por medio de Jesucristo nuestro Señor.

Muertos al pecado, vivos en Cristo

6 ¿Qué diremos entonces? ¿Seguiremos pecando para que aumente la gracia? 2 ¡De ninguna manera! Ya estamos muertos al pecado; ¿cómo podemos seguir viviendo en él? 3 ¿O es que no saben ustedes que todos los que fuimos bautizados en Cristo Jesús fuimos bautizados en su muerte? 4 Por tanto, fuimos sepultados con él mediante el bautismo en la muerte, a fin de que, así como Cristo fue resucitado de entre los muertos mediante la gloria del Padre, también nosotros llevemos una vida nueva.

5 Si así hemos estado unidos con él en su muerte, sin duda también lo estaremos en su resurrección. 6 Porque sabemos que lo que éramos antes fue crucificado con él para que fuera destruido w el cuerpo del pecado, de modo que ya no siguiéramos siendo esclavos del pecado; 7 porque quien ha muerto, ha sido liberado del pecado.

8 Ahora bien, si hemos muerto con Cristo, creemos que también viviremos con él. 9 Porque sabemos que Cristo, por haber resucitado de entre los muertos, ya no puede volver a morir; la muerte ya no tiene supremacía sobre él. 10 Con su muerte, murió al pecado de una vez por todas; pero con su vida, vive para Dios.

11 De la misma manera, ustedes también considérense muertos al pecado, pero vivos para Dios en Cristo Jesús. 12 Por lo tanto, no permitan que el pecado reine en su cuerpo mortal, para que no obedezcan a sus malos deseos. 13 No ofrezcan al pecado los miembros de su cuerpo como instrumentos de maldad, sino ofrézcanse más bien a Dios, como quienes han vuelto de la muerte a la vida, y ofrézcanle los miembros de su cuerpo como instrumentos de justicia. 14 Pues el pecado no será amo de ustedes, porque no están bajo la ley sino bajo la gracia.

Esclavos de la justicia

15 ¿Entonces qué? ¿Pecaremos porque no estamos bajo la ley sino bajo la gracia? ¡De ninguna manera! 16 ¿No saben ustedes que, cuando se ofrecen a alguien para obedecerlo como esclavos, son esclavos de aquel

w 6:6 O fuera reducido a la impotencia

a quien obedecen, ya sea del pecado, que lleva a la muerte, o de la obediencia, que lleva a la justicia? 17 Pero gracias a Dios que, aunque eran esclavos del pecado, obedecieron de corazón a la forma de enseñanza a la cual fueron encomendados. 18 Ustedes han sido liberados del pecado, y se han convertido en esclavos de la justicia.

19 Hablo en términos humanos porque ustedes son débiles a causa de su naturaleza humana. Así como antes ofrecieron los miembros de su cuerpo como esclavos a la impureza y a una maldad siempre en aumento, también ahora ofrézcanlos como esclavos a la justicia que lleva a la santidad. 20 Cuando eran esclavos del pecado, estaban libres del dominio de la justicia. 21 ¿Qué provecho sacaban entonces de las cosas que ahora les dan vergüenza? ¡Esas cosas resultan en la muerte! 22 Pero ahora que han sido liberados del pecado y se han convertido en esclavos de Dios, el provecho que sacan los lleva a la santidad, y el resultado es la vida eterna. 23 Porque la paga del pecado es muerte, mientras que el regalo de Dios es vida eterna en*x* Cristo Jesús, nuestro Señor.

Ilustración tomada del matrimonio

7 ¿Acaso no saben, hermanos (hablo a los que conocen la ley), que la ley tiene poder sobre el hombre sólo mientras vive? 2 Por ejemplo, la mujer casada está ligada por la ley al esposo mientras éste vive; pero si muere el esposo, ella queda libre de la ley del matrimonio. 3 Por eso, si se casa con otro hombre mientras vive su esposo, será considerada adúltera. Pero si muere su esposo, ella queda libre de esa ley, y no es adúltera aunque se case con otro hombre.

4 Del mismo modo, hermanos míos, también ustedes murieron a la ley mediante el cuerpo de Cristo, para pertenecer a otro, al que fue resucitado de entre los muertos, a fin de que demos fruto para Dios.

5 Porque cuando estábamos dominados por nuestra naturaleza pecaminosa,*y* las pasiones despertadas por la ley actuaban en nuestro cuerpo, de modo que dimos fruto para muerte. 6 Pero ahora, al morir a lo que nos tenía atados, hemos quedado libres de la ley, de modo que sirvamos a Dios en la nueva manera del Espíritu y no en la antigua forma del código escrito.

Conflicto con el pecado

7 ¿Qué diremos entonces? ¿Es pecado la ley? ¡Por supuesto que no! Lo cierto es que, de no ser por la ley, yo no hubiera sabido lo que era el pecado. Porque no habría sabido lo que realmente era codiciar si la ley no hubiera dicho: "No codicies."*z* 8 Pero el pecado, aprovechando la oportunidad que le proporcionó el mandamiento, despertó en mí toda clase de malos deseos. Porque aparte de la ley el pecado está muerto. 9 En otro tiempo yo vivía apartado de la ley; pero cuando vino el mandamiento, cobró vida el pecado y quedé muerto. 10 Resultó que el mandamiento mismo que tenía el propósito de llevar a la vida, en realidad llevaba a la muerte, 11 porque el pecado se aprovechó del mandamiento, me engañó y por medio de él me mató. 12 De modo que la ley es santa, y el mandamiento es santo, justo y bueno.

13 ¿Se volvió entonces lo que es bueno en muerte para mí? ¡De ninguna manera! Pero para que el pecado se reconozca como pecado, me produjo la muerte mediante lo bueno, para que mediante el mandamiento llegara a ser completamente pecaminoso.

14 Sabemos que la ley es espiritual; pero yo no soy espiritual, sino vendido como esclavo al pecado. 15 No entiendo lo que hago, pues no hago lo que quiero, sino lo que odio. 16 Y si hago lo que no quiero, estoy de acuerdo que la ley es buena. 17 Así que, ya no soy yo quien lo hace sino el

---

x 6:23 O *por medio de*   *y* 7:5 O *nuestra carne*   *z* 7:7 Ex 20:17; Dt 5:21

pecado que habita en mí. **18** Yo sé que nada bueno habita en mí, es decir, en mi naturaleza pecaminosa. *a* Porque tengo el deseo de hacer lo bueno, pero no soy capaz de hacerlo. **19** Pues lo que hago no es el bien que quiero hacer sino el mal que no quiero hacer. **20** Ahora bien, si hago lo que no quiero hacer, ya no soy yo quien lo hace, sino el pecado que habita en mí.

21 Así que encuentro que obra esta ley: Cuando quiero hacer el bien, me acompaña el mal. **22** Porque en lo íntimo de mi ser me deleito con la ley de Dios; **23** pero veo otra ley que obra en los miembros de mi cuerpo, haciendo la guerra contra la ley de mi mente y llevándome prisionero de la ley del pecado que obra dentro de mis miembros. **24** ¡Qué hombre tan miserable soy! ¿Quién me rescatará de este cuerpo de muerte? **25** ¡Gracias a Dios, por medio de Jesucristo nuestro Señor!

Así que yo mismo con la mente soy esclavo de la ley de Dios, pero con la naturaleza pecaminosa *b* soy esclavo de la ley del pecado.

Vida mediante el Espíritu

8 Por lo tanto, ya no hay ninguna condenación para los que están en Cristo Jesús, *c* **2** ya que, por medio de Cristo Jesús, la ley del Espíritu de vida me libró de la ley del pecado y de la muerte. **3** Porque lo que la ley era incapaz de hacer, por restarle fuerzas la naturaleza pecaminosa, *d* lo hizo Dios al enviar a su propio Hijo en condición semejante a la del hombre pecador para ser sacrificio por el pecado. *e* Así condenó al pecado en el hombre pecador, *f* **4** a fin de que las justas demandas de la ley se cumplieran en nosotros, los que no vivimos según la naturaleza pecaminosa sino según el Espíritu. **5** Los que viven conforme a la naturaleza pecaminosa no piensan sino en

lo que desea esa naturaleza; pero los que viven conforme al Espíritu piensan en lo que desea el Espíritu. **6** La mentalidad del hombre pecador *g* es muerte, mientras que la mentalidad sometida al Espíritu es vida y paz; **7** la mentalidad pecadora *h* es enemiga de Dios: no se somete a la ley de Dios, ni puede hacerlo. **8** Los que se someten a la naturaleza pecaminosa no pueden agradar a Dios.

9 Sin embargo, ustedes no viven sometidos a la naturaleza pecaminosa sino al Espíritu, si es que el Espíritu de Dios vive en ustedes. Y si alguno no tiene el Espíritu de Cristo, no es de Cristo. **10** Pero si Cristo está en ustedes, el cuerpo está muerto a causa del pecado, pero el espíritu está vivo a causa de la justicia. **11** Y si el Espíritu de aquel que resucitó a Jesús de entre los muertos vive en ustedes, el que resucitó a Cristo de entre los muertos dará también vida a sus cuerpos mortales por medio de su Espíritu, que vive en ustedes.

12 Por tanto, hermanos, estamos en deuda, pero no con la naturaleza pecaminosa, para vivir conforme a ella. **13** Porque si ustedes viven conforme a la naturaleza pecaminosa, morirán; pero si por medio del Espíritu dan muerte a los malos hábitos del cuerpo, vivirán, **14** porque todos los que son guiados por el Espíritu de Dios son hijos de Dios. **15** Pues ustedes no recibieron un espíritu que los hace esclavos otra vez del miedo, sino que recibieron al Espíritu que los adopta como hijos. Por él clamamos: "¡*Abba!* *i* ¡Padre!" **16** El Espíritu mismo da testimonio con nuestro espíritu de que somos hijos de Dios. **17** Si somos hijos, somos herederos; herederos de Dios y coherederos con Cristo, si es que en realidad sufrimos con él a fin de tener parte también con él en su gloria.

a 7:18 O *mi carne*   *b* 7:25 O *la carne*   *c* 8:1 Algunos mss. posteriores dicen: *Jesús, los que no viven según la naturaleza pecaminosa sino según el Espíritu,* (véase v. 4) *d* 8:3 O *la carne;* también en vv. 4,5,8,9,12 y 13   *e* 8:3 O *pecador, por el pecado* *f* 8:3 O *en la carne*   *g* 8:6 O *La mente que no piensa sino en la carne*   *h* 8:7 O *la mente que no piensa sino en la carne*   *i* 8:15 *Papá* en arameo

La gloria futura

18 Considero que los sufrimientos actuales no se pueden comparar con la gloria que será revelada en nosotros. **19** La creación está ansiosamente a la expectativa de la revelación de los hijos de Dios, **20** porque fue sometida a la frustración, no por su propia voluntad, sino por la voluntad de aquel que la sometió, con la esperanza **21** de que *j* ella misma será liberada de la esclavitud de la corrupción, e introducida en la gloriosa libertad de los hijos de Dios.

22 Sabemos que toda la creación gime como con dolores de parto hasta ahora. **23** Y no sólo ella, sino que también nosotros mismos, que tenemos las primicias del Espíritu, gemimos en nuestro interior, esperando ansiosamente nuestra adopción como hijos, la redención de nuestro cuerpo. **24** Porque fuimos salvados en esa esperanza. Pero la esperanza que se ve no es esperanza. ¿Quién espera lo que ya tiene? **25** Pero si esperamos lo que todavía no tenemos, lo esperamos con paciencia.

26 De la misma manera, el Espíritu nos ayuda en nuestra debilidad. No sabemos qué debemos pedir, pero el Espíritu mismo intercede por nosotros con gemidos que no se pueden expresar con palabras. **27** Y aquel que examina los corazones sabe cuál es el sentir del Espíritu, porque el Espíritu intercede por los santos conforme a la voluntad de Dios.

Más que vencedores

28 Sabemos que Dios obra en todo para el beneficio de quienes lo aman, *k* los que *l* han sido llamados de acuerdo con su propósito. **29** A los que de antemano Dios conoció también los predestinó a ser hechos conformes a la imagen de su Hijo, para que él sea el primero entre muchos hermanos. **30** Y a los que predestinó,

también los llamó; a los que llamó, también los justificó; a los que justificó, también los glorificó.

31 ¿Qué diremos frente a esto? Si Dios está de nuestra parte, ¿quién puede estar contra nosotros? **32** El que no escatimó ni a su propio Hijo, sino que lo entregó por todos nosotros, ¿cómo no habrá de darnos bondadosamente también, junto con él, todas las cosas? **33** ¿Quién acusará a los que Dios ha escogido? Dios es el que justifica. **34** ¿Quién es el que condena? Cristo Jesús, el que murió —es más, el que resucitó—, está a la derecha de Dios y también intercede por nosotros. **35** ¿Quién nos separará del amor de Cristo? ¿La tribulación, o las dificultades, o la persecución, o el hambre, o la falta de ropa, o el peligro, o la espada? **36** Como está escrito:

"Por tu causa estamos expuestos
a la muerte todo el día;
se nos considera como ovejas destinadas al matadero." *m*

37 Más bien, en todo esto somos más que vencedores por medio de aquel que nos amó. **38** Pues estoy convencido de que ni la muerte ni la vida, ni ángeles ni demonios, *n* ni lo presente ni lo por venir, ni poderes, **39** ni lo alto ni lo profundo, ni cosa alguna en toda la creación podrá separarnos del amor que Dios nos tiene en Cristo Jesús nuestro Señor.

La elección soberana de Dios

9 Digo la verdad en Cristo —no miento; mi conciencia me lo confirma en el Espíritu Santo—: **2** Tengo en el corazón una gran tristeza y un continuo dolor. **3** Desearía que yo mismo fuera maldecido y separado de Cristo por el bien de mis hermanos, los de mi propia raza, **4** el pueblo de Israel. De ellos son la adopción como hijos, la gloria divina, los pactos, las leyes recibidas, la adoración en el templo y las promesas. **5** De ellos son

---

j **8:20,21** O *sometió en esperanza.* **21** *Pues ayuda para el bien a los que aman a Dios para que resulte lo bueno, con los que celestiales*   *k* **8:28** Algunos mss. dicen: *Sabemos que todo*   *l* **8:28** O *Dios colabora con quienes lo aman*   *m* **8:36** Sal 44:22   *n* **8:38** O *ni gobernantes*

los patriarcas, y de ellos se traza la genealogía humana de Cristo, quien es Dios sobre todas las cosas, ¡alabado por siempre!o Amén.

6 No es que la Palabra de Dios haya fracasado, ya que no todos los descendientes de Israel son Israel. 7 Ni por ser descendientes de Abraham son todos hijos de él. Al contrario: "Tu descendencia se establecerá por medio de Isaac."p 8 En otras palabras, no son hijos de Dios los descendientes naturales, sino que son los hijos de la promesa los que son considerados como descendencia de Abraham. 9 Así reza la promesa: "Volveré en el tiempo señalado, y Sara tendrá un hijo."q

10 No sólo eso sino que también los hijos de Rebeca tuvieron un mismo padre, nuestro antepasado Isaac. 11 Sin embargo, antes que nacieran los mellizos o hicieran bien o mal —para que permaneciera el propósito de Dios conforme a la elección: 12 no por obras sino por aquel que llama—, se le dijo a ella: "El mayor servirá al menor",r 13 conforme está escrito: "Amé a Jacob, pero aborrecí a Esaú."s

14 ¿Qué diremos entonces? ¿Acaso es Dios injusto? ¡De ninguna manera! 15 A Moisés le dice:

"Tendré misericordia de quien
    yo tenga misericordia;
y me compadeceré de quien
    yo me compadezca."t

16 Por lo tanto, no depende del deseo ni del esfuerzo del hombre sino de la misericordia de Dios. 17 Porque la Escritura le dice al Faraón: "Te levanté precisamente para exhibir en ti mi poder y para que mi nombre sea proclamado por toda la tierra."u 18 Así que Dios tiene misericordia de quien él quiere tenerla, y endurece a quien él quiere endurecer.

19 Uno de ustedes me dirá: "¿Entonces por qué todavía nos culpa Dios? ¿Quién puede oponerse a su voluntad?" 20 ¿Y quién eres tú, hombre, para pedirle cuentas a Dios? "¿Acaso le dirá el objeto modelado al que lo modeló: '¿Por qué me hiciste así?'"v 21 ¿No tiene derecho el alfarero de hacer de una misma masa unas vasijas para fines nobles y otras para uso común?

22 ¿Qué tal si Dios, queriendo mostrar su ira y dar a conocer su poder, soportó con mucha paciencia a los que eran objeto de su ira, preparados para la destrucción? 23 ¿Qué tal si lo hizo para dar a conocer las riquezas de su gloria a los que eran objeto de su misericordia, y a quienes preparó de antemano para la gloria, 24 incluso nosotros, a los que también llamó, no sólo de entre los judíos sino también de entre los no judíos? 25 Como dice él en Oseas:

"Llamaré 'mi pueblo' a los que
    no son mi pueblo;
y llamaré 'mi amada' a la
    que no es mi amada",w

26 y

"Sucederá que en el lugar
    mismo donde se les dijo:
'Ustedes no son mi pueblo',
serán llamados 'hijos del Dios
    viviente'."x

27 Isaías proclama con respecto a Israel:

"Aunque los israelitas sean
    tan numerosos como la
    arena del mar,
sólo el remanente será salvo;
28 porque el Señor cumplirá
    su sentencia sobre la tierra
    de una manera rápida y
    definitiva."y

29 Es como antes dijo Isaías:

"Si no fuera porque el Señor
    Todopoderoso nos dejó
    descendientes,
habríamos llegado a ser como
    Sodoma,
habríamos sido como Gomo-
    rra."z

---

o 9:5 O Cristo, que está sobre todas las cosas. ¡Dios sea alabado por siempre! O Cristo. ¡Dios, que está sobre todas las cosas, sea alabado por siempre!   p 9:7 Gn 21:12
q 9:9 Gn 18:10,14   r 9:12 Gn 25:23   s 9:13 Mal 1:2,3   t 9:15 Ex 33:19
u 9:17 Ex 9:16   v 9:20 Is 29:16; 45:9   w 9:25 Os 2:23   x 9:26 Os 1:10
y 9:28 Is 10:22,23   z 9:29 Is 1:9

Incredulidad de Israel

30 ¿Qué diremos entonces? Que los no judíos, que no buscaban la justicia, la han alcanzado, es decir, una justicia que es por la fe. 31 En cambio, Israel, que iba en busca de una ley de justicia, no la ha alcanzado. 32 ¿Por qué no? Porque no la buscaban mediante la fe sino como si fuera mediante las obras. Tropezaron con la "piedra de tropiezo". 33 Como está escrito:

"Fíjense que pongo en Sion
    una piedra de tropiezo
y una roca que hace caer a
    los hombres;
y el que confíe en él no será
    avergonzado." *a*

10 Hermanos, el deseo de mi corazón y mi oración a Dios por los israelitas es que sean salvos. 2 En su favor puedo declarar que tienen celo por Dios, pero no basado en el conocimiento. 3 Como desconocían la justicia que proviene de Dios y procuraron establecer la de ellos mismos, no se sometieron a la justicia de Dios. 4 Cristo es el fin de la ley, de modo que haya justicia para todo el que cree.

5 Así describe Moisés la justicia que es por la ley: "El hombre que haga estas cosas vivirá por ellas." *b* 6 Pero la justicia que es por la fe dice así: "No digas en el corazón: '¿Quién subirá al cielo?' *c* (es decir, para hacer bajar a Cristo), 7 o '¿Quién bajará al abismo?' *d*" (es decir, para hacer subir a Cristo de entre los muertos). 8 ¿Qué dice más bien? "Cerca de ti está la palabra, en tu boca y en tu corazón", *e* es decir, la palabra de fe que predicamos: 9 que si confiesas con tu boca: "Jesús es el Señor", y crees en el corazón que Dios lo resucitó de entre los muertos, serás salvo. 10 Con el corazón uno cree y es justificado, y con la boca uno confiesa y se salva. 11 Como dice la Escritura: "Todo el que confíe en él no será avergon-

zado." *f* 12 No hay diferencia entre judío y no judío, pues el mismo Señor es Señor de todos y bendice abundantemente a todos los que lo invocan, 13 porque "todo el que invoque el nombre del Señor será salvo". *g*

14 ¿Cómo, entonces, invocarán a aquel en quien no han creído? ¿Y cómo creerán en aquel de quien no han oído? ¿Y cómo oirán sin haber quien les predique? 15 ¿Y cómo predicarán si no se les envía? Como está escrito: "¡Qué hermosos son los pies de los que traen buenas nuevas!" *h*

16 Sin embargo, no todos los israelitas aceptaron las buenas nuevas. Isaías dice: "Señor, ¿quién ha creído nuestro mensaje?" *i* 17 Así que la fe viene como resultado de oír el mensaje, y el mensaje se oye mediante la palabra de Cristo. 18 Pero pregunto: ¿Acaso no oyeron? ¡Claro que sí!

"Se difundió su voz por toda
    la tierra,
y sus palabras hasta los con-
    fines del mundo." *j*

19 De nuevo pregunto: ¿Acaso no entendió Israel? En primer lugar, Moisés dice:

"Yo los provocaré a celos con
    los que no son un pueblo;
los provocaré a enojo con un
    pueblo sin entendi-
    miento." *k*

20 Luego Isaías se atreve a decir:

"Me encontraron los que no
    me buscaban;
me mostré a quienes no pre-
    guntaban por mí." *l*

21 En cambio, respecto a Israel, dice:
"Todo el día he extendido mis
    manos
hacia un pueblo desobe-
    diente y rebelde." *m*

El remanente de Israel

11 Por lo tanto, pregunto: ¿Rechazó Dios a su pueblo? ¡De ningún modo! Yo mismo soy israelita, descendiente de Abraham, de la tribu de Benjamín. 2 Dios no

---

a 9:33 Is 8:14; 28:16   *b* 10:5 Lv 18:5   *c* 10:6 Dt 30:12   *d* 10:7 Dt 30:13
e 10:8 Dt 30:14   *f* 10:11 Is 28:16   *g* 10:13 Jl 2:32   *h* 10:15 Is 52:7   *i* 10:16 Is 53:1
j 10:18 Sal 19:4   *k* 10:19 Dt 32:21   *l* 10:20 Is 65:1   *m* 10:21 Is 65:2

rechazó a su pueblo, al que de antemano conoció. ¿No saben lo que dice la Escritura en el pasaje sobre Elías, cómo consultó con Dios contra Israel: 3 "Señor, han matado a tus profetas y han derribado tus altares; yo soy el único que ha quedado, y están tratando de matarme"?[n] 4 ¿Y qué le contestó Dios? "He apartado para mí siete mil hombres que no han doblado la rodilla ante Baal."[o] 5 Así también hay en la actualidad un remanente escogido por gracia. 6 Y si es por gracia, ya no es por obras; si así fuera, la gracia ya no sería gracia.[p]

7 ¿Entonces qué? Que Israel no consiguió lo que buscaba con tanto afán, pero sí lo consiguieron los elegidos. Los demás fueron endurecidos, 8 como está escrito:

"Dios les dio un espíritu de
aturdimiento,
ojos con los que no pueden ver
y oídos con los que no pueden oír,
hasta el día de hoy."[q]

9 Y David dice:

"Que su mesa se les convierta
en red y en trampa,
en tropezadero y en castigo
merecido.
10 Que se oscurezcan sus ojos
para que no puedan ver,
y se encorven sus espaldas
para siempre."[r]

Ramas injertadas

11 Ahora pregunto: ¿Acaso tropezaron para no levantarse jamás? ¡De ningún modo! Al contrario, por su transgresión ha venido la salvación a los que no son judíos, para que Israel sienta celos. 12 Pero si su transgresión significa riquezas para el mundo, y su pérdida, tesoro para los que no son judíos, ¡cuánto mayor será la riqueza que producirá su plena restauración!

13 Me dirijo ahora a ustedes, que no son judíos. Como apóstol que soy de los no judíos, tengo en mucha estima mi ministerio, 14 con la esperanza de despertar de algún modo la envidia de los de mi propio pueblo, y salvar a algunos de ellos. 15 Pues si el rechazarlos a ellos resulta en la reconciliación del mundo, ¿qué dará por resultado el aceptarlos sino vida de entre los muertos? 16 Si es santa la parte de la masa que se ofrece como primicias, también lo es toda la masa; si la raíz es santa, también lo son las ramas.

17 Si algunas de las ramas han sido desgajadas, y tú, siendo de olivo silvestre, has sido injertado entre las otras ramas, y ahora tienes parte en la savia nutritiva de la raíz del olivo, 18 no te creas mejor que las ramas. Si te jactas, ten en cuenta que no eres tú quien sustenta la raíz sino la raíz la que te sustenta a ti. 19 Entonces dirás: "Se desgajaron unas ramas para que yo fuera injertado." 20 De acuerdo; pero ellas fueron desgajadas por su incredulidad, y tú te mantienes firme por la fe. No seas arrogante sino temeroso; 21 porque si Dios no perdonó a las ramas naturales, tampoco a ti te perdonará.

22 Por tanto, considera la bondad y la severidad de Dios: severidad para los que cayeron, pero bondad para ti, siempre que te mantengas en su bondad. De lo contrario, también tú serás desgajado. 23 Y si ellos no persisten en su incredulidad, serán injertados, porque Dios tiene poder para injertarlos de nuevo. 24 Después de todo, si tú fuiste cortado de un olivo que es silvestre por naturaleza, y fuiste injertado en un olivo cultivado, contrario a tu condición natural, ¿con cuánta mayor facilidad éstos, que son ramas naturales, serán injertados en su propio olivo?

Todo Israel será salvo

25 No quiero que desconozcan, hermanos, este misterio, para que no se vuelvan presuntuosos: Israel se ha endurecido en parte, hasta que haya entrado la totalidad de los que

n 11:3 1 R 19:10,14   o 11:4 1 R 19:18   p 11:6 Algunos mss. dicen: por gracia. Pero si es por obras, ya no es gracia; si así fuera, la obra ya no sería obra.   q 11:8 Dt 29:4; Is 29:10   r 11:10 Sal 69:22,23

no son judíos. **26**Así todo Israel será salvo, como está escrito:

"Vendrá de Sion el libertador,
que apartará de Jacob la
impiedad.
27Y éste esˢ mi pacto con ellos
cuando quite sus pecados."ᵗ

28En cuanto al evangelio, son enemigos por causa de ustedes; pero en cuanto a la elección de Dios, son amados por causa de los patriarcas, **29**porque lo que Dios da es irrevocable, como lo es también su llamamiento. **30**Así como ustedes, que en otro tiempo no obedecían a Dios, ahora han recibido su misericordia como resultado de la desobediencia de ellos, **31**también éstos han llegado a ser desobedientes a fin de que ahoraᵘ puedan a su vez recibir misericordia como resultado de la misericordia de Dios hacia ustedes. **32**Pues Dios ha sujetado a todos a la desobediencia con el fin de tener misericordia de todos.

Doxología

33¡Qué profundas son las riquezas de la sabiduría y del conocimientoᵛ de Dios!
¡Qué indescifrables sus juicios,
e impenetrables sus caminos!
34"¿Quién ha conocido la mente del Señor?
¿O quién ha sido su consejero?"ʷ
35"¿Quién le ha dado primero a Dios,
para que luego Dios le pague?"ˣ
36Porque todas las cosas proceden de él, y existen por él y para él.
¡A él sea la gloria por siempre! Amén.

Sacrificios vivos

12 Por lo tanto, hermanos, en vista de la misericordia de Dios, les ruego que cada uno ofrezca el cuerpo como sacrificio vivo, santo y agradable a Dios. Esta es su adoración espiritual.ʸ **2**No se adapten más a la forma del mundo actual, sino sean transformados mediante la renovación de la mente. Así podrán comprobar cuál es la voluntad de Dios, buena, agradable y perfecta.

3Por la gracia que se me ha dado, digo a todos ustedes: Nadie tenga un concepto más alto de sí del que debe tener, sino más bien tenga un concepto equilibrado, de acuerdo con la medida de fe que Dios le haya dado. **4**Así como cada uno de nosotros tiene un solo cuerpo con muchos miembros, y estos miembros no desempeñan todos la misma función, **5**también nosotros, siendo muchos, formamos un solo cuerpo en Cristo, y cada miembro pertenece a todos los demás. **6**Tenemos dones diferentes, según la gracia que se nos ha dado. Si el don de alguien es el de profecía, que lo use en proporción con suᶻ fe. **7**Si es el de prestar un servicio, que lo preste; si es el de enseñar, que enseñe; **8**si es el de animar a otros, que los anime; si es el de socorrer a los necesitados, que dé con generosidad; si es el de dirigir, que dirija con diligencia; si es el de mostrar compasión, que lo haga con alegría.

El amor

9El amor debe ser sincero. Aborrezcan lo malo y apéguense a lo bueno. **10**Amense unos a otros con afecto fraternal, dándose preferencia y honrándose mutuamente. **11**Nunca dejen de ser diligentes, sino mantengan su fervor espiritual, sirviendo al Señor. **12**Alégrense en la esperanza, sean pacientes en la tribulación, perseverantes en la oración. **13**Ayuden a los creyentes necesitados. Practiquen la hospitalidad. **14**Bendigan a quienes los persiguen; bendigan y no maldigan. **15**Alégrense con los que están alegres y lloren con los que lloran. **16**Vivan en armonía unos con otros.

ˢ 11:27 O será   ᵗ 11:27 Is 59:20,21; 27:9; Jer 31:33,34   ᵘ 11:31 Algunos mss. no incluyen: ahora.   ᵛ 11:33 O riquezas y la sabiduría y el conocimiento   ʷ 11:34 Is 40:13
ˣ 11:35 Job 41:11   ʸ 12:1 O racional   ᶻ 12:6 O use de acuerdo con la

No sean orgullosos, sino relaciónense de buena voluntad con los humildes.*a* No se crean sabios. **17** No paguen a nadie mal por mal. Procuren hacer lo bueno delante de todos. **18** Si es posible, en cuanto dependa de ustedes, vivan en paz con todos. **19** No tomen venganza, hermanos míos, sino den lugar a la ira de Dios, porque está escrito: "A mí me corresponde la venganza; yo pagaré",*b* dice el Señor. **20** Al contrario:

"Si tu enemigo tiene hambre,
dale de comer;
si tiene sed, dale de beber.
Obrando así, harás que sienta
vergüenza por su conducta."*c*

21 No te dejes vencer por el mal, sino vence con el bien el mal.

Sumisión a las autoridades

13 Todos deben someterse a las autoridades públicas, porque no hay autoridad que no haya establecido Dios. Las que hay fueron establecidas por él. **2** Por lo tanto, el que se opone a la autoridad se rebela contra lo que ha instituido Dios, y los que obran así se condenan a sí mismos. **3** Porque los gobernantes no están para infundir terror a los que hacen lo bueno sino a los que hacen lo malo. ¿Quieres librarte del miedo al que ejerce autoridad? Haz lo bueno, y tendrás su aprobación. **4** Es un servidor de Dios para tu bien. Pero si haces lo malo, debes tener miedo, porque no en vano lleva la espada. Es servidor de Dios, agente de la justicia para castigar con ira al malhechor. **5** Así que es necesario someterse a las autoridades, no sólo debido al posible castigo sino también por causa de la conciencia. **6** Por eso mismo ustedes pagan impuestos, pues las autoridades están al servicio de Dios, dedicadas exclusivamente a gobernar. **7** Paguen a cada uno lo que le deban:

si deben impuestos, paguen los impuestos; si deben contribuciones, paguen las contribuciones; si respeto, respeto; y si honor, honor.

Amen porque se acerca el día

8 No dejen deuda alguna sin pagar, excepto la deuda permanente de amarse unos a otros; porque quien ama al prójimo ha cumplido la ley. **9** Los mandamientos que dicen: "No cometas adulterio", "No mates", "No robes", "No codicies"*d* y cualquier otro mandamiento que haya se resumen en este precepto: "Ama a tu prójimo como a ti mismo."*e* **10** El amor no perjudica al prójimo. Así que el amor es el cumplimiento de la ley.

11 Hagan todo esto conscientes del tiempo presente. Ya es hora de que despierten del sueño, pues nuestra salvación está ahora más cerca que cuando creímos al principio. **12** Está casi por terminarse la noche y ya se acerca el día. Por eso, dejemos de hacer las obras de la oscuridad y vistámonos con la armadura de la luz. **13** Portémonos con decencia, como de día, no en orgías y borracheras, ni en inmoralidad sexual y lascivia, ni en disensión y envidia. **14** Más bien, revístanse del Señor Jesucristo, y no piensen en cómo satisfacer los deseos de la naturaleza pecaminosa.*f*

Los débiles y los fuertes

14 Reciban al débil en la fe, sin emitir juicio sobre temas discutibles. **2** Hay quien tiene fe que le permite comer de todo, pero hay quien es débil en la fe, y sólo come verduras. **3** El que come de todo no debe menospreciar al que no come ciertas cosas, y el que no come de todo no debe condenar al que lo hace, porque Dios lo ha aceptado. **4** ¿Quién eres tú para que juzgues al siervo de otro? Que se mantenga en pie o que caiga es asunto de su propio señor. Y se mantendrá en pie, porque el Señor tiene poder para mantenerlo firme.

a **12:16** O *sino estén dispuestos a ocuparse en oficios humildes.*   *b* **12:19** Dt 32:35
c **12:20** Pr 25:21,22   *d* **13:9** Ex 20:13-15,17; Dt 5:17-19,21   *e* **13:9** Lv 19:18
f **13:14** O *la carne*

5 Hay quien considera que un día es más sagrado que otro, mientras que otro considera que todos los días son iguales. Cada uno debe estar plenamente convencido de su propia opinión. **6** El que considera que un día es especial, lo hace para el Señor. El que come carne, come para el Señor, porque da gracias a Dios; y el que no come, se abstiene para el Señor y da gracias a Dios. **7** Porque ninguno de nosotros vive para sí mismo, y ninguno muere para sí. **8** Si vivimos, para el Señor vivimos; y si morimos, morimos para el Señor. Así que, sea que vivamos o que muramos, del Señor somos.

9 Para esto mismo murió Cristo y volvió a vivir, para ser Señor tanto de los que han muerto como de los que viven. **10** ¿Por qué, entonces, criticas a tu hermano? ¿O por qué lo menosprecias? Todos tendremos que comparecer ante el tribunal de Dios. **11** Está escrito:

"'Tan seguro como que estoy
    vivo —dice el Señor—,
toda rodilla se doblará ante mí
    y toda lengua confesará a
        Dios.'" *g*

12 Así que cada uno de nosotros dará a Dios cuenta de sí.

13 Por tanto, dejemos de juzgarnos unos a otros. Más bien, decídanse a no poner tropiezo ni obstáculo al hermano. **14** Yo, que estoy en el Señor Jesús, estoy plenamente convencido de que no hay ningún alimento que sea *h* impuro en sí mismo. Pero si alguien considera que algo es impuro, para él lo es. **15** Si tu hermano se angustia por causa de lo que comes, ya no te comportas con amor. No destruyas por tu comida al hermano por quien Cristo murió. **16** No permitan que se hable mal de lo que ustedes consideran bueno, **17** porque el reino de Dios no es cuestión de comidas ni bebidas sino de justicia, paz y alegría en el Espíritu Santo. **18** El que de esta manera sirve a Cristo

agrada a Dios y es aprobado por los hombres.

19 Por lo tanto, esforcémonos por promover todo lo que conduce a la paz y a la mutua edificación. **20** No destruyas la obra de Dios por causa de la comida. Todo alimento es puro, pero es malo que el hombre haga tropezar a otros por lo que come. **21** Es mejor no comer carne ni beber vino ni hacer nada que pueda causar la caída de tu hermano.

22 Así que la convicción que tú tienes al respecto, mantenla como algo entre tú y Dios. Dichoso aquel a quien no lo acusa la conciencia en lo que hace. **23** Pero el que tiene dudas se condena si come, porque no lo hace con fe; y todo lo que no proviene de la fe es pecado.

15 Los que somos fuertes debemos soportar con paciencia las flaquezas de los débiles, y no agradarnos a nosotros mismos. **2** Cada uno de nosotros debe agradar al prójimo para su bien, con el fin de edificarlo. **3** Porque ni siquiera Cristo se agradó a sí mismo sino que, como está escrito: "Las ofensas de los que te insultan han caído sobre mí." *i* **4** Todo lo que se escribió en el pasado se escribió para enseñarnos, a fin de que mediante la constancia y el estímulo de las Escrituras tengamos esperanza.

5 Que el Dios que da constancia y que estimula les dé un espíritu de unidad entre ustedes conforme siguen a Cristo Jesús, **6** para que unánimes y a una voz glorifiquen al Dios y Padre de nuestro Señor Jesucristo.

7 Por tanto, acéptense unos a otros, así como Cristo los aceptó a ustedes, para gloria de Dios. **8** Les digo que Cristo se ha hecho servidor de los judíos *j* a favor de la verdad de Dios, a fin de confirmar las promesas hechas a los patriarcas **9** para que los no judíos glorifiquen a Dios por su compasión, como está escrito:

"Por eso te alabaré entre los
que no son judíos;
cantaré himnos a tu nom-
bre."[k]

10 En otro pasaje dice:
"Alégrense, los que no son
judíos, en unión del pue-
blo de Dios."[l]

11 Y en otra parte dice:
"Alaben al Señor, todos ustedes que no son judíos,
y cántenle alabanzas, pueblos todos."[m]

12 Y a su vez dice Isaías:
"Brotará la raíz de Isaí,
el que se levantará para
gobernar a las naciones;
en él pondrán su esperanza los
que no son judíos."[n]

13 Que el Dios de la esperanza los
llene de toda alegría y paz al confiar
ustedes en él, para que rebosen de
esperanza por el poder del Espíritu
Santo.

Pablo, ministro de los no judíos

14 Yo mismo estoy convencido,
hermanos míos, de que ustedes
están llenos de bondad y de todo
conocimiento, capacitados para ins-
truirse unos a otros. **15** Les he
escrito con bastante atrevimiento
sobre algunos asuntos, como para
recordárselos de nuevo, por causa
de la gracia que Dios me dio **16** para
ser ministro de Cristo Jesús a los
que no son judíos, con el deber
sacerdotal de proclamar el evangelio
de Dios, a fin de que los no judíos
lleguen a ser una ofrenda aceptable
a Dios, santificada por el Espíritu
Santo.

17 Por tanto, en Cristo Jesús
tengo motivo de satisfacción en mi
servicio a Dios. **18** No me atreveré a
hablar de nada sino de lo que Cristo
ha hecho por medio de mí para llevar
a los no judíos a obedecer a Dios por
lo que he dicho y hecho, **19** por el
poder de señales y milagros,
mediante el poder del Espíritu. Así
que desde Jerusalén y por todas

partes hasta el Ilírico he proclamado
plenamente el evangelio de Cristo.
20 Siempre me he propuesto predicar el evangelio donde Cristo no era
conocido, para no edificar sobre fundamento ajeno. **21** Más bien, como
está escrito:
"Verán aquellos a quienes no
se les anunció acerca de
él;
y entenderán los que no han
oído nada."[o]

22 Por esto me he visto impedido
muchas veces de ir a visitarlos.

Pablo planea visitar Roma

23 Ahora que ya no tengo dónde
más trabajar en estas regiones, y
como hace muchos años que anhelo
verlos, **24** tengo planes de hacerlo
durante mi viaje a España. Espero
visitarlos cuando vaya de paso y que
me ayuden a continuar el viaje, después de haber disfrutado de su compañía por algún tiempo. **25** Pero
ahora voy a Jerusalén para socorrer
a los santos, **26** ya que Macedonia y
Acaya tuvieron a bien hacer una
colecta para los pobres de entre los
santos que están en Jerusalén. **27** Lo
hicieron de buena voluntad, y en
realidad están en deuda con ellos.
Porque si los no judíos han participado de las bendiciones espirituales
de los judíos, están en deuda con los
judíos para compartir con ellos las
bendiciones materiales. **28** Así que,
una vez que haya cumplido esta
tarea y me haya cerciorado de que
ha llegado a sus manos este fruto,
saldré para España y de paso los
visitaré a ustedes. **29** Sé que cuando
los visite, iré con la plenitud de la
bendición de Cristo.

30 Les ruego, hermanos, por nuestro Señor Jesucristo y por el amor
del Espíritu, que se unan conmigo
en esta lucha al orar a Dios por mí.
31 Pídanle que me libre de caer en
manos de los incrédulos que están
en Judea, y que los santos que están
en Jerusalén reciban bien el servicio

que les presto, **32** para que por la voluntad de Dios llegue a ustedes con alegría, y tenga un tiempo de descanso en compañía de ustedes. **33** El Dios de paz sea con todos ustedes. Amén.

Saludos personales

16 Les recomiendo a nuestra hermana Febe, una servidora*p* de la iglesia de Cencrea. **2** Les pido que le den en el Señor un recibimiento digno de los santos y le presten cualquier ayuda que necesite de parte de ustedes, porque ella ha prestado una gran ayuda a muchas personas, incluso a mí mismo.

3 Saluden a Priscila*q* y a Aquila, mis compañeros de trabajo en Cristo Jesús. **4** Ellos arriesgaron la vida por mí. No sólo yo sino todas las iglesias de los que no son judíos les estamos agradecidos.

5 Saluden igualmente a la iglesia que se reúne en la casa de ellos.

Saluden a mi querido hermano Epeneto, el primer convertido a Cristo en la provincia de Asia.

6 Saluden a María, que tanto trabajó por ustedes.

7 Saluden a Andrónico y a Junías, mis parientes y compañeros de cárcel, destacados entre los apóstoles y convertidos a Cristo antes que yo.

8 Saluden a Amplias, a quien amo en el Señor.

9 Saluden a Urbano, nuestro compañero de trabajo en Cristo, y a mi querido hermano Estaquis.

10 Saluden a Apeles, aprobado en Cristo.

Saluden a los de la familia de Aristóbulo.

11 Saluden a Herodión, mi pariente.

Saluden a los de la familia de Narciso que están en el Señor.

12 Saluden a Trifena y a Trifosa, las cuales se esfuerzan trabajando en el Señor.

Saluden a mi querida hermana Pérsida, que ha trabajado muchísimo en el Señor.

13 Saluden a Rufo, escogido en el Señor, y a su madre, que ha sido también como una madre para mí.

14 Saluden a Asíncrito, a Flegonte, a Hermes, a Patrobas, a Hermas y a los hermanos que están con ellos.

15 Saluden a Filólogo, a Julia, a Nereo y a su hermana, a Olimpas y a todos los santos que están con ellos.

16 Salúdense unos a otros con un beso santo.

Todas las iglesias de Cristo les mandan saludos.

17 Les ruego, hermanos, que se fijen en los que causan divisiones y ponen en su camino obstáculos contra lo que a ustedes se les ha enseñado. Apártense de ellos. **18** Tales individuos no sirven a Cristo nuestro Señor, sino a sus propios apetitos. Con palabras suaves y lisonjeras engañan a los ingenuos. **19** Todos se han enterado de la obediencia de ustedes, por lo que me alegro mucho; pero quiero que sean sabios respecto a lo bueno e inocentes respecto a lo malo.

20 El Dios de paz aplastará pronto a Satanás bajo los pies de ustedes.

La gracia de nuestro Señor Jesús sea con ustedes.

21 Saludos de parte de Timoteo, mi compañero de trabajo, como también de Lucio, Jasón y Sosípater, mis parientes.

22 Yo, Tercio, que escribo esta carta, los saludo en el Señor.

23 Saludos de parte de Gayo, de cuya hospitalidad disfrutamos yo y toda la iglesia de este lugar.

---

p **16:1** O *diaconisa*   *q* **16:3** Griego *Prisca*, una variante de *Priscila*

También les mandan sus saludos Erasto, el administrador de la ciudad, y nuestro hermano Cuarto.ʳ

25 Al que puede afirmarlos a ustedes conforme a mi evangelio y a la predicación de Jesucristo —según la revelación del misterio oculto desde los tiempos eternos, **26** pero manifestado ahora y dado a conocer mediante los escritos proféticos, conforme al mandato del Dios eterno, para que todas las naciones crean en él y lo obedezcan—, **27** ¡al único sabio Dios sea la gloria para siempre por medio de Jesucristo! Amén.

ʳ **16:23** Algunos mss. dicen: *Cuarto.* **24** *La gracia de nuestro Señor Jesucristo sea con todos ustedes. Amén.*

Primera Carta de San Pablo a los *Corintios*

1 Pablo, llamado a ser apóstol de Cristo Jesús por la voluntad de Dios, y nuestro hermano Sóstenes,

2 a la iglesia de Dios que está en Corinto, a los santificados en Cristo Jesús y llamados a ser santos, junto con todos los que en todas partes invocan el nombre de nuestro Señor Jesucristo, Señor de ellos y de nosotros:

3 Gracia y paz a ustedes de parte de Dios nuestro Padre y del Señor Jesucristo.

Acción de gracias

4 Siempre doy gracias a Dios por ustedes debido a la gracia que se les ha dado en Cristo Jesús. **5** En él se han enriquecido en todos los sentidos —en toda el habla y en todo el conocimiento— **6** porque nuestro testimonio acerca de Cristo se confirmó en ustedes. **7** Así que no les falta ningún don espiritual mientras esperan ansiosamente que se manifieste nuestro Señor Jesucristo. **8** El los mantendrá firmes hasta el fin, para que sean irreprochables en el día de nuestro Señor Jesucristo. **9** Fiel es Dios, quien los ha llamado a tener comunión con su Hijo Jesucristo, nuestro Señor.

Divisiones en la iglesia

10 Les suplico, hermanos, en el nombre de nuestro Señor Jesucristo, que todos se pongan de acuerdo, para que no haya divisiones entre ustedes sino que estén perfectamente unidos en su manera de pensar y de sentir. **11** Hermanos míos, algunos de la familia de Cloé me han informado que hay contiendas entre ustedes. **12** Me refiero a lo siguiente: Uno de ustedes dice: "Yo sigo a Pablo"; otro afirma: "Yo sigo a Apolos"; otro: "Pues yo, a Cefas";*a* y otro: "Pues yo, a Cristo."

13 ¿Está dividido Cristo? ¿Acaso fue crucificado Pablo por ustedes? ¿Los bautizaron a ustedes en el nombre de Pablo? **14** Gracias a Dios que no bauticé a ninguno de ustedes, excepto a Crispo y a Gayo, **15** de modo que nadie puede decir que a ustedes los bautizaron en mi nombre. **16** También bauticé a la familia de Estéfanas; fuera de éstos, no recuerdo haber bautizado a ningún otro. **17** Pues no me envió Cristo a bautizar sino a predicar el evangelio, no con palabras de sabiduría humana, no sea que la cruz de Cristo quede impotente.

Cristo, sabiduría y poder de Dios

18 El mensaje de la cruz es necedad para los que se pierden, mientras que es poder de Dios para los que nos salvamos. **19** Pues está escrito:

"Destruiré la sabiduría de los sabios;
frustraré la inteligencia de los inteligentes."*b*

20 ¿Dónde está el sabio? ¿Dónde está el erudito? ¿Dónde está el filósofo de esta época? ¿No ha convertido Dios en necedad la sabiduría de este mundo? **21** Como en la sabiduría de Dios el mundo no lo reconoció mediante su propia sabiduría, quiso Dios, mediante la necedad de lo que se predica, salvar a los que creen. **22** Los judíos piden señales milagrosas y los griegos buscan sabiduría, **23** mientras que nosotros predicamos a Cristo crucificado: tropezadero para los judíos y necedad para los no judíos, **24** pero para los que Dios ha llamado, tanto judíos como

a 1:12 Es decir, a Pedro   *b* 1:19 Is 29:14

griegos, Cristo es poder de Dios y sabiduría de Dios. **25**Pues la necedad de Dios es más sabia que la sabiduría del hombre, y la debilidad de Dios es más fuerte que la fuerza del hombre. **26**Hermanos, piensen en lo que eran cuando fueron llamados. No muchos de ustedes eran sabios según los criterios humanos; no había muchos influyentes ni había muchos de noble cuna. **27**Pero Dios escogió lo necio del mundo para avergonzar a los sabios; Dios escogió lo débil del mundo para avergonzar a los poderosos. **28**Escogió lo vil del mundo y lo despreciado —y aquello que no es— para anular lo que es, **29**a fin de que nadie pueda jactarse delante de él. **30**Es por él que ustedes están en Cristo Jesús, el cual ha llegado a ser para nosotros sabiduría de Dios, es decir, justificación, santificación y redención. **31**De este modo, como está escrito: "El que se enorgullece, que se enorgullezca en el Señor."*c*

2 Cuando fui a verlos, hermanos, no les anuncié con elocuencia ni con eminente sabiduría el testimonio de Dios,*d* **2**porque me propuse no saber de cosa alguna estando entre ustedes, excepto de Jesucristo, y éste crucificado. **3**Me presenté ante ustedes débil y temeroso, y hasta temblando mucho. **4**No expresé mi mensaje y mi predicación con palabras sabias y persuasivas sino con demostración del poder del Espíritu, **5**para que la fe de ustedes no dependiera de la sabiduría de los hombres sino del poder de Dios.

Sabiduría procedente del Espíritu

6Sin embargo, presentamos un mensaje de sabiduría entre los que han alcanzado madurez, pero no de la sabiduría de este mundo ni la de los gobernantes de esta época, que van desapareciendo. **7**Más bien, exponemos la sabiduría secreta de Dios, una sabiduría que ha estado oculta y que Dios destinó para nuestra gloria antes del inicio del tiempo.

8No la entendió ninguno de los gobernantes de este mundo, porque de haberla entendido no habrían crucificado al Señor de la gloria. **9**Sin embargo, como está escrito:
"Ningún ojo ha visto,
    ningún oído ha escuchado,
ninguna mente humana ha
    concebido
lo que Dios ha preparado
    para quienes lo aman";*e*
10pero Dios nos lo ha revelado por medio de su Espíritu.
El Espíritu lo investiga todo, hasta las cosas más profundas de Dios. **11**¿Quién conoce los pensamientos de un hombre sino el espíritu del hombre que está dentro del hombre? Asimismo, nadie conoce los pensamientos de Dios sino el Espíritu de Dios. **12**No hemos recibido el espíritu del mundo sino el Espíritu que procede de Dios, para que entendamos lo que Dios nos ha dado gratuitamente. **13**Esto es lo que hablamos, no con palabras que nos haya enseñado la sabiduría humana sino con las que enseña el Espíritu, expresando verdades espirituales con palabras espirituales.*f* **14**El hombre que no tiene el Espíritu no acepta lo que procede del Espíritu de Dios, pues para él es necedad; y no puede entenderlo, porque hay que discernirlo espiritualmente. **15**El hombre espiritual lo juzga todo, pero él mismo no está sujeto al juicio de ningún hombre,
16 "porque ¿quién ha conocido la
        mente del Señor,
    para que pueda instruirlo?"*g*
Pero nosotros tenemos la mente de Cristo.

Sobre las divisiones en la iglesia

3 Hermanos, no pude dirigirme a ustedes como si fueran espirituales sino como mundanos, apenas niños en Cristo. **2**Les di leche, no alimento sólido, porque no tenían la capacidad de digerirlo. En realidad, ni siquiera pueden digerirlo ahora.

---

c **1:31** Jer 9:24   *d* **2:1** Algunos mss. dicen: *el misterio de Dios,*   *e* **2:9** Is 64:4   *f* **2:13** O *Espíritu, interpretando verdades espirituales a hombres espirituales.*   *g* **2:16** Is 40:13

3 Ustedes todavía son mundanos. Mientras haya entre ustedes celos y contiendas, ¿no son mundanos? ¿Acaso no se están portando simplemente como hombres? **4** Cuando uno afirma: "Yo sigo a Pablo", y otro: "Yo sigo a Apolos", ¿acaso no son nada más que hombres?

5 ¿A fin de cuentas, qué es Apolos? ¿Y qué es Pablo? Nada más que servidores por medio de los cuales ustedes llegaron a creer, según la tarea que a cada uno le ha asignado el Señor. **6** Yo sembré la semilla, Apolos la regó, pero fue Dios quien la hizo crecer. **7** Así que no es nada el que siembra, ni es algo el que riega, sino sólo Dios, que hace que todo crezca. **8** El que siembra y el que riega tienen un solo propósito, y a cada uno se le pagará según su propio trabajo. **9** Porque nosotros somos colaboradores de Dios; ustedes son el campo de cultivo de Dios, el edificio de Dios.

10 Según la gracia que Dios me ha dado, yo eché los cimientos como un experto constructor, y otro construye sobre ellos. Pero cada uno debe fijarse cómo construye, **11** porque nadie puede poner un fundamento diferente del que ya está puesto, que es Jesucristo. **12** Si alguien construye sobre este fundamento usando oro, plata, piedras preciosas, madera, heno o paja, **13** su obra será evidente tal cual es, porque el Día la dejará al descubierto. Será revelada con fuego, y el fuego probará la calidad del trabajo de cada uno. **14** Si permanece lo que ha construido alguien, éste recibirá recompensa. **15** Si es consumido por el fuego, la persona sufrirá pérdida. Ella misma será salva, pero como quien escapa entre las llamas.

16 ¿No saben que ustedes son templo de Dios y que el Espíritu de Dios vive en ustedes? **17** Si alguno destruye el templo de Dios, Dios lo destruirá a él; porque el templo de Dios es sagrado, y ustedes son ese templo.

18 No se engañen. Si alguno de ustedes se cree sabio según las normas de esta época, debe volverse como un ignorante para así llegar a ser sabio. **19** Porque la sabiduría de este mundo es necedad a los ojos de Dios. Como está escrito: "Él atrapa a los sabios en la astucia de ellos"; *h* **20** y también: "El Señor sabe que son vanos los pensamientos de los sabios." *i* **21** Por lo tanto, ¡no se enorgullezca nadie en los hombres! Todo es de ustedes, **22** ya sea Pablo, o Apolos, o Cefas, *j* o el universo, o la vida, o la muerte, o el presente o el futuro; todas las cosas son de ustedes, **23** y ustedes de Cristo, y Cristo de Dios.

Apóstoles de Cristo

4 Los hombres deben considerarnos como servidores de Cristo y encargados de los secretos de Dios. **2** Ahora bien, a los que se les encarga de algo se les exige que demuestren fidelidad. **3** A mí me preocupa muy poco ser juzgado por ustedes o por cualquier tribunal humano; en realidad, ni siquiera a mí mismo me juzgo. **4** Tengo limpia la conciencia, pero eso no prueba mi inocencia. Es el Señor quien me juzga. **5** Por lo tanto, no juzguen nada antes de tiempo; esperen a que venga el Señor. Él sacará a la luz lo que está oculto en la oscuridad y revelará los motivos del corazón de los hombres. Entonces cada uno recibirá alabanza de parte de Dios.

6 Hermanos, esto lo he aplicado a mí mismo y a Apolos, poniéndonos como ejemplo en beneficio de ustedes, a fin de que aprendan de nosotros lo de "no ir más allá de lo que está escrito". Así ninguno de ustedes sentirá orgullo al favorecer a uno en perjuicio de otro. **7** ¿Quién te distingue de los demás? ¿Qué tienes que no hayas recibido? Y si lo recibiste, ¿por qué presumes como si no lo hubieras recibido?

8 ¡Ya tienen todo lo que desean! ¡Ya se han enriquecido! ¡Han llegado a ser reyes, y eso sin nosotros! ¡Ojalá fueran de veras reyes para que tam-

---

h 3:19 Job 5:13   *i* 3:20 Sal 94:11   *j* 3:22 Es decir, Pedro bién nosotros reináramos con ustedes! **9** Tengo la impresión de que a los apóstoles nos ha exhibido Dios en último lugar en la procesión, como a hombres condenados a morir en el circo romano. Hemos llegado a ser espectáculo para todo el universo, tanto para los ángeles como para los hombres. **10** ¡Nosotros somos unos insensatos por causa de Cristo, mientras que ustedes son muy sabios en Cristo! ¡Nosotros somos débiles, mientras que ustedes son fuertes! ¡A ustedes se les estima; a nosotros se nos desprecia! **11** Hasta el momento pasamos hambre y sed, andamos mal vestidos, somos tratados brutalmente y no tenemos dónde vivir. **12** Trabajamos duro con nuestras manos. Cuando nos maldicen, bendecimos; cuando nos persiguen, lo soportamos; **13** cuando nos calumnian, respondemos con amabilidad. Hasta este momento, hemos llegado a ser la escoria de la tierra, la basura del mundo.

14 No les escribo esto para avergonzarlos sino para amonestarlos, como a hijos míos amados. **15** Aunque tengan diez mil tutores en Cristo, no tienen muchos padres, porque en Cristo Jesús yo me convertí en su padre mediante el evangelio. **16** Por tanto, les ruego que me imiten. **17** Por esto les envío a Timoteo, que es mi hijo amado y fiel en el Señor. El les recordará mi manera de conducirme en Cristo Jesús, según lo enseño por todas partes en todas las iglesias.

18 Algunos de ustedes se han vuelto presuntuosos, como si yo no fuera a ir a verlos. **19** Pero voy a visitarlos muy pronto, si Dios quiere, y entonces me daré cuenta no sólo de cómo hablan esos presumidos sino cuánto poder tienen. **20** Porque el reino de Dios no es cuestión de palabras sino de poder. **21** ¿Qué prefieren? ¿Que vaya a verlos con un látigo, o con amor y espíritu apacible?

¡Expulsen al hermano inmoral!

5 Es ya del conocimiento público que hay inmoralidad sexual entre ustedes, y de la que no se da ni entre los paganos, al extremo de que uno de ustedes tiene la esposa de su padre. **2** ¡Y ustedes tan satisfechos! ¿No debieron, más bien, estar entristecidos y haber expulsado de entre ustedes al hombre que hizo tal cosa? **3** Aunque no estoy físicamente presente entre ustedes, sí lo estoy en espíritu, y ya he juzgado, como si estuviera presente, al que hizo esto. **4** Cuando estén reunidos en el nombre de nuestro Señor Jesús y yo los acompañe en espíritu, estando presente el poder de nuestro Señor Jesús, **5** entreguen a este hombre a Satanás, para que la naturaleza pecaminosa sea destruida^k y su espíritu sea salvo en el día del Señor.

6 Hacen mal en jactarse. ¿No se dan cuenta de que un poco de levadura hace fermentar toda la masa? **7** Líbrense de la vieja levadura para que sean masa nueva sin levadura, como son en realidad. Porque Cristo, nuestro Cordero Pascual, ya ha sido sacrificado. **8** Así que celebremos la Fiesta no con la vieja levadura —la levadura de la malicia y de la perversidad— sino con pan sin levadura, el pan de la sinceridad y de la verdad.

9 Les he escrito por carta que no se relacionen con personas inmorales. **10** Con eso no me refería en absoluto a la gente inmoral de este mundo, ni a los avaros y estafadores ni a los idólatras. En ese caso, tendrían que salir de este mundo. **11** Pero lo que ahora les escribo es que no deben relacionarse con nadie que, llamándose hermano, sea inmoral o avaro, idólatra o calumniador, borracho o estafador. Con el que es así ni siquiera coman.

12 ¿Por qué habría de ponerme a juzgar a los que están fuera de la iglesia? ¿No es a los de adentro a quienes les corresponde a ustedes juzgar? **13** Dios juzgará a los de

---

^{k} **5:5** O *para que su cuerpo sea destruido*; o *para que la carne sea destruida*

afuera. "Expulsen al malvado de entre ustedes."*l*

Pleitos entre creyentes

6 Si alguno de ustedes tiene un pleito con otro, ¿se atreverá a presentar la demanda ante los impíos en vez de acudir a los santos? 2 ¿Acaso no saben que los santos juzgarán al mundo? Y si ustedes han de juzgar al mundo, ¿cómo no van a ser capaces de juzgar casos insignificantes? 3 ¿No saben que juzgaremos a los ángeles? ¡Cuánto más los asuntos de esta vida! 4 Por tanto, si tienen pleitos sobre tales asuntos, ¡nombren como jueces a los que aun para la iglesia son de poca estima!*m* 5 Digo esto para que les dé vergüenza. ¿Acaso no hay entre ustedes nadie lo suficientemente sabio como para juzgar un pleito entre creyentes? 6 En vez de esto, un hermano demanda a otro, ¡y esto ante los incrédulos!

7 El hecho mismo de tener pleitos entre ustedes significa que ya han sido completamente derrotados. ¿Por qué no soportar, más bien, la injusticia? ¿Por qué no dejar, más bien, que los defrauden? 8 Al contrario, son ustedes los que defraudan y cometen injusticias, ¡y eso que se trata de sus hermanos!

9 ¿No saben que los malvados no heredarán el reino de Dios? ¡No se dejen engañar! Ni los que cometen inmoralidades sexuales, ni los idólatras, ni los que cometen adulterio, ni los que practican la homosexualidad, 10 ni los ladrones, ni los avaros, ni los borrachos, ni los calumniadores, ni los estafadores heredarán el reino de Dios. 11 Eso eran algunos de ustedes. Pero fueron lavados, fueron santificados, fueron justificados en el nombre del Señor Jesucristo y por el Espíritu de nuestro Dios.

La inmoralidad sexual

12 "Todo se me permite", pero no todo es beneficioso. "Todo se me permite", pero no dejaré que nada me domine. 13 "Los alimentos son para el estómago y el estómago para los alimentos"; pero Dios los destruirá a ambos. El cuerpo no está hecho para la inmoralidad sexual sino para el Señor, y el Señor para el cuerpo. 14 Con su poder resucitó Dios al Señor, y nos resucitará a nosotros también. 15 ¿No saben ustedes que sus cuerpos son miembros de Cristo mismo? ¿Tomaré acaso los miembros de Cristo para unirlos con una prostituta? ¡Jamás! 16 ¿No saben que el que se une a una prostituta se hace un solo cuerpo con ella? Pues la Escritura dice: "Los dos llegarán a ser un solo cuerpo."*n* 17 Pero el que se une al Señor se hace uno con él en espíritu.

18 Huyan de la inmoralidad sexual. Todos los demás pecados que comete un hombre quedan fuera de su cuerpo; pero el que comete inmoralidades sexuales peca contra su propio cuerpo. 19 ¿No saben que su cuerpo es templo del Espíritu Santo, quien está en ustedes y a quien han recibido de parte de Dios? No son ustedes sus propios dueños; 20 fueron comprados por un precio. Por tanto, honren a Dios con el cuerpo.

Consejos matrimoniales

7 En cuanto a los asuntos que me plantearon por escrito: Es bueno que el hombre no se case.*o* 2 Pero como hay tanta inmoralidad, cada hombre debe tener su propia esposa, y cada mujer su propio esposo. 3 El esposo debe cumplir su deber conyugal con su esposa, e igualmente la esposa con su esposo. 4 El cuerpo de la esposa no le pertenece sólo a ella sino también a su esposo. Asimismo el cuerpo del esposo no le pertenece sólo a él sino también a su esposa. 5 No se nieguen el uno al otro, a no ser de común acuerdo y sólo por algún tiempo para dedicarse a la oración.

---

l 5:13 Dt 17:7; 19:19; 21:21; 22:21,24; 24:7 *los que para la iglesia son de poca estima? el hombre se abstenga de relaciones sexuales con mujer alguna."*

m 6:4 O *asuntos, ¿nombran como jueces a*
n 6:16 Gn 2:24   *o* 7:1 O *"Es bueno que*

Después únanse nuevamente no sea que, por no poder dominarse, los tiente Satanás. 6 Esto lo digo a modo de concesión, no como una orden. 7 Quisiera más bien que todos los hombres fueran como yo. No obstante, cada uno tiene de Dios su propio don; éste, uno; aquél, otro.

8 A los no casados y a las viudas les digo que es bueno quedarse sin casar, como yo. 9 Pero si no pueden dominarse, deben casarse, porque es mejor casarse que quemarse de pasión.

10 A los casados les doy la siguiente orden (no lo mando yo sino el Señor): que la esposa no se separe de su esposo. 11 Sin embargo, si se separa, que se quede sin casar o de lo contrario se reconcilie con su esposo. Y que el esposo no se divorcie de su esposa ni la abandone.

12 A los demás les digo yo (no el Señor): Si algún hermano tiene una esposa que no es creyente, y ella consiente en vivir con él, no se divorcie de ella. 13 Y si una mujer tiene un esposo que no es creyente, y él consiente en vivir con ella, no se divorcie de él ni lo abandone. 14 Porque el esposo no creyente ha sido santificado por medio de su esposa, y la esposa no creyente ha sido santificada por medio de su esposo creyente. De no ser así, sus hijos serían impuros, mientras que, de hecho, son santos.

15 Sin embargo, si el cónyuge no creyente se va, que se vaya. El cónyuge creyente no está obligado en tales circunstancias; Dios nos ha llamado a vivir en paz. 16 ¿Cómo sabes tú, esposa, si acaso salvarás a tu esposo? ¿O cómo sabes tú, esposo, si acaso salvarás a tu esposa?

17 Como quiera que sea, cada uno debe retener en la vida el lugar que el Señor le asignó y al que Dios lo ha llamado. Esta es la norma que establezco en todas las iglesias. 18 ¿Fue llamado alguno estando ya circuncidado? No debe disimular su circuncisión. ¿Fue llamado alguno sin estar circuncidado? No debe circuncidarse. 19 El estar circuncidado no cuenta para nada, ni cuenta tampoco el no estarlo; lo que cuenta es el observar los mandatos de Dios. 20 Cada uno debe permanecer en la condición en que estaba cuando Dios lo llamó. 21 ¿Eras esclavo cuando fuiste llamado? No te preocupes; aunque si puedes conseguir la libertad, consíguela. 22 Porque el que era esclavo cuando lo llamó el Señor es un liberto del Señor; del mismo modo, el que era libre cuando fue llamado es un esclavo de Cristo. 23 Ustedes fueron comprados por precio; no se hagan esclavos de los hombres. 24 Hermanos, cada uno, con su responsabilidad ante Dios, debe permanecer en la condición en que Dios lo llamó.

25 En cuanto a las solteras, no tengo ningún mandato del Señor, pero doy mi opinión como quien por la misericordia del Señor es digno de confianza. 26 Pienso que, a causa de la crisis actual, es bueno que el hombre se quede como está. 27 ¿Estás casado? No procures divorciarte. ¿Estás soltero? No busques esposa. 28 Pero si te casas, no pecas; y si una joven se casa, tampoco peca. Sin embargo, los que se casan tendrán que afrontar muchos problemas en esta vida, y yo quiero evitárselos.

29 Lo que quiero decir, hermanos, es que el tiempo es corto. De aquí en adelante los que tienen esposa deberían vivir como si no la tuvieran; 30 los que están de luto, como si no lo estuvieran; los que están alegres, como si no lo estuvieran; los que compran algo, como si no fueran a quedarse con ello; 31 los que se valen de las cosas de este mundo, como si éstas no los absorbieran, porque este mundo, en su forma actual, va desapareciendo.

32 Yo quisiera que estuvieran libres de preocupaciones. El soltero se preocupa por las cosas del Señor, por cómo agradar al Señor. 33 Pero el casado se preocupa por las cosas de este mundo —por cómo agradar a su esposa— 34 y sus intereses están divididos. La mujer no casada se preocupa por las cosas del Señor; se afana por consagrarse al Señor tanto en cuerpo como en espíritu.

Pero la casada se preocupa por las cosas de este mundo, por cómo agradar a su esposo. 35 Les digo esto por su propio bien, no para ponerles restricciones, sino para que vivan de una manera honesta, con toda su devoción concentrada en el Señor.

36 Si alguno piensa que no está tratando a su prometida como es debido, y ella es de edad madura, por lo cual él se siente obligado a casarse, debe actuar como quiera. Con eso no peca. Deben casarse. 37 Pero el que se mantiene firme en su propósito, y no está dominado por sus impulsos, sino que domina su propia voluntad, y que ha resuelto no casarse con su novia, éste también hace bien. 38 De modo que el que se casa con su prometida hace bien, pero el que no se casa hace mejor. p

39 La mujer está ligada a su esposo mientras él viva; pero si muere el esposo, ella queda libre para casarse con quien quiera, con tal que él pertenezca al Señor. 40 En mi opinión, ella será más feliz si se queda como está, y creo que yo también tengo el Espíritu de Dios.

Los alimentos sacrificados a los ídolos

8 En cuanto a los alimentos sacrificados a los ídolos, sabemos que todos tenemos conocimiento. q El conocimiento envanece, mientras que el amor edifica. 2 El que cree que sabe algo, todavía no sabe como debiera saber. 3 Pero al que a Dios ama, Dios lo conoce.

4 De modo que, en cuanto a comer alimentos sacrificados a los ídolos, sabemos que un ídolo no significa absolutamente nada en el mundo, y que hay un solo Dios. 5 Pues aun habiendo los así llamados dioses, ya sea en el cielo o en la tierra (y por cierto que hay muchos "dioses" y muchos "señores"), 6 sin embargo, para nosotros no hay más que un solo Dios, el Padre, de quien procedieron todas las cosas y para el cual vivimos; y no hay más que un solo Señor, Jesucristo, por quien todo existe y por medio del cual vivimos.

7 Pero no todos saben esto. Algunos siguen tan acostumbrados a los ídolos que todavía comen esos alimentos conscientes de que han sido sacrificados a un ídolo, y su conciencia se contamina por ser débil. 8 Pero el alimento no nos acerca a Dios; ni somos mejores o peores por comer o no comer.

9 Sin embargo, tengan cuidado de que el ejercicio de su libertad no se convierta en tropezadero para los débiles. 10 Porque si alguien con una conciencia débil te ve a ti, que tienes este conocimiento, comer en el templo de un ídolo, ¿no se sentirá animado a comer lo que ha sido sacrificado a los ídolos? 11 Entonces ese hermano débil, por quien murió Cristo, se perderá por tu conocimiento. 12 Al pecar así contra los hermanos, hiriendo su débil conciencia, ustedes pecan contra Cristo. 13 Por lo tanto, si mi comida ocasiona la caída de mi hermano, no comeré carne jamás, para no hacerlo caer en pecado.

Los derechos de un apóstol

9 ¿No soy libre? ¿No soy apóstol? ¿No he visto a Jesús nuestro Señor? ¿No son ustedes el resultado de mi trabajo en el Señor? 2 Aunque otros no me reconozcan como apóstol, ¡para ustedes sí lo soy! Porque ustedes son el sello de mi apostolado en el Señor.

3 Esta es mi defensa contra los que ponen en tela de juicio mi conducta. 4 ¿Acaso no tenemos derecho a comer y beber? 5 ¿No tenemos dere-

---

p 7:36-38 O 36 Si alguno piensa que no está tratando a su hija como es debido, y ella es de edad madura, por lo cual él se siente obligado a casarla, debe actuar como quiera. Con eso no peca. Debe permitir que se case. 37 Pero el que se mantiene firme en su propósito, y no está dominado por sus impulsos, sino que domina su propia voluntad, y que ha resuelto mantener soltera a su hija, éste también hace bien. 38 De modo que el que da a su hija en matrimonio hace bien, pero el que no la da en matrimonio hace mejor.   q 8:1 O ídolos, "todos tenemos conocimiento", según dicen ustedes.

cho a llevar con nosotros una esposa creyente, como hacen los demás apóstoles y los hermanos del Señor y Cefas?*r* 6 ¿O es que sólo Bernabé y yo estamos obligados a ganarnos la vida con nuestro trabajo?

7 ¿Quién presta servicio militar pagándose sus gastos? ¿Quién planta un viñedo y no come de sus uvas? ¿Quién cuida un rebaño y no toma de la leche que produce? 8 ¿Acaso digo esto desde un punto de vista estrictamente humano? ¿No dice esto mismo la ley? 9 Porque en la ley de Moisés está escrito: "No le pongas bozal a un buey cuando está trillando."*s* ¿Es que Dios se preocupa por los bueyes? 10 ¿No será más bien por nosotros por quienes lo dice? Por supuesto que se escribió por nosotros, porque cuando el labrador ara y el segador trilla, deben hacerlo con la esperanza de participar de la cosecha. 11 Si hemos sembrado semilla espiritual entre ustedes, ¿será mucho que cosechemos de ustedes lo material? 12 Si otros tienen derecho a este sustento de parte de ustedes, ¿no lo tendremos aun más nosotros?

Sin embargo, no ejercimos este derecho, sino que lo soportamos todo con tal de no obstaculizar el evangelio de Cristo. 13 ¿No saben que los que trabajan en el templo reciben su alimento del templo, y los que atienden el altar participan de lo que se ofrece en el altar? 14 Así también el Señor ha ordenado que quienes predican el evangelio reciban del evangelio lo necesario para vivir.

15 Pero no me he aprovechado de ninguno de estos derechos, ni escribo esto con la esperanza de que se haga así conmigo. Prefiero morir a que alguien me prive de esta satisfacción. 16 Sin embargo, no tengo de qué jactarme cuando predico el evangelio, porque tengo la obligación de predicar. ¡Ay de mí si no predico el evangelio! 17 Si lo hago voluntariamente, tengo recompensa; pero si lo hago por la fuerza, no hago más que cumplir la tarea que se me ha encomendado. 18 Entonces, ¿cuál es mi recompensa? Que al predicar el evangelio pueda presentarlo gratuitamente, sin hacer valer mi derecho.

19 Aunque soy libre y no soy esclavo de nadie, me he hecho esclavo de todos para ganar a tantos como sea posible. 20 Para los judíos me volví como un judío, a fin de ganar a los judíos. Para los que viven bajo la ley me volví como quien está sometido a ella (aunque yo mismo no estoy bajo la ley), a fin de ganar a los que están sometidos a ella. 21 Para los que no tienen la ley me volví como quien está sin ley (aunque no estoy libre de la ley de Dios sino bajo la ley de Cristo), a fin de ganar a los que no tienen la ley. 22 Para los débiles me volví débil, a fin de ganar a los débiles. Me he hecho de todo para todos, a fin de salvar a algunos por todos los medios posibles. 23 Hago todo esto por causa del evangelio, para participar de sus bendiciones.

24 ¿No saben que en una carrera compiten todos los corredores, pero sólo uno obtiene el premio? Corran de tal modo que lo obtengan. 25 Todos los que compiten en torneos deportivos pasan por un entrenamiento riguroso. Ellos lo hacen para obtener una corona que no dura, mientras que nosotros lo hacemos para obtener una que durará para siempre. 26 Así que yo no corro como quien no tiene meta; no lucho como quien golpea el vacío. 27 Más bien, golpeo mi cuerpo y lo convierto en mi esclavo no sea que, después de haber predicado a otros, yo mismo quede descalificado para el premio.

Advertencias basadas en la historia de Israel

10 No quiero, hermanos, que desconozcan que nuestros antepasados estuvieron todos bajo la nube y que todos atravesaron el mar.

---

r 9:5 Es decir, Pedro   *s* 9:9 Dt 25:4

2 En Moisés fueron todos ellos bautizados en la nube y en el mar. **3** Comieron todos ellos el mismo alimento espiritual **4** y tomaron la misma bebida espiritual; porque tomaban de la roca espiritual que los acompañaba, y esa roca era Cristo. **5** Sin embargo, la mayoría de ellos no agradaron a Dios; sus cuerpos quedaron tendidos en el desierto.

6 Todo eso sucedió como ejemplo*t* para que no nos apasionemos por lo malo como hicieron ellos. **7** No sean idólatras, como algunos de ellos, según está escrito: "Se sentó el pueblo a comer y a beber, y se levantó a divertirse de una manera desenfrenada, como los paganos."*u* **8** No debemos cometer inmoralidad sexual, como hicieron algunos de ellos, y murieron veintitrés mil en un solo día. **9** Tampoco debemos poner a prueba al Señor, como hicieron algunos de ellos, y fueron matados por las serpientes. **10** Ni murmuren, como hicieron algunos de ellos, y fueron matados por el ángel destructor.

11 Todo eso les sucedió como ejemplo y quedó escrito para advertirnos a nosotros, para quienes ha llegado el cumplimiento de los tiempos. **12** Así que, si piensan que están firmes, tengan cuidado de no caer. **13** Ustedes no han sufrido ninguna tentación que no sea común a la raza humana. Y Dios es fiel; él no permitirá que sean tentados más allá de lo que pueden soportar. Más bien, cuando llegue la tentación, él dará también una salida a fin de que puedan soportarla.

Las fiestas idólatras y la Cena del Señor

14 Por eso, mis queridos hermanos, huyan de la idolatría. **15** Me dirijo a personas sensatas; juzguen ustedes mismos lo que digo. **16** ¿No es la copa de bendición, por la que damos gracias, una participación en la sangre de Cristo? ¿No es el pan que participamos una participación en el cuerpo de Cristo? **17** Puesto que hay un solo pan, nosotros, siendo muchos, somos un solo cuerpo, porque todos participamos de un mismo pan.

18 Consideren al pueblo de Israel: ¿No participan del altar los que comen de lo sacrificado? **19** ¿Quiero decir con esto que el sacrificio ofrecido a un ídolo sea algo, o que el ídolo valga para algo? **20** No, sino que lo que sacrifican los paganos, lo ofrecen a los demonios, no a Dios, y no quiero que ustedes tengan parte con los demonios. **21** No pueden beber de la copa del Señor y, a la vez, de la copa de los demonios; no pueden participar de la mesa del Señor y de la mesa de los demonios. **22** ¿Acaso queremos provocar a celos al Señor? ¿Somos acaso más fuertes que él?

La libertad del creyente

23 "Todo se permite", pero no todo es beneficioso. "Todo se permite", pero no todo es constructivo. **24** Nadie busque su propio bien sino el de los demás.

25 Coman de todo lo que se vende en la carnicería, sin preguntar nada por motivos de conciencia, **26** porque "del Señor es la tierra y todo lo que hay en ella".*v*

27 Si algún incrédulo los invita a comer, y ustedes quieren ir, coman de todo lo que les sirvan sin preguntar nada por motivos de conciencia. **28** Ahora bien, si alguien les dice: "Esto ha sido ofrecido en sacrificio", entonces no lo coman, por consideración al que se lo dijo y por motivos de conciencia.*w* **29** (Me refiero a la conciencia del otro, no a la de ustedes.) ¿Por qué se ha de juzgar mi libertad según la conciencia ajena? **30** Si participo con gratitud de la comida, ¿por qué me han de censurar debido a algo por lo cual doy gracias a Dios?

31 Así que, ya sea que coman o beban o hagan cualquier otra cosa, háganlo todo para la gloria de Dios.

---

t **10:6** O *como tipo;* también en v. 11   *u* **10:7** Ex 32:6   *v* **10:26** Sal 24:1
w **10:28** Algunos mss. dicen: *conciencia, porque "del Señor es la tierra y todo lo que hay en ella".*

32 No den a nadie motivo de tropiezo, ni a judíos, ni a griegos ni a la iglesia de Dios; **33** al igual que yo procuro agradar a todos en todo. No busco mi propio bien sino el de muchos, para que sean salvos. **11** Sigan mi ejemplo, así como yo sigo el ejemplo de Cristo.

Decoro en el culto

2 Los felicito porque se acuerdan de mí en todo y retienen las enseñanzas,ˣ tal como se las trasmití.

3 Ahora quiero que entiendan que la cabeza de todo hombre es Cristo, que la cabeza de la mujer es el hombre, y que la cabeza de Cristo es Dios. **4** Todo hombre que ora o profetiza con la cabeza cubierta deshonra su cabeza. **5** En cambio, toda mujer que ora o profetiza con la cabeza descubierta deshonra su cabeza; es como si se rasurara. **6** Si una mujer no se cubre la cabeza, que se corte el cabello; y si es vergonzoso para una mujer el que le corten el cabello o el que le rasuren la cabeza, que se la cubra. **7** El hombre no debe cubrirse la cabeza,ʸ ya que es imagen y gloria de Dios; pero la mujer es la gloria del hombre. **8** Porque el hombre no procede de la mujer sino la mujer del hombre; **9** ni fue creado el hombre para la mujer sino la mujer para el hombre. **10** Por esta razón, y por causa de los ángeles, la mujer debe llevar sobre la cabeza una señal de autoridad.

11 Sin embargo, en el Señor, ni la mujer es independiente del hombre ni el hombre es independiente de la mujer. **12** Porque así como la mujer procede del hombre, también el hombre nace de la mujer; pero todo proviene de Dios. **13** Juzguen ustedes mismos: ¿Es apropiado que una mujer ore a Dios con la cabeza descubierta? **14** ¿No les enseña el mismo orden natural de las cosas que es una vergüenza para el hombre dejarse crecer el cabello, **15** mientras que es una gloria para la mujer el llevar cabello largo? Es que a ella se le ha dado el cabello largo como velo. **16** Si alguien quiere discutir este asunto, nosotros no practicamos otra costumbre, ni tampoco las iglesias de Dios.

La Cena del Señor

17 En las siguientes instrucciones no puedo felicitarlos, ya que sus reuniones hacen más daño que provecho. **18** En primer lugar, oigo decir que cuando se reúnen como iglesia hay divisiones entre ustedes, y hasta cierto punto lo creo. **19** Sin duda, tienen que haber diferencias entre ustedes, para que se demuestre quiénes tienen la aprobación de Dios. **20** Cuando se reúnen, no es la Cena del Señor lo que comen, **21** porque al comer, cada uno se adelanta a tomar su cena sin esperar a nadie más. Uno se queda con hambre, otro se emborracha. **22** ¿Acaso no tienen casas donde comer y beber? ¿O menosprecian la iglesia de Dios y avergüenzan a los que no tienen nada? ¿Qué les voy a decir? ¿Debo elogiarlos por esto? ¡Por supuesto que no!

23 Porque recibí del Señor lo que también les trasmití a ustedes: Que el Señor Jesús, la noche en que fue traicionado, tomó pan, **24** y después de dar gracias, lo partió y dijo: "Esto es mi cuerpo que es para ustedes; hagan esto en memoria de mí." **25** De la misma manera tomó la copa después de la cena, y dijo: "Esta copa es el nuevo pacto en mi sangre; hagan esto, cada vez que la beban, en memoria de mí." **26** Porque cada vez que comen este pan y beben de esta copa, proclaman la muerte del Señor hasta que él venga.

27 Por lo tanto, cualquiera que

ˣ **11:2** O *tradiciones*   ʸ **11:4-7** O *4Todo hombre que ora o profetiza con cabello largo deshonra su cabeza. 5En cambio, toda mujer que ora o profetiza sin cubrirse el cabello deshonra su cabeza; es como una de las "mujeres rapadas". 6Si una mujer no tiene velo, que se quede por ahora con el cabello corto; pero como es vergonzoso que una mujer se rasure o se rape el cabello, debe dejarlo crecer nuevamente. 7El hombre no debe tener el cabello largo*

come el pan o bebe de la copa del Señor de manera indigna será culpable de pecar contra el cuerpo y la sangre del Señor. 28 Así que cada uno debe examinarse a sí mismo antes de comer el pan y beber de la copa. 29 Porque el que come y bebe sin reconocer el cuerpo del Señor, come y bebe juicio para sí. 30 Por eso hay entre ustedes muchos débiles y enfermos, y varios han muerto. 31 Pero si nos juzgáramos a nosotros mismos, no seríamos juzgados. 32 Cuando el Señor nos juzga, él nos disciplina para que no seamos condenados con el mundo.

33 Así que, hermanos míos, cuando se reúnan para comer, espérense unos a otros. 34 Si alguno tiene hambre, que coma en su casa, para que cuando se reúnan no resulte en juicio.

Los demás asuntos los arreglaré cuando vaya.

Los dones espirituales

12 Hermanos, no quiero que ignoren acerca de los dones espirituales. 2 Ustedes saben que cuando eran paganos, de una manera u otra se dejaban arrastrar hacia los ídolos mudos. 3 Por eso les digo que nadie que esté hablando por el Espíritu de Dios puede decir: "Maldito sea Jesús", ni nadie puede decir: "Jesús es el Señor" sino por el Espíritu Santo.

4 Hay diversos dones, pero un mismo Espíritu. 5 Hay diversas maneras de servir, pero un mismo Señor. 6 Hay diversas actividades, pero es un mismo Dios el que hace todas en todos.

7 A cada uno se le da la manifestación del Espíritu para el bien de todos. 8 A unos se les da por el Espíritu el mensaje de sabiduría; a otros, por el mismo Espíritu, el mensaje de conocimiento; 9 a otros, fe por medio del mismo Espíritu; a otros, dones de sanidad por ese solo Espíritu; 10 a otros, poderes milagrosos; a otros, profecía; a otros,

discernimiento de espíritus; a otros, el hablar en diversas lenguas; z y todavía a otros, interpretación de lenguas. a 11 Todo esto lo hace un mismo y único Espíritu, quien da a cada uno según él determina.

Un cuerpo con muchos miembros

12 El cuerpo es una sola unidad, aunque está formado por muchos miembros; y aunque todos sus miembros son muchos, forman un solo cuerpo. Así sucede con Cristo. 13 Todos fuimos bautizados por b un solo Espíritu para formar un solo cuerpo —ya seamos judíos o griegos, esclavos o libres—, y a todos se nos dio a beber de un mismo Espíritu.

14 Ahora bien, el cuerpo no consta de un solo miembro sino de muchos. 15 Si el pie dijera: "Como no soy mano, no soy del cuerpo", no por eso dejaría de ser parte del cuerpo. 16 Y si la oreja dijera: "Como no soy ojo, no soy del cuerpo", no por eso dejaría de ser parte del cuerpo. 17 Si todo el cuerpo fuera ojo, ¿qué sería del oído? Si todo el cuerpo fuera oído, ¿que sería del olfato? 18 En realidad, Dios ha dispuesto cada miembro del cuerpo como él quiso. 19 Si todos ellos fueran un solo miembro, ¿qué sería del cuerpo? 20 Lo cierto es que hay muchos miembros, pero es un solo cuerpo.

21 El ojo no puede decirle a la mano: "No te necesito." Ni puede la cabeza decirles a los pies: "No los necesito." 22 Al contrario, los miembros del cuerpo que parecen más débiles son indispensables, 23 y tratamos con especial honra a los que nos parecen menos honrosos. Y se tratan con especial modestia los miembros que consideramos no presentables 24 mientras que los presentables no requieren trato especial. Así ha combinado Dios los miembros de nuestro cuerpo, dando mayor honra a los que carecían de ella, 25 a fin de que no haya división en el cuerpo, sino que sus miembros se preocupen por igual unos por otros. 26 Si un miembro

z 12:10 O en diversos idiomas; también en v. 28   a 12:10 O de idiomas   b 12:13 O con; o en

sufre, los demás comparten su sufrimiento; y si un miembro es honrado, los demás se alegran con él.

27 Ahora bien, ustedes son el cuerpo de Cristo, y cada uno es miembro de ese cuerpo. **28** En la iglesia Dios ha puesto, en primer lugar, apóstoles; en segundo lugar, profetas; en tercer lugar, maestros; luego los que hacen milagros; después los que tienen dones de sanidad, los que pueden ayudar a otros, los que tienen dones de administración y los que hablan en diversas lenguas. **29** ¿Son todos apóstoles? ¿Son todos profetas? ¿Son todos maestros? ¿Hacen todos milagros? **30** ¿Tienen todos dones de sanidad? ¿Hablan todos en lenguas *c*? ¿Acaso interpretan todos? **31** Sin embargo, aspiren *d* con todo anhelo a los mejores dones.

El amor

Ahora les voy a mostrar el camino más excelente.

13 Si hablo en las lenguas *e* de los hombres y de los ángeles, pero no tengo amor, no soy más que un platillo que resuena o un címbalo que retiñe. **2** Si tengo el don de profecía y entiendo todos los misterios y todo el conocimiento, y tengo una fe que logra trasladar montañas, pero no tengo amor, no soy nada. **3** Si reparto entre los pobres todo lo que poseo, y si entrego mi cuerpo para ser consumido por las llamas, *f* pero no tengo amor, no gano nada con eso.

4 El amor es paciente, es bondadoso. El amor no es envidioso, jactancioso ni orgulloso. **5** No se comporta con rudeza, no es egoísta, no se enoja con facilidad, no guarda rencor. **6** El amor no se deleita en la maldad sino que se regocija con la verdad. **7** Todo lo disculpa, todo lo cree, todo lo espera, todo lo soporta.

8 El amor nunca se apaga, mientras que las profecías cesarán, las lenguas serán silenciadas y el conocimiento desaparecerá. **9** Porque en parte conocemos y en parte profetizamos; **10** pero cuando llegue lo perfecto, desaparecerá lo imperfecto. **11** Cuando yo era niño, hablaba como niño, pensaba como niño, razonaba como niño; cuando llegué a ser hombre, dejé atrás las cosas de niño. **12** Ahora no vemos más que de manera indirecta y velada, como en un espejo; pero entonces veremos cara a cara. Ahora conozco en parte, pero entonces conoceré tan perfectamente como soy conocido.

13 Y ahora permanecen estas tres cosas: la fe, la esperanza y el amor. Pero la más excelente de ellas es el amor.

El don de lenguas y el de profecía

14 Sigan por el camino del amor y aspiren con todo anhelo a los dones espirituales, sobre todo el don de profecía. **2** El que habla en lenguas *g* no habla a los hombres sino a Dios. En realidad, nadie lo entiende; en su espíritu *h* habla misterios. **3** En cambio, el que profetiza habla a los hombres para fortalecerlos, animarlos y consolarlos. **4** El que habla en lenguas se edifica a sí mismo; el que profetiza edifica a la iglesia. **5** Yo quisiera que todos ustedes hablaran en lenguas, *i* pero preferiría que profetizaran. El que profetiza es superior al que habla en lenguas, a menos que también interprete, para que la iglesia reciba edificación.

6 Ahora, hermanos, si los visito y les hablo en lenguas, ¿de qué les servirá a ustedes a menos que les presente algún nuevo conocimiento o alguna revelación o profecía o enseñanza? **7** Aun en el caso de las cosas inanimadas que producen sonido, tales como la flauta o el arpa, ¿cómo se reconocerá la melodía que se toca si no hay diferencia en las notas? **8** Y si la trompeta no da un toque claro, ¿quién se alistará para la batalla?

---

c **12:30** O *en otros idiomas*   *d* **12:31** O *Pero ustedes aspiran*   *e* **13:1** O *en los idiomas*
f **13:3** Algunos mss. antiguos dicen: *para tener de qué jactarme*   *g* **14:2** O *en otro idioma*; también en vv. 4,13,14,19,26 y 27   *h* **14:2** O *por el Espíritu*
i **14:5** O *en otros idiomas*; también en vv. 6,18,22,23 y 39

⁹Así sucede con ustedes. A menos que pronuncien con la lengua palabras comprensibles, ¿cómo se sabrá lo que dicen? Será como si hablaran al aire. ¹⁰Sin duda hay diversos idiomas en el mundo, pero ninguno carece de sentido. ¹¹Así que si yo no capto el sentido de lo que alguien dice, seré como un extranjero para el que me habla, y él será como un extranjero para mí. ¹²Así sucede con ustedes. Ya que tanto anhelan tener dones espirituales, traten de sobresalir en los dones que sirven para edificación de la iglesia.

¹³Por esta razón el que habla en lenguas debe pedir en oración que se le conceda interpretar lo que dice. ¹⁴Porque si yo oro en lenguas, mi espíritu ora, pero mi entendimiento no se beneficia en absoluto. ¹⁵¿Qué debo hacer entonces? Orar con mi espíritu, pero orar también con mi entendimiento; cantar con mi espíritu, pero cantar también con mi entendimiento. ¹⁶Si alabas a Dios con tu espíritu, ¿cómo podrá decir "amén" a tu acción de gracias uno que se encuentre entre los que no entienden*j*, ya que no sabe lo que dices? ¹⁷Puedes dar gracias adecuadamente, pero el otro no es edificado.

¹⁸Doy gracias a Dios de que hablo en lenguas más que todos ustedes. ¹⁹Sin embargo, en la iglesia prefiero emplear cinco palabras comprensibles que sirvan para instrucción de los demás que diez mil palabras en lenguas.

²⁰Hermanos, dejen de pensar como niños. Sean niños en cuanto a la malicia, pero adultos en su modo de pensar. ²¹En la ley está escrito:
"Por medio de hombres de lengua extraña
y por boca de extranjeros
hablaré a este pueblo,
pero ni aun así me escucharán",*k*
dice el Señor.
²²De modo que el hablar en lenguas es una señal, no para los creyentes sino para los incrédulos; en cambio, la profecía no es para los incrédulos sino para los creyentes. ²³Así que si toda la iglesia se reúne y todos hablan en lenguas, y entran algunos que no entienden*l* o algunos incrédulos, ¿no dirán que están locos? ²⁴Pero si un incrédulo o uno que no entiende*m* entra cuando todos están profetizando, se sentirá convencido por todos de que es pecador y será juzgado por todos; ²⁵y los secretos de su corazón quedarán al descubierto. Así que se postrará ante Dios y lo adorará, exclamando: "¡Dios está realmente entre ustedes!"

Orden en los cultos

²⁶Entonces, ¿qué diremos, hermanos? Cuando se reúnen, cada uno tiene un himno, o una enseñanza, una revelación, un mensaje en lenguas, o una interpretación. Todo esto debe hacerse para el fortalecimiento de la iglesia. ²⁷Si alguno habla en lenguas, que hablen dos —o tres cuando más—, y por turno; y que alguien interprete. ²⁸Si no hay intérprete, que guarde silencio en la iglesia y hable para sí mismo y para Dios.

²⁹En cuanto a los profetas, que hablen dos o tres, y los demás deben considerar con cuidado lo dicho. ³⁰Si alguien que está sentado recibe una revelación, el primero que hablaba debe callarse. ³¹Así todos pueden profetizar por turno, para que todos aprendan y se animen. ³²Los espíritus de los profetas están bajo el control de los profetas, ³³porque Dios no es Dios de desorden sino de paz.

Como en todas las congregaciones de los santos, ³⁴las mujeres deben guardar silencio en las iglesias. No se les permite hablar, sino que estén sujetas, como lo establece la ley. ³⁵Si quieren saber algo, que se lo pregunten en casa a sus esposos; porque es indecoroso que una mujer hable en la iglesia.

³⁶¿Acaso tuvo su origen en ustedes la palabra de Dios? ¿O son uste-

---

j 14:16 O *que preguntan*   *k* 14:21 Is 28:11,12   *l* 14:23 O *que preguntan*
m 14:24 O *que pregunta*

des los únicos que la han recibido? **37** Si alguno cree que es profeta o que está dotado en sentido espiritual, reconozca que esto que les escribo es mandato del Señor. **38** Si no lo reconoce, tampoco se le reconocerá a él. [n]

39 Así que, hermanos míos, anhelen profetizar, y no prohíban que se hable en lenguas. **40** Pero todo debe hacerse de una manera apropiada y con orden.

La resurrección de Cristo

15 Ahora, hermanos, quiero recordarles el evangelio que les prediqué, el cual recibieron y en el cual están firmes. **2** Mediante este evangelio son salvos si se aferran a la palabra que les prediqué. De otro modo, han creído en vano.

3 De primordial importancia [o] les trasmití a ustedes lo que yo mismo recibí: que Cristo murió por nuestros pecados según las Escrituras, **4** que fue sepultado, que fue resucitado al tercer día según las Escrituras, **5** y que se apareció a Pedro, [p] y luego a los doce. **6** Después se apareció a más de quinientos hermanos a la vez, la mayoría de los cuales viven todavía, aunque algunos han muerto. **7** Luego se apareció a Jacobo, [q] más tarde a todos los apóstoles, **8** y por último, como a uno nacido fuera de tiempo, se me apareció también a mí.

9 Soy el más insignificante de los apóstoles y ni siquiera merezco ser llamado apóstol, porque perseguí a la iglesia de Dios. **10** Pero por la gracia de Dios soy lo que soy; y la gracia que él me concedió no fue infructuosa, sino que trabajé con más tesón que todos ellos; aunque no fui yo sino la gracia de Dios conmigo. **11** En fin, ya sea que se trate de mí o de ellos, esto es lo que predicamos, y esto lo que ustedes creyeron.

La resurrección de los muertos

12 Ahora bien, si se predica que Cristo ha sido resucitado de entre los muertos, ¿cómo hay algunos de ustedes que dicen que no hay resurrección de los muertos? **13** Si no hay resurrección de los muertos, entonces ni siquiera Cristo ha sido resucitado. **14** Y si Cristo no ha sido resucitado, es inútil nuestra predicación, como también la fe de ustedes. **15** Aún más, resultaría que somos falsos testigos de Dios, porque hemos testificado que Dios resucitó a Cristo, a quien no resucitó, si es cierto que los muertos no resucitan. **16** Porque si los muertos no resucitan, tampoco Cristo ha sido resucitado. **17** Y si Cristo no ha sido resucitado, la fe de ustedes es ilusoria; todavía siguen en sus pecados. **18** En este caso, también están perdidos los que murieron en Cristo. **19** Si sólo para esta vida tenemos esperanza en Cristo, somos los más dignos de lástima de todos los hombres.

20 Más bien Cristo de veras ha sido resucitado de entre los muertos, primicias de los que murieron. **21** Ya que la muerte vino por medio de un hombre, también la resurrección de los muertos vino por medio de un hombre. **22** Pues así como en Adán todos mueren, también en Cristo todos cobrarán vida. **23** Pero cada uno en su debido orden: Cristo, las primicias; después, cuando él venga, los que le pertenecen. **24** Entonces vendrá el fin, cuando entregue el reino a Dios el Padre, luego de destruir todo dominio, autoridad y poder. **25** Es necesario que él reine hasta poner a todos sus enemigos debajo de sus pies. **26** El último enemigo que será destruido es la muerte, **27** porque él "ha puesto todo debajo de sus pies". [r] Cuando dice que "todo" le ha quedado sometido, es claro que esto no incluye a Dios mismo, que es quien le sometió todo a Cristo. **28** Cuando haya hecho esto, entonces el Hijo mismo se someterá a aquel que le sometió todo, para que Dios sea todo en todos.

---

[n] **14:38** Algunos mss. dicen: *Si ignora esto, déjenlo que lo ignore.*
[p] **15:5** Griego *Cefas*
[q] **15:7** O *Santiago*
[o] **15:3** O *Como primera medida*
[r] **15:27** Sal 8:6

29 Si no hay resurrección, ¿qué harán los que se bautizan por los muertos? Si en definitiva los muertos no resucitan, ¿por qué se bautizan por ellos? 30 ¿Y por qué nos exponemos nosotros al peligro a todas horas? 31 Les aseguro, hermanos, que cada día muero; eso es tan cierto como que ustedes son mi gloria en Cristo Jesús nuestro Señor. 32 Si sólo por motivos humanos luché con las fieras en Efeso, ¿qué he ganado con ello? Si los muertos no resucitan,

"comamos y bebamos,
    que mañana moriremos". *s*

33 No se dejen engañar: "Las malas compañías dañan las buenas costumbres." 34 Vuelvan a su sano juicio, como conviene, y dejen de pecar; porque hay algunos de ustedes que no tienen conocimiento de Dios; para vergüenza de ustedes lo digo.

El cuerpo resucitado

35 Tal vez pregunte alguno: "¿Cómo resucitan los muertos? ¿Con qué clase de cuerpo vendrán?" 36 ¡Qué insensatez! Lo que tú siembras no cobra vida a menos que muera. 37 Cuando siembras, no plantas el cuerpo que luego ha de nacer sino una simple semilla, tal vez de trigo o de algún otro grano. 38 Pero Dios le da un cuerpo como él ha determinado, y a cada clase de semilla le da su propio cuerpo. 39 La carne no es toda igual: una clase de carne es la del hombre, otra la de los animales, otra la de las aves y otra la de los peces. 40 Asimismo hay cuerpos celestes y cuerpos terrestres; pero uno es el esplendor de los cuerpos celestes y otro el esplendor de los cuerpos terrestres. 41 Uno es el esplendor del sol, otro el de la luna y otro el de las estrellas; y una estrella es diferente de otra en esplendor.

42 Así sucederá también con la resurrección de los muertos. Se siembra un cuerpo perecedero, se resucita imperecedero; 43 se siembra en oprobio, se resucita en gloria;

se siembra en debilidad, se resucita en poder; 44 se siembra un cuerpo natural, se resucita un cuerpo espiritual.

Si hay cuerpo natural, también hay cuerpo espiritual. 45 Así está escrito: "Llegó a ser el primer hombre, Adán, un ser viviente"; *t* el último Adán, un espíritu que da vida. 46 No vino primero lo espiritual sino lo natural, y después lo espiritual. 47 El primer hombre era del polvo de la tierra; el segundo hombre, del cielo. 48 Como era aquel hombre terrenal, así son también los de la tierra; y como es aquel que es del cielo, así son también los del cielo. 49 Y así como hemos llevado la imagen de aquel hombre terrenal, también llevaremos *u* la semejanza de aquel que es del cielo.

50 Les declaro, hermanos, que la carne y la sangre no pueden heredar el reino de Dios, ni lo perecedero puede heredar lo imperecedero. 51 Fíjense bien en el misterio que les voy a revelar: No todos moriremos, pero todos seremos transformados, 52 en un instante, en un abrir y cerrar de ojos, al toque final de la trompeta. Pues sonará la trompeta, serán resucitados imperecederos los muertos, y seremos nosotros transformados. 53 Porque lo perecedero tiene que revestirse de lo imperecedero, y lo mortal, de inmortalidad. 54 Cuando lo perecedero se revista de lo imperecedero, y lo mortal, de inmortalidad, entonces se cumplirá lo que está escrito: "La muerte ha sido devorada por la victoria." *v*
55 "¿Dónde está, oh muerte, tu
        victoria?
    ¿Dónde está, oh muerte, tu
        aguijón?" *w*
56 El aguijón de la muerte es el pecado, y el poder del pecado es la ley. 57 ¡Pero gracias a Dios, que nos da la victoria por medio de nuestro Señor Jesucristo!

58 Por lo tanto, mis queridos hermanos, manténganse firmes e

---

s 15:32 Is 22:13   *t* 15:45 Gn 2:7   *u* 15:49 Algunos mss. antiguos dicen: *también llevemos*   *v* 15:54 Is 25:8   *w* 15:55 Os 13:14

inconmovibles. Conságrense cada vez con más fervor a la obra del Señor, porque saben que su trabajo en el Señor no es en vano.

La colecta para el pueblo de Dios

16 En cuanto a la colecta para el pueblo de Dios, sigan las instrucciones que di a las iglesias de Galacia. **2** El primer día de cada semana, cada uno de ustedes debe separar cierta cantidad de dinero conforme a sus ingresos, y ahorrarla, para que no se tengan que hacer colectas cuando yo vaya. **3** Luego, cuando yo llegue, daré cartas de presentación a los hombres que ustedes hayan aprobado y los enviaré con sus donativos a Jerusalén. **4** Si conviene que vaya yo también, ellos me acompañarán.

Encargos personales

5 Después de pasar por Macedonia, iré a verlos, ya que voy a pasar por Macedonia. **6** Tal vez me quede con ustedes algún tiempo, o hasta pase allí el invierno, para que puedan ayudarme a seguir el viaje a dondequiera que vaya. **7** No quiero verlos ahora de paso solamente, sino que espero permanecer algún tiempo con ustedes, si el Señor lo permite. **8** Pero me quedaré en Efeso hasta Pentecostés, **9** porque se me ha abierto una puerta grande para un trabajo eficaz, y hay muchos en contra mía. **10** Si llega Timoteo, procuren que no tenga de qué temer mientras esté con ustedes, porque él trabaja en la obra del Señor al igual que yo. **11** Por tanto, nadie lo menosprecie. Ayúdenlo a seguir su viaje en paz para que pueda volver a reunirse

conmigo. Lo estoy esperando junto con los hermanos.

12 En cuanto a nuestro hermano Apolos, le rogué encarecidamente que les hiciera una visita en compañía de los hermanos. El no quiso de ninguna manera ir ahora, pero irá cuando se le presente la oportunidad.

13 Manténganse vigilantes; permanezcan firmes en la fe; pórtense como hombres de valor; sean fuertes. **14** Hagan todo con amor.

15 Ustedes saben que los de la familia de Estéfanas fueron los primeros convertidos de Acaya, y que se han dedicado a servir a los santos. Les recomiendo, hermanos, **16** que se sometan a tales personas y a todo el que se nos una en el trabajo y en el esfuerzo. **17** Me alegré cuando llegaron Estéfanas, Fortunato y Acaico, porque ellos han suplido lo que faltaba de parte de ustedes, **18** ya que han fortalecido mi espíritu y también el de ustedes. Personas así merecen que ustedes las reconozcan.

Saludos finales

19 Las iglesias de la provincia de Asia les mandan saludos. Aquila y Priscila*x* los saludan cordialmente en el Señor, como también la iglesia que se reúne en la casa de ellos. **20** Todos los hermanos de aquí les mandan saludos. Salúdense unos a otros con un beso santo.

21 Yo, Pablo, escribo este saludo de mi puño y letra.

22 Si alguno no ama al Señor, quede bajo maldición. ¡Ven, Señor!*y*

23 La gracia del Señor Jesús sea con ustedes.

24 Los amo a todos ustedes en Cristo Jesús. Amén.*z*

---

x **16:19** Griego *Prisca,* una variante de *Priscila.*   *y* **16:22** En arameo la expresión *Ven, Señor* se escribe *Marana ta.*   *z* **16:24** Algunos mss. no incluyen: *Amén.*

Segunda Carta de San Pablo a los
Corintios

1 Pablo, apóstol de Cristo Jesús por la voluntad de Dios, y Timoteo nuestro hermano,

a la iglesia de Dios que está en Corinto, junto con todos los santos en toda la región de Acaya:

2 Gracia y paz a ustedes de parte de Dios nuestro Padre y del Señor Jesucristo.

El Dios de todo consuelo

3 Alabado sea el Dios y Padre de nuestro Señor Jesucristo, Padre compasivo y Dios de todo consuelo, **4** quien nos consuela en todos nuestros sufrimientos a fin de que podamos consolar también a los que sufren, impartiéndoles el mismo consuelo que nosotros hemos recibido de Dios. **5** Pues así como los sufrimientos de Cristo abundan en nosotros, también abunda nuestro consuelo por medio de Cristo. **6** Si sufrimos, es para consuelo y salvación de ustedes; y si se nos consuela, es para que ustedes tengan consuelo, que produce en ustedes paciencia para soportar los mismos sufrimientos que nosotros padecemos. **7** Es firme la esperanza que tenemos respecto a ustedes, porque sabemos que así como tienen parte en nuestros sufrimientos, también tienen parte en nuestro consuelo.

8 No queremos, hermanos, que desconozcan los contratiempos que sufrimos en la provincia de Asia. Estuvimos bajo mucha presión, más de lo que podíamos soportar, tanto que perdimos la esperanza hasta de salir con vida. **9** Lo cierto es que sentíamos en el corazón la sentencia de muerte. Pero eso sucedió para que no confiáramos en nosotros mismos sino en Dios, que resucita a los muertos. **10** El nos libró y nos librará de tan mortal peligro. En él tenemos puesta la esperanza de que seguirá librándonos, **11** mientras ustedes nos ayuden orando por nosotros. Así muchos darán gracias a Dios a nuestro favor[a] por el grato beneficio que se nos ha concedido en respuesta a las oraciones de muchos.

Pablo cambia de planes

12 Nuestra satisfacción es ésta: Nuestra conciencia nos confirma que nos hemos comportado en el mundo, y especialmente en nuestra relación con ustedes, con la santidad y sinceridad que vienen de Dios. No hemos hecho esto según la sabiduría humana sino según la gracia de Dios. **13** No les escribimos nada que no puedan leer o entender. Y espero que, **14** así como nos han entendido en parte, llegarán a entender plenamente que pueden sentirse satisfechos de nosotros como también nosotros nos sentiremos satisfechos de ustedes en el día del Señor Jesús.

15 Confiando en esto, yo había pensado visitarlos primero a ustedes para que recibieran un doble beneficio. **16** Planeaba visitarlos mientras pasaba camino de Macedonia, y a verlos otra vez a mi regreso de Macedonia, para que pudieran ayudarme a seguir el viaje a Judea. **17** Cuando me propuse esto, ¿acaso lo hice a la ligera? ¿O es que hago mis planes como la gente del mundo, de manera que diga "sí, sí" y "no, no" al mismo tiempo?

18 Pero tan seguro como que Dios es fiel, el mensaje que les hemos dirigido no es "sí" y "no". **19** Porque el Hijo de Dios, Jesucristo, a quien Silas,[b] Timoteo y yo predicamos entre ustedes, no fue "sí" y "no", sino que siempre ha sido "sí" en él.

---

a 1:11 Varios mss. dicen: *a favor de ustedes*   *b* 1:19 Griego *Silvano*, una variante de *Silas*

20 Todas las promesas que ha hecho Dios son "sí" en Cristo. Así que por medio de Cristo respondemos "amén" para la gloria de Dios. **21** Dios es el que nos mantiene firmes en Cristo, tanto a nosotros como a ustedes. El nos ungió, **22** nos marcó como propiedad suya y puso su Espíritu en nuestro corazón como garantía de lo que está por venir.

23 Pongo a Dios por testigo de que fue sólo por consideración a ustedes que no regresé a Corinto. **24** No es que les impongamos la fe, sino que contribuimos a la alegría de ustedes, porque es por la fe que se mantienen firmes.

2 De manera que decidí no hacerles otra visita que les causara tristeza. **2** Porque si yo los entristezco, ¿quién va a darme alegría sino ustedes a quienes he entristecido? **3** Les escribí como lo hice para que cuando llegara no fueran a entristecerme aquellos que debieran alegrarme. Estaba confiado de que todos ustedes harían suya mi alegría. **4** Les escribí con gran tristeza y angustia de corazón y con muchas lágrimas, no para entristecerlos sino para darles a conocer la profundidad del amor que les tengo.

Perdón para el pecador

5 Si alguno ha causado tristeza, no me la ha causado a mí tanto como a todos ustedes, hasta cierto punto, para no decirlo en forma demasiado severa. **6** Para él es suficiente el castigo que le impuso la mayoría. **7** Ahora, más bien debieran perdonarlo y consolarlo para que no se sienta abrumado por demasiada tristeza. **8** Por eso les ruego que reafirmen su amor hacia él. **9** Les escribí con el propósito de ver si soportaban la prueba y eran obedientes en todo. **10** A cualquiera que ustedes perdonen algo, yo también lo perdono. Y lo que he perdonado, si es que había algo que perdonar, lo he perdonado por consideración a ustedes en presencia de Cristo, **11** a fin de que Satanás no se aproveche de nosotros; pues no ignoramos sus artimañas.

Ministros del nuevo pacto

12 Cuando llegué a Troas para predicar el evangelio de Cristo y descubrí que el Señor me había abierto una puerta, **13** aún así no me sentí tranquilo por no haber encontrado allí a mi hermano Tito. Por eso me despedí de ellos y me fui a Macedonia.

14 Sin embargo, gracias a Dios que siempre nos dirige en desfile victorioso en Cristo y por medio de nosotros esparce por todas partes la fragancia de su conocimiento. **15** Porque nosotros somos para Dios el aroma de Cristo entre los que se salvan y entre los que se pierden. **16** Para éstos somos olor de muerte; para aquéllos, fragancia de vida. ¿Y quién puede desempeñar semejante tarea? **17** A diferencia de muchos otros, nosotros no somos de los que trafican con la palabra de Dios. Más bien, en Cristo hablamos con sinceridad delante de Dios, como enviados suyos que somos.

3 ¿Es que ya comenzamos otra vez a recomendarnos a nosotros mismos? ¿O acaso tenemos que presentarles o pedirles a ustedes cartas de recomendación, como hacen algunos? **2** Ustedes mismos son nuestra carta, escrita en nuestro corazón, conocida y leída por todos. **3** Es evidente que ustedes son una carta de parte de Cristo, resultado de nuestro ministerio, escrita no con tinta sino con el Espíritu del Dios viviente; no en tablas de piedra sino en tablas de corazones humanos.

4 Tal es la confianza que tenemos por medio de Cristo delante de Dios. **5** No es que nosotros mismos estemos capacitados para atribuirnos algo, sino que nuestra capacidad viene de Dios. **6** El nos ha capacitado para ser ministros de un nuevo pacto, no de la letra sino del Espíritu; porque la letra mata, mientras que el Espíritu da vida.

La gloria del nuevo pacto

7 Si el ministerio que causaba muerte, el que estaba grabado con letras en piedra, vino con gloria, tanta que los israelitas no podían fijar la vista en el rostro de Moisés debido a la gloria que en él se reflejaba, aunque ya se estaba apagando, 8¿no será todavía más glorioso el ministerio del Espíritu? 9Si es glorioso el ministerio que condena a los hombres, ¡cuánto más glorioso es el ministerio que trae la justicia! 10Pues lo que fue glorioso ya no tiene gloria en comparación con esta gloria que lo excede. 11Y si vino con gloria lo que ya se estaba apagando, ¡cuánto mayor será la gloria de lo que permanece!

12Así que, como tenemos tal esperanza, actuamos con plena confianza. 13No hacemos como Moisés, quien se ponía un velo sobre el rostro para evitar que los israelitas fijaran la vista en aquello cuyo fulgor se iba apagando. 14Sin embargo, se embotó la mente de ellos, ya que hasta el día presente el mismo velo sigue puesto sobre la lectura del antiguo pacto. No ha sido quitado, porque sólo se quita en Cristo. 15Hasta el día de hoy, cuando leen a Moisés, un velo les cubre el corazón. 16Pero se quita el velo cada vez que alguien se convierte al Señor. 17Ahora bien, el Señor es el Espíritu; y donde está el Espíritu del Señor, allí hay libertad. 18Y a nosotros todos, que con el rostro descubierto reflejamos*c* la gloria del Señor, se nos está transformando a su semejanza, cada vez con más gloria que viene del Señor, que es el Espíritu.

Tesoros en vasijas de barro

4 Por esto, ya que por la misericordia de Dios tenemos este ministerio, no nos desanimamos. 2Más bien, hemos renunciado a las cosas vergonzosas que se hacen a escondidas; no actuamos con engaño ni desvirtuamos la palabra de Dios. Al contrario, mediante la clara exposición de la verdad, nos recomendamos a la conciencia de todo hombre en la presencia de Dios. 3Aun si nuestro evangelio está encubierto, lo está para los que se

pierden. 4El dios de este mundo ha cegado la mente de los incrédulos, para que no vean la luz del evangelio de la gloria de Cristo, el cual es imagen de Dios. 5No nos predicamos a nosotros mismos sino a Jesucristo como Señor; y nosotros nos proclamamos servidores de ustedes por causa de Jesús. 6Porque Dios, que dijo: "Que de la oscuridad brille la luz",*d* hizo brillar su luz en nuestro corazón para darnos la luz del conocimiento de la gloria de Dios que brilla en el rostro de Cristo.

7Pero tenemos este tesoro en vasijas de barro para mostrar que este sublime poder viene de Dios y no de nosotros. 8Nos vemos apretujados por todas partes, pero no aplastados; nos vemos perplejos, pero no desesperados; 9perseguidos, pero no abandonados; derribados, pero no destruidos. 10Dondequiera que vamos, siempre llevamos en nuestro cuerpo la muerte de Jesús, para que también su vida se manifieste en nuestro cuerpo. 11Pues nosotros, los que vivimos, estamos siempre siendo entregados a la muerte por causa de Jesús, para que también su vida se manifieste en nuestro cuerpo mortal. 12Así que la muerte actúa en nosotros, mientras que la vida actúa en ustedes.

13Está escrito: "Creí, y por eso hablé."*e* Con ese mismo espíritu de fe también nosotros creemos y por eso háblamos, 14porque sabemos que aquel que resucitó al Señor Jesús nos resucitará también a nosotros con Jesús y nos presentará junto con ustedes en su presencia. 15Todo esto es por el bien de ustedes, para que la gracia que está alcanzando cada vez a más personas haga que abunden las acciones de gracias para gloria de Dios.

16Por eso no nos desanimamos. Aunque por fuera nos vamos desgastando, por dentro nos vamos renovando día tras día. 17Pues los sufrimientos ligeros y efímeros que ahora padecemos nos producen una

---

c 3:18 O *contemplamos*   *d* 4:6 Gn 1:3   *e* 4:13 Sal 116:10

gloria eterna que importa muchísimo más que todos ellos. **18**Así que no nos fijamos en lo que se ve sino en lo que no se ve, ya que lo que se ve es pasajero, mientras que lo que no se ve es eterno.

Nuestra morada celestial

5 Sabemos que si se destruye esta tienda de campaña en que vivimos, tenemos de Dios un edificio, una casa eterna en el cielo, no construida por manos humanas. **2**Mientras tanto suspiramos, anhelando ser revestidos de nuestra morada celestial, **3**porque cuando seamos revestidos, no se nos hallará desnudos. **4**Mientras vivimos en esta tienda de campaña, suspiramos agobiados, porque no deseamos ser desvestidos sino revestidos de nuestra morada celestial, para que lo mortal sea absorbido por la vida. **5**Es Dios quien nos ha hecho para este fin y nos ha dado el Espíritu como garantía de lo que está por venir.

6Por eso nos mantenemos siempre confiados y sabemos que mientras vivimos en este cuerpo estamos alejados del Señor. **7**Vivimos por fe, no por vista. **8**Así que nos mantenemos confiados, y preferiríamos ausentarnos de este cuerpo y vivir junto al Señor. **9**Por eso nos empeñamos en agradarlo, ya sea que vivamos en nuestro cuerpo o que lo hayamos dejado. **10**Porque es necesario que todos comparezcamos ante el tribunal de Cristo, para que cada uno reciba lo que le corresponda según lo hecho estando en el cuerpo, haya sido bueno o malo.

El ministerio de la reconciliación

11Por tanto, como sabemos lo que es temer al Señor, tratamos de persuadir a los hombres. Para Dios es evidente lo que somos, y espero que también lo sea para la conciencia de ustedes. **12**No procuramos recomendarnos otra vez a ustedes, sino que les damos una oportunidad de sentirse satisfechos de nosotros, para

que tengan qué responder a los que se sienten satisfechos de las apariencias y no de lo que hay en el corazón. **13**Si estamos locos, es por la causa de Dios; y si estamos cuerdos, es para ustedes. **14**El amor de Cristo nos obliga, convencidos como estamos de que uno murió por todos, y por consiguiente todos murieron. **15**Y él murió por todos para que los que viven ya no vivan para sí sino para el que murió por ellos y fue resucitado.

16Así que de ahora en adelante no consideramos a nadie según los criterios de este mundo. Aunque antes considerábamos a Cristo de esta manera, ya no lo consideramos así. **17**Por lo tanto, si alguno está en Cristo, es una nueva criatura. ¡Ha pasado lo viejo, ha llegado lo nuevo! **18**Todo esto proviene de Dios, quien nos reconcilió con él por medio de Cristo y nos dio el ministerio de la reconciliación: **19**que Dios estaba en Cristo reconciliando al mundo consigo mismo, no tomándoles en cuenta a los hombres sus pecados. Y a nosotros nos ha encargado el mensaje de la reconciliación. **20**Así que somos embajadores de Cristo, como si Dios hiciera su invitación por medio de nosotros. En nombre de Cristo les rogamos: Reconcíliense con Dios. **21**Al que no tenía pecado, Dios lo hizo pecado *f* por nosotros, para que en él llegáramos a ser justicia de Dios.

6 Como colaboradores de Dios les rogamos que no reciban en vano la gracia de Dios. **2**Porque él dice:

"En el tiempo de mi favor te escuché,
y en el día de salvación te ayudé."*g*

Les digo que ahora es el tiempo del favor de Dios; ahora es el día de salvación.

Privaciones de Pablo

3No damos a nadie motivo alguno de tropiezo, para que no se desacredite nuestro servicio. **4**Más bien, en todo nos recomendamos como servidores de Dios: en mucha perseve-

f 5:21 O hizo sacrificio por el pecado   *g 6:2 Is 49:8* rancia; en sufrimientos, privaciones y angustias; **5**en azotes, cárceles y tumultos; en trabajos pesados, desvelos y hambre; **6**en pureza, conocimiento, paciencia y bondad; en el Espíritu Santo y en amor sincero; **7**en palabras de verdad y en el poder de Dios; con armas de justicia tanto en la mano derecha como en la izquierda; **8**por honra y por deshonra, por mala y por buena fama; veraces, pero considerados como engañadores; **9**conocidos, pero considerados como desconocidos; como moribundos, pero seguimos con vida; golpeados, pero no muertos; **10**tristes, pero siempre alegres; pobres, pero enriqueciendo a muchos; no teniendo nada, pero poseyéndolo todo.

11Les hemos hablado con toda franqueza, corintios, y les hemos abierto nuestro corazón de par en par. **12**No les negamos nuestro afecto, sino que son ustedes quienes nos niegan el suyo. **13**Para corresponder del mismo modo —les hablo como si fueran mis hijos—, ábrannos también su corazón de par en par.

No se unan con los incrédulos

14No se unan con los incrédulos. ¿Qué tienen en común la justicia y la maldad? ¿O qué comunión puede tener la luz con la oscuridad? **15**¿Qué armonía tiene Cristo con el diablo*h*? ¿Qué tiene en común un creyente con un incrédulo? **16**¿En qué concuerdan el templo de Dios y los ídolos? Porque nosotros somos templo del Dios viviente. Como Dios ha dicho: "Viviré con ellos y andaré entre ellos; yo seré su Dios, y ellos serán mi pueblo."*i*

17 "Por tanto, salgan de en
        medio de ellos
    y apártense,
                    dice el Señor.
    No toquen nada impuro,
    y yo los recibiré."*j*

18 "Seré para ustedes un Padre,

y ustedes serán mis hijos y
    mis hijas,
    dice el Señor Todopoderoso."*k*

7 Como tenemos estas promesas, queridos hermanos, purifiquémonos de todo lo que contamina el cuerpo y el espíritu, perfeccionando la santidad en el temor de Dios.

La alegría de Pablo

2Tengan un lugar para nosotros en su corazón. A nadie hemos agraviado, a nadie hemos corrompido, a nadie hemos explotado. **3**No digo esto para condenarlos; ya he dicho antes que tienen un lugar tan amplio en nuestro corazón que viviríamos o moriríamos junto con ustedes. **4**Tengo mucha confianza en ustedes; siento mucha satisfacción a causa de ustedes. Me siento muy animado; en todos nuestros sufrimientos, mi alegría no tiene límites.

5Cuando llegamos a Macedonia, este cuerpo nuestro no tuvo ningún descanso, sino que nos vimos acosados por todas partes; conflictos por fuera, temores por dentro. **6**Pero Dios, que consuela a los desanimados, nos consoló con la llegada de Tito, **7**y no sólo con su llegada sino también con el consuelo que él había recibido de ustedes. El nos habló de su anhelo, de su profunda tristeza y de su ferviente preocupación por mí, tanto que me alegré más que nunca.

8Si bien los entristecí con mi carta, no me pesa. Aunque sí me pesó —noto que mi carta los ofendió, pero por poco tiempo—, **9**ahora me alegro, no porque se entristecieron, sino porque su tristeza los llevó al arrepentimiento. Ustedes se entristecieron tal como lo dispuso Dios, de modo que nosotros de ninguna manera los perjudicamos. **10**La tristeza piadosa produce un arrepentimiento que lleva a la salvación sin dejar pesar, mientras que la tristeza del mundo produce la muerte. **11**Fíjense lo que ha producido en ustedes esta tristeza pia-

---

h **6:15** Griego *Beliar*, una variante de *Belial*   *i* **6:16** Lv 26:12; Jer 32:38; Ez 37:27
j **6:17** Is 52:11; Ez 20:34,41   *k* **6:18** 2 S 7:14; 7:8

dosa: qué empeño, qué afán por disculparse, qué indignación, qué temor, qué anhelo, qué preocupación, qué disposición para ver que se haga justicia. En todo han demostrado que eran inocentes en este asunto. 12 Así que a pesar de que les escribí, no fue por causa del ofensor ni por causa del ofendido, sino más bien para que delante de Dios se dieran cuenta por ustedes mismos de cuánto afecto tienen por nosotros. 13 Todo esto nos anima.

Además del aliento que sentimos nosotros, nos alegramos muchísimo al ver lo feliz que estaba Tito, debido a que todos ustedes han fortalecido su espíritu. 14 Ya le había dicho que me sentía satisfecho de ustedes, y no me han hecho quedar mal. Al contrario, así como es verdad todo lo que les dijimos, también resultó verdadero nuestro motivo de satisfacción ante Tito acerca de ustedes. 15 Y él les tiene aún más afecto cuando recuerda que todos ustedes fueron obedientes, recibiéndolo con temor y temblor. 16 Me alegro de que puedo tener plena confianza en ustedes.

Estímulo a la generosidad

8 Ahora, hermanos, queremos que se enteren de la gracia que Dios ha dado a las iglesias de Macedonia. 2 En medio de la más severa prueba, su alegría rebosante y su extrema pobreza abundaron en rica generosidad. 3 Soy testigo de que dieron tanto como podían, y aun más de lo que podían. Espontáneamente 4 nos rogaban con insistencia que les concediéramos el privilegio de tomar parte en esta ayuda para los santos. 5 E hicieron más de lo que esperábamos, ya que se entregaron a sí mismos primeramente al Señor y después a nosotros, conforme a la voluntad de Dios. 6 De modo que rogamos a Tito que, como él le había dado inicio, llevara también a feliz término entre ustedes esta obra de gracia. 7 Pero ustedes, así como sobresalen en todo —en fe, en palabras, en conocimiento, en interés

ilimitado y en su amor hacia nosotros[l] —, procuren también sobresalir en esta gracia de dar.

8 No se lo estoy ordenando, sino que quiero probar la sinceridad de su amor, comparándolo con el interés de los demás. 9 Ya conocen la gracia de nuestro Señor Jesucristo, que aunque era rico se hizo pobre por causa de ustedes, para que mediante la pobreza de él ustedes llegaran a ser ricos.

10 Aquí va mi consejo sobre lo que les conviene a ustedes en este asunto: El año pasado ustedes fueron los primeros no sólo en dar sino también en querer hacerlo. 11 Terminen ahora la obra, de modo que su buena voluntad en hacerla corresponda con su culminación, conforme a sus posibilidades. 12 Porque si hay buena voluntad, lo que se da es bien recibido según lo que uno tiene, no según lo que no tiene.

13 No es que queramos que otros encuentren alivio mientras que ustedes sufren escasez, sino que haya igualdad. 14 En las circunstancias presentes la abundancia de ustedes suplirá lo que necesitan ellos, para que a su vez la abundancia de ellos supla lo que necesitan ustedes. Así habrá igualdad, 15 como está escrito: "No tuvo demasiado el que recogió mucho ni le faltó al que recogió poco."[m]

Tito enviado a Corinto

16 Gracias a Dios que puso en el corazón de Tito la misma preocupación que yo tengo por ustedes. 17 Tito no sólo acogió nuestra petición, sino que va a verlos a ustedes con mucho entusiasmo y de su propia iniciativa. 18 Junto con él les enviamos al hermano que se ha ganado el reconocimiento de todas las iglesias por los servicios prestados al evangelio. 19 Además, las iglesias lo escogieron para que nos acompañe cuando llevemos la ofrenda, la cual administramos para honrar al Señor y para demostrar nuestro ardiente deseo de

---

l **8:7** Algunos mss. dicen: *en nuestro amor hacia ustedes*   *m* **8:15** Ex 16:18

ayudar. **20**Queremos evitar cualquier crítica sobre la forma en que administramos este generoso donativo; **21**porque procuramos hacer lo correcto, no sólo delante del Señor sino también delante de los hombres.

22Con ellos les enviamos a nuestro hermano que nos ha demostrado con frecuencia y de muchas maneras que es fervoroso, y ahora todavía más por la gran confianza que tiene en ustedes. **23**En cuanto a Tito, es mi compañero y colaborador entre ustedes; y en cuanto a nuestros hermanos, son representantes de las iglesias y honran a Cristo. **24**Por tanto, muestren a estos hombres la prueba de su amor y la razón de que nos sintamos satisfechos de ustedes, de manera que las iglesias lo sepan.

9 No hace falta que les escriba acerca de esta ayuda para los santos; **2**porque conozco su buena disposición para ayudar, y de ello he comentado con satisfacción ante los macedonios, diciéndoles que desde el año pasado ustedes los de Acaya estaban preparados para dar; y su entusiasmo ha servido de estímulo a la mayoría de ellos. **3**A pesar de eso, les envío a estos hermanos a fin de que no resulte vana la satisfacción que hemos manifestado acerca de ustedes en este asunto, sino que estén preparados, como ya he dicho que estarían, **4**no sea que algunos macedonios vayan conmigo y los encuentren desprevenidos. En ese caso nosotros —por no decir nada de ustedes— nos avergonzaríamos por haber estado tan seguros. **5**Así que me pareció necesario rogar a estos hermanos que se adelantaran a visitarlos y completaran los preparativos para esa generosa colecta que ustedes habían prometido. Entonces estará lista como donativo generoso, y no como dado de mala gana.

Sembrando con generosidad

6Recuerden esto: El que siembra escasamente, escasamente cosechará, y el que siembra abundante-mente, abundantemente cosechará. **7**Cada uno debe dar según lo que haya decidido en su corazón, no de mala gana ni por obligación, porque Dios ama al dador alegre. **8**Y Dios puede hacer que toda gracia abunde para ustedes, de manera que siempre en todas las cosas, teniendo todo lo necesario, abunden para toda buena obra. **9**Como está escrito:

"Esparció, dio a los pobres;
　　su justicia permanece para
　　　siempre."[n]

10El que le suple semilla al que siembra y pan para comer también suplirá y aumentará los graneros y ensanchará la cosecha de la justicia de ustedes. **11**Ustedes serán enriquecidos en todos los sentidos para que puedan ser generosos en toda ocasión, y por medio de nosotros la generosidad de ustedes dará como resultado acciones de gracias a Dios.

12Esta ayuda que ustedes prestan no sólo suple las necesidades del pueblo de Dios sino que también redunda en abundantes acciones de gracias a Dios. **13**Debido a la prueba dada por esta ayuda, los hombres alabarán a Dios por la obediencia que acompaña a su confesión del evangelio de Cristo, y por la generosa contribución de ustedes para ellos y para todos. **14**Además, en sus oraciones por ustedes, brotará del corazón el afecto que sienten por ustedes debido a la sobreabundante gracia que Dios les ha dado. **15**¡Gracias a Dios por su don inefable!

Pablo defiende su ministerio

10 Por la ternura y la bondad de Cristo, acudo a ustedes; yo, Pablo, ¡que soy "tímido" cuando me encuentro cara a cara con ustedes, pero "atrevido" cuando estoy lejos! **2**Les ruego que cuando vaya no tenga que ser tan atrevido como me he propuesto ser con algunos que nos consideran como que vivimos según las normas de este mundo. **3**Pues aunque vivimos en el mundo, no libramos batallas como lo hace el mundo. **4**Las armas con que luchamos no son del mundo, sino que tienen el poder divino para derribar fortalezas. **5**Destruimos argumentos y toda altivez que se levanta contra el conocimiento de Dios, y llevamos cautivo todo pensamiento para que obedezca a Cristo. **6**Y estaremos dispuestos a castigar cualquier acto de desobediencia una vez que su obediencia sea completa.

7Ustedes sólo se fijan en las apariencias.*o* Si alguno está convencido de que es de Cristo, considere de nuevo que nosotros somos de Cristo tanto como lo es él. **8**Aunque me exceda algo al jactarme más de la cuenta por la autoridad que el Señor nos dio para edificarlos y no para destruirlos a ustedes, no me avergonzaré de ello. **9**No quiero que parezca que trato de asustarlos con mis cartas. **10**Pues algunos dicen: "Sus cartas son duras y fuertes, pero él en persona no impresiona a nadie y como orador no sirve." **11**Tales personas deben darse cuenta de que lo que somos por escrito estando ausentes, lo seremos con hechos estando presentes.

12No nos atrevemos a clasificarnos o a compararnos con algunos que se recomiendan a sí mismos. Al medirse con su propia medida y compararse unos con otros, carecen de sabiduría. **13**En cambio, nosotros no vamos a jactarnos más de lo debido, sino que limitaremos nuestra satisfacción al campo que Dios nos ha asignado, un campo que los alcanza incluso a ustedes. **14**No vamos a extralimitarnos al manifestar nuestra satisfacción, como sería el caso si no hubiéramos llegado a ustedes, ya que logramos llegar hasta ustedes con el evangelio de Cristo. **15**No nos extralimitamos jactándonos del trabajo que otros han hecho.*p* Esperamos que, a

medida que vaya progresando su fe, nuestro campo de acción entre ustedes se ampliará grandemente, **16**para poder predicar el evangelio en las regiones más allá de donde están ustedes. Pues no queremos jactarnos del trabajo ya hecho en territorio ajeno. **17**Más bien, "el que se enorgullece, que se enorgullezca en el Señor".*q* **18**Porque no es el hombre que se recomienda a sí mismo el que es aprobado, sino aquel a quien recomienda el Señor.

Pablo y los falsos apóstoles

11 Espero que soporten un poco de mi necedad; aunque en realidad ya lo están haciendo. **2**El celo que siento por ustedes es un celo divino. Los tengo prometidos a un solo esposo, a Cristo, para presentarlos a él como una virgen pura. **3**Pero me temo que, así como la serpiente con su astucia engañó a Eva, de alguna manera los pensamientos de ustedes sean desviados de su sincera y pura devoción a Cristo. **4**Si alguno llega a ustedes predicando a un Jesús diferente del que les hemos predicado nosotros, o si reciben un espíritu diferente del que recibieron, o un evangelio diferente del que aceptaron, lo toleran con facilidad. **5**Pero considero que en nada soy inferior a esos "superapóstoles". **6**Quizás yo no sea diestro en hablar, pero tengo conocimiento. Esto se lo hemos demostrado muy claramente en todos los sentidos.

7¿Es que cometí un pecado al humillarme yo para enaltecerlos a ustedes, predicándoles gratuitamente el evangelio de Dios? **8**Despojé a otras iglesias al recibir de ellas ayuda para servirles a ustedes. **9**Cuando estuve entre ustedes y necesité algo, no fui una carga para nadie, ya que los hermanos que llegaron de Macedonia me proveyeron

---

o 10:7 O Fíjense en lo que es evidente.   *p 10:13-15 O 13En cambio, nosotros no vamos a jactarnos de lo que no se puede medir, sino que nos jactaremos según el patrón de medida que el Dios de medida nos ha asignado, una medida que se refiere incluso a ustedes. 14. . . . 15Ni nos jactamos de lo que no se puede medir con respecto al trabajo que otros han hecho.*
q 10:17 Jer 9:24

de lo que necesitaba. He evitado ser una carga para ustedes en cualquier sentido, y seguiré evitándolo. **10** Tan seguro como que la verdad de Cristo está en mí, nadie en las regiones de Acaya me privará de este motivo de satisfacción. **11** ¿Por qué? ¿Porque no los amo a ustedes? ¡Dios sabe que sí los amo! **12** Y seguiré haciendo lo que hago a fin de quitar todo pretexto a quienes buscan una oportunidad de considerarse iguales a nosotros en aquello de que se jactan.

13 Tales individuos son falsos apóstoles, obreros engañadores, que se disfrazan de apóstoles de Cristo. **14** Y no es de extrañar, ya que Satanás mismo se disfraza de ángel de luz. **15** Por eso no es extraño que sus servidores se disfracen como servidores de justicia. Su fin corresponderá con lo que merecen sus acciones.

Los sufrimientos de Pablo

16 Lo repito: Que nadie me considere insensato. Pero si ustedes lo hacen, recíbanme como a un insensato, para que pueda jactarme un poco. **17** Al jactarme confiado en mí mismo, no hablo como quisiera el Señor, sino como un insensato. **18** Ya que muchos se jactan de la manera en que lo hace el mundo, yo también me jactaré. **19** Ustedes de buena gana soportan a los insensatos por ser ustedes tan sensatos. **20** En realidad, soportan incluso a cualquiera que los esclaviza, o los explota, o se aprovecha de ustedes, o se comporta con altanería, o les da una bofetada. **21** ¡Para vergüenza mía confieso que fuimos demasiado débiles como para portarnos así!

De lo que cualquier otro se atreva a jactarse —lo digo como un insensato—, también me atrevo yo. **22** ¿Son ellos hebreos? Yo también. ¿Son israelitas? Yo también. ¿Son descendientes de Abraham? Yo también. **23** ¿Son servidores de Cristo? (Hablo como si estuviera perdiendo el juicio.) Yo lo soy más que ellos. He trabajado mucho más arduamente, he sido encarcelado más veces, he recibido azotes más severos, y he

estado en peligro de muerte una y otra vez. **24** Cinco veces recibí de los judíos los treinta y nueve azotes. **25** Me golpearon con varas tres veces, me apedrearon una vez, naufragué tres veces, y pasé un día y una noche en alta mar. **26** Mi vida ha sido un continuo viajar de una parte a otra, en peligros de ríos, en peligros de bandidos, en peligros de parte de mis compatriotas, en peligros de parte de los que no son judíos, en peligros en la ciudad, en peligros en el campo, en peligros en el mar, y en peligros de parte de falsos hermanos. **27** He pasado muchos trabajos y fatigas, y muchas veces me he quedado sin dormir; he sufrido hambre y sed, y muchas veces me he quedado sin comer; he sufrido frío y desnudez. **28** Además cada día pesa sobre mí la preocupación por todas las iglesias. **29** ¿Quién está débil sin que yo me sienta débil también? ¿Quién es tentado a pecar sin que yo me queme por dentro?

30 Si de algo hay que jactarse, me jactaré de las cosas que muestran mi debilidad. **31** El Dios y Padre del Señor Jesús, que es por siempre alabado, sabe que no miento. **32** En Damasco, el gobernador bajo el rey Aretas mandó que se vigilara la ciudad de los damascenos con el fin de que me arrestaran; **33** pero me bajaron en un canasto a través de una ventana en la muralla, y así escapé de sus manos.

Visión y espina de Pablo

12 Debo seguir haciendo alarde de mí mismo. Aunque nada se gane con ello, paso a referirme a las visiones y revelaciones del Señor. **2** Conozco a un hombre en Cristo que hace catorce años fue llevado al tercer cielo. Si fue en el cuerpo o fuera del cuerpo, no lo sé; Dios lo sabe. **3** Y sé que este hombre —si fue en el cuerpo o separado del cuerpo, no lo sé, pero Dios lo sabe—, **4** fue llevado al paraíso, y oyó cosas indecibles que al hombre no se le permite expresar. **5** De un hombre así haré alarde, pero no de mí mismo, a no ser de mis debilidades. **6** Aunque decidiera jactarme, no sería insensato, porque estaría diciendo la verdad. Pero no lo hago, para que nadie suponga que soy más de lo que aparento o de lo que digo.

7 Para evitar que me volviera presumido a causa de esas sublimes revelaciones, se me dio una espina clavada en el cuerpo, un mensajero de Satanás, para que me atormente. **8** Tres veces le rogué al Señor que me la quitara; **9** pero él me dijo: "Te basta mi gracia, pues mi poder se perfecciona en la debilidad." Por lo tanto, muy a gusto haré alarde de mis debilidades, para que permanezca sobre mí el poder de Cristo. **10** Por eso me regocijo en debilidades, insultos, necesidades, persecuciones y dificultades que sufro por Cristo; porque es cuando soy débil que soy fuerte.

Preocupación de Pablo por los corintios

11 Me he portado como un insensato, pero ustedes me obligaron a ello. Ustedes debían haberme elogiado, pues en nada soy inferior a los "superapóstoles", aunque no soy nada. **12** Los distintivos de un apóstol —señales, prodigios y milagros—, se hicieron entre ustedes con toda perseverancia. **13** ¿En qué fueron inferiores a las demás iglesias, excepto en que yo mismo nunca fui una carga para ustedes? ¡Perdónenme esta ofensa!

14 Ya estoy listo para visitarlos por tercera vez, y no les seré una carga, porque no busco lo que ustedes tienen sino a ustedes mismos. Después de todo, no son los hijos los que deben ahorrar para los padres sino los padres para los hijos. **15** Así que con mucho gusto gastaré todo lo que tengo y yo mismo me desgastaré por ustedes. Si los amo más, ¿me amarán menos? **16** En todo caso, no he sido una carga para ustedes. ¡Es que, como soy tan astuto, los cacé con engaño!

17 ¿Acaso los exploté por medio de alguno de los hombres que les he enviado? **18** Le rogué a Tito que fuera a verlos y envié con él a nuestro hermano. ¿Acaso se aprovechó Tito de ustedes? ¿No procedimos los dos con el mismo espíritu y seguimos los mismos pasos?

19 ¿Han estado pensando todo este tiempo que nos hemos estado defendiendo ante ustedes? Hemos estado hablando delante de Dios como quienes están en Cristo; y todo lo que hacemos, queridos hermanos, es para que se fortalezcan. **20** Pues me temo que cuando vaya a verlos tal vez no los encuentre como quisiera, y que ustedes no me encuentren a mí como quisieran. Temo que haya contiendas, celos, arrebatos de ira, rivalidades, calumnias, chismes, arrogancia y desórdenes. **21** Temo que, al volver a visitarlos, mi Dios me humille delante de ustedes, y que tenga que llorar por muchos que han pecado hace algún tiempo y no se han arrepentido de la impureza, de la inmoralidad sexual y de la lascivia a que se han entregado.

Advertencias finales

13 Esta será la tercera visita que les hago. "Que se haga constar todo asunto por el testimonio de dos o tres testigos."*r* **2** Ya se lo advertí cuando estuve con ustedes por segunda vez. Ahora que estoy ausente se lo repito: Cuando vuelva a verlos, no seré indulgente con los que antes pecaron ni con ningún otro, **3** ya que están exigiendo una prueba de que Cristo habla por medio de mí. El no es débil en su trato con ustedes, sino que es poderoso entre ustedes. **4** Es cierto que fue crucificado en debilidad, pero vive por el poder de Dios. De igual manera, nosotros somos débiles en él, pero viviremos con él por el poder de Dios para servirles a ustedes.

5 Examínense para ver si están en la fe; pruébense a ustedes mismos.

r 13:1 Dt 19:15

¿No se dan cuenta de que Cristo Jesús está en ustedes? (A no ser, por supuesto, que no pasen la prueba.) **6**Espero que reconocerán que nosotros no hemos fracasado. **7**Ahora pedimos a Dios que no hagan nada malo. No para que la gente vea que hemos pasado la prueba, sino para que hagan lo bueno, aunque parezca que nosotros hemos fracasado. **8**Pues no podemos hacer nada contra la verdad, sino sólo a favor de la verdad. **9**Nos alegramos cuando nosotros somos débiles, si ustedes están fuertes; y oramos a Dios por su perfección. **10**Por esta razón les escribo esto estando ausente, para que cuando vaya no tenga que ser severo en el uso de mi autoridad, aquella que el Señor me dio para edificarlos y no para destruirlos.

Saludos finales

11En fin, hermanos, me despido de ustedes. Busquen la perfección, hagan caso de mi exhortación, sean de un mismo sentir, vivan en paz. Y el Dios de amor y de paz estará con ustedes. **12**Salúdense unos a otros con un beso santo. **13**Todos los santos les mandan saludos.

14La gracia del Señor Jesucristo, el amor de Dios y la comunión del Espíritu Santo sean con todos ustedes.

Carta de San Pablo a los
Gálatas

1 Pablo, apóstol —enviado no de parte de hombres ni por medio de hombre, sino por Jesucristo y por Dios Padre, que lo resucitó de entre los muertos—, **2** y todos los hermanos que están conmigo,

a las iglesias de Galacia:

3 Gracia y paz a ustedes de parte de Dios nuestro Padre y del Señor Jesucristo, **4** quien se entregó a sí mismo por nuestros pecados para rescatarnos del malvado mundo actual, según la voluntad de nuestro Dios y Padre, **5** a quien sea la gloria por los siglos de los siglos. Amén.

No hay otro evangelio

6 Estoy asombrado de que ustedes estén abandonando tan pronto al que los llamó por la gracia de Cristo, para volverse a un evangelio diferente, **7** que en realidad no es evangelio. Es evidente que algunos están sembrando confusión entre ustedes y tratando de tergiversar el evangelio de Cristo. **8** Pero aun si uno de nosotros o un ángel del cielo les predicara un evangelio distinto del que les hemos predicado, ¡que caiga bajo maldición eterna! **9** Como hemos dicho antes, así lo repito ahora: Si alguien les está predicando un evangelio distinto del que han recibido, ¡que caiga bajo maldición eterna!

10 ¿Busco ahora ganarme la aprobación de los hombres, o la de Dios? ¿Acaso procuro agradar a los hombres? Si siguiera tratando de agradar a los hombres, no sería siervo de Cristo.

Pablo, llamado por Dios

11 Quiero que sepan, hermanos, que el evangelio que yo prediqué no es algo inventado por los hombres.

12 No lo recibí ni lo aprendí de ningún hombre, sino que lo recibí por revelación de Jesucristo.

13 Ustedes ya están enterados de mi conducta anterior dentro del judaísmo, del furor con que perseguía a la iglesia de Dios y trataba de destruirla. **14** Yo aventajaba en el judaísmo a muchos judíos de mi misma edad y mostraba un celo sin igual por las tradiciones de mis antepasados. **15** Pero cuando Dios, que me apartó desde mi nacimiento[a] y me llamó por su gracia, tuvo a bien **16** revelar a su Hijo en mí para que yo lo predicara entre los no judíos, no consulté con ningún hombre, **17** ni subí a Jerusalén a ver a los que eran apóstoles antes que yo, sino que fui de inmediato a Arabia y más tarde regresé a Damasco.

18 Después de tres años, subí a Jerusalén para conocer a Pedro,[b] y estuve con él quince días. **19** No vi a ningún otro de los apóstoles sino sólo a Jacobo,[c] el hermano del Señor. **20** Les aseguro delante de Dios que no es mentira lo que les escribo. **21** Más tarde fui a Siria y Cilicia. **22** No me conocían personalmente en las iglesias de Judea que están en Cristo. **23** Sólo oían decir: "El hombre que en otro tiempo nos perseguía ahora predica la fe que antes procuraba destruir." **24** Y alababan a Dios por causa mía.

Los apóstoles aceptan a Pablo

2 Catorce años después subí de nuevo a Jerusalén, esta vez con Bernabé, y también llevé a Tito. **2** Fui por causa de una revelación y les presenté el evangelio que predico entre los no judíos. Pero lo hice en privado con los que parecían ser dirigentes, no fuera que yo estuviera corriendo o hubiera corrido en vano.

---

a **1:15** O *desde el vientre de mi madre*   *b* **1:18** Griego *Cefas*   *c* **1:19** O *Santiago*

3 Sin embargo, ni siquiera Tito, que me acompañaba, fue obligado a circuncidarse, aunque era griego. 4 Esto se debió a que algunos falsos hermanos se habían infiltrado en nuestras filas para espiar la libertad que tenemos en Cristo Jesús y esclavizarnos. 5 No les cedimos terreno ni por un momento, para que la verdad del evangelio permaneciera con ustedes.

6 En cuanto a los que parecían ser importantes —lo que hayan sido no me importa, porque Dios no juzga por las apariencias—, no añadieron nada a mi mensaje. 7 Al contrario, vieron que a mí se me había confiado la tarea de predicar el evangelio a los no judíos,d así como a Pedro la de predicarlo a los judíos.e 8 Pues el mismo Dios que actuaba en el ministerio de Pedro como apóstol de los judíos actuaba en el mío como apóstol de los no judíos. 9 Jacobo,f Pedrog y Juan, que tenían fama de ser columnas, nos dieron a mí y a Bernabé la mano en señal de compañerismo al reconocer la gracia que se me había dado. Estuvieron de acuerdo en que nosotros fuéramos a los no judíos, y ellos a los judíos. 10 Sólo nos pidieron que nos acordáramos de los pobres, que era precisamente lo que yo deseaba hacer.

Pablo se opone a Pedro

11 Cuando Pedro fue a Antioquía, yo me enfrenté a él porque estaba muy equivocado. 12 Antes de llegar algunos de parte de Jacobo, Pedro comía con los no judíos. Pero cuando llegaron, comenzó a retraerse y a separarse de los no judíos por temor a los que pertenecían al grupo de la circuncisión. 13 Los otros judíos se unieron a la hipocresía de Pedro, hasta el punto de que Bernabé mismo se dejó arrastrar por la hipocresía de ellos. 14 Cuando vi que no actuaban según la verdad del evangelio, le dije a Pedro delante de todos: "Tú, que eres judío, vives como si no lo fueras.

¿Entonces cómo es que exiges que los no judíos sigan las costumbres judías?

15 "Nosotros que somos judíos de nacimiento y no 'pecadores paganos' 16 sabemos que no se alcanza la justificación por la observancia de la ley sino por la fe en Jesucristo. Así que también nosotros hemos puesto nuestra fe en Cristo Jesús, para ser justificados por la fe en Cristo y no por la observancia de la ley, porque por haber guardado la ley nadie será justificado.

17 "Si buscando la justificación en Cristo, se hace evidente que nosotros mismos somos pecadores, ¿acaso eso quiere decir que Cristo promueve el pecado? ¡De ninguna manera! 18 Si vuelvo a edificar lo que antes había destruido, demuestro que soy un transgresor. 19 Pues mediante la ley he muerto a la ley a fin de vivir para Dios. 20 He sido crucificado con Cristo y ya no vivo yo, sino que Cristo vive en mí. La vida que vivo en el cuerpo, la vivo por la fe en el Hijo de Dios, quien me amó y se entregó por mí. 21 No desecho la gracia de Dios, porque si la justicia se pudiera alcanzar mediante la ley, Cristo murió en vano."h

La fe o la observancia de la ley

3 ¡Gálatas insensatos! ¿Quién los ha hechizado? Ante sus propios ojos a ustedes se les hizo una presentación comprensible de Cristo como crucificado. 2 Sólo quisiera saber de ustedes esto: ¿Recibieron el Espíritu por haber guardado la ley o por haber creído lo que oyeron? 3 ¿Tan necios son? Después de haber comenzado con el Espíritu, ¿pretenden ahora alcanzar la meta con esfuerzos humanos? 4 ¿Han sufrido tanto para nada, si es que en realidad fue inútilmente? 5 ¿Acaso se da Dios su Espíritu y hace milagros entre ustedes porque guardan la ley, o porque creen lo que oyeron?

---

d 2:7 Griego los incircuncisos   e 2:7 Griego circuncidados; también en vv. 8 y 9
f 2:9 O Santiago; también en v. 12   g 2:9 Griego Cefas; también en vv. 11 y 14
h 2:21 Algunos intérpretes cierran las comillas después del v. 14.

6 Consideren a Abraham: "Creyó a Dios, y ello se le tomó en cuenta como justicia."*i* **7** Por tanto, comprendan que los que creen son descendientes de Abraham. **8** La Escritura previó que Dios justificaría por la fe a los no judíos, y anunció de antemano las buenas nuevas a Abraham: "Por medio de ti serán bendecidas todas las naciones."*j* **9** Así que los que tienen fe son bendecidos junto con Abraham, el hombre de fe.

10 Todos los que confían en la observancia de la ley están bajo maldición, porque está escrito: "Maldito el que no cumple fielmente todo lo que está escrito en el libro de la ley."*k* **11** Es evidente que nadie es justificado delante de Dios por la ley, porque "el justo vivirá por la fe".*l* **12** La ley no se basa en la fe; por el contrario, "el que haga estas cosas vivirá por ellas".*m* **13** Cristo nos redimió de la maldición de la ley al hacerse maldición por nosotros, pues está escrito: "Maldito todo el que es colgado de un madero."*n* **14** Él nos redimió a fin de que la bendición que se le dio a Abraham alcanzara por medio de Cristo Jesús a los no judíos, para que por la fe recibiéramos la promesa del Espíritu.

La ley y la promesa

15 Hermanos, permítanme darles un ejemplo de la vida diaria. Así como nadie puede anular ni añadirle nada a un pacto humano que se ha establecido debidamente, tampoco se puede en este caso. **16** Se hicieron las promesas a Abraham y a su descendencia. La Escritura no dice: "y a los descendientes", como refiriéndose a muchos, sino: "y a tu descendencia",*o* dando a entender uno solo, que es Cristo. **17** Lo que quiero decir es esto: La ley, que vino cuatrocientos treinta años después, no anula el pacto previamente establecido por Dios, invalidando así la promesa. **18** Pues si la herencia depende de la ley, ya no depende de una promesa; pero Dios en su bondad se la concedió a Abraham mediante una promesa.

19 Entonces, ¿cuál era el propósito de la ley? Fue añadida por causa de las transgresiones hasta que viniera la Descendencia a la que se refería la promesa. La ley la puso en vigor un mediador por medio de ángeles. **20** Ahora bien, un mediador no representa sólo a una de las partes, y sin embargo Dios es uno solo.

21 ¿Acaso está la ley contra las promesas de Dios? ¡De ninguna manera! Si se hubiera promulgado una ley capaz de dar vida, la justicia habría venido indudablemente por la ley. **22** Pero la Escritura declara que todo el mundo es prisionero del pecado, para que lo prometido, que se concede mediante la fe en Jesucristo, se dé a los que creen.

23 Antes de venir esta fe, la ley nos tenía presos, encerrados hasta que se hubiera de revelar la fe. **24** Así que a la ley se le encargó que nos condujera hasta Cristo,*p* para que fuéramos justificados por la fe. **25** Ahora que ha llegado la fe, ya no estamos a cargo de la ley.

Hijos de Dios

26 Todos ustedes son hijos de Dios mediante la fe en Cristo Jesús, **27** porque todos los que fueron bautizados en Cristo se han revestido de Cristo. **28** Ya no hay judío ni griego, esclavo ni libre, hombre ni mujer, porque todos ustedes son uno en Cristo Jesús. **29** Si son de Cristo, son descendencia de Abraham y herederos según la promesa.

4 Lo que quiero decir es que, mientras es niño, el heredero en nada se diferencia de un esclavo, a pesar de ser dueño de todas las propiedades. **2** Está bajo el cuidado de tutores y administradores hasta el tiempo señalado por su padre. **3** Así también nosotros, cuando éramos niños,

---

i **3:6** Gn 15:6   *j* **3:8** Gn 12:3; 18:18; 22:18
m **3:12** Lv 18:5   *n* **3:13** Dt 21:23   *o* **3:16** Gn 12:7; 13:15; 24:7
la ley fue la encargada hasta que vino Cristo,

k **3:10** Dt 27:26   *l* **3:11** Hab 2:4

p **3:24** O *Así que*

estábamos sujetos a los principios elementales del mundo. 4 Pero cuando se cumplió plenamente el tiempo, Dios envió a su Hijo, nacido de una mujer, nacido bajo la ley, 5 para redimir a los que estaban bajo la ley, a fin de que recibiéramos los plenos derechos de hijos. 6 Ya que ustedes son hijos, Dios envió al Espíritu de su Hijo a nuestro corazón, el Espíritu que clama: "¡Abba!*q* ¡Padre!" 7 Así que ya no eres esclavo sino hijo; y como eres hijo, Dios te ha hecho también heredero.

Preocupación de Pablo por los gálatas

8 Anteriormente, cuando ustedes no conocían a Dios, eran esclavos de los que por naturaleza no son dioses. 9 Pero ahora que conocen a Dios —o más bien que Dios los conoce a ustedes—, ¿cómo es que se vuelven otra vez a esos débiles principios sin valor? ¿Es que quieren volver a ser sus esclavos? 10 ¡Ustedes siguen observando días especiales, meses, estaciones y años! 11 Temo por ustedes, por quienes tal vez no hayan servido de nada mis esfuerzos.

12 Les suplico, hermanos, que se vuelvan como yo, pues yo me volví como ustedes. En nada me han ofendido. 13 Como ya saben, fue debido a una enfermedad que les prediqué por primera vez el evangelio. 14 Aunque mi enfermedad fue una prueba para ustedes, no me trataron con desprecio ni desdén. Al contrario, me recibieron como a un ángel de Dios, como si fuera Cristo Jesús mismo. 15 ¿Qué se hizo toda su alegría? Me consta que, de haberles sido posible, se habrían sacado los ojos para dármelos. 16 ¿Acaso ahora me he vuelto su enemigo por decirles la verdad?

17 Esa gente tiene interés por ganarlos a ustedes, pero no con buenas intenciones. Lo que quieren es apartarlos de nosotros a fin de ganarlos para su causa. 18 Está bien que sean fervorosos, siempre que el fin sea con buenas intenciones, y que lo sean en todo tiempo y no sólo cuando estoy con ustedes. 19 Hijitos míos, por quienes vuelvo a sufrir dolores de parto hasta que Cristo sea formado en ustedes, 20 ¡cuánto quisiera estar ahora con ustedes y hablarles de otra manera, porque no sé qué hacer con ustedes!

Agar y Sara

21 Díganme ustedes, los que quieren estar bajo la ley: ¿acaso no están enterados de lo que dice la ley? 22 Porque está escrito que Abraham tuvo dos hijos, uno de la esclava y otro de la libre. 23 El hijo que tuvo de la esclava nació según el curso natural de las cosas; pero el que tuvo de la libre nació como resultado de una promesa.

24 Esto puede interpretarse en sentido figurado, porque estas mujeres representan dos pactos. Uno procede del monte Sinaí y tiene hijos que nacen para ser esclavos; éste es Agar. 25 Ahora bien, Agar representa el monte Sinaí en Arabia, y corresponde a la actual ciudad de Jerusalén, porque está en esclavitud con sus hijos. 26 Pero la Jerusalén de arriba es libre, y ésa es nuestra madre. 27 Porque está escrito:

"Alégrate, mujer estéril,
tú que no tienes hijos;
prorrumpe en gritos de alegría,
tú que no conoces los dolores
de parto;
porque son más numerosos los
hijos de la abandonada,
que los de la que tiene
esposo."*r*

28 Ustedes, hermanos, al igual que Isaac, son hijos de la promesa. 29 En aquel tiempo el hijo nacido según el curso natural de las cosas persiguió al hijo nacido por el poder del Espíritu. Así también sucede ahora. 30 Pero ¿qué dice la Escritura? "Deshazte de la esclava y de su hijo, porque el hijo de la esclava jamás participará de la herencia con el hijo de la libre."*s* 31 Así que, hermanos, no somos hijos de la esclava sino de la libre.

---

q **4:6** *Papá* en arameo   *r* **4:27** Is 54:1   *s* **4:30** Gn 21:10

Libertad en Cristo

5 Cristo nos libertó para que seamos libres. Por lo tanto, manténganse firmes y no se dejen someter nuevamente al yugo de la esclavitud.

2 Fíjense que yo, Pablo, les digo que si se dejan circuncidar, Cristo no les servirá de nada. **3** De nuevo declaro a todo el que se deja circuncidar, que tiene la obligación de obedecer toda la ley. **4** Ustedes, los que procuran justificarse por la ley, se han apartado de Cristo; han caído de la gracia. **5** Pero por la fe aguardamos con ansias, por medio del Espíritu, la esperanza de la justicia. **6** Porque en Cristo Jesús de nada vale el estar o no circuncidados. Lo único que vale es la fe que se expresa mediante el amor.

7 Ustedes iban bien. ¿Quién los estorbó, impidiéndoles que obedecieran a la verdad? **8** Tal convicción no viene de quien los llama. **9** "Un poco de levadura hace fermentar toda la masa." **10** Tengo confianza en el Señor de que ustedes no pensarán de otra manera. El que les está creando confusión será castigado, quienquiera que sea. **11** Hermanos, si todavía predico la circuncisión, ¿por qué se me sigue persiguiendo? En ese caso se ha anulado la ofensa de la cruz. **12** En cuanto a esos perturbadores, ¡ojalá acabaran por castrarse de una vez!

Vida por medio del Espíritu

13 A ustedes, hermanos, se les llamó a ser libres; pero no se valgan de esa libertad como pretexto para dar rienda suelta a la naturaleza pecaminosa.*t* Más bien sírvanse unos a otros mediante el amor. **14** Toda la ley se resume en un solo precepto: "Ama a tu prójimo como a ti mismo."*u* **15** Pero si mutuamente siguen mordiéndose y devorándose, tengan cuidado, no sea que acaben por destruirse unos a otros.

La vida por el Espíritu

16 Así que les digo: Vivan por el Espíritu, y no darán satisfacción a los deseos de la naturaleza pecaminosa. **17** Porque la naturaleza pecaminosa desea lo que es contrario al Espíritu, y el Espíritu desea lo que es contrario a la naturaleza pecaminosa. Los dos están en conflicto, de modo que ustedes no hacen lo que quisieran. **18** Pero si se dejan guiar por el Espíritu, no están bajo la ley.

19 Las obras de la naturaleza pecaminosa son evidentes: inmoralidad sexual, impureza y lascivia; **20** idolatría y hechicería; odio, discordia, celos, arrebatos de ira, rivalidades, disensiones, sectarismos **21** y envidia; borracheras, orgías, y otras cosas parecidas. Les advierto ahora, como lo hice antes, que los que practican tales cosas no heredarán el reino de Dios.

22 En cambio, el fruto del Espíritu es amor, alegría, paz, paciencia, amabilidad, bondad, fidelidad, **23** mansedumbre y dominio propio. Contra estas cosas no hay ley. **24** Los que son de Cristo Jesús han crucificado la naturaleza pecaminosa con sus pasiones y deseos. **25** Como vivimos por el Espíritu, dejemos también que el Espíritu nos guíe. **26** No nos volvamos vanidosos, irritándonos y envidiándonos unos a otros.

La ayuda mutua

6 Hermanos, si alguien es sorprendido en algún pecado, ustedes que son espirituales deben restaurarlo amablemente. Pero cuídese cada uno, no sea que también caiga en la tentación. **2** Ayúdense mutuamente a llevar las cargas, y de esta manera cumplirán la ley de Cristo. **3** Si alguien se cree que es algo, no siendo nada, se engaña a sí mismo. **4** Cada uno debe examinar sus propias acciones. Así podrá sentirse satisfecho, sin tener que compararse con nadie, **5** pues cada uno debe llevar su propia carga.

t **5:13** O *la carne;* también en vv. 16,17,19 y 24   *u* **5:14** Lv 19:18

6 El que recibe instrucción en la palabra de Dios debe compartir toda cosa buena con su instructor.

7 No se engañen: nadie puede burlarse de Dios. El hombre cosecha lo que siembra. **8** El que siembra para agradar a su naturaleza pecaminosa, de esa misma naturaleza*v* cosechará destrucción; el que siembra para agradar al Espíritu, del Espíritu cosechará vida eterna. **9** No nos cansemos de hacer el bien, porque a su debido tiempo cosecharemos si no nos damos por vencidos. **10** Por lo tanto, cada vez que podamos, hagamos bien a todos, y en especial a los de la familia de la fe.

No la circuncisión, sino una nueva creación

11 ¡Miren qué letras tan grandes hago al escribirles con mi propia mano!

12 Los que a la vista de los demás quieren quedar bien procuran obligarlos a circuncidarse. Lo hacen únicamente para no ser perseguidos por causa de la cruz de Cristo. **13** Ni siquiera los que están circuncidados obedecen la ley, y sin embargo quieren que ustedes se circunciden para jactarse del cuerpo de ustedes. **14** En cuanto a mí, que no se me ocurra jamás jactarme de otra cosa sino de la cruz de nuestro Señor Jesucristo, mediante la cual*w* el mundo ha quedado crucificado para mí, y yo para el mundo. **15** El estar o no estar circuncidado no cuenta para nada; lo que cuenta es ser una nueva creación. **16** Paz y misericordia sean sobre todos los que siguen esta norma, y también sobre el Israel de Dios.

17 Por último, que nadie me moleste, porque llevo en el cuerpo las cicatrices de Jesús.

18 Hermanos, que la gracia de nuestro Señor Jesucristo sea con el espíritu de cada uno de ustedes. Amén.

v **6:8** O *su carne, de la carne*   *w* **6:14** O *por medio del cual*

Carta de San Pablo a los
Efesios

1 Pablo, apóstol de Cristo Jesús
por la voluntad de Dios,

a los santos que están en Efeso,*a*
los fieles*b* en Cristo Jesús:

2 Gracia y paz a ustedes de parte
de Dios nuestro Padre y del Señor
Jesucristo.

Bendiciones espirituales en Cristo

3 Alabado sea el Dios y Padre de
nuestro Señor Jesucristo, que nos ha
bendecido en las regiones celestiales
con toda bendición espiritual en
Cristo. **4** Porque nos escogió en él
antes de la creación del mundo, para
ser santos e irreprochables delante
de él. En amor **5** nos*c* predestinó a ser
adoptados como hijos suyos por
medio de Jesucristo, de acuerdo con
su complacencia y voluntad, **6** para
alabanza de su gloriosa gracia, que
nos ha dado gratuitamente en su
Amado. **7** En él tenemos redención
mediante su sangre, el perdón de
pecados, de acuerdo con las riquezas
de la gracia de Dios, **8** que prodigó
sobre nosotros con toda sabiduría y
entendimiento. **9** Y nos*d* dio a conocer
el misterio de su voluntad conforme a
su complacencia, que se propuso en
Cristo, **10** para que se pusiera en vigor
cuando los tiempos hayan alcanzado
su cumplimiento, para unir todas las
cosas en el cielo y en la tierra bajo la
sola dirección de Cristo.

11 En él fuimos también escogidos,*e*
habiendo sido predestinados según el
plan de aquel que hace todo conforme
al propósito de su voluntad, **12** a fin de
que nosotros, que fuimos los primeros en esperar en Cristo, seamos para
alabanza de su gloria. **13** Y también a
ustedes se les incluyó en Cristo
cuando oyeron la palabra de verdad,
el evangelio de su salvación.

Habiendo creído, se les marcó en él
con un sello, el Espíritu Santo prometido, **14** que es el depósito que garan-
tiza nuestra herencia hasta la redención de los que son posesión de Dios,
para alabanza de su gloria.

Acción de gracias y oración

15 Por esto, desde que oí de su fe en
el Señor Jesús y de su amor por todos
los santos, **16** no he dejado de dar
gracias por ustedes, recordándolos
en mis oraciones. **17** Pido que el Dios
de nuestro Señor Jesucristo, el Padre
glorioso, les dé el Espíritu*f* de sabiduría y de revelación, para que lo conozcan mejor. **18** También pido que les
sean iluminados los ojos del corazón
para que conozcan la esperanza a la
que él los ha llamado, la riqueza de su
gloriosa herencia en los santos, **19** y la
incomparable grandeza de su poder
para los que creemos. Ese poder es
como la acción de su fuerza poderosa,
20 que ejerció en Cristo cuando lo
resucitó de entre los muertos y lo
sentó a su derecha en las regiones
celestiales, **21** muy por encima de
todo gobierno y autoridad, poder y
dominio, y de todo título otorgado, no
sólo en este tiempo sino también en el
venidero. **22** Dios puso todas las cosas
bajo sus pies y lo designó como cabeza
de todo para la iglesia, **23** que es su
cuerpo, la plenitud de aquel que todo
lo llena en todo.

La vida en Cristo

2 En cuanto a ustedes, estaban
muertos en sus transgresiones y
pecados, **2** en los que acostumbraban
vivir cuando seguían los caminos de
este mundo y del gobernante del
reino del aire, el espíritu que ahora
actúa en los que son desobedientes.
3 En otro tiempo todos nosotros tam-

a 1:1 Algunos mss. antiguos no incluyen: *en Efeso.*   *b* 1:1 O *los creyentes que están*
c 1:4,5 O *de él en amor.* 5 *Nos*   *d* 1:8,9 O *nosotros. Con toda sabiduría y entendimiento*
9 *nos*   *e* 1:11 O *se nos hizo herederos*   *f* 1:17 O *dé espíritu*

bién vivíamos entre ellos, satisfaciendo las pasiones de nuestra naturaleza pecaminosa*g* y siguiendo sus deseos y pensamientos. Como los demás, éramos por naturaleza objetos de ira. **4**Pero debido a su gran amor por nosotros, Dios, que es rico en misericordia, **5**nos dio vida con Cristo, aun cuando estábamos muertos en pecados (es por gracia que ustedes han sido salvados). **6**Y Dios nos resucitó con Cristo y nos sentó con él en las regiones celestiales en Cristo Jesús, **7**para mostrar en los tiempos venideros la incomparable riqueza de su gracia, expresada en su bondad hacia nosotros en Cristo Jesús. **8**Porque es por gracia que ustedes han sido salvados, mediante la fe —y esto no de parte de ustedes, sino que es el regalo de Dios—, **9**no por obras, para que nadie pueda jactarse. **10**Porque somos hechura de Dios, creados en Cristo Jesús para hacer las buenas obras que de antemano Dios dispuso que hiciéramos.

La unidad en Cristo

11Por lo tanto, ustedes, que no son judíos de nacimiento, y a quienes llaman "incircuncisos" los que a sí mismos se llaman "de la circuncisión" (la que se hace en el cuerpo por manos de hombres), **12**recuerden que anteriormente estaban separados de Cristo, excluidos de la ciudadanía de Israel y ajenos a los pactos de la promesa, sin esperanza y sin Dios en el mundo. **13**Pero ahora en Cristo Jesús ustedes, que antes estaban lejos, han sido acercados mediante la sangre de Cristo. **14**El mismo es nuestra paz, que ha hecho de los dos uno y ha destruido la barrera, la pared divisoria de hostilidad, **15**anulando en su cuerpo la ley con sus mandamientos y decretos. Tuvo la intención de crear en sí mismo de los dos un nuevo hombre, haciendo así la paz, **16**y en ese solo cuerpo reconciliar a ambos con Dios mediante la cruz, por la que dio muerte a esa hostilidad. **17**El vino y proclamó paz a ustedes que estaban lejos y paz a los que estaban cerca. **18**Pues por medio de él los unos y los otros tenemos acceso al Padre en un mismo Espíritu.

19Por lo tanto, ya no son extraños ni extranjeros, sino conciudadanos del pueblo de Dios y miembros de la familia de Dios, **20**edificados sobre el fundamento de los apóstoles y de los profetas, con Cristo Jesús mismo como la piedra angular. **21**En él todo el edificio se ajusta y se levanta para convertirse en un templo santo en el Señor. **22**En él también ustedes son edificados para ser morada de Dios por su Espíritu.

Pablo, el predicador de los no judíos

3 Por esta razón yo, Pablo, prisionero de Cristo Jesús por amor de ustedes, los que no son judíos... **2**Sin duda se han enterado de la administración de la gracia de Dios que se me dio para ustedes, **3**es decir, el misterio que se me dio a conocer por revelación, como ya brevemente les escribí. **4**Al leer esto, podrán darse cuenta de mi comprensión del misterio de Cristo, **5**el cual no se dio a conocer a los hombres de otras generaciones, como se les ha revelado ahora por el Espíritu a los santos apóstoles y profetas de Dios. **6**Este misterio consiste en que mediante el evangelio los no judíos son herederos junto con Israel, miembros de un mismo cuerpo, participando igualmente de la promesa en Cristo Jesús.

7Llegué a ser servidor de este evangelio por el regalo de la gracia de Dios, que recibí mediante la acción de su poder. **8**Aunque soy menos que el más pequeño de todo el pueblo de Dios, se me dio esta gracia de predicar a los no judíos las incalculables riquezas de Cristo, **9**y hacer comprensible para todos la administración de este misterio, que desde los tiempos eternos se mantuvo oculto en Dios, quien creó todas las cosas. **10**Tuvo la intención de que ahora, por medio de la iglesia, se les dé a conocer la multi-

g **2:3** O *nuestra carne*

forme sabiduría de Dios a los gobernantes y a las autoridades en las
regiones celestiales, 11 conforme al
eterno propósito que realizó en Cristo
Jesús nuestro Señor. 12 En él y
mediante la fe en él podemos acercarnos a Dios con libertad y confianza.
13 Así que les pido que no se desani-
men a causa de lo que sufro por
ustedes, ya que mis sufrimientos son
un honor para ustedes.

Oración por los efesios

14 Por esta razón me arrodillo
delante del Padre, 15 de quien recibe
nombre toda su familia h en el cielo y
en la tierra. 16 Le pido que de sus
gloriosas riquezas los fortalezca con
poder por medio de su Espíritu en su
ser interior, 17 para que Cristo
habite por fe en el corazón de ustedes. Y pido que, estando arraigados y
cimentados en amor, 18 puedan comprender, junto con todos los santos,
cuán ancho y largo, alto y profundo
es el amor de Cristo, 19 y conocer ese
amor que excede el conocimiento,
para que sean llenos hasta la medida
de toda la plenitud de Dios.

20 Al que puede hacer muchísimo
más que todo lo que pedimos o imagi-
namos, según su poder que actúa
en nosotros, 21 ¡a él sea la gloria en
la iglesia y en Cristo Jesús por todas
las generaciones, por los siglos de
los siglos! Amén.

Unidad en el cuerpo de Cristo

4 Por eso yo, que estoy preso por la
causa del Señor, les ruego que
vivan de una manera digna del llamamiento que han recibido. 2 Sean del
todo humildes y apacibles; sean
pacientes, soportándose unos a otros
con amor. 3 Esfuércense por mantener la unidad del Espíritu mediante el
vínculo de la paz. 4 Hay un solo cuerpo
y un solo Espíritu —así como fueron
llamados originalmente a una misma
esperanza—; 5 un solo Señor, una sola
fe, un solo bautismo; 6 un solo Dios y
Padre de todos, que está sobre todos y
por medio de todos y en todos.

7 Pero a cada uno de nosotros se
nos ha dado gracia como Cristo la
ha repartido. 8 Por esto dice: i
"Cuando subió a lo alto,
    llevó consigo a los cautivos;
    y dio dones a los hombres." j
9 (¿Qué quiere decir eso de que
"subió", sino que también bajó a las
partes más bajas k de la tierra? 10 El
que bajó es el mismo que subió mucho
más arriba de todos los cielos, para
llenar todo el universo.) 11 El fue
quien concedió a unos el ser apóstoles, a otros profetas, a otros evange-
listas, y a otros pastores y maestros,
12 a fin de capacitar al pueblo de Dios
para la obra de servicio, para que sea
edificado el cuerpo de Cristo, 13 hasta
que todos alcancemos la unidad en la
fe y en el conocimiento del Hijo de
Dios, y logremos la madurez, llegando a la medida completa de la
plenitud de Cristo.

14 Así ya no seremos niños, lanzados de un lado a otro por las olas y
llevados de aquí para allá por todo
viento de enseñanza y por la astucia y
los artificios de hombres que emplean
artimañas engañosas. 15 Más bien,
expresando la verdad con amor, cre-
ceremos en todo en aquel que es la
cabeza, es decir, Cristo. 16 De parte
de él todo el cuerpo, ajustado
mediante la unión de todos los ligamentos, crece y se edifica en amor,
según la actividad de cada miembro.

Viviendo como hijos de luz

17 Así que les digo esto y les insisto
en el Señor: que no vivan más como
los paganos, en la vanidad de sus
pensamientos. 18 Ellos tienen oscu-
recido el entendimiento y están alejados de la vida de Dios a causa de la
ignorancia que hay en ellos, debido a
la dureza de su corazón. 19 Habiendo
perdido toda sensibilidad, se han
entregado a la sensualidad, ávidos
de toda clase de impurezas, con una
lujuria siempre en aumento.

20 Sin embargo, ustedes no llegaron
a conocer a Cristo de esta manera.
21 Seguramente a ustedes se les habló

h 3:15 O toda paternidad   i 4:8 O Dios dice   j 4:8 Sal 68:18   k 4:9 O las profundidades

de él y se les enseñó en él según la verdad que está en Jesús. **22** Se les enseñó, con respecto a su antigua manera de vivir, a despojarse de su vieja naturaleza, que está corrompida por sus deseos engañosos; **23** a ser renovados en la actitud de su mente; **24** y a revestirse de la nueva naturaleza, creada para ser semejante a Dios en verdadera justicia y santidad.

25 Por lo tanto, dejando la mentira, diga cada uno la verdad a su prójimo, porque todos somos miembros de un mismo cuerpo. **26** "Cuando se enojan, no pequen." *l* No permitan que el sol se ponga estando aún enojados, **27** y no den cabida al diablo. **28** El que robaba, no robe más, sino trabaje, haciendo algo útil con las manos para tener qué compartir con los necesitados.

29 No salga de su boca ninguna palabra sucia, sino la que contribuya a edificar a otros según sus necesidades, para beneficio de los que escuchan. **30** No entristezcan al Espíritu Santo de Dios, con el cual fueron sellados para el día de la redención. **31** Despréndanse de toda amargura, ira y enojo, gritería y calumnia, junto con toda forma de malicia. **32** Sean bondadosos y compasivos unos con otros, perdonándose unos a otros así como Dios los perdonó a ustedes en Cristo.

5 Por tanto, sean imitadores de Dios, como hijos muy amados, **2** y lleven una vida de amor, así como Cristo nos amó y se entregó por nosotros como ofrenda y sacrificio fragante a Dios.

3 Pero entre ustedes no debe hacerse ni siquiera mención de inmoralidad sexual, ni de ninguna clase de impureza o de avaricia, porque eso no le conviene al pueblo santo de Dios. **4** Ni debe haber palabras indecentes, conversaciones necias ni chistes groseros, que están fuera de lugar, sino más bien acción de gracias. **5** Porque pueden estar seguros de que ninguno que sea inmoral, impuro o avaro —el cual es un idólatra—, tiene herencia en el reino de Cristo y de Dios. *m* **6** Que

nadie los engañe con palabras huecas, porque por esto viene la ira de Dios sobre los que son desobedientes. **7** Así que, no se asocien con ellos.

8 Porque ustedes antes eran oscuridad, pero ahora son luz en el Señor. Vivan como hijos de luz **9** (porque el fruto de la luz consiste en toda bondad, justicia y verdad) **10** y comprueben lo que agrada al Señor. **11** No tengan nada que ver con las obras infructuosas de la oscuridad, sino más bien sáquenlas a la luz. **12** Porque da vergüenza aun mencionar lo que los desobedientes hacen en secreto. **13** Pero todo lo que la luz pone al descubierto se hace visible, **14** porque la luz es lo que hace que todo sea visible. Por eso se dice:

"Despiértate, tú que duermes,
    levántate de entre los muertos,
  y te alumbrará Cristo."

15 Así que tengan cuidado cómo viven, no como necios sino como sabios, **16** aprovechando al máximo cada oportunidad, porque los días son malos. **17** Por tanto, no sean necios, sino entiendan cuál es la voluntad del Señor. **18** No se emborrachen con vino, que lleva al desenfreno. Al contrario, sean llenos del Espíritu. **19** Hablen entre ustedes con salmos, himnos y canciones espirituales. Canten y alaben al Señor con el corazón, **20** dando siempre gracias a Dios el Padre por todo, en el nombre de nuestro Señor Jesucristo.

21 Sométanse unos a otros, por reverencia a Cristo.

Deberes conyugales

22 Esposas, sométase cada una a su esposo como al Señor. **23** Porque el esposo es cabeza de la esposa, así como Cristo es cabeza de la iglesia, su cuerpo, del que es el Salvador. **24** Así como la iglesia se somete a Cristo, también las esposas deben someterse a sus esposos en todo.

25 Esposos, ame cada uno a su esposa, así como Cristo amó a la iglesia y se entregó por ella **26** para hacerla santa, limpiándola *n* por el

---

l **4:26** Sal 4:4   *m* **5:5** O *reino del Cristo y Dios.*   *n* **5:26** O *habiéndola limpiado*

lavamiento del agua mediante la palabra, **27**y para presentársela a sí
mismo como una iglesia radiante, sin
mancha ni arruga ni ninguna otra
imperfección, sino santa e intachable.
28Asimismo el esposo debe amar a su
esposa como a su propio cuerpo. El
que ama a su esposa se ama a sí
mismo. **29**Después de todo, nadie odió
jamás su propio cuerpo, sino que lo
alimenta y lo cuida, tal y como Cristo
hace con la iglesia, **30**porque somos
miembros de su cuerpo. **31**"Por eso
dejará el hombre a su padre y a su
madre, y se unirá a su esposa, y los dos
llegarán a ser un solo cuerpo."*o*
32Esto es un misterio profundo, pero
me refiero a Cristo y a la iglesia. **33**En
todo caso, cada uno de ustedes ame
también a su esposa como a sí mismo,
y que la esposa respete a su esposo.

Deberes filiales

6 Hijos, obedezcan en el Señor a
sus padres, porque esto es justo.
2"Honra a tu padre y a tu madre"
(que es el primer mandamiento con
promesa) **3**"para que te vaya bien y
disfrutes de larga vida en la tierra."*p*
4Padres, no hagan que sus hijos
se enojen, sino críenlos en la disciplina e instrucción del Señor.

Deberes de los esclavos y de sus amos

5Esclavos, obedezcan a sus amos
terrenales con respeto y temor, y
con sinceridad de corazón, como
obedecerían a Cristo. **6**Obedézcanlos no sólo para ganarse su favor
cuando los están mirando sino como
esclavos de Cristo, haciendo de corazón la voluntad de Dios. **7**Sirvan de
buena voluntad, como quien sirve al
Señor y no a los hombres, **8**conscientes de que el Señor le reconocerá
a cada uno el bien que haya hecho,
sea esclavo o sea libre.
9Y ustedes, amos, traten a sus
esclavos de la misma manera. No los
amenacen, pues ya saben que quien
es Señor de ellos y de ustedes está en
el cielo, y con él no hay favoritismos.

La armadura de Dios

10Por último, fortalézcanse en el
Señor y en su fuerza poderosa.
11Revístanse con toda la armadura
de Dios para que puedan hacer frente
a las artimañas del diablo. **12**Porque
nuestra lucha no es contra carne y
sangre, sino contra gobernantes,
contra autoridades, contra los poderes de este mundo oscuro y contra las
fuerzas espirituales de maldad en las
regiones celestiales. **13**Por lo tanto,
pónganse toda la armadura de Dios,
para que cuando llegue el día malo
puedan resistir y, después que lo
hayan hecho todo, mantenerse firmes. **14**Así que manténganse firmes,
ceñidos con el cinturón de la verdad,
protegidos por la coraza de justicia,
15y calzados con la disposición de
proclamar el evangelio de la paz.
16Además de todo esto, tomen el
escudo de la fe, con el cual pueden
apagar todas las flechas encendidas
del maligno. **17**Tomen el casco de la
salvación y la espada del Espíritu,
que es la palabra de Dios. **18**Y oren en
todo tiempo en el Espíritu, con toda
oración y petición. Conscientes de
esto, manténganse alerta y persev-
ren en oración por todos los santos.
19Oren también por mí, para que
al abrir la boca se me den las palabras para dar a conocer con valor el
misterio del evangelio, **20**por el cual
soy embajador en cadenas. Oren
para que sin temor alguno lo proclame, como debo hacerlo.

Saludos finales

21Tíquico, hermano querido y fiel
servidor en el Señor, les informará
todo, para que también ustedes
sepan cómo estoy y lo que hago. **22**Se
lo envío precisamente para que sepan
cómo estamos y para que los anime.
23Paz sea a los hermanos, y amor
con fe de parte de Dios el Padre y del
Señor Jesucristo. **24**La gracia sea con
todos los que aman a nuestro Señor
Jesucristo con un amor imperecedero.

o **5:31** Gn 2:24   *p* **6:3** Dt 5:16

Carta de San Pablo a los
Filipenses

1 Pablo y Timoteo, siervos de
Cristo Jesús,

a todos los santos en Cristo Jesús
que están en Filipos, junto con los
supervisores*a* y diáconos:

2 Gracia y paz a ustedes de parte
de Dios nuestro Padre y del Señor
Jesucristo.

Acción de gracias y oración

3 Doy gracias a mi Dios cada vez
que me acuerdo de ustedes. 4 En
todas mis oraciones por ustedes,
siempre oro con alegría, 5 debido a su
compañerismo en el evangelio desde
el primer día hasta ahora, 6 estando
confiado en esto: que el que comenzó
la buena obra en ustedes la llevará a
cabo hasta el día de Cristo Jesús.

7 Es justo que yo piense así de
todos ustedes, ya que los llevo en el
corazón; pues ya sea que esté encadenado o defendiendo y confirmando
el evangelio, todos ustedes tienen
parte conmigo en la gracia de Dios.
8 Dios es testigo de cuánto los añoro
a todos con el afecto de Cristo Jesús.
9 Pido esto en oración: que su amor
abunde cada vez más en conocimiento y en profundidad de percep-
ción, 10 para que sepan distinguir lo
mejor, y sean puros e irreprochables
hasta el día de Cristo, 11 llenos del
fruto de justicia que viene por Jesucristo, para gloria y alabanza de Dios.

Las cadenas de Pablo impulsan el evangelio

12 Quiero que sepan, hermanos,
que lo que me ha pasado ha contri-
buido más bien al progreso del evangelio. 13 Como consecuencia, se ha
hecho evidente en toda la guardia

del palacio*b* y a todos los demás, que
estoy encadenado por Cristo.
14 Gracias a mis cadenas, la mayoría
de los hermanos en el Señor se han
animado a anunciar la palabra de
Dios sin miedo y con más confianza.

15 Es cierto que algunos predican
a Cristo por envidia y rivalidad, pero
otros lo hacen de buena voluntad.
16 Estos últimos lo hacen por amor,
sabiendo que se me ha puesto aquí
para la defensa del evangelio.
17 Aquéllos predican a Cristo por
ambición egoísta, no desinteresada-
mente, pensando que pueden
crearme problemas mientras estoy
encadenado.*c* 18 Pero ¿qué importa?
De cualquier manera se predica a
Cristo, ya sea por motivos falsos o
verdaderos. Por eso me alegro.

Y seguiré alegrándome 19 porque
sé que todo esto resultará en mi
liberación*d* gracias a las oraciones
de ustedes y a la ayuda que me da
el Espíritu de Jesucristo. 20 Anhelo
y espero que en nada seré avergonzado, sino que tendré el valor suficiente para que, ahora como siempre, Cristo sea exaltado en mi
cuerpo, ya sea por vida o por
muerte. 21 Porque para mí el vivir
es Cristo y el morir es ganancia.
22 Si he de seguir viviendo en el
cuerpo, eso representará para mí
una labor fructífera. Pero ¿qué esco-
geré? ¡No lo sé! 23 Me siento presio-
nado por ambas partes: deseo partir
y estar con Cristo, que es muchísimo
mejor; 24 pero es más necesario para
ustedes que permanezca en el
cuerpo. 25 Convencido de esto, sé
que permaneceré y continuaré con
todos ustedes para contribuir a su
progreso y alegría en la fe, 26 de
manera que por mi causa se des-

---

a **1:1** Tradicionalmente *obispos*
posteriores invierten el orden de vv. 16 y 17.
b **1:13** O *en todo el palacio*
c **1:16,17** Algunos mss.
d **1:19** O *salvación*

borde su alegría en Cristo Jesús, por estar otra vez entre ustedes.

27 Pase lo que pase, compórtense de una manera digna del evangelio de Cristo. Así, ya sea que vaya a verlos, o que sólo oiga de ustedes estando ausente, sepa que están firmes en un mismo espíritu, luchando unánimes por la fe del evangelio, **28** sin estar atemorizados en manera alguna por sus adversarios. Esta es para ellos una señal de destrucción, pero para ustedes de salvación, y esto de parte de Dios. **29** Porque se les ha concedido a ustedes, de parte de Cristo, no sólo creer en él, sino también sufrir por él, **30** ya que sostienen la misma lucha que vieron que yo tenía y ahora oyen que sigo teniendo.

Imitando la humildad de Cristo

2 Si sienten algún estímulo por estar unidos a Cristo, si algún consuelo de su amor, si algún compañerismo con el Espíritu, si algún afecto y compasión, **2** completen mi alegría siendo del mismo sentir, teniendo el mismo amor, siendo uno en espíritu y propósito. **3** No hagan nada por ambición egoísta o presunción, sino que con humildad consideren a los demás como superiores a ustedes mismos. **4** Cada uno debe velar no sólo por sus propios intereses sino también por los intereses de los demás.

5 La actitud de ustedes debe ser igual a la de Cristo Jesús:

6 Quien, siendo por naturaleza *e* Dios,
no consideró el ser igual a Dios como algo a qué aferrarse,
7 sino que dejó a un lado lo que era suyo,
tomando la naturaleza *f* de siervo,
hecho semejante a los hombres.
8 Y hallándose en forma de hombre,
se humilló a sí mismo y se hizo obediente hasta la muerte,
¡y muerte de cruz!

9 Por eso Dios lo exaltó hasta lo sumo
y le dio el nombre que está sobre todo nombre,
10 para que al nombre de Jesús se doble toda rodilla,
en el cielo, y en la tierra y debajo de la tierra,
11 y toda lengua confiese que Jesucristo es Señor,
para gloria de Dios Padre.

Brillando como estrellas

12 Así que, mis queridos hermanos, como han obedecido siempre —no sólo en mi presencia, sino mucho más ahora en mi ausencia— sigan realizando su salvación con temor y temblor, **13** pues Dios es quien produce en ustedes tanto el querer como el hacer según su buena voluntad.

14 Háganlo todo sin quejas ni contiendas, **15** para que sean irreprochables y puros, hijos de Dios sin culpa en medio de una generación torcida y depravada, en medio de la cual brillan como estrellas en el universo, **16** ofreciendo *g* la palabra de vida, para que en el día de Cristo pueda sentirme satisfecho de no haber corrido ni trabajado en vano. **17** Pero aun si soy derramado como libación sobre el sacrificio y servicio que proceden de su fe, estoy contento y me alegro con todos ustedes. **18** Así también ustedes estén contentos y alégrense conmigo.

Timoteo y Epafrodito

19 Espero en el Señor Jesús enviarles pronto a Timoteo, para que también yo pueda cobrar ánimo al recibir noticias de ustedes. **20** No tengo a nadie más como él, que de veras se preocupe por el bienestar de ustedes, **21** pues todos buscan sus intereses personales y no los de Jesucristo. **22** Pero ustedes saben que Timoteo ha probado sus virtudes, porque como un hijo junto a su padre ha servido conmigo en la obra del evangelio. **23** Así que espero

---

e 2:6 O *siendo en forma de*   *f* 2:7 O *la forma*   *g* 2:16 O *sosteniendo firmemente*

enviárselo tan pronto como yo vea cómo me van las cosas. **24** Y confío en el Señor que yo mismo iré pronto.

25 Pero creo que es necesario enviarles de vuelta a Epafrodito, mi hermano, compañero de trabajo y de lucha, que es también su mensajero, a quien ustedes enviaron para atender mis necesidades. **26** El los añora a todos y está afligido porque ustedes se enteraron de que estaba enfermo. **27** Es cierto que estuvo enfermo y a punto de morir; pero Dios se compadeció de él, y no sólo de él sino también de mí, para que yo no tuviera tristeza sobre tristeza. **28** Así que estoy ansioso por enviarlo, para que al verlo de nuevo, ustedes se alegren y yo esté más tranquilo. **29** Recíbanlo en el Señor con toda alegría y honren a los que son como él, **30** porque estuvo a punto de morir por la obra de Cristo, arriesgando su vida para suplir el servicio que ustedes no pudieron prestarme.

No confíen en esfuerzos humanos

3 Y ahora, hermanos míos, alégrense en el Señor. Para mí no es molestia volver a escribirles lo mismo, y para ustedes es medida de seguridad.

2 Cuídense de esos perros, esos hombres que hacen el mal, esos mutiladores del cuerpo. **3** Porque la circuncisión somos nosotros —los que adoramos por el Espíritu de Dios, nos alegramos en Cristo Jesús y no confiamos en esfuerzos humanos—, **4** aunque yo mismo tengo motivos para tal confianza.

Si cualquier otro cree tener motivos para confiar en esfuerzos humanos, más tengo yo: **5** circuncidado al octavo día, del pueblo de Israel, de la tribu de Benjamín, hebreo de hebreos; en cuanto a la ley, fariseo; **6** en cuanto al celo, perseguidor de la iglesia; en cuanto a la justicia de la ley, intachable.

7 Pero lo que para mí era ganancia, lo considero ahora pérdida por causa de Cristo. **8** Es más, considero todo como pérdida comparado con la suprema grandeza de conocer a Cristo Jesús, mi Señor. Por él lo he perdido todo, y lo tengo por basura, a fin de ganar a Cristo **9** y ser hallado en él, no teniendo justicia propia que procede de la ley, sino la que viene mediante la fe en Cristo, la justicia que viene de Dios y es por la fe. **10** Quiero conocer a Cristo y el poder de su resurrección y la participación en sus sufrimientos, llegando a ser semejante a él en su muerte, **11** a fin de alcanzar, de alguna manera, la resurrección de entre los muertos.

Hacia la meta

12 No es que ya lo haya conseguido todo, o que haya logrado la perfección, sino que sigo insistiendo por si logro alcanzar aquello por lo cual Cristo Jesús me alcanzó a mí. **13** Hermanos, no considero que yo mismo lo haya alcanzado ya. Pero una cosa hago: olvidando lo que queda atrás y esforzándome por alcanzar lo que está delante, **14** sigo avanzando hacia la meta para ganar el premio para el que Dios me ha llamado al cielo en Cristo Jesús.

15 Todos los que somos maduros debemos pensar de esta manera. Y si en algo piensan de forma diferente, Dios les hará ver esto también. **16** Con todo, vivamos de acuerdo con lo que ya hemos alcanzado.

17 Hermanos, únanse a otros al seguir mi ejemplo, y fíjense en los que viven según el ejemplo que les dimos a ustedes. **18** Como les he dicho a menudo, y ahora lo repito hasta con lágrimas, muchos viven como enemigos de la cruz de Cristo. **19** El destino de ellos es la destrucción, su dios es el estómago, y su gloria está en su vergüenza. Sólo piensan en lo terrenal. **20** En cambio, nuestra ciudadanía está en el cielo, de donde esperamos ansiosamente un Salvador, el Señor Jesucristo, **21** quien, por el poder que lo capacita para poner todas las cosas bajo su dominio, transformará nuestro humilde cuerpo en un cuerpo glorioso como el suyo.

4 Por lo tanto, mis queridos hermanos, a quienes amo y añoro, ustedes que son mi alegría y mi corona, manténganse así firmes en el Señor.

Exhortaciones

2 Ruego a Evodia y a Síntique que se pongan de acuerdo en el Señor. **3** Y a ti, mi fiel compañero de trabajo,*h* te pido que ayudes a estas mujeres que han luchado a mi lado por la causa del evangelio, junto con Clemente y los demás colaboradores míos, cuyos nombres están en el libro de la vida.

4 Alégrense siempre en el Señor. De nuevo lo digo: ¡Alégrense! **5** Que su amabilidad sea conocida de todos. El Señor está cerca. **6** No se afanen por nada, sino que en todo, con oración y ruego, presenten sus peticiones a Dios acompañadas de acción de gracias. **7** Y la paz de Dios, que va más allá de todo entendimiento, guardará sus corazones y sus mentes en Cristo Jesús.

8 Por último, hermanos, piensen en todo lo verdadero, todo lo que merece respeto, todo lo justo, todo lo puro, todo lo amable, todo lo que merece admiración, si hay algo excelente o que merece elogio. **9** Pongan en práctica lo que de mí han aprendido, recibido y oído, y lo que también han visto en mí, y el Dios de paz estará con ustedes.

Gratitud por la ayuda recibida

10 Me alegro muchísimo en el Señor de que al fin hayan vuelto a interesarse en mí. Claro está que tenían interés, sólo que no tuvieron la oportunidad de demostrarlo. **11** No digo esto porque esté necesitado, pues he aprendido a contentarme en cualquier situación en que me encuentre. **12** Sé lo que es pasar necesidad, y lo que es disfrutar de abundancia. He aprendido el secreto de estar satisfecho en todas y cada una de las circunstancias, tanto de estar bien alimentado como de tener hambre, de vivir en la abundancia como de sufrir escasez. **13** Todo lo puedo en Cristo que me fortalece.

14 Sin embargo, ustedes hicieron bien en compartir mis dificultades. **15** Además, como saben ustedes los filipenses, estando apenas iniciados en el evangelio, cuando partí de Macedonia, ninguna iglesia participó conmigo en cuestión de dar y recibir, sino sólo ustedes; **16** pues aun estando yo en Tesalónica me enviaron ayuda una y otra vez cuando estaba necesitado. **17** No es que busque una ofrenda, sino que busco lo que se pueda abonar a su cuenta. **18** Ya lo he recibido todo, y hasta tengo de sobra; tengo más que suficiente ahora que he recibido de Epafrodito lo que ustedes enviaron. Es una ofrenda fragante, un sacrificio que Dios acepta con agrado. **19** Mi Dios les suplirá todo lo que necesiten, conforme a las gloriosas riquezas que tiene en Cristo Jesús.

20 A nuestro Dios y Padre sea la gloria por los siglos de los siglos. Amén.

Saludos finales

21 Saluden a todos los santos en Cristo Jesús. Los hermanos que están conmigo les mandan saludos. **22** Saludos de parte de todos los santos, especialmente los de la casa del César.

23 Sea con el espíritu de ustedes la gracia del Señor Jesucristo. Amén.*i*

---

h **4:3** O *ti, fiel Sícigo*   *i* **4:23** Algunos mss. no incluyen: *Amén.*

Carta de San Pablo a los
Colosenses

1 Pablo, apóstol de Cristo Jesús por la voluntad de Dios, y Timoteo nuestro hermano,

2 a los santos y fieles hermanos[a] en Cristo que están en Colosas:

Gracia y paz a ustedes de parte de Dios nuestro Padre.[b]

Acción de gracias y oración

3 Siempre que oramos por ustedes, damos gracias a Dios, el Padre de nuestro Señor Jesucristo, **4** pues hemos oído de su fe en Cristo Jesús y del amor que tienen por todos los santos; **5** fe y amor que brotan de la esperanza reservada para ustedes en el cielo, de la cual ya han oído en la palabra de verdad, el evangelio **6** que ha llegado hasta ustedes. Este evangelio está dando fruto y creciendo en todo el mundo, así como ha sucedido entre ustedes desde el día que lo oyeron y comprendieron la gracia de Dios en toda su verdad. **7** Ustedes lo aprendieron de Epafras, nuestro querido consiervo, que es un fiel servidor de Cristo de parte nuestra,[c] **8** quien también nos contó del amor de ustedes en el Espíritu.

9 Por esto, desde el día en que supimos de ustedes no hemos dejado de orar por ustedes y de pedir a Dios que los haga conocer plenamente su voluntad con toda sabiduría y entendimiento espiritual. **10** Y pedimos esto para que vivan como corresponde al Señor, agradándolo en todo sentido, dando fruto en toda buena obra y creciendo en el conocimiento de Dios. **11** Pedimos que él los fortalezca con todo poder conforme a su gloriosa potencia, de modo que tengan gran perseverancia y paciencia, y con alegría **12** den gracias al Padre, que los[d] ha capacitado para participar de la herencia de los santos en el reino de la luz. **13** Porque él nos ha rescatado del dominio de la oscuridad y nos ha trasladado al reino de su amado Hijo, **14** en quien tenemos redención,[e] el perdón de pecados.

La supremacía de Cristo

15 El es la imagen del Dios invisible; es superior a toda la creación. **16** Porque por él fueron creadas todas las cosas —en el cielo y en la tierra, visibles e invisibles; ya sean tronos, poderes, gobernantes o autoridades—: todo fue creado por él y para él. **17** El es antes que todas las cosas y en él se conservan intactas. **18** Y él es la cabeza del cuerpo, la iglesia; él es el principio y el primero en resucitar de entre los muertos, para que en todo tenga la supremacía. **19** Pues a Dios le agradó que en él habitara toda su plenitud, **20** y por medio de él reconciliar consigo todas las cosas, tanto las que están en la tierra como las que están en el cielo, haciendo la paz mediante la sangre que derramó en la cruz.

21 Ustedes estaban en otro tiempo separados de Dios y eran enemigos en sus mentes, por[f] las cosas malas que hacían. **22** Pero ahora él los ha reconciliado mediante la muerte que Cristo sufrió en su cuerpo físico, para presentarlos santos delante de él, sin mancha y libres de acusación, **23** si es que de verdad permanecen en la fe, bien cimentados y firmes, inconmovibles en la esperanza que ofrece el evangelio. Este es el evangelio que ustedes oyeron y que se le ha proclamado a toda criatura bajo

---

[a] 1:2 O *santos hermanos creyentes*   [b] 1:2 Algunos mss. dicen: *Padre y del Señor Jesucristo.*   [c] 1:7 Algunos mss. dicen: *de parte de ustedes*   [d] 1:12 Algunos mss. dicen: *nos*   [e] 1:14 Algunos mss. posteriores dicen: *redención mediante su sangre,* (véase Ef 1:7)   [f] 1:21 O *mentes, como lo manifestaban*

el cielo, y del que yo, Pablo, he llegado a ser servidor.

Trabajo de Pablo por la iglesia

24 Ahora me alegro por lo que sufrí por ustedes, y voy completando en mi cuerpo lo que falta respecto a las aflicciones de Cristo, en favor de su cuerpo, que es la iglesia. 25 He llegado a ser un servidor de ella por la comisión que Dios me dio de anunciarles la palabra de Dios íntegramente, 26 el misterio que se ha mantenido oculto desde los siglos y desde las generaciones, pero que ahora se ha revelado a los santos. 27 A ellos ha escogido Dios para dar a conocer entre los no judíos las gloriosas riquezas de este misterio, que es Cristo en ustedes, la esperanza de gloria.

28 A él anunciamos, exhortando y enseñando a todos con toda sabiduría, a fin de presentarlos a todos perfectos en Cristo. 29 Con este fin trabajo, luchando con la fuerza de Cristo que obra con poder en mí.

2 Quiero que sepan lo esforzadamente que lucho por ustedes y por los que están en Laodicea, y por todos los que no me conocen personalmente. 2 Lucho para que sean alentados en el corazón y estén unidos en amor, para que alcancen todas las riquezas de pleno entendimiento, a fin de conocer el misterio de Dios, es decir, Cristo, 3 en quien están escondidos todos los tesoros de la sabiduría y del conocimiento. 4 Les digo esto para que nadie los engañe con argumentos capciosos. 5 Pues aunque estoy físicamente ausente, los acompaño en espíritu, y me deleito viendo lo ordenados que son y lo firme que es su fe en Cristo.

Libertad mediante la vida en Cristo

6 Por eso, tal como recibieron a Cristo Jesús como Señor, vivan ahora en él, 7 arraigados y edificados en él, fortalecidos en la fe como se les enseñó, y rebosando de gratitud.

8 No vayan a dejar que nadie los cautive con filosofía vana y enga-ñosa, que depende de tradiciones humanas y de los principios elementales de este mundo y no de Cristo.

9 Porque en Cristo habita corporalmente toda la plenitud de la deidad, 10 y a ustedes se les ha dado la plenitud en Cristo, que es la cabeza de todo poder y autoridad. 11 En él ustedes también fueron circuncidados al despojarse de la naturaleza pecaminosa,g no con una circuncisión hecha por manos de hombres, sino con aquella hecha por Cristo. 12 Sepultados con él en el bautismo, con él también resucitaron por la fe en el poder de Dios, quien lo resucitó de entre los muertos.

13 Cuando estaban muertos en sus pecados y en la incircuncisión de su naturaleza pecaminosa,h Dios lesi dio vida con Cristo. El nos perdonó todos los pecados, 14 habiendo anulado el código escrito, con sus decretos, que había contra nosotros y que nos era adverso, quitándolo al clavarlo en la cruz. 15 Y habiendo desarmado a los poderes y a las autoridades, hizo de ellos un espectáculo público, triunfando sobre ellos en la cruz.j

16 Así que nadie los juzgue a ustedes por lo que comen o beben, o por festividad religiosa, celebración de luna nueva, o día de reposo. 17 Todo eso no es más que una sombra de lo porvenir; pero la realidad se halla en Cristo. 18 No permitan que nadie que le encanta fingir humildad y adorar a los ángeles los prive del premio. El tal hace alarde de lo que ha visto, y su mente natural lo hincha de vanidad. 19 Ha perdido contacto con la Cabeza, por la que todo el cuerpo, alimentado mediante la unión de sus articulaciones y ligamentos, crece según Dios lo hace crecer.

20 Ya que murieron con Cristo a los principios elementales de este mundo, ¿por qué, como si todavía fueran de él, se someten a sus preceptos tales como: 21 "No tomes en tus manos, ni pruebes, ni toques"? 22 Estos están destinados a perecer con el uso, porque están basados en

---

g 2:11 O la carne   h 2:13 O su carne   i 2:13 Algunos mss. dicen: nos   j 2:15 O en él.

reglas y enseñanzas de hombres. 23 Tales preceptos tienen sin duda una apariencia de sabiduría, con su afectada piedad, su humildad fingida y su rigor con el cuerpo, pero de nada sirven para restringir la sensualidad.

Normas para una vida santa

3 Ya que ustedes han sido resucitados con Cristo, pongan el corazón en las cosas de arriba, donde Cristo está sentado a la derecha de Dios. 2 Piensen en las cosas de arriba, no en las de la tierra. 3 Pues ustedes murieron, y ahora su vida está escondida con Cristo en Dios. 4 Cuando aparezca Cristo, que es su *k* vida, ustedes también aparecerán con él en gloria.

5 Den muerte, por lo tanto, a todo lo que es de la naturaleza terrenal en ustedes: inmoralidad sexual, impureza, bajas pasiones, malos deseos y avaricia, que es idolatría. 6 A causa de estas cosas viene la ira de Dios.*l* 7 Ustedes andaban en ellas, en la vida que llevaron en otro tiempo. 8 Pero ahora abandonen todas esas cosas: enojo, ira, malicia, calumnia y palabras sucias. 9 No se mientan unos a otros, ahora que se han despojado de su vieja naturaleza con sus prácticas, 10 y se han revestido de la nueva, que se va renovando en conocimiento a imagen de su Creador. 11 Aquí no hay griego ni judío, circunciso ni incircunciso, bárbaro ni escita, ni esclavo ni libre, sino que Cristo es todo y está en todos.

12 Así que, como pueblo escogido de Dios, santos y muy amados, revístanse de compasión, bondad, humildad, ternura y paciencia. 13 Sopórtense unos a otros y perdónense cualquier queja que alguno tenga contra otro. Perdonen así como el Señor los perdonó a ustedes. 14 Y sobre todas estas virtudes, revístanse de amor, que es el vínculo perfecto.

15 Que la paz de Cristo reine en sus corazones, ya que se les ha llamado a la paz como miembros de un solo cuerpo. Y sean agradecidos. 16 Que la palabra de Cristo habite en ustedes con toda su riqueza, al enseñarse y amonestarse unos a otros con toda sabiduría, y al cantar salmos, himnos y canciones espirituales a Dios con gratitud en el corazón. 17 Y todo lo que hagan, de palabra o de obra, háganlo en el nombre del Señor Jesús, dando gracias a Dios el Padre por medio de él.

Normas para las familias cristianas

18 Esposas, sométase cada una a su esposo, como conviene en el Señor.

19 Esposos, ame cada uno a su esposa y no sea áspero con ella.

20 Hijos, obedezcan en todo a sus padres, porque esto agrada al Señor.

21 Padres, no exasperen a sus hijos, no sea que se desalienten.

22 Esclavos, obedezcan en todo a sus amos terrenales, no sólo cuando los estén mirando, para ganarse su favor, sino con sinceridad de corazón y reverencia al Señor. 23 Todo lo que hagan, háganlo de corazón, como quien trabaja para el Señor y no para los hombres, 24 conscientes de que el Señor les dará la herencia por recompensa. Es a Cristo el Señor a quien sirven. 25 Al que hace el mal se le pagará conforme a su maldad, y no hay favoritismos.

4 Amos, den a sus esclavos lo que es justo y equitativo, pues ya saben que también ustedes tienen un Amo en el cielo.

Instrucciones adicionales

2 Dedíquense a la oración, estando alerta y siendo agradecidos. 3 Oren también por nosotros, a fin de que Dios abra una puerta para nuestro mensaje, de modo que podamos proclamar el misterio de Cristo, por el cual estoy preso. 4 Oren para que yo lo proclame con claridad, como debo hacerlo. 5 Pórtense sabiamente con los de afuera; aprovechen al máximo

---

k 3:4 Algunos mss. dicen: *nuestra*   *l* 3:6 Algunos mss. antiguos dicen: *Dios sobre los que son desobedientes.*

cada oportunidad que se presente. **6**Que su conversación sea siempre llena de gracia, sazonada con sal, para que sepan cómo responder a cada uno.

Saludos finales

7Tíquico les contará todo lo que a mí respecta. El es un hermano querido, fiel servidor y consiervo en el Señor. **8**Lo envío a ustedes precisamente para que sepan cómo estamos y para que se sientan animados*m* con lo que él les cuente. **9**A él lo acompañará Onésimo, nuestro querido y fiel hermano, que es uno de ustedes. Ellos les contarán todo lo que sucede aquí.

10Aristarco, mi compañero de cárcel, les manda saludos, como también Marcos, el primo de Bernabé. (Ustedes ya han recibido instrucciones acerca de él; si va a visitarlos, recíbanlo bien.) **11**También los saluda Jesús, llamado Justo. Estos son los únicos judíos entre mis compañeros de trabajo en el reino de Dios, y me han servido de consuelo. **12**Les manda saludos Epafras, que es uno de ustedes y siervo de Cristo Jesús. El siempre está luchando por ustedes en oración, para que se mantengan firmes, como hombres maduros y completamente seguros en toda la voluntad de Dios. **13**Soy testigo de lo mucho que se afana por ustedes y por los que están en Laodicea y en Hierápolis. **14**Saludos de parte de nuestro querido hermano Lucas, el médico, y de Demas. **15**Saluden a los hermanos que están en Laodicea, como también a Ninfas y a la iglesia que se reúne en su casa.

16Después que se les haya leído esta carta, procuren que se lea también en la iglesia de los laodicenses, y que ustedes a su vez lean la carta que les llegue de Laodicea.

17Díganle a Arquipo: "Procura cumplir la tarea que has recibido en el Señor."

18Yo, Pablo, escribo este saludo de mi puño y letra. Recuerden que estoy preso. La gracia sea con ustedes.

---

m 4:8 Algunos mss. dicen: *precisamente para que él sepa cómo están ustedes y los anime*

Primera Carta de San Pablo a los
Tesalonicenses

1 Pablo, Silas[a] y Timoteo,

a la iglesia de los tesalonicenses en Dios el Padre y en el Señor Jesucristo:

Gracia y paz a ustedes.[b]

Acción de gracias por la fe de los tesalonicenses

2 Siempre damos gracias a Dios por todos ustedes, mencionándolos en nuestras oraciones. **3** Recordamos constantemente delante de nuestro Dios y Padre la obra producida por la fe de ustedes, el trabajo movido por su amor y la perseverancia inspirada por su esperanza en nuestro Señor Jesucristo.

4 Sabemos que él los ha escogido a ustedes, hermanos amados de Dios, **5** porque nuestro evangelio les llegó no sólo con palabras sino también con poder, con el Espíritu Santo y con profunda convicción. Bien saben cómo vivimos entre ustedes por amor a ustedes. **6** Llegaron a ser imitadores de nosotros y del Señor, recibiendo el mensaje con la alegría que les daba el Espíritu Santo, a pesar de mucho sufrimiento. **7** Así llegaron a ser modelo para todos los creyentes de Macedonia y de Acaya. **8** El mensaje del Señor se ha difundido por medio de ustedes no sólo en Macedonia y en Acaya, sino que en todo lugar se ha divulgado su fe en Dios. Así que ya no es necesario que digamos nada, **9** pues ellos mismos cuentan de lo bien que ustedes nos recibieron, y de cómo se convirtieron de los ídolos a Dios para servir al Dios vivo y verdadero, **10** y esperar que vuelva del cielo su Hijo, a quien resucitó de entre los muertos, a Jesús, quien nos libra de la ira venidera.

Ministerio de Pablo en Tesalónica

2 Ustedes mismos saben, hermanos, que la visita que les hicimos no fue un fracaso. **2** Habíamos sufrido y habíamos sido insultados anteriormente en Filipos, como ya saben, pero con la ayuda de nuestro Dios nos atrevimos a anunciarles el evangelio a pesar de mucha oposición. **3** Porque el llamamiento que hacemos no procede de error ni de malas intenciones, ni es que tratamos de engañarlos. **4** Al contrario, hablamos como hombres aprobados por Dios para que se nos encargue el evangelio. No tratamos de agradar a los hombres sino a Dios, que prueba nuestro corazón. **5** Como ustedes saben, nunca empleamos la adulación ni disimulamos para ocultar la avaricia; Dios es testigo. **6** No buscamos reconocimiento de parte de los hombres; ni el de ustedes ni el de nadie más.

Como apóstoles de Cristo hubiéramos podido serles una carga, **7** pero fuimos tiernos entre ustedes, como una madre que cuida con ternura a sus propios hijos. **8** Los amábamos tanto que nos deleitamos en compartir con ustedes no sólo el evangelio de Dios sino también nuestra vida, porque habían llegado a ser muy queridos para nosotros. **9** Sin duda recuerdan, hermanos, nuestro trabajo y fatiga; día y noche trabajábamos para no ser una carga a ninguno de ustedes mientras les predicábamos el evangelio de Dios. **10** Ustedes son testigos, y Dios también, de la manera santa, justa e irreprochable en que nos comportamos con ustedes los creyentes. **11** Saben que los tratamos a cada uno de ustedes como un padre trata

---

a **1:1** Griego *Silvano*, una variante de *Silas* *b* **1:1** Algunos mss. antiguos dicen: *a ustedes de parte de Dios nuestro Padre y del Señor Jesucristo.*

a sus propios hijos, **12** animándolos, consolándolos y exhortándolos a vivir como es digno de Dios, que los llama a su reino y gloria.

13 También constantemente damos gracias a Dios porque, cuando ustedes recibieron la palabra de Dios que oyeron de nosotros, la aceptaron no como palabra de hombres sino como lo que realmente es, la palabra de Dios, la cual actúa en ustedes los que creen. **14** Porque ustedes, hermanos, llegaron a ser imitadores de las iglesias de Dios en Cristo Jesús que están en Judea. Ustedes sufrieron a manos de sus compatriotas las mismas cosas que aquellas iglesias sufrieron a manos de los judíos. **15** Estos mataron al Señor Jesús y a los profetas, y también nos expulsaron a nosotros. No agradan a Dios y son hostiles a todos los hombres, **16** procurando impedir que hablemos a los no judíos para que sean salvos. De esta manera llenan siempre la medida de sus pecados. La ira de Dios por fin ha venido sobre ellos. *c*

Pablo anhela ver a los tesalonicenses

17 Pero, hermanos, al quedar separados de ustedes por breve tiempo (en persona, no de pensamiento), nuestro ardiente anhelo nos motivó a esforzarnos por verlos; **18** porque deseábamos ir a visitarlos —por lo menos yo, Pablo, quise hacerlo una y otra vez—, pero Satanás nos detuvo. **19** Porque ¿cuál es nuestra esperanza, nuestra alegría, o la corona de la que nos sentiremos orgullosos en la presencia de nuestro Señor Jesús cuando venga? ¿Acaso no lo son ustedes? **20** En efecto, ustedes son nuestra satisfacción y nuestra alegría.

3 Por eso, cuando no pudimos soportarlo más, pensamos que era mejor quedarnos solos en Atenas. **2** Enviamos a Timoteo, hermano nuestro y colaborador de Dios en *d* la difusión del evangelio de Cristo, para afianzarlos y animarlos en su fe, **3** para que nadie se inquietara por

causa de estas pruebas. Saben muy bien que se nos destinó para esto. **4** En realidad, cuando estábamos con ustedes, les decíamos que íbamos a sufrir persecución. Y así sucedió, como bien lo saben. **5** Por esto, cuando no pude soportarlo más, envié a averiguar el estado de su fe. Temía que, de alguna manera, el diablo los hubiera tentado y que nuestros esfuerzos hubieran resultado inútiles.

El informe alentador de Timoteo

6 Ahora Timoteo acaba de regresar y nos ha traído buenas noticias de la fe y el amor que ustedes tienen. Nos dice que siempre conservan gratos recuerdos de nosotros y que desean vernos, tanto como nosotros a ustedes. **7** Por eso, hermanos, en medio de todas nuestras aflicciones y persecuciones, su fe nos infundió ánimo respecto a ustedes. **8** Ahora de veras vivimos, ya que ustedes están firmes en el Señor. **9** ¿Cómo podemos dar suficientes gracias a Dios por ustedes, en agradecimiento por toda la alegría que a causa de ustedes tenemos en la presencia de nuestro Dios? **10** Día y noche suplicamos a Dios insistentemente que podamos verlos de nuevo y proporcionarles lo que le falta a su fe.

11 Que Dios mismo, nuestro Padre, y nuestro Señor Jesús despeje el camino para ir a verlos. **12** Que el Señor haga crecer y rebosar el amor de unos por otros y por los demás, tal como el de nosotros por ustedes. **13** Que él fortalezca sus corazones para que sean irreprochables y santos en la presencia de nuestro Dios y Padre, cuando nuestro Señor Jesús venga con todos sus santos.

La vida que agrada a Dios

4 Por último, hermanos, les enseñamos cómo vivir a fin de agradar a Dios, como de hecho están viviendo. Ahora les pedimos y suplicamos en el Señor Jesús que lo

---

c 2:16 O *La ira de Dios ha venido sobre ellos hasta el extremo.*   *d* 3:2 Algunos mss. dicen: *y compañero de trabajo en*; otros mss. dicen: *y servidor de Dios en*

hagan cada vez más. 2 Ustedes conocen las instrucciones que les dimos por la autoridad del Señor Jesús.

3 La voluntad de Dios es que sean santificados; es decir, que se aparten de la inmoralidad sexual; 4 que cada uno de ustedes aprenda a controlar su propio cuerpo[e] de una manera santa y honrosa, 5 no con pasiones lujuriosas como los paganos, que no conocen a Dios; 6 y que nadie perjudique a su hermano ni se aproveche de él en este asunto. El Señor castigará a los culpables por todos estos pecados, como ya les hemos dicho y advertido. 7 Pues Dios no nos llamó a la impureza sino a una vida santa. 8 Por lo tanto, el que rechaza esta instrucción no rechaza al hombre sino a Dios, quien les da su Espíritu Santo.

9 En cuanto al amor fraternal, no necesitamos escribirles, porque Dios mismo les ha enseñado a amarse unos a otros. 10 En efecto, ustedes aman a todos los hermanos que viven en toda Macedonia. No obstante, hermanos, les suplicamos que lo hagan más y más.

11 Aspiren a llevar una vida tranquila, a ocuparse de sus propios asuntos y a trabajar con sus manos, tal como les hemos dicho, 12 a fin de que su vida diaria gane el respeto de los de afuera y no tengan que depender de nadie.

La venida del Señor

13 Hermanos, no queremos que ignoren acerca de los muertos, ni que se entristezcan como los demás, que no tienen esperanza. 14 Nosotros creemos que Jesús murió y resucitó, y así creemos que Dios traerá con Jesús a los que han muerto en él. 15 Conforme a lo dicho por el Señor, nosotros los que estemos vivos, los que quedemos hasta la venida del Señor, de ninguna manera nos adelantaremos a los que hayan muerto. 16 Porque el Señor mismo bajará del cielo, con voz de mando, con voz de arcángel y con trompeta de Dios, y los

muertos en Cristo resucitarán primero. 17 Luego los que estemos vivos y permanezcamos, seremos arrebatados junto con ellos en las nubes para encontrarnos con el Señor en el aire. Y así estaremos con el Señor para siempre. 18 Por lo tanto, anímense unos a otros con estas palabras.

5 Ahora, hermanos, no necesitamos escribirles acerca de los tiempos y de las fechas, 2 porque ustedes saben muy bien que el día del Señor llegará como ladrón en la noche. 3 Cuando la gente diga: "Paz y seguridad", entonces vendrá súbitamente destrucción sobre ellos, como los dolores de parto a la mujer que está encinta, y no escaparán.

4 Pero ustedes, hermanos, no están en la oscuridad para que ese día los sorprenda como ladrón. 5 Todos ustedes son hijos de la luz e hijos del día. No somos de la noche ni de la oscuridad. 6 Así que, no durmamos como los demás, sino mantengámonos alerta y en nuestro sano juicio. 7 Pues los que duermen, de noche duermen, y los que se emborrachan, de noche se emborrachan. 8 Nosotros, por el contrario, que somos del día, estemos siempre en nuestro sano juicio, revestidos con la coraza de la fe y del amor, y con el casco de la esperanza de la salvación. 9 Porque Dios no nos destinó a sufrir la ira sino a recibir la salvación por nuestro Señor Jesucristo. 10 El murió por nosotros para que, sea que estemos despiertos o dormidos, vivamos junto con él. 11 Por eso, anímense y edifíquense unos a otros, tal como ya lo están haciendo.

Instrucciones finales

12 Les pedimos, hermanos, que respeten a quienes trabajan entre ustedes, que los presiden en el Señor y los amonestan. 13 Ténganlos en la mayor estima con amor, por el trabajo que hacen. Vivan en paz unos con otros. 14 También les rogamos, hermanos, que amonesten a los perezosos, animen a los tímidos,

e 4:4 O aprenda a vivir con su propia esposa; o aprenda a conseguir esposa ayuden a los débiles y sean pacientes con todos. **15** Asegúrense de que nadie devuelva mal por mal, sino siempre traten de ser amables unos con otros y con los demás.

16 Estén siempre alegres; **17** oren sin cesar; **18** den gracias en toda circunstancia, porque esta es la voluntad de Dios para ustedes en Cristo Jesús.

19 No apaguen el fuego del Espíritu; **20** no desprecien las profecías. **21** Sométanlo todo a prueba. Aférrense a lo bueno. **22** Eviten toda clase de mal.

23 Que Dios mismo, el Dios de paz, los santifique por completo. Que todo su ser —espíritu, alma y cuerpo— se conserve irreprochable para la venida de nuestro Señor Jesucristo. **24** El que los llama es fiel, y lo hará.

25 Hermanos, oren por nosotros. **26** Saluden a todos los hermanos con un beso santo. **27** Les encargo delante del Señor que lean esta carta a todos los hermanos.

28 La gracia de nuestro Señor Jesucristo sea con ustedes.

Segunda Carta de San Pablo a los
Tesalonicenses

1 Pablo, Silas[a] y Timoteo,

a la iglesia de los tesalonicenses en Dios nuestro Padre y en el Señor Jesucristo:

2 Gracia y paz a ustedes de parte de Dios el Padre y del Señor Jesucristo.

Acción de gracias y oración

3 Siempre debemos dar gracias a Dios por ustedes, hermanos, como es justo, porque su fe se acrecienta cada vez más, y el amor de cada uno por los otros es cada vez mayor. **4** Por eso hablamos de ustedes con satisfacción entre las iglesias de Dios por su perseverancia y fe en todas las persecuciones y pruebas que soportan.

5 Todo esto es prueba de que el juicio de Dios es justo, y por consiguiente a ustedes se les considerará dignos del reino de Dios, por el cual están sufriendo. **6** Dios es justo y pagará con sufrimiento a quienes los hacen sufrir a ustedes, **7** y les dará descanso a ustedes que sufren, como también a nosotros. Esto sucederá cuando el Señor Jesús se manifieste desde el cielo entre llamas de fuego con sus poderosos ángeles. **8** El castigará a los que no conocen a Dios y no obedecen al evangelio de nuestro Señor Jesús. **9** A éstos se les castigará con destrucción eterna y se les excluirá de la presencia del Señor y de la majestad de su poder **10** en el día en que venga para ser glorificado en sus santos y admirado entre todos los que hayan creído. Esto los incluye a ustedes, porque creyeron el testimonio que les dimos.

11 Conscientes de esto, oramos constantemente por ustedes, para que el Señor los considere dignos del llamamiento que les ha hecho, y que él cumpla por su poder todo propósito de ustedes que sea bueno y toda obra producida por la fe de ustedes. **12** Oramos así, a fin de que el nombre de nuestro Señor Jesús sea glorificado en ustedes, y ustedes en él, conforme a la gracia de nuestro Dios y del Señor Jesucristo.[b]

El inicuo

2 Respecto a la venida de nuestro Señor Jesucristo y a nuestra reunión con él, les pedimos, hermanos, **2** que no se alteren fácilmente ni se alarmen por ninguna profecía, por ningún informe o por carta alguna que se suponga nuestra, diciendo que ya llegó el día del Señor. **3** No se dejen engañar de ninguna manera, porque ese día no llegará sin que antes suceda la rebelión y se manifieste el inicuo,[c] el que está condenado a la destrucción. **4** Este se opondrá y se levantará contra todo lo que se llama Dios o que es objeto de adoración, de modo que se sienta en el templo de Dios, proclamándose a sí mismo Dios.

5 ¿No recuerdan que yo les hablaba de esto cuando todavía estaba con ustedes? **6** Y ahora saben qué lo detiene, a fin de que se manifieste a su debido tiempo. **7** Porque ya está en acción el poder secreto de la iniquidad; pero el que ahora lo detiene seguirá deteniéndolo hasta que él sea quitado de en medio. **8** Entonces se manifestará aquel inicuo, a quien el Señor Jesús derrocará con el soplo de su boca y destruirá con el esplendor de su venida. **9** La venida del inicuo será conforme a la obra de Satanás, desplegada con toda clase de

---

a **1:1** Griego *Silvano*, una variante de Silas
c **2:3** Algunos mss. dicen: *el hombre de pecado*

b **1:12** O *Dios y Señor, Jesucristo.*

falsos milagros, señales y prodigios, **10**y con toda clase de maldad que engaña a los que se pierden. Y esto porque se negaron a amar la verdad y así ser salvos. **11**Por eso Dios les envía un engaño poderoso, para que crean la mentira **12**y para que sean condenados todos los que no creyeron la verdad sino que se deleitaron en la maldad.

Manténganse firmes

13Nosotros, en cambio, siempre debemos dar gracias a Dios por ustedes, hermanos amados por el Señor, porque desde el principio Dios los escogió *d* para ser salvos, mediante la obra santificadora del Espíritu y la fe en la verdad. **14**Para esto los llamó mediante nuestro evangelio, para que tengan parte en la gloria de nuestro Señor Jesucristo. **15**Así que, hermanos, sigan firmes y manténganse fieles a las enseñanzas *e* que les hemos trasmitido, ya sea de palabra o por carta.

16Que el Señor Jesucristo mismo y Dios nuestro Padre, que nos amó y por su gracia nos dio consuelo eterno y buena esperanza, **17**les anime el corazón y los fortalezca en toda obra y palabra buena.

Petición de Pablo

3 Por último, hermanos, oren por nosotros para que el mensaje del Señor se difunda rápidamente y sea honrado, tal como sucedió entre ustedes. **2**Oren también para que seamos librados de hombres perversos y malvados, porque no todos tienen fe. **3**Pero el Señor es fiel, y él los fortalecerá y los protegerá del maligno. **4**Tenemos confianza en el Señor de que ustedes hacen y seguirán haciendo lo que les ordenamos. **5**Que el Señor guíe sus corazones hacia el amor de Dios y la perseverancia de Cristo.

Advertencia contra la pereza

6Hermanos, en el nombre del Señor Jesucristo les ordenamos que se aparten de todo hermano ocioso que no viva según las enseñanzas *f* que recibieron de nosotros. **7**Ustedes mismos saben cómo deben seguir nuestro ejemplo. Nosotros no estuvimos ociosos cuando vivimos entre ustedes, **8**ni tomamos el alimento de nadie sin pagarlo. Al contrario, día y noche con fatiga y cansancio trabajamos para no ser una carga a ninguno de ustedes. **9**Procedimos así no porque no tengamos derecho a tal ayuda, sino para darles un ejemplo a seguir. **10**Porque aun cuando estábamos con ustedes, les dimos esta regla: "El que no quiera trabajar, que tampoco coma."

11Nos hemos enterado de que entre ustedes hay algunos que están ociosos, sin trabajar en nada, y sólo se ocupan de lo que no les importa. **12**A tales personas les ordenamos y exhortamos en el Señor Jesucristo que con tranquilidad se pongan a trabajar para ganarse el pan que comen. **13**En cuanto a ustedes, hermanos, no se cansen de hacer el bien.

14Si alguno no obedece las instrucciones que les damos en esta carta, fíjense de quién se trata y no se relacionen con él, para que le dé vergüenza. **15**Sin embargo, no lo tengan por enemigo, sino amonéstenlo como a hermano.

Saludos finales

16Que el Señor de paz les dé paz en todo tiempo y en todos los órdenes. El Señor sea con todos ustedes.

17Yo, Pablo, escribo este saludo de mi puño y letra. Esta es la señal distintiva en todas mis cartas; así escribo.

18La gracia de nuestro Señor Jesucristo sea con todos ustedes.

---

d **2:13** Algunos mss. dicen: *porque Dios los escogió como sus primicias*
e **2:15** O *tradiciones*   *f* **3:6** O *según la tradición*

Primera Carta de San Pablo a
Timoteo

1 Pablo, apóstol de Cristo Jesús por orden de Dios nuestro Salvador y de Cristo Jesús nuestra esperanza,

2 a Timoteo, mi verdadero hijo en la fe:

Gracia, misericordia y paz de parte de Dios el Padre y de Cristo Jesús nuestro Señor.

Advertencia contra los falsos maestros de la ley

3 Como te rogué al partir para Macedonia, quédate en Efeso para ordenar a ciertas personas que no sigan enseñando doctrinas falsas, **4** ni presten atención a leyendas y genealogías interminables. Esas cosas provocan controversias en vez de llevar adelante la obra de Dios que es por la fe. **5** El objetivo de esa orden es el amor que proviene de un corazón limpio, de una buena conciencia y de una fe sincera. **6** Algunos se han desviado de esa línea de conducta y se han perdido en discusiones inútiles. **7** Quieren ser maestros de la ley a pesar de que no entienden lo que dicen ni lo que afirman categóricamente.

8 Sabemos que la ley es buena si se usa como es debido. **9** También sabemos que no se ha instituido la ley para los que hacen lo bueno sino para los infractores y rebeldes, para los impíos y pecadores, para los irreverentes y profanos, para los que matan a su padre o a su madre, para los asesinos, **10** para los que cometen adulterio y los que practican la homosexualidad, para los traficantes de esclavos, los mentirosos y los que juran en falso; y para todo lo que está en contra de la sana doctrina, **11** la cual está en conformidad con el glorioso evangelio del Dios bendito, que éste me ha confiado.

La gracia que el Señor dio a Pablo

12 Doy gracias a Cristo Jesús nuestro Señor, que me fortalece, por haberme considerado digno de confianza al ponerme a su servicio. **13** A pesar de que antes fui un blasfemo y perseguidor y un hombre violento, se me mostró misericordia porque actué con ignorancia e incredulidad. **14** La gracia de nuestro Señor se derramó sobre mí con abundancia, junto con la fe y el amor que hay en Cristo Jesús.

15 Es digna de confianza y de ser aceptada por todos esta afirmación: Cristo Jesús vino al mundo a salvar a los pecadores, de los cuales yo soy el peor. **16** Pero precisamente por eso se me mostró misericordia, a fin de que en mí, el peor de los pecadores, pudiera Cristo Jesús mostrar su infinita paciencia como ejemplo para los que habrían de creer en él y recibir así la vida eterna. **17** Por tanto, al Rey eterno, inmortal, invisible, al único Dios, sea honor y gloria por los siglos de los siglos. Amén.

18 Timoteo, hijo mío, te doy este encargo conforme a las profecías que antes se hicieron acerca de ti, para que puedas por ellas pelear la buena batalla, **19** manteniendo la fe y una buena conciencia. Por haberlas rechazado, algunos han naufragado en la fe. **20** Entre ellos están Himeneo y Alejandro, a quienes he entregado a Satanás para que aprendan a no blasfemar.

Instrucciones sobre la adoración

2 Recomiendo, ante todo, que se hagan peticiones, oraciones, intercesiones y acciones de gracias por todos; **2** por los reyes y por todas las autoridades, para que podamos llevar una vida tranquila y pacífica con toda piedad y santidad. **3** Esto es bueno y agrada a Dios nuestro

Salvador, 4que quiere que todos los hombres sean salvos y lleguen al conocimiento de la verdad. 5Porque hay un solo Dios y un solo mediador entre Dios y los hombres, Jesucristo hombre, 6quien se entregó a sí mismo como rescate por todos, de lo cual se dio testimonio a su debido tiempo. 7Con este fin se me nombró heraldo, apóstol y maestro de la verdadera fe para los que no son judíos. Digo la verdad; no miento.

8Quiero que los hombres en todas partes levanten manos santas en oración, sin enojos ni discusiones.

9También quiero que las mujeres se vistan decorosamente, con modestia y recato, sin peinados ostentosos, ni oro, ni perlas ni vestidos costosos. 10Que se adornen más bien con buenas obras, como conviene a mujeres que profesan adorar a Dios.

11La mujer debe aprender en silencio, con toda sumisión. 12No permito que la mujer enseñe ni que ejerza autoridad sobre el hombre; debe guardar silencio. 13Fue Adán el primero en ser formado, y después Eva. 14Y no fue Adán el engañado, sino la mujer que, una vez engañada, se volvió pecadora. 15Pero la mujer se salvará*a* teniendo hijos, si con sensatez permanece en la fe, el amor y la santidad.

Supervisores y diáconos

3 Es digna de confianza esta afirmación: Si alguno aspira a ser supervisor,*b* a noble función aspira. 2Así que el supervisor debe ser irreprochable, esposo de una sola mujer, moderado, sensato, respetable, hospitalario, apto para enseñar; 3no debe emborracharse ni ser violento, sino que debe ser amable y apacible, y no amigo del dinero. 4Debe dirigir bien su casa y hacer que sus hijos le obedezcan con el debido respeto. 5(El que no sabe dirigir su propia familia, ¿cómo podrá cuidar de la iglesia de Dios?) 6No debe ser un recién convertido, no sea que se vuelva presuntuoso y caiga en la misma condena-

ción en que cayó el diablo. 7También deben hablar bien de él los de afuera de la iglesia, para que no caiga en descrédito y en la trampa del diablo.

8Los diáconos, igualmente, deben ser hombres dignos de respeto, sinceros, no amigos del mucho vino ni de las ganancias mal habidas. 9Deben guardar las grandes verdades de la fe con una conciencia limpia. 10Primero deben ser probados, y después, si no hay nada que reprocharles, que sirvan como diáconos.

11Asimismo, las esposas de los diáconos*c* deben ser dignas de respeto, no calumniadoras, sino moderadas y dignas de confianza en todo.

12El diácono debe ser esposo de una sola mujer y dirigir bien a sus hijos y su propia casa. 13Los que ejercen bien el diaconado se ganan un lugar de honor y una gran confianza en la fe que tienen en Cristo Jesús.

14Aunque espero ir pronto a verte, te escribo estas instrucciones para que, 15si me retraso, sepas cómo hay que portarse en la casa de Dios, que es la iglesia del Dios viviente, columna y fundamento de la verdad. 16No hay duda de que es grande el misterio de la piedad:

El*d* se manifestó en un cuerpo humano;*e*
fue vindicado por el Espíritu,
visto por los ángeles,
proclamado entre las naciones,
creído en el mundo,
llevado en gloria.

Instrucciones a Timoteo

4 El Espíritu dice claramente que en los últimos tiempos algunos abandonarán la fe y seguirán a espíritus engañadores y enseñanzas de demonios. 2Tales enseñanzas vienen por boca de embusteros hipócritas, que tienen la conciencia endurecida como marcada a fuego. 3Estos prohíben el matrimonio y ordenan la abstención de ciertos alimentos que Dios ha creado para que quienes son creyentes y conocen la verdad los

a 2:15 O *será restaurada*   *b* 3:1 Tradicionalmente *obispo*; también en v. 2
c 3:11 O *las diaconisas*   *d* 3:16 Algunos mss. dicen: *Dios*   *e* 3:16 O *en la carne*

coman con acción de gracias. **4**Pues todo lo que Dios ha creado es bueno, y no se debe rechazar nada si se toma con acción de gracias, **5**porque queda santificado por la palabra de Dios y por la oración.

6Si les indicas esto a los hermanos, serás un buen servidor de Cristo Jesús, nutrido con las verdades de la fe y de la buena enseñanza que has seguido. **7**No tengas nada que ver con cuentos profanos que no tienen sentido. Ejercítate más bien en la piedad, **8**porque el ejercicio físico sirve para algo, pero la piedad es útil para todo, ya que tiene promesa para la vida presente y para la venidera.

9Es digna de confianza y de ser aceptada por todos esta afirmación: **10**Si trabajamos y nos esforzamos es porque hemos puesto nuestra esperanza en el Dios viviente, que es el Salvador de todos, especialmente de los que creen.

11Encarga y enseña esto. **12**Que nadie te menosprecie por ser joven. Al contrario, sirve de ejemplo a los creyentes en la manera de hablar, en la conducta, en el amor, en la fe y en la pureza. **13**Mientras llego, dedícate a la lectura pública de las Escrituras, a la predicación y a la enseñanza. **14**No descuides el don que tienes, que se te dio mediante un mensaje profético, cuando el grupo de ancianos te impuso las manos.

15Sé diligente en estos asuntos; entrégate a ellos plenamente, de modo que todos puedan ver cómo progresas. **16**Ten cuidado de tu conducta y de tu enseñanza. Persevera en todo ello, porque, si así lo haces, te salvarás a ti mismo y salvarás también a los que te escuchan.

Cómo tratar a las viudas, los ancianos y los esclavos

5 No reprendas con dureza al anciano, sino aconséjalo como si fuera tu padre. Trata a los jóvenes como a hermanos; **2**a las ancianas, como a madres; y a las jóvenes, como a hermanas, con toda pureza.

3Reconoce debidamente a las viudas que de veras están desamparadas. **4**Pero si una viuda tiene hijos o nietos, que ante todo aprendan éstos a llevar a la práctica su religión cuidando de su propia familia y recompensando así a sus padres y abuelos, porque eso agrada a Dios. **5**La viuda que no tiene quien le ayude, porque ha quedado sola, pone su esperanza en Dios y no deja de pedirle ayuda noche y día en sus oraciones. **6**En cambio, la viuda que se entrega al placer ya está muerta en vida. **7**Encárgales esto también a los demás, para que sean irreprochables. **8**El que no provee para los suyos, y sobre todo para los de su propia familia, ha negado la fe y es peor que un incrédulo.

9Debe figurar en la lista de las viudas únicamente la que tenga más de sesenta años, que haya sido fiel a su esposo, *f* **10**y que sea conocida por sus buenas obras, tales como criar hijos, practicar la hospitalidad, lavar los pies de los santos, ayudar a los que sufren y dedicarse a toda clase de buenas obras.

11No incluyas en esa lista a las viudas más jóvenes, porque cuando los impulsos de su pasión sensual pueden más que su dedicación a Cristo, quieren casarse. **12**De esa manera atraen sobre sí condenación, por haber quebrantado su primer compromiso. **13**Además se acostumbran a estar ociosas, andando de casa en casa. Y no sólo se vuelven holgazanas sino también chismosas y entrometidas, hablando de lo que no deben. **14**Por eso aconsejo a las viudas jóvenes que se casen, que tengan hijos, que gobiernen su casa y que no den ningún motivo a las críticas del enemigo. **15**Y es que algunas ya se han apartado para seguir a Satanás.

16Si alguna mujer creyente tiene viudas en su familia, debe ayudarlas para que no sean una carga a la iglesia; así la iglesia podrá ofrecerles ayuda a las que de veras la necesitan.

f **5:9** *O que no haya tenido más de un esposo,*

17 Los ancianos que dirigen bien los asuntos de la iglesia son dignos de doble honor, especialmente los que se dedican a la predicación y a la enseñanza. **18** Pues la Escritura dice: "No le pongas bozal al buey que trilla", *g* y "El trabajador merece que se le dé su salario". *h* **19** No admitas ninguna acusación contra un anciano a no ser que esté respaldada por dos o tres testigos. **20** A los que pecan se les debe reprender en público, para que sirva de advertencia a los demás.

21 Te recomiendo, delante de Dios, de Cristo Jesús y de los ángeles escogidos, que sigas estas instrucciones sin dejarte llevar de prejuicios ni favoritismos.

22 No te apresures a imponerle las manos a nadie ni te hagas cómplice de pecados ajenos. Consérvate puro.

23 Deja de beber agua sola; toma también un poco de vino debido a que padeces del estómago y de otras enfermedades que te dan con frecuencia.

24 Los pecados de algunos son evidentes aun antes de que se sometan a juicio, mientras que los pecados de otros se manifiestan después. **25** Asimismo son evidentes las buenas obras, y ni siquiera se pueden ocultar las que no lo son.

6 Todos los que están sometidos al yugo de la esclavitud deben considerar a sus amos como merecedores de todo respeto, para que no se difamen el nombre de Dios ni nuestra enseñanza. **2** Los que tienen amos creyentes no deben faltarles al respeto por ser hermanos. Al contrario, deben servirles todavía mejor, porque son creyentes y hermanos queridos los que se benefician de sus servicios. Esto es lo que debes enseñar y recomendar.

El amor al dinero

3 Si alguien enseña falsas doctrinas y no está de acuerdo con la sana enseñanza de nuestro Señor Jesucristo ni con la enseñanza que es conforme a la piedad, **4** es un orgulloso que nada entiende. Siente un morboso afán de polémicas sobre palabras, que tienen como resultado envidias, discordias, insultos, malas sospechas **5** y constantes altercados entre hombres de mente corrompida, desprovistos de la verdad, que piensan que la piedad es un medio de hacer negocio.

6 No obstante, la piedad es un medio de obtener grandes ganancias para el que se contenta con lo que tiene. **7** Porque nada trajimos a este mundo, y nada podemos llevarnos. **8** Así que, teniendo ropa y comida, con eso nos contentaremos. **9** Los que quieren enriquecerse caen en la tentación y en la trampa, y son presas de muchos deseos insensatos y perjudiciales que sumen a los hombres en la ruina y en la destrucción. **10** Porque el amor al dinero es raíz de toda clase de males. Por codiciarlo, algunos se han desviado de la fe y se han torturado a sí mismos con muchos sufrimientos.

Encargo de Pablo a Timoteo

11 En cambio, tú, hombre de Dios, huye de todo eso, y sigue la justicia, la piedad, la fe, el amor, la constancia y la humildad. **12** Pelea la buena batalla de la fe; echa mano de la vida eterna a la que fuiste llamado cuando hiciste aquella buena profesión de fe delante de muchos testigos. **13** En la presencia de Dios, que da vida a todas las cosas, y de Cristo Jesús, que hizo su buena profesión al testificar delante de Poncio Pilato, te encargo **14** que guardes este mandato sin mancha ni reproche hasta el día de la manifestación de nuestro Señor Jesucristo. **15** A su debido tiempo Dios hará que eso suceda; Dios el único y bendito Soberano, Rey de reyes y Señor de señores, **16** el único inmortal, que vive en luz inaccesible, a quien nadie ha visto ni puede ver. A él sea el honor y el poder eternamente. Amén.

---

g 5:18 Dt 25:4   *h* 5:18 Lc 10:7

17 A los ricos de este mundo mándales que no sean arrogantes ni pongan su esperanza en las riquezas, que son tan inseguras, sino en Dios, que abundantemente nos provee de todo para que lo disfrutemos. **18** Mándales que hagan el bien, que sean ricos en buenas obras y que sean generosos, dispuestos a compartir lo que tienen. **19** De este modo atesorarán para sí un seguro caudal para el futuro, para que alcancen la vida verdadera.

20 Timoteo, cuida bien lo que se te ha confiado. Evita las discusiones profanas e inútiles, y los argumentos de la mal llamada ciencia. **21** Algunos, por haberla profesado, se han desviado de la fe.

La gracia sea contigo.

Segunda Carta de San Pablo a
Timoteo

1 Pablo, apóstol de Cristo Jesús por la voluntad de Dios, según la promesa de vida que está en Cristo Jesús,

2 a mi querido hijo Timoteo:

Gracia, misericordia y paz de parte de Dios el Padre y de Cristo Jesús nuestro Señor.

Exhortación a la fidelidad

3 Siempre doy gracias a Dios, a quien sirvo con una conciencia limpia como lo hicieron mis antepasados, al recordarte noche y día en mis oraciones. 4 Cuando me acuerdo de tus lágrimas, anhelo verte para llenarme de alegría. 5 Traigo a la memoria la fe sincera que hay en ti, que animó primero a tu abuela Loida y a tu madre Eunice, y estoy convencido de que ahora te anima a ti. 6 Por eso te recuerdo que debes avivar la llama del don de Dios que está en ti mediante la imposición de mis manos. 7 Pues no nos ha dado Dios un espíritu de timidez, sino de poder, de amor y de dominio propio.

8 Así que no te avergüences de dar testimonio de nuestro Señor, ni de mí, su prisionero. Más bien, soporta conmigo los sufrimientos por el evangelio, con el poder de Dios. 9 Fue él quien nos salvó y nos llamó a una vida santa, no por algo que nosotros hayamos hecho, sino por su propio propósito y por su gracia. Dios nos dio esta gracia en Cristo Jesús antes del comienzo del tiempo, 10 pero se ha revelado ahora mediante la manifestación de nuestro Salvador Cristo Jesús. Él destruyó la muerte y sacó a la luz la vida y la inmortalidad mediante el evangelio. 11 De este evangelio he sido designado heraldo, apóstol y maestro. 12 Por ese motivo soporto estos sufrimientos. Pero no me avergüenzo, porque sé a quién he creído, y estoy convencido de que tiene poder para guardar lo que le he confiado para aquel día.

13 Conserva lo que aprendiste de mí, con fe y amor en Cristo Jesús, como ejemplo de la sana enseñanza. 14 Con la ayuda del Espíritu Santo que vive en nosotros, guarda el buen depósito que se te ha confiado.

15 Ya sabes que todos los de la provincia de Asia me han abandonado, incluso Fígelo y Hermógenes. 16 Que el Señor le conceda misericordia a la familia de Onesíforo, porque me dio ánimo muchas veces y no se avergonzó de mis cadenas. 17 Al contrario, cuando estuvo en Roma me buscó sin descanso hasta encontrarme. 18 Que el Señor le conceda encontrar misericordia de su parte en aquel día. Tú ya sabes muy bien los muchos servicios que me prestó en Efeso.

2 Así que tú, hijo mío, mantente fuerte en la gracia que hay en Cristo Jesús. 2 Lo que me has oído decir en presencia de muchos testigos encomiéndalo a hombres de confianza, que a su vez estarán capacitados para enseñar a otros. 3 Soporta los sufrimientos con nosotros, como buen soldado de Cristo Jesús. 4 Ningún soldado se enreda en asuntos civiles, ya que quiere agradar a su superior. 5 Asimismo el atleta no recibe la corona de vencedor si no compite según las reglas. 6 El labrador esforzado debe ser el primero en recibir parte de la cosecha. 7 Reflexiona en lo que te digo, porque el Señor te dará una comprensión más profunda de todo esto.

8 Recuerda a Jesucristo, resucitado de entre los muertos, descendiente de David. Este es mi evangelio, 9 por el que sufro al extremo de

estar encadenado como un criminal. Pero la palabra de Dios no está encadenada. **10** Por eso lo soporto todo por amor a los elegidos, para que también ellos alcancen la salvación que está en Cristo Jesús con gloria eterna. **11** Es digna de confianza esta afirmación:

Si morimos con él,
también viviremos con él;
12 si sufrimos,
también reinaremos con él.
Si lo negamos,
también él nos negará;
13 si somos infieles,
él seguirá siendo fiel,
ya que no puede negarse a sí
mismo.

Un obrero aprobado por Dios

14 No dejes de recordarles esto. Adviérteles delante de Dios que eviten las polémicas sobre palabras, que no sirven nada más que para perjudicar a los oyentes. **15** Esfuérzate por presentarte a Dios aprobado, como obrero que no tiene de qué avergonzarse y que interpreta debidamente la palabra de verdad. **16** Evita las discusiones profanas, porque los que se entretienen en eso se alejarán cada vez más de la piedad. **17** Las enseñanzas de ellos se extenderán como gangrena. Entre ésos están Himeneo y Fileto, **18** que se han desviado de la verdad. Dicen que la resurrección ya ha tenido lugar, y así trastornan la fe de algunos. **19** A pesar de todo, el sólido fundamento de Dios se mantiene firme, sellado con esta inscripción: "El Señor conoce a los suyos",*a* y "Que se aparte de la maldad todo el que invoca el nombre del Señor".

20 En una casa grande no hay sólo objetos de oro y de plata sino también de madera y de barro; unos tienen fines especiales y otros fines comunes y corrientes. **21** Si uno se mantiene limpio de lo común y corriente, será un instrumento con fines especiales, santificado, útil

para el Señor y apto para toda obra buena. **22** Huye de las malas pasiones de la juventud, y sigue la justicia, la fe, el amor y la paz, junto con los que de limpio corazón invocan al Señor. **23** No tengas nada que ver con discusiones necias y tontas, pues ya sabes que originan altercados. **24** Y un siervo del Señor no debe andar peleando; más bien, debe ser amable con todos, apto para enseñar y no inclinado al resentimiento. **25** A los adversarios debe instruirlos con delicadeza, con la esperanza de que Dios les conceda el arrepentimiento que los haga conocer plenamente la verdad, **26** y a que se despierten y escapen de la trampa en que el diablo los tiene cautivos para que hagan su voluntad.

La impiedad en los últimos días

3 Ten en cuenta esto: que en los últimos días vendrán tiempos difíciles. **2** Las personas serán amadoras de sí mismas, amigas del dinero, jactanciosas, arrogantes, blasfemas, desobedientes a los padres, ingratas, impías, **3** sin amor, implacables, calumniadoras, sin dominio propio, despiadadas, enemigas de todo lo bueno, **4** traicioneras, impetuosas, vanidosas y más amigas del placer que de Dios, **5** con cierta apariencia de piedad, pero negando su poder. No tengas nada que ver con ellas.

6 A esa clase pertenecen los que se meten en las casas y conquistan a débiles mujercillas cargadas de pecados y llevadas de toda clase de pasiones, **7** las cuales siempre están aprendiendo pero jamás logran llegar al pleno reconocimiento de la verdad. **8** Del mismo modo que Janes y Jambres se opusieron a Moisés, así también ésos se oponen a la verdad. Son hombres de mente depravada, excluidos en cuanto a la fe. **9** Pero no progresarán mucho, porque todo el mundo se dará cuenta de su insensatez, como pasó con aquellos dos.

---

a **2:19** Nm 16:5 (véase la Septuaginta)

Encargo de Pablo a Timoteo

10 Tú, en cambio, has seguido de cerca mis enseñanzas, mi manera de vivir, mi propósito, mi fe, mi paciencia, mi amor, mi constancia, **11** mis persecuciones y mis sufrimientos. Estás enterado de lo que sufrí en Antioquía, Iconio y Listra, y de las persecuciones que soporté. Y de todas ellas me libró el Señor. **12** En realidad, todos los que quieran llevar una vida piadosa en Cristo Jesús serán perseguidos, **13** mientras que los malvados y los engañadores irán de mal en peor, engañando y siendo engañados. **14** Tú, en cambio, sigue firme en lo que has aprendido, de lo cual te convenciste, porque ya sabes de quiénes lo aprendiste, **15** y que desde niño conoces las Sagradas Escrituras, que pueden darte la sabiduría que lleva a la salvación mediante la fe en Cristo Jesús. **16** Toda Escritura es inspirada por Dios y útil para enseñar, para reprender, para corregir y para instruir en la justicia, **17** a fin de que el hombre de Dios esté capacitado y preparado a cabalidad para toda obra buena.

4 En presencia de Dios y de Cristo Jesús, que juzgará a los vivos y a los muertos, y en vista de su manifestación y de su reino, te encargo **2** que prediques la Palabra; que te mantengas preparado para hacerlo cuando sea conveniente y cuando no lo sea; que corrijas, reprendas y animes, con mucha paciencia y cuidadosa enseñanza. **3** Porque llegará el tiempo en que no tolerarán la sana doctrina, sino que, llevados de sus propios deseos, se rodearán de muchísimos maestros que les digan lo que ellos quieran oír. **4** Dejarán de escuchar la verdad y se volverán a los cuentos. **5** Tú, en cambio, conserva la prudencia en todas las circunstancias, soporta los sufrimientos, dedícate a la tarea evangelística; cumple con los deberes de tu ministerio.

6 En cuanto a mí, ya estoy a punto de ser derramado como un sacrificio de libación, y ha llegado el tiempo de mi partida. **7** He peleado la buena batalla, he terminado la carrera, he guardado la fe. **8** Ahora me espera la corona de justicia que me otorgará en aquel día el Señor, juez justo; y no sólo a mí, sino también a todos los que hayan esperado ansiosamente su venida.

Instrucciones personales

9 Haz lo posible por venir a verme cuanto antes, **10** pues Demas, por amor a este mundo, me ha abandonado y se ha ido a Tesalónica. Crescente se ha ido a Galacia, y Tito a Dalmacia. **11** Sólo Lucas está conmigo. Recoge a Marcos y tráelo contigo, porque me es de ayuda en mi ministerio. **12** A Tíquico lo mandé a Efeso. **13** Cuando vengas, trae la capa que dejé en Troas, en casa de Carpo, y los libros, especialmente los pergaminos.

14 Alejandro el herrero me hizo mucho daño. El Señor le dará su merecido. **15** Tú también cuídate de él, porque se opuso tenazmente a nuestro mensaje.

16 En mi primera defensa, nadie me respaldó, sino que todos me abandonaron. Que no les sea tomado en cuenta. **17** Pero el Señor sí me respaldó y me dio fuerzas para que por medio de mí se proclamara plenamente el mensaje y lo oyeran todos los que no son judíos. Y fui librado de la boca del león. **18** El Señor me librará de todo mal y me llevará sano y salvo a su reino celestial. A él sea la gloria por los siglos de los siglos. Amén.

Saludos finales

19 Saludos a Priscila b y a Aquila, y a la familia de Onesíforo. **20** Erasto se quedó en Corinto; a Trófimo lo dejé enfermo en Mileto. **21** Haz lo posible por venir antes del invierno. Te mandan saludos Eubulo, Pudente, Lino, Claudia y todos los hermanos. **22** El Señor sea con tu espíritu. La gracia sea con ustedes.

---

b **4:19** Griego *Prisca*, una variante de *Priscila*

Carta de San Pablo a
Tito

1 Pablo, siervo de Dios y apóstol de Jesucristo para llevar a los elegidos de Dios a la fe y al conocimiento de la verdad que conduce a la piedad, 2 fe y conocimiento basados en la esperanza de la vida eterna que Dios, que no miente, prometió desde antes del comienzo del tiempo, 3 y que a su debido tiempo sacó a la luz su palabra mediante la predicación que se me ha confiado por orden de Dios nuestro Salvador,

4 a Tito, mi verdadero hijo en esta fe que los dos tenemos:

Gracia y paz de parte de Dios el Padre y de Cristo Jesús nuestro Salvador.

Tarea de Tito en Creta

5 El motivo por el que te dejé en Creta fue para que acabaras de poner en orden lo que quedaba por hacer y nombraras,*a* en cada pueblo, ancianos de la iglesia, de acuerdo con las instrucciones que te di: 6 que el anciano sea irreprochable, esposo de una sola mujer, que tenga hijos creyentes que no estén acusados de libertinaje ni de desobediencia. 7 Como supervisor*b* que es de la obra de Dios, tiene que ser irreprochable: no arrogante, ni iracundo, ni borracho, ni violento ni amigo de las ganancias mal habidas. 8 Al contrario, debe ser hospitalario, amigo del bien, sensato, justo, santo y disciplinado. 9 Debe mantenerse fiel al genuino mensaje como se ha enseñado, de modo que también pueda animar a otros con la sana doctrina y refutar a los que se oponen.

10 Es que hay muchos rebeldes, charlatanes y engañadores, sobre todo entre los del grupo de la circuncisión. 11 A ésos hay que taparles la boca, ya que están arruinando familias enteras al enseñar lo que no se debe; y lo hacen para obtener ganancias mal habidas. 12 Fue precisamente uno de sus propios profetas quien dijo: "Los cretenses son siempre mentirosos, malas bestias, glotones perezosos." 13 Ese testimonio es verdadero. Por eso, repréndelos con severidad a fin de que sean sanos en la fe 14 y no presten atención a leyendas judías ni a preceptos de hombres que rechazan la verdad. 15 Para los puros todo es puro; pero para los corrompidos e incrédulos no hay nada puro. En realidad, tienen corrompidas la mente y la conciencia. 16 Profesan conocer a Dios, pero lo niegan con sus acciones; son abominables, desobedientes e incapaces de hacer nada bueno.

Lo que se debe enseñar

2 Tú, en cambio, enseña lo que está de acuerdo con la sana doctrina. 2 A los ancianos enséñales a ser moderados, merecedores de respeto, sensatos, y sanos en la fe, en el amor y en la constancia.

3 Asimismo a las ancianas enséñales a ser reverentes en su conducta, a no ser calumniadoras ni a ser esclavas del vino, sino a enseñar lo bueno. 4 Así pueden preparar a las jóvenes a amar a sus esposos y a sus hijos, 5 a ser sensatas y puras, cuidadosas del hogar, bondadosas y sujetas a sus esposos, para no dar motivo a que se hable mal de la palabra de Dios.

6 Anima igualmente a los jóvenes a ser sensatos. 7 Dales ejemplo en todo al hacer tú mismo lo bueno. Demuestra en tu enseñanza integridad, seriedad 8 y expresión sana que no pueda condenarse. Así se avergonzará cualquiera que se oponga,

---

a 1:5 U *ordenaras*   *b* 1:7 Tradicionalmente *obispo*

pues no podrá decir nada malo de nosotros.

9 Enseña a los esclavos a someterse en todo a sus amos, a procurar agradarles, a no ser respondones, **10** a no robarles, sino a demostrar que se puede confiar en ellos plenamente, para que así hagan atractiva la enseñanza acerca de Dios nuestro Salvador.

11 Es que se ha manifestado la gracia salvadora de Dios a todos los hombres. **12** Esa gracia nos enseña a renunciar a la impiedad y a las pasiones mundanas, y a vivir en este mundo de una manera moderada, justa y piadosa, **13** mientras aguardamos la bendita esperanza: la manifestación gloriosa de nuestro gran Dios y Salvador Jesucristo. **14** El se entregó por nosotros para rescatarnos de toda maldad y purificar para sí un pueblo que sea suyo, fervoroso en hacer lo bueno.

15 Esto es lo que debes enseñar. Anima y reprende con toda autoridad. Que nadie te menosprecie.

La conducta del creyente

3 Recuérdales a todos que se sometan a los gobernantes y a las autoridades, que sean obedientes, que estén siempre dispuestos a hacer lo bueno, **2** que no hablen mal de nadie, que sean pacíficos y atentos, y que den prueba cabal de humildad en su trato con todo el mundo.

3 Hubo un tiempo en que también nosotros éramos necios y desobedientes, y estábamos engañados y esclavizados por toda clase de pasiones y placeres. Vivíamos en malicia y envidia, odiados y odiándonos mutuamente. **4** Pero cuando se manifestaron la bondad y el amor de Dios nuestro Salvador, **5** él nos salvó, no por nada bueno que nosotros hubiéramos hecho, sino por su misericordia. Nos salvó mediante el lavamiento de la regeneración y de la renovación por el Espíritu Santo, **6** a quien derramó abundantemente sobre nosotros por medio de Jesucristo nuestro Salvador, **7** para que, justificados por su gracia, llegáramos a ser herederos que tienen la esperanza de la vida eterna. **8** Es digno de confianza esto que afirmo, y quiero que tú insistas en ello, para que los que han creído en Dios se empeñen en hacer lo bueno. Eso es excelente y provechoso para todos.

9 En cambio, evita las necias controversias y genealogías y discusiones sobre puntos polémicos de la ley, porque carecen de provecho y de sentido. **10** Al que cause divisiones, amonéstalo una vez, y luego una vez más. Si no hace caso, no tengas nada que ver con él. **11** Puedes estar seguro de que un individuo así se ha pervertido y peca; él mismo se condena.

Instrucciones personales y saludos finales

12 Tan pronto como te haya enviado a Artemas o a Tíquico, haz lo posible por ir a Nicópolis a verme, pues he decidido pasar allí el invierno. **13** Ayuda en todo lo que puedas al abogado Zenas y a Apolos, asegurándote de que tengan lo necesario para su viaje, de modo que no les falte nada. **14** Que aprendan los nuestros a empeñarse en hacer lo bueno, a fin de que atiendan a las necesidades diarias y no lleven una vida sin provecho.

15 Saludos de parte de todos los que me acompañan. Saludos a los que nos aman en la fe.

La gracia sea con todos ustedes.

Carta de San Pablo a
Filemón

Pablo, prisionero de Cristo Jesús, y Timoteo nuestro hermano,

a Filemón, nuestro querido hermano y compañero de trabajo, 2 a Apia nuestra hermana, a Arquipo nuestro compañero de lucha, y a la iglesia que se reúne en tu casa:

3 Gracia y paz a ustedes de parte de Dios nuestro Padre y del Señor Jesucristo.

Acción de gracias y petición

4 Siempre doy gracias a Dios al recordarte en mis oraciones; 5 porque tengo noticias de tu fe en el Señor Jesús y de tu amor hacia todos los santos. 6 Pido a Dios que persistas en compartir tu fe, para que tengas un pleno entendimiento de todo lo bueno que tenemos en Cristo. 7 He recibido gran alegría y ánimo con motivo de tu amor porque tú, hermano, has fortalecido el corazón de los santos.

Intercesión de Pablo por Onésimo

8 Por eso, aunque en Cristo tengo la franqueza suficiente para mandarte lo que debes hacer, 9 te ruego más bien en nombre del amor. Así que simplemente me presento como Pablo, ya anciano y ahora, además, prisionero de Cristo Jesús, 10 y te suplico por mi hijo Onésimo, *a* quien llegó a ser hijo mío en mis prisiones. 11 En otro tiempo él te fue inútil, pero ahora nos es útil tanto a ti como a mí. 12 Al devolvértelo, lo hago como quien envía su propio corazón. 13 Yo

hubiera querido que se quedara aquí conmigo para que me ayudara en tu lugar mientras estoy encadenado por causa del evangelio. 14 Pero no he querido hacer nada sin tu consentimiento, para que el favor que me hagas sea espontáneo y no forzado. 15 Tal vez Onésimo se separó de ti por algún tiempo para que pudieras volver a tenerlo contigo para siempre, 16 ya no como un esclavo, sino como algo mejor que un esclavo, como a un hermano querido. Yo lo quiero, pero tú debes quererlo mucho más, no sólo como persona sino también como hermano en el Señor.

17 De modo que si me tienes por compañero, recíbelo como a mí mismo. 18 Si te ha perjudicado o te debe algo, cárgalo a mi cuenta. 19 Yo, Pablo, lo escribo de mi puño y letra: Te lo pagaré, aunque podría recordarte que tú mismo me debes lo que eres. 20 Sí, hermano, deseo obtener algún beneficio de tu parte en el Señor; consuela mi corazón en Cristo. 21 Te escribo confiado en tu obediencia, seguro de que harás aun más de lo que te pido.

22 Además de eso, prepárame alojamiento, porque espero que, en respuesta a las oraciones de ustedes, pueda estar nuevamente con ustedes.

23 Te mandan saludos Epafras, mi compañero de cárcel en Cristo Jesús, 24 y también Marcos, Aristarco, Demas y Lucas, mis colaboradores.

25 Sea con el espíritu de ustedes la gracia del Señor Jesucristo.

---

a **10** *Onésimo* significa: *útil.*

Carta a los
Hebreos

El Hijo, superior a los ángeles

1 En el pasado Dios habló a nuestros antepasados por medio de los profetas muchas veces y de varias maneras, **2** pero en estos últimos días nos ha hablado por medio de su Hijo, a quien nombró heredero de todo, y por medio del cual hizo el universo. **3** El Hijo es el resplandor de la gloria de Dios y la representación exacta de su ser, y el que sostiene todas las cosas con su palabra poderosa. Después de llevar a cabo la purificación de los pecados, se sentó a la derecha de la Majestad en el cielo. **4** Así llegó a ser tan superior a los ángeles como superior al de ellos es el nombre que ha heredado.

5 Porque, ¿a qué ángel dijo Dios jamás:

"Mi hijo eres tú;
    hoy he llegado a ser tu
      Padre"; *a*

o también:

"Yo seré su Padre,
    y él será mi Hijo"? *b*

6 Además, al introducir a su primogénito en el mundo, Dios dice:

"Que lo adoren todos los ángeles de Dios." *c*

7 De los ángeles dice:

"El hace a sus ángeles vientos,
    y a sus servidores llamas de
      fuego." *d*

8 En cambio, del Hijo dice:

"Tu trono, oh Dios, durará por
    los siglos de los siglos,
y la justicia será el cetro de
    tu reino.
9 Has amado la justicia y odiado
    la maldad;
por eso Dios, tu Dios, te ha
    exaltado sobre tus compañeros,

ungiéndote con aceite de alegría." *e*

10 También dice:

"En el principio, Señor, pusiste
    los cimientos de la tierra,
y el cielo es obra de tus manos.
11 Todo ello perecerá, mientras
    que tú permaneces;
todo se deteriorará como la
    ropa.
12 Lo doblarás todo como un manto,
y lo cambiarás como quien
    se muda de ropa.
Pero tú siempre eres el mismo,
    y tus años no se acabarán
    nunca." *f*

13 ¿A qué ángel dijo Dios jamás:

"Siéntate a mi derecha
hasta que ponga a tus enemigos
    por estrado de tus pies"? *g*

14 ¿No son todos los ángeles espíritus ministradores, enviados a servir a los que van a heredar la salvación?

Advertencia a prestar atención

2 Por eso debemos prestar mayor atención a lo que hemos escuchado, para no ir a la deriva. **2** Porque si el mensaje trasmitido por medio de ángeles tenía que cumplirse, y toda transgresión y desobediencia recibió su justo castigo, **3** ¿cómo escaparemos nosotros si descuidamos una salvación tan grande? Esta salvación, que primero anunció el Señor, nos fue confirmada por quienes lo oyeron. **4** También Dios dio testimonio de ella con señales, prodigios, diversos milagros y dones del Espíritu Santo repartidos según su voluntad.

Jesucristo, hecho como sus hermanos

5 No es a los ángeles a quienes Dios ha sometido el mundo venidero

---

a **1:5** O *yo te he engendrado hoy*"; Sal 2:7   *b* **1:5** 2 S 7:14; 1 Cr 17:13
c **1:6** Dt 32:43 (véanse los rollos del mar Muerto y la Septuaginta)   *d* **1:7** Sal 104:4
e **1:9** Sal 45:6,7   *f* **1:12** Sal 102:25-27   *g* **1:13** Sal 110:1

del que venimos hablando, **6** sino que hay un pasaje en el que alguien ha hecho la siguiente declaración:

"¿Qué es el hombre, para que
te acuerdes de él,
o el hijo del hombre, para que
lo tomes en consideración?
7 Hiciste que fuera un poco *h*
inferior a los ángeles;
lo coronaste de gloria y honor
8 y pusiste todo debajo de sus
pies." *i*

Al sometérselo todo, Dios no dejó nada que no le quedara sometido. Sin embargo, actualmente no vemos que le esté sometido todo. **9** Pero a Jesús, que fue hecho un poco *j* inferior a los ángeles para que por la gracia de Dios sufriera la muerte en beneficio de todos, lo vemos coronado ahora de gloria y honor por haber padecido la muerte.

10 Al conducir muchos hijos a la gloria, convenía que Dios, para quien y por medio de quien todo existe, perfeccionara mediante el sufrimiento al autor de la salvación de ellos. **11** Tanto el que santifica como los que son santificados son de la misma familia. Por eso no se avergüenza Jesucristo de llamarlos hermanos, **12** al decir:

"Anunciaré tu nombre a mis
hermanos;
en medio de la congregación
te cantaré alabanzas." *k*

13 En otro pasaje dice:

"Pondré en él mi confianza."
Y añade:
"Aquí estoy, con los hijos que
Dios me ha dado." *l*

14 Como los hijos son de carne y hueso, él también se hizo hombre, para destruir mediante la muerte al que tiene el dominio de la muerte —es decir, al diablo—, **15** y librar a todos los que por temor a la muerte estaban sometidos a esclavitud durante toda la vida. **16** Pues, por supuesto, no es a los ángeles a quienes ayuda sino a los descendientes de Abraham. **17** Por eso tuvo que ser hecho semejante en todo a sus hermanos, para llegar a ser un misericordioso y fiel sumo sacerdote al servicio de Dios, y a fin de expiar *m* los pecados del pueblo. **18** Por haber sufrido él mismo al ser tentado, puede ayudar a los que son tentados.

Jesucristo, superior a Moisés

3 Por lo tanto, hermanos santos, ustedes que participan del llamamiento celestial, consideren a Jesús, el apóstol y sumo sacerdote, objeto de la fe que profesamos. **2** El fue fiel al que lo nombró, como lo fue también Moisés en toda la casa de Dios. **3** Jesús merece más honor que Moisés, así como el constructor de una casa tiene más honor que la casa misma. **4** Porque toda casa tiene su constructor, pero el constructor de todo es Dios. **5** Moisés fue fiel como siervo en toda la casa de Dios, dando testimonio de lo que se diría en el futuro. **6** Por su parte, Cristo es fiel en calidad de Hijo al frente de la casa de Dios. Y esa casa suya somos nosotros, con tal que mantengamos firme hasta el fin nuestro valor y la esperanza de la que nos enorgullecemos.

Advertencia contra la incredulidad

7 Por eso, como dice el Espíritu Santo:

"Si hoy escuchan ustedes su voz,
8 no endurezcan el corazón
como lo hicieron en la rebelión,
durante el tiempo de prueba
en el desierto.
9 Allí los antepasados de ustedes
me tentaron al ponerme
a prueba,
y vieron por cuarenta años
lo que hice.
10 Por eso me enojé con aquella
generación,
y dije: 'Siempre andan desca-
rriados en su corazón,
y no han reconocido mis
caminos.'

h 2:7 O *fuera por un poco de tiempo* *i* 2:8 Sal 8:4-6 *j* 2:9 O *hecho por un poco de tiempo* *k* 2:12 Sal 22:22 *l* 2:13 Is 8:17,18 *m* 2:17 O *y a fin de aplacar la ira de Dios al quitar*

11 Así que, en mi enojo, juré:
   'Jamás entrarán en mi
      reposo.'"*n*
12 Cuídense, hermanos, de que ninguno de ustedes tenga un corazón pecaminoso e incrédulo que se aparte del Dios viviente. 13 Más bien, anímense unos a otros cada día, mientras dure ese "hoy", para que ninguno de ustedes se endurezca por el engaño del pecado. 14 Hemos llegado a tener parte con Cristo con tal que retengamos firme hasta el fin la confianza que tuvimos al principio. 15 Como se acaba de decir:
   "Si hoy escuchan ustedes su voz,
      no endurezcan el corazón
      como lo hicieron en la rebelión."*o*
16 ¿Quiénes fueron los que oyeron y se rebelaron? ¿No fueron acaso todos los que salieron de Egipto guiados por Moisés? 17 ¿Y con quiénes se enojó Dios por cuarenta años? ¿No fue con los que pecaron, los cuales cayeron muertos en el desierto? 18 ¿Y a quiénes juró Dios que jamás entrarían en su reposo, sino a los que desobedecieron?*p* 19 Así vemos que no pudieron entrar debido a su incredulidad.

Reposo del pueblo de Dios

4 Por eso, ya que sigue vigente la promesa de entrar en su reposo, cuidémonos, no sea que alguno de ustedes se quede rezagado. 2 Porque también a nosotros se nos ha predicado el evangelio, igual que a ellos; pero el mensaje que escucharon no les sirvió de nada, porque quienes lo oyeron no lo combinaron con la fe.*q* 3 En ese reposo entramos los que somos creyentes, conforme ha dicho Dios:
   "Así que he jurado en medio
      de mi ira:
   'Jamás entrarán en mi
      reposo.'"*r*
Y eso que su trabajo quedó terminado desde la creación del mundo, 4 porque en cierto lugar se ha referido así al séptimo día: "Y en el séptimo día descansó Dios de toda su obra."*s* 5 Y en el pasaje citado también dice: "Jamás entrarán en mi reposo."

6 Sin embargo, queda en claro que algunos han de entrar en ese reposo, y que los primeros a quienes se les predicó el evangelio no entraron, debido a su desobediencia. 7 Por eso volvió Dios a fijar un día determinado — "hoy" — al declarar mucho después por medio de David lo que antes se había dicho:
   "Si hoy escuchan ustedes su voz,
      no endurezcan el corazón."*t*
8 Porque si Josué les hubiera dado reposo, Dios no habría hablado posteriormente de otro día. 9 De modo que todavía queda un reposo para el pueblo de Dios; 10 porque el que entra en el reposo de Dios descansa también de su trabajo, así como Dios descansó del suyo. 11 Esforcémonos, pues, por entrar en ese reposo, para que nadie caiga siguiendo aquel ejemplo de desobediencia.

12 Es que la palabra de Dios es viva y eficaz. Más aguda que cualquier espada de dos filos, penetra hasta dividir el alma y el espíritu, las articulaciones y la médula; juzga los pensamientos y las intenciones del corazón. 13 No hay nada en toda la creación que esté oculto a la vista de Dios. Todo está al descubierto y expuesto a los ojos de aquel a quien hemos de rendir cuentas.

Jesucristo, el gran sumo sacerdote

14 Por lo tanto, ya que tenemos un gran sumo sacerdote que ha atravesado los cielos,*u* Jesús el Hijo de Dios, mantengámonos firmes en la fe que profesamos. 15 Porque no tenemos un sumo sacerdote incapaz de compadecerse de nuestras debilidades, sino uno que ha pasado por toda clase de tentaciones, así como nosotros, pero sin pecado. 16 Por tanto, acerquémonos con confianza al trono de la gracia, para que alcancemos misericordia y hallemos gra-

---

n 3:11 Sal 95:7-11   *o* 3:15 Sal 95:7,8   *p* 3:18 O *que no creyeron?*   *q* 4:2 Varios mss. dicen: *porque no compartieron la fe de los que obedecieron.*   *r* 4:3 Sal 95:11; también en v. 5   *s* 4:4 Gn 2:2   *t* 4:7 Sal 95:7,8   *u* 4:14 O *ha entrado en el cielo*

cia que nos ayude en la hora de necesidad.

5 A todo sumo sacerdote se le selecciona de entre los hombres y se le nombra para representarlos en lo que se refiere a Dios, para presentar ofrendas y sacrificios por los pecados. **2** El puede tratar con bondad a los ignorantes que se extravían, ya que él mismo está sujeto a las debilidades humanas. **3** Por eso tiene que ofrecer sacrificios por sus propios pecados, como también por los pecados del pueblo.

4 Nadie toma ese honor para sí mismo; sólo puede tomarlo el que es llamado por Dios, así como lo fue Aarón. **5** Asimismo, tampoco Cristo tomó para sí la gloria del sumo sacerdocio, sino que Dios le dijo:

"Mi hijo eres tú;
  hoy he llegado a ser tu
    Padre." *v*

6 Y en otro pasaje dice:
  "Tú eres sacerdote para siempre,
    de la orden de Melquisedec." *w*

7 Durante su vida en este mundo, Cristo ofreció oraciones y súplicas con fuerte clamor y lágrimas al que podía salvarlo de la muerte, y fue escuchado por su reverente sumisión. **8** A pesar de ser Hijo, aprendió a obedecer mediante el sufrimiento; **9** y una vez hecho perfecto, llegó a ser fuente de salvación eterna para todos los que le obedecen, **10** y Dios lo nombró sumo sacerdote de la orden de Melquisedec.

Advertencia contra la apostasía

11 Tenemos mucho que decir sobre este tema, pero es difícil explicárselo a ustedes por lo lentos que son para aprender. **12** En realidad, con el tiempo que llevan aprendiendo ya debieran ser maestros, y sin embargo necesitan que alguien vuelva a enseñarles las verdades más elementales de la palabra de Dios. Lo que ustedes necesitan no es alimento sólido sino leche. **13** Todo el que sólo toma leche, que sigue siendo niño,

desconoce la enseñanza acerca de la justicia. **14** En cambio, el alimento sólido es para los adultos, quienes a fuerza de practicar tienen ejercitado el entendimiento para distinguir entre lo bueno y lo malo.

6 Por eso, dejando a un lado las enseñanzas elementales acerca de Cristo, avancemos hacia la madurez. No volvamos a poner los fundamentos de la fe en Dios y del arrepentimiento de las obras que conducen a la muerte, *x* **2** de la instrucción sobre los bautismos, de la imposición de manos, de la resurrección de los muertos, y del juicio eterno. **3** Así procederemos si Dios lo permite.

4 En cuanto a los que una vez han sido iluminados, que han saboreado el don celestial, que han tenido parte en el Espíritu Santo, **5** que han saboreado la buena palabra de Dios y los poderes del mundo venidero, **6** y después se han apartado, es imposible volverlos a llevar al arrepentimiento, porque *y* vuelven a crucificar, para su propio mal, al Hijo de Dios, y lo exponen a vergüenza pública.

7 La tierra que bebe la lluvia que cae sobre ella con frecuencia y que produce una cosecha útil para aquellos que la cultivan recibe la bendición de Dios. **8** En cambio, no vale nada la que produce espinos y cardos; está en peligro de ser maldecida, y terminará por ser quemada.

9 Aunque nos expresamos de esta manera, queridos hermanos, estamos confiados de que a ustedes les espera algo mejor, lo cual acompaña a la salvación. **10** Dios no es injusto como para olvidarse de su trabajo y el amor que le han mostrado con la ayuda que han prestado y siguen prestando a su pueblo. **11** Lo que deseamos es que cada uno de ustedes muestre ese mismo cuidado hasta el fin, para dar plena seguridad a su esperanza. **12** No queremos que se vuelvan perezosos, sino que imiten a quienes por su fe y paciencia heredan lo que se ha prometido.

---

v **5:5** O *yo te he engendrado hoy*"; Sal 2:7   *w* **5:6** Sal 110:4   *x* **6:1** O *de obras inútiles*
y **6:6** O *arrepentimiento mientras*

La certeza de la promesa de Dios

13 Cuando Dios hizo su promesa a Abraham, como no había otro superior a él por quien jurar, juró por sí mismo, **14** y dijo: "Te aseguro que te bendeciré y te daré muchos descendientes."*z* **15** Y así, después de esperar con paciencia, Abraham recibió lo que se le había prometido.

16 Los hombres juran por alguien superior a ellos mismos, y el juramento confirma lo que se ha dicho y pone punto final a toda discusión. **17** Y como Dios quería demostrar de modo convincente a los herederos de lo prometido el carácter invariable de su propósito, lo confirmó con un juramento. **18** Lo hizo a fin de que, mediante dos cosas que no pueden cambiarse y en las que es imposible que Dios mienta, seamos alentados poderosamente los que hemos acudido a la esperanza que se nos ha ofrecido, aferrándonos a ella. **19** Tenemos esa esperanza como firme y segura ancla del alma que penetra hasta detrás de la cortina del santuario, **20** donde entró Jesús como precursor en favor de nosotros, llegando a ser sumo sacerdote para siempre, de la orden de Melquisedec.

El sacerdocio de Melquisedec

7 Ese Melquisedec era rey de Salem y sacerdote del Dios Altísimo. Salió al encuentro de Abraham cuando éste regresaba de derrotar a los reyes, y lo bendijo, **2** y Abraham le dio la décima parte de todo. El nombre Melquisedec significa en primer lugar "rey de justicia"; y, además, "rey de Salem" quiere decir "rey de paz". **3** Sin padre ni madre ni genealogía, sin comienzo ni fin de su existencia, como el Hijo de Dios, permanece sacerdote para siempre.

4 Ahora consideren la grandeza de ese hombre, a quien nada menos que el patriarca Abraham dio la décima parte del botín. **5** Es que la ley les exige a los descendientes de Leví que llegan a ser sacerdotes que reciban del pueblo —es decir, de sus hermanos— la décima parte, aunque sus hermanos también son descendientes de Abraham. **6** En cambio, aquél no era descendiente de Leví, y sin embargo recibió de Abraham la décima parte y bendijo al que tenía las promesas. **7** Es indiscutible que quien bendice es superior al que recibe la bendición. **8** En el caso de los levitas la décima parte la reciben hombres que mueren; pero en el caso de Melquisedec la recibe aquel de quien se asegura que todavía vive. **9** Podría incluso afirmarse que Leví, quien recibe la décima parte, la pagó por medio de Abraham, **10** ya que cuando Melquisedec salió al encuentro de Abraham, Leví estaba todavía en el cuerpo de su antepasado.

Jesucristo, semejante a Melquisedec

11 Si la perfección hubiera podido alcanzarse mediante el sacerdocio levítico (pues se le dio al pueblo la ley sobre esta base), ¿qué necesidad había ya de que surgiera otro sacerdote, de la orden de Melquisedec, y no de la de Aarón? **12** Porque cuando cambia el sacerdocio también tiene que cambiarse la ley. **13** Aquel de quien se dicen estas cosas era de una tribu diferente, y ninguno de esa tribu se ha dedicado nunca al servicio del altar. **14** Pues resulta evidente que nuestro Señor descendió de Judá, y con relación a esa tribu nada dijo Moisés acerca del sacerdocio. **15** Y lo que hemos dicho resulta aún más evidente si surge otro sacerdote como Melquisedec, **16** que llegó a serlo, no basado en una ley que tenga que ver con su linaje, sino en virtud del poder de una vida indestructible. **17** Pues de él se afirma:

"Tú eres sacerdote para siempre,
de la orden de Melquisedec."*a*

18 Queda anulada la ley anterior por ser débil e inútil, **19** (pues la ley no perfeccionó nada), y se introduce una esperanza mejor, por la cual nos acercamos a Dios.

z 6:14 Gn 22:17   *a* 7:17 Sal 110:4

20 ¡Y no fue sin juramento! Otros llegaron a ser sacerdotes sin juramento, **21** mientras que éste llegó a serlo con juramento cuando Dios le dijo:

"El Señor ha jurado,
   y no cambiará de parecer:
      'Tú eres sacerdote para siempre.' "*b*

22 Debido a ese juramento, Jesús ha llegado a ser la garantía de un pacto superior.

23 Ahora bien, ha habido muchos de esos sacerdotes, porque la muerte les impedía seguir ejerciendo sus funciones; **24** pero como Jesús vive para siempre, tiene un sacerdocio permanente. **25** Por eso también puede salvar por completo*c* a los que por medio de él se acercan a Dios, ya que vive siempre para interceder por ellos.

26 Satisface nuestras necesidades un sumo sacerdote como él: santo, irreprochable, puro, separado de los pecadores y exaltado sobre el cielo. **27** El no necesita, como los otros sumos sacerdotes, ofrecer sacrificios día tras día, primero por sus propios pecados y luego por los del pueblo. Más bien hizo el sacrificio de una vez por todas por los pecados de ellos, cuando se ofreció a sí mismo. **28** Es que la ley nombra como sumos sacerdotes a hombres que son débiles; pero el juramento, pronunciado después de la ley, nombró al Hijo, hecho perfecto para siempre.

El sumo sacerdote de un nuevo pacto

8 Este es el punto principal de lo que venimos diciendo: Tenemos tal sumo sacerdote, que se sentó a la derecha del trono de la Majestad en el cielo, **2** y que sirve en el santuario, el verdadero tabernáculo levantado por el Señor y no por hombre alguno.

3 A todo sumo sacerdote se le nombra para presentar ofrendas y sacrificios. Por ello era necesario que éste también tuviera algo que ofrecer. **4** Si él estuviera en la tierra, no sería sacerdote, porque ya hay quienes presentan las ofrendas que exige la ley. **5** Estos sacerdotes sirven en un santuario que es copia y sombra de lo que hay en el cielo. Por eso recibió Moisés, cuando estaba a punto de construir el tabernáculo, la siguiente advertencia: "Asegúrate de hacerlo todo según el modelo que se te ha mostrado en la montaña."*d* **6** Pero el ministerio que Jesús ha recibido es superior al de ellos en la medida en que el pacto del cual es mediador es superior al antiguo, y está basado en mejores promesas.

7 Efectivamente, si hubiera sido perfecto ese primer pacto, no se habría buscado lugar para otro. **8** Pero Dios encontró defectos en el pueblo y dijo:*e*

"Llegará el tiempo, dice el Señor,
   en que haré un nuevo pacto
      con la casa de Israel
      y con la casa de Judá.
9 No será como el pacto
      que hice con sus antepasados,
   cuando los tomé de la mano
      para sacarlos de Egipto,
   porque no permanecieron fieles a mi pacto,
      y me alejé de ellos,
                              dice el Señor.
10 Este es el pacto que haré con
      la casa de Israel
   después de ese tiempo, dice
      el Señor:
   Pondré mis leyes en su mente
      y las escribiré en su corazón.
   Yo seré su Dios,
      y ellos serán mi pueblo.
11 Ya nadie enseñará a su prójimo,
      ni nadie enseñará a su hermano, diciéndole:
         '¡Conoce al Señor!',
   porque todos me conocerán,
      desde el más pequeño hasta
      el más grande.
12 Perdonaré sus maldades,
      y nunca más me acordaré de
         sus pecados."*f*

13 Al declarar "nuevo" ese pacto, ha convertido en obsoleto el ante-

---

b 7:21 Sal 110:4   *c* 7:25 O *salvar para siempre*   *d* 8:5 Ex 25:40   *e* 8:8 Algunos
mss. pueden traducirse: *defectos y le dijo al pueblo:*   *f* 8:12 Jer 31:31-34

rior; y lo que es viejo y obsoleto está a punto de desaparecer.

El culto en el tabernáculo terrenal

9 Ahora bien, el primer pacto tenía sus normas para el culto, como también un santuario terrenal. 2 Se construyó el tabernáculo de tal manera que en su primera pieza, llamada el Lugar Santo, estaban el candelabro, la mesa y los panes consagrados. 3 Detrás de la segunda cortina estaba la pieza llamada el Lugar Santísimo, 4 en la que se encontraban el altar de oro del incienso y el arca del pacto, toda recubierta de oro. Dentro del arca había una urna de oro que contenía el maná, la vara de Aarón que había retoñado, y las tablas del pacto. 5 Encima del arca estaban los querubines de la gloria que cubrían con su sombra el propiciatorio. Pero ahora no se puede hablar de eso en detalle.

6 Una vez que todo quedaba dispuesto de esa manera, los sacerdotes entraban con regularidad en la primera parte del tabernáculo para desempeñar su ministerio. 7 Pero únicamente el sumo sacerdote entraba en la segunda parte, y sólo una vez al año, provisto siempre de sangre, para ofrecerla por sí mismo y por los pecados que el pueblo cometía por ignorancia. 8 Con esto el Espíritu Santo daba a entender que, mientras siguiera en pie el primer tabernáculo, aún no se había revelado el camino que conduce al Lugar Santísimo. 9 En la actualidad esto nos ilustra que las ofrendas y los sacrificios ofrecidos allí no tenían poder alguno para limpiar la conciencia del que adoraba. 10 Sólo se trata de alimentos, bebidas y diversas ceremonias de purificación, o sea, reglas externas que tienen vigencia hasta el tiempo de la renovación.

La sangre de Cristo

11 Cuando se presentó Cristo como sumo sacerdote de los bienes defini-

tivos,g entró a través del tabernáculo mejor y más perfecto, no hecho por el hombre, es decir, que no forma parte de esta creación. 12 No entró mediante la sangre de chivos ni de becerros, sino que entró en el Lugar Santísimo de una vez por todas mediante su propia sangre, habiendo conseguido un rescate eterno. 13 La sangre de los chivos y de los toros, y las cenizas de una novilla, rociadas sobre los ritualmente impuros, los santifican, de modo que quedan limpios por fuera. 14 Entonces, ¡cuánto más la sangre de Cristo, quien por medio del Espíritu eterno se ofreció sin mancha a Dios, purificará nuestra conciencia de las obras que conducen a la muerte,h a fin de que sirvamos al Dios viviente!

15 Por eso es Cristo mediador de un nuevo pacto, para que los llamados reciban la herencia eterna prometida, ahora que él ha muerto en rescate para liberarlos de los pecados cometidos bajo el primer pacto.

16 Cuando se trata de un testamento,i hay que hacer constar la muerte de la persona que lo hizo, 17 porque un testamento sólo tiene validez cuando alguien ha muerto, y nunca tiene efecto mientras vive el que lo hizo. 18 De ahí que ni siquiera el primer pacto comenzara a aplicarse sin sangre. 19 Después de proclamar todos y cada uno de los mandamientos de la ley a todo el pueblo, Moisés tomó la sangre de los becerros junto con agua, lana escarlata y ramas de hisopo, y roció el libro de la ley y también a todo el pueblo. 20 Luego les dijo: "Esta es la sangre del pacto que Dios ha mandado que ustedes guarden."j 21 De la misma manera roció con la sangre tanto el tabernáculo como todos los objetos que se usaban en las ceremonias. 22 Es más, la ley exige que casi todo sea purificado con sangre, y sin derramamiento de sangre no hay perdón.

---

g 9:11 Algunos mss. antiguos dicen: *bienes venideros*   h 9:14 O *de obras inútiles*
i 9:16 En griego la misma palabra se emplea para *pacto* y para *testamento*; también en v. 17
j 9:20 Ex 24:8

23 Así que fue necesario que las copias de lo celestial fueran purificadas con esos sacrificios, pero lo celestial mismo debía serlo con sacrificios superiores a ésos. **24** Pues no entró Cristo en un santuario hecho por los hombres, el cual era apenas una copia del verdadero, sino que entró en el cielo mismo, para comparecer ahora en favor nuestro en la presencia de Dios. **25** Ni entró en el cielo para ofrecerse vez tras vez, como hace el sumo sacerdote al entrar en el Lugar Santísimo cada año con sangre ajena. **26** En ese caso Cristo habría tenido que sufrir muchas veces desde la creación del mundo. Pero ahora se ha presentado de una vez por todas al final de los tiempos, para acabar con el pecado mediante el sacrificio de sí mismo. **27** Así como está establecido que el hombre muera una sola vez, y después tiene que comparecer en juicio, **28** también Cristo fue ofrecido en sacrificio una sola vez para quitar los pecados de muchos; y aparecerá por segunda vez, no para cargar con ningún pecado, sino para traer salvación a quienes lo esperan.

El sacrificio de Cristo, ofrecido de una vez por todas

10 La ley es sólo una sombra de los bienes venideros; no la realidad misma de ellos. Por eso nunca puede, mediante los mismos sacrificios que se ofrecen sin cesar año tras año, hacer perfectos a los que se acercan a rendir culto. **2** Si pudiera hacerlo, ¿no habrían ya dejado de ofrecerse? En tal caso los que rinden ese culto, purificados de una vez por todas, ya no se habrían sentido culpables de pecado. **3** Pero esos sacrificios son un recordatorio anual de los pecados, **4** ya que es imposible que la sangre de los toros y de los chivos quite los pecados.

5 Por eso, al entrar en el mundo, Cristo dijo:

"No quisiste sacrificio ni ofrenda, sino que me preparaste un cuerpo;

6 los holocaustos y los sacrificios por el pecado no fueron de tu agrado.

7 Entonces dije: 'Aquí estoy —pues está escrito de mí en el libro—. He venido a hacer tu voluntad, oh Dios.' " *k*

8 Primero dijo: "No quisiste sacrificios, ni ofrendas ni holocaustos por el pecado, ni fueron de tu agrado" (a pesar de que la ley exigía que se ofrecieran). **9** Luego añadió: "Aquí estoy; he venido a hacer tu voluntad." Quita lo primero para establecer lo segundo. **10** Y en virtud de esa voluntad se nos ha santificado mediante el sacrificio del cuerpo de Jesucristo, ofrecido de una vez por todas.

11 Día tras día todo sacerdote oficia de pie y repetidas veces ofrece los mismos sacrificios, que nunca pueden quitar los pecados. **12** Pero cuando ese sacerdote hubo ofrecido por los pecados un solo sacrificio para siempre, se sentó a la derecha de Dios. **13** Desde entonces espera a que sus enemigos sean puestos por estrado de sus pies, **14** porque con un solo sacrificio ha hecho perfectos para siempre a los que va santificando.

15 También el Espíritu Santo nos da testimonio de ello. Primero dice:

16 "Este es el pacto que haré con ellos después de ese tiempo, dice el Señor: Pondré mis leyes en su corazón, y las escribiré en su mente." *l*

17 Después añade:

"Y nunca más me acordaré de sus pecados y maldades." *m*

18 Y donde se han perdonado éstos, ya no hay ningún sacrificio por el pecado.

Llamada a la perseverancia

19 Así que, hermanos, como tenemos confianza para entrar en el Lugar Santísimo por la sangre de Jesucristo, **20** por un camino nuevo y vivo, que se nos ha abierto a través de la cortina, es decir, de su cuerpo,

k 10:7 Sal 40:6-8 (véase la Septuaginta)   *l* 10:16 Jer 31:33   *m* 10:17 Jer 31:34

21 y puesto que tenemos un gran sacerdote al frente de la casa de Dios, 22 acerquémonos a Dios con corazón sincero y con plena seguridad de fe, con el corazón rociado para limpiarnos de una conciencia culpable y con el cuerpo lavado con agua pura. 23 Mantengamos firme la esperanza que profesamos, porque fiel es el que hizo la promesa. 24 Consideremos cómo estimularnos unos a otros al amor y a las buenas obras. 25 No dejemos de reunirnos, como acostumbran algunos, sino animémonos unos a otros, y mucho más al ver que el día se acerca.

26 Si seguimos pecando intencionalmente después de haber recibido el conocimiento de la verdad, ya no queda sacrificio por los pecados, 27 sino sólo una terrible expectativa de juicio y de fuego ardiente que consumirá a los enemigos de Dios. 28 Cualquiera que rechazaba la ley de Moisés moría sin compasión ante la declaración de dos o tres testigos. 29 ¿Cuánto mayor castigo piensan ustedes que merece el que ha pisoteado al Hijo de Dios, que ha tenido por profana la sangre del pacto que lo santificó, y que ha insultado al Espíritu de la gracia? 30 Pues conocemos al que dijo: "A mí me corresponde la venganza; yo pagaré";[n] y también: "El Señor juzgará a su pueblo."[o] 31 ¡Terrible cosa es caer en las manos del Dios viviente!

32 Recuerden aquellos días pasados después de haber recibido la luz, cuando soportaron gran conflicto y sufrimientos. 33 Unas veces se vieron públicamente expuestos a la afrenta y a la persecución; otras veces compartieron los riesgos de los que se hallaban en circunstancias parecidas. 34 Ustedes se compadecieron de los encarcelados y aceptaron con alegría que se les quitaran sus bienes, conscientes de que tenían posesiones mejores y duraderas.

35 Así que no pierdan su confianza, la cual será grandemente recompensada. 36 Ustedes necesitan perseverar para que, una vez que hayan cumplido la voluntad de Dios, reciban lo que él ha prometido. 37 Pues dentro de muy poco tiempo,

"el que ha de venir vendrá y
no tardará.

38   Pero mi justo[p] vivirá por la fe.
Y si se vuelve atrás,
no será de mi agrado."[q]

39 Pero nosotros no somos de los que se vuelven atrás y son destruidos, sino de los que creen y son salvos.

Por la fe

11 Ahora bien, la fe es tener la seguridad de lo que esperamos y la certeza de lo que no vemos. 2 Gracias a ella fueron reconocidos los antiguos.

3 Por la fe entendemos que el universo fue formado por orden de Dios, de modo que lo que se ve no fue hecho de lo que era visible.

4 Por la fe Abel ofreció a Dios un sacrificio superior al de Caín. Por la fe fue reconocido como justo cuando Dios aprobó sus ofrendas. Y por la fe Abel, a pesar de estar muerto, habla todavía.

5 Por la fe Enoc fue trasladado de este mundo, de modo que no experimentó la muerte; y no fue posible encontrarlo porque Dios se lo había llevado. Es que antes de ser llevado fue reconocido como quien había agradado a Dios. 6 Y sin fe es imposible agradar a Dios, ya que cualquiera que se le acerca tiene que creer que él existe y que recompensa a quienes lo buscan.

7 Por la fe Noé, advertido sobre cosas que aún no se veían, con santo temor construyó un arca para salvar a su familia. Por esa fe condenó al mundo y llegó a ser heredero de la justicia que se alcanza por la fe.

8 Por la fe Abraham, al ser llamado para que fuera a un lugar que más tarde recibiría como herencia, obedeció y salió, a pesar de que no sabía a dónde se dirigía. 9 Por la fe se radicó

---

n 10:30 Dt 32:35   o 10:30 Dt 32:36; Sal 135:14   p 10:38 Hay un ms. antiguo que
dice: *Pero el justo*   q 10:38 Hab 2:3,4

en la tierra prometida como un extraño en un país extranjero; vivió en tiendas de campaña, así como Isaac y Jacob, que también eran herederos de la misma promesa. 10 Pues esperaba la ciudad que tiene cimientos, y que tiene a Dios como su arquitecto y constructor.

11 Por la fe Abraham, a pesar de su avanzada edad —y de que Sara misma no podía tener hijos—, fue capacitado para ser padre,^r porque tuvo por fiel al que había hecho la promesa. 12 Así que de ese solo hombre, y ya gastado, nacieron descendientes numerosos como las estrellas del cielo e incontables como la arena de la playa.

13 Todas esas personas vivieron por la fe hasta que murieron. No recibieron las cosas prometidas; más bien, las vieron y las saludaron de lejos, y reconocieron que eran extranjeros y peregrinos en la tierra. 14 Quienes así se expresan claramente dan a entender que andan en busca de una patria. 15 Si hubieran estado pensando en aquella patria de donde habían emigrado, habrían tenido oportunidad de regresar a ella. 16 En vez de hacerlo así, anhelaban una patria mejor, la del cielo. Por eso Dios no se avergüenza de ser llamado Dios de ellos, pues les preparó una ciudad.

17 Por la fe Abraham, cuando Dios lo puso a prueba, se dispuso a ofrecer a Isaac en sacrificio. Aquel que había recibido las promesas estaba a punto de sacrificar a su único hijo, 18 a pesar de que Dios le había dicho: "Tu descendencia^s se establecerá por medio de Isaac."^t 19 Abraham llegó a la conclusión de que Dios tenía poder hasta para resucitar a los muertos y, en sentido figurado, recobró a Isaac de entre los muertos.

20 Por la fe Isaac bendijo a Jacob y a Esaú, aludiendo a lo que les esperaba en el futuro.

21 Por la fe Jacob, cuando estaba a punto de morir, bendijo a cada uno

de los hijos de José, y adoró apoyándose en la punta de su bastón.

22 Por la fe José, al fin de su vida, se refirió a la salida de los israelitas de Egipto y dio instrucciones acerca de sus restos.

23 Por la fe los padres de Moisés lo escondieron, recién nacido, durante tres meses, porque vieron que era un niño extraordinario, y no tuvieron miedo del edicto del rey.

24 Por la fe Moisés, ya adulto, renunció a ser llamado hijo de la hija del Faraón. 25 Prefirió ser maltratado con el pueblo de Dios a disfrutar de los placeres efímeros del pecado. 26 Consideró de más valor el sufrir oprobios por causa de Cristo que los tesoros de Egipto, porque tenía la mirada puesta en la recompensa. 27 Por la fe salió de Egipto sin tenerle miedo a la ira del rey; se mantuvo firme porque vio al que es invisible. 28 Por la fe celebró la Pascua y el rociamiento de la sangre, para que el exterminador de los primogénitos no tocara a los de Israel.

29 Por la fe el pueblo cruzó el mar Rojo;^u como por tierra seca; pero cuando lo intentaron los egipcios, se ahogaron.

30 Por la fe cayeron las murallas de Jericó después que el pueblo hubo marchado a su alrededor por siete días.

31 Por la fe la prostituta Rahab, por haber recibido a los espías, no murió junto con los desobedientes.^v

32 ¿Qué más voy a decir? Me faltaría tiempo para hablar sobre Gedeón, Barac, Sansón, Jefté, David, Samuel y los profetas, 33 los cuales por la fe conquistaron reinos, impartieron justicia y alcanzaron lo prometido; taparon bocas de leones, 34 apagaron la furia de las llamas y escaparon del filo de la espada; vieron su debilidad revestida de fuerza; se hicieron poderosos en la guerra y pusieron en fuga a ejércitos extranjeros. 35 Hubo mujeres que recobraron, resucitados, a

---

^r 11:11 O *Por la fe incluso Sara, a pesar de su avanzada edad, fue capacitada para tener hijos,*   ^s 11:18 Griego *simiente*   ^t 11:18 Gn 21:12   ^u 11:29 Es decir, mar de las cañas   ^v 11:31 O *incrédulos.*

sus muertos. Otros fueron tortura-
dos y no dejaron que los pusieran en
libertad por alcanzar una resurrección superior. **36**Otros sufrieron la
prueba de burlas y azotes, mientras
que otros cadenas y cárceles. **37**Fueron apedreados,*w* aserrados por la
mitad, asesinados a filo de espada.
Anduvieron fugitivos de un lado para
otro, vestidos de piel de oveja y de
cabra, pasando necesidad, sufriendo
persecución y maltrato. **38**El mundo
no los merecía. Anduvieron sin
rumbo por desiertos y montañas, por
cuevas y cavernas de la tierra.

39Todos ellos fueron reconocidos
por su fe, pero ninguno alcanzó el
cumplimiento de las promesas.
40Dios había previsto algo mejor
para nosotros, de modo que sólo
junto con nosotros llegaran ellos a
ser perfeccionados.

Dios disciplina a sus hijos

12 Por lo tanto, ya que nos
rodea una nube tan grande
de testigos, despojémonos de todo lo
que nos estorba y del pecado que nos
asedia, y corramos con perseverancia la carrera que tenemos por
delante. **2**Fijemos la mirada en
Jesús, el autor y perfeccionador de
nuestra fe, quien por el gozo que le
esperaba, soportó la cruz, menos-
preciando la vergüenza que representaba, y se sentó a la derecha del
trono de Dios. **3**Consideren a aquel
que soportó tanta oposición de parte
de los pecadores, para que no se
cansen ni pierdan el ánimo.

4En la lucha que libran ustedes
contra el pecado, todavía no han
resistido hasta tener que derramar
su sangre. **5**Y han olvidado las palabras de aliento que como a hijos se
les dirige:

"Hijo mío, no tomes a la ligera
　la disciplina del Señor
ni te desanimes cuando te
　reprenda,
6porque el Señor disciplina a
　los que ama,

y castiga a todo el que recibe
　como hijo."*x*

7Soporten como disciplina la dificultad; Dios los está tratando como a
hijos; porque ¿qué hijo hay que no sea
disciplinado por su padre? **8**Si a ustedes no se les disciplina (experiencia
que todos comparten), es que son
ilegítimos y no hijos verdaderos.
9Además, todos hemos tenido padres
humanos que nos disciplinaban, y los
respetábamos por eso. ¡Debemos con
mayor razón someternos al Padre de
nuestros espíritus, y así viviremos!
10Nuestros padres nos imponían disciplina pasajera según creían conveniente; pero Dios lo hace para nuestro bien, a fin de que participemos de
su santidad. **11**Ninguna disciplina,
en el momento de recibirla, parece
agradable, sino más bien penosa; sin
embargo, luego produce una cosecha
de justicia y paz para quienes se
ejercitan en ella.

12Por tanto, renueven las fuerzas
de sus manos cansadas y de sus
rodillas debilitadas. **13**"Hagan sendas derechas para sus pies",*y* para
que lo que cojea no quede incapaci-
tado sino que se sane.

*Advertencia a los que rechazan
a Dios*

14Esfuércense por vivir en paz
con todos y por ser santos; sin santidad nadie verá al Señor. **15**Asegúrense de que nadie deje de alcanzar
la gracia de Dios y de que ninguna
raíz amarga brote y cause dificultades y corrompa a muchos. **16**Que
ninguno sea inmoral ni profano
como Esaú, que por un solo plato de
comida vendió sus derechos de hijo
mayor. **17**Después, como ya saben,
cuando quiso heredar esa bendición,
fue rechazado. No logró hacer cambiar la decisión, a pesar de que buscó
con lágrimas la bendición.

18Ustedes no se han acercado a
una montaña que se puede tocar y
que arde con fuego; ni a oscuridad,
tinieblas y tormenta; **19**ni a sonido

---

w **11:37** Algunos mss. antiguos dicen: *apedreados, puestos a prueba,*   *x* **12:6** Pr 3:11,12
y **12:13** Pr 4:26

de trompeta o tal clamor de palabras que quienes lo oyeron suplicaron que no se les hablara más, **20** porque no podían soportar esta orden: "Será apedreado todo el que toque la montaña, aunque sea un animal." *z* **21** Tan terrible era el espectáculo que Moisés dijo: "Estoy temblando de miedo." *a*

22 Ustedes más bien se han acercado al monte Sion, a la Jerusalén celestial, la ciudad del Dios viviente. Se han acercado a millares y millares de ángeles en asamblea gozosa, **23** a la iglesia de los hijos bendecidos de Dios que tienen sus nombres escritos en el cielo. Se han acercado a Dios, el juez de todos, a los espíritus de los justos hechos perfectos, **24** a Jesús el mediador de un nuevo pacto, y a la sangre rociada que habla mejor que la de Abel.

25 Asegúrense de no rechazar al que habla. Si no escaparon aquellos cuando rechazaron al que les llamaba la atención en la tierra, ¿cuánto menos escaparemos nosotros si le volvemos la espalda al que nos llama la atención desde el cielo? **26** En aquella ocasión, su voz hizo temblar la tierra, pero ahora ha hecho esta promesa: "Una vez más haré temblar no sólo la tierra sino también el cielo." *b* **27** Las palabras "una vez más" indican que se removerá lo que se puede estremecer —es decir, las cosas creadas—, para que permanezca lo que no se puede estremecer.

28 Así que, como estamos recibiendo un reino que no se puede estremecer, seamos agradecidos y adoremos a Dios como a él le agrada, con temor y reverencia, **29** porque nuestro "Dios es fuego consumidor". *c*

Recomendaciones finales

13 Sigan amándose unos a otros como hermanos. **2** No se olviden de brindar hospitalidad a los desconocidos, porque algunos, al hacerlo así, sin saberlo tuvieron por

huéspedes a ángeles. **3** Acuérdense de los presos, como si ustedes fueran sus compañeros de cárcel, y de los maltratados, como si fueran ustedes mismos los que sufren.

4 Todos deben tener en alta estima el matrimonio, y debe conservarse pura la relación conyugal, porque Dios juzgará a los adúlteros y a todos los que cometen inmoralidades sexuales. **5** Manténganse libres del amor al dinero y conténtense con lo que tienen, porque Dios ha dicho:

"Nunca te dejaré;
     jamás te abandonaré." *d*
6 Así que confiados podemos decir:
"El Señor es quien me ayuda;
     no temeré.
¿Qué puede hacerme el hombre?" *e*

7 Acuérdense de sus dirigentes, que les predicaron la palabra de Dios. Consideren cuál fue el resultado de su conducta e imiten su fe. **8** Jesucristo es el mismo ayer y hoy y por los siglos.

9 No se dejen llevar por diversas enseñanzas extrañas. Mejor es que nuestro corazón sea fortalecido por la gracia, y no por alimentos rituales que de nada aprovechan a quienes los comen. **10** Nosotros tenemos un altar del cual no tienen derecho a comer los que oficial en el tabernáculo.

11 El sumo sacerdote introduce la sangre de los animales en el Lugar Santísimo como sacrificio por el pecado, pero los cuerpos de esos animales se queman fuera del campamento. **12** Así también Jesús, para santificar al pueblo mediante su propia sangre, sufrió fuera de la puerta de la ciudad. **13** Por lo tanto, salgamos a su encuentro fuera del campamento, llevando la deshonra que él llevó. **14** Pues aquí no tenemos una ciudad permanente, sino que buscamos la ciudad que ha de venir.

15 Así que, ofrezcamos continuamente a Dios, por medio de Jesucristo, un sacrificio de alabanza, es decir, el fruto de los labios que con-

---

z **12:20** Ex 19:12,13   *a* **12:21** Dt 9:19   *b* **12:26** Hag 2:6   *c* **12:29** Dt 4:24
d **13:5** Dt 31:6   *e* **13:6** Sal 118:6,7

fiesan su nombre. **16**No se olviden de hacer el bien y de compartir con otros lo que tienen, porque ésos son los sacrificios que agradan a Dios.

17Obedezcan a sus dirigentes y sométanse a su autoridad; ellos cuidan de ustedes como quienes tienen que rendir cuentas. Obedézcanlos a fin de que el trabajo de ellos sea una tarea gozosa y no una carga insoportable, porque esto último no sería de ningún provecho para ustedes.

18Oren por nosotros. Estamos seguros de tener la conciencia tranquila y queremos portarnos honradamente en todo. **19**Encarecidamente les ruego que oren para que se me permita estar de nuevo con ustedes cuanto antes.

20Que el Dios de paz, quien por la sangre del pacto eterno levantó de entre los muertos a nuestro Señor Jesús, aquel gran Pastor de las ovejas, **21**los prepare con toda virtud para cumplir su voluntad, y que haga en nosotros lo que él quiere por medio de Jesucristo, a quien sea la gloria por los siglos de los siglos. Amén.

22Hermanos, les ruego que soporten estas palabras de exhortación, ya que sólo les he escrito una breve carta.

23Quiero que sepan que se ha puesto en libertad a nuestro hermano Timoteo. Si llega pronto, iré con él a verlos.

24Saluden a todos sus dirigentes y a todo el pueblo de Dios. Los de Italia les mandan saludos.

25La gracia sea con todos ustedes.

Carta de
Santiago

1 Santiago, siervo de Dios y del Señor Jesucristo,

a las doce tribus dispersas entre las naciones:

Saludos.

Pruebas y tentaciones

2 Hermanos míos, considérense muy dichosos al tener que enfrentar diversas pruebas, **3** porque saben que la prueba de su fe produce constancia. **4** La constancia tiene que llevar a feliz término su tarea, para que ustedes sean maduros e íntegros, sin que les falte nada. **5** Si a alguno de ustedes le falta sabiduría, pídasela a Dios, que da a todos generosamente y sin reproches, y se le dará. **6** Pero al pedir, tiene que creer y no dudar, porque el que duda es como una ola del mar, agitada y llevada de un lado a otro por el viento. **7** No piense quien tal haga que va a recibir nada del Señor; **8** es un indeciso, inconstante en todo lo que hace.

9 El hermano de humilde condición debe sentirse satisfecho con su alta posición. **10** Y el rico debe enorgullecerse de su baja posición, porque pasará como flor del campo. **11** Pues sale el sol con su calor abrasador y seca la planta; se le cae la flor y se arruina su belleza. Así se marchitará también el rico en medio de sus empresas.

12 Dichoso el que soporta la prueba porque, una vez que la haya superado, recibirá la corona de la vida que Dios ha prometido a quienes lo aman.

13 Cuando uno sea tentado, no debe decir: "Me está tentando Dios." Porque Dios no puede ser tentado por el mal ni tampoco él tienta a nadie; **14** sino que cada uno es tentado cuando se deja arrastrar y seducir por sus propios malos deseos. **15** Después, cuando el deseo ha concebido, da a luz el pecado; y cuando el pecado ha llegado a su madurez, da a luz la muerte.

16 No se dejen engañar, mis queridos hermanos. **17** Todo lo bueno y perfecto que se nos da viene de arriba y desciende del Padre de las luces celestiales, el cual no cambia como sombras inconstantes. **18** El decidió hacernos nacer mediante la palabra de verdad, para que fuéramos como una especie de primicias de todo lo que creó.

Hay que poner en práctica la palabra

19 Mis queridos hermanos, tengan presente esto: Todos deben ser prestos para escuchar, lentos para hablar, y lentos para enojarse; **20** pues la ira del hombre no da como resultado la vida recta que Dios quiere. **21** Así que despójense de toda suciedad moral y de la maldad que tanto abunda, y acepten humildemente la palabra sembrada en ustedes, la cual puede salvarlos.

22 No se contenten sencillamente con escuchar la palabra, pues así se engañan ustedes mismos. Llévenla a la práctica. **23** El que escucha la palabra pero no la pone en práctica es como el que se mira el rostro en un espejo **24** y, después de mirarse, se va y se olvida de inmediato cómo es. **25** Pero el que se fija atentamente en la ley perfecta que da libertad, y es constante al practicarla, no olvidando lo que ha oído, sino haciéndolo, será bendecido en lo que haga.

26 El que se cree religioso pero no le pone freno a su lengua se engaña a sí mismo y su religión no sirve para nada. **27** La religión que Dios nuestro Padre acepta como pura y sin mancha es ésta: atender a los huérfanos y a las viudas en su aflicción y conservárse limpio de la contaminación de este mundo.

Prohibición del favoritismo

2 Hermanos míos, como creyentes que son en nuestro glorioso Señor Jesucristo, no muestren favoritismo. **2** Supongamos que en el lugar en que están reunidos entra un hombre con un anillo de oro y vestido elegantemente, y entra también un pobre con ropa raída. **3** Si atienden mejor al que lleva ropa elegante y le dicen: "Siéntese aquí, en un buen lugar", pero al pobre le dicen: "Quédate ahí de pie" o "Siéntate en el suelo a mis pies", **4** ¿acaso no se ha hecho discriminación entre ustedes, convirtiéndose en jueces con malos criterios?

5 Escuchen, mis queridos hermanos: ¿No ha escogido Dios a los que son pobres según el mundo para que sean ricos en la fe y hereden el reino que prometió a quienes lo aman? **6** En cambio ustedes han menospreciado al pobre. ¿Acaso no son los ricos quienes los explotan y los arrastran ante los tribunales? **7** ¿No son ellos los que difaman el buen nombre de aquél a quien ustedes pertenecen?

8 Hacen bien si de veras cumplen la ley superior de la Escritura: "Ama a tu prójimo como a ti mismo";*a* **9** pero si muestran algún favoritismo, pecan y son culpables por la misma ley como transgresores. **10** Porque el que guarda toda la ley pero falla en un solo punto ya es culpable de quebrantarla toda. **11** Pues el que dijo: "No cometas adulterio",*b* también dijo: "No mates."*c* Si no cometes adulterio, pero matas, ya has violado la ley.

12 Hablen y pórtense como quienes van a ser juzgados por la ley que nos da libertad, **13** porque habrá un juicio sin compasión para el que no fue compasivo. ¡La compasión triunfa sobre el juicio!

La fe y las obras

14 ¿De qué sirve, hermanos míos, que alguien alegue que tiene fe si no tiene obras? ¿Acaso puede salvarlo esa fe? **15** Supongamos que un hermano o una hermana anda mal vestido y carece del alimento cotidiano. **16** Si uno de ustedes le dice: "Que te vaya bien; abrígate y come hasta saciarte", pero no le da lo que físicamente necesita, ¿de qué sirve? **17** Así también la fe, por sí sola, está muerta si no va acompañada de obras.

18 Sin embargo, alguien dirá: "Tú tienes fe, y yo tengo obras."

Muéstrame tu fe sin obras, y yo te mostraré mi fe con mis obras. **19** Tú crees que hay un solo Dios. ¡Magnífico! Pero hasta los demonios lo creen, y tiemblan.

20 ¡Vamos, insensato! ¿Quieres convencerte de que la fe sin obras es inútil?*d* **21** ¿No se le tuvo por justo a nuestro antepasado Abraham por lo que hizo cuando ofreció sobre el altar a su hijo Isaac? **22** Ya ves que su fe y sus obras actuaban conjuntamente, y que su fe llegó a su plenitud por lo que hizo. **23** Así se cumplió la Escritura que dice: "Creyó Abraham a Dios, y ello se le tomó en cuenta como justicia,*e* y se le llamó amigo de Dios. **24** Ya ven ustedes que a uno se le justifica por lo que hace, y no sólo por la fe.

25 De igual manera, ¿no fue considerada justa hasta Rahab, la prostituta, por lo que hizo cuando hospedó a los espías y los orientó para que salieran por otro camino? **26** Así como el cuerpo sin el espíritu está muerto, también la fe sin obras está muerta.

Hay que domar la lengua

3 No deben muchos de ustedes hacerse maestros, hermanos míos, porque ya saben que a quienes enseñamos se nos juzgará con más severidad. **2** Todos tropezamos de muchas maneras. Si alguien nunca falla en lo que dice, ése es un hombre cabal, capaz de controlar todo su cuerpo.

3 Cuando ponemos freno en la boca de los caballos para que nos

---

a **2:8** Lv 19:18   *b* **2:11** Ex 20:14; Dt 5:18
d **2:20** Algunos mss. antiguos dicen: *muerta?*

c **2:11** Ex 20:13; Dt 5:17
e **2:23** Gn 15:6

obedezcan, podemos controlar todo el animal. **4** O tomemos como ejemplo los barcos. A pesar de ser tan grandes y de ser fuertes los vientos que los impulsan, son dirigidos por un timón muy pequeño a voluntad del piloto. **5** Así también la lengua es un pequeño miembro del cuerpo, pero hace alarde de grandes hazañas. ¡Imagínense qué gran bosque se incendia con una pequeña chispa! **6** También la lengua es un fuego, un mundo de maldad entre los miembros del cuerpo. Contamina a la persona en su totalidad y, encendida por el infierno, a su vez prende fuego a todo el curso de la vida.

7 El hombre doma y ha domesticado toda clase de animales, de aves, de reptiles y de animales marinos, **8** pero nadie puede domar la lengua. Es un mal incansable, lleno de veneno mortal.

9 Con la lengua bendecimos a nuestro Señor y Padre, y con ella maldecimos a los hombres, hechos a imagen de Dios. **10** De una misma boca salen la bendición y la maldición. Esto, hermanos míos, no debe ser así. **11** ¿Puede acaso brotar de una misma fuente agua dulce y agua salada? *f* **12** Hermanos míos, ¿acaso puede dar aceitunas una higuera o higos una vid? Tampoco puede dar agua dulce una fuente de agua salada.

Dos clases de sabiduría

13 ¿Quién es sabio y entendido entre ustedes? Que lo demuestre con su buena conducta, mediante obras hechas con la humildad que resulta de la sabiduría. **14** Pero si en el corazón tienen envidias amargas y rivalidades, no hagan alarde de ello ni nieguen la verdad. **15** Esa "sabiduría" no desciende del cielo, sino que es terrenal, no espiritual, diabólica. **16** Pues donde hay envidias y rivalidades, también hay confusión y todo tipo de maldad.

17 En cambio, la sabiduría que desciende del cielo es ante todo pura, y además pacífica, comprensiva, dócil, llena de compasión y de buenos frutos, imparcial y sincera. **18** Los pacificadores que siembran en paz cosechan la justicia.

Sométanse a Dios

4 ¿De dónde surgen las guerras y los conflictos entre ustedes? ¿No es de las pasiones que luchan en su interior? **2** Ustedes desean algo y no lo consiguen. Matan y sienten envidia, y no pueden obtener lo que quieren. Riñen y luchan y se hacen la guerra. No tienen, porque no le piden a Dios. **3** Cuando piden, no reciben porque piden con propósitos equivocados, para gastar en sus placeres lo que consiguen.

4 Adúlteros, ¿es que no saben que la amistad con el mundo es enemistad con Dios? El que quiera ser amigo del mundo se vuelve enemigo de Dios. **5** ¿O creen que la Escritura en vano dice que intensamente envidia el espíritu que él hizo morar en nosotros? *g* **6** Al contrario, él nos da mayor gracia. Por eso dice la Escritura:

"Dios se opone a los orgullosos, pero da gracia a los humildes." *h*

7 Así que sométanse a Dios. Resistan al diablo, y él huirá de ustedes. **8** Acérquense a Dios, y él se acercará a ustedes. Límpiense las manos, pecadores, y purifíquense el corazón, ustedes indecisos. **9** Aflíjanse, lloren y laméntense. Que su risa se convierta en llanto y su alegría en tristeza. **10** Humíllense delante del Señor, y él los exaltará.

11 Hermanos, no hablen mal unos de otros. El que habla mal de su hermano, o lo juzga, habla mal de la ley y la juzga. Al juzgar la ley, ya tú no la guardas, sino que la juzgas. **12** No hay más que un solo Legislador y Juez, aquel que puede salvar

f 3:11 Griego *amarga* (véase también v. 14) *el espíritu que hizo morar en nosotros? O dice que el Espíritu que él hizo morar en nosotros celosamente anhela? h 4:6* Pr 3:34

g 4:5 O *dice que Dios celosamente anhela*

y destruir. Tú, en cambio, ¿quién eres para juzgar a tu prójimo?

Alarde sobre el mañana

13 Ahora escuchen esto, ustedes que dicen: "Hoy o mañana iremos a tal o cual ciudad, pasaremos allí un año, haremos negocios y ganaremos dinero." 14 ¡Y eso que ni siquiera saben qué sucederá mañana! ¿Qué es su vida? Ustedes son niebla que aparece por un momento y luego se desvanece. 15 Más bien, debieran decir: "Si el Señor quiere, viviremos y haremos esto o aquello." 16 Al parecer se jactan y alardean. Toda jactancia semejante es mala. 17 Así que comete pecado todo el que sabe hacer el bien y no lo hace.

Advertencia a los ricos opresores

5 Ahora escuchen, ustedes los ricos: lloren y griten por las calamidades que se les vienen encima. 2 Se ha podrido su riqueza y están comidas de polilla sus ropas. 3 Se han oxidado su oro y su plata. Ese óxido dará testimonio contra ustedes y consumirá como fuego su cuerpo. Han amontonado riquezas en estos últimos días. 4 Fíjense cómo clama contra ustedes el pago que no han dado a los obreros que trabajaron en sus campos. El clamor de esos trabajadores ha llegado a los oídos del Señor Todopoderoso. 5 Han llevado en este mundo una vida de lujo y de placer desenfrenado. Se han cebado para el día de la matanza.*i* 6 Ustedes han condenado y matado a los inocentes que no les ofrecieron resistencia.

Paciencia en los sufrimientos

7 Así que tengan paciencia, hermanos, hasta la venida del Señor. Fíjense cómo espera el agricultor a que la tierra dé su precioso fruto y con qué paciencia aguarda las temporadas de lluvia. 8 Tengan también

ustedes paciencia, y manténganse firmes, porque la venida del Señor se acerca. 9 No se quejen unos de otros, hermanos, para que no sean juzgados. ¡El juez ya está a la puerta!

10 Hermanos, tomen como ejemplo de paciencia frente al sufrimiento a los profetas que hablaron en nombre del Señor. 11 Como saben, consideramos dichosos a los que perseveraron. Ustedes han oído hablar de la perseverancia de Job y han visto lo que al final le dio el Señor. Es que el Señor es muy compasivo y misericordioso.

12 Sobre todo, hermanos míos, no juren ni por el cielo ni por la tierra ni por ninguna otra cosa. Que su "sí" sea "sí", y su "no", "no", para que no sean condenados.

La oración de fe

13 ¿Está afligido alguno de ustedes? Debe orar. ¿Está alguno alegre? Que cante alabanzas. 14 ¿Está alguno enfermo? Llame a los ancianos de la iglesia para que oren por él y lo unjan con aceite en el nombre del Señor. 15 Y la oración de fe sanará al enfermo; el Señor lo levantará. Y si ha pecado, habrá perdón para él. 16 Por eso, confiésense unos a otros sus pecados y oren unos por otros para que sean sanados. La oración del justo es poderosa y eficaz.

17 Elías era humano como nosotros. Con fervor pidió que no lloviera, y no llovió sobre la tierra durante tres años y medio. 18 Volvió a orar, y el cielo dio lluvia y la tierra produjo su cultivo.

19 Hermanos míos, si alguno de ustedes se desviara de la verdad, y otro lo hiciera volver, 20 recuerden que quien hace volver a un pecador de su extravío, lo salvará de la muerte y cubrirá muchísimos pecados.

---

i 5:5 O *Han engordado como en un banquete.*

Primera Carta de
San Pedro

1 Pedro, apóstol de Jesucristo,

a los elegidos de Dios, extranjeros en el mundo y dispersos por el Ponto, Galacia, Capadocia, Asia y Bitinia, **2** que han sido escogidos según el previo conocimiento de Dios el Padre, mediante la obra santificadora del Espíritu, para obedecer a Jesucristo y ser rociados con su sangre:

Gracia y paz a ustedes en abundancia.

Alabanza a Dios por una esperanza viva

3 ¡Alabado sea el Dios y Padre de nuestro Señor Jesucristo! Por su gran misericordia, mediante la resurrección de Jesucristo de entre los muertos, nos ha hecho nacer de nuevo a una esperanza viva **4** y a una herencia que nunca puede acabarse, ni echarse a perder ni marchitarse. Esa herencia está reservada en el cielo para ustedes, **5** a quienes el poder de Dios, mediante la fe, protege hasta que llegue la salvación preparada para manifestarse en los últimos tiempos. **6** Esto es para ustedes motivo de gran alegría, aunque hasta ahora, por algún tiempo, hayan tenido que sufrir diversas pruebas, **7** y éstas con el fin de probar su fe —que vale mucho más que el oro, el cual perece a pesar de ser acrisolado por el fuego—, para comprobar que es genuina y así resulte en alabanza, gloria y honor cuando se manifieste Jesucristo. **8** Ustedes lo aman a pesar de no haberlo visto; y aunque no lo ven ahora, creen en él y se alegran con un gozo indecible y glorioso, **9** pues están obteniendo la finalidad de su fe, la salvación del alma.

10 Acerca de esta salvación, los profetas, que hablaron de la gracia destinada para ustedes, investigaron con mucho esmero, **11** tratando de saber a qué tiempo y a qué circunstancias se refería el Espíritu de Cristo, que estaba en ellos, al predecir los sufrimientos de Cristo y la gloria que a éstos seguiría. **12** A ellos se les reveló que no se estaban sirviendo a sí mismos, sino que les servían a ustedes, al hablar de las cosas que ahora les han anunciado los que les predicaron el evangelio por el Espíritu Santo enviado del cielo. Hasta los ángeles anhelan contemplar esas cosas.

Sean santos

13 Por eso, preparen la mente para actuar; tengan dominio propio; pongan toda su esperanza en la gracia que se les dará cuando se manifieste Jesucristo. **14** Como hijos obedientes, no se amolden a los malos deseos que tenían cuando vivían en la ignorancia. **15** Más bien, así como es santo quien los llamó, sean santos en todo lo que hagan; **16** pues está escrito: "Sean santos, porque yo soy santo." *a*

17 Puesto que invocan como Padre al que juzga imparcialmente las obras de cada uno, pórtense con temor reverente durante el tiempo que vivan como extranjeros en este mundo. **18** Pues bien saben que a ustedes se les rescató de la vana manera de vivir que les trasmitieron sus antepasados, no con cosas perecederas, como el oro o la plata, **19** sino con la preciosa sangre de Cristo, cordero sin mancha y sin defecto. **20** A él se le escogió antes de la creación del mundo, pero se ha manifestado en estos últimos tiempos en beneficio de ustedes. **21** Por medio de Cristo ustedes creen en Dios, que lo resucitó de

a **1:16** Lv 11:44,45; 19:2; 20:7

entre los muertos y lo glorificó, de modo que su fe y su esperanza estén puestas en Dios.

22 Ahora que ustedes se han purificado al obedecer a la verdad, y por eso tienen un sincero amor por sus hermanos, ámense unos a otros de corazón,*b* profundamente. **23** Pues ustedes han nacido de nuevo, no de una descendencia perecedera, sino imperecedera, mediante la palabra de Dios que vive y permanece. **24** Porque

"todo hombre es como hierba,
   y toda su gloria como flor
     del campo;
  se seca la hierba y se cae la flor,
25   pero la palabra del Señor permanece para siempre."*c*

Y ésta es la palabra que se les anunció a ustedes.

2 Por lo tanto, líbrense de toda malicia y de todo engaño, de hipocresía, de envidias y de toda calumnia. **2** Como niños recién nacidos, deseen con ansia la leche espiritual pura, para que por ella crezcan en su salvación, **3** ahora que han probado lo bueno que es el Señor.

La piedra viva y su pueblo escogido

4 Al acercarse a él, la Piedra viva —rechazada por los hombres pero escogida y preciosa para Dios—, **5** también ustedes, como piedras vivas, van siendo edificados como una casa espiritual para ser un sacerdocio santo, que ofrece sacrificios espirituales que Dios acepta por medio de Jesucristo. **6** Así dice la Escritura:

"Miren que pongo en Sion
  una piedra angular escogida
    y preciosa,
y el que confíe en él
  no será avergonzado."*d*

7 Para ustedes los que creen, esta piedra es preciosa; pero para los que no creen,

"la piedra que desecharon los
    constructores
  ha llegado a ser piedra angular",*e*

8 y

"piedra de tropiezo
  y roca que hace caer a los
    hombres." *f*

Tropiezan porque desobedecen el mensaje, que es también para lo que fueron destinados.

9 Pero ustedes son pueblo escogido, real sacerdocio, nación santa, pueblo que pertenece a Dios, para que proclamen las virtudes de aquel que los llamó de la oscuridad a su luz maravillosa. **10** Ustedes antes ni siquiera eran pueblo, pero ahora son pueblo de Dios; antes no habían recibido la compasión, pero ahora sí la han recibido.

11 Queridos hermanos, les ruego como a extranjeros y forasteros en este mundo, que se abstengan de los deseos pecaminosos que combaten contra el alma. **12** Mantengan entre los paganos una conducta tan ejemplar que, aunque los acusen de hacer el mal, ellos observen las buenas obras de ustedes y glorifiquen a Dios el día en que nos visite.

*Sumisión a los gobernantes
y a los amos*

13 Sométanse por causa del Señor a toda autoridad instituida entre los hombres: ya sea al rey como suprema autoridad, **14** o a los gobernadores, que él envía para castigar a los que hacen el mal y elogiar a los que hacen el bien. **15** Porque esta es la voluntad de Dios: que haciendo el bien hagan callar a los ignorantes e insensatos. **16** Vivan como personas libres, pero no se valgan de su libertad para disimular la maldad, sino vivan más bien como siervos de Dios. **17** Den a todos el debido respeto: amen a los hermanos, teman a Dios, honren al rey.

18 Esclavos, sométanse con todo respeto a sus amos, no sólo a los buenos y comprensivos sino también a los insoportables. **19** Porque merece aprobación el soportar el dolor del sufrimiento injusto, por

---

b **1:22** Algunos mss. antiguos dicen: *de corazón puro*   *c* **1:25** Is 40:6-8   *d* **2:6** Is 28:16
e **2:7** Sal 118:22   *f* **2:8** Is 8:14

sentido de responsabilidad delante de Dios. **20** Pero ¿cómo pueden atribuirse mérito alguno si soportan que los maltraten por hacer el mal? En cambio, si soportan el sufrimiento por hacer el bien, eso merece aprobación delante de Dios. **21** Para esto se les llamó, porque Cristo sufrió por ustedes, dándoles ejemplo para que sigan sus pasos.

22 "El no cometió ningún pecado
      ni hubo engaño alguno en su
      boca."*g*

23 Cuando proferían insultos contra él, no respondía con insultos; cuando padecía, no amenazaba, sino que se entregaba a aquel que juzga con justicia. **24** El mismo llevó nuestros pecados en su cuerpo sobre el madero, para que nosotros muramos al pecado y vivamos para la justicia; por sus heridas ustedes han sido sanados. **25** Pues eran como ovejas descarriadas, pero ahora han vuelto al Pastor y Supervisor de sus almas.

Deberes conyugales

3 Asimismo, esposas, sométase cada una a su esposo, de modo que si él no cree en la palabra, por el comportamiento de ustedes puedan ganarlo sin palabra alguna, **2** al observar él su pura y respetuosa conducta. **3** La belleza de ustedes no debe consistir de adornos exteriores, tales como peinados ostentosos y el uso de joyas de oro y vestidos lujosos, **4** sino del ser interior: la incorruptible belleza de un espíritu suave y apacible. Dios considera de mucho valor esa belleza. **5** Así en tiempos antiguos resaltaban su belleza las santas mujeres que esperaban en Dios. Cada una se sometía a su esposo, **6** como Sara, que obedecía a Abraham y lo llamaba "mi señor". Ustedes son hijas de ella si hacen el bien y no tienen miedo alguno.

7 Esposos, sean igualmente comprensivos al vivir cada uno con su esposa, tratándola con respeto como compañera que es más delicada y como heredera junto con ustedes del grato don de la vida, para que nada estorbe sus oraciones.

Sufriendo por hacer el bien

8 En fin, vivan todos ustedes en armonía unos con otros; sean comprensivos, ámense como hermanos, sean compasivos y humildes. **9** No devuelvan mal por mal ni insulto por insulto; bendigan más bien, porque se les llamó a esto, para que hereden una bendición. **10** Es que

"el que quiera amar la vida
      y pasar días felices,
guarde su lengua del mal
      y sus labios de palabras enga-
      ñosas.
11 Apártese del mal y haga el bien;
      busque la paz y sígala.
12 Porque los ojos del Señor
      están sobre los justos
      y sus oídos atentos a sus ora-
      ciones,
      pero el Señor mira con malos
      ojos a los que hacen el
      mal."*h*

13 ¿Quién les va a hacer daño si ustedes tienen muchos deseos de hacer el bien? **14** Con todo, si sufren por causa de la justicia, dichosos ustedes. "No teman lo que temen ellos,*i* ni se asusten."*j* **15** Más bien, reconozcan en el corazón a Cristo como Señor. Estén siempre preparados para responder a todo el que les pida razón de la esperanza que ustedes tienen. Pero háganlo con dulzura y respeto, **16** manteniendo la conciencia limpia, para que los que hablan mal de su buena conducta en Cristo se avergüencen de sus calumnias. **17** Es preferible sufrir por hacer el bien, si esa es la voluntad de Dios, que por hacer el mal. **18** Porque Cristo murió por los pecados una vez por todas, el justo por los injustos, a fin de llevarlos a ustedes a Dios. El sufrió muerte en el cuerpo, pero el Espíritu hizo que cobrara vida, **19** por medio del cual*k* también fue y predicó a los espíritus encarcelados,

g 2:22 Is 53:9   *h* 3:12 Sal 34:12-16   *i* 3:14 O *No teman sus amenazas*   *j* 3:14 Is 8:12
k 3:18,19 O *pero vida en el espíritu,* 19*mediante el cual*

20que desobedecieron en tiempos antiguos, en los días de Noé, cuando Dios esperaba con paciencia mientras se construía el arca. En ella sólo pocas personas, ocho en total, se salvaron mediante el agua, 21y esa agua simboliza el bautismo que ahora los salva también a ustedes. El bautismo no es el quitar la suciedad del cuerpo, sino el compromiso*l* de una buena conciencia hacia Dios, lo cual los salva por la resurrección de Jesucristo, 22quien subió al cielo y está a la derecha de Dios, y a quien están sometidos los ángeles, las autoridades y los poderes.

Viviendo para Dios

4 Por eso, ya que Cristo sufrió en el cuerpo, ármense también ustedes con la misma actitud; porque el que ha sufrido en el cuerpo ha roto con el pecado. 2Así que ya no vive el resto de su vida terrenal para satisfacer sus malas pasiones sino para cumplir la voluntad de Dios. 3Pues ya basta con el tiempo que han empleado en hacer lo que es del agrado de los paganos, entregados al desenfreno, a las bajas pasiones, a las borracheras, a las orgías, a las parrandas y a las idolatrías abominables. 4A ellos les parece extraño que ustedes no corran con ellos en el mismo torrente de inmoralidad, y por eso los insultan a ustedes. 5Pero ellos tendrán que rendir cuentas a aquel que está preparado para juzgar a los vivos y a los muertos. 6Por eso también se les predicó el evangelio aun a los muertos, a fin de que sean juzgados conforme a los hombres en cuanto al cuerpo, pero que vivan conforme a Dios en cuanto al espíritu.

7Ya se acerca el fin de todas las cosas. Así que tengan la mente despejada y dominio propio para estar en disposición de orar. 8Sobre todo, ámense unos a otros profundamente, porque el amor cubre multitud de pecados. 9Practiquen la hospitalidad unos con otros sin quejarse. 10Cada uno ponga al servicio de los demás el don que ha recibido, administrando fielmente la gracia de Dios en sus diversas formas. 11El que habla, que hable como quien dice las palabras mismas de Dios; el que presta algún servicio, que lo preste con la fuerza que Dios le da. Así Dios será en todo alabado por medio de Jesucristo, a quien sea la gloria y el poder por los siglos de los siglos. Amén.

Sufriendo por ser seguidores de Cristo

12Queridos hermanos, no se extrañen del fuego de la prueba que están soportando, como si fuera algo extraordinario. 13Al contrario, alégrense de tener parte en los sufrimientos de Cristo, para que también sea inmensa su alegría cuando se manifieste la gloria de Cristo. 14Dichosos ustedes si los insultan por causa del nombre de Cristo, porque el Espíritu de la gloria y de Dios reposa sobre ustedes. 15Si alguno de ustedes sufre, que no sea por asesino, ladrón o delincuente de ningún tipo, ni siquiera por entrometido. 16Pero si es por seguidor de Cristo, que no se avergüence, sino que alabe a Dios por llevar ese nombre. 17Porque es tiempo de que el juicio comience por la familia de Dios; y si comienza por nosotros, ¿adónde irán a parar los que no obedecen el evangelio de Dios? 18Y

"si es difícil que se salve el
        justo,
    ¿qué será del impío y del
        pecador?"*m*

19Por eso, los que sufren según la voluntad de Dios, entréguense a su fiel Creador y sigan haciendo el bien.

A los ancianos y a los jóvenes

5 A los ancianos que están entre ustedes les ruego yo, anciano como ellos, como testigo de los sufrimientos de Cristo y como uno que va a tener parte también en la gloria que se ha de manifestar: 2Cuiden

---

l 3:21 O *resultado*   *m* 4:18 Pr 11:31

como pastores el rebaño de Dios que está a su cargo, supervisándolo no por obligación ni por ambición de dinero, sino con afán de servir, como Dios quiere; 3 y no dominando a los que están a su cuidado, sino siendo modelos para el rebaño. 4 Así cuando aparezca el Jefe de los pastores, ustedes recibirán la corona de gloria que nunca se marchitará.

5 Asimismo ustedes, jóvenes, sométanse a los que son mayores de edad. Revístanse todos de humildad en su trato mutuo, porque

"Dios se opone a los orgullosos,
     pero da gracia a los humil-
          des".[n]

6 Humíllense, pues, bajo la poderosa mano de Dios, para que él los exalte a su debido tiempo. 7 Echen sobre él toda su ansiedad, porque él cuida de ustedes.

8 Practiquen el dominio propio y estén alerta. Su enemigo el diablo ronda como león rugiente, buscando a quién devorar. 9 Resístanlo, manteniéndose firmes en la fe, sabiendo que sus hermanos en todo el mundo están soportando la misma clase de sufrimientos.

10 Y después que ustedes hayan sufrido un poco de tiempo, Dios mismo, el Dios de toda gracia, que los llamó a su gloria eterna en Cristo, los restaurará y los hará fuertes, firmes y estables. 11 A él sea el poder por los siglos de los siglos. Amén.

Saludos finales

12 Con la ayuda de Silas,[o] a quien considero un hermano fiel, les he escrito brevemente, animándolos y testificando que ésta es la verdadera gracia de Dios. Manténganse firmes en ella.

13 Saludos de parte de la que está en Babilonia, escogida como ustedes, como también de mi hijo Marcos. 14 Salúdense unos a otros con un beso de amor fraternal.

Paz a todos ustedes que están en Cristo.

[n] 5:5 Pr 3:34   [o] 5:12 Griego *Silvano*, una variante de *Silas*

Segunda Carta de
San Pedro

1 Simón Pedro, siervo y apóstol de Jesucristo,

a los que por la justicia de nuestro Dios y Salvador Jesucristo han recibido una fe tan preciosa como la nuestra:

2 Gracia y paz a ustedes en abundancia mediante el conocimiento de Dios y de Jesús nuestro Señor.

Haciendo firme su llamamiento y su elección

3 Su divino poder nos ha dado todo lo que necesitamos para la vida y la piedad mediante nuestro conocimiento del que nos llamó por su propia gloria y bondad. **4** Por medio de ellas nos ha dado las valiosas y grandísimas promesas, para que así ustedes lleguen a tener parte en la naturaleza divina y escapen de la corrupción que hay en el mundo debido a los malos deseos.

5 Precisamente por eso esfuércense por añadir a su fe bondad; a la bondad, conocimiento; **6** al conocimiento, dominio propio; al dominio propio, constancia; a la constancia, piedad; **7** a la piedad, afecto fraternal; y al afecto fraternal, amor. **8** Porque si esas cualidades abundan en ustedes, evitarán que sean inútiles e improductivos en el conocimiento de nuestro Señor Jesucristo. **9** Pero el que no las tiene es corto de vista y ciego, y ha olvidado que se le ha purificado de sus pecados pasados.

10 Por eso, hermanos, esfuércense todavía más por hacer firme su llamamiento y su elección; porque mientras hagan esas cosas, no caerán jamás. **11** Y así se les abrirán de par en par las puertas del reino eterno de nuestro Señor y Salvador Jesucristo.

La profecía de la Escritura

12 Por eso siempre les recordaré esas cosas, por más que las sepan y estén afianzados en la verdad que ahora tienen. **13** Considero que tengo el deber de refrescarles la memoria mientras viva en la tienda de campaña que es este cuerpo; **14** porque sé que dentro de poco tendré que abandonarla, según me lo ha manifestado nuestro Señor Jesucristo. **15** También me esforzaré por asegurar que después de mi partida ustedes puedan recordar estas cosas en todo tiempo.

16 Cuando les dimos a conocer el poder y la venida de nuestro Señor Jesucristo, no lo hicimos con cuentos ingeniosos, sino que fuimos testigos oculares de su majestad. **17** Porque recibió de Dios el Padre honor y gloria, cuando desde la majestuosa gloria se le dirigió aquella voz que dijo: "Este es mi Hijo amado; estoy muy complacido con él."*a* **18** Nosotros mismos oímos esa voz dirigida desde el cielo cuando estábamos con él en la montaña santa.

19 Y se nos ha hecho más segura la palabra de los profetas, a la que hacen bien en prestar atención, como a una lámpara que brilla en un lugar oscuro, hasta que despunte el día y se levante en el corazón de ustedes el lucero del alba. **20** Ante todo, tengan muy presente que ninguna profecía de la Escritura surgió de la interpretación del propio profeta. **21** Porque la profecía nunca tuvo su origen en la voluntad humana, sino que los hombres hablaron de parte de Dios, impulsados por el Espíritu Santo.

a **1:17** Mt 17:5; Mr 9:7; Lc 9:35

Los falsos maestros y su destrucción

2 Hubo además falsos profetas entre el pueblo, como también habrá falsos maestros entre ustedes. Estos introducirán encubiertamente herejías destructivas, llegando al extremo de negar al soberano Señor que los compró, atrayendo sobre sí una rápida destrucción. 2 Muchos los seguirán en sus prácticas vergonzosas, y por causa de ellos se hablará mal del camino de la verdad. 3 Llevados de la avaricia, estos maestros se aprovecharán de ustedes con relatos inventados por ellos. Desde hace mucho tiempo la condenación se cierne sobre ellos, y su destrucción no se ha dado el lujo de dormir.

4 Es que si Dios no perdonó a los ángeles cuando pecaron, sino que los arrojó al infierno,[b] metiéndolos en lóbregos calabozos[c] a ser reservados para el juicio; 5 si no perdonó al mundo antiguo cuando mandó un diluvio sobre los impíos, pero protegió a Noé, predicador de la justicia, y a otras siete personas; 6 si condenó a las ciudades de Sodoma y Gomorra reduciéndolas a cenizas, y las puso como ejemplo de lo que va a sucederles a los impíos; 7 y si libró a Lot, hombre justo abrumado por la vida perversa de los que no tenían principios morales, 8 (pues ese justo vivía entre ellos día tras día, atormentado en su alma justa por las maldades que veía y oía); 9 es porque el Señor sabe cómo librar de la prueba a los piadosos y reservar a los impíos bajo castigo para el día del juicio.[d] 10 Esto les espera sobre todo a los que siguen los corrompidos deseos de la naturaleza pecaminosa[e] y desprecian la autoridad.

Atrevidos y arrogantes que son, no tienen miedo de insultar a los seres celestiales, 11 mientras que los ángeles, a pesar de superarlos en fuerza y en poder, no formulan contra tales seres ninguna acusación insultante en la presencia del Señor. 12 Pero aquéllos blasfeman en asuntos que no entienden. Son como animales irracionales, guiados únicamente por el instinto, nacidos para que se les cace y se les destruya; y también perecerán como los animales.

13 Sufrirán daño en pago del daño que han hecho. Su concepto de placer es entregarse a las pasiones sensuales en pleno día. Son manchas y suciedad, que se gozan en sus placeres mientras los acompañan a ustedes en sus comidas.[f] 14 Teniendo los ojos llenos de adulterio, son insaciables en el pecar; seducen a las almas inconstantes; son expertos en la avaricia, ¡hijos de maldición! 15 Han abandonado el camino recto, y se han extraviado para seguir el camino de Balaam, hijo de Beor, a quien le encantó el pago de la maldad. 16 Pero por su maldad lo reprendió un burro —una muda bestia de carga—, que habló con voz humana e impidió la locura del profeta.

17 Estos son fuentes sin agua, y niebla llevada por la tormenta, para quienes está reservada la más densa oscuridad. 18 Porque profieren palabras arrogantes y sin sentido y, apelando a los deseos de la naturaleza pecaminosa del hombre, seducen a quienes acaban de escapar de los que viven en el error. 19 Les prometen libertad mientras que ellos mismos son esclavos de la depravación, ya que uno es esclavo de aquello que lo ha dominado. 20 Si han escapado de la corrupción del mundo por haber conocido a nuestro Señor y Salvador Jesucristo, y vuelven a enredarse en ella y son vencidos, terminan en peores condiciones que al principio. 21 Más les hubiera valido no haber conocido el camino de la justicia que, después de haberlo conocido, abandonar el santo mandamiento que se les tras-

---

[b] 2:4 Griego *Tártaro*   [c] 2:4 Algunos mss. dicen: *en cadenas de oscuridad*   [d] 2:9 O *impíos para el castigo hasta el día del juicio.*   [e] 2:10 O *la carne*   [f] 2:13 Algunos mss. dicen: *gozan en sus fiestas de amor.*

mitió. **22**En ellos se cumplen los acertados proverbios: "El perro vuelve a su vómito",*g* y "la cerda lavada vuelve a revolcarse en el lodo".

El día del Señor

3 Queridos hermanos, ésta es ya la segunda carta que les escribo. He querido que las dos les sirvan como recordatorios para estimularlos a pensar con sano criterio. **2**Recuerden las palabras que los santos profetas dijeron en el pasado, y el mandamiento que dio nuestro Señor y Salvador por medio de los apóstoles de ustedes.

3Ante todo, deben saber que en los últimos días vendrán burladores mofándose y siguiendo sus propios malos deseos. **4**Dirán: "¿Qué hubo de esa 'venida' que prometió él? Desde que murieron nuestros padres, todo sigue igual que desde el principio de la creación." **5**Pero se olvidan a propósito de que por la palabra de Dios desde tiempos antiguos existía el cielo y hubo tierra que surgió del agua y mediante el agua. **6**Y mediante esa agua también fue inundado y destruido el mundo de aquel tiempo. **7**Por la misma palabra, el cielo y la tierra actuales están guardados para el fuego, reservados para el día del juicio y de la destrucción de los impíos.

8Pero no vayan a olvidar esto, queridos hermanos: que para el Señor un día es como mil años, y mil años como un día. **9**El Señor no tarda en cumplir su promesa, según entienden algunos la tardanza. El tiene paciencia con ustedes, no queriendo que nadie perezca sino que todos lleguen a arrepentirse.

10Pero el día del Señor llegará como un ladrón. Los cielos desaparecerán con un estruendo espantoso; los elementos serán destruidos por el fuego; y la tierra, con todo lo que hay en ella, quedará desolada. *h*

11Ya que todo será destruido de esa manera, ¿qué clase de personas deben ser ustedes? Deben vivir una vida santa y piadosa, **12**esperando y apresurando la llegada del día de Dios.*i* Ese día acarreará la destrucción de los cielos por el fuego, y los elementos se derretirán con el calor de las llamas. **13**Pero esperamos, según su promesa, un cielo nuevo y una tierra nueva, en los que habita la justicia.

14Por eso, queridos hermanos, ya que esperan estos acontecimientos, esfuércense por ser hallados sin mancha ni reproche, y en paz con él. **15**Tengan presente que la paciencia de nuestro Señor significa salvación, tal como nuestro querido hermano Pablo les escribió también con la sabiduría que Dios le ha dado. **16**En todas sus cartas se refiere a esos temas empleando los mismos términos. En esas cartas hay algunos puntos difíciles de entender, que distorsionan los ignorantes e inconstantes, como también lo hacen con las demás Escrituras, para su propia destrucción.

17Así que ustedes, queridos hermanos, puesto que ya saben esto, estén alerta, no sea que, arrastrados por el error de esos malvados, caigan de su firme posición. **18**Más bien, crezcan en la gracia y en el conocimiento de nuestro Señor y Salvador Jesucristo. ¡A él sea la gloria ahora y para siempre! Amén.

---

g 2:22 Pr 26:11   *h* 3:10 Algunos mss. antiguos dicen: *será consumida.*   *i* 3:12 O *esperando ansiosamente que llegue el día de Dios.*

Primera Carta de
San Juan

El Verbo de vida

1 Lo que era desde el principio, lo que hemos oído, lo que hemos visto con nuestros ojos, lo que hemos contemplado y lo que han palpado nuestras manos, esto proclamamos respecto al Verbo de vida. **2** La vida se manifestó; nosotros la hemos visto y damos testimonio de ella, y les anunciamos a ustedes la vida eterna que estaba con el Padre y se nos manifestó. **3** Les anunciamos lo que hemos visto y oído, para que también ustedes tengan comunión con nosotros. Y verdaderamente nuestra comunión es con el Padre y con su Hijo Jesucristo. **4** Les escribimos esto para que nuestra*a* alegría sea completa.

Caminando en la luz

5 Este es el mensaje que hemos oído de él y que les trasmitimos a ustedes: que Dios es luz y que en él no hay oscuridad alguna. **6** Si afirmamos que tenemos comunión con él, pero caminamos en la oscuridad, mentimos y no vivimos de acuerdo con la verdad. **7** Pero si caminamos en la luz, como él está en la luz, tenemos comunión unos con otros, y la sangre de su Hijo Jesucristo nos limpia de todo pecado. **8** Si afirmamos que no tenemos pecado, nos engañamos a nosotros mismos y la verdad no está en nosotros. **9** Si confesamos nuestros pecados, Dios es fiel y justo para perdonar nuestros pecados y limpiarnos de toda maldad. **10** Si afirmamos que no hemos pecado, lo hacemos pasar por mentiroso, y su palabra no tiene cabida en nuestra vida.

2 Hijitos míos, les escribo esto para que no pequen. Pero si alguno peca, tenemos a alguien que habla al Padre en defensa nuestra, a Jesucristo, el Justo. **2** El es el sacrificio de propiciación por nuestros pecados, y no sólo por los nuestros sino también por*b* los de todo el mundo.

3 Si obedecemos sus mandamientos, sabemos que hemos llegado a conocerlo. **4** El que dice: "Lo conozco", pero no hace lo que él manda, es un mentiroso y la verdad no está en él. **5** En cambio, si alguno obedece su palabra, el amor de Dios*c* de veras ha alcanzado su perfección en él. De este modo sabemos que estamos en él: **6** El que afirma que permanece en él, debe andar como Cristo anduvo.

7 Hermanos, no es un mandamiento nuevo lo que les escribo, sino uno antiguo, que han tenido desde el principio. Este mandamiento antiguo es el mensaje que ya oyeron. **8** Por otra parte, esto que les escribo es un mandamiento nuevo, cuya verdad es visible en él y en ustedes, porque la oscuridad va pasando y ya brilla la luz verdadera.

9 El que dice que está en la luz, pero odia a su hermano, sigue en la oscuridad. **10** El que ama a su hermano permanece en la luz, y no hay en él*d* nada que lo haga tropezar. **11** Pero el que odia a su hermano está en la oscuridad y en ella camina, sin saber a dónde va, porque lo ha cegado la oscuridad.

12 Les escribo a ustedes, hijitos,
porque se les han perdonado
los pecados por el nombre de Cristo.
13 Les escribo a ustedes, padres,
porque han conocido al que
es desde el principio.
Les escribo a ustedes, jóvenes,
porque han vencido al maligno.
Les escribo a ustedes, hijitos,

---

a **1:4** Algunos mss. dicen: *su*   *b* **2:2** O *El es el que aparta la ira de Dios, quitando nuestros pecados, y no sólo los nuestros sino también*   *c* **2:5** O *palabra, el amor que le tiene a Dios*   *d* **2:10** O *en ella*

porque han conocido al Padre.
14 Les escribo a ustedes, padres,
porque han conocido al que
es desde el principio.
Les escribo a ustedes, jóvenes,
porque son fuertes,
y la palabra de Dios permanece en ustedes,
y han vencido al maligno.

No amen al mundo

15 No amen al mundo ni nada de lo que hay en el mundo. Si alguno ama al mundo, el amor del Padre no está en él. 16 Porque nada de lo que hay en el mundo —las pasiones del hombre pecador, la codicia de sus ojos y el alarde de lo que tiene y hace— proviene del Padre sino del mundo. 17 El mundo y sus malos deseos se van acabando, pero el que hace la voluntad de Dios vive para siempre.

Advertencia contra los anticristos

18 Hijitos, ésta es la última hora; y así como han oído que viene el anticristo, también ahora han surgido muchos anticristos. Por eso nos damos cuenta de que es la última hora. 19 Salieron de entre nosotros, pero en realidad no eran de los nuestros, ya que si lo hubieran sido, se habrían quedado con nosotros. Sin embargo, su salida comprobó que ninguno era de los nuestros.

20 Ustedes, en cambio, tienen una unción de parte del Santo, y todos ustedes conocen la verdad.e 21 No les escribo porque ignoren la verdad, sino porque la conocen y porque ninguna mentira procede de la verdad. 22 ¿Quién es el mentiroso sino el que niega que Jesús es el Cristo? Ese es el anticristo, el que niega al Padre y al Hijo. 23 Ninguno que niega al Hijo tiene al Padre; el que reconoce al Hijo tiene también al Padre.

24 Permanezca en ustedes lo que han oído desde el principio. Si así sucede, también ustedes permanecerán en el Hijo y en el Padre. 25 Y esto es lo que él nos prometió: la vida eterna.

26 Les escribo esto respecto a los que procuran engañarlos. 27 En cuanto a ustedes, la unción que de él recibieron permanece en ustedes, y no necesitan que nadie les enseñe. Pero como esa unción les enseña acerca de todas las cosas —y es auténtica y no falsa—, permanezcan en él como les ha enseñado.

Hijos de Dios

28 Y ahora, hijitos, permanezcan en él para que, cuando se manifieste, tengamos confianza y no nos sintamos avergonzados delante de él en su venida.

29 Si saben que él es justo, también saben que todo el que practica la justicia ha nacido de él.

3 ¡Fíjense qué gran amor nos ha dado el Padre, para que se nos llame hijos de Dios! ¡Y lo somos! El mundo no nos conoce precisamente porque no lo conoció a él. 2 Queridos hermanos, ahora somos hijos de Dios, y todavía no se ha manifestado lo que seremos. Pero sabemos que, cuando se manifieste, f seremos semejantes a él, porque lo veremos tal como es. 3 Todo el que tiene en él esta esperanza, se purifica a sí mismo, así como él es puro.

4 Todo el que peca quebranta la ley; de hecho, el pecado consiste en estar fuera de la ley. 5 Pero ustedes saben que él se manifestó para quitar nuestros pecados. Y en él no hay pecado. 6 Ninguno que permanezca en él sigue pecando. Ninguno que continúe entregado al pecado lo ha visto ni lo ha conocido.

7 Hijitos, que nadie los engañe. El que practica el bien es justo, así como él es justo. 8 El que practica el pecado es del diablo, porque el diablo viene pecando desde el principio. El Hijo de Dios se manifestó precisamente para destruir las obras del diablo. 9 Ninguno que haya nacido de Dios continuará pecando, porque la simiente de Dios permanece en él; no puede seguir pecando, porque ha nacido de Dios. 10 Así es como sabemos quiénes

---

e 2:20 Algunos mss. dicen: y conocen todas las cosas.   f 3:2 O se dé a conocer

son los hijos de Dios y quiénes son los hijos del diablo: El que no hace lo que es justo no es hijo de Dios; ni lo es el que no ama a su hermano.

Amémonos unos a otros

11 Este es el mensaje que han oído desde el principio: que nos amemos unos a otros. **12** No seamos como Caín, que era del maligno y asesinó a su hermano. ¿Y por qué lo asesinó? Porque sus propias obras eran injustas, y las de su hermano eran justas. **13** No se extrañen, hermanos, si el mundo los odia. **14** Nosotros sabemos que hemos pasado de la muerte a la vida, porque amamos a nuestros hermanos. El que no ama permanece en la muerte. **15** Todo el que odia a su hermano es un asesino, y ustedes saben que en ningún asesino permanece la vida eterna.

16 En esto conocemos lo que es amor: en que Jesucristo entregó su vida por nosotros. Y nosotros debemos entregar la vida por nuestros hermanos. **17** Si alguno tiene bienes materiales y ve que su hermano necesita ayuda, pero le cierra el corazón, ¿cómo puede permanecer el amor de Dios en él? **18** Hijitos, no amemos de palabra ni con frases hechas, sino con hechos y de verdad. **19** En esto sabemos que somos de la verdad, y tranquilizamos nuestro corazón en su presencia, **20** cuando nos condena el corazón. Porque Dios es más grande que nuestro corazón y él lo sabe todo.

21 Queridos hermanos, si el corazón no nos condena, tenemos confianza delante de Dios **22** y recibimos de él todo lo que le pidamos, porque obedecemos sus mandamientos y hacemos lo que le agrada. **23** Y éste es su mandamiento: que creamos en el nombre de su Hijo Jesucristo, y que nos amemos unos a otros como él nos mandó. **24** Los que obedecen sus mandamientos permanecen en él, y él en ellos. Y en esto sabemos que él permanece en nosotros: por el Espíritu que nos dio.

Prueben los espíritus

4 Queridos hermanos, no crean a cualquier espíritu, sino prueben los espíritus para ver si son de Dios, porque han salido por el mundo muchos falsos profetas. **2** En esto pueden reconocer el Espíritu de Dios: todo espíritu que reconoce que Jesucristo ha venido en cuerpo humano es de Dios, **3** pero todo espíritu que no reconoce a Jesús no es de Dios. Ese es el espíritu del anticristo, del cual han oído que viene y que ahora ya está en el mundo.

4 Ustedes, hijitos, son de Dios y han vencido a esos falsos profetas, porque el que está en ustedes es más poderoso que el que está en el mundo. **5** Ellos son del mundo. Por eso hablan desde el punto de vista del mundo, y el mundo los escucha. **6** Nosotros somos de Dios, y todo el que conoce a Dios nos escucha; pero todo el que no es de Dios no nos escucha. En esto reconocemos el Espíritu*g* de la verdad y el espíritu del error.

El amor de Dios y el nuestro

7 Queridos hermanos, amémonos unos a otros, porque el amor viene de Dios. Todo el que ama ha nacido de Dios y conoce a Dios. **8** El que no ama no conoce a Dios, porque Dios es amor. **9** En esto mostró Dios su amor entre nosotros: en que envió a su único Hijo*h* al mundo para que vivamos por medio de él. **10** En esto consiste el amor: no en que nosotros hayamos amado a Dios, sino en que él nos amó y envió a su Hijo como sacrificio propiciatorio por*i* nuestros pecados. **11** Queridos hermanos, ya que Dios nos ha amado así, también nosotros debemos amarnos unos a otros. **12** Nadie ha visto jamás a Dios; pero si nos amamos unos a otros, Dios permanece en nosotros y su amor se perfecciona en nosotros.

13 Sabemos que permanecemos en él, y él en nosotros, porque nos ha

---

g **4:6** O *espíritu de Dios, quitando*   *h* **4:9** O *a su Hijo unigénito*   *i* **4:10** O *como el que apartaría la ira* dado de su Espíritu. **14**Y hemos visto y testificamos que el Padre envió a su Hijo a ser el Salvador del mundo. **15**Si alguien reconoce que Jesús es el Hijo de Dios, permanece en Dios y Dios en él. **16**Y así conocemos el amor que Dios nos tiene y confiamos en ese amor.

Dios es amor. El que permanece en amor, permanece en Dios y Dios en él. **17**De esta manera el amor se perfecciona entre nosotros para que en el día del juicio tengamos confianza, porque somos en este mundo como él es. **18**En el amor no hay temor, sino que el perfecto amor echa fuera el temor, porque el temor tiene que ver con el castigo. El que teme no está perfeccionado en el amor.

19Nosotros amamos porque él nos amó primero. **20**Si alguno dice: "Yo amo a Dios", pero odia a su hermano, es un mentiroso. Pues el que no ama a su hermano, a quien ha visto, no puede amar a Dios, a quien no ha visto. **21**Y él nos ha dado este mandamiento: que quien ama a Dios, ame también a su hermano.

Fe en el Hijo de Dios

5 Todo el que cree que Jesús es el Cristo, ha nacido de Dios, y todo el que ama a un padre, ama también al hijo de él. **2**En esto sabemos que amamos a los hijos de Dios: cuando amamos a Dios y cumplimos sus mandamientos. **3**En esto consiste el amor a Dios: en que obedezcamos sus mandamientos. Y sus mandamientos no son pesados, **4**porque todo el que ha nacido de Dios vence al mundo. Y lo que ha logrado la victoria sobre el mundo es nuestra fe. **5**¿Y quién es el que vence al mundo sino el que cree que Jesús es el Hijo de Dios?

6Este es el que vino mediante agua y sangre, Jesucristo; no sólo con agua, sino con agua y sangre. Y es el Espíritu quien da testimonio, porque el Espíritu es la verdad. **7**Pues hay tres que dan testimonio: **8**el*j* Espíritu, el agua y la sangre; y los tres están de acuerdo. **9**Aceptamos el testimonio de los hombres, pero el testimonio de Dios vale mucho más precisamente porque es el testimonio de Dios, que él ha dado acerca de su Hijo. **10**El que cree en el Hijo de Dios tiene este testimonio en el corazón. El que no cree a Dios lo hace aparecer como mentiroso, por no haber creído el testimonio que Dios ha dado acerca de su Hijo. **11**Y el testimonio es éste: Dios nos ha dado vida eterna, y esa vida está en su Hijo. **12**El que tiene al Hijo tiene la vida; el que no tiene al Hijo de Dios no tiene la vida.

Observaciones finales

13Les escribo esto a ustedes que creen en el nombre del Hijo de Dios, para que sepan que tienen vida eterna. **14**Esta es la confianza que tenemos al acercarnos a Dios: que si pedimos conforme a su voluntad, él nos oye. **15**Y si sabemos que nos oye en cualquier cosa que pidamos, sabemos que ya tenemos lo que le hayamos pedido.

16Si alguno ve a su hermano cometer un pecado que no lleva a la muerte, que pida y Dios le dará vida. Me refiero a quienes cometen pecado que no lleva a la muerte. Hay pecado que sí lleva a la muerte, y por ese pecado no digo que pida. **17**Toda maldad es pecado, pero hay pecado que no lleva a la muerte.

18Sabemos que el que ha nacido de Dios no sigue pecando; aquel que nació de Dios lo guarda, y el maligno no llega a tocarlo. **19**Sabemos que somos hijos de Dios, y que el mundo entero está bajo el control del maligno. **20**También sabemos que el Hijo de Dios ha venido y nos ha dado entendimiento para que conozcamos al que es verdadero. Y estamos en el que es verdadero, en su Hijo Jesucristo. Este es el Dios verdadero y la vida eterna.

21Hijitos, guárdense de los ídolos.

---

j **5:7,8** Los mss. posteriores de la Vulgata dicen: *testimonio en el cielo: el Padre, el Verbo y el Espíritu Santo, y estos tres son uno. 8 Y hay tres que dan testimonio en la tierra: el* (esto no está en ningún ms. griego conocido que data antes del siglo dieciséis)

Segunda Carta de
San Juan

El anciano,

a la señora elegida y a sus hijos, a quienes amo en la verdad —y no sólo yo, sino también todos los que conocen la verdad— **2** debido a la verdad que permanece en nosotros y que estará con nosotros para siempre:

3 Gracia, misericordia y paz de parte de Dios el Padre y de Jesucristo, el Hijo del Padre, estarán con nosotros en verdad y en amor.

4 Me he alegrado mucho al encontrar a algunos de tus hijos siguiendo la verdad, tal como nos mandó el Padre. **5** Y ahora te ruego, señora —y no es que te escriba un mandamiento nuevo sino el que hemos tenido desde el principio—, que nos amemos unos a otros. **6** Y éste es el amor: que vivamos en obediencia a sus mandamientos. Como han oído desde el principio, el mandamiento es que lleven una vida de amor.

7 Han salido por el mundo muchos engañadores que no reconocen que Jesucristo ha venido en cuerpo humano. Tal persona es el engañador y el anticristo. **8** Tengan cuidado para que no pierdan lo que han logrado, sino que sean plenamente recompensados. **9** Todo el que pretenda avanzar más allá de lo que Cristo enseñó no tiene a Dios; el que permanece en la enseñanza tiene al Padre y también al Hijo. **10** Si alguno va a visitarlos a ustedes y no lleva esa enseñanza, no lo reciban en casa ni le den la bienvenida. **11** El que le da la bienvenida toma parte en sus malas obras.

12 Tengo mucho que comunicarles a ustedes, pero prefiero no hacerlo con papel y tinta. Más bien, espero hacerles una visita y hablar con ustedes cara a cara, para que nuestra alegría sea completa.

13 Saludos de parte de los hijos de tu hermana elegida.

Tercera Carta de
San Juan

El anciano,

a mi querido hermano Gayo, a quien amo en la verdad.

2 Querido hermano, pido a Dios que disfrutes de buena salud y que te vaya bien en todo, así como le va bien a tu alma. **3** Me alegré mucho al recibir la visita de algunos hermanos que me contaron de tu lealtad a la verdad y de que sigues la verdad. **4** No tengo mayor alegría que oír que mis hijos siguen la verdad.

5 Querido hermano, eres fiel en lo que haces por los hermanos, a pesar de que son desconocidos para ti. **6** Ellos le han contado a la iglesia acerca de tu amor. Harás bien en ayudarlos a seguir el viaje de una manera digna de Dios. **7** Por causa del Nombre emprendieron el viaje, sin recibir ninguna ayuda de los paganos. **8** Por eso debemos ofrecer hospitalidad a tales hermanos para que seamos colaboradores en favor de la verdad.

9 Le escribí a la iglesia, pero Diótrefes, a quien le encanta mandar entre ellos, no nos hace caso. **10** Así que si voy allá, le llamaré la atención sobre lo que anda haciendo, contando chismes maliciosos acerca de nosotros. No contento con eso, se niega a recibir a los hermanos. Además, se lo prohíbe a los que quieren hacerlo y los expulsa de la iglesia.

11 Querido hermano, no imites lo malo sino lo bueno. El que hace lo bueno es de Dios. El que hace lo malo no ha visto a Dios. **12** Todos —incluso la verdad misma— hablan bien de Demetrio. También nosotros hablamos bien de él, y bien sabes que nuestro testimonio es verdadero.

13 Tengo mucho que comunicarte, pero no quiero hacerlo con papel y tinta. **14** Espero verte pronto, y hablaremos cara a cara.

15 La paz sea contigo. Saludos de parte de los amigos de aquí. Saluda a los amigos de allá, a cada uno en particular.

Carta de
San Judas

Judas, siervo de Jesucristo y hermano de Jacobo,[a]

a los que han sido llamados, amados por Dios el Padre y protegidos por[b] Jesucristo:

2 Misericordia, paz y amor a ustedes en abundancia.

Pecado y condenación de los impíos

3 Queridos hermanos, aunque ya tenía sumo interés en escribirles acerca de la salvación que tenemos en común, sentí la necesidad de hacerlo para rogarles que luchen por la fe que se les entregó a los santos de una vez por todas. **4** Porque se han infiltrado entre ustedes ciertos individuos, de quienes hace mucho tiempo se escribió que habrían de ser condenados.[c] Son impíos que toman la gracia de nuestro Dios como pretexto para una vida desenfrenada, y niegan a Jesucristo, nuestro único Soberano y Señor.

5 Aunque ustedes ya saben todo esto, quiero recordarles que el Señor[d] sacó a su pueblo de la esclavitud de Egipto, pero luego destruyó a los que no creyeron. **6** Y a los ángeles que no mantuvieron su puesto de autoridad, sino que abandonaron su propio hogar, los tiene guardados con cadenas eternas bajo oscuridad para el juicio del gran Día. **7** De un modo semejante, Sodoma y Gomorra y los pueblos vecinos se entregaron a la inmoralidad sexual y a la perversión contra naturaleza. Por eso sirven como ejemplo de los que sufren el castigo de un fuego eterno.

8 De la misma manera, estos soñadores se contaminan el cuerpo, rechazan la autoridad e insultan a los seres celestiales. **9** Pero ni siquiera el arcángel Miguel, cuando disputaba con el diablo respecto al cuerpo de Moisés, se atrevió a insultarlo con alguna acusación que formulara contra él, sino que dijo: "¡Que el Señor te reprenda!" **10** Estos, en cambio, insultan todo lo que no entienden; y lo que entienden por instinto, como animales desprovistos de razón, es precisamente lo que los destruye.

11 ¡Ay de ellos! Han seguido el camino de Caín; por ganar dinero se han precipitado al error de Balaam; han perecido en la rebelión de Coré.

12 Esos individuos no son sino manchas en las fiestas de amor fraternal que ustedes celebran, en las que comen con ustedes sin vergüenza alguna. Son pastores que sólo se alimentan a sí mismos. Son nubes sin agua, llevadas por el viento. Son árboles que no dan fruto a su tiempo, dos veces muertos y arrancados de raíz. **13** Son olas violentas del mar, que arrojan la espuma de su propia vergüenza. Son estrellas errantes, a las cuales la más densa oscuridad les está reservada para siempre.

14 Enoc, el séptimo después de Adán, profetizó así acerca de ellos: "Miren, el Señor viene acompañado de millares y millares de sus santos **15** a juzgar a todos y a convencer a todos los impíos de todas las obras de impiedad que han cometido, y de todas las palabras ofensivas que los pecadores impíos han proferido contra él." **16** Estos de todo se quejan y todo lo critican; siguen sus propios malos deseos; hablan con arrogancia y adulan a los demás para sacar provecho.

---

[a] **1** O *Santiago*   [b] **1** O *y guardados para;* o *y guardados en* [c] **4** O *individuos que desde hace mucho tiempo estaban marcados para la condenación.* [d] **5** Algunos mss. antiguos dicen: *Jesús*

Llamada a perseverar

17 Sin embargo, queridos hermanos, recuerden lo que antes les dijeron los apóstoles de nuestro Señor Jesucristo. **18** Ellos les decían: "En los últimos tiempos habrá burladores que seguirán sus propios deseos impíos." **19** Esos son los que causan divisiones, que se dejan llevar por sus propios instintos y no tienen al Espíritu.

20 Pero ustedes, queridos hermanos, edifíquense en su santísima fe y oren en el Espíritu Santo. **21** Manténganse en el amor de Dios mientras esperan en la misericordia de nuestro Dios que los ha de llevar a la vida eterna.

22 Sean compasivos con los que dudan; **23** a otros, sálvenlos arrebatándolos del fuego; a otros, trátenlos con misericordia, pero con cautela, aborreciendo hasta la ropa manchada por la contaminación de su cuerpo.

Doxología

24 Al que puede guardarlos para que no caigan y presentarlos sin tacha y con gran alegría ante su gloriosa presencia, **25** ¡al único Dios nuestro Salvador sea la gloria, la majestad, el poder y la autoridad, por medio de Jesucristo nuestro Señor, desde antes de todos los siglos, ahora y para siempre! Amén.

Apocalipsis

Prólogo

1 Esta es la revelación de Jesucristo, que Dios le dio para mostrar a sus siervos lo que pronto ha de suceder. El lo ha dado a conocer enviando su ángel a su siervo Juan, **2** el cual da testimonio de todo lo que vio; es decir, de la palabra de Dios y del testimonio de Jesucristo. **3** Dichoso el que lee las palabras de esta profecía, y dichosos los que la oyen y hacen caso de lo que está escrito en ella, porque el tiempo está cerca.

Saludos y doxología

4 Juan,

a las siete iglesias que están en la provincia de Asia:

Gracia y paz a ustedes de parte de aquel que es, que era y que ha de venir; y de parte de los siete espíritus*a* que están delante de su trono; **5** y de parte de Jesucristo, que es el testigo fiel, el primero en resucitar de entre los muertos y el soberano de los reyes de la tierra.

Al que nos ama y nos ha librado de nuestros pecados con su sangre, **6** y ha hecho de nosotros un reino y sacerdotes al servicio de su Dios y Padre, ¡a él sea la gloria y el poder por los siglos de los siglos! Amén.

7 Fíjense que viene con las nubes,
y todo ojo lo verá,
incluso quienes lo traspasaron;
y todos los pueblos de la tierra se lamentarán por él.
¡Así será! Amén.

8 "Yo soy el Alfa y la Omega —dice el Señor Dios—, el que es, el que era y el que ha de venir, el Todopoderoso."

Uno semejante a hijo de hombre

9 Yo, Juan, su hermano y compañero en el sufrimiento, en el reino y en la perseverancia que son nuestros en Jesús, estaba en la isla de Patmos por causa de la palabra de Dios y del testimonio de Jesús. **10** En el día del Señor, yo estaba en el Espíritu, y oí detrás de mí una voz fuerte como una trompeta, **11** que decía: "Escribe en un libro lo que veas y envíalo a las siete iglesias: a Efeso, a Esmirna, a Pérgamo, a Tiatira, a Sardis, a Filadelfia y a Laodicea."

12 Me volví para ver qué voz era la que me hablaba. Y al volverme, vi siete candelabros de oro, **13** y en medio de los candelabros estaba alguien "semejante a hijo de hombre",*b* vestido con una ropa que le llegaba hasta los pies y con una banda de oro a la altura del pecho. **14** Su cabeza y su cabello eran blancos como la lana, tan blancos como la nieve, y sus ojos como llama de fuego. **15** Sus pies eran como el bronce fundido que brilla en un horno, y su voz como torrentes de aguas. **16** Tenía en su mano derecha siete estrellas, y de su boca salía una aguda espada de dos filos. Su rostro era como el sol cuando brilla con todo su esplendor.

17 Cuando lo vi, caí a sus pies como muerto. El me puso encima su mano derecha y me dijo: "No tengas miedo. Yo soy el Primero y el Ultimo. **18** Soy el que vive; estuve muerto, pero ahora estoy vivo por los siglos de los siglos. Y tengo las llaves de la muerte y del Hades.

19 "Escribe, pues, lo que has visto; lo que hay ahora y lo que sucederá después de esto. **20** La explicación del misterio de las siete estrellas que viste en mi mano derecha, y de los siete candelabros de oro es ésta: las siete estrellas son los ángeles*c* de las siete iglesias, y los siete candelabros son las siete iglesias.

a 1:4 O de parte del séptuple Espíritu   b 1:13 Dn 7:13   c 1:20 O mensajeros

A la iglesia de Efeso

2 "Escribe al ángel[d] de la iglesia de Efeso:

Esto dice el que tiene las siete estrellas en su mano derecha y se pasea en medio de los siete candelabros de oro: **2** Conozco tus obras, tu duro trabajo y tu perseverancia. Sé que no puedes tolerar a los malvados, que has puesto a prueba a los que dicen ser apóstoles y no lo son, y has descubierto su engaño. **3** Has perseverado y has soportado dificultades por mi nombre, y no has desfallecido.

4 Sin embargo, tengo contra ti que has abandonado tu primer amor. **5** ¡Recuerda de dónde has caído! Arrepiéntete y haz lo que hacías al principio. Si no te arrepientes, iré y quitaré tu candelabro de su lugar. **6** Pero tienes a tu favor que odias las prácticas de los nicolaítas, las cuales yo también odio.

7 El que tenga oídos, que oiga lo que el Espíritu dice a las iglesias. Al vencedor le daré derecho a comer del árbol de la vida, que está en el paraíso de Dios.

A la iglesia de Esmirna

8 "Escribe al ángel de la iglesia de Esmirna:

Esto dice el Primero y el Ultimo, el que murió y volvió a vivir: **9** Conozco tus sufrimientos y tu pobreza; ¡y sin embargo eres rico! Sé lo mal que hablan de ti los que dicen ser judíos y no lo son, sino que son sinagoga de Satanás. **10** No tengas miedo de lo que estás a punto de sufrir. Te digo que el diablo meterá en la cárcel a algunos de ustedes para ponerlos a prueba, y sufrirán persecución durante diez días. Sé fiel hasta la muerte, y yo te daré la corona de la vida.

11 El que tenga oídos, que oiga lo que el Espíritu dice a las igle-

sias. El vencedor no sufrirá daño alguno de la segunda muerte.

A la iglesia de Pérgamo

12 "Escribe al ángel de la iglesia de Pérgamo:

Esto dice el que tiene la aguda espada de dos filos: **13** Sé dónde vives: donde tiene Satanás su trono. Sin embargo, sigues fiel a mi nombre. No renunciaste a la fe que tienes en mí, ni siquiera en los días en que Antipas, mi testigo fiel, sufrió la muerte en esa ciudad donde vive Satanás.

14 No obstante, tengo unas cuantas cosas contra ti: que ahí tienes a los que sostienen la doctrina de Balaam, que enseñó a Balac a hacer pecar a los israelitas incitándolos a comer alimentos sacrificados a los ídolos y a cometer inmoralidades sexuales. **15** Asimismo tienes a otros que sostienen la doctrina de los nicolaítas. **16** Así que, ¡arrepiéntete! Si no, iré pronto a ti y pelearé contra ellos con la espada de mi boca.

17 El que tenga oídos, que oiga lo que el Espíritu dice a las iglesias. Al vencedor le daré del maná escondido. También le daré una piedra blanca en la que está escrito un nombre nuevo que sólo conoce el que lo recibe.

A la iglesia de Tiatira

18 "Escribe al ángel de la iglesia de Tiatira:

Esto dice el Hijo de Dios, el que tiene los ojos como llama de fuego y los pies como bronce bruñido: **19** Conozco tus obras, tu amor y tu fe, tu servicio y tu perseverancia, y sé que ahora estás haciendo más que al principio.

20 Sin embargo, tengo contra ti que toleras a esa mujer Jezabel, que dice ser profetisa. Con su enseñanza engaña a mis siervos, haciéndoles cometer inmoralida-

---

d **2:1** O *mensajero*; también en vv. 8, 12 y 18

des sexuales y comer alimentos sacrificados a los ídolos. **21**Le he dado tiempo para que se arrepienta de su inmoralidad, pero no quiere hacerlo. **22**Así que voy a postrarla en un lecho de dolor, y a los que cometen adulterio con ella los haré sufrir terriblemente, a menos que se arrepientan de lo que aprendieron de ella. **23**A los hijos de ella los heriré de muerte. Así sabrán todas las iglesias que yo soy el que escudriña la mente y el corazón; y a cada uno de ustedes le daré según sus obras. **24**Ahora les digo a los demás que están en Tiatira, a ustedes que no siguen esa enseñanza y no han aprendido los llamados profundos secretos de Satanás (no les impongo ninguna otra carga): **25**Solamente que retengan firme lo que ya tienen hasta que yo venga.

26Al vencedor, al que cumpla mi voluntad hasta el fin, le daré autoridad sobre las naciones **27** —la misma autoridad que recibí de mi Padre— y

> 'él las gobernará con cetro de hierro;
> las hará pedazos como a vasijas de barro'.*e*

28También le daré el lucero del alba. **29**El que tenga oídos, que oiga lo que el Espíritu dice a las iglesias.

A la iglesia de Sardis

3 "Escribe al ángel*f* de la iglesia de Sardis:

Esto dice el que tiene los siete espíritus*g* de Dios y las siete estrellas: Conozco tus obras; tienes fama de estar vivo, pero estás muerto. **2**¡Despierta! Fortalece lo que queda y está a punto de morir, pues delante de mi Dios no he encontrado completas tus obras. **3**Así que recuerda lo que has recibido y oído; obedécelo y arrepiéntete. Si no te mantienes despierto,

vendré como un ladrón, sin que sepas a qué hora iré a ti.

4Sin embargo, tienes en Sardis a unas cuantas personas que no se han manchado la ropa. Ellas andarán conmigo vestidas de blanco, porque se lo merecen. **5**El vencedor será así vestido de blanco. No borraré jamás su nombre del libro de la vida, sino que reconoceré su nombre delante de mi Padre y delante de sus ángeles. **6**El que tenga oídos, que oiga lo que el Espíritu dice a las iglesias.

A la iglesia de Filadelfia

7 "Escribe al ángel de la iglesia de Filadelfia:

Esto dice el que es santo y verdadero, el que tiene la llave de David, el que abre sin que nadie pueda cerrar, y cierra sin que nadie pueda abrir: **8**Conozco tus obras. Mira que he puesto delante de ti una puerta abierta que nadie puede cerrar. Ya sé que tienes poca fuerza, pero has guardado mi palabra y no has negado mi nombre. **9**Voy a hacer que los de la sinagoga de Satanás, que dicen ser judíos y no lo son, sino que mienten, vayan y se postren a tus pies, y reconozcan que yo te he amado. **10**Ya que has guardado mi mandato de ser constante, también yo te guardaré de la hora de prueba que va a venir sobre el mundo entero para poner a prueba a los que viven en la tierra.

11Vengo pronto. Retén firme lo que tienes, para que nadie tome tu corona. **12**Al vencedor lo haré columna en el templo de mi Dios, y ya no saldrá jamás de allí. Sobre él escribiré el nombre de mi Dios y el nombre de la ciudad de mi Dios, la nueva Jerusalén, la que baja del cielo de parte de mi Dios; y también sobre él escribiré mi nombre nuevo. **13**El que tenga oídos, que oiga lo que el Espíritu dice a las iglesias.

---

e **2:27** Sal 2:9   *f* **3:1** O *mensajero*; también en vv. 7 y 14   *g* **3:1** O *tiene el séptuple Espíritu*

A la iglesia de Laodicea

14 "Escribe al ángel de la iglesia de Laodicea:

Esto dice el Amén, el testigo fiel y veraz, el soberano de la creación de Dios: 15 Conozco tus obras; sé que no eres ni frío ni caliente. ¡Ojalá fueras lo uno o lo otro! 16 Así que, como eres tibio —ni frío ni caliente—, estoy por escupirte de mi boca. 17 Es que dices: 'Soy rico; me he enriquecido y no me hace falta nada.' Pero no te das cuenta de que eres un desdichado, miserable, pobre, ciego y desnudo. 18 Te aconsejo que de mí compres oro refinado por el fuego, para que te hagas rico; ropas blancas para que te vistas, y así cubras tu vergonzosa desnudez; y colirio para que te pongas en los ojos, a fin de que puedas ver.

19 Reprendo y disciplino a todos los que amo. Sé, pues, ferviente y arrepiéntete. 20 Mira que estoy llamando a la puerta. Si alguno oye mi voz y abre la puerta, entraré y cenaré con él, y él conmigo.

21 Al vencedor le daré el derecho de sentarse conmigo en mi trono, como también yo vencí y me senté con mi Padre en su trono. 22 El que tenga oídos, que oiga lo que el Espíritu dice a las iglesias."

El trono en el cielo

4 Después de esto miré, y vi una puerta abierta en el cielo. Y la voz que había oído antes, hablándome como una trompeta, me dijo: "Sube acá, que te voy a mostrar lo que ha de suceder después de esto." 2 Al instante estuve en el Espíritu, y vi un trono puesto en el cielo, y a alguien sentado en el trono. 3 El que estaba sentado era de aspecto semejante al jaspe y a la cornalina. Un arco iris, que se asemejaba a una esmeralda, circundaba el trono. 4 Alrededor del trono había otros veinticuatro tronos, en los cuales estaban sentados veinticuatro ancianos, vestidos de blanco y cada uno con una corona de oro en la cabeza. 5 Del trono salían relámpagos, estruendos y truenos. Delante del trono ardían siete antorchas de fuego, que son los siete espíritush de Dios. 6 Delante del trono también había como un mar de vidrio, transparente como el cristal.

En el centro, alrededor del trono, había cuatro seres vivientes cubiertos de ojos por delante y por detrás. 7 El primero de los seres vivientes era como un león; el segundo, como un toro; el tercero tenía rostro como de hombre; el cuarto era como un águila en vuelo. 8 Cada uno de los cuatro seres vivientes tenía seis alas y estaba cubierto de ojos, hasta por debajo de las alas. Día y noche repetían sin cesar:

"Santo, santo, santo
    es el Señor Dios Todopoderoso,
    el que era y es y ha de venir."

9 Cada vez que esos seres vivientes dan gloria, honra y acción de gracias al que está sentado en el trono y que vive por los siglos de los siglos, 10 los veinticuatro ancianos se postran delante del que está sentado en el trono, y adoran al que vive por los siglos de los siglos. Ponen sus coronas delante del trono y dicen:

11 "Eres digno, Señor y Dios
        nuestro,
    de recibir la gloria, la honra
        y el poder,
    porque tú creaste todas las cosas,
        y por tu voluntad fueron
            creadas
        y tienen su existencia."

El rollo escrito y el Cordero

5 En la mano derecha del que estaba sentado en el trono vi un rollo escrito por ambos lados y sellado con siete sellos. 2 Y vi a un ángel poderoso que proclamaba con voz fuerte: "¿Quién es digno de romper los sellos y de abrir el rollo?" 3 Pero nadie, ni en el cielo ni en la tierra ni debajo de la tierra, podía abrir el rollo ni ver su contenido. 4 Yo lloraba mucho porque no se encontró a nadie

---

h 4:5 O que es el séptuple Espíritu

que fuera digno de abrir el rollo ni de ver su contenido. **5** Uno de los ancianos me dijo: "¡Deja de llorar! Mira, ha vencido el León de la tribu de Judá, la raíz de David. El puede abrir el rollo con sus siete sellos."

6 Luego vi a un Cordero, que parecía haber sido inmolado, de pie en el centro del trono, en medio de los cuatro seres vivientes y de los ancianos. Tenía siete cuernos y siete ojos, que son los siete espíritus*i* de Dios enviados por toda la tierra. **7** Se acercó y tomó el rollo de la mano derecha del que estaba sentado en el trono. **8** Cuando lo tomó, los cuatro seres vivientes y los veinticuatro ancianos se postraron delante del Cordero. Cada uno tenía un arpa y copas de oro llenas de incienso, que son las oraciones de los santos. **9** Y cantaban este nuevo himno:

"Eres digno de tomar el rollo
  y de abrir sus sellos,
porque fuiste inmolado,
  y con tu sangre compraste
    para Dios
  hombres de toda tribu, len-
    gua, pueblo y nación.
10 Has hecho de ellos un reino y
    sacerdotes al servicio de
    nuestro Dios,
  y reinarán sobre la tierra."

11 Luego miré, y oí la voz de muchos ángeles que estaban alrededor del trono, de los seres vivientes y de los ancianos. El número de ellos era miríadas de miríadas y millares de millares. **12** Cantaban con voz fuerte:

"¡Digno es el Cordero inmolado
  de recibir el poder, la riqueza,
    la sabiduría, la fortaleza,
  la honra, la gloria y la alabanza!"
13 Y oí también que toda criatura en el cielo, en la tierra, debajo de la tierra y en el mar, y todo lo que hay en ellos, cantaba:

"¡Al que está sentado en el
    trono y al Cordero,
  sean la alabanza, la honra, la
    gloria y el poder
  por los siglos de los siglos!"

14 Los cuatro seres vivientes dijeron: "Amén", y los ancianos se postraron y adoraron.

Los sellos

6 Me fijé cuando el Cordero abría el primero de los siete sellos, y oí a uno de los cuatro seres vivientes que decía como con voz de trueno: "¡Ven!" **2** Miré, ¡y había un caballo blanco! El jinete llevaba un arco; se le dio una corona, y salió como vencedor decidido a triunfar.

3 Cuando el Cordero abrió el segundo sello, oí al segundo ser viviente, que decía: "¡Ven!" **4** En eso salió otro caballo, de color rojo encendido. Al jinete se le dio poder para quitar de la tierra la paz y para hacer que los hombres se mataran unos a otros; y se le dio una gran espada.

5 Cuando el Cordero abrió el tercer sello, oí al tercer ser viviente, que decía: "¡Ven!" Miré, ¡y había un caballo negro! El jinete tenía una balanza en la mano. **6** Y oí como una voz en medio de los cuatro seres vivientes, que decía: "Un kilo de trigo por el salario de un día,*j* y tres kilos de cebada por el salario de un día,*j* ¡y no dañes el aceite ni el vino!"

7 Cuando el Cordero abrió el cuarto sello, oí la voz del cuarto ser viviente, que decía: "¡Ven!" **8** Miré, ¡y había un caballo amarillento! El jinete se llamaba Muerte, y el Hades lo seguía muy de cerca. Y se les dio poder sobre la cuarta parte de la tierra, para matar con espada, con hambre y con plagas, y con las fieras de la tierra.

9 Cuando abrió el quinto sello, vi debajo del altar las almas de los que habían sido asesinados por causa de la palabra de Dios y del testimonio que habían mantenido. **10** Gritaban con voz fuerte: "¿Hasta cuándo, soberano Señor, santo y veraz, esperarás para juzgar a los habitantes de la tierra y vengar así nuestra sangre?" **11** Entonces se le dio a cada uno de ellos una ropa blanca, y se les dijo que esperaran un poco más, hasta que se completara el número

---

i **5:6** O *que es el séptuple Espíritu*   *j* **6:6** Griego *por un denario*

de sus consiervos y hermanos que iban a ser asesinados como ellos.

12 Observé cuando él abrió el sexto sello. Se produjo un gran terremoto. El sol se puso negro como un saco tejido de pelo de cabra, la luna entera se puso roja como la sangre, **13** y las estrellas del cielo cayeron a la tierra, como caen los higos verdes de una higuera cuando la sacude un viento fuerte. **14** El cielo desapareció como un pergamino que se enrolla, y todas las montañas y las islas fueron removidas de su lugar.

15 Los reyes de la tierra, los príncipes, los generales, los ricos, los poderosos, y todos, esclavos y libres, se escondieron en las cuevas y entre las peñas de las montañas. **16** Todos gritaban a las montañas y a las peñas: "¡Caigan sobre nosotros y escóndannos de la vista del que está sentado en el trono y de la ira del Cordero! **17** Porque ha llegado el gran día de la ira de ellos, y ¿quién podrá mantenerse en pie?"

Los 144.000 sellados

7 Después de esto vi a cuatro ángeles de pie en los cuatro ángulos de la tierra, deteniendo los cuatro vientos para que no soplara viento alguno sobre la tierra, ni sobre el mar ni sobre ningún árbol. **2** Y vi a otro ángel que subía del oriente, y que tenía el sello del Dios viviente. Este gritó con voz fuerte a los cuatro ángeles a quienes se había dado poder para hacer daño a la tierra y al mar: **3** "No hagan daño ni a la tierra ni al mar ni a los árboles, mientras no hayamos puesto un sello en la frente de los siervos de nuestro Dios." **4** Y oí el número de los que fueron sellados: ciento cuarenta y cuatro mil de todas las tribus de Israel.

5 De la tribu de Judá fueron sellados doce mil;
de la tribu de Rubén, doce mil;
de la tribu de Gad, doce mil;
6 de la tribu de Aser, doce mil;
de la tribu de Neftalí, doce mil;
de la tribu de Manasés, doce mil;

7 de la tribu de Simeón, doce mil;
de la tribu de Leví, doce mil;
de la tribu de Isacar, doce mil;
8 de la tribu de Zabulón, doce mil;
de la tribu de José, doce mil;
de la tribu de Benjamín, doce mil.

La gran multitud con ropas blancas

9 Después de esto miré, y había una multitud inmensa que nadie podía contar, de todas las naciones, tribus, pueblos y lenguas. Estaban de pie delante del trono y delante del Cordero. Vestían ropas blancas y tenían ramas de palma en las manos. **10** Y gritaban con voz fuerte:
"La salvación es de nuestro Dios, que está sentado en el trono, y del Cordero."
11 Todos los ángeles estaban de pie alrededor del trono y de los ancianos y de los cuatro seres vivientes. Se postraron sobre el rostro delante del trono y adoraron a Dios **12** diciendo:
"¡Amén!
La alabanza, la gloria, la sabiduría, la acción de gracias, la honra, el poder y la fortaleza sean a nuestro Dios por los siglos de los siglos. ¡Amén!"

13 Uno de los ancianos me preguntó:
—Esos que llevan ropas blancas ¿quiénes son y de dónde vinieron?
14 —Señor —respondí—, eso lo sabes tú.
—Esos son los que han salido de la gran tribulación —me dijo—; han lavado sus ropas y las han blanqueado en la sangre del Cordero. **15** Por eso,
'están delante del trono de Dios y le sirven día y noche en su templo; y el que está sentado en el trono extenderá su tienda sobre ellos.
16 Ya no tendrán más hambre; ni tendrán más sed. No los abatirá el sol ni ningún calor abrasador.

17 Porque el Cordero que está en medio del trono los pastoreará;

los guiará a fuentes de agua viva,

y Dios enjugará toda lágrima de los ojos de ellos.'

El séptimo sello y el incensario de oro

8 Cuando el Cordero abrió el séptimo sello, hubo silencio en el cielo como por media hora.

2 Y vi a los siete ángeles que están de pie delante de Dios, y se les dieron siete trompetas.

3 Se acercó otro ángel y se puso de pie junto al altar. Tenía un incensario de oro, y se le dio mucho incienso para ofrecerlo con las oraciones de todos los santos, sobre el altar de oro que está delante del trono. **4** Y de la mano del ángel subió delante de Dios el humo del incienso con las oraciones de los santos. **5** El ángel tomó el incensario, lo llenó con fuego del altar y lo lanzó a la tierra; y se produjeron truenos, estruendos, relámpagos y un terremoto.

Las trompetas

6 Los siete ángeles que tenían las siete trompetas se dispusieron a tocarlas.

7 Tocó el primero su trompeta, y se produjo granizo y fuego mezclado con sangre, que fueron lanzados a la tierra. Y se quemó la tercera parte de la tierra, junto con la tercera parte de los árboles y toda la hierba verde.

8 Tocó el segundo ángel su trompeta, y fue lanzado al mar algo como una enorme montaña ardiendo en llamas. Y la tercera parte del mar se convirtió en sangre, **9** murió la tercera parte de las criaturas vivientes que había en el mar y fue destruida la tercera parte de los barcos.

10 Tocó el tercer ángel su trompeta, y una gran estrella, que ardía como una antorcha, cayó del cielo sobre la tercera parte de los ríos y sobre los manantiales. **11** El nombre de la estrella es Ajenjo.*k* Se volvió

amarga la tercera parte de las aguas, y murió mucha gente a causa de aquellas aguas amargas.

12 Tocó el cuarto ángel su trompeta, y fue azotada la tercera parte del sol, la tercera parte de la luna, y la tercera parte de las estrellas, de modo que se oscureció la tercera parte de los astros. Se quedó sin luz una tercera parte del día, e igualmente la noche.

13 Mientras observaba, oí un águila que volaba en medio del cielo y decía con voz fuerte: "¡Ay, ay! ¡Ay de los habitantes de la tierra, a causa de los toques de trompeta que los otros tres ángeles están a punto de tocar!"

9 Tocó el quinto ángel su trompeta, y vi una estrella que había caído del cielo a la tierra; y se le dio la llave del pozo del abismo. **2** Cuando abrió el abismo, subió de él una humareda como la de un horno gigantesco; y la humareda del abismo oscureció el sol y el aire. **3** De la humareda salieron langostas que cayeron sobre la tierra, y se les dio poder como el que tienen los escorpiones terrestres. **4** Se les dijo que no hicieran daño a la hierba de la tierra ni a ninguna planta ni a ningún árbol, sino sólo a las personas que no llevaran en la frente el sello de Dios. **5** No se les dio poder para matarlas sino sólo para torturarlas durante cinco meses. Su tormento era como el que produce la picada de un escorpión. **6** En aquellos días buscarán los hombres la muerte, pero no la encontrarán; desearán morir, pero la muerte huirá de ellos.

7 El aspecto de las langostas era semejante al de caballos preparados para la guerra. Llevaban en la cabeza algo así como coronas de oro y sus rostros eran como rostros humanos. **8** Tenían pelo como cabello de mujer, y sus dientes eran como dientes de león. **9** Llevaban corazas como de hierro, y el ruido de sus alas era como el estruendo de carros de muchos caballos que se lanzan a la batalla. **10** Tenían colas y aguijones como los

k **8:11** Es decir, Amargura

escorpiones; y en sus colas tenían poder para torturar a la gente durante cinco meses. 11 Tenían por rey al ángel del abismo, que se llama en hebreo Abadón, y en griego Apolión.*l*

12 El primer ¡ay! ya pasó. Todavía faltan otros dos.

13 Tocó el sexto ángel su trompeta, y oí una voz que salía de los cuernos*m* del altar de oro que está delante de Dios. 14 Al sexto ángel que tenía la trompeta le dijo: "Suelta a los cuatro ángeles que están atados junto al gran río Eufrates." 15 Así que los cuatro ángeles que se habían mantenido preparados precisamente para esa hora, y ese día, mes y año fueron soltados para que mataran a la tercera parte de la humanidad. 16 Y oí que el número de las tropas de a caballo llegaba a doscientos millones.

17 Los caballos y los jinetes que vi en la visión eran así: tenían corazas de color rojo como el fuego, de azul oscuro y de amarillo como el azufre. Los caballos tenían cabeza como de león; y de su boca salían fuego, humo y azufre. 18 La tercera parte de la humanidad murió a causa de las tres plagas de fuego, humo y azufre que salían de la boca de los caballos. 19 Es que el poder de los caballos estaba en su boca y en sus colas; pues sus colas, semejantes a serpientes, tenían cabezas con las que hacían daño.

20 El resto de la humanidad que no murió a causa de estas plagas, ni aún así se arrepintió de la obra de sus manos; ni dejaron de adorar a los demonios y a los ídolos de oro, plata, bronce, piedra y madera, ídolos que no pueden ver ni oír ni caminar. 21 Tampoco se arrepintieron de sus asesinatos, ni de sus artes mágicas, ni de su inmoralidad sexual ni de sus robos.

El ángel y el rollo pequeño

10 Vi a otro ángel poderoso que bajaba del cielo envuelto en una nube. Tenía un arco iris sobre la cabeza; su rostro era como el sol, y sus piernas como columnas de fuego. 2 Llevaba en la mano un pequeño rollo abierto. Puso el pie derecho sobre el mar y el izquierdo sobre la tierra, 3 y gritó con voz fuerte como el rugido de un león. Cuando gritó, se oyeron las voces de los siete truenos. 4 Después que hablaron los siete truenos, me disponía a escribir; pero oí una voz del cielo que me decía: "Sella lo que han dicho los siete truenos, y no lo escribas."

5 El ángel que yo había visto de pie sobre el mar y sobre la tierra levantó al cielo su mano derecha 6 y juró por el que vive por los siglos de los siglos, el que creó el cielo y todo lo que hay en él, la tierra y todo lo que hay en ella, y el mar y todo lo que hay en él, y dijo: "¡Ya no habrá más demora! 7 Al contrario, en los días en que el séptimo ángel vaya a tocar su trompeta, se cumplirá el misterio de Dios, como él anunció a sus siervos los profetas."

8 La voz que yo había oído del cielo me habló de nuevo, y me dijo: "Ve y toma el rollo que está abierto en la mano del ángel que está de pie sobre el mar y sobre la tierra."

9 Así que me acerqué al ángel y le pedí que me diera el pequeño rollo. El me dijo: "Tómalo y cómetelo. Te amargará el estómago, pero en tu boca será dulce como la miel." 10 Tomé el pequeño rollo de la mano del ángel y me lo comí. En mi boca me supo dulce como la miel, pero cuando me lo comí, se me amargó el estómago. 11 Entonces se me dijo: "Tienes que volver a profetizar acerca de muchos pueblos, naciones, lenguas y reyes."

Los dos testigos

11 Se me dio una caña semejante a una vara de medir, y se me dijo: "Anda y mide el templo de Dios y el altar, y cuenta a los que adoran allí. 2 Pero no incluyas el atrio exterior; no lo midas, porque se les ha dado a los paganos, que

---

l 9:11 *Abadón* y *Apolión* significan: *Destructor.*   *m* 9:13 Es decir, las proyecciones

pisotearán la ciudad santa durante cuarenta y dos meses. **3**Y yo daré poder a mis dos testigos, y ellos profetizarán durante mil doscientos sesenta días, vestidos de cilicio." **4**Estos son los dos olivos y los dos candelabros que están delante del Señor de la tierra. **5**Si alguno trata de hacerles daño, sale fuego de la boca de ellos y devora a sus enemigos. Así tendrá que morir cualquiera que quiera hacerles daño. **6**Estos hombres tienen poder para cerrar el cielo, para que no llueva durante el tiempo en que estén profetizando; y tienen poder para convertir las aguas en sangre y para azotar la tierra con toda clase de plagas cuantas veces quieran.

7Ahora bien, cuando hayan terminado de dar su testimonio, la bestia que sube del abismo los atacará, los vencerá y los matará. **8**Sus cadáveres quedarán tendidos en la calle de la gran ciudad, que en lenguaje figurado se llama Sodoma y Egipto, donde también fue crucificado el Señor de ellos. **9**Y habrá personas de todo pueblo, tribu, lengua y nación que contemplarán sus cadáveres por tres días y medio y no permitirán que se les dé sepultura. **10**Los habitantes de la tierra se alegrarán por su muerte y la celebrarán con intercambio de regalos, porque estos dos profetas habían atormentado a los que viven en la tierra.

11Pero después de los tres días y medio, entró en ellos un aliento de vida enviado por Dios, y se pusieron de pie, y el terror se apoderó de quienes los contemplaban. **12**Oyeron entonces una fuerte voz del cielo que les decía: "Suban acá." Y subieron al cielo en una nube, a la vista de sus enemigos.

13En aquella misma hora se produjo un violento terremoto y se derrumbó la décima parte de la ciudad. Perecieron siete mil personas en el terremoto, y los sobrevivientes fueron presa del terror y dieron gloria al Dios del cielo.

14El segundo ¡ay! ya pasó; el tercero se avecina.

La séptima trompeta

15Tocó el séptimo ángel su trompeta, y se oyeron en el cielo fuertes voces que decían:

"El reino del mundo ha llegado a ser de nuestro
Señor y de su Cristo,
y él reinará por los siglos de
los siglos."

16Los veinticuatro ancianos, que estaban sentados en sus tronos delante de Dios, se postraron sobre el rostro y adoraron a Dios **17**diciendo:

"Te damos gracias, Señor Dios
Todopoderoso,
el que es y el que era,
porque has tomado tu gran poder
y has comenzado a reinar.
18Las naciones estaban enojadas;
ha llegado tu ira.
Ha llegado el momento de juzgar a los muertos,
y de recompensar a tus siervos los profetas,
a tus santos y a los que reverencian tu nombre,
sean grandes o pequeños,
y de destruir a los que destruyen la tierra."

19Entonces se abrió el templo de Dios en el cielo, y dentro de su templo se veía el arca de su pacto. Y se produjeron relámpagos, estruendos, truenos, un terremoto y una fuerte granizada.

La mujer y el dragón

12 Apareció en el cielo una señal grande y admirable: una mujer revestida del sol, con la luna debajo de sus pies y una corona de doce estrellas en la cabeza. **2**Estaba encinta y gritaba por los dolores y angustias del alumbramiento. **3**Y apareció en el cielo otra señal: un enorme dragón rojo que tenía siete cabezas y diez cuernos, con una corona en cada cabeza. **4**Con la cola arrastró la tercera parte de las estrellas del cielo y las lanzó sobre la tierra. El dragón se detuvo delante de la mujer que estaba a punto de dar a luz, para devorar a su hijo tan pronto naciera. **5** Ella dio a luz un hijo varón, que ha de gobernar a todas las naciones con cetro de hierro. Y su hijo fue arrebatado hasta Dios y hasta su trono. **6** La mujer huyó al desierto, a un lugar que Dios le había preparado para que allí la sustentaran por mil doscientos sesenta días.

7 Hubo entonces una guerra en el cielo. Miguel y sus ángeles lucharon contra el dragón, y el dragón y sus ángeles se lanzaron a su vez a la batalla. **8** Pero no tuvo el dragón la fuerza suficiente, y perdieron su lugar en el cielo. **9** Y fue expulsado el gran dragón, aquella serpiente antigua, llamada el diablo y Satanás, que engaña al mundo entero. Fue lanzado a la tierra junto con sus ángeles.

10 Oí entonces una voz fuerte en el cielo, que decía:

"Ahora han llegado la salvación y el poder y el reino de nuestro Dios,
y la autoridad de su Cristo.
Porque ha sido expulsado
el acusador de nuestros hermanos,
el que los acusaba día y noche delante de nuestro Dios.
11 Estos lo vencieron
por la sangre del Cordero
y por el testimonio que dieron;
no amaron su vida
como para retroceder ante la muerte.
12 Por eso, ¡alégrense, cielos,
y ustedes que habitan en ellos!
Pero ¡ay de la tierra y del mar,
porque ha bajado a ustedes
el diablo!
Está lleno de ira
porque sabe que le queda
poco tiempo."

13 Cuando el dragón vio que había sido lanzado a la tierra, persiguió a la mujer que había tenido el hijo. **14** A la mujer se le dieron las dos alas de la gran águila, para que volara al lugar que se le había preparado en

el desierto, donde se le sustentaría durante un tiempo, y tiempos, y medio tiempo, lejos del alcance de la serpiente. **15** La serpiente arrojó de su boca agua como un río, para que la corriente arrastrara a la mujer una vez que la alcanzara. **16** Pero la tierra ayudó a la mujer abriendo la boca y tragándose el río que el dragón había arrojado de su boca. **17** Así que el dragón se enfureció contra la mujer, y se fue a hacer la guerra al resto de los descendientes de ella, a los que obedecen los mandamientos de Dios y se mantienen fieles al testimonio de Jesús.

13 Y el dragón se plantó[n] a la orilla del mar.

La bestia que surge del mar

Vi a una bestia que surgía del mar. Tenía diez cuernos y siete cabezas, con una corona en cada cuerno, y un nombre blasfemo en cada cabeza. **2** Esta bestia que vi parecía un leopardo, pero tenía patas como de oso, y boca como de león. El dragón le dio a la bestia su poder y su trono y gran autoridad. **3** Una de las cabezas de la bestia parecía haber sufrido una herida mortal, pero esa herida había sido sanada. El mundo entero, fascinado, siguió a la bestia. **4** Adoraron al dragón porque había dado autoridad a la bestia, y también adoraron a la bestia, diciendo: "¿Quién hay como la bestia? ¿Quién podrá luchar contra ella?"

5 A la bestia se le dio una boca que profiriera palabras arrogantes y blasfemias, y se le dio autoridad para actuar durante cuarenta y dos meses. **6** Abrió la boca para blasfemar contra Dios, para maldecir su nombre y su morada y a los que viven en el cielo. **7** Se le dio poder para hacer la guerra a los santos y vencerlos. Y se le dio autoridad sobre toda tribu, pueblo, lengua y nación. **8** A la bestia la adorarán todos los habitantes de la tierra, aquellos cuyo nombre no ha sido escrito en el libro de la vida del

---

[n] **13:1** Algunos mss. posteriores dicen: *Y yo estaba de pie*

Cordero que fue inmolado desde la creación del mundo.°

9 El que tenga oídos, que oiga.

10 El que deba ser llevado cautivo
    irá a la cautividad.
   El que deba morir ᴾ a filo de
    espada,
    a filo de espada morirá.
Esto requiere constancia y fidelidad de parte de los santos.

La bestia que surge de la tierra

11 Después vi a otra bestia que surgía de la tierra. Tenía dos cuernos que parecían de cordero, pero hablaba como dragón. 12 Ejercía toda la autoridad de la primera bestia en nombre de ella, y hacía que la tierra y sus habitantes adoraran a la primera bestia, cuya herida mortal había sido sanada. 13 También hacía grandes señales milagrosas. Hasta hacía caer fuego del cielo a la tierra, a la vista de la gente. 14 Debido a esas señales que se le concedió hacer en nombre de la primera bestia, engañó a los habitantes de la tierra. Y les mandó que hicieran una imagen en honor de la bestia que tenía la herida de la espada y sin embargo estaba viva. 15 Se le concedió infundirle aliento a la imagen de la primera bestia, para que pudiera hablar y hacer matar a todos los que se negaran a adorar a la imagen. 16 Además, hizo que a todos, pequeños y grandes, ricos y pobres, libres y esclavos, se les pusiera una marca en la mano derecha o en la frente, 17 de modo que nadie pudiera comprar ni vender, a menos que llevara la marca, que es el nombre de la bestia o el número de ese nombre. 18 Esto requiere sabiduría. El que tenga entendimiento, calcule el número de la bestia, pues es número de hombre. Su número es seiscientos sesenta y seis.

El Cordero y los 144.000

14 Luego miré, y allí estaba el Cordero, de pie sobre el monte Sion, en compañía de ciento cuarenta y cuatro mil que tenían escritos en la frente el nombre del Cordero y de su Padre. 2 Y oí un sonido que venía del cielo como torrentes de agua y como el retumbar de un gran trueno. El sonido que oí era como de arpistas que tocan sus arpas. 3 Y cantaban un himno nuevo delante del trono y delante de los cuatro seres vivientes y de los ancianos. Los únicos que podían aprender aquel himno eran los ciento cuarenta y cuatro mil que habían sido rescatados de la tierra. 4 Estos son los que no se contaminaron con mujeres, pues se mantuvieron puros. Son los que siguen al Cordero a dondequiera que va. Fueron comprados de entre los hombres y ofrecidos como primicias a Dios y al Cordero. 5 No se encontró mentira alguna en su boca; son intachables.

Los tres ángeles

6 Luego vi a otro ángel que volaba en medio del cielo, y que llevaba el evangelio eterno para anunciarlo a los que viven en la tierra, a toda nación, tribu, lengua y pueblo. 7 Decía con voz fuerte: "Teman a Dios y denle gloria, porque ha llegado la hora de su juicio. Adoren al que hizo el cielo, la tierra, el mar y los manantiales."

8 Lo siguió un segundo ángel que decía: "¡Ya cayó! Ya cayó la gran Babilonia, la que hizo que todas las naciones bebieran del vino enloquecedor de sus adulterios."

9 Luego los siguió un tercer ángel que decía con voz fuerte: "Si alguno adora a la bestia y a su imagen, y se deja poner su marca en la frente o en la mano, 10 beberá también del vino del furor de Dios, que se ha vaciado puro en la copa de su ira. Será atormentado con azufre ardiente en presencia de los santos ángeles y del Cordero. 11 El humo de su tormento sube por los siglos de los siglos. Y no hay descanso ni de día ni de noche para los que adoran

---

° 13:8 O escrito, desde la creación del mundo, en el libro de la vida del Cordero que fue inmolado.   ᴾ 13:10 Algunos mss. dicen: El que mata

a la bestia y a su imagen, ni para nadie que se deje poner la marca de su nombre." 12 Esto requiere perseverancia de parte de los santos que obedecen los mandamientos de Dios y se mantienen fieles a Jesús.

13 Luego oí una voz del cielo, que decía: "Escribe: Dichosos los muertos que de ahora en adelante mueren en el Señor."

"Sí —dice el Espíritu—, ellos descansarán de sus trabajos, pues sus obras los seguirán."

La cosecha de la tierra

14 Miré, y había una nube blanca, y en la nube estaba sentado alguien "semejante a hijo de hombre", q con una corona de oro en la cabeza y una hoz afilada en la mano. 15 Salió del templo otro ángel y gritó con voz fuerte al que estaba sentado en la nube: "Toma tu hoz y recoge la cosecha, porque ha llegado el tiempo de segar, pues la cosecha de la tierra está madura." 16 Así que el que estaba sentado en la nube pasó su hoz sobre la tierra, y la tierra quedó segada.

17 Salió otro ángel del templo que está en el cielo, y también él llevaba una hoz afilada. 18 Del altar salió otro ángel, que tenía a su cargo el fuego, y gritó con voz fuerte al que llevaba la hoz afilada: "Toma tu hoz afilada y junta los racimos del viñedo de la tierra, porque sus uvas están maduras." 19 El ángel pasó su hoz sobre la tierra, recogió las uvas y las echó en el gran lagar de la ira de Dios. 20 Fueron exprimidas las uvas en un lagar que estaba fuera de la ciudad, y salió sangre del lagar, subiendo hasta la altura de los frenos de los caballos en una distancia de unos trescientos kilómetros. r

Siete ángeles con siete plagas

15 Vi en el cielo otra señal grande y maravillosa: siete ángeles con las siete últimas plagas, y esto porque con ellas queda aplacada la ira de Dios. 2 Y vi como un mar de vidrio mezclado con fuego y,

de pie junto a ese mar, a los vencedores de la bestia, de su imagen y del número de su nombre. Tenían arpas que les había dado Dios, 3 y cantaban el himno de Moisés, siervo de Dios, y el himno del Cordero:

"Grandes y maravillosas son
     tus obras,
  Señor Dios Todopoderoso.
Justos y verdaderos son tus
     caminos,
  Rey de los siglos.
4 ¿Quién no te temerá, oh Señor,
  y no glorificará tu nombre?
Pues sólo tú eres santo.
Todas las naciones vendrán
  y te adorarán,
porque tus obras justas se han
     manifestado."

5 Después de esto miré, y se abrió en el cielo el templo, es decir, el tabernáculo del testimonio. 6 Del templo salieron los siete ángeles que llevaban las siete plagas. Iban vestidos de lino limpio y resplandeciente, y llevaban bandas de oro a la altura del pecho. 7 Uno de los cuatro seres vivientes dio a cada uno de los siete ángeles una copa de oro llena de la ira de Dios, quien vive por los siglos de los siglos. 8 El templo se llenó del humo que procedía de la gloria de Dios y de su poder, y nadie podía entrar en el templo mientras no se terminaran las siete plagas de los siete ángeles.

Las siete copas de la ira de Dios

16 Oí una voz fuerte que salía del templo y les decía a los siete ángeles: "Vayan y derramen sobre la tierra las siete copas de la ira de Dios."

2 Fue el primer ángel y derramó su copa sobre la tierra, y se produjo una llaga repugnante y dolorosa sobre la gente que tenía la marca de la bestia y que adoraba su imagen.

3 El segundo ángel derramó su copa sobre el mar, y el mar se convirtió en sangre como de muerto, y murió todo ser viviente que había en el mar.

4 El tercer ángel derramó su copa sobre los ríos y sobre los manantiales,

q 14:14 Dn 7:13   r 14:20 Griego 1.600 estadios

y se convirtieron en sangre. **5**Oí que el ángel encargado de las aguas decía:

"Justo eres en estos juicios,
    tú que eres y que eras, el
        Santo,
    por haber juzgado así;
6 porque ellos derramaron la
        sangre de tus santos y de
        tus profetas,
    y ahora tú les has dado a beber
        sangre, como se merecen."

7Y oí al altar que respondía:

"Sí, Señor Dios Todopoderoso,
    verdaderos y justos son tus
        juicios."

8El cuarto ángel derramó su copa sobre el sol, y se le dio al sol poder para quemar con fuego a la gente. **9**Todos quedaron terriblemente quemados por el intenso calor y maldijeron el nombre de Dios, que tenía control sobre esas plagas, pero se negaron a arrepentirse y darle gloria.

10El quinto ángel derramó su copa sobre el trono de la bestia, y su reino quedó en oscuridad. La gente se mordía la lengua de dolor **11**y maldecía al Dios del cielo por causa de su dolor y de sus llagas, pero se negaron a arrepentirse de lo que habían hecho.

12El sexto ángel derramó su copa sobre el gran río Eufrates, y el agua del río se secó para prepararles el camino a los reyes que venían del oriente. **13**Y vi salir de la boca del dragón, de la boca de la bestia y de la boca del falso profeta tres espíritus malos,*s* semejantes a ranas. **14**Son espíritus de demonios que hacen señales milagrosas y salen a reunir a los reyes del mundo entero para la batalla del gran día del Dios Todopoderoso.

15"¡Fíjense que vengo como un ladrón! Dichoso el que se mantiene despierto y tiene su ropa a la mano, no sea que ande desnudo y se vea avergonzado públicamente."

16Entonces reunieron a los reyes en el lugar que en hebreo se llama Armagedón.

17El séptimo ángel derramó su copa en el aire, y salió del templo una voz fuerte que venía del trono y decía: "¡Ya está hecho!" **18**Y se produjeron relámpagos, estruendos, truenos y un violento terremoto. No había ocurrido nunca un terremoto como aquél desde que el hombre existe sobre la tierra; tan violento era el terremoto. **19**La gran ciudad se partió en tres, y las ciudades de las naciones se desplomaron. Dios se acordó de la gran Babilonia y le dio a beber de la copa llena del vino del furor de su ira. **20**Huyeron todas las islas, y se perdieron de vista las montañas. **21**Del cielo cayeron sobre las personas enormes granizos, de casi cuarenta kilos cada uno. Y maldecían a Dios por la plaga del granizo, porque era tan terrible aquella plaga.

La mujer montada sobre la bestia

17 Uno de los siete ángeles que tenían las siete copas se me acercó y me dijo: "Ven, que te voy a mostrar el castigo de la gran prostituta que está sentada sobre muchas aguas. **2**Con ella cometieron adulterio los reyes de la tierra, y los habitantes de la tierra se embriagaron con el vino de sus adulterios."

3Luego el ángel me llevó en el Espíritu a un desierto. Allí vi a una mujer montada sobre una bestia escarlata cubierta de nombres blasfemos y que tenía siete cabezas y diez cuernos. **4**La mujer estaba vestida de púrpura y escarlata, y relucía joyas de oro, piedras preciosas y perlas. Tenía en la mano una copa de oro llena de cosas abominables y de la inmundicia de sus adulterios. **5**En la frente llevaba escrito este título:

MISTERIO:
BABILONIA LA GRANDE
LA MADRE DE LAS PROSTITUTAS
Y DE LAS ABOMINACIONES
DE LA TIERRA.

6Vi que la mujer estaba borracha de la sangre de los santos, de la sangre de los que dieron testimonio de Jesús.

s **16:13** Griego *inmundos*

Al verla, quedé sumamente asombrado. 7 El ángel me dijo: "¿Por qué te asombras? Voy a explicarte el misterio de esa mujer y de la bestia sobre la que está montada, la que tiene siete cabezas y diez cuernos. 8 La bestia que has visto, antes era y ahora no es, y subirá del abismo para ir a su destrucción. Los habitantes de la tierra, cuyos nombres no han sido escritos en el libro de la vida desde la creación del mundo, se asombrarán al ver a la bestia, porque antes era, ahora no es, y sin embargo vendrá.

9 "Esto requiere una mente que tiene sabiduría. Las siete cabezas son siete colinas sobre las que está sentada esa mujer. También son siete reyes: 10 cinco han caído, uno está gobernando, el otro no ha llegado todavía; pero cuando llegue, habrá de durar poco tiempo. 11 La bestia que antes era, y ahora no es, es un octavo rey. Es de los siete y va rumbo a su destrucción.

12 "Los diez cuernos que has visto son diez reyes que todavía no han recibido reino, pero que por una hora recibirán autoridad como reyes, junto con la bestia. 13 Estos tienen un solo propósito, que los llevará a entregar a la bestia el poder y la autoridad que tienen. 14 Harán la guerra al Cordero, pero el Cordero los vencerá, porque es Señor de señores y Rey de reyes, y con él estarán sus llamados, escogidos y fieles seguidores."

15 Además el ángel me dijo: "Las aguas que has visto, donde está sentada la prostituta, son pueblos, multitudes, naciones y lenguas. 16 La bestia y los diez cuernos que has visto odiarán a la prostituta. La llevarán a la ruina y la dejarán desnuda; se comerán la carne de su cuerpo, y la quemarán con fuego. 17 Es que Dios les ha puesto en el corazón el llevar a cabo el propósito que él tiene, al ponerse de acuerdo en entregarle a la bestia el poder de gobernar que tienen, hasta que se cumplan las palabras de Dios. 18 La mujer que has visto es aquella gran ciudad que ejerce su soberanía sobre los reyes de la tierra."

La caída de Babilonia

18 Después de esto vi a otro ángel que bajaba del cielo. Tenía mucha autoridad, y la tierra quedó iluminada con su resplandor. 2 Con voz potente gritó:

"¡Ya cayó! ¡Ya cayó la gran Babilonia!
Se ha convertido en morada de demonios
y en guarida de todo espíritu malo,t
en guarida de toda ave inmunda y detestable.
3 Porque del vino enloquecedor de sus adulterios
han bebido todas las naciones.
Los reyes de la tierra cometieron adulterio con ella,
y los comerciantes de la tierra se enriquecieron con sus lujos exagerados."

4 Luego oí otra voz del cielo, que decía:

"Salgan de ella, pueblo mío,
para que no tengan parte en sus pecados,
ni los alcance ninguna de sus plagas;
5 pues sus pecados se han amontonado hasta el cielo,
y Dios se ha acordado de sus delitos.
6 Devuélvanle según ella les dio;
páguenle el doble de lo que ha hecho.
Mézclenle el doble en la copa en que ella mezcló.
7 Denle tormento y aflicción
en proporción a la gloria y el lujo que ella misma se dio.
En su corazón hace alarde diciendo:
'Estoy sentada como reina; no soy viuda
ni me lamentaré jamás.'
8 Por eso en un solo día la alcanzarán sus plagas:
muerte, lamento y hambre.

t 18:2 Griego *inmundo*

Será consumida por el fuego,
porque poderoso es el Señor
Dios que la juzga.

9 "Cuando los reyes de la tierra que cometieron adulterio con ella y compartían su lujo vean el humo de su incendio, llorarán y se lamentarán por ella. 10 Aterrados por su tormento, se detendrán a lo lejos y gritarán:

" '¡Ay! ¡Ay de ti, oh gran ciudad,
oh Babilonia, ciudad poderosa!
¡En una sola hora ha llegado
tu juicio!'

11 "Los comerciantes de la tierra llorarán y se lamentarán por ella, porque ya nadie compra su cargamento: 12 cargamento de oro, plata, piedras preciosas y perlas; lino fino, púrpura, telas de seda y escarlata; toda clase de madera de cedro, y objetos de toda clase, hechos de marfil, de madera preciosa, de bronce, de hierro y de mármol; 13 cargamento de canela y especias aromáticas; de incienso, mirra y perfumes; de vino y aceite; de harina refinada y trigo; de ganado vacuno y de corderos; de caballos y carruajes; de cuerpos de esclavos y de vidas humanas.

14 "Y dirán: 'Se ha apartado de ti el fruto que tanto anhelabas. Se ha desvanecido todo tu lujo y tu esplendor, y nunca los recobrarás.' 15 Los comerciantes que vendían esa mercancía y se enriquecieron a costa de ella, se detendrán a lo lejos, aterrados por su tormento. Llorando y lamentándose 16 gritarán:

" '¡Ay! ¡Ay de la gran ciudad,
vestida de lino fino, de púrpura y escarlata,
y reluciendo joyas de oro, piedras preciosas y perlas!
17 ¡En una sola hora ha quedado
devastada tanta riqueza!'

"Todos los capitanes de barco, los pasajeros, los marineros y todos los que se ganan la vida en el mar se detendrán a lo lejos. 18 Al ver el humo de su incendio, exclamarán: '¿Hubo jamás alguna ciudad como esta gran ciudad?' 19 Se echarán polvo en la cabeza, y gritarán llorando y lamentándose:

" '¡Ay! ¡Ay de la gran ciudad,
en la que todos los que
tenían barcos en el mar
se enriquecieron con la
riqueza de ella!
¡En una sola hora ha quedado
devastada!
20 ¡Alégrate por ella, oh cielo!
¡Alégrense, santos, apóstoles
y profetas!
Dios la ha juzgado por el modo
con que ella los trató a
ustedes.' "

21 Entonces un ángel poderoso levantó una piedra del tamaño de una gran rueda de molino, y lanzándola al mar dijo:

"Con semejante violencia
será derribada la gran ciudad de Babilonia,
y no volverá a aparecer jamás.
22 La melodía de arpistas y de
músicos, de flautistas y
de trompetistas,
no volverá a oírse en ti jamás.
Ningún artesano de ningún oficio
volverá a encontrarse en ti
jamás.
El ruido de la rueda de molino
no volverá a oírse en ti jamás.
23 La luz de una lámpara
no volverá a brillar en ti
jamás.
La voz de los novios
no volverá a oírse en ti jamás.
Tus comerciantes eran los
magnates del mundo.
Engañaste a todas las naciones con tus hechicerías.
24 En ella se halló sangre de profetas y de santos,
y de todos los que han sido
asesinados en la tierra."

¡Aleluya!

19 Después de esto oí como un gran clamor de una gran multitud en el cielo que exclamaba:

"¡Aleluya!
La salvación, la gloria y el
poder son de nuestro Dios,
2 pues sus juicios son verdaderos y justos.
Ha condenado a la gran prostituta

que corrompía la tierra con
sus adulterios.
Ha vengado en ella la sangre
de sus siervos."

3 Y de nuevo exclamaron:
"¡Aleluya!
El humo de ella sube por los
siglos de los siglos."

4 Los veinticuatro ancianos y los
cuatro seres vivientes se postraron
y adoraron a Dios, que estaba sentado en el trono. Y exclamaban:
"¡Amén, Aleluya!"

5 Y salió del trono una voz que
decía:
"¡Alaben a nuestro Dios,
todos ustedes sus siervos,
ustedes que le temen,
pequeños y grandes!"

6 Después oí como el coro de una
gran multitud, como torrentes de
aguas y como retumbar de fuertes
truenos, que exclamaba:
"¡Aleluya!
Porque reina el Señor nuestro Dios Todopoderoso.
7 ¡Alegrémonos y regocijémonos
y démosle gloria!
Porque han llegado las bodas
del Cordero,
y su novia se ha preparado.
8 Se le ha concedido vestirse
de lino fino, limpio y resplandeciente."

(El lino fino representa las acciones
justas de los santos.)

9 El ángel me dijo: "Escribe:
'¡Dichosos los invitados a la cena de
las bodas del Cordero!'" Y añadió:
"Estas son las palabras verdaderas
de Dios."

10 En esto me postré a sus pies
para adorarlo. Pero él me dijo: "¡No
hagas eso! Soy un siervo como tú y
como tus hermanos que se mantienen fieles al testimonio de Jesús.
¡Adora a Dios! Pues el testimonio de
Jesús es el espíritu de profecía."

El jinete del caballo blanco

11 Vi el cielo abierto, y había un
caballo blanco, y su jinete se llama
Fiel y Verdadero. Con justicia juzga y

hace la guerra. **12** Sus ojos son como
llama de fuego, y en la cabeza tiene
muchas coronas. Lleva escrito un
nombre que nadie conoce sino sólo él.
13 Está vestido de un manto teñido
en sangre, y su nombre es: El Verbo
de Dios. **14** Lo seguían los ejércitos
del cielo, montados en caballos blancos y vestidos de lino fino, blanco y
limpio. **15** De su boca sale una espada
afilada para herir con ella a las naciones. "Las gobernará con cetro de
hierro." *u* El exprime uvas en el lagar
del furor de la ira del Dios Todopoderoso. **16** En su manto y sobre el muslo
lleva escrito este nombre:

REY DE REYES
Y SEÑOR DE SEÑORES.

17 Y vi a un ángel que, de pie en el
sol, gritaba con voz fuerte a todas las
aves que vuelan en medio del cielo:
"Vengan, reúnanse para la gran cena
de Dios, **18** para que coman carne de
reyes, generales y hombres poderosos, de caballos y de sus jinetes, y
carne de toda clase de gente, libres y
esclavos, pequeños y grandes."

19 Entonces vi a la bestia y a los
reyes de la tierra con sus ejércitos,
reunidos para hacer la guerra al
jinete de aquel caballo y a su ejército.
20 Pero fue capturada la bestia, junto
con el falso profeta que había hecho
las señales milagrosas en nombre de
ella. Con esas señales había engañado
a los que habían recibido la marca de
la bestia y adoraban su imagen. Los
dos fueron arrojados vivos al lago de
fuego que arde con azufre. **21** Los
demás fueron exterminados por la
espada que salía de la boca del jinete
del caballo, y todas las aves se hartaron de la carne de ellos.

Los mil años

20 Y vi a un ángel que bajaba del
cielo con la llave del abismo y
con una gran cadena en la mano.
2 Prendió al dragón, aquella serpiente antigua que es el diablo y
Satanás, y lo encadenó por mil años.

u 19:15 Sal 2:9

3 Lo arrojó al abismo, que cerró y selló sobre él, para que no engañara más a las naciones, hasta que se cumplieran los mil años. Después de eso será soltado por un poco de tiempo.

4 Vi tronos en los que estaban sentados aquellos a quienes se había dado autoridad para juzgar. Y vi las almas de los que habían sido decapitados por el testimonio que habían dado de Jesús y por la palabra de Dios. No habían adorado a la bestia ni a su imagen, ni se habían dejado poner su marca en la frente ni en la mano. Volvieron a vivir y reinaron con Cristo mil años. **5** (Los demás muertos no volvieron a vivir hasta que terminaron los mil años.) Esta es la primera resurrección. **6** Dichosos y santos los que tienen parte en la primera resurrección. La segunda muerte no tiene poder sobre ellos, sino que serán sacerdotes de Dios y de Cristo, y reinarán con él mil años.

Juicio final de Satanás

7 Cuando terminen los mil años, a Satanás se le soltará de su prisión, **8** y saldrá a engañar a las naciones que están en los cuatro ángulos de la tierra —a Gog y a Magog—, a reunirlas para la batalla. Su número será como el de la arena del mar. **9** Marcharon a través de la superficie de la tierra y cercaron el campamento del pueblo de Dios, la ciudad amada. Pero cayó fuego del cielo y los devoró. **10** Y el diablo, que los engañaba, fue arrojado al lago de fuego que arde con azufre, al que también habían sido arrojados la bestia y el falso profeta. Y serán atormentados día y noche por los siglos de los siglos.

Juicio de los muertos

11 Luego vi un gran trono blanco y al que estaba sentado en él. De su presencia huyeron la tierra y el cielo, y no hubo lugar para ellos. **12** Vi también a los muertos, grandes y pequeños, de pie delante del trono, y fueron abiertos unos libros. Luego se abrió otro libro, que es el libro de la vida. A los muertos se les juzgó de acuerdo con lo que habían hecho, según constaba en los libros. **13** El mar entregó los muertos que había en él, y la muerte y el Hades entregaron los muertos que había en ellos, y se juzgó a cada persona según lo que había hecho. **14** La muerte y el Hades fueron arrojados al lago de fuego. Este lago de fuego es la segunda muerte. **15** Y se arrojó al lago de fuego al que no tenía su nombre escrito en el libro de la vida.

La nueva Jerusalén

21 Después vi un cielo nuevo y una tierra nueva, porque el primer cielo y la primera tierra habían pasado, y el mar ya no existía. **2** Vi la Ciudad Santa, la nueva Jerusalén, que bajaba del cielo de parte de Dios, ataviada como una novia hermosamente vestida para su prometido. **3** Y oí una voz fuerte que venía del trono y decía: "Ahora está la morada de Dios entre los hombres, y vivirá con ellos. Ellos serán su pueblo, y Dios mismo estará con ellos y será su Dios. **4** El enjugará toda lágrima de los ojos de ellos. Ya no habrá muerte, ni llanto, ni lamento ni dolor porque las primeras cosas ya pasaron."

5 El que estaba sentado en el trono dijo: "¡Yo lo hago todo nuevo!" Y añadió: "Escribe, porque estas palabras son verdaderas y dignas de confianza."

6 También me dijo: "Ya está hecho. Yo soy el Alfa y la Omega, el Principio y el Fin. Al que tenga sed le daré a beber gratuitamente de la fuente del agua de la vida. **7** El vencedor heredará todo esto, y yo seré su Dios y él será mi hijo. **8** Pero los cobardes, los incrédulos, los abominables, los asesinos, los que cometen inmoralidades sexuales, los que practican artes mágicas, los idólatras y todos los mentirosos tendrán su lugar en el lago de fuego que arde con azufre. Esta es la segunda muerte."

9 Se acercó uno de los siete ángeles que tenían las siete copas llenas de las últimas siete plagas, y me dijo: "Ven, que te voy a mostrar la novia, la esposa del Cordero." **10** Y me llevó en el Espíritu a una montaña grande y elevada, y me mostró la Ciudad Santa, Jerusalén, que bajaba del cielo de parte de Dios. 11 Resplandecía con la gloria de Dios, y su brillo era como el de una piedra muy preciosa, como una piedra de jaspe transparente. 12 Tenía una muralla grande y elevada, con doce puertas, y en cada puerta había un ángel. En las puertas estaban escritos los nombres de las doce tribus de Israel. 13 Tres puertas daban al este, tres al norte, tres al sur, y tres al oeste. 14 La muralla de la ciudad tenía doce cimientos, en los que estaban los nombres de los doce apóstoles del Cordero.

15 El ángel que hablaba conmigo llevaba una caña de medir, de oro, para medir la ciudad, sus puertas y su muralla. 16 La ciudad tenía forma cuadrangular, del mismo largo que ancho. Midió la ciudad con la caña, y tenía como dos mil doscientos kilómetros*v*, siendo iguales su anchura, longitud y altura. 17 Midió la muralla, y tenía como sesenta y cinco metros*w* de espesor,*x* según las medidas humanas que el ángel empleaba. 18 La muralla estaba hecha de jaspe, y la ciudad era de oro puro, semejante al vidrio limpio. 19 Los cimientos de las murallas de la ciudad estaban decorados de toda clase de piedras preciosas: el primero de jaspe, el segundo de zafiro, el tercero de ágata, el cuarto de esmeralda, 20 el quinto de ónice, el sexto de cornalina, el séptimo de crisólito, el octavo de berilo, el noveno de topacio, el décimo de crisoprasa, el undécimo de jacinto y el duodécimo de amatista.*y* 21 Las doce puertas eran doce perlas, y cada puerta estaba hecha de una sola perla. La calle principal de la ciudad era de oro puro, como vidrio transparente.

22 No vi ningún templo en la ciudad, porque el Señor Dios Todopoderoso y el Cordero son su templo. 23 La ciudad no necesita ni sol ni luna que la alumbren, porque la gloria de Dios la alumbra, y el Cordero es su lámpara. 24 Las naciones caminarán a la luz de ella, y los reyes de la tierra le llevarán su esplendor. 25 Nunca de día se cerrarán sus puertas, porque allí no habrá noche. 26 Y llevarán a ella la gloria y el honor de las naciones. 27 Nunca entrará en ella nada impuro, ni nadie que haga cosas vergonzosas o engañosas, sino sólo quienes tienen su nombre escrito en el libro de la vida del Cordero.

El río de vida

22 Luego el ángel me mostró el río de agua de vida, claro como el cristal, que salía del trono de Dios y del Cordero, 2 y corría por el medio de la calle principal de la ciudad. A cada lado del río estaba el árbol de la vida, que produce doce cosechas de fruto, dando su fruto cada mes. Y las hojas del árbol sirven de medicina a las naciones. 3 Ya no habrá maldición. El trono de Dios y del Cordero estará en la ciudad, y sus siervos le servirán. 4 Verán su rostro, y llevarán el nombre de él en la frente. 5 Ya no habrá noche; no necesitarán luz de lámpara ni luz del sol, porque el Señor Dios los alumbrará. Y reinarán por los siglos de los siglos.

6 Y el ángel me dijo: "Estas palabras son verdaderas y dignas de confianza. El Señor, el Dios de los espíritus de los profetas, envió a su ángel para mostrar a sus siervos lo que pronto ha de suceder."

Cristo viene pronto

7 "¡Fíjense que vengo pronto! Dichoso el que guarda las palabras de la profecía de este libro."

8 Yo, Juan, soy el que oyó y vio esto. Y cuando lo oí y vi, me postré para adorar a los pies del ángel que había estado mostrándome todo. 9 Pero él me dijo: "¡No hagas eso! Soy un siervo como tú y tus herma-

---

v **21:16** Griego *doce mil estadios*   *w* **21:17** Griego *144 codos*   *x* **21:17** O *de altura*
y **21:20** No se sabe con certeza la identificación precisa de algunas de estas piedras.

nos los profetas y todos los que guardan las palabras de este libro. ¡Adora a Dios!"

10 También me dijo: "No selles las palabras de la profecía de este libro, porque el tiempo está cerca. **11** Deja que el malvado siga en sus maldades y el vil en sus vilezas; que el justo siga practicando la justicia y el santo siga buscando la santidad."

12 "¡Fíjense que vengo pronto! Traigo mi recompensa conmigo, y le daré a cada uno según lo que haya hecho. **13** Yo soy el Alfa y la Omega, el Primero y el Ultimo, el Principio y el Fin.

14 "Dichosos los que lavan sus ropas para tener derecho al árbol de la vida y para poder entrar por las puertas de la ciudad. **15** Afuera se quedan los perros, los que practican las artes mágicas, los que cometen inmoralidades sexuales, los asesinos, los idólatras y todos los que aman y practican la mentira.

16 "Yo, Jesús, he enviado a mi ángel para darles a ustedes este testimonio para las iglesias. Yo soy la Raíz y la Descendencia de David, y el brillante Lucero del alba."

17 El Espíritu y la novia dicen: "¡Ven!" Y el que oiga diga: "¡Ven!" Y el que tenga sed, venga; y el que quiera, tome gratuitamente del agua de la vida.

18 A todo el que oye las palabras de la profecía de este libro le advierto esto: Si alguno les añade algo, Dios le añadirá a él las plagas descritas en este libro. **19** Y si alguno quita palabras de este libro de profecía, Dios le quitará su parte del árbol de la vida y de la ciudad santa, que están descritos en este libro.

20 El que declara estas cosas, dice: "Sí, vengo pronto."

Amén. Ven, Señor Jesús.

21 La gracia del Señor Jesús sea con el pueblo de Dios. Amén.